《侨乡文化研究》丛书

本土与互鉴

多维视野下的海外华人与中国侨乡关系研究

DUOWEI SHIYE XIA DE HAIWAI HUAREN YU ZHONGGUO QIAOXIANG GUANXI YANJIU

郑一省　包含丽 ◎ 主编

中国出版集团有限公司
世界图书出版公司
广州·上海·西安·北京

图书在版编目（CIP）数据

本土与互鉴：多维视野下的海外华人与中国侨乡关系研究 / 郑一省，包含丽主编. -- 广州：世界图书出版广东有限公司，2024.12. -- ISBN 978-7-5232-1855-6

Ⅰ. D634

中国国家版本馆 CIP 数据核字第 2024K9E981 号

书　　名	本土与互鉴：多维视野下的海外华人与中国侨乡关系研究
	BENTU YU HUJIAN: DUOWEI SHIYE XIA DE HAIWAI HUAREN YU ZHONGGUO QIAOXIANG GUANXI YANJIU
主　　编	郑一省　包含丽
责任编辑	张东文
出版发行	世界图书出版有限公司　世界图书出版广东有限公司
地　　址	广州市海珠区新港西路大江冲 25 号
邮　　编	510300
电　　话	020-84184026　84453623
网　　址	http://www.gdst.com.cn
邮　　箱	wpc_gdst@163.com
经　　销	新华书店
印　　刷	广州小明数码印刷有限公司
开　　本	787 mm × 1092 mm　1/16
印　　张	31
字　　数	691 千字
版　　次	2024 年 12 月第 1 版　2024 年 12 月第 1 次印刷
国际书号	ISBN 978-7-5232-1855-6
定　　价	108.00 元

版权所有　侵权必究

咨询、投稿、反馈：020-84451258　gdstchj@126.com　875936371@qq.com

（如有印装错误，请与出版社联系）

特此鸣谢

广西一流学科"广西民族大学民族学学科"对本书出版的资助

《侨乡文化研究》丛书概述

侨乡是华侨华人的故乡，是伴随着中国海外移民史的展开而出现的，它是中国颇具特色的一个社会现象。自侨乡形成以来，海外华人就与侨乡发生着千丝万缕的联系，海外华人与中国的联系实际上是与其侨乡的联系，而要理解并维系海外华人与侨乡的联系，对侨乡进行研究就必不可少。本丛书的特点在于：不单出版国内外学者的专著，还会推出海外学者的侨乡研究成果；以第一手资料和田野调查获得的侨乡研究成果为主，并出版国内华侨华人研究学者的著作，以及翻译出版国外有关华侨华人研究著作。

一、研究目的

在总结前人学术研究成果的基础上，本丛书试图达到下述目标：其一，在阐述华侨华人文化和侨乡文化的基础上，探讨新时期海外华人与侨乡及中国的关系；其二，通过开展侨乡研究，推动学术发展，展示侨乡研究的最新成果；其三，切实对新时期华侨华人与侨乡的关系之历史与现状进行总结和思考，为政府侨务政策提供参考和为侨乡文化建设提供智力支持。

二、研究意义

关于侨乡的研究，学者们的研究成果已相当丰富，涵盖社会、经济、文化等方面，但就其研究成果而言，还存在几个方面的不足：第一，由于缺乏第一手侨乡社会的基本资料，研究方向偏向于大框架、大背景的梳理，往往以所谓的共识来理解具体侨乡的演变进程，缺少对侨乡深层结构和民众价值观念意识形态的关注；第二，在研究方法上，更多的是重视理论宏观意义上的研究，忽视了田野调查的重要性，其研究成果主要是对已有文献史料的剖析，不能真正理解侨乡社会自身的发展变迁；第三，从研究深度上，就事论事，缺乏关注其背后的社会变迁，导致侨乡研究在某种程度上而言缺乏现实意义。鉴于已有研究成果存在的不足，本丛书主要以大量的田野调查资料为基础，注重共时性与历时性研究的结合，力求对侨乡与华侨华人的相关问题做微观或中观研究，将侨乡放在国家社会发展的大框架中，在调控侨务政策、促进侨务工作适应性转型的大背景下，以侨乡本身作为出发点，深入开展切实性的系统性研究。本丛书集国内外学者专著，既有编著亦有译著，以第一手资料和田野调查做出的侨乡研究成果为主，从不同视角、不同层次较为系统地展示侨乡研究的相关成果。综上看来，本丛书不仅具有一定的学术意义，而且具有较强的现实意义。

三、研究内容

侨乡是中国特有的社会现象，它是一个地区海外移民到一定程度的产物，是海外移民比较活跃的区域性社区。侨乡民众与海外华侨华人存在天然的情感联系，侨乡与海外华侨华人长期以来存在互动，互为影响。中国侨乡已经成为中国实现城市化发展的排头兵和领衔者之一，同时也是中国与世界沟通联系的重要场地、桥头堡。《侨乡文化研究》丛书一定意义上是应学术与时代发展之需，在以往零散、独立研究著述的基础上再创新，形成全面、系统的序列性著作。

本丛书的研究内容主要体现在：

第一，侨乡文化。侨乡文化是侨乡研究的主要内容之一。侨乡由于有大量的海外移民，处于一种中外文化交流与对撞中的一个独特位置。在中国的近现代化进程中，侨乡民众开风气之先，对于西方文化，不是照单全盘接受，也不是简单的模仿，而是自觉或者不自觉地将外来文化与本土传统文化相结合产生出一种新的亦土亦洋的侨乡文化形态。侨乡文化的生命力在于与时俱进，不断创新，大力提倡，广泛弘扬。侨乡传统文化是需要保护和大力弘扬的，以便侨乡传统文化得以发扬光大，促进社会发展，推动人类进步，缔造世界文明。本丛书侨乡文化研究的内容涵盖了侨乡遗产、侨乡社会与文化史、当代侨乡社会现实问题、侨务理论与侨务工作等方面。

第二，华侨华人文化。海外华侨华人文化是一种源于中华文化、广泛地吸收了海外本土文化和西方文化，是在海外的土壤中播种、成熟和发展起来的一种新型文化。它是华侨华人思维方式、价值取向、理想人格、伦理观念和审美情趣的集中体现。华侨华人作为华侨华人文化的载体，研究华侨华人文化对于了解华侨华人这一族群的概况和侨乡具有特殊的意义。新时期，华侨华人文化的现代化过程是一个不断吸收中西方文化精髓的过程，同时也是不断向先进文化模式变迁与完善的过程，如何把握好新时期华侨华人文化的现代化问题，也是本丛书所需要努力的一个方向。

第三，海外华人与侨乡的关系。海外华人与中国的关系历来是华侨华人研究的重要议题，海外华人与中国的关系主要表现为与其祖籍地的关系。侨乡作为华侨华人的家乡，是海外华人了解中国的一个窗口，是考察华侨华人与中国关系的一个重要方面和参照坐标。这不仅因为侨乡是海外华人与中国进行经济合作的主要区域，是海外移民影响祖籍地社会、文化的"独特风景线"，还因为侨乡研究是透视海外华人与中国关系的实证性研究。可见，海外华人与侨乡之间的关系是十分密切的，两者间的联系主要表现在经济和社会文化方面。首先，海外华人与侨乡经济上的联系是推动侨乡社会发展的主要动力，自侨乡成立之日起，海外华人就以各种形式与侨乡存在联系，他们对侨乡的经济贡献是明显的，主要体现在侨汇、投资和捐赠公益事业上。侨汇是海外华人一直以来联系侨乡的重要纽带，其改善了侨眷家庭的水平。随着海外华人经济实力的不断壮大，他们不仅仅局限于给祖籍地的亲属汇款，而且开始对侨乡进行投资建设，这直接推动了侨乡的经济发展。20 世纪 80 年代中国的改革开放中乡镇企业经济发展出现了三种著名的模式，即苏南模式、温州模式和晋江模式，其中，晋江模式就是侨乡利用海外资源进行现代化建设的典型例证。海外华人投资侨乡，促使侨乡形成外向型的经济结构。此外，海外华人还给侨乡引进了西方先进的技术和管理经验，为侨乡社会经济发展注入了新鲜血液，促进了就业和制度创新。其次，海外华人与侨乡的社会文化联系是多元的、多层次的，体现在建筑、民俗活动、捐资办学等各方面。在建筑方面，一些侨乡采用了西洋建筑文化，并结合自身文化，展示了中外文化交流的样态；在民俗活动方面，海外华人对宗族组织的复兴起到了举足轻重的作用，随着海外华人及其新生代与祖籍地互动的加深，越来越多的海外华人回乡谒祖，使侨乡的民间宗教信仰得以恢复；在捐资办学方面，海外华人素有捐资办学的优良传统，促进了侨乡教育事业的发展。

海外华人与侨乡在经济、社会文化上的互动，在不同的时期有不同的特点，但毋庸置疑，这种互动联系在任何时期都产生着积极的影响，互动加强的正面是两者互利共生性的深化。随着全球化的发展，海外华人与侨乡的联系将日益紧密，研究如何在新时期更好地理解与把握两者之间的关系，从而服务于侨乡和国家的现代化建设，这是一项很有意义的工作。

《侨乡文化研究》丛书编委会
2023 年 12 月

前　言

2023年10月27—30日，第六届"海外华人与中国侨乡文化"学术研讨会在浙江省温州市温州大学召开。此次研讨会由浙江省侨务办公室、广西壮族自治区侨务办公室、温州大学和广西民族大学主办，广西民族大学民族学与社会学学院、广西华侨历史学会和温州市侨务办公室协办，温州大学华侨学院和广西侨乡文化研究中心承办。来自中国高等院校、科研机构以及美国、新加坡、马来西亚、印度尼西亚、越南的100多名专家学者与会。会议主要设置了开幕式、主旨发言、专题讨论和闭幕式等环节。研讨会由广西民族大学民族学与社会学学院/广西侨乡文化研究中心郑一省教授主持。广西壮族自治区党委统战部副部长陈洁、浙江省侨务办二级调研员何新华、温州大学副校长蔡曙光分别为开幕式致辞。这本论文集是这次会议的成果，也是广西侨乡文化研究中心精心打造的《侨乡文化研究丛书》的第10本书。这本论文集收录的会议文章，涉及以下方面的内容：

一是华侨华人与中国式现代化。这个内容是此次会议的主题。闽南师范大学历史地理学院王建红教授指出中国侨乡县镇由下而上的工业化实践，塑造着传统社会对以机器生产为标志的中国式工业化的认知，进而客观获得经由侨乡理解工业化生产与世界发展状况的一手经验；浙江师范大学马克思主义学院陈肖英教授以青田龙现村为例，探究青田华侨在龙现的乡村振兴过程中，在基础设施与公共服务建设、产业振兴、文化振兴方面发挥的重要作用；五邑大学学报编辑部李夕菲编审梳理了陈享创蔡李佛拳及传播经历，认为地方政府以及京梅村如何盘活、转化、利用陈享历史文化遗产，以武术文化联通世界、振兴乡村，是新时代富有挑战性的大课题；温州大学包含丽研究员认为意华侨华人身份的"双重性"与其家庭构成的"两栖"特征是促使该群体长期参与中意双边合作的主要因素，中意两国外交关系的不断深化则为旅意华侨华人创造大显身手的契机，使其与祖籍国、住在国紧密相连；重庆大学马克思主义学院上官小红讲师认为在1940年前后国共摩擦与皖南事变的发生与解决过程中，华侨华人给予了极大的关注并提出自己的主张，这不仅呈现了华侨华人与近代中国政治关系图景，更是华侨华人力图推动近代中国政治变革的一个场景；宁夏大学法学院行政管理与社会学雷安琪副教授指出通过行为及观念文化、华社"三宝"、海外华商和华人精英、涉侨部门等主要渠道实现中东华侨华人的侨务公共外交职能，有针对性、有侧重点地对不同类型的中东华侨华人开展侨务工作，可以更好地增强中国与"一带一路"沿线中东各国政府及民众之间的互信，促进中国与中东关系持续健康发展；福建社会科学院华侨所吴元助理研究员指出抗战时期海外华侨通过人力、物力、财力给予祖国极大支援，是抗战得以胜利的重要保障之一，华侨捐款机关的递嬗不仅是战事发展的需要，也集中体现了在"党政双轨"体制下，对于华侨群体及侨务事务归属由党务向政务的认知转变；暨南大学国际关系学院博士研究生陈海鸥认为华侨华人在浙江金融业中国式现代化扮演着重要角色。

二是华人社会与文化。美国《亚省时报》/华侨大学国际关系学院江峡特约研究员分析与探讨了华裔科学家对美国人工智能技术发展的重要贡献；厦门大学南洋研究院沈燕清教授认为在离散批评的基础上，利用"第三空间"理论对吧国公堂华人婚丧档案进行全面解读，具有重要的史学价值；福建社会科学院萧成副研究员指出在全面奔小康的道路上，以多元形式生动讲述"中国故事"的海外华文文学，亦应积极主动地为"以人民为中心"的文化小康建设增光添彩；江苏师范大学历史文化与学院邵政达教授指出21世纪以来英国对华留学生政策呈现出从关注经济利益到注重国际教育品牌化、规范化，教育质量平衡阶段性发展的特点；温州大学华侨学院胡春艳副教授认为帮助华裔新生代建构自己的精神家园，增强其中华文化认同，以及对中国的了解与认知，摆脱由于"民族认同疲惫"和"文化认同困惑"所带来的迷茫和痛苦，实现从"香蕉人"到"芒果人"的转变，意义重大；中共厦门市委党校康晓丽副教授认为近几年海外华裔青年与祖籍国青年交流逐渐发展成"认知-情感-意志"三者紧密联结的有机统一体，通过这种交流模式海外华裔青年与祖籍国青年不仅能厘清彼此认同的心理起源，还能够为构建中华民族共同体意识的话语体系提供动力源泉；华侨大学国际关系学院王怡蘋副教授指出有海水的地方就有华侨华人，"妈祖信俗"在全球形成的"妈祖文化网络"，不但是凝聚海内外华人重要的纽带，"妈祖信俗"亦成为今日海内外华人传承与弘扬中华文化正向的传播网络；温州大学华侨学院兼职研究员郑周文认为新生代华侨华人是联通祖籍国与世界的桥梁纽带的新生力量，期望他们能兼收并蓄中西方文化的精华，成为掌握多元文化精髓的"架桥人"；马来亚大学祝家丰副教授指出马来西亚华文小学存在被政府关闭和面临变质的危机，国民型华文中学呈现出华校特征受到弱化、华裔教师越来越少的困难与挑战；闽南师范大学助理研究员胡娇阳以饮食人类学的角度解构马来西亚华人社群的药膳饮食文化及其象征意义，认为马来西亚华人社群的药膳饮食在反哺原乡文化和经济发展具有启示作用；广西民族大学民族学与社会学学院梁氏海云副教授通过口述史与文献文物资料，详细介绍艾族的族源、经济生活、文化习俗以及变迁，除了对于越南艾族的研究有所发展，也为学界提供了海外民族志资料。

三是侨乡社会与文化。桂林旅游学院发展规划处张坚教授根据广西北海侨港镇难民安置的调查研究，提出了系统构建宣传和推广侨港品牌的立体网络、将侨港镇建设成为我国南海渔业转型升级发展的试点、将侨港镇整体纳入北海华侨投资开发区三点建议；嘉应学院客家研究院周云水副研究员以广东的梅县籍客家华侨张榕轩家族回到粤东侨乡修建潮汕铁路、开办运输企业、热心教育及社会公益事业为例，认为闽粤客家华侨善行义举体现儒家文化对海外华侨华人的深刻影响，展示了海外客家华侨对优良家风的坚守和传承，以他们为代表的韩江上游的客家华侨不仅有浓厚的爱国情怀，而且对客家优良家风进行了创新性发展；海南师范大学唐若玲讲述了咖啡传入海南的历史过程、华侨对于咖啡种植、加工的推动作用以及归侨后代的咖啡情怀；嘉应学院客家研究院夏远鸣助理研究员指出侨乡与南洋之间的中间人，一直延续并且发挥侨批与水客在社会日常中重要的作用，同时也可以介绍家乡的资源，以满足南洋华人社会的需求；福建社会科学院华侨所邓达宏研究员在分析新时代福建侨乡实现共同富裕优势的基础上，总结了侨乡推进共同富裕实践探索的成功模式；温州大学华侨学院方明教授通过分析玉壶镇充分利用侨乡资源，积极建设"侨韵玉壶·国际慢城"的实践，从文化空间与慢生活两方面呈现侨韵玉壶的文化图像，为知晓侨乡文化变迁提供个案参考，也为如何挖掘侨乡特色，探索共同富裕示范区建设提供发展路径；中国社会科学院民族学与人类学研究所张姗副研究员指出广西侨港镇以渔民祭海习俗为核心的"侨港开海节"初步实现了文化传承与旅游开发的融合发展，其丰富多元的文化内涵还有待进一步挖掘，未来"侨港开海节"能否高质长远地存续发展，还有待民众、政府、学者、市场等多方力量的共同努力；桂林旅游学院梁姣讲师指出推进华侨农场侨旅融合，充分利用"侨文化资源"，打造侨旅融合旅游基地，是桂林华侨农场融入世界级旅游城市建设之中，提升桂林文旅产业档次，形成桂林旅游新龙头的重要途径；温州大学华侨学院兼职研究员周峰讲述了巴西、厄瓜多尔、智利和墨西哥等国家的青田侨商在拉美的契合布局，探讨了他们在拉美进行商业活动所普遍遇到的羁绊和问题，探讨可能存在的问题解决方法与途径，为侨商今后去拉美发展提供借鉴和参考；福建社会科学院华侨研究所童莹副研究员基于福州华塑小区的田野调查，认为华塑小区这个"地点"的空间与南洋美食街区这个"文化"的空间之叠提供了归侨文化社区建构的"形""神"基础，身份认同、族群聚集与社区文化标识的相互作用共同型构了一个区别于周遭社会的归侨文化社区；温州市温州学研究中心钟晓丹指出泉州能保持迅猛发展势头，其背后反映出的是"港""侨""洋"三位一体、良性循环的泉州经验，深入剖析泉州经验的内在逻辑及其对全国侨乡发展的启示，有利于丰富侨乡经济发展模式的研究，对于新时代下进一步做好侨务工作有着重要意义。

　　四是移民与侨汇。广西民族大学民族学与社会学学院郑一省教授指出玉林人迁移海外的原因各种各样，在历史上既有因社会动乱，也有因"卖猪仔"，也有因经商和逃避征兵等原因，在当代也有因团聚、继承产业，或留学、婚嫁和劳务输出等出国；红河学院何作庆教授提出了20世纪中国云南陆疆侨乡人们移民境外的三个阶段：村寨主义下云南陆疆移民的和平跨境移居、跨国主义下跨国移民的区域多元移居、国际主义下东南亚"华侨华人"难民为主的世界多元移居；泉州华侨博物馆刘伯孳馆员指出了香港在

1949—1973 年这一时期的侨批中心以自身的韧性构建以香港为中心的金融网络，不仅促进了侨批交易的持续，而且给香港构建全球金融中心提供了助力；黑龙江大学历史文化旅游学院潘晓伟教授介绍了纪凤台在俄国远东地区、中国东北地区的经商活动，同时也指出俄罗斯学者视其为精明、有修养华人的代表，是俄中友好的见证人；温州大学外国语学院徐辉副教授以浙南侨乡温州和青田为研究对象，分析在侨汇结汇过程中存在的问题，并提出经常项下资金通过平台便捷结汇、非经常项下资金鼓励合规回流、外币现钞资金引导规范申报和合理紧迫业务需求个案解决等；福州大学杨宏云副教授指出闽商闽企在非洲以超市和传统贸易立业，积极拓展渔业、农业等行业，成就斐然，但在安全、发展及数字化经济转型仍存在不足，并提出了相应对策与未来可着力的领域。

  华侨华人与中国侨乡有着紧密联系，中国的现代化发展亦离不开华侨华人的大力支持。来自中国高校、研究机构以及海外的专家学者围绕四个专题，广泛交流了华侨华人对中国现代化的积极贡献，探讨华侨华人移民的历史与现状以及当今侨乡现代化转型发展的历程，更加深刻地理解和把握海内外华侨华人对国家发展的重要性，对于中国改革开放的深入发展、建设中国特色社会主义现代化具有重要的理论和现实意义，因此，此次学术研讨会是一场有研究深度、成果丰富和意义深远的学术研讨会。

目 录

第一篇　华侨华人与中国式现代化

近代中国侨乡工业化实践与本土现代化经验 ……………………………………………… 2
　　王建红

中国式现代化视野下侨乡乡村振兴初探
　　——以青田龙现村为例 ………………………………………………………………… 10
　　陈肖英

华侨华人与粤港澳大湾区对外开放：历史逻辑与政策意义 …………………………… 18
　　陈奕平　曹锦洲

陈享蔡李佛遗产的国际化传承与新会京梅村发展路径研究 …………………………… 32
　　李夕菲　高　峰

旅意华侨华人在中意两国双边合作中的重要贡献与动因 ……………………………… 41
　　包含丽　夏培根

共同富裕背景下高质量推进侨乡现代化的路径研究
　　——以浙江省青田县为例 ……………………………………………………………… 53
　　胡文静　张海燕　叶　娟

华侨华人与近代中国政治：皖南事变后的华侨舆论及其主张 ………………………… 57
　　上官小红

"一带一路"视域下的中东华侨华人与侨务公共外交 …………………………………… 72
　　雷安琪

党务抑或政务：抗战时期南京国民政府设置华侨捐款机关递嬗 ……………………… 85
　　吴　元

华侨华人与浙江金融业中国式现代化·· 96
  陈海鸥

第二篇　华人社会与文化

华裔科学家对美国人工智能技术发展的重要贡献·· 106
  江　峡

苏联远东中国高级列宁学校的建立及其影响··· 117
  宁艳红

离散批评、"第三空间"理论与荷印吧城华人婚丧文化的解读······················· 129
  沈燕清

让文明交流互鉴中的海外华文文学为文化小康建设增光添彩························· 141
  萧　成

从追求收益到兼顾质量：21世纪以来英国对华留学生政策的发展、特征与影响········· 145
  邵政达

从"香蕉人"到"芒果人"：华裔新生代文化认同困惑的消解····························· 162
  胡春艳

"认知-情感-意志"：海外华裔青年与祖籍国青年交流模式的变迁与发展·········· 173
  康晓丽

海内外华人"妈祖信俗"文化网络探析··· 184
  王怡蘋

意大利新生代华侨华人的优势：多元背景塑造中西文化架桥人
  ——华文教育和文化认同的视角与反思··· 192
  郑周文

马来西亚华文教育面对的问题和挑战
  ——以华文小学与国民型华文中学为例··· 202
  祝家丰

食之有道：马来西亚华人社群的药膳饮食文化与身份塑造··························· 216
  胡娇阳

越南太原省艾族初探·· 226
  梁氏海云　杨秋恒　黄芳邻

第三篇 侨乡社会与文化

当前加强"世界难民安置工作橱窗与范例"
　　——广西北海市侨港镇研究的意见、建议 …………………………………… 244
　　张　坚

海外华侨华人与侨乡企业、社会公益事业
　　——以广东梅县客家华侨张榕轩家族为例 ………………………………… 254
　　周云水　张健华

海南华侨与咖啡 ……………………………………………………………………… 268
　　唐若玲

侨乡社会的中间人与地方社会
　　——以梅县侨乡为例 …………………………………………………………… 272
　　夏远鸣

中国特色社会主义新时代福建侨乡推进共同富裕的实践探索 ………………… 289
　　邓达宏

成为"网红"：饮食消费与归侨文化社区建构研究
　　——基于福州华塑小区的田野调查 …………………………………………… 297
　　童　莹

侨乡洋留守儿童国家认同的现状及其问题研究 …………………………………… 309
　　王　晓　周其达

浙南侨乡玉壶镇的侨韵生活研究 …………………………………………………… 322
　　方　明　梁筱雪　王亚柔

海洋非物质文化遗产的保护与开发
　　——基于广西"侨港开海节"的研究 ………………………………………… 335
　　张　姗

华侨农场侨旅融合发展路径研究
　　——以桂林华侨农场为例 ……………………………………………………… 350
　　梁　姣

拉丁美洲的商机与青田侨商的契合布局 …………………………………………… 358
　　周　峰

"港""侨""洋"三位一体的泉州经验及其对全国侨乡的启示 ································ 370
    钟晓丹　包含丽

第四篇　移民与侨汇

广西玉林人向海外移民时期探析 ··· 378
    郑一省

20世纪中国陆疆侨乡移民探讨
    ——以云南省籍华侨华人为例 ·· 392
    何作庆

非洲闽商发展现状、问题及对策建议 ·· 410
    杨宏云

疍头人海外迁移的背景、形式及其在国外的生存情况 ································ 422
    王付兵　林金官

论香港的侨批中心地位（1949—1973年）··· 442
    刘伯孳

帝俄华商纪凤台经商活动 ·· 456
    潘晓伟

浙江省侨乡侨汇结汇业务的调查研究
    ——以侨乡温州和青田为例 ·· 466
    徐　辉

泰国正大集团与云南农牧业创新驱动体系的构建 ···································· 472
    陈　玫

第一篇　华侨华人与中国式现代化

近代中国侨乡工业化实践与本土现代化经验

王建红[①]

【摘　要】 工业革命在英国启动了近代世界的生产力革命，宣告人类社会原本靠天吃饭的农业和较低效的手工业生产方式被大机器生产所代替，同时制造了"东方从属于西方"的全球格局。但工业化作为一个时代的生产范式转换，近代中国启动较晚且缓慢的工业化进程及其独特的文化图景，是全球工业化整体网络的重要组成部分。与清朝官方洋务运动几乎同时，由下而上发自中国侨乡县镇的工业化实践，塑造着传统社会对以机器生产为标志的中国式工业化的认知，进而客观获得经由侨乡理解工业化生产与世界发展状况的一手经验。

【关键词】 近代世界；工业化进程；中国侨乡经验

近代以来，随着西方工业文明体系向全球扩展，海外华侨携回相关工业领域的新技术和管理经验。毋庸讳言，侨乡最先受惠。梅县工业经历了由原初工业向近代工业转变的过程，新兴工业和企业规模都获得长足发展，机器生产逐渐取代手工劳动占据了主导地位。值得强调的是，华侨在这一转变过程中起着至关重要的推动作用。华侨通过多种形式的努力，或率先投资近代工业，或传播甚至自己创新先进生产技术，或引进西方近代企业制度及经营理念等。正是由于华侨这一资源，催生了侨乡工业体系近代新因素（新技术、新人才、新制度、新的经营方式）的茁壮成长，有力地推动梅县工业生产日趋向现代化水平迈进，极大地促进了工业经济意识在本土的深入觉醒。

一、海外华侨对母国侨乡的工业化投资实践

华侨投资是推动近代侨乡经济结构改变的关键因素。民国以来，从1902年到1936年，年均投资额为3.198亿元，共投资汇款额约为85亿元以上。[②]

1940—1941年，华侨寄回侨汇达13.286亿元国币，[③]数额达到历史最高峰。除用于

[①] 作者简介：王建红，甘肃省灵台县人，闽南师范大学历史地理学院院长、教授，博士生导师。

[②] 宓亨利：《华侨志·总志》，台北：海外出版社，1956年，第496页。

[③] 庄国土：《华侨华人与中国的关系》，广州：广东高等教育出版社，2001年，第234—235页。

补贴家庭消费外，向国内实业投入资金数额不小。林金枝先生估算过，近代华侨投资 7 亿元给国内实业界。①

19 世纪 60 年代，海外华侨开始投资国内工厂实业。秘鲁华侨黎某 1862 年创办出口商行"万兴隆号"，选址广州。据现可作证的资料，这是粤籍华侨的首款投资项目，同时也开全国侨资回馈投资原乡产业的先河。②1872 年，旅居南洋的广东华侨陈启源在南海投资"继昌隆缫丝厂"，注资银元数万，为中国华侨原乡工业投资之首例。林金枝教授的研究结果表明，1862 年到 1949 年，广东华侨在粤投资总额达 3.86 亿元（折合人民币），其中工业投资企业 330 多家，投资额达 2500 多万元。③郑林宽先生研究福建华侨投资后提出："华侨汇款提供家庭生活开支，建筑房屋外……最大额度的款项，还是在投资。"④梅县地处粤东山区，经济落后，华侨投资对于本地境况的改善，意义重大。民国以后，梅县收到回寄侨汇数额较大。民国《梅县要览》记载，仅民国二十八年（1939 年），梅县收到侨汇 5000 多万元；民国二十九年（1940 年）华侨回寄侨汇 7000 多万元；一直到民国三十五年（1946 年），各侨居地华侨汇款开放，寄回的钱款数额相比以前更大。⑤华侨回寄钱款的很大部分用于启动工业生产，当时梅县工业企业生产中的侨资占比可达 60%—100%。⑥民国时期梅县的工业发展，华侨投资额度达到 952.3 万元，有力地支援了原乡工业进步。

华侨投资的工业领域，多涉及基础产业部门。纺织业是近代中国社会较有前景的轻工业领域。清光绪末年，归侨黄信如在梅城出资开设了"嘉应染织传习所"，引进教习近代纺织工艺和技术。与此同时，出资开办了"梅南染织厂"。除此之外，华侨潘立斋购买南洋织袜机，在梅县南口镇开设机械织袜厂。另有印尼华侨投资创办了"振东织布公司""梅县胜利毛巾厂"等。⑦

华侨投资回馈原乡工业的另一关键领域是机械工业。1888 年，旅新华侨黄琼清（荷泗镇人）学成机械修造技术，抱着实业救国之志，以机器修造，富国兴乡的热望，在原乡广东梅县开办"墨林雕刻印刷店"。后又投资开设"以五堂"（含中国五行金、木、水、火、土之意），修理工业机械。此后，他的两个儿子继承父业，黄奕明兄弟在父亲产业的基础上，又斥资将原工厂发展为"黄奕记机器修造厂"，修理车、钳、焊、

---

① 林金枝：《近代华侨投资国内企业的几个问题》，载《近代史研究》，1980 年第 1 期，第 213 页。
② 林金枝、庄为玑编：《近代华侨投资国内企业史资料选辑》（广东卷·上），福州：福建人民出版社，1989 年，第 43 页。
③ 林金枝：《近代华侨投资国内企业概论》，厦门：厦门大学出版社，1988 年，第 35 页。
④ 郑林宽：《福建华侨与华侨汇款》，福建省政府秘书处统计室编印，1940 年，第 49 页。
⑤ 梅县市金融志编写组编：《梅县市金融志（1853—1985）》，1988 年，第 167—168 页。
⑥ 政协梅州市委员会学习文史委员会编：《梅州文史》第 11 辑，1989 年，第 111 页。
⑦ 同上，第 115 页。

汽车等机器。①这在当时属于相当先进且有技术含量的工业部门。这不仅意味着有工业生产技术，还有设备维护工艺，是工业技艺较早在中国乡村发展的开始，具备较高的时代引领价值。南洋华侨叶正中1939年回国，于梅县梅石路开设独资工厂"正中机器修理厂"。在新中国成立之前，该工厂属于梅县大规模经营、设备较齐全的机械修造企业。②华侨也投资资源工业，采矿业是侨资开发梅县矿产资源的又一工业领域。梅县"煤、铁、金、铅、铜、钨、矽、磁土、石灰石等矿产资源甚富，其中，尤煤储量最大"③。梅县的煤炭开采矿区，"丙村附近为盛。管乡乃第一区多有之。二区太平，三区松源亦有之"④。

梅州是煤炭储藏区。《乾隆嘉应州志》记载："丙村，距城十里，……有煤山。"⑤该地的煤炭公司，就是在近代华侨投资开发之中产生的，其中，以丙村境况为盛。1911年民国建立后，本地华侨乡贤组织起5家公司，专门从事大规模和高规格的煤炭采掘业务。包括1911年印尼华侨丘某经营的协承煤矿，1912年成立的丙村印尼华侨开设的人和公司，1915年印尼华侨投资的杨文煤矿公司和谢田煤矿公司，1928年印尼丙村华侨创办的有利公司。⑥另外，梅县的程江镇同样煤炭储藏丰富，由华侨谢鲁清创办的协大矿务有限公司，地址就在程江镇。⑦

久居南洋的华侨，熟知西方和南洋当地现代化工业及其生产的效率与规模，还有工业技术体系对现代社会生活的塑造功能。梅县工业快速发展，西方与南洋先进机械工艺、电气工程流程的引进，大大改善了梅城的日常生活，夜间路灯照明，区域工商流通与发展，又带动梅县电力工业的长足进步，电力行业迅速成为梅县在近代化市场供需中成长的新产业。早在民国初期，本地籍的海外华侨便开始关注该行业。华侨黄兰君、黄式如、黄信如等人于1915年筹资集资6万银元，措置发电设备机械及其相关配件，联合创办"梅县光耀电灯股份有限公司"，梅城席草塘（今东桥供电所）及其工厂旧址，该发电厂是梅县最早的电力企业。1917年春开始供电，电力照明当时为新事物，便捷洁净，用户日增，因机械设备折损，电量供应不足且电压不够，光线昏暗，亟待改造。1934年，原厂股东黄兰君另筹资金4万银元，购进香港柴油机与发电机组1套，供电容量扩大，直到新中国成立前，可输送年发电量约5万度，拥有输电用户1000多家。⑧

继华侨创办梅县"光耀电力有限公司"之后，梅县本地工商界人士也纷纷加入投资

---

① 梅县侨声杂志社编：《梅县侨声》，1996年第2期，第75页。
② 梅县侨声杂志社编：《梅县侨声》，1996年第2期，第75页。
③ 梅县县政府建设科编：《梅县建设》，1941年，第108页。
④ 梅县县政府编：《梅县概况》，1942年，第71页。
⑤ 温仲和主编：《光绪嘉应州志》，台北：成文出版社，1968年，第13页。
⑥ 政协梅州市委员会学习文史委员会编：《梅州文史》第11辑，1989年，第110页。
⑦ 政协梅县文史资料编纂委员会编：《梅县文史资料》第22辑，1991年，第137页。
⑧《梅县侨声》，1996年第3期，第70页。

电力这一新兴行业。建成了如松口皓明电灯公司、永光电灯公司，丙村的光明电灯厂，畲坑的启明电灯公司等。[①]

电力工业是近代中国侨乡社会生活日常生化发生现代化巨变的基础。一灯如豆的油灯世界及其夜晚的无边黑暗宣告退步，乡村的人们"洋"起来了，工作生活的世界不再"黑灯瞎火"，与现代文明相伴生的机制化夜生活来临。

二、向侨乡引进海外先进工业设备与新技术

海外华侨是近代中国社会发展的国际化之眼。国弱民贫的半殖民地半封建中国，列强环伺，产业凋敝，世界工业化浪潮席卷全球，中国社会工业体系建设的进程，少不了华侨的贡献与回馈。不论是较为先进的工业技术、管理经验，还是开明务实的效率观念，都为其后中国的独立富强，积累了力量。近代工业体系与公司管理系统的建立，前提是海外华侨向原乡引进大量当时较为先进的工业化设备。华侨黄兰君等人于1915年创办"梅县光耀股份有限公司"，向均和安机器厂购买卧式单缸90匹马力木炭发动机和45千瓦发电机组1套，并购买电线、电灯、系统开关等电力管控设备。1934年，他又在香港购得德国冰土厂275匹马力6缸柴油机和110千瓦发电机组1套。[②]华侨潘立斋创办织袜厂时，从南洋买回30余台织袜机。[③]前文提及的南洋华侨叶正中，为了开办"正中机器修理厂"，从南洋购回车床、钻床、电焊、6匹马力单缸低压柴油机，以及发电机及输电管理等全套近代化工业设备。[④]令人感佩的是，近代海外华侨面临自己母国民族工业技术落后、设备简陋、困境难申的局面。但他们临危不惧，克己克难，以一己之力，融入实业兴邦、民族救亡的时代大潮。凭着自己的眼界和经验，大胆创新，亲自改造工业工艺和设备，实现西方技术的本土化并造福回馈故里。引进技术和设备是基础，关键在于这些工业化设施在民国时期的中国乡村要运行起来，是要具备本土工业支持系统。华侨们只能进行技术创新或工艺改造，使得这些设备能适应不具备工业基础的中国乡村。回馈造福，功莫大焉！1915年末，华侨黄琼清亲绘车床图纸，并赴广州以自己的设计铸造车床刀架、顶针座等必需的机械设施，开拓机械构件修造业务。次年春天，装配创造出一台铁木质地脚踏动力车床，在当时的梅县，这是极其罕见的自制先进工业工艺。由此发展开拓出铸造业领域，并生产出制药行业炮制仁丹所用的压榨机、成丸机等机械。同时也铸造修配印刷机、毛巾机、织布机等及其主轴、曲轴及其必需的各种配件。在这些铸造技术的基础上，其子黄奕明兄弟将企业扩建为"黄奕记机器修造厂"，厂址迁址梅石路，主营车、钳、焊、修理汽车、轮船，并能生产汽车与自行车零

---

① 梅县志编纂委员会编：《梅县志·卷五》（征求意见稿），1990年，第16页。
② 温仲和主编：《光绪嘉应州志》，台北：成文出版社，1968年，第13页。
③ 政协梅县文史资料编纂委员会编：《梅县文史资料》第21辑，1991年，第117页。
④ 梅县侨声杂志社编：《梅县侨声》，1997年第3期，第77页。

部件，开创出梅县近代历史上的机器修造业。①创办"正中机器修理厂"的叶正中同样机械制造技术知识丰富，在工业工艺方面颇有创造性引进西方工业技术与工艺后的就地本土改造，才是真正的反馈原乡。他开设修理厂时，抗战爆发，海运不畅，所需各种机械设备、车辆零件、汽油、柴油等工业物资，进口来源被阻断，工业修造条件极端困难。但他依靠其知识智慧和技术经验，克服困难，促进了梅县各种机器、车辆的修理和改造行业的发展。叶正中还通过自己的思考和实践设计发明了一种工业用磨缸机，使用特种磨石，在汽缸壁上自动旋转往复，制作出的产品可与进口的西方外国同行产品媲美。尤其在汽油、柴油等燃料供应由于战争被截断之际，汽车公路运输濒临绝境，叶正中亲自设计制造各类样式不同的汽车木炭炉作为动力驱动装置，汽车、轮船能以木炭作为燃料代替汽油和柴油，让汽车、轮船等原以汽油和柴油为主的交通工具，其业务绝处逢生。正是这种工业工艺的本土创新能力，"正中机器修理厂"还自制了万能铣床。②

叶本人技术知识基础好，机械技能素养深厚，是华侨中西方工业化教育培养的典型。难能可贵的是，着眼故里侨乡工业基础薄弱，勉力机械修造企业本地化的工艺改造和技术创新。由于极强的技术本地化意识与业务适应能力，其工业修造领域的专业范畴被大大拓展。除汽车修理、轮船机电以及其他机械改造，就当时技术条件下的原机修造业务几乎全覆盖，并将之推广到汽车零部件修造，乃当地工业机械设备修造业的泰斗。

华侨引进西方工业设备并以本地条件为导向，改造且创建当地工业体系，对改造本地产业结构影响巨大。电力产业自身的行业要求，也使得投资电力工业的梅县企业家相当重视技术的购买引进与改造创新，以便更为有效安全地管理运营。1937 年，梅县松口镇的李国亮，接手一家火电工厂，规模较小，改名为"永光电灯公司"。李国亮熟悉电力机械知识，擅长机器改造。他对该电灯公司的设备进行了充实，改进工艺，完善经营，在原有机械基础上，创造研究发明了新设备工业"电流限制器"，也就是水银装置的限电工艺。10 家用户可安装 1 台电限制器，控制容量，有效防止偷电漏电，公司运营很快转亏为盈。抗战爆发后，柴油供应来源被阻断后，他又将柴油机改造成木炭驱动发生器装置系统，实现可持续供电。到 1949 年，该公司使用的设备还有 3 台柴油机、2 台汽车内燃机、1 台直流发电机，还有碾米机、木炭炉，能 12 小时为镇上住户提供电力。每年可供应输电 1 万多千瓦时。③另外，《丙村镇志》还记载："1938 年，梅县溪联华侨黎棠瑞创办群光电灯公司，使用德国柴油机发电，丙村的火力发电的电灯厂真光电灯厂，（火力发电厂）也采用德国工艺的 16 匹马力柴油机发电。"④

同时期梅县工业水平的整体提升，促进工业发展领域更加广泛。此时梅县的皮革业也趁势而起。清光绪年间，梅县扎田村的归侨叶端昆，就在原乡制作火烤牛皮产品。一

---

① 梅县侨声杂志社编：《梅县侨声》，1996 年第 2 期，第 75 页。
② 梅县侨声杂志社编：《梅县侨声》，1997 年第 3 期，第 77 页。
③ 梅县志编纂委员会编：《梅县志·卷五》（征求意见稿），1990 年，第 16—17 页。
④ 梅县丙村镇志编辑部编：《丙村镇志》，1993 年，第 77 页。

直到20世纪40年代，扎田村的另一印尼归侨刘康寿，使用化学合成原料，经过烤胶、红矾、硫酸和黄糖等工艺流程制造药水牛皮，作为火烤牛皮的替代产品，极大地助力梅县皮鞋产业向前发展。①《梅州文史》还记载了其他轻工业行业的建设情况：梅县华侨在县创办的系列工厂不仅有重机械公司，而且轻工业领域更为广泛，如松南大理石板厂、梅州磁材料厂、服装厂、鞋厂、电子厂等。引进设备与装备之余，更用引进设备改造原陈旧落后的产业工艺流程，产品质量提升，而且市场竞争力增强。②久居中国基层社会的人们看到，现代化的专业知识真的改变生活，改变普通人的命运！

三、海外近代工业化知识与侨乡企业组织经营模式创新

华侨久居海外，耳闻目睹西方工业企业的经营之法。回乡投资办厂，经营企业，以工厂现代管理体制与现代公司企业经营模式，较早实现了近代侨乡产业管理的现代化。他们的工业企业，基本都以公司制运营。除前文提到的那些较大规模公司外，还有光耀电灯股份有限公司、振东织布公司等。公司资金筹措方面，有合资与集资股份等方式，大大降低企业投资的风险。在华侨创办的合资企业和股份制企业，企业运行决策和日常管理，大多以董事会制度提升管理效能，提高效率。董事会推举出总经理实施日场管理中具体业务。董事会管理的典型代表有黄信如等华侨集资合股创办的光耀电灯公司，完整的现代公司经营机制，公司集资筹股和董事会创建，一直到执行经理的推选，都是典型的现代公司管理制度。华侨领头率先创建现代公司管理制度，直接影响到梅县本地人创办的近代工业公司，也大多采用类似的公司制度。就煤矿公司而言，民国梅县程江煤炭企业基本上都用现代公司经理制和董事会制度管理，说明现代经营公司管理机制与理念，在当地被普遍接受，这在封闭的中国乡村，实实在在开风气之先河。

投资人力资源是近代梅县华侨经营现代企业理念的显著特点。这种先进理念，就近代华侨通过创办当现代工业，提高梅县本地工人知识视野、产业意识、技术水平和文化素质方面，尤其是晚清以来中国乡村认同度较高的轻工业，如纺织、制纱等产业领域，对从业者技术水平与社会认知水准提升方面，功莫大焉。华侨黄信如（梅县"黄海丰"布店老板）1899年聘泰国归侨范坤南创办了"嘉应染织传习所"，专门教授近代纺织技术与工艺，并在其开设的附属染织厂提供工人实习场所。该技艺传习所面向全社会招收学院，培训六个月满为一期，培训三年，技术培训总共举办六期，学员并非只来自本县，五华、兴宁等县以及江西、福建等省学员也不在少数。工业技艺的传承与培训，为梅县乃至中国其他省份，培养出一大批懂得工业知识，掌握近代纺织专门技术，且民族工业需求急迫的专业技术人才。③

---

① 梅县志编纂委员会编：《梅县志》，广州：广东人民出版社，1994年，第410页。
② 政协梅县文史资料编纂委员会编：《梅县文史资料》第12辑，1990年，第24页。
③ 梅州侨声杂志社编：《梅县侨声》总第25期，1996年，第76页。

就工业技术学习与水平提升，除国内培训之外，还将大量优秀青年送出海外集中学习。南口织袜厂创办人华侨潘立斋送家乡子弟赴广州和日本学习工业技术与管理知识，立志在纺织业领域实现民族工业振兴，不落西方后尘。潘立斋本南口镇潘氏族人，其乡素有"富裕之乡"的美名，皆赖潘立斋之力也。①

华侨潘祥 1907 年初招考家乡优秀青年赴日学习先进的纺织漂染工艺。第一名的潘植我与应试胜出者共 6 人，同年 4 月赴日本大阪东成郡吉田工厂学习纺织工艺，后成巨富者多人。投资人力资本，挖掘本乡人力资源优势，不仅回馈开启民智，且有益自身企业发展与繁荣，而且为梅县近代纺织业的发展培养了关键的人力资源基础。这样的远见卓识，对其原乡工业产业的良性发展以及当地社会文明程度的提高，意义极大。华侨的全方位反馈与引领，使得 20 世纪 20 年代至 30 年代初的梅县纺织业盛极一时。梅县县城"尺八布"染织厂与手工作坊多达 100 多家。一县拥有木织布机约 3000 台，纺织业从业者高达六七千，月产布匹 2 万（每匹 20 码）左右。②其纺织产品在广东、福建、江西等地占有一定的市场份额，且远销海外，闻名远近。也就从 30 年代这个分水岭起，梅县纺织工业实现了从手工生产迈入半机械化生产阶段。虽然纺织业市场遇到国内外竞争者的挤压，竞争日趋激烈，但当时梅县织染的尺八布仍能稳固地占据国内外市场，大受赣、闽等省消费者的青睐，且远销至海外，抵达泰国、新加坡等南洋各埠，与华侨长期重视生产工艺，突出技术提升，强调产品质量的先进理念是分不开的。所以，"梅县纺织业出现了一段兴旺发达的黄金时期"③。

眼界开阔、理念开放是华侨经营工业企业的普遍特点。就梅县而言，当地社会经济结构的工业化塑造与现代化管理，是千百年来乡村物质生产方式的革命式变化，前所未有。认知这些现象的知识是全新的，大机器生产所代表的时代，与传统中国男耕女织、日出而作日落而息的农业生产生活节奏完全不同。改变的不只是产品的类别和生产方式，更重要的是，这种新的生产方式通过重新组织乡村生活的日常流程，改变着人们对农业及其文化系统的认知，引发质疑并重新思考赖以生活的方式不仅仅是面朝黄土背朝天。除华侨之外，梅县本地人也不只在本地办厂，有些企业家将同样的工业化企业运营模式拓展到梅县以外。南口镇的林带棠独资创办"兴华织造厂"，积极投身工商业，在兴宁创办多家近代企业。他购置百余台机器，招聘工人 100 多名；其创办的"合众布厂"拥有铁木织机 200 余台；合股创办"民生毛巾肥皂厂"，毛巾织机 200 余台，工人 300 余名；创办"元善庐"纱厂，购置织布机 300 余台，用工达 500 多人，这些都成为当时兴宁县闻名遐迩的近代民族企业。④

---

① 政协梅县文史资料编纂委员会编：《梅县文史资料》第 21 辑，1991 年，第 116—117 页。
② 梅县志编纂委员会编：《梅县志·卷五》（征求意见稿），1990 年，第 65 页。
③ 梅州侨声杂志社编：《梅县侨声》总第 25 期，1996 年，第 76 页。
④ 温锐、游海华：《劳动力的流动与农村社会经济变迁》，北京：中国社会科学出版社，2001 年，第 230 页。

近代中国的工业化类型，官办洋务是较大规模的工业化，侨乡的工业化进程是在此风气影响下，海外华侨民间投资求利且造福乡里的创举。国内原初经济结构以农业为本，工业发展不足，近代工业化经济结构转型势在必行，西方已完成或正在进行中的工业化进程，在地理范畴上超出欧美，并大规模实现经济模式扩张，阻断中国原初工业化积累的缓慢进程，迫使近代中国以国家政权自上而下地推进工业化进程。不论是华侨从海外引进工业技术，还是购买外国机器设备，甚至就地改造原有设备，完成在地创造，都是外力发挥了不可替代的作用。当然，中国近代工业化与原初民族工业化基础联系紧密。原初工业化发展水平越高，近代工业化推进就越顺利。对梅县缺乏自然良港，又偏居山区这样的不利条件而言，华侨群体在近代工业文明与梅县原初工业基础之间完成的跨时空对接与转换，是梅县近代工业发展的关键推动力量，不论是资金投入，还是技术设备甚至管理理念，都是华侨给予的第一桶金。华侨的工业化产业精神引领，培育出梅县本地实业家投资近代工业的雁行效应，才是华侨回馈原乡、造福故里至关重要的因素。侨资投资并取得成功的工业领域，如纺织、采矿等，都是梅县具备一定原初工业基础的行业。电力工业的发展、繁荣与梅县采矿业的迅速崛起，有着密不可分的关系。华侨与梅县本地工业界人士大力创办电力企业都是火力发电厂就是最好的例证。

20世纪40年代前半叶，梅县的工业发展呈现出一片繁荣势头。一个地处后方的县城，共有小型工厂80余家，涉及20多个行业领域，而且机器修造、纺织、印刷、碾米、卷烟等行业，多使用机器生产。也恰恰是华侨引进海外近代工业技术与工艺，不畏艰难，回馈原乡经济发展，创办梅县本地工业企业，创新管理制度，培训技术工人，西方工业技术的本地化，培育出梅县本地第一批工业企业家。共同促进家乡的经济结构转型，开启了本地工业知识与现代管理意识的觉醒，推动较为保守落后的乡村社会生活向开明与创新的境地提升。

以广东梅县为代表的千千万万个中国基层乡村，因其人口域外流动而客观发生的国际现代化潮流的参与进程，导致"侨"这一特殊的近代世界物质现象，直接开始改变中国持久封闭的基层社会空间，并让这种时代的进步意识在古老的中国本土大地上生根成长，最终汇聚成革故鼎新的滚滚洪流。

中国式现代化视野下侨乡乡村振兴初探
——以青田龙现村为例

陈肖英[①]

【摘　要】在青田侨乡乡村振兴过程中，除了国家及地方政府的发展战略、政策导向、资金扶持等助力之外，华侨也是助推青田侨乡乡村振兴的独特资源。本研究以青田龙现村为例，探究青田华侨在龙现的乡村振兴过程中，在基础设施与公共服务建设、产业振兴、文化振兴方面发挥的重要作用。

【关键词】中国式现代化；侨乡；乡村振兴；青田龙现村

"推进中国式现代化，必须全面推进乡村振兴，解决好城乡区域发展不平衡问题。"推进乡村振兴，需要国家及地方政府的发展战略、政策导向、资金扶持等助力，也需要农业企业和社会在资金、智力等多方面的协同努力。侨乡，有着独特的华侨资源，是乡村振兴过程中可以借助的宝贵资源。

青田是浙江的著名侨乡，有38万左右华侨华人，分布于全球146个国家和地区。近些年来，青田县通过"华侨要素回流""青商回归""百个侨团助百村·千名华侨扶千户"等工程，引进了大量的侨资，助推了县域的乡村振兴。位于青田县城西南部方山乡的龙现村，村中家家户户都是侨眷侨属，目前全村在册人口为1208人，长住村里的只有170人左右，住青田县城和油竹等地的为200多人，其余的800余人移居海外。[②]龙现村快速发展的秘诀，除了政府政策扶持、资金保障等助力外，还得益于独特的华侨资源。在侨团、华侨的助力下，龙现村不但建设完善了水、电、路等基础设施建设，振兴了传统的稻田养鱼种养模式，推进了农旅融合发展，也助力了田鱼文化的弘扬与发展，成为浙江省发展较快的特色村庄之一。

[①] 作者简介：陈肖英，浙江师范大学马克思主义学院教授。

[②] 依据2023年9月14日对龙现村负责村财务的W的访谈。不同年份及不同统计出处，数据不同。依据2006年的数据，全村辖9个村民小组226户784人，有700多名华侨分布在世界50多个国家和地区，从事贸易、服装加工、餐饮等行业。参见龙现村村委会：《积极参与农业文化遗产的保护》，载闵庆文、钟秋毫主编《农业文化遗产保护的多方参与机制"稻鱼共生系统"全球重要农业文化遗产保护多方参与机制研讨会》，北京：中国环境科学出版社，2006年，第314页。

一、华侨与龙现村基础设施与公共服务建设

青田是个"九山半水半分田"的山区县，436个建制村散布在崇山峻岭之中，自然条件十分恶劣。农村的基础设施建设较差，道路、水利灌溉、饮水工程、网络基础设施建设和文化教育、医疗卫生等公共服务都非常落后。

龙现村也是如此。爱国爱乡的华侨对龙现村的捐资始于民国时期，以捐资修路居多。20世纪二三十年代，吴乾奎在家乡建桥、建路，建石庙，购买丽温公路债券，建青田公立医院等，捐献达1.8万多银元。[①]其中，青田县政府为修建丽温公路而发行公债，吴乾奎踊跃购买了8000银元的建设公债。这一善举受到了当时县政府的褒奖，县长郑迈亲自为他题写了"惟善为宝"的匾额。吴乾奎爱国爱乡的故事，在当地被传为佳话，引领着龙现村的村风、家风。

从青田县城到方山乡龙现村，相距20千米左右，途中必经的山口镇与方山乡等地交通要道的基建，都有华侨的捐资助力。据统计，1969—2002年，龙现村所属的方山乡华侨、侨眷共捐资1491万元（捐献宫殿、庙宇、基督教堂在外），其中，853万元用于交通设施建设（造路760万元，建桥93万元）；用于建爱乡楼、老人休闲活动文化娱乐场所234万元；建卫生院、改善饮用水118万元；其他公益事业10万元；捐助外地123万元。方山乡华侨、侨眷捐资兴办的主要公益事业有：爱乡楼、博爱楼、进秀楼、周畚福寿楼、倪岸老人活动中心、山口至方山公路高级路面、乡境以内通达各村的高级路面、侨朝桥、方山中小学教学楼、县中医院急诊楼、阮大岙自来水等。[②]2005年至2006年，龙现村两委动员海内外村民捐资捐款，完成了村内路灯线路整修、自来水增容、河道治理等基础设施工程。[③]到2008年初，海外华侨已累计为龙现村捐资200万元，先后完成了村内道路硬化、村委办公室和老人亭等的建设。[④]

西班牙归侨吴立群2017年成为龙现村的"华侨村官"后，便动员村民一起实施一系列村容整治项目：改家畜散养为圈养，引进养殖场粪污处理设施；配备分类垃圾桶、垃圾清运车；规定生活垃圾专人运送、日产日清；细化管理农污设施、公共厕所；治理村内河塘沟渠、房前屋后污水横流……随着各项集中清扫和环境整治工作逐步开展，村民卫生意识也逐渐提高，形成了文明卫生和爱护家园的良好习惯，村里的环境有了很大

---

①《青田华侨史》编纂委员会编著：《青田华侨史》，杭州：浙江人民出版社，2011年，第302页。
②《方山乡志》编纂委员会：《方山乡志》，北京：方志出版社，2004年，第125页。
③ 龙现村村委会：《积极参与农业文化遗产的保护》，载闵庆文、钟秋毫主编《农业文化遗产保护的多方参与机制"稻鱼共生系统"全球重要农业文化遗产保护多方参与机制研讨会》，北京：中国环境科学出版社，2006年，第314页。
④《青田"百个侨团助百村"让侨乡新农村旧貌换新颜》，载《人民日报海外版》，2008年4月29日。

改善。近年来，龙现村年年都能在全县"最美村"评比中名列前茅。[①]

文教事业是关系到每个农村农民切身利益的公共服务事业。龙现村华侨积极参与农村贫困家庭子女就学资助活动，设立了各类奖学金、助学金，捐资兴建和修建乡村学校。据统计，1969—2002年，龙现村所属的方山乡华侨、侨眷共捐资153万元用于教育事业。[②]2005年，兴办了村幼儿园，聘请幼师专职教师到村任教，解决了临近3个村幼儿的入学问题。[③]

龙现村村口有一碑林，龙现村华侨或侨眷所捐赠用于本村民生基建的大多铭刻其上，竟有18块石碑之多，碑上记载着龙现村华侨或侨眷捐资于本村道路交通、水利建设、老人亭及爱村楼等方方面面的公益事业。现在，村内道路井然，村民文化活动中心、公厕、路灯、卫生设备设施一应俱全，人居环境显著改善。

外币兑换业务是龙现村村民的重要需求。龙现村的华侨分布于全球30多个国家和地区，每家每户都插有自己旅居国的国旗，俨然一个"联合国村"。早在2012年，龙现村便诞生了全国第一家也是唯一一家村级外币代兑点——"浙江青田县方山乡龙现村外币兑换点"，年兑换量最高可达1000多万欧元。从此，龙现村村民兑换手中的外币不需要一早赶到方山乡农村信用合作社去排队，在村里就可以轻轻松松地进行换汇，极大方便了村民进行个人外币兑换业务。村里有了外币代兑点后，村民会关注兑换点的外汇牌价屏幕，汇率划算时，赶紧换些人民币待用。多年来，龙现村年均外币兑换量大体保持在二三百万欧元。尽管2014年欧元汇率一直处于下跌趋势，但全村依旧发生2900多笔外汇兑换交易，交易金额超过408万美元。[④]最近几年来受新冠疫情影响，欧元兑换量显著下降。2022年，全年兑换量为100多万欧元。2023年以来至9月中旬，只有四五十万欧元的兑换量。[⑤]

二、华侨与龙现村的产业振兴

产业兴旺，是解决农村一切问题的前提，是乡村振兴、农民增收的基础。近些年来，随着青田实施"华侨要素回流""青商回归"等工程，大批华侨回乡创新创业，将产业、项目、资金、技术、人才等要素资源和优质资本引入青田、注入乡村，建立农业

[①] 林子涵：《浙江"千万工程"为"田鱼"注入活水》，载《人民日报海外版》，2023年6月7日，第6版。

[②]《方山乡志》编纂委员会：《方山乡志》，北京：方志出版社，2004年，第125页。

[③] 龙现村村委会：《积极参与农业文化遗产的保护》，载闵庆文、钟秋毫主编《农业文化遗产保护的多方参与机制"稻鱼共生系统"全球重要农业文化遗产保护多方参与机制研讨会》，北京：中国环境科学出版社，2006年，第314页。

[④] 许正中、王丕屹、徐蕾：《青田农妇也是炒汇高手》，载《人民日报海外版》，2015年2月18日，第07版。

[⑤] 2023年9月14日访谈代兑点代办人W于代兑点。

合作社，发展侨乡特色产业，做起"侨家乐"民宿，推进"农旅融合"。华侨要素回流，推进了龙现村产业结构的发展，生态养殖、生态旅游产业发展迅速。

方山乡是著名的"田鱼乡"，龙现村是著名的"田鱼村"，"九山半水半分田"的特殊地貌孕育了古老的农耕智慧：1300多年前，为高效利用土地，当地先民在山坡上开垦梯田，种上水稻的同时养殖鲤鱼，逐渐形成了稻鱼共生的种养模式，由此培育出的特色鱼种名为"田鱼"。稻鱼共生的种养模式，拥有独特的生态"法宝"：鱼在田中吞食害虫和杂草，同时为水稻松土、增肥；水稻则吸收鱼的粪肥、残饵为养料，同时摄取鱼塘的氮、磷等无机营养物质，避免水体富营养化，起到改善和净化水质的作用。这样种出的水稻口感香糯，独具清香，养出的稻鱼也新鲜肥美，连鱼鳞都软嫩可食。千百年来，龙现村家家户户养田鱼。这一种养模式代代流传，成为方山乡龙现村鲜明的文化标志。

然而，改革开放以来，许多龙现村民选择出国谋求发展，只有老人和孩子留守村中，良田抛荒，稻田养鱼面积大幅度缩小，加上村民为追求粮食产量，大量栽培杂交水稻，同时普遍使用复合化肥、杀虫剂、除草剂等，虽然田鱼的产量增加、经济效益提升，但土壤和水域质量下降，传统的稻田养鱼系统遭到极大破坏。稻鱼共生的种养模式处于濒危状态已是一个不争的事实。正因如此，世界农业文化遗产的保护迫在眉睫。2005年，龙现村的稻鱼共生系统被联合国粮农组织确定为首批"全球重要农业文化遗产"保护项目之一。按照粮农组织的定义，全球重要农业文化遗产是"农村与其所处环境长期协同进化和动态适应下所形成的独特的土地利用系统和农业景观，这种系统与景观具有丰富的生物多样性，而且可以满足当地社会经济与文化发展的需要，有利于促进区域可持续发展"[1]。有了农业文化遗产试点的荣誉后，给农民增收带来新的前景，一些农民自发成立了田鱼合作社，也吸引了部分华侨回流从事稻田养鱼事业，为龙现村的经济发展插上了腾飞的"翅膀"。

如何弘扬传统的地方性知识，发扬稻田养鱼的种养模式？在县、乡政府的支持下，在专业人士、华侨的助力下，龙现村两委坚持遗产保护与旅游开发相结合，"产业+乡村旅游"深度融合，发展壮大村集体经济，增强村集体"造血"功能。村两委干部和华侨、专业大户带头做好传统稻鱼种养模式、传统水稻老品种的恢复，确立了不施农药化肥、生态养殖的种养条规，收集传统的农具，让旅游与稻田养鱼融合，把稻田养鱼发展为观赏性农业、参与型农业。如华侨吴柏照率先投入资金，恢复10多亩4—5个老水稻品种的生产。龙现村依托"村集体+合作社+农户"的模式，打造稻田养鱼标准农田示范区，走规模化、品牌化发展道路，注册了"山鹤"牌商标，提升田鱼的附加值。投入30余万元建设了田间游步道及观景台，新建修整水渠2500多米，建设稻鱼共生精品园。2018年，龙现村田鱼年产量达2万斤，田鱼干产量达2500公斤，活鱼价格50元/

---

[1] 闵庆文主编：《农业文化遗产及其动态保护探索》，北京：中国环境科学出版社，2008年，第260页。

斤，田鱼干价格100元/斤，年产值200万元。①目前，龙现村稻鱼种养面积495亩，田鱼亩产由40多斤提升至近百斤。

龙现村党支部书记、村民委员会主任吴立群，是返乡西班牙华侨，率领龙现村党员干部成立了稻鱼共生红色产业联盟，对农户的米实行统一包装、上架，提供24小时稻鱼米无人销售服务，游客只要感兴趣，扫码付款就可以买走。销售旺季的时候，红色产业联盟一周可以帮助农户卖米1万斤。2022年，红色产业联盟就帮助80余户农户增收200余万元。②

龙现村进一步立足文化资源优势，推出研学营地、展馆之村、精品民宿等品牌创建，推动形成全系列可游、可看、可体验的乡村旅游新业态，助农增收效应显著。华侨积极参与龙现村的旅游开发，延伸产业链。1999年华侨吴氏在龙现村开始发展农家乐旅游。西班牙归侨、村委主任吴立群带头承包了村废旧小学教学楼，修缮改建成"稻鱼共生"农遗主题餐厅。目前，龙现村已有十多家农家乐，如"应梦山庄""醉心谷""稻香鱼舍"等都是华侨投资的。龙现村农家乐、民宿备受温州等周边地区游客的青睐，成为青田县旅游的新亮点。有了农家乐，龙现村集体经营性收入也在增长。2017年，龙现村集体经营性收入为零；2018年，龙现村旅游年创收1000多万元，村集体总收入21万元，经营性收入达6万元。③

三、华侨与龙现村文化建设

侨乡文化是一种地域文化，是以中华传统地域文化为母体，在与外来文化的长期交流之中形成的以中外文化融合为显著特征的乡村文化形态。国际性是侨乡文化的鲜明特点之一，是侨乡区别于传统乡村、侨乡文化区别于传统乡村文化的重要标志。④

1. 中西合璧的建筑文化

龙现村因有华侨，传统的民居样式发生了改变。龙现村民居是传统的汉族民居，简约的有一字形的单体民居，也有曲尺形的院落，规模再大些的为三合院或四合院式院落。其院落式的民居多为一进式庭院建筑，颇讲究中轴对称，通常就地取材，多以石砌外墙，整体结构以木构架为主，传统民居基本上为两层。⑤但有了华侨后，龙现村开始出现中西合璧的民居洋房、多层独栋洋楼。

---

① 《方山乡龙现村："联合国村"新气象》，载《青田侨报》，2019年1月7日，第A02版。
② 朱涵、叶捷：《浙江青田：农业文化遗产带动侨乡发展美丽经济》，http://csj.news.cn/2023-06/04/c_1310724484.htm。
③ 《方山乡龙现村："联合国村"新气象》，载《青田侨报》，2019年1月7日，第A02版。
④ 张国雄：《中国式现代化视野下的侨乡建设》，载《华侨华人历史研究》，2023年第2期。
⑤ 胡正裕：《侨乡背景下的民俗文化变迁研究——以浙南青田龙现村为个案》，温州大学硕士学位论文，2017年，第10页。

早在20世纪30年代，龙现村就有华侨吴乾奎回村修建了"延陵旧家"，是当时龙现村乃至青田县最为豪华的"洋房"。①"延陵旧家"是吴乾奎建造的中西合璧、砖木结构的家宅，建房所用的钢筋、水泥等主要建筑材料都是当时从美国运回的。延陵旧家采用传统建筑结构，选用家乡的青砖和木头，外形则按欧美建筑风格设计。整栋建筑面积约1036平方米，由照壁、门楼、宅楼和厢房等部分组成，处处可见西洋元素。门楼设计成三角顶，顶部中雕有"地球"，门柱可见"花旗"图案，门柱两侧各设一个冲天铁栅窗。门额墨书"延陵旧家"四字，侧壁屏为椭圆形，上饰"青天白日"图案。主楼有白色的罗马柱，正中设醒目的"海外观光"牌匾。两边厢房窗户多用进口的彩色玻璃。布局结构、建筑风格融贯中西，反映了当时华侨闯荡四海，在中西两种文化的熏陶下逐渐形成了亦中亦西的审美观念。延陵旧家，既是华侨对家乡建筑文化的一种传承，也是对侨居国建筑文化的一种采借，构建了传统与现代、本土与国际等因素交汇融合的文化景观。

龙现住宅多数为两层岩木结构。下层中间是中堂，中堂两边正间二间为居室，两侧伙房，屋外厕所。也有三间、七间的。一般上层放置粮食、柴草，或用木板隔成居室。②但改革开放以来，龙现村移居海外的华侨人数不断增加，村里也新添了一栋栋四五层、采用套房布局的洋楼。这些楼房从原先的木石结构向砖木或砖混结构转化，盖成洋房式样。楼房通常是由出国的几兄弟共同出资修建，可供各自回国时居住。新楼房，虽然豪华、阔气，但因房主及家人大多先后移居海外，往往利用率极低，只有年老父母等个别人居住，有的甚至无人居住。

2. 村风村俗的改变

改革开放以来，龙现村出国的华侨人数不断增加。因为有了众多华侨，从20世纪七八十年代起，村里逐渐衍生了诸多与华侨相关的新习俗。比如：

送顺风习俗：家人都会给出国的亲人送沿途点心和"路菜"，如熟制的鸡、鸭、田鱼干等土特产，同时还会给亲友送上几块钱做路费；也有的临行时摆上几桌"送行酒"饯行，祝愿亲人出门顺风、立地兴旺。此外，华侨出国到达目的地后，会在第一时间给国内亲友寄"落地信"和"平安信"报告旅途顺利、平安。到了过年，华侨还要为家乡亲人寄"银信"，表达对国内亲人的牵挂和感恩。③华侨回国时，往往给亲友带上国外的礼物，还送现金，也逐渐成为一种习俗。"我1980年出来，到1989年回去。那时候是第一次回去，每家亲戚都要分钱的，每家几百块。"④

---

① 吴乾奎（1873—1937年），1905年到比利时，后赴美国经营石雕。
② 陈正波主编：《方山乡志》，北京：方志出版社，2004年，第95页。
③ 叶则东：《吴乾奎和两块誉匾》，载《青田侨报》，2017年6月9日，第A04版。但厄瓜多尔华侨杨小爱告知，这些风俗近些年来不再流行。
④ 2016年9月5日访谈青田华侨G于海牙。

村民开始使用海外子女带回来的洋货，比如各式吃的、用的、穿的。比较有特色的是家家户户都开始喝起了来自西班牙、意大利或法国的咖啡，有的家里还用子女买回来的咖啡机做现磨咖啡。喝咖啡成为侨乡村民一天中不可缺少的内容。

3. 稻鱼文化的弘扬

因为有一千多年的田鱼种养历史，龙现村一直流传着与田鱼相关的文化传统及习俗，如舞鱼灯、田鱼当嫁妆等。2005年，龙现村被评为世界农业文化遗产试点后，如何传承、弘扬传统田鱼文化提上议事日程。在政府、村委会和华侨等多方助力下，村里率先成立了一个民间组织——龙现村世界农业文化遗产保护中心，并设立了专门办公室，安装了电话和宽带，出资请了本村一名老教师作为工作人员，专注于传统民俗、传统种植模式、传统老品种等的收集、整理工作，传承并宣传稻鱼非物质文化遗产。[①]

此外，村两委还组织成立了鱼灯队，推出了鱼灯表演活动，传统的鱼灯文化得到了复苏。每逢春节、元宵节等重要节日，龙现村鱼灯队队员身着武士类的中国传统服装，举着色彩鲜艳、造型精美的鱼灯穿梭、跳跃。鱼灯仿照田鱼制作，一般由11盏、13盏、15盏组成鱼灯队，两只红珠灯带头，4—6条龙头鲤鱼紧随其后，其他鱼灯依次跟随，河豚灯、虾灯断后。[②]舞灯人员大多伴以打击乐器和唢呐，表现鱼类生活习性，相传为元末刘伯温练兵所创。龙现村用这千年鱼灯舞寄托"年年有鱼""鲤鱼跳龙门"的美好愿景。新中国成立60周年庆典上，龙现鱼灯"游"进了北京，"游"到了上海，甚至"游"出了国门。鱼灯队的建立，也为村集体增加了收入。

此外，龙现村还在华侨们的支持下，打造各类展馆，全方位展现龙现村的特色文化。华侨们纷纷拿出闲置住房，无偿提供场地，建设了"侨心向党·家国情怀"展示馆、侨乡记忆馆、稻鱼共生博物馆、乡村农耕文化展示馆、侨乡货币馆、鱼灯展示馆等14处展馆、陈列馆，极大地推动了农旅融合发展。其中，"侨乡货币陈列馆"各国货币均来自各国华侨的捐赠；"侨心向党·家国情怀展示馆"获得厄瓜多尔青田同乡会捐赠5万元；"票证时代陈列馆"票证票据多数来自乡贤联谊会名誉会长支持。吴氏宗祠，已有700余年历史，算得上是村里唯一的老建筑。[③]目前，吴氏宗祠成了新时代文明实践站，传承家风家训与乡风文明的新阵地。2022年，龙现村被评为浙江省第一批未来乡村试点村，自助语音导览服务、AI互动大屏、农遗龙现全景智图、电子导游系统等智能设施在展览馆内陆续投入使用。

此外，自2018年以来，龙现村与6个行政村实现连片开发，探索开展片区联盟改

---

① 吴柏照：《企业、华侨在农业文化遗产保护中的作用》，载闵庆文、钟秋毫主编《农业文化遗产保护的多方参与机制"稻鱼共生系统"全球重要农业文化遗产保护多方参与机制研讨会》，北京：中国环境科学出版社，2006年，第314页。
② 孙瑾、胡伟飞：《处州古村落》，杭州：浙江古籍出版社，2011年，第25页。
③ 龙现村村民以吴姓为大宗，其他少数为杨姓、陈姓。

革,每年都举办"中国农民丰收节"暨"稻鱼之恋"文化节活动,以助推农耕文化与民俗文化的传承和弘扬,推进田鱼品牌建设及稻田养鱼产业化发展。

结语

民国时期,青田龙现村已有华侨反哺家乡,积极参与家乡公益事业,树立了龙现村良好的村风。改革开放以来,越来越多的龙现村华侨反哺家乡,不但建设、提升了村内的基础设施,振兴了传统的稻田养鱼种养模式、衍生了产业链,也弘扬了田鱼文化与华侨文化,助力了龙现村的乡村振兴。

在乡村振兴过程中,青田华侨的角色也历时性地发生了变化。早期青田侨乡的建设,很大程度上依赖于华侨资源,借助华侨的资金、技术,让"华侨带着侨乡致富"。随着近些年来乡村的振兴、农业农村现代化的推进,侨乡也为华侨的创新创业提供了广阔的前景,构建了"华侨带着侨乡致富"与"侨乡带着华侨共富"的双向互动新格局,从早期单向推动侨乡的发展转为互动式参与侨乡转型、共享侨乡现代化的成果,展现全域共同富裕的生动图景。

然而,在青田华侨助力乡村振兴的过程中,还存在着一些困难。乡村的振兴,关键在于产业振兴。稻田养鱼是青田,也是龙现村的特色产业。但青田的稻田,都是梯田,难以开展规模化生产、机械化耕作,耕田、插秧、收割、晒谷都运用人力,成本非常高,华侨难以从农业投资中盈利。华侨参与乡村振兴,大都是基于爱乡情怀,在乡村振兴过程中,如何增强华侨对乡村振兴的积极性、参与度,如何维系新生代华侨对侨乡的认同,促进侨乡内外的持续互动交流,必将是侨乡推进乡村振兴的重要考量。

华侨华人与粤港澳大湾区对外开放：历史逻辑与政策意义

陈奕平　曹锦洲[①]

【摘　要】 华侨华人曾在各个历史时期对广东省各方面发展做出重要贡献。新时期，粤港澳大湾区迎来重大发展机遇，需要借助华侨华人的独特优势推动大湾区的对外开放，同时高水平对外开放的粤港澳大湾区对华侨华人而言，也意味着自我实现的平台与机遇。本文认为，华侨华人与粤港澳大湾区之间存在着双向互惠的关系。具体而言，华侨华人是粤港澳大湾区对外开放的重要参与者、贡献者；粤港澳大湾区是华侨华人自我实现的重要平台和历史机遇。未来，粤港澳大湾区有关部门应在政策层面给予华侨华人更多优惠和便利，进一步发挥华侨华人在提升大湾区对外开放水平中的独特优势。

【关键词】 华侨华人；粤港澳大湾区；历史逻辑；政策意义

广东省是侨务资源大省，与华侨华人的关系密切，华侨华人在广东革命、建设和改革开放的各个历史时期均做出了重要贡献。新时期，广东省成为粤港澳大湾区建设的主要责任主体。2023年4月，习近平总书记在考察广东省时，要求"广东省在推进中国式现代化建设中走在前列"，"把粤港澳大湾区建设作为广东深化改革开放的大机遇"，并赋予了粤港澳大湾区"新发展格局的战略支点、高质量发展的示范地、中国式现代化的引领地"的新定位。[②] 在中国式现代化全面推进的时代背景下，粤港澳大湾区肩负重大历史使命，那么，如何在新时期利用华侨华人优势助力粤港澳大湾区进一步对外开放？2019年中共中央、国务院印发的《粤港澳大湾区发展规划纲要》（下简称《纲要》）中指出，大湾区内各城市应"携手扩大对外开放"，并"积极引导华侨华人参与大湾区建设，更好发挥华侨华人、归侨侨眷以及港澳居民的纽带作用"。[③]

[①] 作者简介：陈奕平，四川资中人，暨南大学国际关系学院/华侨华人研究院副院长，中华民族共同体意识研究基地首席专家，教授、博士生导师，研究方向为华侨华人与国际移民、中美关系、美国与东南亚关系；曹锦洲，江西赣州人，暨南大学国际关系学院/华侨华人研究院硕士研究生，研究方向为华侨华人与国际移民。

[②]《习近平在广东考察时强调　坚定不移全面深化改革扩大高水平对外开放　在推进中国式现代化建设中走在前列》，南方网，2023年4月13日，https://www.southcn.com/node_07e973c1a3/93ffebd3a3.shtml，访问日期：2023年9月25日。

[③]《中共中央　国务院印发〈粤港澳大湾区发展规划纲要〉》，载《中国对外经济贸易文告》，2019年第16期，第3—24页。

粤港澳大湾区规划自从在国家层面被提出以来，迅速成为学术界的热点议题，有许多学者就粤港澳大湾区的协同发展、科技创新、机制体制等方面进行了研究，但相关研究多集中在经济体制改革、宏观经济管理以及企业经济等经济学领域，少有文献就华侨华人与粤港澳大湾区之间的互动进行探究。在为数不多的相关文献中，较有代表性的成果包括：李晓源（2021）以港澳与内地高校间的研学交流活动作为切入点，在分析现有华侨华人研学交流的时代意义和相关不足的基础上，为大湾区开展研学活动提出了建议意见，但文章局限于探讨粤港澳三地在教育方面的交流合作，未能涉及其他方面的互动；[1]陈瑞娟（2021）主要对粤港澳大湾区引进海外高层次人才现状和存在问题进行了分析，但文章同样局限于华侨华人人才引进层面，未能从更全面的角度对华侨华人与大湾区的互动进行探析；[2]王靖欣和张振江（2023）创新性地提出人类命运共同体、华侨华人以及粤港澳大湾区三者之间存在着相辅相成的逻辑关系，但在探讨华侨华人与大湾区互动时侧重分析粤籍华侨华人具备的优势，且在华侨华人参与大湾区建设方面着墨较少；[3]因此，相关文献在结合21世纪华侨华人的最新发展以及与粤港澳大湾区互动方面还不够，且少有文献就华侨华人与粤港澳大湾区间互动的历史逻辑进行总结，在新时期华侨华人与粤港澳大湾区对外开放的互动方面还留有研究空间。

综上所述，本文认为，华侨华人与粤港澳大湾区之间存在着双向互惠的关系。具体而言，华侨华人是粤港澳大湾区对外开放的重要参与者、贡献者，同时，高水平对外开放的粤港澳大湾区也是华侨华人自我实现的重要平台和机遇。本文将结合近期对粤港澳大湾区内核心城市有关政府部门和侨资企业的实地调研经验，以及近年粤港澳大湾区与华侨华人互动的最新动态，对华侨华人与粤港澳大湾区间存在的逻辑关系进行梳理，这对于理解《纲要》中"积极引导华侨华人参与大湾区建设"这一要求有着重要的政策意义。

一、华侨华人是粤港澳大湾区对外开放的重要参与者、贡献者

迁移-发展范式认为，国际移民通过自由流动获得了更高的物质收益，祖籍国也凭借与海外侨民的密切联系获得了更多的发展机会。[4]念祖爱乡是华侨华人的优良传统，

---

[1] 李晓源：《粤港澳大湾区搭建华人子弟研学交流桥梁》，载《人民论坛》，2021年第18期，第107—109页。

[2] 陈瑞娟：《粤港澳大湾区引进海外华侨华人高层次人才的思考》，载《探求》，2021年第3期。

[3] 王靖欣、张振江：《人类命运共同体视野下华侨华人与粤港澳大湾区建设》，载《青海民族研究》，2023年第34卷第1期，第25—34页。

[4] Faist T, Fauser M, "The Migration–Development Nexus: Toward a Transnational Perspective", in Faist T, Fauser M, Kivisito P, *The Migration-Development Nexus*, London: Palgrave Macmillan UK, 2011, pp.1-26.

许多侨胞虽已扎根国外，但仍心系祖籍国发展，在文化上认同中华文化，愿意为祖籍国发展贡献力量。[1]粤港澳大湾区与海内外侨胞联系紧密，改革开放以来，华侨华人参与了粤港澳大湾区经济、科教、文化等多维度的对外开放，并且发挥了重要且独特的作用。

（一）华侨华人推动了粤港澳大湾区"外向型"经济的发展

广东省乃至整个粤港澳大湾区是中国改革开放的先行者，华侨华人在推动粤港澳大湾区经济外向型发展中的作用十分显著。这主要体现在推动出口贸易增长、优化对外开放格局以及助力大湾区企业"走出去"三个方面。

第一，华侨华人投资推动了粤港澳大湾区的出口贸易增长。广东省由于具备侨务资源优势以及邻近港澳地区和部分华人聚集的东南亚国家的地缘优势，在改革开放初期成为侨资的主要流入省份。在20世纪80年代，侨资企业在广东省外企中占据绝对比重，其占比一度高达80%。[2]这些侨资企业的投资形式从"三来一补"发展至"三资"企业，[3]多是原料、市场"两头在外"的出口加工型企业。侨资企业利用海外华商网络联通了中国内地的生产方和国际需求方，将海外订单信息带入内地，同时将内地生产信息告知海外卖家，迅速推动了广东省的出口贸易发展。据相关研究测算，在21世纪初，流入广东的FDI每增加1美元，都将推动出口增加3.2美元，而在当时广东吸收的外商直接投资中，近七成为侨资。[4]新时期，侨企仍占据广东省外资企业的半壁江山。截至2019年，海外侨胞在广东投资企业超过6.2万家，仍占全省外资企业总数的六成多。[5]众多侨资企业为粤港澳大湾区的出口贸易贡献了充足动力。

第二，侨资企业优化了粤港澳大湾区的对外开放格局。改革开放初期，率资来粤的侨资企业大多集中在以"三来一补"为主的轻工业，该产业适应了当时广东省的省情，能够较好地发挥彼时中国土地、劳动力成本较低的优势，帮助中国快速融入全球市场；进入21世纪后，随着国内市场需求的逐渐转变，侨商在粤投资领域不断拓宽，在生产服务业中的占比逐渐增加；新时期，侨企进一步转型升级，逐步进入到新能源、电子信

---

[1] 陈奕平：《海外侨胞与中国式现代化建设——历史逻辑和新时代启示》，载《世界民族》，2023年第2期，第14—23页。

[2] 陈方豪、熊瑞驰：《以侨为桥——侨资企业与中国的外向型发展》，载《中国经济学》，2022年第1期，第118—158、374—375页。

[3] "三来一补"是指"来料加工""来件装配""来样加工"和"补偿贸易"，是改革开放初期港澳商人投资内地的一种企业贸易形式。"三资"企业是指三种企业经营形式，分别是外商独资经营企业、中外合资经营企业、中外合作经营企业。

[4] 广东外经贸竞争力评价研究课题组：《广东利用外资评价及比较》，载《广东经济》，2006年第2期，第20—23页。

[5] 陈奕平、管国兵、何琴：《发挥华侨华人优势 推进粤港澳大湾区建设》，载《侨务工作研究》，2019年第6期。

息、生物科技等新兴产业。①可以说，侨资企业紧跟粤港澳大湾区产业升级的步伐，在相关政策引导下由劳动密集型产业转向资金密集型、技术密集型产业，优化了粤港澳大湾区的对外开放格局。

第三，华商网络助力粤港澳大湾区企业"走出去"。侨资在进入祖籍国后，更有可能将祖籍国市场整合至已有的国际商业网络之中，带动祖籍国的出口贸易发展。②华商关系网络遍布世界各地，囊括了许多国家的华商企业，华商企业具备双重文化和制度身份，一方面，他们熟知本地风俗习惯，了解当地市场运行规则；另一方面，他们在情感和文化层面上认同中国，理解现代中国企业运行模式。利用该种身份，海外华商企业可以成为中国和所在国之间的贸易往来的桥梁。对于希望开拓海外市场的大湾区企业来说，华商的本地经验十分宝贵，是大湾区企业规避海外风险、实现"本土化"经营最好的建议咨询对象。老挝华商在多家中企进入老挝的过程中提供帮助，同时在中老铁路建设、发射卫星等合作项目商谈过程中也起到了牵线搭桥的作用。③可以说，华商网络为国内企业联通海外侨商资源、开拓海外市场提供了重要平台。

（二）华侨华人促进了粤港澳大湾区科教事业的国际化

新时期，随着粤港澳大湾区设想的正式提出，党中央对大湾区高等教育事业和高科技领域的发展提出了更高要求。《纲要》中指出，应"打造具有全球影响力的国际科创中心"，"建设人才高地"。④华侨华人在发展高等教育事业上积累有丰富经验，同时，海外华侨华人群体中也蕴含着丰富的智力资源，可以为新时期大湾区的高等教育事业和高新科技发展贡献独特力量。

第一，华侨华人促进了粤港澳大湾区高等教育事业的恢复发展。早在改革开放之初，中国内地的高等教育事业百废待兴之际，华侨华人就通过捐资助学等形式促进了大湾区内地高等教育事业的恢复。例如，在暨南大学的复办过程中，华侨华人贡献巨大。从1978年暨南大学复办至1996年，暨南大学共接受了捐款计港币7706.54万元、人民币2069.8万元。这对学校复办后的重建发挥了重大作用。⑤新时期，华侨华人参与粤港

---

① 龙登高、李一苇：《海外华商投资中国40年：发展脉络、作用与趋势》，载《华侨华人历史研究》，2018年第4期，第1—13页。

② Zhou M, "Revisiting Ethnic Entrepreneurship: Convergencies, Controversies, and Conceptual Advancements", *International Migration Review*, 2004, Vol.38, No.3, pp.1040-1074.

③ 周敬阳、梁辉荣、袁彪：《发挥华侨华人作用 助力粤港澳大湾区建设》，载《深圳特区报数字报》，2022年7月12日，http://sztqb.sznews.com/MB/content/202207/12/content_1223150.html，访问日期：2023年6月8日。

④ 《中共中央 国务院印发〈粤港澳大湾区发展规划纲要〉》，载《中国对外经济贸易文告》，2019年第16期，第3—24页。

⑤ 《同舟共济 集思广益》，暨南大学新闻网，2013年10月28日，https://news.jnu.edu.cn/mtjd/dt/2013/10/28/17550222297.html。

澳大湾区高等教育事业的形式更加多元化，出现了粤港澳三地合作办学等新形式。粤港澳三地探索合作办学模式，有利于湾区内各城市教育资源的优势互补，在粤港澳三地合作办学的推进过程中，同样有着华侨华人奔波的身影。例如香港中文大学（深圳）就是一个典型的例子，香港中文大学（深圳）由海外侨胞徐扬生提议创办，由于该校是第一所由中国内地城市与香港合作开办的高水平大学，因此在创校商议阶段面临着办学形式、大学章程、用地基建等全新问题，正是在首任校长徐扬生和一众华侨华人的努力协商下，香港中文大学（深圳）得以克服重重困难，顺利落地深圳。2011年，深圳市政府与香港中文大学签署《深圳市政府香港中文大学在深圳办学的框架协议》。2014年，香港中文大学（深圳）的设立得到教育部正式的批准，并于同年开始面向中国内地省份招生。[1]

第二，华侨华人为粤港澳大湾区高新科技产业与国际前沿技术搭建桥梁。随着粤港澳大湾区加快对全过程创新生态链的构建，对技术、人才的需求进一步增加，越来越多的华侨华人科技人才选择在粤港澳大湾区发挥自己的能力、资源优势，为大湾区的现代化产业布局建设添砖加瓦。截至2018年，广东省累计引进的5.8万海外人才中，华侨华人的占比达到了70%以上，主要从事电子信息、精密制造、新材料等高科技行业。[2] 这些华侨华人高层次人才在海外积累了宽广的人脉网络，能在大湾区科技中心与国外科技中心之间搭建起交流的桥梁。笔者所在课题组曾对广州归谷科技园的"粤港澳大湾区海归之家"开展调研。粤港澳大湾区海归之家自2021年10月启用以来，已进驻海归企业21家，海归高端人才40名。[3] 在调研中，黄埔欧美同学会常务副会长、广州归谷科技园总裁范群表示，海归之家为入驻海归企业提供了通达的国际科研经验交流平台，归国人才可以借助广州欧美同学会的平台，与海外同领域的华侨华人高层次人才分享交流科研想法。

（三）华侨华人推动了粤港澳大湾区的国际文化交流

广东文化作为岭南文化的主体和基础，在其漫长的发展历史中融合、吸收了中原文化和海洋文化，具有包容、务实、兼容的特点。兼收并蓄的岭南文化赋予了粤港澳大湾区丰富的人文底蕴。新时期，粤港澳大湾区要求建设人文湾区，强调"共同推动文化繁

---

[1] 张小欣：《海外华侨华人与广东改革开放40年》，广州：中山大学出版社，2018年，第284页。

[2]《近五年广东引进海外人才中华侨华人超七成》，广东省人民政府侨务办公室，2018年9月28日，http://www.qb.gd.gov.cn/mtfz/content/post_153559.html，访问日期：2023年9月24日。

[3]《广州欧美同学会海归青年创业报国"云帆计划实践基地"落户粤港澳大湾区海归之家》，广州市黄埔区人民政府门户网站，2022年6月24日，https://www.hp.gov.cn/tzcy/tzdt/content/post_8360372.html，访问日期：2023年9月24日。

荣发展","推动中外文化交流互鉴"。①长期以来,华侨华人群体在推动建设人文湾区方面有着丰富历史经验和实践,这主要体现在,华侨华人在助力粤港澳大湾区文化走向世界方面做出了许多贡献,丰富多彩的华侨华人文化也对粤港澳大湾区文化形成了有益补充。

第一,华侨华人在粤港澳大湾区文化走向世界的过程中发挥了桥梁纽带作用。长期以来,华侨华人充当了引领中华文化海外传播的使者,早期岭南文化便是随着粤籍华侨华人海外移民的步伐扩散到世界各地,龙狮、粤剧、粤菜等岭南特色文化在海外粤籍华侨华人聚居区随处可见,并且已经在相当程度上成为中国海外形象的认知符号。②新时期,华侨华人在粤港澳大湾区文化走向世界的过程中同样发挥了桥梁纽带作用。海外华侨华人尤其是侨领熟知中华文化和当地文化特点,能够利用自身双重文化优势和积累的当地社会关系网络,推动包括大湾区文化在内的中华文化在海外的传播。广东省侨务部门在组织诸如"南粤文化海外行"等活动时,就经常通过海外侨胞搭建起中外文化交流平台。例如,广东省侨办组织舞狮队、艺术团前往巴拿马、印度尼西亚等地演出时,就得到了当地侨团在场地、舞台以及观众配合方面的巨大支持。③

第二,海外华侨华人文化对粤港澳大湾区文化形成了有益补充。华侨华人在将中华文化传播到五湖四海的同时,还将中华文化与当地文化元素创造性地融合,形成了丰富多彩且颇具特色的海外华侨华人文化。促进粤港澳大湾区的岭南文化与海外华侨文化的交流互鉴,有利于大湾区文化博采众长、与时俱进。粤菜作为粤港澳大湾区的文化名片之一,在海外餐饮业有较大影响力,是海外中餐的代表菜系之一。粤菜在海外取得较大成功的原因之一,就在于能够根据不同地区的口味需求,对自身菜品进行大胆创新改良,海外粤菜也因此产生了诸多门类派别。近年来,随着粤菜烹饪技艺国际化标准的制定提上日程,世界各地华人粤菜馆纷纷来到大湾区城市合作办学、开办国际交流培训基地。例如,加拿大中华烹饪协会与江门技师学院签订《"粤菜师傅"工程国际战略合作协议书》,根据加拿大中餐业对中餐从业者的技能考核标准对江门技师学院的烹饪专业学生进行指导考核。④除此之外,龙舟同样也是粤港澳大湾区的重要文化名片,粤港澳大湾区每年端午节前后,各地都会举办大量国际龙舟赛事,以全球最高水准的龙舟赛事之一——香港国际龙舟邀请赛为例,来自大湾区九市和港澳地区的队伍与全球十多个国

---

① 《中共中央 国务院印发〈粤港澳大湾区发展规划纲要〉》,载《中国对外经济贸易文告》,2019年第16期,第3—24页。

② 刘彭泽、陈奕平等:《华侨华人在国家软实力建设中的作用研究》,广州:暨南大学出版社,2018年,第42页。

③ 张小欣:《海外华侨华人与广东改革开放40年》,广州:中山大学出版社,2018年,第224页。

④ 《海外飘香:"粤菜师傅"带着粤味"走出去"》,南方+,2019年6月24日,https://static.nfapp.southcn.com/content/201906/24/c2348985.html,访问日期:2023年6月8日。

家的华侨华人聚集香港，在交流切磋龙舟技艺的同时，也提高了大湾区龙舟赛事的国际化水平。①

二、粤港澳大湾区是华侨华人自我实现的重要平台和机遇

相关国际经验表明，侨民与祖籍国之间跨国联系的建立是一个双向的过程，要让侨民对促进祖籍国发展建设产生积极性，既需要强调侨缘纽带的联系，也需要祖籍国提供友好的政策环境。②在该方面，华侨华人与粤港澳大湾区的互动充当了一个正面例证。在华侨华人在经济、科教和文化等维度推动粤港澳大湾区对外开放的同时，粤港澳大湾区为华侨华人提供了良好的平台和机遇，这主要体现在引导侨资企业转型升级、吸引华侨华人高层次人才以及鼓励华侨华人融入"双循环"发展格局等方面。良好的平台构建激励了华侨华人对粤港澳大湾区建设的热情，使得粤港澳大湾区与华侨华人之间能够产生相互促进的良性互动。

（一）粤港澳大湾区为侨资企业提供国际化法治化营商环境

改革开放四十多年以来，侨资企业在粤港澳大湾区实现了发展壮大、转向升级。回顾历史，可以发现粤港澳大湾区的侨资政策呈现出由政策优惠导向转向营商环境导向的趋势，这对侨资企业在大湾区的升级转型起到了促进作用。

改革开放初期，中国内地承接外资软硬件基础设施欠缺，但土地、劳动力价格较为低廉，进入粤港澳大湾区尤其是珠三角九市的侨资企业在投资方式上以"三来一补"为主，且多为劳动密集型的低端制造业。在该背景下，粤港澳大湾区内地城市强调通过提供税收减免、土地使用权等优惠以吸引海外华商的产业转移。以粤港澳大湾区核心城市之一——广州为例，1984年广州市政府发布的《广州市华侨、港澳同胞投资优惠暂行办法》中，规定华侨、港澳同胞投资使用土地费用按八折征收；③在1985年广州市政府转发的《国务院发布关于华侨投资优惠的暂行规定的通知》中规定，侨资企业自获利年度起，三年免征所得税，第四年起减半征收所得税，并且税率降低20%。④

进入21世纪后，随着中国内地对产业升级的需求与日俱增，对引进外资的技术层

---

①《香港国际龙舟邀请赛开赛，逾百龙舟队维港角逐》，央视新闻客户端，2023年6月24日，https://news.bjd.com.cn/2023/06/24/10474157.shtml，访问日期：2023年9月23日。

② K. S. Tsai, "Friends, Family or Foreigners? The Political Economy of Diasporic FDI and Remittances in China and India", *China Report*, 2010, Vol.46, No.4, pp.387-429.

③《广州市人民政府印发〈广州市华侨、港澳同胞投资优惠暂行办法〉的通知》，广州市人民政府门户网站，1984年10月24日，https://www.gz.gov.cn/zwgk/gongbao/1984/4/content/post_8843915.html，访问日期：2023年9月23日。

④《广州市人民政府转发〈国务院发布关于华侨投资优惠的暂行规定的通知〉》，广州市人民政府门户网站，1985年5月29日，https://www.gz.gov.cn/cs/zwgk/gongbao/1985/2/content/mpost_8843831.html，访问日期：2023年9月23日。

次提出了更高要求。在此背景下，为鼓励创新型、技术和人才密集型的侨资、外资企业进驻湾区，粤港澳大湾区在对侨资企业提供优厚税收优惠和奖补资金的同时，更加强调营造国际化、法治化的营商环境。一方面，粤港澳大湾区对符合入驻大湾区相关平台的侨资企业提供优厚税收优惠和奖补资金。例如，进驻横琴、前海、南沙三大平台的合规企业都可享受企业所得税和个人所得税双"15%"的优惠。另外，侨梦苑也为入驻的先进技术侨企提供奖金。以江门侨梦苑为例，在《江门"侨梦苑"核心区高质量发展若干政策措施》中规定，设立专项奖补资金，对产业发展方向的先进制造业产业项目和创新创业项目进行奖补。①另一方面，粤港澳大湾区加快营造国际化、法治化营商环境的步伐。2017年以来，为对接国际一流标准，粤港澳大湾区出台了包括"外资十条"及其修订版、《广东省优化营商环境条例》和《广东省外商投资权益保护条例》等一系列外资相关条例。②另外，大湾区内重点侨乡还积极推进湾区内涉侨法律的统一，例如"侨都"江门和澳门有关部门于2023年4月签订法律服务交流合作框架协议，两地将探索协作开展涉侨纠纷调解和法律服务咨询。③

（二）粤港澳大湾区为华侨华人高层次人才提供自由发展空间

近年来，为增强粤港澳大湾区对包括华侨华人在内的国际高层次人才的吸引力，粤港澳大湾区在畅通湾区内部人才流动方面以及针对华侨华人高层次人才出台了力度较大的引才政策。

第一，粤港澳大湾区畅通湾区内部人才流动体制机制。在相当长的一段时间，港澳同胞以及华侨华人进入中国内地需按相关规定办理手续。根据2005年发布的《台湾香港澳门居民在内地就业管理规定》，香港、澳门引进的高层次人才，在身份上属于"境外人士"，在内地城市就业需满足一系列条件，并办理《台港澳人员就业证》。④额外的入境程序无疑对华侨华人高层次人才的引进产生了一定阻碍。近年来，随着粤港澳大湾区建设的推进，港澳同胞、华侨华人往来内地的制度间隔越来越少。2017年召开的中共十九大会议中明确指出："以粤港澳大湾区建设、粤港澳合作、泛珠三角区域合作等为重点，全面推进内地同香港、澳门互利合作，制定完善便利香港、澳门居民在内地发

---

① 《江门发布"侨梦苑"核心区高质量发展优惠政策》，广东省人民政府侨务办公室，2021年10月18日，http://www.qb.gd.gov.cn/qwdt/content/post_617442.html，访问日期：2023年6月12日。
② 《广东省大湾区办：未来华侨华人在广东投资将有这些政策利好！》，2023年5月10日，https://www.gzdaily.cn/amucsite/web/index.html#/detail/2013389，访问日期：2023年6月11日。
③ 《江澳两地探索协作开展涉侨纠纷调解和法律服务咨询》，粤港澳大湾区门户网，2023年4月25日，https://www.cnbayarea.org.cn/city/jiangmen/zxdt/content/post_1052519.html，访问日期：2023年9月18日。
④ 陈瑞娟：《粤港澳大湾区引进海外华侨华人高层次人才的思考》，载《探求》，2021年第3期。

展的政策措施。"①为贯彻落实党的十九大会议精神，2018年7月，国务院印发《关于取消一批行政许可事项的决定》，废止了《台湾香港澳门居民在内地就业管理规定》，此后港澳同胞可使用港澳居民来往内地通行证，并且依法享有与大陆居民相同的劳动保障权益。②2023年2月，国家移民管理局宣布在粤港澳大湾区内地城市试点实施往来港澳人才签注政策，内地人才可以申办往来港澳人才签注，申办成功后持证人可在规定年限内无限次往返港澳地区。从"就业证"制度的取消再到往返港澳人才签注政策的施行，可以看出，粤港澳大湾区内部人才流动的阻碍越来越少。③

第二，粤港澳大湾区为吸引华侨华人高层次人才出台了力度较大的引才政策。一方面，加大对来湾区就业的海外高层次人才的政策支持力度。例如，在税收方面，大湾区针对来湾区就业的高层次人才和紧缺人才提供税收补贴。2023年6月，广东省多部门联合发布了《关于进一步贯彻落实粤港澳大湾区个人所得税优惠政策的通知》，该通知中规定，对"在粤港澳大湾区工作的境外高端人才和紧缺人才"，按其缴纳个人所得税中已缴税额超过应缴税额的15%，由珠三角九市政府提供税收补贴。④另一方面，湾区内各市对为鼓励华侨华人创业出台了不同的政策。以华侨华人创新创业聚集地之一——广州市黄埔区为例，为打造华侨华人提供创新创业平台，黄埔区先后出台了诸如《广州市黄埔区、广州开发区聚集"黄埔人才"实施办法》《广州市黄埔区、广州开发区进一步支持港澳青年创新创业实施办法》以及《广州市黄埔区 广州开发区 广州高新区关于集聚海外尖端人才的若干措施》等一系列措施，对来黄埔区的海外人才、港澳青年和学生等不同群体，提供包括创业奖励、实习补贴、租金减免、人才住房等后勤保障服务。⑤

（三）粤港澳大湾区为华侨华人融入"双循环"格局提供平台

改革开放以来，侨资企业全面融入中国经济发展的脉动，其行业结构随中国经济发

---

① 新华社：《习近平：决胜全面建成小康社会 夺取新时代中国特色社会主义伟大胜利——在中国共产党第十九次全国代表大会上的报告》，中国政府网，2017年10月27日，https://www.gov.cn/zhuanti/2017-10/27/content_5234876.htm，访问日期：2023年9月24日。

② 《国务院关于取消一批行政许可等事项的决定》，中国政府网，2018年8月3日，https://www.gov.cn/zhengce/content/2018-08/03/content_5311485.htm?trs=1，访问日期：2023年9月24日。

③ 《2月20日起粤港澳大湾区内地城市试点实施往来港澳人才签注政策》，广东省人民政府门户网站，2023年2月9日，https://www.gd.gov.cn/gdywdt/zwzt/ygadwq/zdgz/content/post_4092215.html，访问日期：2023年9月25日。

④ 《粤港澳大湾区个人所得税优惠落地政策获进一步明确》，载《广州日报》，2023年6月，https://www.gzdaily.cn/amucsite/web/index.html#/detail/2030465，访问日期：2023年9月18日。

⑤ 《广州黄埔出台"港澳青创10条"2.0版 就业最高给予10万元一次性资助 不止"筑巢引凤" 更要"固巢养凤"》，广东省人民政府门户网站，2022年8月26日，https://www.gd.gov.cn/gdywdt/zwzt/ygadwq/txy/content/post_4001518.html，访问日期：2023年9月24日。

展格局的变动而适时调整。改革开放前中期，中国实行"出口导向型"发展战略，希望融入经济全球化，发展出口加工业以实现经济发展，此时华侨华人对华投资多为需求、市场"两头在外"的出口加工型企业，有力推动了中国出口贸易的发展。新时期，随着中国市场需求的持续增大，侨资企业的本土化趋势日益增强，侨资企业也更多转向面向国内市场的生产服务业。侨资企业从以外向型为主转向以内向型为主，这与中国提出加快构建"双循环"发展格局相符。粤港澳大湾区地处水陆空多式联运的地理要道，是国内国际大循环的必经之路，[①]高水平对外开放的粤港澳大湾区无疑为华侨华人进一步融入中国经济新发展格局提供了更广阔的平台。

第一，粤港澳大湾区进一步放大了港澳地区在侨资进入中国过程中的"中转站"作用。改革开放以来，港澳地区在侨资进入中国的过程中起到了重要作用，香港是国际贸易自由港、亚洲金融中心，在开展金融交易方面具备较大优势。同时由于历史、文化原因，香港也是"华人经济之都"，许多侨资出于避开所在国投资监管的考虑，会取道香港对中国大陆进行"中转投资"。[②]澳门与葡语系国家和台湾地区的侨界人士有着密切联系，长期以来注重构建侨商经贸合作平台，并使之成为澳门"三大贸易服务平台"的纽带和桥梁。[③]新时期，粤港澳大湾区推动粤港澳三地基础设施、规则机制等方面的一体化建设，将进一步便利侨资通过港澳进入中国内地。例如，在基础设施方面，2023年9月，国家（深圳·前海）新型互联网交换中心正式发布"前海深港企业办公两地通"服务，在推进与香港的信息通信规则全面对接的同时，实现了深港两地网络高质量互访；[④]又如，在规则机制方面，2023年9月，在粤澳合作联席会议上，广东省与澳门有关部门共同签署了《粤澳知识产权合作协议（2023—2025年）》，标志着粤澳在知识产权合作方面迈上新台阶。[⑤]粤港澳三地基础设施和规则机制的软硬件联通将有助于华侨华人更加顺畅地融入"以国内大循环为主，国内国际双循环"的新发展格局。

第二，粤港澳大湾区开办的各类侨商投资会议为侨资进入内地市场牵线搭桥。自2019年中共中央、国务院印发《粤港澳大湾区发展规划纲要》以来，大湾区开展的各

[①] 孙久文、殷赏：《"双循环"新发展格局下粤港澳大湾区高质量发展的战略构想》，载《广东社会科学》，2022年第4期，第17—25、286—287页。

[②] 陈方豪、熊瑞驰：《以侨为桥——侨资企业与中国的外向型发展》，载《中国经济学》，2022年第1期，第118—158、374—375页。

[③] 潮龙起：《澳门归侨与中国和平统一大业》，载《东南亚研究》，2012年第3期，第70—77页。

[④] 《前海推出首个深港企业两地办公网络交换中心 时延降低25%》，粤港澳大湾区门户网，2023年9月22日，https://www.cnbayarea.org.cn/homepage/news/content/post_1132011.html，访问日期：2023年9月25日。

[⑤] 《〈粤澳知识产权合作协议（2023—2025年）〉在澳门签署 大湾区知识产权合作迈上新台阶》，粤港澳大湾区门户网，2023年9月25日，https://www.cnbayarea.org.cn/news/focus/content/post_1132318.html，访问日期：2023年9月25日。

种以"侨""投资"为主题的会议明显增多，这些会议为希望投资中国内地的海外华商提供了良好平台。例如，在2023年开展的中国侨商投资（广东）大会中，达成了对粤投资项目616个，项目金额总计6582亿元，涉及20个战略性产业集群，涵盖多个高新技术领域；① 2023华侨华人粤港澳大湾区大会上，举行了"侨助广东高质量发展"仪式，就充分发挥侨务资源优势、更好支持华侨华人参与粤港澳大湾区建设，提出了16条举措。②各类大会的丰富成果充分显示了粤港澳大湾区在构建华侨华人参与国内经济大循环中的良好平台作用。

三、粤港澳大湾区进一步发挥华侨华人优势的政策建议

改革开放以来，特别是21世纪以来，华侨华人与粤港澳大湾区的联系和互动更加密切，粤港澳大湾区在鼓励华侨华人发挥自身独特优势，为粤港澳大湾区扩大对外开放做贡献的同时，也应在政策层面给予更多便利和优惠。具体而言，有关部门可以在实行更加开放的引资政策、畅通引才机制体制、推动营商环境与国际接轨以及密切人文交流四个方面着手，进一步发挥华侨华人在提升大湾区对外开放水平中的独特优势。

（一）实行更加开放且具针对性的政策吸引侨资

一国采用的侨务政策往往形塑了该国侨资利用的格局，对于地方各省来说亦是如此。改革开放四十多年来，广东省在税收优惠、外商权益保护以及市场准入权限等方面给予包括侨资在内的外资一系列优惠政策，吸引了大量侨资前来广东投资兴业。新时期以来，粤港澳大湾区被赋予了"构建具有国际竞争力的现代产业结构"的更高使命，这要求大湾区优化外资产业结构，以更大的政策优惠力度吸引侨资。③当前，大湾区内地部分城市已经出台了系列支持政策，横琴、前海、南沙三大合作平台和汕头、江门两大重点侨乡为华侨华人创新创业提供了重要平台。④但相关引资政策的一个遗憾之处在于，大湾区在引进侨资政策的优惠力度与侨资在外资中的重要地位不相匹配。这表现在大湾区大多数城市未出台针对侨资的政策，侨资通常与其他外资共享同样的优惠政策，

---

① 《1.63万亿元！中国侨商投资（广东）大会项目成果丰硕》，载《广州日报》，2023年2月25日，https://www.gzdaily.cn/amucsite/web/index.html#/detail/1983254，访问日期：2023年9月24日。

② 《"侨助广东高质量发展行动"16条举措发布》，载《南方日报》，2023年2月17日，https://www.cnbayarea.org.cn/homepage/news/content/post_1041001.html，访问日期：2023年9月18日。

③ 《中共中央 国务院印发〈粤港澳大湾区发展规划纲要〉》，载《中国对外经济贸易文告》，2019年第16期，第3—24页。

④ 《广东省大湾区办：未来华侨华人在广东投资将有这些政策利好！》，载《广州日报》，2023年5月10日，https://www.gzdaily.cn/amucsite/web/index.html#/detail/2013389，访问日期：2023年6月11日。

少数专门面向侨资提供优惠的城市里,相关政策支持力度也有待提升。未来,湾区有关部门在以更大优惠力度吸引外资的同时,也应注重专门面向侨资的政策优惠。具体而言,可以鼓励重点侨乡先行开展便利华侨华人投资制度试点,并加大面向侨资的政策优惠力度。另外,还应支持各地建设类似"侨梦苑"的面向华侨华人的创新创业平台,为华侨华人在大湾区增资扩产提供广阔空间。

(二) 进一步畅通面向海外华侨华人的引才体制机制

中央对粤港澳大湾区的战略定位之一是"具有全球影响力的国际科技创新中心"。[①] 知识和人才是建设"国际科技创新中心"的关键,而蕴含着丰富的智力资源的华侨华人群体,是粤港澳大湾区创新发展的重要智力支撑。在全球人才竞争激烈的背景下,华侨华人群体是不可多得的人才资源宝库,但目前大湾区引才政策的针对性不足,对大湾区吸引华侨华人高层次人才的回流产生了一定阻碍。目前,粤港澳大湾区中,已有内地城市已出台了一系列鼓励华侨华人高层次人才归国就业创业的新政,但各地区之间出台的政策优惠力度不一,缺乏一套通用的衔接体系,这导致相关引才政策存在目标群体不明确、落实不到位等问题。为充分利用好海外华侨华人群体这一人才资源宝库,大湾区有关部门应尽快畅通引才机制体制,增强政策的针对性。具体而言,有关部门在制定引进外来人才的相关政策的过程中,应仔细了解归国华侨华人的需求,急人才之所急,并在政策细节上予以额外关注。例如,笔者在对广州、深圳等地的市委统战部及归国高层次人才的座谈会上得知,海外华侨华人高层次人才最为关心的问题通常是回国后是否有好的工作平台和能否解决住房问题,而这些需求往往无法在现有政策中体现。另外,据了解,当前国内各省市对归国高层次人才的竞争十分激烈,各地纷纷带着优厚条件来到大湾区城市"争夺"人才。对此,大湾区有关部门应予以重视,应利用大湾区的吸引力优势,加快建立常态化、阶梯式的引才机制,为大湾区高水平对外开放的长远发展提供可持续、多层次的人才支持。

(三) 汲取华商经验助力大湾区营商环境与国际接轨

习近平总书记指出:"投资环境就像空气,空气清新才能吸引更多外资。"[②] 营商环境是一个国家或地区有效开展国际交流与合作、参与国际竞争的重要基础,也是评价地区对外开放水平的重要指标。[③] 当前粤港澳城市群区域发展尚未完全一体化,粤港澳三

[①]《中共中央 国务院印发〈粤港澳大湾区发展规划纲要〉》,载《中国对外经济贸易文告》,2019年第16期,第3—24页。

[②]《习近平在博鳌亚洲论坛2018年年会开幕式上的主旨演讲》,新华网,2018年4月10日,https://www.xinhuanet.com/politics/2018-04/10/c_1122659873.htm,访问日期:2023年9月25日。

[③] 陈瑞娟:《粤港澳大湾区引进 海外华侨华人高层次人才的思考》,载《探求》,2021年第3期。

地在营商环境方面的规则体系"软联结"还有待推进。这主要体现在大湾区内除了香港、澳门两个特别行政区具备较为完善且国际化的营商环境外，中国内地9市在引资优惠力度、对外开放水平以及城市经济实力方面较不平衡，这在一定程度上阻碍了大湾区内部各资源要素的自由流通，影响了粤港澳大湾区整体营商环境与国际接轨。海外华商在海外组成了通达的社会经济网络，在跨国运营方面积累了独到的经验与优势，能够助力粤港澳大湾区对标国际高标准规则体系。大湾区相关政府部门应当与海外华商加强联系，听取他们国际化运营的相关经验，取长补短以推动大湾区营商环境的国际化水平。另外，大湾区内部可以加强粤港澳三地营商专家、学者的访问交流，研究学习国际化营商环境打造的先进经验，并消减三地要素流动的制度性障碍，降低交易成本，从而推进粤港澳内部规则体系与国际接轨，深入融入世界经济体系。

（四）密切与海外侨胞的人文交流以应对负面国际舆论

海外华侨华人具有丰富的跨文化交流经验，在中外文化交流领域能够发挥消弭误解、传递声音的重要作用。长期以来，由于制度和意识形态的差异以及政治经济的影响，西方媒体对中国的印象不佳，形成了负面的报道模式，中国国家形象常常被西方媒体妖魔化。作为国内外文化交流的前沿阵地，粤港澳大湾区在国际社会中的正面形象稳定，但外国媒体围绕香港与内地的融合发展、中美贸易摩擦背景下湾区的发展前景等方面的质疑和负面舆论仍然存在。[①]对此，大湾区有关部门应该发挥华侨华人的跨文化交流优势，加强与华侨华人的人文交流以应对负面的国际舆论。具体来说，一是要以侨为桥，推动文化交流互鉴。一方面，出台政策支持华侨华人在居住国宣传大湾区各地同源且深厚的历史文化根基，推广大湾区博大精深的非物质文化遗产，提升大湾区文化的国际影响力并消弭国际社会对大湾区的误解；另一方面，建立国际文化交流平台，鼓励华侨华人将居住国的优秀文化带到大湾区进行展示。例如，大湾区可以搭建世界华侨华人文化交流展示中心，在展示大湾区整体文化形象的同时，推动大湾区文化与世界各地多样的华族文化交流互鉴，为打造世界级湾区塑造良好的文化氛围；二是要加强与海外华文媒体的合作。大湾区有关部门可以组织海外华文媒体来大湾区访问，向海外公众、媒体和主流社会展示大湾区的人文风貌的同时，客观真实地介绍大湾区的良好发展情况，消解外媒对大湾区发展前景的质疑。

四、结论

华侨华人在各个历史时期参与了广东省的发展建设，新时期，粤港澳大湾区迎来重大历史机遇，大湾区的对外开放需要华侨华人多维度的参与，同时高水平对外开放的大

---

① 杜明曦、侯迎忠：《外媒镜像下粤港澳大湾区对外传播路径选择探析——基于182家外媒报道的实证研究》，载《对外传播》，2020年第4期，第75—78页。

湾区对华侨华人而言也意味着宽广的自我实现平台，二者的互动呈现出双向互惠的逻辑关系。改革开放以来，华侨华人与港澳地区和中国内地的珠三角九市产生了深刻的互动，这主要体现在华侨华人推动了粤港澳大湾区"外向型"经济的发展、科教事业的国际化以及国际文化的交流。高水平对外开放的粤港澳大湾区也为华侨华人提供了自我实现的平台和机遇，这主要体现在粤港澳大湾区为侨资企业提供了国际化、法治化的营商环境，为华侨华人高层次人才提供了自由的发展空间，为广大华侨华人融入"双循环"提供了广阔平台。

华侨华人与粤港澳大湾区对外开放之间存在的双向互惠关系，对于理解《粤港澳大湾区发展规划纲要》中"积极引导华侨华人参与大湾区建设，更好发挥华侨华人、归侨侨眷以及港澳居民的纽带作用"这一要求，有着重要的政策意义。为此，笔者提出四点建议：一是实行更加开放且具针对性的政策吸引侨资；二是进一步畅通面向海外华侨华人的引才机制体制；三是汲取华商经验助力大湾区营商环境与国际接轨；四是密切与海外侨胞的人文交流以应对负面的国际舆论。

陈享蔡李佛遗产的国际化传承与新会京梅村发展路径研究

李夕菲　高　峰[①]

【摘　要】 2008年蔡李佛拳被列入第二批国家级非物质文化遗产传统武术项目，推动了人们对其创始人陈享传奇人生和蔡李佛发展、传承路径等的研究。梳理陈享创蔡李佛拳及传播经历，可以看出蔡李佛从新会京梅村走向世界的过程。2001年起新会蔡李佛始祖拳会推动陈享第五代嫡孙陈永发8次率洋弟子回新会溯源，以及2008年蔡李佛拳进入第二批国家级非物质文化遗产名录，为蔡李佛传统武术在发源地的重振和传承推广打开了新局。而地方政府以及京梅村如何盘活、转化、利用陈享历史文化遗产，以武术文化联通世界，振兴乡村，则是新时代富有挑战性的大课题。

【关键词】 陈享；蔡李佛；京梅村；乡村振兴；国际传承交流

新会茶坑村的梁启超（1873—1929年）和京梅村的陈享（1806—1875年），是近代岭南侨乡"文""武"之道的代表性人物。两人均有强烈的爱国心和海外漂泊经历，均留下了丰富的文化遗产，并至今影响着海内外。但研究梁启超者众，而研究陈享和蔡李佛武术文化者很少。

管见所及，20世纪80年代，只有《广东武术史》[②]、《广东拳械录》[③]等著作有对陈享和蔡李佛的专门介绍。

2008年蔡李佛拳被列入第二批国家级非物质文化遗产传统武术项目，推动了人们对创始人陈享传奇人生和蔡李佛发展史、传承路径、产业化运作等的研究。至2023年8月5日，以"主题：蔡李佛文化"为关键词，在知网共检索到5篇学位论文、30篇学术期刊论文、9篇会议论文。其中，外省研究者偏少，代表性的如汤立许[④]等，广东以佛山、江门、广州、深圳、珠海、韶关的研究者占据多数。广州的有呼权[⑤]；佛山的有刘琼[⑥]、

---

① 作者简介：李夕菲，女，五邑大学学报编辑部编审。
② 曾昭胜、黄鉴衡、董德强等编著：《广东武术史》，广州：广东人民出版社，1989年。
③ 董德强：《广东拳械录》，广东省武术挖掘整理组编印，1985年。
④ 汤立许、蔡仲林、秦明珠：《蔡李佛拳非物质文化遗产的内涵及传承》，载《体育学刊》，2011年第18卷第5期，第114—118页。
⑤ 呼权：《非物质文化遗产背景下蔡李佛拳的传承与发展研究》，广州：广州体育学院，2017年。
⑥ 刘琼：《佛山蔡李佛拳术非物质文化遗产传承与发展的几点思考》，载《神州民俗》，2010

曾思麟[①]、张德军[②]等人；珠海的有李晴云[③]；韶关的有李磊[④]；江门以梅伟强[⑤]、黄建军[⑥]、索奇山[⑦]和王礼盛[⑧]、侯海燕[⑨]等为主。另外，陈耀佳、林友标的《蔡李佛与小梅花拳》[⑩]和宋旭民的《文化空间中蔡李佛拳的传承发展研究》[⑪]，是系统研究国家级非遗蔡李佛拳产生、发展和国内外传承、流变情况的专著。总体看来，研究陈享及蔡李佛拳派系发展历史者多，研究其家族嫡系六代如何具体传承者少；对蔡李佛博大精深的医武文化体系原貌深入探究者少；从京梅村角度探讨如何借助陈享和蔡李佛非遗两张名片，打造国际武术交流平台，推动地方经济文化发展的研究则更少见。

笔者接触蔡李佛，始于2001年报道新会京梅村缘福陈公祠重修[⑫]，陈享第五代嫡长孙、澳洲武师陈永发率领来自13个国家的92名洋弟子回新会溯源归宗[⑬]，此后运用田野调查、文献分析、交叉访谈等方式，跟踪关注该传统武术项目长达22年，发现蔡李佛是联结海外乡亲和粤港澳大湾区青少年的有效平台，具有参观游学、强身健体、增强

年第152期，第13—16页。

[①] 曾思麟、刘永峰、荆治坤：《佛山体育非物质文化遗产保护传承现状与对策》，载《广州体育学院学报》，2014年第34卷第4期，第25—27页。

[②] 张德军、邬昌店、丁伟：《基于运动项目产业化视角的佛山蔡李佛拳发展现状研究》，载《体育科技文献通报》，2020年第28卷第7期，第41—43页。

[③] 李晴云：《陈享创立蔡李佛拳对南派拳术的影响》，载《兰台世界》，2014年第4期，第97—98页。

[④] 李磊：《蔡李佛拳早期发展探析》，载《韶关学院学报》，2008年第29卷第11期，第56—58页。

[⑤] 梅伟强：《五邑人与中国武术在海外的传播》，载《五邑大学学报（社会科学版）》，2008年第10卷第1期，第12—15页。

[⑥] 黄建军：《"蔡李佛"创始人陈享的武学思想研究》，载《体育研究与教育》，2011年第26卷第4期，第78—81页。黄建军：《非物质文化遗产"蔡李佛"拳成因分析》，2011年第31期，第140—141页。

[⑦] 索奇山：《广东五邑侨乡武术文化研究》，载《体育文化导刊》，2014年第9期，第48—51页。

[⑧] 王礼盛：《蔡李佛医术的内容与传承》，载《科技资讯》，2012年第36期，第235页。

[⑨] 侯海燕：《国家级非遗"蔡李佛拳"的传承与发展研究》，载《体育科技》，2020年第41卷第3期，第86—89页。

[⑩] 陈耀佳、林友标：《蔡李佛与小梅花拳》，广州：广东科技出版社，2010年。

[⑪] 宋旭民：《文化空间中蔡李佛拳的传承发展研究》，北京：中国华侨出版社，2022年。

[⑫] 李夕菲：《岭南武林的老屋老画》，载《人民日报·华南新闻》，2001年11月14日，第15版。李夕菲：《崖西京梅村委会顾全大局搬出武馆原址 雄胜始祖馆加紧重修》，载《新会报》，2001年11月13日，第4版。

[⑬] 李夕菲：《洋弟子到蔡李佛始祖馆溯源归宗》，载《新会报》，2001年12月4日，头版。马中原、李亚舟、李夕菲、林楹庆：《龙文化四海弘扬，洋弟子新会溯源》，载《人民日报》，2001年12月11日，第16版。杨宇红、李夕菲、林楹庆：《武林洋弟子 寻根到新会》，载《南方日报》，2001年12月10日，第1版。

家国情怀等众多功能。它还是非华裔运动员了解中华传统武医文化的一个重要载体。因此京梅村成为展示岭南侨乡开放包容、传统与现代的一个代表性窗口。

笔者认为，2008年蔡李佛拳进入国家级非物质文化遗产名录，为蔡李佛武医文化的传承发展和价值研究打开了新局面。梳理陈享创立蔡李佛拳及其家族一脉海内外传播经历，可让大众了解蔡李佛从新会走向世界的过程，以及蔡李佛武术文化的价值；而地方政府和京梅村如何盘活、转化、利用陈享历史文化遗产，以武术文化联通世界，振兴乡村，则是新时代富有挑战性的大课题。下面从几个方面进行分析。

一、陈享创立蔡李佛拳及海内外传播经过

蔡李佛拳是新会京梅村人陈享（1806—1875年）创于1836年的著名南派拳术。陈享，字典英，号达亭，7岁跟随族叔陈远护（少林寺俗家弟子）习技，19岁再拜新会七堡人李友山门下学习李家拳，22岁又赴罗浮山拜青草和尚蔡福，学习少林内家功夫和医术。学成归来后，陈享边在会城开设"永胜堂"行医，边研究武学。1836年，陈享创立了拥有初、中、高级共49套的拳术套路，为纪念三位恩师，将其命名为"蔡李佛拳"。同年在京梅"缘福陈公祠"设立"洪圣馆"，开始收徒授艺。邻乡青壮年闻风纷纷前来学技。

1839年至1840年间，陈享协助林则徐训练义勇水师，参加三元里抗英。林则徐被贬谪后，陈享带领众弟子返回京梅村洪圣馆。1842年，以"忠勇大义、英雄至胜"为口号，坐镇"祖师堂"，派出陈大楫、陈典拱、陈承显、陈燕贻、龙子才等百多名弟子分赴两广各地，开设了44间"洪圣分馆"和带"胜"字号药店。[①]

1854年，为响应太平天国起义，陈享参加同门师弟陈松年在江门狗山发动的"天地会起义"；后进入太平天国翼王石达开处当幕友。1856年9月辞别回乡。1864年太平天国覆灭后，清廷搜捕洪杨余党，陈享逃往香港、南洋等地，传授"铁箭拳"即"蔡李佛长拳"。后应美洲三藩市陈氏联宗会之邀请，前往美国传授蔡李佛武艺。[②]这是蔡李佛走出国门的初期原因。陈享在海外为维护华侨利益，有拳折金山大埠恶霸基士利、赤手击毙美洲虎等故事流传后世。据说"虎皮曾藏于京梅村康王庙，可惜解放初遗失"。

清同治七年（1868年），陈享回到家乡京梅，将平生功夫进行整理，汇编成《蔡李佛技击学》《蔡李佛派练拳行功秘要》等武学典著，特别是《蔡李佛技击学》，共有193套拳械套路，攻防兼备，蕴含了丰富的哲学武术思想。1875年陈享病逝，葬于京梅后山。

陈享之后，以京梅洪圣总馆为主体的分馆发展迅速，成为晚清民国时期不可忽视的

---

① 陈忠杰：《蔡李佛文化简介》，2017年未刊稿。
② 参见新会县地方志编纂委员会：《新会县志》，广州：广东人民出版社，1995年，第1128页；曾昭胜：《广东武术史》，广州：广东人民出版社，1989年，第121页。

地方民间武术组织。长子陈安伯坐镇家乡，次子陈官伯、徒弟李恩及后续的颜耀庭、陈耀墀、方玉书、谭三等蔡李佛门人则在广州周边、港澳甚至海外发展，能守善攻的蔡李佛拳最终超越了五大名拳的地位，成为广东最主要的拳种。

而佛山的蔡李佛鸿胜馆，是陈享最早在两广地区设立的44间蔡李佛武馆之一，初由陈典桓主持。清光绪元年（1875年）初，陈享指派张炎到佛山接替年老且双目失明的陈典桓，主理馆务。鸿胜馆得到快速拓展。张炎培养出陈盛、阮懒、雷灿等高徒，"张鸿胜"之外号名震粤港澳。张炎去世后，陈盛继任鸿胜馆掌门，掌教30余年，门徒达3000余人。① 阮懒的弟子刘彬，1939年在美国三藩市创立鸿胜馆。刘彬又有弟子黄德辉等。

由于门人及再传弟子众多，加上跟随时代、互相竞争等原因，蔡李佛渐渐演变出洪圣、鸿胜、雄胜、北胜四个分支流派。如京梅称"洪圣总馆"，佛山一派则多称"鸿胜"，而广州的再传弟子谭三又演绎出了"北胜"支派。但陈享后人和新会京梅村弟子真正介意的是佛山将张炎奉为蔡李佛创拳始祖。据说1937年，陈享曾孙、蔡李佛三祖陈耀墀从广州返回故乡掌管京梅"洪圣总馆"，随后易名"雄圣始祖馆"，就是生气于佛山鸿胜一派乱奉祖师爷，特改名以示区分。② 另外，陈安伯徒弟、江门白沙鸿胜馆的馆主陈长毛，也跟随京梅始祖馆，将"白沙鸿胜馆"改为了"四邑雄胜总馆"。不过京梅村蔡李佛文化馆将陈耀墀把始祖馆改名"雄胜"一事解释为"寓意抗战必胜"③，一方面也许是为了避免纷争，另一方面应该是为了凸显陈享后人的家国情怀。

但新会蔡李佛始祖拳会创会会长陈忠杰显然是介意此事的："张炎本是新会双水籍贯，生年不详。京梅村的老人说他比陈享小三四十岁，其父是南洋商人。陈享是在新加坡时把他收为徒弟的。并且他是受陈享指派到任佛山蔡李佛馆主持的，怎么可能是蔡李佛拳创始人。新会才是蔡李佛发源地。"④

京梅村蔡李佛文化馆将张炎生年定为1851年，不知出处何在。查佛山学者引用的关于张炎为创始人的材料，多出自佛山鸿胜纪念馆或禅城区门户网站，如禅城区档案馆就介绍张炎生卒年为1824—1893年，并称张炎先后拜新会李友山和陈享，以及广西八排山闸建寺的青草和尚为师，后来跟陈享共创了蔡李佛拳。⑤ 但宋旭民经考证，广西八排山没有闸建寺⑥。

而在笔者看来，张炎出生年份存在几种说法，即便生于1824年，也比陈享小18

---

① 摘自新会京梅村蔡李佛文化馆文字介绍。
② 宋旭民：《文化空间中蔡李佛拳的传承发展研究》，北京：中国华侨出版社，2022年。
③ 2023年8月15日摘自新会京梅村蔡李佛文化陈列馆"陈长毛"条目下文字介绍。
④ 笔者2023年8月6日于新会京梅村对陈忠杰的访谈。
⑤ 禅城区档案馆：《张炎》，http://www.chancheng.gov.cn/mlsc/lsmr/content/mpost_4659890.html。
⑥ 宋旭民：《文化空间中蔡李佛拳的传承发展研究》，北京：中国华侨出版社，2022年。

岁，在师尊如父的年代，怎可能去跟其师陈享争夺"共创蔡李佛拳"的头牌？另外佛山方面称佛山鸿胜馆由张炎创办于咸丰元年（1851年），而新会始祖馆提供的材料则是，佛山鸿胜馆的确创于1851年，但第一位掌门人是陈典垣。1875年张炎才被陈享派去佛山接替陈典垣。另查1995年《新会县志》"陈享"名录，有这样一段记载："咸丰初年，太平军起义后，陈为避清廷征募乡勇，携眷投奔他乡，先后在江门、南海、顺德、中山、东莞等地设馆授徒，以弘扬所创'蔡李佛拳'之技。各地弟子学有所成而显名于世的，有陈显承、陈典龙、陈大指、龙子才、阮骇、张炎等数十人之多。"[1]咸丰初年是1851年，正是陈享为逃避被征募在珠三角一带设馆授徒时期，而他心向反清复明大业，1854年就参加了陈松年的"扯旗起义"，显然，佛山鸿胜馆是陈享创立后交陈典垣打理的。故佛山方面关于张炎生平的材料存在明显漏洞。再往上追，民国时期"我是山人"小说《蔡李佛大师张鸿胜外传》和20世纪70年代香港朱绍基撰写的《蔡李佛先行者——张鸿胜传》，可能也是把后人带偏，以为蔡李佛功夫是张炎创于佛山的重要文献。朱绍基另外编辑《蔡李佛》杂志，是港澳颇有影响的研究蔡李佛拳术器械和师傅门派的连续出版物，不了解历史真相的学徒认佛山为祖师地也是可以理解的。但现在资讯发达了，陈享一脉无论后人还是门人都可佐证。佛山该纠正错误，把蔡李佛始祖的地位名号还给新会京梅村的陈享公了。

二、新会始祖馆一脉对蔡李佛文化的继承与传播

陈享的子孙后代及村中弟子是始祖馆蔡李佛传播的中坚力量。在新会，以陈安伯（1845—1901年）、陈官伯（1857—1915年）为首的始祖馆嫡系弟子，代代相传。长子陈安伯主要坐镇始祖馆和江门周边地区。陈官伯是陈享次子，主要赴广州等地发展。陈官伯将技艺传陈文彬、陈耀墀、陈翼耀等数人。陈耀墀系陈官伯次子，在1949年前，分别在京梅始祖馆，广州、香港等多所中学及部分工会组织任职武术教师，还应侨领之邀，到过美国、印尼、荷兰传艺。[2]陈耀墀在广州有胡云绰、潘芬等12名入室弟子，被武术界称为"四俊八贤"。陈耀墀更大的贡献在于整理重志了陈享原著的蔡李佛典籍，为这一南国武术的传承留下了珍贵的书面材料。

1950年前后，祖国内地各处蔡李佛武馆因故分别闭馆。后又经历十年"文革"，京梅始祖馆也基本停止活动。由于到处都在"破四旧"，陈耀墀在京梅村的次子陈燊樵与其夫人毕雪珍，"把陈耀墀重志的蔡李佛典籍藏于陈享当年的卧室中，以禾草覆盖，免遭被毁的厄运"。[3]陈氏家族世代传承的这套典籍，成为助力新会将蔡李佛拳申报为国家级非遗的重要物证，也让京梅村成为这一武术非遗活着的传承空间载体。

---

[1] 新会县地方志编纂委员会：《新会县志》，广州：广东人民出版社，1995年，第1128页。
[2] 曾昭胜：《广东武术史》，广州：广东人民出版社，1989年，第121页。
[3] 宋旭民2021年1月25日对毕雪珍的访谈，参见宋旭民：《文化空间中蔡李佛拳的传承发展研究》，北京：中国华侨出版社，2022年，第124页。

庆幸的是，蔡李佛功夫继续在港澳和海外传承：1971年，香港成立"蔡李佛始祖陈享公纪念总会"，由陈耀墀之女陈洁芳任会长。世界各地分设支会100多所。[①]陈洁芳的儿子吴富亨在洛杉矶传授蔡李佛功夫。而陈耀墀的嫡长孙陈永发（陈云汉之子），自20世纪80年代以来，致力于在国际上推广蔡李佛武术和中医文化。他心系故乡，8次带洋弟子回新会京梅陈享故居和祖师堂内拜师祭祖，影响深远。陈永发谈到："我1983年前往澳洲悉尼开设武馆及医馆，1988年开始到世界各地讲学。1990年成立蔡李佛国际总会。通过7年培训一批各地入室弟子，考核合格后，委任各地开设分馆。欧洲分馆有波兰、西班牙、瑞士、瑞典、丹麦、德国、葡萄牙、希腊、罗马尼亚、意大利、摩洛哥。南美洲有智利、阿根廷、哥斯达黎加、墨西哥、哥伦比亚、委内瑞拉、秘鲁。另在美国、加拿大，先后不同时期开设分校、分馆或学院，并设立各地区分会。疫情前：我每年3月在欧洲，6月到南美洲，10月到美加，12月集中各国入室弟子及教练，回中国新会拜祖，集中训练教学及考核升级，领取级别资格升级证书。……因疫情停了活动4年。现在必须整理国际机构，太忙太累。"[②]陈永发门徒遍布澳洲及欧洲、南美、非洲，2010年他的徒弟与广州中医学院在智利联合开办南美洲中医学院，每年由广州方面派出教授去开讲座，同时派学生回广州学习2个月中医学。另外，他目前正在联系香港影视公司，打算合作拍摄陈享的电影。[③]

始祖馆第4代传人陈华灿、陈耀桓、陈炳羡、陈伯添等，也一直在港澳或新会传授蔡李佛拳术，其中陈华灿对新会的贡献尤其大。陈华灿（1912—1998年），字富燕，师承陈翼耀、陈耀墀，是京梅始祖馆造诣较高的第四代传人之一。1951年，他从香港返回京梅村务农。但因新中国成立之初禁止实战武术，自1950年起，洪圣始祖馆中断收徒教拳，京梅村村民只以"父传子、叔教侄"等半公开形式小范围内传授蔡李佛拳。"文革"期间陈华灿受到批斗，绝口不提学武多年。1979年，旅居海外及港澳的乡亲筹资，力邀他重新出山。于是，陈华灿与陈燕洛担任京梅始祖馆教练，教授子侄数百人，从而填补了蔡李佛传承近三十年的空白。陈华灿在新会崖西、会城等地授徒，年届八旬仍孜孜不倦，收集资料拳谱。[④]

京梅村子弟陈忠杰正是陈华灿和陈燕洛的弟子。他1971年读书，小学二年级时开始跟陈华灿学拳。20世纪80年代成为新会人民警察。1999年陈忠杰结识陈享第5代玄孙、旅居澳大利亚的陈永发武师。两人一内一外，为振兴蔡李佛武医文化，让京梅始祖馆重焕光彩而不遗余力。2000年京梅乡亲捐款10万，陈忠杰牵头重修京梅始祖馆缘祖陈公祠。京梅雄胜祖馆1998年5月在会城开馆授徒。当时陈忠杰租用体育局北门体育场一处地方做馆址，同时挂牌"蔡李佛雄胜始祖纪念会"。2001年经政府批准，"新会

---

① 曾昭盛：《广东武术史》，广州：广东人民出版社，1989年，第121页。
② 2023年8月12日李夕菲对陈永发先生的电话访谈。
③ 2023年8月12日李夕菲对陈永发先生的电话访谈。
④ 李夕菲2023年8月6日对陈忠杰的访谈。

蔡李佛始祖拳会"注册为民间武术团体，陈忠杰任会长，自觉成为新会蔡李佛拳第五代骨干传承人，开始广泛收集整理陈享事迹和创立蔡李佛拳经过、蔡李佛武医文化内涵等相关资料。2008年3月，省文化厅颁发证书，正式命名陈忠杰为省级非物质文化遗产项目蔡李佛拳的代表性传承人。目前，新会蔡李佛始祖拳会在新会、江海、蓬江三区和深圳设有十几家分馆，有10位专职拳师。陈忠杰带出的徒弟，较出色的有：黄振钦（2007年移民美国，2008年纽约所开武馆即明确打出"新会蔡李佛始祖拳会美国分会"的牌子。发展良好，又在巴西、智利开设分馆，还准备进军法国市场）[1]、阮召荣（区级传承人）、阮柏楼（市级传承人）、李志文（蔡李佛散馆打负责人）、黎社莱（区级传承人，负责深圳传承工作）。同时在美国、加拿大设联络处。美国联络处为黄振钦武馆。加拿大设在温哥华黄振江的武馆。

另外，陈燊樵之子陈永建，2001年曾赴中美洲伯利兹，边学习蔡李佛拳边授徒，2017年回国后，即以"蔡李佛陈享公故居永胜堂"名号，在江门开馆授拳，并以陈享第五代嫡孙身份，于每年农历七月初十在京梅村主持"享公诞"，举行同门拜祖和舞狮、武术表演、互赠纪念旗牌等庆祝活动。

经过陈享→陈安伯、陈官伯→陈耀墀（陈官伯次子）等→陈云汉、陈洁芳、陈燊樵→陈永发、陈永建等五代嫡传，以及广州、佛山、新会等地几代门人的开枝散叶，目前五大洲几乎都有了教授蔡李佛拳的武（医）馆。据省武协有关部门统计，超过35个国家和地区有蔡李佛功夫总会或联会，有约一千万人在学习蔡李佛拳。

三、新会京梅村对陈享等历史文化遗产的活化利用

2001年笔者第一次进村采访时，发现陈享墓仍在京梅村保存完好，而其后代却多在港澳及海外传播蔡李佛拳，当时就曾预想京梅有望成为类似山东孔庙类的旅游文化景点[2]，如今，这个设想有望变成现实。

京梅村有728年开村史[3]，并且是国家级非物质文化遗产"蔡李佛拳"发源地，村内有缘福陈公祠（蔡李佛始祖馆）、陈享故居、太福陈公祠、康王庙、明代碉楼、清代南楼等古建筑。但2000年以前的京梅连一条进村的水泥路都没有。直到陈永发2001年携洋弟子第一次回村后，在新会市政府协调下，才修了入村水泥路。《人民日报》《南方日报》《新会报》《江门日报》等媒体大力报道陈永发8次携洋弟子回归新会拜祭陈享，让世人认识到蔡李佛拳在世界的影响力。京梅村以重修蔡李佛始祖馆缘福陈公祠为契

---

[1] 根据2023年8月9日李夕菲对黄振钦的电话访谈。

[2] 李夕菲：《蔡李佛洋弟子到新会溯源归宗具有深远意义，因为这是——东西方文化一次大交融》，载《新会报》，2001年12月13日，第4版。

[3] 京梅村原称迳背。元贞元年（1295年），南宋谏议大夫陈凤台裔孙五世祖元显翁由长岗迁入建村。明德正年，村中有族人科考中举后，挥毫写下"京上梅花年年开"之励句，村名取其寓意改称"京梅"。

机，大力改造村道和清拆整治村容村貌，先后获评"广东省卫生村""江门市生态村"等荣誉称号。2008年蔡李佛拳成为国家级非物质文化遗产后，其发源地迎来了新的发展契机。特别是党的十九大提出乡村振兴战略以来，崖门镇领导京梅村坚持以党建引领乡村振兴建设，创新提出"一场一中心 两巷三馆四古迹 五活动六服务"具体发展思路，投入一千多万元升级蔡李佛文化广场、修葺明代碉楼，出神入化巷、梅花三弄巷、蔡李佛文化传承中心、青少年训练馆等乡村振兴建设项目正式建成开放，产业、人才、文化、生态、组织全面振兴，京梅村一段旅游串联线路基本规划实现，以文旅产业带动乡村振兴的道路逐步成形，一幅全村人民致富奔小康的画面正在铺开展现。

目前，以蔡李佛始祖馆为代表的蔡李佛文化特色旅游资源深入人心，成为海内外超1000万蔡李佛弟子的"朝圣地"和远近闻名的"网红打卡点"；特别是武术文化广场北面的蔡李佛文化中心，利用低效闲置物业进行改造，总规划面积约600平方米，成为传承国家级非物质文化遗产蔡李佛拳的重要基地，也是全球蔡李佛文化的集中展示区和蔡李佛文化对外传播的重要窗口。而以康王庙[①]为代表的历史古建筑群，则成为展现京梅历史和重现宋朝至今京梅发展的重要载体。特别是始建于雍正三年（1725年）的缘福陈公祠，已成为新会区示范祠堂和新会区爱国主义教育基地，更是蔡李佛武术文化的发源地（始祖堂）；陈享故居更见证了蔡李佛文化如何带动京梅村的振兴。

依托国家级非物质文化遗产蔡李佛武术文化品牌，京梅村大力发展文化旅游，实现了从人居环境优化、文化内涵延伸、营商环境改善到群众素质的提升，先后荣获广东省文化旅游特色村、广东省文化旅游名村、中国传统古村落、江门市乡村旅游示范村、江门市文明村镇、江门市先进基层党组织、江门市美丽侨村、红色美丽侨村等荣誉，2022年蝶变了的京梅功夫侨村获批为国家3A级旅游景区。村委会还配合崖门镇政府，成功举办了两届国际狮王邀请赛及第八届蔡李佛武术交流活动。

京梅村的蝶变，是一个岭南华侨（侨乡）文脉、文化创新性发展、创造性转化的典型案例。但其文旅品牌塑造与发展战略仍有待完善。为更好利用陈享蔡李佛名片，京梅村2022年引入公司，村企合作成立了蔡李佛文化旅游有限公司，下一步计划是依托陈享墓、始祖堂和"海外关系"[②]，乘粤港澳大湾区建设的东风，打造蔡李佛武术文化国

---

① 据2023年8月12日李夕菲对京梅村村委原主任陈俊近（任届2017—2021年）的采访，康王庙由海外内乡亲捐资110万元修葺翻新。

② 据呼权不完全统计，蔡李佛拳馆在世界的分布主要有：美国佛州冠雄国术会、加拿大中国武术团体联合会、美国欧健荣国术会、美国三藩市黎雄国术馆、美国三藩市周天龙鸿胜馆醒狮队、美国洛杉矶蔡李佛始祖陈享公纪念总会、加拿大陈玫瑰国术会、加拿大萧民龙国术会、加拿大李智伟国术会、加拿大蔡李佛国术联合会、法国蔡李佛拳总会、美国株树棠国术会、澳洲柏斯蔡李佛北胜馆、委内瑞拉陈锦辉国术会、南美哥伦比亚陈锦辉国术会、蔡李佛永胜堂（澳洲雪梨）、北美洲中国国术联谊会、英国纽卡素伍厚德国术会、意大利匈牙利冯业高国术会、马来西亚吉隆坡蔡李佛郑才醒狮团、美国三藩市王达成国术馆、马来西亚雪隆鸿胜馆体育会、新加坡蔡李佛鸿胜馆、越南邓西胜义堂龙狮团、香港华友堂医馆等。参见呼权：《非物质文化遗产背景下

际传承中心，争取举办更多具有国际影响力的武术文旅活动，让京梅发展成为面向世界、拥抱未来的历史文化名村。据了解，京梅村年接待游客约 20 万人次，少部分群众开始有经济增长，但村收入仍主要靠土地及鱼塘出租，2023 年村委员会及小组收入约 230 万元。发展武术文旅产业仍需依赖外来资本。[①]

  这个武术名村当前面临的另一个现实是，村里练武者以五六十年代和七十年代出生者居多，更多的年轻人去城市读书或者工作了，本村练武者已青黄不接。现村里全年开办的蔡李佛班（六日）约 40 人，寒暑两班约 60 人，均为新会蔡李佛始祖拳会在操持，当然，这个大本营也是唯一一个没有收场地租金的地方。陈忠杰担心，如果引入外来资本打造蔡李佛武术文化国际传承中心，有没有一个多赢的入股方案，以保持京梅全体村民和新会蔡李佛始祖拳会的利益？"毕竟我们拳会是国家级省级非遗传承基地，主要目的是交流传承蔡李佛文化。"据宋旭民不完全田野调查，江门三区教授蔡李佛拳的机构超过 30 家[②]，基本上也是生存艰难。主要是由于受市场经济等多种因素的影响和冲击，蔡李佛拳的生态环境遭到破坏，许多传统套路技法以及蔡李佛医术面临失传危险。

  笔者认为，在京梅村打造蔡李佛武术文化国际传承中心，应由江门市或新会区政府出面协调利益分配机制，拿出一个保证京梅村、新会蔡李佛始祖拳会甚至包含陈享家族以及投资方的多方股权分配方案，形成合力后再投资建设，才能真正长久地惠及村集体、村民和蔡李佛国家级非遗传承，保证京梅武术发源地的良性发展。另外建议由江门市文体旅游主管部门领导，新会蔡李佛始祖拳会、"蔡李佛陈享公故居永胜堂"、江门市蔡李佛武术协会、江门市武术协会蔡李佛拳联会等机构牵头，联合陈永发、黄德辉、黄振钦等海外的蔡李佛拳同门，以及香港蔡李佛拳始祖陈享公纪念总会、香港马恩馆、香港蔡李佛功夫国际联会、澳门蔡李佛国际协会、港澳台常年性地组织蔡李佛国际功夫及医术交流活动，不失为一个发掘、抢救和保护蔡李佛武医文化，同时可以激活带动周边旅游环境开发的一个办法。

蔡李佛拳的传承与发展研究》，广州体育学院硕士论文，2017 年，第 41—42 页。
 ① 据 2023 年 8 月 12 日李夕菲对京梅村村委原主任陈俊近（任届 2017—2021 年）的采访。
 ② 宋旭民：《文化空间中蔡李佛拳的传承发展研究》，北京：中国华侨出版社，2022 年，第 228 页。

旅意华侨华人在中意两国双边合作中的重要贡献与动因[①]

包含丽　夏培根[②]

【摘　要】旅意华侨华人是中意双边深度合作的桥梁纽带和"民间大使"。本文将中意建交 50 余载以来中意两国外交关系发展，分为意大利华人社会三大支柱的桥梁作用初步显现（1970—2003 年）、双边合作全面对接（2004—2019 年）、"一带一路"联合抗疫（2020—2023 年）三个阶段，并对各阶段内旅意华侨华人参与双边合作的重要贡献予以梳理。本论文认为，旅意华侨华人身份的"双重性"与其家庭构成的"两栖"特征是促使该群体长期参与中意双边合作的主要因素，中意两国外交关系的不断深化则为旅意华侨华人创造大显身手的契机，使其与祖籍国、住在国紧密相连。

【关键词】旅意华侨华人；中意外交关系；贡献与动因

一、研究缘起

1964 年 11 月 30 日，中意两国代表于意大利首都罗马就互设民间商务代表处相关事项签订协议，双方于隔年即互派商务代表。1970 年 11 月 6 日，中华人民共和国与意大利正式建交。20 世纪 70 年代末，中国政府开始实践"改革开放"政策，着手规范海外移民相关事宜。与此同时，由于受到东南亚部分国家"政变"与"排华"等事件的影响，大量东南亚华人流入欧洲。在此国际形势下，规模庞大的旅欧移民潮逐渐形成，随着这股移民浪潮，以浙江温州、丽水为主的移民长途跋涉至意大利，开启在意大利的侨居生活。2004 年，中意两国缔结全面战略伙伴关系。在此伙伴关系基础上，不论是中意官方交流还是民间往来均日益频繁，两国间的合作亦从以往的核心领域——经济贸易，逐步扩及至文化、教育、科技、司法、环境、旅游等方面。[③]2019 年 3 月 23 日，

---

① 基金项目：本文为中国侨联 2022—2024 年度重点课题"疫情冲击下海外华文教育生态环境变化与应对实践研究"（项目编号 22AZQK206）阶段性研究成果。

② 作者简介：包含丽，温州大学华侨学院/华侨华人研究院院长，温州大学欧洲华文教育研究所所长，教育部区域与国别研究意大利研究中心研究员，研究员，浙江省侨联常委，研究方向为华文教育、华侨华人；夏培根，新加坡国立大学文学暨社会科学院在读博士研究生。

③ 中华人民共和国外交部：《中国同意大利的关系》，2022 年 10 月，https://www.fmprc.gov.cn/web/gjhdq_676201/gj_676203/oz_678770/1206_679882/sbgx_679886/，访问日期：2023 年 2 月 11 日。

中意两国正式签署《中意关于共同推进丝绸之路经济带和 21 世纪海上丝绸之路建设的谅解备忘录》，意大利成为七国集团（The Group of Seven，简称 "G7"）中首个加入中国 "一带一路" 合作倡议的成员国。在迄今 50 余载的中意双边合作关系中，旅意华侨华人参与双边合作所做的贡献与两国外交关系快速发展同频共振。值此中意签署 "一带一路" 倡议谅解备忘录 4 周年之际，笔者试图总结、回顾中意建交 50 余年来的历史贡献，并深入分析旅意华侨华人群体长期参与中意双边合作、付诸大量精力与财力推动中意双边合作发展的主要动因。

相较于拥有悠久移民历史且已普遍融入住在国社会的东南亚华侨华人群体以及英美德等国的华侨华人群体，旅意华侨华人具有其 "新移民" 的独特性[①]。其一是经贸贡献尤为突出，旅意华侨华人在中意两国间所搭建的华商网络，促进双边贸易来往。[②] 其二是意大利华人社会正值新老交替的阶段，即在一个移民家庭中长辈多保留中国国籍，并有强烈的 "落叶归根" 意愿，而晚辈则在成年后为是否加入意大利国籍而犹豫。[③] 作为时下华人新移民群体的主力军，且住在国是唯一的加入 "一带一路" 合作倡议的 G7 成员国，旅意华侨华人之研究价值不宜被忽视。迄今为止，国内华侨华人学界缺乏有关旅意华侨华人参与中意双边合作的历时性研究，而将华侨华人自身发展与国家双边外交进程相结合的研究亦尚待填补。鉴于此，探讨中意外交关系发展对旅意华侨华人自身行为活动的阶段性影响，以及该群体长年累月对双边合作所做出的重要贡献与其动因，具有一定的历史意义和现实价值。

二、旅意华侨华人参与双边合作的重要贡献

新中国成立后，意大利并未旋即承认中华人民共和国的国际地位，甚至还于朝鲜战争爆发后对中国采取限制航运的手段以配合美国所主导的经济封锁政策。中意两国之所以能在 1970 年顺利建交，其原因有四，即中苏关系恶化、西方国家对中政策改善、中意经贸往来逐渐升温及意大利左翼政党对新中国的支持。[④] 可见，在中意两国建交之前，以华侨华人为代表的民间群体已在经贸方面奠定合作基础，并促成中意两国正式建

---

① 有关 "新移民" 概念之界定，可参见李其荣：《华人新移民研究评析》，载《东南亚研究》，2007 年第 5 期。

② 有关旅意华商之研究，可参见高如、秦烨臻：《族裔中心与跨国经营：意大利新华商经营模式分析》，载《八桂侨刊》，2022 年第 4 期；张一昕：《意大利华商群体的起源、发展与特征》，载《八桂侨刊》，2019 年第 4 期。

③ 有关旅意华人社会之研究，可参见包含丽、夏培根：《中意建交以来意大利华侨华人社会的变迁——以国家在场理论为中心的分析》，载《华侨华人历史研究》，2022 年第 2 期；拉菲尔·欧利阿尼、李卡多·斯达亚诺：《不死的中国人》，邓京红译，北京：社会科学文献出版社，2011 年；徐华炳：《意大利普拉托的中国移民社会调查》，载《八桂侨刊》，2009 年第 2 期。

④ 李华：《新中国与意大利关系正常化的历史考察》，载《当代中国史研究》，2020 年第 27 卷第 1 期。

交。随着中意建交以来两国政府不断制定、完善双边外交政策，旅意华侨华人亦在经贸、科技、文化等领域开展实践，逐渐形成多元双边合作成果。旅意华侨华人在中意双边合作中长期发挥桥梁作用。Joel S. Migdal、Atul Kohli 与 Vivienne Shue 认为国家在效力方面的差异是基于其与社会的联系，而国家与其他社会力量之间可能是互相赋能（empowering）的。[1]此观念旨在呼吁学界正视国家与社会间的双向互动，进而消解偏狭的传统视角，即国家单向地、"自上而下"地影响社会。而包含丽、夏培根亦揭示中意两国国家在场对意大利华侨华人参与双边合作的影响。[2]因此，下文将以中意两国外交关系之发展进程为时间线，梳理旅意华侨华人在各阶段内所做之重要贡献。

（一）意大利华人社会三大支柱的桥梁作用初步显现（1970—2003 年）

在 20 世纪 90 年代之前，旅意华侨华人整体实力较为薄弱，且生活条件普遍恶劣。受益于中意两国正式建交与中国改革开放后的出入境政策，前往意大利的中国移民数量于 20 世纪 80 年代前后呈现出明显的上升趋势，即从 1975 年占总移民人口数 0.2% 的 400 多人扩大到 1993 年占总移民人口数 2.3% 的 2 万余人，且人口增长速率远高于亚洲其他移民群体。[3]不过，此项数据亦可揭示，在意大利国内人口总量中，旅意华侨华人总人口数量于此阶段仍居于少数。此外，多数人处于意大利下层社会的劳工群体或以非法移民身份入境的"弱势"群体，极少掌握高新技术或拥有大量财富，具有"社会融入程度较低"[4]的特征。

由于受文化水平较低、专业知识不足及语言交际能力缺乏等直接影响生计之问题的困扰，旅意华侨华人在移民初期不得不将更多精力付诸解决自身温饱，而非投资建设住在国、祖籍国。此种局面直至 20 世纪 90 年代以后方见明显的转变。这一方面是由于中意正式建交以来两国日益密切的经贸合作关系（见图 1）使部分旅意华侨华人在进入 90 年代时已赚取到丰厚财富，进而摆脱生存困境。

另一方面，则是中意两国政府在 20 世纪 90 年代所达成的一系列合作协定激发了旅意华侨华人对住在国、祖籍国投资建设的积极性。例如，《中意经济合作协定》于 1991 年 5 月正式签订，这不仅象征中意两国的合作愈加密切，还标志着当时以美国为中心的西方势力所建立之对中国的经贸封锁出现突破口。又如，在 1999 年举办于美国西雅图

---

[1] Joel S. Migdal, Atul Kohli and Vivienne Shue (eds.), *State power and social forces: Domination and transformation in the Third World*, New York: Cambridge University Press, 1994, pp.2-4.

[2] 包含丽、夏培根：《中意建交以来意大利华侨华人社会的变迁——以国家在场理论为中心的分析》，载《华侨华人历史研究》，2022 年第 2 期。

[3] Gregor Benton and Frank N. Pieke, *The Chinese in Europe*, New York: St. Martin's Press, 1998, pp.262-265.

[4] 张一昕：《意大利华商群体的起源、发展与特征》，载《八桂侨刊》，2019 年第 4 期，第 62 页。

的世贸组织部长级会议上，意大利外交部长 Lamberto Din 与外贸部长 Piero Fassino 赞成重新接纳（readmitting）中国成为世界贸易组织的成员。①

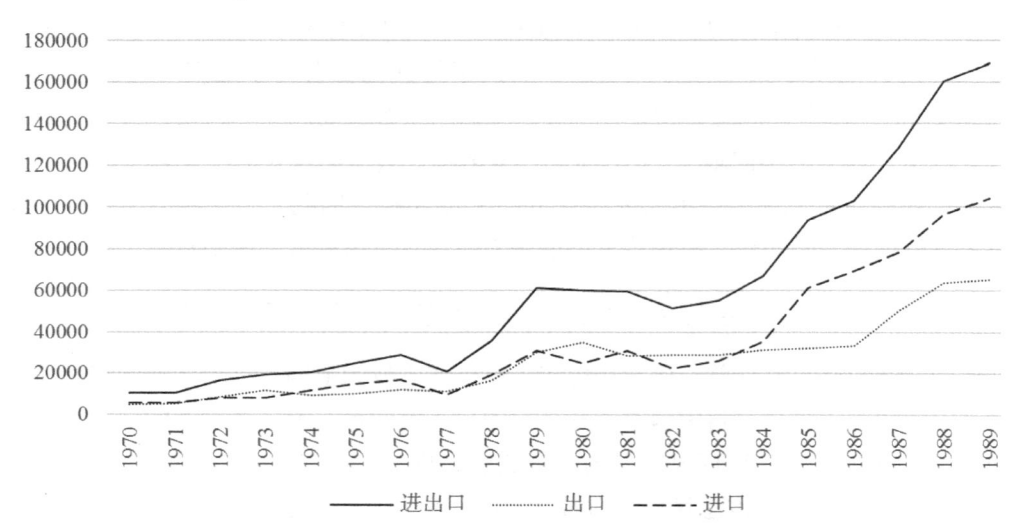

图 1　中国对意大利贸易进出口总值表（1970—1989 年）（单位：万美元）

数据来源：汇整自中华人民共和国对外经济贸易部编：《对外贸易统计资料汇编（1950—1989）》，1990 年，第 100 页。

自 20 世纪 90 年代起，旅意华侨华人在意大利华人社会中利用此前赚取的资本建设众多华人社团、华文学校及华文媒体，即"华人社会三大支柱"②。这些彰显桥梁作用的社会组织不仅壮大华人社会整体规模、凝聚广大华侨华人群体、稳固中华文化代际传承与联络中意两国政府，还为中意双边合作的长远发展提供裨益。

1. 以地缘为主的华人社团逐步成立，对接主流社会并发挥双边贸易作用

旅意华侨华人利用中意两国多领域资源建设华人社团，开拓与中意政府沟通的渠道。据统计，至 1995 年，意大利华人社团数量达 20 个，而这项数据在此后的时间里不断上升。③关于华人社团分类，李明欢曾将海外华人社团分作地缘社团、血缘社团、业缘社团、文化社团、慈善社团与综合性社团六类，并认为关于华侨华人社团的分类，可

---

　① Valter Coralluzzo, "Italy's Foreign Policy toward China: Missed Opportunity and New Chances", *Journal of Modern Italian Studies*, 2008, Vol.13, No.1, pp.6-24.
　② 此概念最初被用于理解南洋华人社群，现今已扩及欧美华人社群的研究。参见周敏、刘宏：《海外华人跨国主义实践的模式及其差异——基于美国与新加坡的比较分析》，载《华侨华人历史研究》，2013 年第 1 期；严晓鹏、郑婷：《中国语言文化在海外华侨华人社会中的传播研究——基于对意大利华侨华人社会的考察》，杭州：浙江工商大学出版社，2018 年。
　③ 李明欢：《欧洲华侨华人史》，广州：暨南大学出版社，2019 年，第 728 页。

以运用不同的标准，做多种划分。[①]吴晓生根据社团功能与人员结构将华侨华人社团分作专业社团、综合社团、华商组织、文化社团四大类。[②]赵红英、宁一将华侨华人社团以亲缘、地缘、神缘、业缘和物缘五类文化内涵做划分。[③]本文依循李明欢所提出的社团分类方法。由于该阶段旅意华侨华人移民历史并不长久，规模也还不是很庞大，致使东南亚甚为常见的血缘宗亲社团在彼时意大利华人社会中极为缺乏。[④]此外，由于旅意华侨华人所从事之行业较为集中，故业缘社团亦是意大利华人社团的重要组成部分。例如，米兰华侨华人工商会（前身是成立于1956年的意大利北部华侨华人工商会）、意大利罗马华侨华人贸易总会（成立于1997年）等。不论是何种社团分类，华商群体都是意大利华人社团的核心力量。一方面，华商群体尝试搭建与住在国政府沟通以维护当地华商合法权益的平台。正如宋全成所说："欧洲国家的华人社团的迅速发展，是欧洲华人社会与政治需求的产物，华人社团的广泛存在，发挥了维及祖国情感、传播中国文化、沟通华人网络、维护合法权益的重要的社会功能。"[⑤]这些旅意华侨华人通过建立华人社团对接中意两国政府，能更有效地把握移民、涉侨政策，进而为住在国华人社会乃至祖籍国侨乡的发展做出贡献。

2. 华文学校出现办学热，成为中意文化交流的重要载体

随着意大利华人社会的发展，旅意华侨华人逐渐意识到华文教育对子女身心成长的重要性，并希望通过华文学校为子女生活增添更多中华文化元素，拉近代际间对中华文化认同差距。1997年，意大利普拉托华人华侨联谊会在成立后不久创办了普拉托华人华侨联谊会中文学校。此种将华人社团与华文学校相联结的方式有效地增加华人社会内部的凝聚力，弥合老少华侨华人之间的距离。毕竟对于老一辈旅意华侨华人而言，中华文化是其离开祖籍国后的精神寄托与社会人际网络建立的媒介，其在维系自身文化认同时，亦希望其后代能借由华文学校这一文化空间谙熟汉语，并对中华文化之传承有所接获。除了依靠华人社会中的内在自发性，一些意大利华文学校的建立还有赖于中意两国政府的外部支持。20世纪90年代意大利华人社会中出现的"办学热"，一方面反映华侨华人群体内部对后代文化认同偏移的焦虑，另一方面则揭示中意两国政府对华文教育的重视。旅意华侨华人借助华文学校让华裔新生代了解长辈们在"他者"世界中所蕴藏的"自我"世界的模样，并认知自身所具有的双重文化背景。

[①] 李明欢：《当代海外华人社团研究》，厦门：厦门大学出版社，1995年，第331—332页；李明欢：《欧洲华侨华人史》，第731—769页。
[②] 吴晓生：《华侨华人社团机构名录》，广东华侨华人研究会，2007年。
[③] 赵红英、宁一：《五缘性华侨华人社团研究》，上海：同济大学出版社，2013年。
[④] 李明欢：《欧洲华侨华人史》，第739页。
[⑤] 宋全成：《欧洲的中国新移民：规模及特征的社会学分析》，载《山东大学学报（哲学社会科学版）》，2011年第2期，第148页。

3. 华文媒体快速发展，为凝聚旅意华侨华人族群意识提供了重要平台

由于移民初期的旅意华侨华人主要将精力投入劳务工作，并多以社会中的"他者"自处，故缺乏及时掌握当地要闻或国际时事的媒介。至20世纪90年代，随着自身财富的积累及中意两国外交关系日益密切，旅意华侨华人意识到媒体行业的价值。截至2014年，意大利当地主流华文报社有6家，其中多是华侨华人于20世纪90年代所建立的，如《新华周末时报》（创办于1990年）、《欧华联合时报》（创办于1997年）、《欧洲侨报》（创办于2001年）等。[1]此类华文媒体不仅整合国际政经要闻在华人社会中传播，还创设附有中意政府部门网站链接的官网及论坛在华侨华人群体中建立议政渠道。随着中意两国实时要闻通过华文媒体不断输入旅意华侨华人的日常生活，越来越多的华侨华人意识到参政、议政是将自身融入当地社会的重要途径。华文媒体为旅意华侨华人文化传承、启迪民智以及凝聚族群意识提供了重要平台，其跨文化传播意义，成为华侨华人与住在国主流社会、中国与住在国主流社会沟通的桥梁，也是制衡国际舆论的重要力量，是塑造中国形象的重要参与者。华文媒体在华人社会与中意两国政府之间扮演的角色，不仅帮助华侨华人融入意大利社会，还为华侨华人了解中意双边合作进程提供渠道。

（二）双边合作全面对接（2004—2019年）

2004年5月9日，中意两国政府就"建立稳定、友好、长期、持续发展的中意全面战略伙伴关系"发表联合声明，并强调两国将"在文化、科技、教育、环保、旅游、卫生、司法、信息和其它相互感兴趣的领域开展更多的合作"。[2]在此之前，中意两国政府主要聚焦于经贸领域的合作，而未将中意多元领域合作提升至国家战略合作层面。门洪华与江朋飞将中意全面战略伙伴关系的建立视作两国合作步入制度化轨道的标志。[3]在中意全面战略伙伴关系缔结之后，两国形成更为紧密的多元领域合作关系。例如，中国于欧债危机爆发后不论是与意大利共同推进国际货币体系改革，还是与意大利围绕贸易投资、环保、创新、财政及文化交流等领域开展合作，皆展现这份伙伴关系的重要价值。[4]Giovanni Andornino认为，国际金融危机背景下中国在增加国内市场需求与扩大境

---

[1] 尧雪莲：《意大利华文报纸发展的现状与改进策略》，载《传媒》，2014年第12期，第58页。

[2] 中华人民共和国外交部：《中意两国政府发表联合公报》，2004年5月9日，https://www.fmprc.gov.cn/web/gjhdq_676201/gj_676203/oz_678770/1206_679882/1207_679894/200405/t20040509_9352363.shtml，访问日期：2023年2月11日。

[3] 门洪华、江朋飞：《中意全面战略伙伴关系的历史演进与深化路径》，载《国际展望》，2020年第12卷第5期。

[4] 中华人民共和国外交部驻香港特别行政区特派员公署：《杨洁篪外长谈胡锦涛主席访问意大利成果》，2009年7月8日，http://www.fmcoprc.gov.hk/chn/jb/szyw/200907/t20090708_7271185.htm，访问日期：2023年2月11日；中华人民共和国外交部：《温家宝与意大利总理贝卢斯科尼

外投资方面的努力让中意战略伙伴关系走出了此前 20 年不对称竞争（asymmetrical competition）与异步性机会（asynchrony of opportunities）的循环特点，为意大利创造出口机遇。①鉴于两国在多元领域所取得的丰硕成果，意大利总理蒙蒂（Mario Monti）在出席 2012 年博鳌亚洲论坛年会时，向时任国务院副总理李克强表达关于中国支持意大利及欧盟国家应对欧债危机的谢意。②随着中意两国政府不断推动全面合作的伙伴关系，我们看到旅意华侨华人在经贸、文化及公共外交等领域所累积的多元贡献。

1. 旅意华侨华人在经贸领域的贡献

旅意华侨华人将两国贸易往来所涉猎的领域不断扩展，在造福中意人民日常需求的同时，助力中意高新技术领域发展。在中意关系进入新发展阶段后，旅意华侨华人在中意两国经贸领域发挥更明显的作用。该群体一方面加速拓展住在国市场，另一方面扩大对中国市场的投资，与中方商界人士展开合作。作为托斯卡纳大区中的"华人城"，普拉托市在此阶段已凭借当地华侨华人群体自 20 世纪末以来所奠定的贸易基础成为中意双边合作重镇。可见，旅意华侨华人在发展推进意大利经济建设的同时，也带动了中意两国的经贸往来。不过，随着华商群体不断壮大，其与意大利其他族裔存在的竞争与冲突亦有所增加。③这种源于经贸领域的竞争与冲突除了揭示族裔之间的文化差异，还反映出意大利华商影响力于中意两国建立全面战略伙伴关系后在意大利国内市场中的迅速扩大，进而打破原有的市场格局。如意大利华商总会会长王家厚所言："整条街都变成华人经营的服装商店，而与当地居民生活息息相关的日用品商店、咖啡厅、面包店等都慢慢消失了。"④

2. 旅意华侨华人在民间文化交流方面的贡献

旅意华侨华人作为中意两国文化交流的使者，借助文化媒介维系两国人民情谊做出了突出贡献。意大利国际广播传媒责任有限公司（IIRM）监管运营人孙运之搭建了覆盖意大利八大区共计受众 2200 万人口的广播电台网络，他表示："我们的电台有两套体系，一是意大利语电台调频系统，在罗马、米兰、都灵等 15 个城市开播，介绍中国文

举行会谈》，2010 年 10 月 8 日，https://www.mfa.gov.cn/web/zyxw/201010/t20101008_310065.shtml，访问日期：2023 年 2 月 11 日。

① Giovanni Andornino, "The Political Economy of Italy's Relations with China", *The International Spectator*, Vol.47, No.2, p.96.

② 中国政府网：《李克强在博鳌分别会见蒙蒂、吉拉尼和马西莫夫》，2012 年 4 月 1 日，http://www.gov.cn/ldhd/2012-04/01/content_2105533.htm，访问日期：2023 年 2 月 11 日。

③ 李梅：《普拉托温州人快时尚产业集群网络的演化分析》，温州大学硕士学位论文，2017 年；李梅：《普拉托华人移民与族裔经济的研究综述》，载《当代经济》，2018 年第 11 期，第 134—136 页。

④ 王莉莉：《意大利华商总会会长王家厚：为华侨搭建投资平台》，载《中国对外贸易》，2010 年第 1 期，第 54—56 页。

化，播发中国新闻；二是华夏之声中文电台调频系统，在米兰、普拉托和佛罗伦萨等 3 个华人聚居城市开播，为华侨华人提供国际和中国资讯。"①可见，旅意华侨华人在推动中华文化海外传播方面发挥巨大作用。此外，华侨华人还将意大利本土文化资源向中国社会传递，如来自浙江玉壶镇的意大利华侨将意大利餐饮文化引入侨乡，使当地人民了解异域文化。②

3. 旅意华侨华人在公共外交方面的贡献

旅意华侨华人作为中意两国公共外交领域的代表，在对政府部门献计献策、对社会大众宣传政策以及对华人群体自身能力建设等方面都做出极大贡献。进入 21 世纪后，华二代、三代及新华侨群体逐渐融入意大利社会。这些华裔新生代具有较强组织管理能力和服务公益的社会责任感，深谙中意两国国情、法律，熟知中国及意大利两国的历史文化背景，形成了以青年企业家、律师及学者为代表的精英群体。他们从凝聚族群意识出发，与祖籍国同频共振，反独促统，促进中意两国公共外交事业的发展。例如，意大利华人华侨民族事业联协会于 2004 年 8 月正式成立。这个以意大利佩斯卡拉大区温州籍华商为主体的社团奉行"热爱祖国，关心祖国建设发展，坚决拥护祖国和平统一，努力为促进和平统一作贡献；积极促进意中两国人民的友好相处和民族团结；为意中两国的友谊作贡献，为意中两国的经济发展作贡献"等宗旨。③又如，2011 年 2 月，旅意华侨华人通过成立意大利和平统一促进会，来表达自身对祖国和平统一、海峡两岸灾害消弭的期盼。2017 年，在意大利佛罗伦萨，意大利中国和平统一促进会所主办的"全球华侨华人促进中国和平统一大会"正式召开，会上重申九二共识。④

（三）"一带一路"联合抗疫（2020—2023 年）

2020 年，新冠肺炎疫情席卷全球，旅意华侨华人主动开展的中意联合抗疫工作，助推中意两国政府在国际防疫事业上达成共识，体现了意大利华人社会对中意两国协同合作的赋能作用。疫情防控期间的患难与共，让中意两国之间的友谊在"一带一路"合作伙伴关系的基础上得到了进一步深化，而这离不开旅意华侨华人在抗疫事业中所做的

---

① 人民网：《意大利华商孙运之："中国发展带给我巨大机遇"》，2019 年 7 月 4 日，http://ydyl.people.com.cn/n1/2019/0704/c411837-31213131.html，访问日期：2023 年 2 月 11 日。

② 中华全国归国华侨联合会：《玉壶镇：侨韵悠悠满壶山（新时代·新侨乡）》，2019 年 11 月 22 日，http://www.chinaql.org/n1/2019/1122/c419650-31469151.html，访问日期：2023 年 2 月 11 日。

③ 温州新闻网：《华侨社团》，http://www.66wz.com/html/qw/hqst-ouzhou.htm#ydl，访问日期：2023 年 2 月 11 日。

④ 中国和平统一促进会：《全球华侨华人促进中国和平统一大会通过"佛罗伦萨宣言"》，2017 年 7 月 28 日，http://www.zhongguotongcuhui.org.cn/hnwtchdt/201707/t20170728_11824970.html，访问日期：2023 年 2 月 11 日。

贡献。

1. 旅意华侨华人对中国提供及时支援

旅意华侨华人在疫情暴发之初便对中国抗疫工作提供直接援助。2020年1月24日，旅意华侨华人自发组织抗疫志愿团体，筹措医疗物资与善款来支援武汉的疫情防控工作。2月8日，由欧洲华商联合会、意大利普拉托华人华侨联谊会、欧俪德集团等17家意大利侨团、企业捐助的医疗物资顺利运抵浙江，帮助当地医疗机构缓解物资紧缺的压力。[①]旅意华侨华人所洋溢的爱国之心、思乡之情在一定程度上推动中意联合抗疫事业。

2. 旅意华侨华人配合中国涉侨部门开展抗疫工作

旅意华侨华人在疫情防控期间大力支持中国侨联发起的驰援倡议，积极配合物资输送工作，提升中意国际合作抗疫的实际效率。2020年2月初，浙江省归国华侨联合会建立"战疫物资抢运通道"。旅意华侨华人随即纷纷响应号召，将物资筹集完毕后运往西班牙、比利时、葡萄牙等国机场，最后以包机直飞的形式将物资运抵中国。据中国侨联统计这场由浙江省侨联直接指挥、侨胞支持配合的"海外捐赠物资抢运行动"，在第一阶段累计运送捐赠物资达50余吨，近270万件，总价值人民币超400万元。[②]这体现旅意华侨华人作为中华民族在海外的核心力量，在危难时刻对中国抗疫政策的全力支持。

旅意华侨华人作为中意国际合作抗疫的桥梁，一面从中国接收防疫、抗疫方法，一面向身边市民宣传防疫、抗疫知识，真正发挥双重文化背景的优势和肩负双重文化背景的社会担当。疫情初期，国际社会存在部分对中国的误解和些许的抹黑，致使一些国外网民产生对中国的偏见。旅意华侨华人通过社交媒体传递中国抗疫正能量，使当地居民对中国疫情防控认知有所改善，也纠正了一些海外社交媒体对中国防疫工作的不实报道，为中国正面形象在海外的宣传、树立做出重要贡献。继支援伊朗、伊拉克之后，中国政府在2020年3月派出第三支国际医疗专家团队赴意大利，在旅意华侨华人的对接下，在帮助意大利提升疫情防控能力、阻止疫情进一步恶化的同时，亦向意大利社会传播中医药文化。[③]旅意华侨华人在意大利疫情大规模暴发后，积极投入当地社区防疫救援工作，为当地医疗机构提供大量医疗物资。如2020年3月，旅意华侨华人为伦巴第

---

① 威尼托华侨华人工商联合会：《意大利17个侨团、企业参与捐赠的抗疫物资搭乘跨国包机运回温州了！》，2020年2月9日，http://www.wntgslhh.com/cineseitalia/2020/0209/466.html，访问日期：2023年2月11日。

② 新华网：《侨胞集结 投入一场跨越欧亚的物资运送接力赛》，2020年2月17日，http://www.xinhuanet.com/politics/2020-02/17/c_1125587116.htm，访问日期：2023年2月11日。

③ 新华网：《至暗时刻，他们迎来了中国医疗队》，2020年4月1日，http://www.xinhuanet.com/world/2020-04/01/c_1210539965.htm，访问日期：2023年2月11日。

大区卫生厅防疫应急中心及医院输送 10 万余个口罩，并为当地居民准备免费口罩。旅意华侨华人有效利用社交平台发布防疫信息与医疗物资采购通知，以及连线中意两国防疫专家、学者以搭建抗疫交流、互助平台。这些举措在一定程度上帮助解决了意大利医疗物资匮乏、防疫经验不足等问题。

三、旅意华侨华人参与双边合作动因分析

旅意华侨华人自中意建交以来所累积的贡献与两国外交关系的阶段性发展形成共振关系。笔者认为，旅意华侨华人所维系的两栖家庭模式是该群体长期参与中意双边合作的主要影响因素。

旅意华侨华人经历数十年的自身发展已组建成千上万的大小家庭，并扎根于当地华人社会。这些移民家庭普遍存在两个明显的特征。第一个特征是加入意大利国籍的比例不高，家庭成员存在国籍分化。老一代华侨落叶归根的思想较强，一般不太愿意入籍，华裔新生代入籍较多，融入主流社会意识较强。[1]意大利多种族研究促进基金会（ISMU）的研究成果亦指出来自中国的移民更趋向于保留原国籍而不愿加入意大利国籍。[2]由于意大利华人社会之发展主要依赖 20 世纪 70 年代以后的移民群体，故移民社会的建设历程较法国、东南亚等具有悠久华人移民史的地区更短，融入当地社会的程度更为有限，进而存在一个家庭中长辈仍持有中国国籍、晚辈加入意大利国籍的普遍状况。据统计，截至 2014 年 1 月 1 日，持有意大利合法居留证的中国籍合法居民人数为 320,794 人[3]，即便此项数据在 2017 年下降至 309,110 人[4]，中国籍公民在意大利华人社会中的数量仍非常庞大。第二个特征是旅意华侨华人所建立的家庭存在内部成员分住在住在国与祖籍国两地的生活模式。如年轻的父母将其子女托付给侨乡长辈抚养，而自己则在意大利务工。张巧宏、王汉卫及张金桥在其研究中指出，"33.1% 的学生小学前居住时间最长的地方是中国，这是意大利华二代的特别之处"。[5]昂翁绒波在关于成都市藏族移民生活的研究中使用"两栖"一词来描述"个人与群体因经济需求、政策导向等诸多因素前往其他民族聚居地区工作与生活，尝试进入当地社会。与此同时，其与所属民族及故乡仍有联系，仍在当地社会有其地位与作用"的现象，并揭示藏族移民群体在移

---

[1] 中华人民共和国国务院侨务办公室：《意大利米兰地区侨情概况》，2009 年，http://qwgzyj.gqb.gov.cn/hwzh/147/1395.shtml，访问日期：2023 年 2 月 11 日。

[2] 居外：《近十年入籍移民数涨幅接近五倍 华人多保原籍》，2017 年 10 月 30 日，https://m.juwai.com/news/233615，访问日期：2023 年 2 月 11 日。

[3] Istat, "I Cittadini Non Comunitari Regolarmente Soggiornanti", 2022, https://www.istat.it/it/archivio/129854.

[4] Istat, "Non-Eu Citizens: Presence, New Inflows And Acquisition Of Citizenship 2022", 2022, https://www.istat.it/en/archivio/224319.

[5] 张巧宏、王汉卫、张金桥：《意大利华二代祖语保持研究》，载《华文教学与研究》，2021 年第 2 期，第 62 页。

出地与移居地之间的多元困境。[①]相似地，这种"两栖"生活模式亦能被用于描述意大利华人社会中的移民家庭。一方面是尝试融入住在国，建设意大利华人赖以生存的移民空间，另一方面是随时准备回归祖籍国，反哺侨乡区域经济、文化等领域的繁荣。旅意华侨华人在以家庭为单位谋求生存与发展的过程中做出上述看似矛盾的行为活动，实则是其在中意两国之间寻求身份、文化认同之平衡的结果。

对祖（籍）国深深地眷恋与散布于中国境内的侨乡是旅意华侨华人家国情怀的依托。自中意建交以来，旅意华侨华人以华人社团为载体向意大利社会输入来自中国侨乡的文化象征，分享给当地非华族居民富有家国特色的文化符号。著名意大利侨领缪友谊在访谈中表示："我们在意大利就是中国的象征与标识，意大利人把你和中国统一起来，中国发生灾难的时候，身边的意大利朋友会对你表示慰问，而中国强大有好事的时候，他们会对你表示祝贺。"[②]与此同时，旅意华侨华人亦通过华人社团所建立的贸易纽带将意大利优质的产品输往侨乡与国内城市，丰富桑梓人民的生活。家国情怀时刻影响旅意华侨华人，并促使其对民间交流渠道之维系予以重视，助推中意两国公共外交合作的发展。

作为常驻居民的旅意华侨华人同时也深深爱恋着脚下的这片土地，在意大利在场关系中的华侨华人在经济得到一定发展之后，特别是华侨意大利社会内部存在的族群竞争与华人社会的自身封闭性特征等都唤醒着旅意华侨华人的参政意识。随着旅意华侨华人在当地社会之影响力逐渐壮大，其尝试获取政治资本以推动中意两国的友好往来，改善华侨华人群体在当地的生存状况，为该群体争取更多的权益。2019年6月，祖籍为中国浙江的两位意大利籍华人王小波（Marco Wong）与林诗炫（Teresa Lin）成为意大利普拉托市新晋议员，其中，王小波呼吁"华人社区需有自己的话语权"。[③]

四、结语

旅意华侨华人身份的"双重性"与其家庭构成的"两栖"特征决定了旅意华侨华人频繁往来中意两国推动中意双边关系发展的积极性，而中意两国外交关系的不断深化则为旅意华侨华人创造大显身手的契机。在本文所划分的中意两国外交关系发展的三个阶段中，可见旅意华侨华人从建设华人社会支柱，到全面开展双边合作交流，再至竭力维护民心相通的历程，是华侨华人筚路蓝缕、营生海外、辛勤致富的动人案例。不断深化的外交关系为旅意华侨华人群体创造机遇与财富，与此同时，来自意大利华人社会的华侨华人群体亦通过自身所累积的贡献为中意两国外交关系的深化提供裨益。正如乔

[①] 昂翁绒波：《"两栖"生活的塑造——关于成都市藏族移民群体的研究》，吉林大学硕士学位论文，2020年。

[②] 笔者于2022年2月11日在温州进行的访谈。

[③] 中国侨网：《两位浙江籍华人获选意大利普拉托市议员》，2019年6月11日，http://www.chinaqw.com/hqhr/2019/06-11/224514.shtml，访问日期：2023年2月11日。

尔·S. 米格代尔所言："社会中的权威和自治力对国家的塑造不亚于或是超过了国家对它们的塑造。"①从旅意华侨华人的案例中可见，海外华人社会不仅与住在国形成互动关系，还与祖籍国之间保持稳定的联系，最终在两国双边合作中发挥桥梁作用。在未来，这一群体将继续推动中意关系乃至中欧关系向和平友好的方向发展，并在"一带一路"合作倡议、人类命运共同体理念框架及新发展格局等方面实现其价值。

---

① Joel S. Migdal, Atul Kohli and Vivienne Shue (eds.), *State power and social forces: Domination and transformation in the Third World*, New York: Cambridge University Press, 1994, p.20.

共同富裕背景下高质量推进侨乡现代化的路径研究
——以浙江省青田县为例

胡文静　张海燕　叶　娟[①]

【摘　要】 浙江拥有205万浙籍侨胞分布在世界各地，成为高质量发展建设共同富裕示范区的独特优势和重要力量。本文以青田县为例，探讨青田侨乡在"侨助共富"上的创新实践和典型案例，并为高质量推进乡村现代化提出建设经验和路径思考。

【关键词】 侨乡；现代化；浙江；青田县；高质量发展

党的二十大报告指出，中国式现代化是全体人民共同富裕的现代化。乡村现代化是中国现代化的重要组成部分，而侨乡现代化建设是中国乡村现代化的重要类型，形成了特殊的经验和路径，丰富了中国乡村现代化的理论与实践。浙江作为新侨大省，205万浙籍侨胞分布在世界186个国家和地区，成为高质量发展建设共同富裕示范区的独特优势和重要力量。共富路上，在推进中国式现代化的新征程中，应更好地发挥侨乡优势，将乡村振兴作为实现共同富裕的主战场，为谱写中国式现代化浙江新篇章贡献侨乡力量。本文以青田县为例，探讨青田侨乡在"侨助共富"上的创新实践和典型案例，并为高质量推进乡村现代化提出建设经验和路径思考。

一、共富行动

浙江省侨联发布《浙江侨界助力高质量发展建设共同富裕示范区行动方案》，形成了"千个侨团（企）帮千村""侨助工坊""乡村侨舍"等系列共富品牌活动。浙江侨界率先探索，多措并举，以侨之智、侨之力、侨之行，在助力共同富裕示范区建设中演绎出越来越多的精彩"侨"段。截至2022年底，"千个侨团（企）帮千村"累计结对765个，到位资金28亿元，其中产业投资资金26.4亿元；"侨助工坊"实现山区26县全覆

[①] 作者简介：胡文静，女，浙江金融职业学院捷克研究中心助理研究员，浙江省华侨华人研究会理事，研究方向为华侨华人、区域国别；张海燕，女，浙江金融职业学院国际商学院院长、捷克研究中心常务副主任、教授，浙江省商务发展研究会副会长，浙江省国际经济与贸易学会常务理事，研究方向为世界经济、投资经贸研究、中东欧研究；叶娟，女，青田县侨联党组书记、主席。

盖，促成侨商订单 50 余亿元，发放来料加工费 7.5 亿元，带动从业人员 1.9 万人，年人均增收近 4 万元，获评"浙江省高质量发展建设共同富裕示范区最佳实践（第二批）"，入选"八八战略"百法百例和"全省'一号开放工程'最佳实践案例"；"乡村侨舍"累计建成 238 家，投资近 15 亿元，直接从业人员 2000 余人，合作农户 5000 余户，户均增收超 2 万元。

青田县作为浙西南典型山区和中国著名侨乡，38.1 万华侨分布在 146 个国家和地区，16 万青商侨商有 10 万人在全球从事贸易活动，如同地瓜藤蔓向四面八方延伸，为块茎壮硕做出了积极贡献。为深入贯彻落实习近平总书记"要做好华侨要素回流，为他们回乡创业创造良好条件"的嘱托，青田县通过"地方搭台、部门协作、侨联导流、侨胞唱戏"，突出侨资、侨韵、侨味、侨品等元素，以"乡侨帮千村""乡村侨舍""侨助工坊"等系列共富品牌活动为切入口助力共同富裕。截至 2022 年底，青田县共有"乡村侨舍""侨助工坊"50 余家，其中 13 家"乡村侨舍"入选市级示范侨舍，并评选出首批县级"侨助工坊"示范点 8 家。

二、共富案例

（一）智享方寸

2022 年 5 月，"智享方寸"共富工坊（石雕抖音电商直播基地）在青田石文化产业共富园正式建成。它集原石加工、销售、文创、直播于一体，现有 900 多家企业商家入驻，直播间 56 个，创造切石、雕刻、物流、助播等就业岗位 500 多个，日均销售额 200 多万元，日均发货量达 3700 多单，带动周边农户就业 400 多人，实现人均月增收 1100 多元，村集体同比增收超 40%。该工坊入选浙江省首批百家电商直播式"共富工坊"典型案例，省商务厅 2023 年度电商直播式"共富工坊"专项激励项目。下一步，工坊将着力推进"村级联建""石雕共富工坊"等富民增收模式，培育做大"石雕+文创""石雕+金融"等新业态，以全产业链思维谋划建设百亿石雕产业集群。

（二）青田"圣托里尼"

2014 年，在国家乡村振兴的政策指引下，西班牙华侨张玲晓先后投资 2600 余万元，将青田县仁塘湾村 330 亩闲置山地打造成地中海圣托里尼风格的绿湾庄园，获评首批省级"乡村侨舍"。庄园集住宿、户外露营、亲子活动、农耕体验、网红打卡点、团建拓展等多位一体。经过多年经营发展，现每年接待游客量超 10 万人次，营业收入可达 500 万元。通过雇佣、租赁、代销农副产品等方式，辐射带动 50 余户村民增收致富，人均年增收 3 万至 6 万元，每年为村集体增收 3 万元，年代销农副产品可达 30 余万元。

（三）愚公农场

华侨徐冠洪是青田仁庄镇内稻鱼共生系统的发展领头人，曾作为中国农民代表在全球重要农业文化遗产大会上发言。他创办的愚公农业科技有限公司与镇政府联合建立"愚公·共富工坊"，设共富总站1个、共富分站6个。他依托愚公农场吸引华侨投资300余万元，流转侨属侨眷闲置农田200余亩，创新研发"稻鱼鳖共生"养殖模式，带动300余户村民参与生产，增收总值超120万元，并带动周边村建立"一亩田万元钱"模式，实现村集体年增收约20万元。同时，参加东西部合作帮扶，把青田田鱼"远嫁"到四川古蔺，让共富工坊的辐射影响力跨山越海。

（四）农遗文化园

方山谷农遗文化园位于中国田鱼村的入口处，依美丽的十八潭风景区和邵山华侨公园而建。2019年，方山乡归国华侨杨小爱积极响应"青商回归"政策投身家乡建设，着手打造方山谷国际农遗研学营地。经过多年的努力，一个集农耕体验、体能训练、休闲度假于一体的主题教育路线实施地逐渐变成了现实。该营地已累计接待学生和游客3万余人次，带动20余名低收入农户就业，村集体增收6万元，农民人均增收3万元。2022年，文化园入选第四批"浙江省侨联侨界创新创业基地"。

（五）欧桥·共富工坊

2015年，意大利华侨周勇回国打造了罗萨露拉葡萄酒沉浸式体验中心。体验中心占地总面积1000余平方米，集美食、美酒、学习、购物于一体，旨在让客人从"感官与品鉴体验""葡萄酒专业知识培训""意大利美酒专业选购"三方面深入了解意大利葡萄酒。它也是"西餐大师"人才培训基地、特色商贸创业培训基地，致力于为西餐服务业、葡萄酒产业、华侨特色商贸发展提供人才支撑。

三、高质量推进侨乡现代化的路径思考

（一）凝聚共识，联动协同

联合省侨联、省农业农村厅、省乡村振兴局、省文旅厅等部门，画好同心圆，形成合力。当好桥梁纽带，不仅要架好"侨与侨""侨与地方"合作的桥梁，还要织好"部门为侨服务"的纽带。整合力量，以共同富裕为出发点和落脚点，在助推农业"双强"、乡村建设、农民共富三大行动中，一体推进乡村现代化，集中打造"乡村侨舍""侨助工坊""千个侨团（企）帮千村"等侨界助力共同富裕示范区建设的标志性品牌。

（二）创新机制，政策先行

优化涉侨营商环境，加快推进华侨要素回流，吸引更多青田华侨回乡兴业安居，激

发侨界创新创业活力。青田县高度重视华侨工作，将华侨作为第一资源，先后出台《关于加快华侨要素回流，推进共同富裕的若干意见（试行）》《关于加快总部经济发展的若干意见》《关于促进华侨回乡兴业安居》《开展"侨助工坊"活动助力山区 26 县跨越式高质量发展实施方案》《关于"浙丽同心·侨助共富"加快推进"乡村侨舍""侨助工坊"促进产业发展的实施意见》等政策意见，整理出《市县共富工坊政策一本通》，以侨民、侨资带动县域内多元产业高质量发展，从机制和政策层面推动和护航华侨创新创业。

（三）因地制宜，突显特色

石雕是青田传统特色产业，其他特色产业主要集中在稻鱼、杨梅、油茶等种养殖业，西餐、咖啡等餐饮业，以及红酒、咖啡、火腿等进口食品流通业。要聚焦特色产业，统筹推进特色种养、农旅融合等产业，不断优化乡村产业结构布局和区位布局，促进提质增效、产业互融。青田依托侨乡特色资源优势，在共富工坊建设中，鼓励引导进出口贸易企业、海外侨团、优质侨企通过"搭台、导流、赋能"三要素，有效推进县内外企业生产需求、侨企侨商资源供给与乡村资源要素精准对接，实现送项目到村、送就业到户、送技能到人，帮助农民就近灵活稳定就业。

（四）产教融合，引育人才

以人才引育与产业发展深度融合为抓手，根据职业全场景活动内容，引进华侨技能人才回乡支持产业发展。坚持人力资源存量、素质双提升，在全国率先实施"西餐大师"系列特色人才培育提升工程，助力乡村振兴。搭建以世界红酒中心、青田职业技术学校、青田咖啡之窗和欧桥职业技术培训学校等载体为核心的育才基地，组织咖啡师、品酒师、西餐师、哈蒙切片师等特色人才培育 110 多期，累计培训 3 万余人。

（五）整合资源，赋能增效

一方面要以"侨"为桥，高质量"引进来"。举办全球重要农业文化遗产大会活动、农遗良品展、侨乡农品博览会、世界青田人青年创业创新发展大会等，成立青田县侨界青年委员会，助力"特色侨贸回流""专精特新引进"，为侨创共富搭建平台。另一方面要借"侨"出海，高水平"走出去"。开展"十团百企千人"行动，通过"政府组团+企业抱团"出海拓市场，带动优质农产品走出国门。同时，借力全球侨商，为中国品牌"出海"提供海外所在国家品牌代理分销和品牌本土建设为特色的全链路综合本地化服务，提升海外华侨华人的创业能级。

华侨华人与近代中国政治：皖南事变后的华侨舆论及其主张

上官小红[①]

【摘　要】 国共摩擦与皖南事变之消息在海外的流布引起了华侨社会的广泛关注。华侨舆论主要有三种观点：其一，表示支持国民党的决策；其二，认为在抗战时局中，反共是亲日投降派阴谋，明确反对解散新四军；其三，认为皖南事变是"大不幸之事件"，但认为国共应以团结第一，而皖南事变之是非曲直留待以后。在舆论各异中，源于对抗战与中国政治前途的共同目标，他们提出的主张大体一致，希望国共能团结抗战，要求国民政府整饬吏治，杜绝贪污，肃清投降派，并实现民主政治。

【关键词】 皖南事变；华侨华人；共产党；国民党；舆论

晚清民初以来，历经推翻清朝与国民革命，华侨华人群体在中国政治生活中所扮演的角色日渐显著。随着国共摩擦加剧，尤其是皖南事变发生后，华侨对影响中国命运的国共关系之走向倍极关注，侨领、侨团与华文报刊等形成的巨大舆论介入到皖南事变的解决进程之中。学术界对于皖南事变的过程、国共双方的视角、国内外舆论等皆有相应的研究成果。[②] 现有研究已提及不认同传统认为华侨在皖南事变中积极支持共产党、抨击国民党的观点，而是以更客观的态度看待华侨舆论与立场，但该问题并未得到系统深入的研究。梳理当时的舆论资料可以发现华侨的舆论是复杂多元的。华侨作为一个远在海外又关心中国前途命运的群体，对近代中国政治保持了积极又相对克制的矛盾心态。他们宣称自己处于"无党无派"之地位，力主国共以团结为重。这种态度在国内中间党派的身上亦可窥见，但华侨华人与他们有共通点，亦有区别。本文以已出版的历史资料汇编及海外华文报刊资料为基础，系统地梳理皖南事变后的华侨舆论反应，并旨在进一

---

① 作者简介：上官小红，历史学博士，重庆大学马克思主义学院讲师，研究方向为中外关系史、华侨华人史。

② 杨奎松：《皖南事变的发生、善后及结果》，载《近代史研究》，2003年第3期；杨奎松：《国民党走向皖南事变之经过》，载《抗日战争研究》，2002年第4期；闻黎明：《皖南事变时期的中间党派——关于中间势力的研究》，载《抗日战争研究》，2002年第4期；汤宇兵：《1939年秋—1940年夏国民党的南调命令及其影响——对皖南事变起源的新分析》，载《安徽史学》，2004年第6期；何科：《"皖南事变"后国统区的新闻统制与中国共产党的应对》，载《中山大学学报（社会科学版）》，2023年第4期；等。

步探讨：华侨华人群体以该事件为契机对近代中国民主政治变革的关注与主张。

一、国共摩擦与皖南事变消息在海外之流布

1937年日本全面侵华使中国最大的两个党派势力在外敌威胁下建立起了抗日民族统一战线，国共同意暂时搁置矛盾，枪口一致向外，共同御敌，"一时我国舆论许之，敌人骇之"，但国共分歧并未因此消弭。当抗日战争进入相持阶段，国共矛盾再次显露。

1939年，国民党制定"防制异党办法"和"处理异党实施方案"，秘密限制共产党势力的发展，国共关系日渐紧张，国共摩擦事件层出不穷，并流传于海外。1939年底1940年初海外开始流传着国共摩擦的消息。抗日前线部队发生摩擦时有发生，其中较大事件如平江惨案、天水行营声数共产党十大罪状、确山竹沟事件、皖东皖北事件、苏北事件、鲁南事件，接踵而来。① 最著者有陕西新军之惨剧，而与华侨自身有最密切之关系者，则有东江团队之围歼。② 国共分裂的迹象日渐加剧，日军在晋南召开国共分裂庆祝宣传大会。这使得国内外关心抗战前途者颇为不安。

1940年初，陈嘉庚组织并亲率"南洋华侨回国慰劳视察团"于1940年3月26日抵达重庆。了解国共摩擦是陈嘉庚此行的重要目的之一。他同时考察了重庆与延安等地，与蒋介石、毛泽东皆有会面，"苦劝息争"，"蒋委员长表示优容，毛泽东先生托述拥戴"。③ 在重庆期间，陈嘉庚还在无线广播电台用闽南语进行了三次广播，其中第三次内容即关于国共摩擦，称："国共摩擦虽严重，经白崇禧将军及参政员调解，不致决裂。"④

正当陈嘉庚在国内考察之时，国共摩擦正在升级。1940年6月至9月初，国共两党就中共合法地位、八路军新四军扩编问题、作战区域划分问题展开谈判，因蒋介石坚持八路军、新四军开至黄河以北而陷入僵局。10月19日，国民政府军事委员会正、副总参谋长何应钦、白崇禧致八路军总司令朱德、副总司令彭德怀和新四军军长叶挺之"皓电"，将抗战以来华北、华中各地摩擦事件的原因归结于八路军和新四军，并强令在大江南北坚持抗战的八路军、新四军在一个月内全部撤到黄河以北。11月9日，朱彭叶项致何白"佳电"，反驳国民党对新四军的指控。此类消息，中西电讯，迭经登载，使海外华侨了解到陕甘宁边区被国军二十余万军队五道封锁，及新四军被要求移防等事。⑤ 在"皓电"与"佳电"中，国共双方互相呈指，华侨社会虽不明真相，亦不愿相

---

① 〔菲〕建国出版社编：《关于新四军事件华侨舆论一斑》，编者自印，1941年，第97页。
② 〔菲〕建国出版社编：《关于新四军事件华侨舆论一斑》，第85页。
③ 安徽省文物局新四军文史征集组编：《皖南事变资料选》，合肥：安徽人民出版社，1981年，第364页。
④ 陈嘉庚：《陈嘉庚回忆录》，北京：北京联合出版社，2021年，第134页。
⑤ 〔菲〕建国出版社编：《关于新四军事件华侨舆论一斑》，第153页。

信，但从往来电报中可知国共矛盾恶化已是事实。迨 1940 年 12 月 31 日陈嘉庚回到新加坡后，记者首先询问其对国共摩擦的看法，他给出的回答是"内战打不起来，不只是推测，而且已成事实"。①

但国共之间日趋紧张的气氛还是使国内外极为不安。皖南事变发生前夕，八路军与新四军奉令调防，与摩擦纠纷之恶耗，已由重庆传到香港，由香港播散于南洋、菲岛及海外各地。②1941 年 1 月 8 日，美洲洪门司徒美堂等人致电国共两党，呼吁两党领袖"速行负责，解决两党纠纷，放弃前嫌，重修兄弟之好，携手抗战，先使河山光复，领土完整"，并表示，"即使将来之神州禹域，楚弓楚得，无论何党获主中原，我海外侨胞亦皆附从。"③此一消息得到华侨社会的广泛关注。洪门于清末孙中山反清革命中扮演了重要作用，以其在反清革命中的特殊地位而备受尊崇。洪门致国共电在海外的传播使国共摩擦消息进一步广为人知。

此时，皖南新四军正被围歼，但尚不为外界所知悉。美洲洪门之致电所针对的是一段时间以来的国共摩擦。出乎海外华侨意料的是，国共矛盾正进一步激化，新四军在皖南事变中被解散。

皖南事变发生后，国民党封锁信息，起初外界对此并不知情。美国记者斯诺第一次将真相在海外媒体中报道。他通过香港向海外发出几则电讯，公开报道皖南事变及国民党封锁新闻的真相。美国的《纽约先驱论坛报》和《星期六晚邮报》等发表了斯诺从香港发回的报道，揭露了事变真相，④在海外引起了极大的反响。

西文报纸对此事连日报道，其来源正是斯诺的电讯。很快，美国华文报刊随之译载。"从连日的西报所载，特别是纽约论坛报及纽约时报中国的电讯看来，他们如此这般的详细报告国共分裂的事实，纽约各华字报亦有译载或详细或简单，颇形不一，甚至有一字不漏不载的。最早译出其中大概是《纽约公报》，迟了一天译载全文者，则有《华侨日报》。"香港的国新社，亦报道了国共两党摩擦与分裂的事实。美洲纽约公报于 1941 年 1 月 11 日发表评论《从国共纠纷说到洪门的调和电文》，称："最近国共分裂的消息，轰传中外了。"⑤

除了斯诺的消息外，宋庆龄等人也在国民党公开谈论皖南事变之前揭露此事。1941 年 1 月 12 日，宋庆龄、柳亚子、何香凝、彭泽民上书蒋介石，称："倘不幸而构成剿共之事实，岂仅过去所历惨痛又将重演，实足使抗建已成之基础堕于一日，而时势所趋又

---

① 〔菲〕建国出版社编：《关于新四军事件华侨舆论一斑》，第 151 页。
② 〔菲〕建国出版社编：《关于新四军事件华侨舆论一斑》，第 115 页。
③ 中央档案馆编：《皖南事变资料选辑》，北京：中共中央党校出版社，1982 年，第 252 页。
④ 何迪等：《周恩来同志在皖南事变中争取国际舆论的斗争》，载《教学与研究》，1981 年第 1 期。
⑤ 〔菲〕建国出版社编：《关于新四军事件华侨舆论一斑》，第 90 页。

非昔比,则我国家民族以及我党之前途,将更有不堪设想者。"①此时,国共存在军事摩擦之事实已呼之欲出。

斯诺与宋庆龄等人关于皖南事变的言论很快为东南亚华侨所知悉,并得到了左翼报人的积极推动。1940 年底中共秘密党员胡愈之被派往新加坡主编《南洋商报》。②1941 年 1 月,胡愈之分别于 17 日、20 日及 24 日发表《民主团结乎?独裁反共乎?》《团结则存,分裂必亡》《新四军事件所引起的国内外反响》三篇社论,指出大敌当前,失地未复,应以团结第一,抗战第一,反对分裂。基于胡愈之与《南洋商报》的影响力,其登载的信息引起了广泛关注。

在国内外巨大舆论压力下,1941 年 1 月 17 日国民党首次公开谈论皖南事变。军事委员会发言人称,"此次事件,完全为整饬军纪问题。新编第四军遭受处分,为其违反军纪,不遵调遣,且袭击前方抗战各部队,实行叛变之结果。"③与此同时,军事委员会发布解散新四军通令。但该说法并不能令人信服。1 月 18 日周恩来在《新华日报》上发表的"千古奇冤,江南一叶,同室操戈,相煎何急"亦造成国内外极大的影响。

此事公开后,海外侨团纷纷致国共双方,海外华文报刊亦纷纷报道此事。尤其是,大公报所发表的希望国民党谨慎处理新四军事件一文获得华侨的极大认同。而著名侨领针对皖南事变公开发表通电大多迟至 1941 年 2 月以后。在此之前,在东南亚华人社会里有较大影响力的是印尼柯全寿医生的通电,并致电宋庆龄请求调停国共矛盾。柯全寿医生的电文较早地使皖南事变在华侨社会中引起关注。海外华侨虽远隔重洋,亦清晰地看到了国共分裂的危机已近在咫尺。

二、"无党无派"之立场:皖南事变后的华侨舆论

皖南事变发生后,华侨社会舆论各异,华文报刊纷纷发表看法,而侨团与侨领则急向国共致电,呼吁并提出相应解决办法。其共同点是,华侨舆论大多强调自己处于"无党无派"的华侨立场、国家民族立场,其中大部分确实如此,却也不可避免地有少部分夹杂着党派之见。皖南事变公开后,立即有国民党海外党部及华侨团体函电国民党中央,称抗战时期军令高于一切,新四军事件是中央贯彻军令与严肃军纪之举,表示拥护中央决策。亦有舆论反对解散新四军,认为新四军事件纯属反共之举,在团结抗战背景下,反共将瓦解中国抗战队伍,是亲日投降派阴谋。而大多数的华侨舆论都认为新四军事件并不是政府所声称的纯军事性的,而是政治性的。但他们对于新四军事件之事实不论谁是谁非,只希望国共能化解干戈,大事化小小事化了,以团结为重完成抗战大业。

---

① 安徽省文物局新四军文史征集组编:《皖南事变资料选》,第 362 页。
② 朱文斌:《中国出版家·胡愈之》,北京:人民出版社,2021 年,第 154 页。
③ 安徽省文物局新四军文史征集组编:《皖南事变资料选》,第 408 页。

（一）支持国民党决策

皖南事变公开后，在国内，国民党电令新闻机构对中央决策广事宣传。在国外，国民党利用其庞大的海外支部系统与海外党报党刊进行国际宣传。国民党基于历史上在海外有良好的基础，其海外支部遍布华侨社会，亦力图将华侨报纸整顿为党刊，虽然并不太理想，但相比同时期的共产党而言，其在华侨社会中存在的宣传优势是明显的。

根据1940年海外部的海外党务周年报告，国民党海外共有11个总支部和四16个直属支部（除日本、朝鲜停顿外），2个直属支部分部和62个支部（属于总支部），800个分部和100个通讯处，合计1023个单位。这其中，欧洲方面有1个总支部和4个直属支部；美洲方面有4个总支部、10个直属支部、2个直属分部；非洲方面有3个直属支部；澳洲方面有1个总支部、1个直属支部；东南亚地区有5个总支部、29个直属支部（包括港澳在内）。但这些党支部常因内外部各种因素废立而处于变动之中。更有甚者，海外分部往往虚悬其名，实际全无活动。[1]正因这种松散的特性，国民党海外党部对于国共摩擦并不都持一致观点，但那些重要的海外支部拥护国民党在皖南事变中的决策应是确凿无疑的。

在国民党海外支部的鼓动下，一些华侨团体在皖南事变公开后，联合致电对国民党中央解散新四军的决策表示拥护。根据马尼拉1月23日电，中国国民党驻菲律宾总支部、华侨援助抗战会、马尼拉中华商会、华侨善举工会、广东会馆、华侨教育会、华侨学校联合会、粤侨各团体联合会暨全岷各侨团为新四军事件致电国内各军事机关各将领，称新四军抗命，侨众认为不幸，"委座苦心处置，全侨深为拥戴，抗战军纪重于一切，凡我全国军民，应严守纪律，服从最高统帅明令，以增强抗战力量，巩固建国基础。"[2]之后，菲律宾华侨学校联合会又联合其他国家的侨团联合致电国民党。根据香港2月15日电，菲律宾华侨学校联合会、中菲国民协会总会、百阁华侨抗日后援会、巴西华侨抗日后援会、百阁中华商会、中华医学会、中华青年建设学社、波士顿华侨店员联合会、新加坡教育协会、霹雳油商工会、万隆中华商会、巴达维亚中华商会、华侨工会、柔佛华侨总会、雪兰莪南岸会馆等致电称"新四军袭击友军，公然叛变，经中央明令解散后，海外各地华侨团体，纷电中央表示对于整肃军纪之拥护"。[3]

《荷印八打威正论周报》也报道当地有四个侨团就新四军事件致电中央表示拥护，巴支部发表了洋洋数千言的"告侨胞书"，历诉新四军的罪状，大有"解散犹不足蔽其辜"之慨。[4]上海《大美晚报》亦曾刊登了留日归国华侨勉进会于3月10日电朱德、毛

---

[1]《中央海外部每周工作报告及有关文书》，1939—1940年，二档：十一/2-2488。
[2]《关于新四军事件，菲岛侨胞来电，抗战军纪重于一切，全侨拥戴委座处置》，载《大公报（重庆）》，1941年1月24日，第0002版。
[3]《华侨各团体电中央，拥护整肃军纪》，载《新闻报》，1941年2月16日，第0007版。
[4]〔菲〕建国出版社编：《关于新四军事件华侨舆论一斑》，第74页。

泽东，"劝遵法令，严束所部，不得有败坏纪纲行为"。①柔佛华侨总会亦以侨团的名义向国民党致拥护电，请扑灭该军及严厉处置此事件。但不久，该总会常委颜灯受却对此否认，称其他常委对此多不知情，反主张对新四军从宽处理。②总之，虽无确切数据，然致电拥护国民党的侨团为数定然不少，这与国民党的海外影响力及海外党派发展情形密切相关。

海外党部和侨团的举动与海外党报宣传相配合。国民党的海外党报大肆诋毁新四军，宣扬新四军不服从调令与"叛变"等消息。抗战全面爆发以后，为了扩大国际宣传，国民党有意将部分知名侨报发展为党报，发给津贴，派驻总编辑，以利宣传。据统计，自1940年以后，为应对敌伪及共产党的海外宣传，国民党将其直辖的22家党报加以调整，1942年增至27家。③太平洋战争爆发前，国民党党报23家。④美国三藩市五家侨报中，就有三家属于政党言论机关。

而东南亚著名侨报《天声报》《光华日报》《槟城新报》等都属于国民党党报。这些党报大骂新四军是"为敌作伥的叛军"，是"通敌"，对皖南事变的报道多择其有利部分刊登。他们弃置重庆大公报的社论、柯全寿医生的通电、宋庆龄及周恩来对新四军案的表示等内容，不予发表，而只摘录国民党宣传机关《扫荡报》的社论要点而发表。因此，槟城左倾报纸《现代日报》⑤对这些党报多有嘲讽。它讽刺道，"不受津贴的报，皆对新四军案表示惊异与忧虑，唯有'党报'表示雀跃万千。党报对于'希望避免纠纷'的大公报的社论，故意弃置而不予以发表；对于'判定'新四军通敌的'外讯'，则不研究其是否系来自敌方，而用特大字号标题发表之"。并称"根本既错，枝叶全无是处"。⑥

一旦论及皖南事变，这些党报机关常常与当地其他华文报刊针锋相对。如《天声报》与《朝报》便就皖南事变展开一系列论争。见党报受到围攻，印尼的党部执委会发出一篇通告为其助威，赞扬《天声报》"服膺主义，为党国宣传，廿年如一日，屡经中央命令嘉奖，抗战以还，该报尤能淬励精神，勉励工作，对敌伪抨击不遗余力，乃查有一二小报，对该报时加污毁中伤，以快私意，殊属非是"。⑦

总之，自1941年1月17日以后，国民党动员其海内外新闻系统，企图占领舆论高

---

① 《归国华侨电劝朱德毛泽东等》，载《大美晚报》，1941年3月11日，第0001版。
② 〔菲〕建国出版社编：《关于新四军事件华侨舆论一斑》，第196页。
③ 陈鹏仁主编：《中国国民党党务发展史料——海外党务工作》，台北：近代中国出版社，1998年，第402页。
④ 谢澄宇：《海外党务的宣传问题》，载《华侨先锋》，1945年第7卷第2—3期，第34页。
⑤ 李元瑾主编：《新马华人传统与现代的对话》，南洋理工大学中华语言文化中心，2002年，第221页。
⑥ 〔菲〕建国出版社编：《关于新四军事件华侨舆论一斑》，第20页。
⑦ 〔菲〕建国出版社编：《关于新四军事件华侨舆论一斑》，第74页。

地。但虽经一些国民党海外党员与海外党部、党报的协同运作，但仍难以扭转国民党发动皖南事变的负面形象。皖南事变发生后，中国共产党获得了诸多同情者。

（二）皖南事变是亲日投降派阴谋，反对解散新四军

军令之说，实难使人信服。舆论大多愿意相信这不是军令问题，而是国共摩擦问题，是党派问题。这种观点充盈于大多数人的脑海中，而新四军的遭遇又塑造了一批同情共产党人士。

国民党海外党报《槟城新报》发表拥护国民党中央决策的舆论后，左倾报纸《现代日报》反驳道，"拥护军令军纪的尊严，是一件事；问题的中心是军令军纪问题，还是党派问题，是另一件事"，该报表示并不是不拥护中央军令军纪，而是"我们决拥护无党派成见的军令军纪"，"因为我们反对党争，反对摩擦"。《现代日报》指责那些见了新四军被解散，便"雀跃万千"的人，"假如第十八集团军也被解散，则这些人的雀跃，一定由万千而五十万千。"[①]

可以看到，与通电"拥护中央决策"的意见相反的是，华侨社会中不乏公开明确地反对解散新四军之舆论，这种声音不仅来自中共海外的势力，亦来自许多同情中共者。他们以"宋庆龄也反对解散新四军"作为支持自己主张的论据。皖南事变中，基于国共双方所公布的消息，在抗战背景下使国民党围歼并解散新四军之举，不管如何解释，都丧失了合理性。在华侨社会看来，共产党的军队是抗战的重要力量，新四军更与华侨有密切关系，海外华侨社会中流传着新四军英勇抗战的事迹。

自1937年合作抗日以来，八路军与新四军的抗战事迹，已在热烈盼望国共团结抗战的海外华侨社会中流传。尤其是新四军本身与华侨的联系较为密切。有一些华侨回国参战便是加入新四军，如叶飞、沈尔七、陈子谷等人，以及印尼柯全寿医生亦曾到新四军中救护。华侨华人给予了新四军有力的支援，[②]尤其是来自菲律宾的捐助款项医药、派遣服务团等。[③]

1940年陈嘉庚回国考察结束后，返回新加坡接受采访时亦对新四军大加赞赏，"照我所知道的，新四军在防区中组织民众，联络民众，很有成绩，一旦调防，军队没有什么，民众感到十分困难，但新四军已经开始执行命令了，我到昆明即在报上看见新四军移至江北的消息。"[④]不久，皖南事变发生，新四军被解散，海外侨社深感痛惜。苏门答腊《民报》于1月18日刊载了1月17日公布的新四军被解散的消息，称"是一个令人

---

① 〔菲〕建国出版社编：《关于新四军事件华侨舆论一斑》，第206页。
② 郑复龙：《论东南亚华侨援助新四军的历史成因及其贡献》，载《华侨华人历史研究》，2002年第3期。
③ 中央统战部、中央档案馆编：《抗日民族统一战线文件选编》（下），北京：档案出版社，1986年，第546页；《旅菲华侨捐助新四军》，载《申报》，1939年5月5日，第0003版。
④ 〔菲〕建国出版社编：《关于新四军事件华侨舆论一斑》，第191页。

沉痛的消息",感到沉痛的原因是新四军是一支有力的抗战部队,并引用陈嘉庚对新四军的评价,称:"陈嘉庚先生是无党无派的,完全站在华侨立场,我们相信他的谈话,一定可靠。我们的痛心也就在这里,我们绝不'袒共',我们所痛心的,为一支抗战的有力部队,丧失在对内的摩擦上。"①此时,华侨定然回想起前以撤销琼崖民众武装冯白驹部队名义摧残东江华侨回国服务队事件。因此,此次解散新四军,更在华侨舆论中引起不满。

1941年1月16日,纽约群社致电国民政府,盛赞"第八路军与新四军,为最能配合友军作战之部队,已迭获委座之嘉奖。数年以来,新四军活跃大江沿岸,日寇迄今未能统治,时受牵制与重创;第八路军活跃山西,日寇迄今未能长驱直渡黄河;此种可歌可泣之战绩,已为中外人士所共知,亦为敌奸之致命打击。友邦人士对该军之灵活善战,尚称奖不已,我侨对此种不辞艰险,深入敌后作战之部队,自应爱护"②。美洲《纽约公报》亦表达了对新四军的赞许,"抗战三年余,共产党军队及其党员之努力抗战,彼等在后方担任游击工作,莫不予以赞许,即我国抗战最高之军事当局,亦尝有命令,褒奖第八路军及新四军之战绩,我侨胞在海外闻讯,更啧啧称羡焉"③。

1941年1月21日,菲律宾纳卯抗敌后援会致电蒋介石,要求恢复新四军。"我全体华侨对祖国抗战一贯主张精诚团结坚持抗战,实不忍坐视豆萁相煎,而便亲者痛仇者快。""敢恳即恢复新四军,并释放叶军长,加强团结,倾全力以歼敌寇,而慰侨情"④。1月25日,多个菲律宾华侨青年团体亦致电蒋介石提出同样的诉求。"解散新四军,影响团结甚大,失地未复,祸起萧墙,自损国力,徒令敌寇坐收渔利,实深悲痛,恳请钧座俯顺下情,恢复新四军,释放叶军长,以利团结抗战,不胜恳盼。"⑤两天后,菲律宾黑人省华侨抗敌后援会等十七团体致电重庆中央社大公报转呈林森与蒋介石,通电呼吁团结,"当此时也,海外纷传解散新四军,扣留叶挺军长消息,使侨众惊骇万状,惶惶不可终日","联电恳请钧座恢复新四军,释放叶挺军长,以粉碎日寇汉奸挑拨离间阴谋,巩固国内团结,联电不胜迫切之至。"⑥

值得注意的是,从这些反对解散新四军的舆论来看,归根结底,其所关心的是,新四军被解散将危及团结抗战力量,由此认定皖南事变的发动是汉奸亲日派的阴谋,要求国民党收回成命,严惩"制造摩擦份子",坚持团结抗战。

江浙流亡青年留港联合会发布告侨胞书,称"我们坚决地反对潜藏抗战阵营里的顽固亲日份子,他们都不愿意抗战获得胜利,不愿意解救我们,他们在制造一切国内的摩

---

① 〔菲〕建国出版社编:《关于新四军事件华侨舆论一斑》,第77页。
② 〔菲〕建国出版社编:《关于新四军事件华侨舆论一斑》,第151页。
③ 〔菲〕建国出版社编:《关于新四军事件华侨舆论一斑》,第98页。
④ 〔菲〕建国出版社编:《关于新四军事件华侨舆论一斑》,第161页。
⑤ 〔菲〕建国出版社编:《关于新四军事件华侨舆论一斑》,第157页。
⑥ 〔菲〕建国出版社编:《关于新四军事件华侨舆论一斑》,第167页。

擦事件，阻碍抗战力量的发展，如筑工程浩大的防线与碉堡，调集大量的军队，剿灭自己抗战的力量，甚至最近发动中的惨酷内战——图杀害无辜的多量的江南军队等等"，"我们毫不迟疑地马上起来反对分裂反对内战，一致拥护全国各阶层的统一阵线，迅速集中力量，加紧反攻敌人，我们拥护蒋委员长抗战到底，肃清亲日派，及时为危殆中的祖国再奠定不被灭亡的基石，我们就致以最崇高的敬意。希望侨胞团结一致，负起克服这危机的责任，不要为反共内战挑拨者的污蔑宣传所蒙蔽！"①

1941年3月8日，马来亚槟城华侨林财成、林英烈等六千人联名致电林森与蒋介石，呼吁团结抗战撤销反共部署。他们认为，"新四军本为共党领袖之敌后抗战部队，活跃于京沪杭之间，窥伺于汪逆之侧，数年来战绩累累，迭复失地，蒋委员长亦曾叠电嘉奖，今忽以'抗命'之罪解散之，事出意外，理亦难明"。而在他们看来，"反共"与"降日"实为不可分开之阴谋。"侨等远居海外，对任何党派素无偏向，谁坚持抗战团结进步能挽救民族危亡者拥护之，谁实行投降分裂倒退者反对之"。②

继宋庆龄、柳亚子、何香凝、彭泽民致电蒋介石之后，1941年1月24日，菲律宾华侨各劳工团体联合会等联合致函宋柳何彭及陈嘉庚，称："解散新四军扣留叶军长，此种亲痛仇快事件，实为中华儿女认为最痛心事件。"这些侨团认为，鉴于新四军在过去三年敌后抗战中的英勇表现，突遭解散，"此举诚恐予江南日寇奸伪以喘息机会，予江南同胞以失望，予全线形势以影响，予抗日忠勇长官以莫名之刺激。而且显示整个团结之松懈，影响全国军民抗战情绪，授日寇奸伪以反击之柄，拔泥足之机。"因此，要求恢复新四军，释放叶挺，以加强团结，粉碎日寇阴谋。③

由此可见，确有不少公开反对解散新四军的华侨舆论，其核心论点在于，新四军与八路军一样，是一支英勇抗战的队伍，如今大敌当前，解散新四军将瓦解中国抗战力量，而这只有汉奸投降派会感到称心如意。亦即反共将促成中国之投降，是亲日投降派的阴谋。对此，除忧虑故土家园之外，华侨还有另一层顾虑，此时太平洋局势愈加紧张，日本一旦抽出兵力，将南进东南亚，亦将使世界反法西斯战争将被掣肘。因此，维持中国的团结抗战局面对此时世界反法西斯格局与东南亚的安全都具有重大意义。

在国内外舆论压力之下，1941年1月27日，蒋介石在重庆中央纪念周讲话中，强调"此次制裁新四军"，完全为整肃军纪，不牵涉其他问题，"决无什么政治性质"。④

（三）皖南事变是大不幸之事件，团结第一

不认可军令之说的舆论中，还有很大一部分表示对皖南事变的发生感到痛心，对新四军的遭遇感到惋惜，认为是"大不幸之事件"，亦认为此事是政治问题、党派摩擦问

---

① 〔菲〕建国出版社编：《关于新四军事件华侨舆论一斑》，第181—182页。
② 〔菲〕建国出版社编：《关于新四军事件华侨舆论一斑》，第182—184页。
③ 〔菲〕建国出版社编：《关于新四军事件华侨舆论一斑》，第155—156页。
④ 安徽省文物局新四军文史征集组编：《皖南事变资料选》，第420页。

题。而其主张是希望国共双方和平解决纠纷，万勿武力相向。如槟城三十五团体为皖南事变之事联电蒋介石，"报载新四军事件消息，侨情痛切万分，抗战以还，全国各党派团结一致，在我公贤明领导下，最后胜利，决无疑义，而新四军与其他友军，固守大江南北，在敌后方面组织民众，忠诚抗战，杀敌功绩，侨胞同深钦佩，此次事件，启诸军纪抑或党派摩擦，均属不幸"，"同侨誓死拥护团结，反对党派摩擦，反对枪口向内，拥护我公领导抗战到底"。[①]

华侨对于国共摩擦的看法是，国共双方各有错误，应各退一步，以求和解。国民党"应容许异党并立，更不应重温十年来讨伐的噩梦"，而共产党"一时无把握政权之可能，故不应存非分之想，只要其存在可以无虞，宜以和平手段贯彻主张，再以英美为例，国民党要效法"。[②]

皖南事变发生后，因道远途阻，真相莫明，此事使许多海外华侨感到迷惑，"肉搏之际不闻中共呼吁，亦未见蒋委员长明令讨伐。"1月17日军委会公布新四军被解散消息之后，始见中国共产党方面，包括周恩来、新华日报对此事发声。在新闻统制之下，国内尚且不明真相，海外华侨更如堕入五里雾之中。在他们看来，"中共认为新四军事件，是千古奇冤，吾人认为新四军处境可怜。"[③]

这些舆论同情新四军被围歼及被解散的命运，但也仅此而已。他们更关心的是，国共应以团结第一，不宜纠结于皖南事变的是非曲直。荷印《八打威正论周报》称，"中央日报虽说这次解决新四军，与政治无关，并与其他各军（指八路军）无关，但在国人的印象中，则相信这是涉及军权政权的问题，这个时候应一致对外，国人的寄望是对内团结到底，对日抗战到底，军权自应统一，共党合理的要求，中央亦应加以善意的考虑。国民衷心祈求的，是枪口一致对外，一切政治问题，再从长计议"。[④]该报根据"皓电"与"佳电"之内容，对皖南事变的责任问题进行了详细分析，认为如果情形如国民党所言，则"新四军罪有应得，政府对讨逆戡乱，乃应有之举，国人应一致赞同"；如果事出误会，"吾人虽痛惜国力之损失，然政局前途不必过虑"；如果情形如共产党所言，"则中央殊失于造次"。他们认为，"关于这次事件的责任问题且留待以后事实去作总裁判，至当前工作首在善后，应以一切可能的方法，去消弭我国内部因这次事件而发生的裂痕，切勿使问题再扩大，致中敌人汉奸的诡计"。[⑤]

由此可见，这种同情并非能转化为为中国共产党呼吁奔走的力量，他们的舆论姿态更多是趋于中立，呼吁双方保持克制。

1941年1月，苏门答腊《民报》围绕国共摩擦与皖南事变发表了一系列评论，很

---

① 〔菲〕建国出版社编：《关于新四军事件华侨舆论一斑》，第169页。
② 〔菲〕建国出版社编：《关于新四军事件华侨舆论一斑》，第66—67页。
③ 〔菲〕建国出版社编：《关于新四军事件华侨舆论一斑》，第71页。
④ 〔菲〕建国出版社编：《关于新四军事件华侨舆论一斑》，第64页。
⑤ 〔菲〕建国出版社编：《关于新四军事件华侨舆论一斑》，第69页。

明确地表达了华侨华人对抗战时期国共两大政治力量的看法。"我们反对'反共',并不是我们拥护共党,而是因为我们反对内部分裂,影响到对外抗战的力量"。"凡努力抗战者,我们拥护他,谁破坏抗战者,我们抨击他,我们不问他为某党某派。"因此,他们提出反对分裂,反对摩擦,反对内战。其所关心焦点,"实际上非为新四军的问题,而为内部团结问题与整个抗战前途"。①

而与国民党党报《天声报》针锋相对的《朝报》亦表明了这一立场,"政府此次为了整饬军纪,增强抗战力量,予新四军以处置,我们绝对拥护。""侨胞所拥护的是中央的维持法纪,是最高领袖的整饬下属,决不是拥护这一个党去打倒那一个党。老实说一句:侨胞不拥护国民党正跟不拥护共产党一样,侨胞拥护的是政府,是领袖。"当1941年1月27日蒋介石宣称皖南事变与政治无关,舆论即迫不及待地结束这一纷争,并认为"真正爱国爱族的共产党员,自无须兔死狐悲,岌岌自危,而良好的国民党员,也不应当乘此机会对整个共产党大事攻讦,以泄私愤"。②

大体上,侨领的态度亦是如此。事变发生后,重庆大公报曾为文向国民政府呼吁,慎重处理新四军事件,除整肃军纪外不可偶杂感情,并对叶挺宽大处分。③《总汇报》获得此消息后,当即决定以编辑部同人名义,呈电中央,采取重庆《大公报》之态度,做一致之呼吁,一面分访新马各侨领,征求意见,并于1941年1月23日刊登。《总汇报》访问了陈嘉庚、陈振贤、郭新氏、陈开国、韩钊准。这些侨领大多表示侨居海外多年,远隔重洋,"对于祖国情形,甚感隔膜,各种变化,只能间接获悉,可靠与否不敢断定"。但希望国共双方能顾全大局,委曲求全,继续合作,加强力量,对付日寇。应化除一切个人成见,精诚团结,争取最后的胜利。"吾人站在国民立场上,希望大家以国族民族利益为重,携手合作,以争取抗建巨业之完成,内部事件应委曲求全,国共双方均不缺少远见之士,尤其中央方面有吾贤明之蒋委员长领导,相信此事必能慎重处置,合理解决,不致扩大,而影响于抗建大业。"④但陈嘉庚的态度令人意外地缄默,他此时并未做太多表态,仅简单地表示:"吾人远隔重洋,对是项消息未能明瞭真相,未便发表意见,惟余甚信中央当局定能慎重处置。"⑤陈振贤主张此间最高侨团致电中央,表示海外华侨爱国关注国家团结之热诚。而马六甲国民党人则要求南侨总会应致电共产党,"告其切须服从中央政府命令"。⑥亦即双方都希望南侨总会发声,但陈嘉庚表示,南侨总会不会介入国共摩擦之中。时至2月5日,陈嘉庚向国共两党发出"歌电",称

---

① 〔菲〕建国出版社编:《关于新四军事件华侨舆论一斑》,第76—81页。
② 〔菲〕建国出版社编:《关于新四军事件华侨舆论一斑》,第73—74页。
③ 《关于新四军事件》,载《大公报(重庆)》,1941年1月21日,第0002版。
④ 〔菲〕建国出版社编:《关于新四军事件华侨舆论一斑》,第202—204页。
⑤ 〔菲〕建国出版社编:《关于新四军事件华侨舆论一斑》,第203页。
⑥ 陈嘉庚:《南侨回忆录》,上海:上海三联书店,2014年,第336页。

"华侨无党派立场,无利害私见",希望"弭止内争,加强团结"。[1]他对国共纠纷之事持谨慎态度,这与当时东南亚分化的紧张局势有关。不过,从报刊与侨团、侨领舆论中,频繁可见对《大公报》社论的认可,极可说明华侨群体的普遍态度。

可见,一个显著的现象是,更多的华侨舆论旨在劝告国共团结,共同抗战,期盼此次国共纷争能大事化小小事化了。由此,在处理皖南事变后续的争端中,当中国共产党试图利用舆论同情向国民党施压,拒绝出席第二届参政会,旨在迫使其做出让步,收回解散新四军的命令时,舆论又变得对共产党不利。亦即,他们并不那么关心皖南事变的事实孰是孰非,他们所关心的是,国共能否团结抗战,因此,国内外的舆论压力迫使国民党"在政治上从进攻转为防御",[2]1941年3月共产党曾对此加以肯定,但其实其自身在舆论压力与国际形势变化之下也不得不有所妥协。

三、舆论各异中的普遍诉求:团结抗战与民主宪政

在关于皖南事变的舆论中,在试图解决国共摩擦的呼吁中,团结抗战是华侨舆论中最迫切的诉求。值得注意的是,他们在要求团结抗战的同时,还趁机呼吁国民政府整饬吏治、清除汉奸投降派,并使中国实现民主政治。

1941年1月8日,在国共摩擦剧烈之际,美洲洪门总干部监督司徒美堂等向国共两党领导人发出调解纠纷电文,称:"因国共两党争夺领导地位,分裂祖国,以致沦人民及子子孙孙于万劫不复之绝境,则其罪恶虽万世亦莫之能恕也。"如国共能和平谈判,自解纠纷,至为上策;"如若不能,则共和国家主权在民"。他们主张"召集各党各派各界领袖,组织特别委员会,以为国共两党之仲裁",不仅如此,"如能及时召集真正代表民意之国民大会,制定国家大法,奠定民主基础,巩固抗战大局,则不只内讧可永不发生,即暴敌之政治攻势,更无所施其技也。"[3]基于美洲洪门在海外侨社中的地位与影响力,该主张得到了海外华侨舆论极大的认同。

在美洲洪门发出调和电文后,《纽约公报》对此发表多篇评论文章,于1月10日提出了息争办法。该报提出,第一,由各党派各派代表,组织特别委员会,以为各党各派间解决纠纷之仲裁机关(此事可由蒋中正以个人名义召集之,或由国内各党派领袖交换意见后,共同发起组织)。第二,国民党先收回第八路军新四军移调命令,以表诚意,所有摩擦事件,交由特别委员会解决。《纽约公报》呼吁:"以上办法,极其简单,亦最易实行,国民党人乎,不必斤斤自负为领袖政党,汝们之领袖地位,只要汝们努力为国,办事公平,大家当可以承认。共产党人乎,汝们亦要平心静气,以国家为前提,汝

---

[1] 安徽省文物局新四军文史征集组编:《皖南事变资料选》,第364—365页。
[2] 中国人民解放军历史资料丛书编审委员会:《新四军文献》(2),北京:解放军出版社,1994年,第187页。
[3] 中央档案馆编:《皖南事变资料选辑》,第252页。

们四十个月来之容忍，大家所知，对国民党以往之误解，应即一笔勾销，重敦旧好。"①

但这一主张只着眼于当下的国共矛盾，洪门电文所提主张看得更远。《纽约公报》所刊登的《洪门调和国共电文之我观》一文对洪门电文大加赞赏。不过，该报认为，组织特别委员会仲裁国共矛盾，可以谓之为救时办法，但此办法仍属治末办法。真正的治本办法是"召集真正代表民意之国民大会，制定国家大法"之提议，这"言言金石，一方面则指出立国万年之大本，一方面则加强抗战阵线，以杜绝敌人一切政治攻势"。如果能切实落实这一办法，"则眼前国共纠纷，无论如何剧烈，已有了解决之根据，则一切纠纷当然可以迎刃而解，不独于国共争执可以解决之，则其他困难问题，亦可根据大法而使其平，内讧真可以永不发生，盖发生亦立刻有根本大法可以为之解决也"。②在这里可以明显地看到，与国内中间党派③的主张不同的是，华侨群体无意以成立调解委员会为契机参与政事，而是更关心召开国民大会。也正因此，他们对于国共如何解决矛盾纠纷，并无太多思考或无能为力，而是更多寄希望于中国的政治变革，希望从速实现民主政治，进行民主宪政建设。但是他们从国民政府宣布于1940年11月召开国民大会却最终不了了之中，也预见到了实现民主宪政这一主张的困境。

1月11—14日，美洲《纽约商报》亦提出其主张，第一，局部解决新四军事件，请国共双方勾销旧账，处处从大局着眼，加以妥善处置。第二，两党领袖严密约束手下，勿再多生事端。"中央方面尤宜整顿吏治，扫除贪污枉法之地方工作人员，严饬其改变战前反共故态，而共产党方面，吾人亦盼其严令地方工作人员，集中力量于抗日活动，暂缓扩大共党工作，其余问题且待抗战成功以后，再图调协解决"。第三，消除国共摩擦症结。"全民抗战发动之初，虽已有国共合作协定，惟其中订明各点，或有不足应付局面之实际发展者，双方各级人员对于履行协定，或有未能实践力行者，而现行中央政治机构，尚未尽臻完善，各党派尚未获得切实参政之机会，与夫国民党自身对于推动民众力量，未能彻底与普遍，亦确为不能抹煞之事实，此皆国共摩擦症结之所在"。④此外，该报也提出了改革吏治、实现民主政治的诉求，向国民党提出希望"及早召集国民代表会议，制定宪法，切实开放政权，容许各党实际上参政，尤盼国民党能彻底清除贪污土劣，充实民众运动，此不特能减少国共摩擦之结汇，且亦能提高抗战之力量，增加民族社会进步之速率，奠定我国民主政治之基础"。而对于共产党的期望是，希望其申明服从战后和平合作之民主政局，"以解释各方疑虑。"⑤

美洲三藩市《世界日报》的提议是，一、迅即召集国民大会，制定宪法，实施法治。人民代表须真正由人民选出，不得指派固定，宪法须由人民代表手创，不得由任何

---

① 〔菲〕建国出版社编：《关于新四军事件华侨舆论一斑》，第89页。
② 〔菲〕建国出版社编：《关于新四军事件华侨舆论一斑》，第96页。
③ 闻黎明：《皖南事变时期的中间党派——关于中间势力的研究》。
④ 〔菲〕建国出版社编：《关于新四军事件华侨舆论一斑》，第104页。
⑤ 〔菲〕建国出版社编：《关于新四军事件华侨舆论一斑》，第106页。

人代庖。二、全国一切政权军权,须立即归还人民手中。三、国共两党,应从民意上创造其政治新生命。全国一切党派,也宜一样,共同建立一健全的政党政治之基础。①

此外,1941年3月,在全国一致反对内战声中,菲律宾怡朗华侨职工协会等众多侨团举行宣传大会,提出了十个宣传口号,其主张大体上是反对内战,坚持抗战到底,肃清亲日败类,及实施宪政等。②

因此,从这些主张中可以见到极大的共同点。在抗战背景之下,国共摩擦与皖南事变引起了极大的关注,华侨华人希望国共能和缓解决纠纷,继续坚持统一战线以抗战到底。与此同时,他们还对国民政府提出整饬吏治的要求,肃清汉奸,并要求实现民主政治。值得注意的是,除亲共产党的舆论之外,他们对于皖南事变之是非曲直与孰是孰非并不特别关心,他们亦无意以调解国共矛盾为契机而参与政事,但他们对推动中国政治变革却抱有极大的热情。

结语

自国共摩擦事件传播于海外,华侨华人即对此极为关注。尤其是皖南事变的爆发,使国共关系处于千钧一发之际,危在旦夕。国共继续保持团结抗战还是走向分裂内战,不仅将影响中国的抗战局势,也将影响世界反法西斯格局,与华侨华人自身命运亦息息相关。除国民党影响所及之海外党部、党报及亲国民党侨团表示拥护国民党中央决策之外,大部分的华侨皆盼望国共能继续坚持统一战线,抗战到底。其中亲共产党及部分同情共产党者明确反对解散新四军,而大部分舆论希望国共能各有退让,保持团结。值得注意的是,在舆论各异之下,华侨社会围绕皖南事变与国共关系展开一系列争论与激烈冲突,华侨社会也由此走向分化。吴铁城南下,进一步刺激了这一局面。但这并不妨碍华侨华人社会提出较为一致的国共矛盾解决方案,这源于希冀国共团结抗战与变革中国政治的共同目标。华侨舆论中有诸多解决当前局势的主张,除希望国共坚持团结抗战外,还向国民政府提出整饬吏治、清除汉奸投降派及要求中国实现民主宪政等。而华侨华人提出的息争办法与关于中国政治变革与前途的主张,虽在具体解决皖南事变方面与中国共产党并不一致,但与此时共产党的政治主张有诸多一致之处。因此,1941年3月14日,毛泽东回复美洲洪门电文,对司徒美堂等人所提出之解决办法极表赞同,要求国民党取消反共计划,驱逐亲日派,并取消一党专政,实行民主政治。由此,中国共产党希望海外侨社能与其一致主张,向国民党提出时局善后办法及临时办法各十二条。③虽然这并未能使皖南事变得到解决,但华侨华人与中国共产党主张的一致性,是对共产党反对国民党摩擦分裂斗争的有力援助。④而且,其关键不仅在于都呼吁团结抗

---

① 〔菲〕建国出版社编:《关于新四军事件华侨舆论一斑》,第111页。
② 〔菲〕建国出版社编:《关于新四军事件华侨舆论一斑》,第162页。
③ 中央统战部、中央档案馆编:《抗日民族统一战线文件选编》(下),第555页。
④ 任贵祥:《华侨第二次爱国高潮》,北京:中共党史出版社,1989年,第177页。

战，而且都旨在呼吁国民党政权开放政治，变革中国政治。

1940年前后，在国共摩擦与皖南事变的发生与解决过程中，华侨华人给予了极大的关注并提出自己的主张，这不仅呈现了华侨华人与近代中国政治关系图景，更是华侨华人力图推动近代中国政治变革的一个场景。

"一带一路"视域下的中东华侨华人与侨务公共外交

雷安琪[①]

【摘　要】 中东华侨华人在参与侨务公共外交助推"一带一路"建设中的重要作用日益凸显，已成为国内外关注的重要对象。随着中东华侨华人数量的迅速增加和影响力的不断扩大，其所蕴含的大量丰富的社团资源、传媒资源、精英资源等各类资源有待充分的挖掘利用。通过行为及观念文化、华社"三宝"、海外华商和华人精英、涉侨部门等主要渠道实现中东华侨华人的侨务公共外交职能，有针对性、有侧重点地对不同类型的中东华侨华人开展侨务工作，可以更好地增强中国与"一带一路"沿线中东各国政府及民众之间的互信，促进中国与中东关系持续健康发展。

【关键词】 中东；华侨华人；"一带一路"；侨务公共外交

"一带一路"以古丝绸之路为历史符号，以"和平合作、互学互鉴、开放包容、互利共赢"为理念，促进中国与沿线国家的经济交往与合作、政治文化互信，是中国特色大国外交的新途径。自 2013 年中国提出"一带一路"倡议以来，中东"一带一路"沿线各国纷纷积极响应参与，中东地区华侨华人的数量迅速增长，民族构成发生变化，在住在国的影响力不断增强，蕴藏着丰富的人才、信息、关系、文化等各类资源，是促进中国与中东国家关系，推动"一带一路"建设的重要资源宝库和沟通媒介。因此，重点关注中东华侨华人相关问题，充分发掘其蕴含的资源和潜能，鼓励和引导中东华侨华人通过侨务公共外交更好地发挥其"桥梁和纽带"作用，对于传播中华文化、塑造中国良好形象、增加中东各国对"一带一路"的信任感和支持度有着不可替代的重要作用。

我国关于侨务公共外交及华侨华人的相关研究大多围绕欧美、东南亚、澳洲等国家，研究内容丰富，体系完整，但对于中东华侨华人的相关研究还处于起步阶段，相关论著还十分零散。目前关于中东华侨华人的研究主要围绕历史及现状方面的基本问题。庄国土首次对中东地区华侨华人分布状况与发展趋势进行了较为科学的估算，形成了后期学者研究该领域的基础数据。[②]冀开运论述了研究中东华人华侨的理论和实践意义，提出以维吾尔族、哈萨克族和回族为主的中东华侨华人，在中国与中东国家交往中起着

---

① 作者简介：雷安琪，女，宁夏大学法学院行政管理与社会学系副教授，研究方向为中东华侨华人、统战工作、人才队伍建设等。

② 庄国土：《华侨华人分布状况和发展趋势》，载《侨务工作研究》，2010 年第 4 期。

媒介作用，该领域的研究对于中国西部向中东的经济贸易、增强中华民族凝聚力和吸引力、维护中国在中东公民的合法权益等方面具有重要意义。[1]张秀明分析了中东地区侨情的最新变化特点，认为中东国家的入籍归化政策一定程度促进了华侨华人的融入，中东地区华侨华人在中国与中东共建"一带一路"中蕴含重要潜能，可从西北地区、地方商会与华商、宗教因素等节点入手。[2]张丹丹、孙德刚则关注领事保护问题，认为中东华侨华人的数量激增和生存状况对中东领事保护任务的多样化提出了新要求。[3]还有部分学者在聚焦少数民族侨民的研究中涉及了中东地区。马明达在研究西北穆斯林国外侨民中，提到了回族、哈萨克族、维吾尔族留居中亚、中东地区的不同原因及特点。[4]巫秋玉、李德华关注新疆籍华侨华人，详细分析了海外新疆籍少数民族在阿联酋、土耳其、约旦等国家的分布特点和生存状况，认为新时代应做好海外新疆籍侨胞的工作。[5]

相关研究有助于我们加深对中东华侨华人的认识和理解，但已有研究是基于经验观察或主观判断，或是利用已有二手数据进行分析检验，研究视角也多以基本情况、少数民族为主，缺乏针对中东华侨华人在国际关系中作用的分析研究。鉴于此，本文围绕新时代新型关系的建设重点，通过对中东华侨华人历史及现状、在侨务公共外交中的实现路径、蕴含的各类资源挖掘和利用等问题的梳理和探讨，不仅可推进完善及补充国内关于华侨华人社会历史研究，也将为政府制定科学务实的中东政策和侨务政策提供相应的事实依据和历史借鉴。

一、"一带一路"中的侨务公共外交

（一）"一带一路"在中国-中东关系中的战略诉求

"一带一路"是中央统揽国内国外两个大局，在复杂的国际局势下，基于国际主权安全和经济发展利益需要提出的重大战略构想。中东地区位于欧洲、非洲、亚洲三大洲交汇处，地中海、红海、阿拉伯海、里海和黑海也与之交汇，石化能源产量充足，是中国关键的能源供给市场，也是中国的潜在市场，还是中国通往世界其他市场的门户。从地理位置、能源供给、航行安全和基础设施建设等方面，中东地区对我国有着重要的战

---

[1] 冀开运：《中东华侨华人若干问题研究》，载《中东问题研究》，2015年第1期。
[2] 张秀明：《中东地区华侨华人与"一带一路"建设》，北京：社会科学文献出版社，2016年，第4—77页。
[3] 张丹丹、孙德刚：《中国在中东的领事保护：理念，实践与机制创新》，载《社会科学文摘》，2019年第10期。
[4] 马明达：《西北穆斯林国外侨民的形成及其特点》，载《暨南学报（哲学社会科学版）》，2012年第11期。
[5] 巫秋玉：《"大统战"格局下的海外新疆籍少数民族华侨华人统战工作研究》，载《广东省社会主义学院学报》，2018年第4期。李德华：《新疆籍华人华侨的特点》，载《新疆社科论坛》，2013年第2期。

略意义。"一带一路"倡议正是我国采用伙伴关系外交与中东牢固关系、扩大影响力的重要战略途径。凭借"一带一路"倡议，中国与15个中东国家（埃及、塞浦路斯、土耳其、叙利亚、黎巴嫩、伊拉克、沙特阿拉伯、也门、阿曼、阿拉伯联合酋长国、卡塔尔、巴林、科威特、伊朗、阿富汗）在经济、国家战略和外交等方面积极开展合作，投资符合双方利益的项目，从而促进双方经济发展，促进社会繁荣稳定。

然而，"一带一路"在中东推进也面临诸多困难。中东地区自然环境条件艰苦、基础设施极度匮乏、人文交流面临困难外，安全形势多变、政权更迭频繁、恐怖主义泛滥、大国中东博弈均对"一带一路"倡议的实施形成掣肘。此外，国与国之间互联互通的衔接，不可避免地会遇到政治、经济等利益纠葛，沟通起来难度很大。更重要的是，中东沿途国家和民众对"一带一路"倡议并无足够了解和思想准备，需要做大量解惑释疑的工作[1]。这就要求中东华侨华人利用自身独有的语言、文化、关系等资源优势，通过侨务公共外交的方式，充分发挥好中国与中东的"桥梁与纽带"作用，中东国家传播中国的历史文化、价值观念，宣传和介绍中国的国情民生、制度建设、国家政策，从而更好地支持祖国发展、遏制分裂势力、传承中华文化、助力对外交往和"一带一路"建设，团结广大海外华侨共同实现中国梦。

（二）华侨华人在侨务公共外交中的作用机制

华侨华人是共建"一带一路"的重要推动力量，在传播我国的方针政策、历史文化、价值观念，宣传和介绍中国的国情民生、制度建设，加强住在国与我国经济沟通，开展民间外交等方面，发挥着重要而独特的作用。华侨华人的这种独特的媒介作用来源于他们的双重身份，即对现在所属国的政治身份认同和对中华传统的文化身份认同，尤其是对于已获得当地国籍的华人[2]。现如今，华侨华人与各国发展的联系愈发紧密，各国都意识到必须将海外华人列入考虑因素，才能全面理解中国与其他国家之间的关系[3]。

根据公共外交的运行机制，我国的政府行为体和非政府行为体可以通过传播、对话、合作三个层次来完成向他国的公众传递信息、塑造形象、输出价值、建立关系、加强联系等目标和任务[4]。但由于不熟悉当地政策法规、人文环境、社会习俗、缺乏必要

---

[1] 唐继赞：《"一带一路"战略在中东面临的机遇和挑战》，http://iwaas.cass.cn/xslt/zdlt/201509/t20150924_2609563.shtml，访问日期：2022年6月17日。

[2] 李安山：《非洲华人社会经济史（下册）》，南京：江苏人民出版社，2019年，第1230—1231页。

[3] Emmanuel Ma Mung Kuang, "Chinese Migration and China's Foreign Policy in Africa", *Journal of Chinese Overseas*, 2008, Vol.4, pp.91-109.

[4] Cowan, Geoffrey, and Amelia Arsenault, "Moving from monologue to dialogue to collaboration: The three layers of public diplomacy", *The annals of the American academy of political and social science*, 2008, Vol.616, pp.10-30.

的当地资源与基础等具体情况，官方难以顺利有效地深入各国民众并与其进行传播、对话与合作。因此，华侨华人凭借其在当地丰富的政治、经济、文化、社会、人脉等资源，以及影响力，很好地弥补了公共外交中的这一不足（如图1所示）。

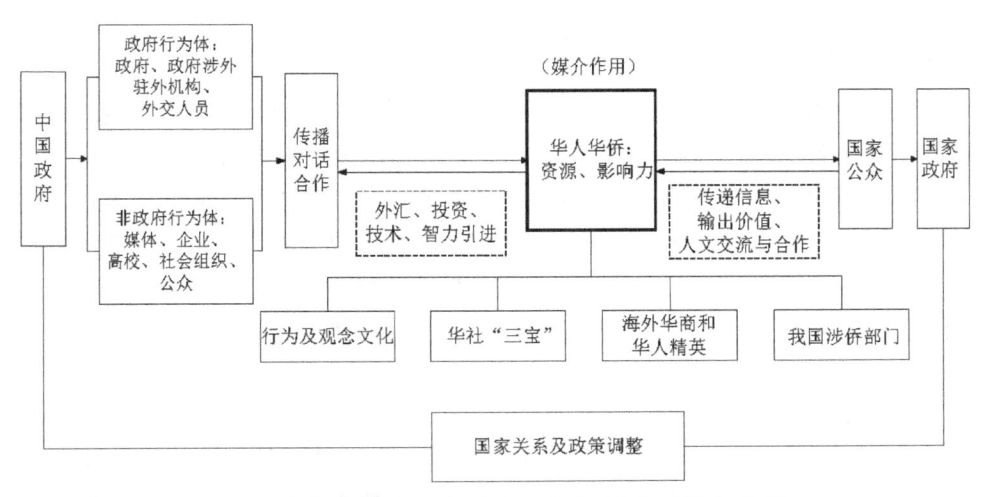

图1　华侨华人在公共外交运行机制中的媒介作用

华侨华人在中国与"一带一路"沿线住在国之间的"桥梁和纽带"作用主要体现为对外输出和对内输入两个方面。在对外输出方面主要通过四种路径。一是华侨华人的行为及观念文化，海外侨胞所保留的中华传统和行为观念使其在生活和工作中潜移默化地将我国的节庆习俗、经营理念、饮食文化等展现给住在国的民众。二是华社"三宝"，即华人社团、华文传媒和华文学校。华人社团作为海外华侨华人的主要组织形式，通过在住在国华人社区及非华人社区举办的各类活动传播着中华文明，而海外华文传媒和华文教育则是维系华人社会民族认同和文化认同的重要平台，也是传播中华文化的重要力量。三是海外华人精英。华商作为中外经济合作的重要推动力量，其根植于中华传统文化中的独特的经营理念及管理文化，使其凭借血缘、亲缘、地缘形成了成熟的现代华商网络[1]。其他华人精英则通过学术著作、学术活动及媒体文章等形式传播着中华文明特有的思维方式、哲学观念、道德伦理、文学艺术等内涵[2]。四是我国涉侨部门，通过政治、经济、文化等各种方式，引导和鼓励中东华侨华人向住在国民众传播中华文化，塑造良好的中国国家形象。

在对内输入方面，华侨华人一方面通过经商、打工等方式赚取外汇，输入到国内从而增加我国外汇储备，帮助减少贫困，另一方面通过引进外来投资、技术、人才等方

---

[1] 刘云娥：《在中国-东盟自由贸易区建设中发挥华商的作用》，载《八桂侨刊》，2005年第5期。

[2] 刘泽彭、陈奕平等：《华侨华人在国家软实力建设中的作用研究》，广州：暨南大学出版社，2018年，第53—56页。

式，助力国内经济发展①。因此，将华侨华人这一资源最大限度地转换为实现中国发展的内生动力和重要支撑，将我国的经济、政治、文化影响力延伸到"一带一路"沿线各国应成为我国侨务工作的重点。

二、中东华人移民历史、现状及特点

中东各国自古以来就与中国在政治、经济、文化交流方面有着千丝万缕的联系。从古代陆上丝绸之路到新时代共建"一带一路"，都是由沿线大国引领推动、其他国家和地区积极参与推进、各种文明相互交融的产物。在这条联通中西文明的要道上，民间力量发挥了极其重要的基础性作用，中东华侨华人在促进祖国繁荣富强、经济发展、民族团结、社会稳定方面都做出了卓越的贡献，是推动共建"一带一路"建设，促进中国与中东国家经济合作与交流，同时加强中国软实力建设的独特优势和重要资源。

（一）中东华人移民历史

研究中东华人的移民情况，首先必须明确"中东"这一较为模糊的地缘政治学概念，这一概念极易与一些地理概念、民族概念、宗教概念混淆，如西亚、阿拉伯、伊斯兰等。我国权威中东问题研究专家朱和海先生将"中东"的地缘政治学概念做出了广义与狭义两种定义。狭义的"中东"包含18个国家，分别为埃及、塞浦路斯、土耳其、叙利亚、黎巴嫩、以色列、巴勒斯坦、约旦、伊拉克、沙特阿拉伯、也门、阿曼、阿拉伯联合酋长国、卡塔尔、巴林、科威特、伊朗、阿富汗（除以色列、伊朗、土耳其和塞浦路斯4国，其他国家均为阿拉伯国家）。而广义的"中东"则泛指位于欧、亚、非三洲接合部的北非和西亚地区②。本文的研究对象则为狭义中东18国的华侨华人。

中国与中东国家的联系始于公元前138年西汉张骞出使西域开辟的连接古代中国与地中海各国丝绸为主的商品贸易之路③。古代丝绸之路经过中国的西北部，境外途经多个西亚国家，包括阿富汗、土耳其、伊拉克、叙利亚、伊朗等国家，最终到达地中海各国④。在广泛的民间交流和政府指导监管的支持下，古丝绸之路不断发展兴盛，古代华商通过贸易合作将古丝绸之路沿线国家当地的特产和挣到的金银钱财带回中国，从而增进了中国和西亚各国在经济、政治、文化等方面的了解，其"桥梁与纽带"作用已现雏形。

---

① 吴金平、李桢：《"侨务"与"侨民"的词义辨析》，载《八桂侨刊》，2017年第1期。
② 朱和海：《"中东"的由来、性质、使用和内涵等问题考》，载《西亚非洲》，2014年第3期。
③ 王炳华：《丝绸之路新疆段古道研究》，载周俭主编《丝绸之路交通线路（中国段）历史地理研究》，南京：江苏人民出版社，2012年，第229—256页。
④ 马锦、李发源等：《古陆上丝绸之路复原及沿线基本地理特征分析》，载《地理与地理信息科学》，2017年第4期。

华人移民中东的历史可以追溯到公元 8 世纪的维吾尔族移居西亚中亚。进入 18 世纪，大批来自中国西北西南地区的少数民族穆斯林前往麦加朝觐，由于朝圣路途遥远罄其所有，他们在当地自谋生计，随后结婚生子，留居中东国家①。20 世纪 30 年代后，中东华侨华人形成的原因更加多元化，包括叛乱、战败及政治运动等政治原因产生的移民，如遭受国民党马家军残酷镇压而逃入克什米尔地区的哈萨克族人②；自然灾害、通商贸易等经济原因造成的移民；出国留学和朝觐等文化原因形成的移民，如 1955 年和 1982 年中国向埃及派遣多名留学生③。改革开放后，更多的中国劳工和留学生加入中东华侨华人的行列。冀开运对中东华人华侨进行了较为深入的分析，并将中东华人华侨的总体特征归纳为：中东华人华侨以少数民族居多；汉族主要作为中国劳工移居中东；少数民族以经商和留学为主，主要学习宗教和语言④。

（二）中东侨情现状与特点

进入 21 世纪，中东华侨华人的数量持续增长。虽然官方尚未发布准确数据，但根据庄国土 2010 年的估算，中东华侨华人总数超过 40 万，其中伊朗 3000—4000 人，以色列 10,000—25,000 人，埃及 4000—5000 人，阿联酋 10 万—15 万人，沙特阿拉伯 15 万—18 万人，土耳其 6 万—8 万人，中东维吾尔族华侨华人有 20 万，哈萨克族华侨华人 2.5 万，回族华侨华人 2 万，汉族华侨华人 15 万⑤。2016 年《华侨华人研究报告（2016）》将中东华侨华人的数据更新为 50 万，认为主要集中于沙特阿拉伯、阿联酋、土耳其、以色列等国家⑥。

少数民族华侨华人人数众多是中东侨情的重要特点。以海外新疆籍少数民族华侨华人为例，到 21 世纪初，中亚、西亚华侨人数超过 90 万人，其中少数民族占 95%，尤以新疆籍维吾尔族华侨华人居多，占总数的 70%—80%⑦，其职业和生存状况呈现如下特点：从分布状况来看，根据《新疆侨联志》的相关统计，截至 2010 年，中东地区的新疆华侨华人主要分布于沙特阿拉伯（17 万人）、土耳其（8 万人）、埃及（2000 人），阿联酋、约旦、叙利亚、科威特等其他中东国家和地区的人数从千人到数百人不等。以土耳其为例，在 8 万新疆华侨华人中，维吾尔族华人占比 63%（约 5 万人），主要居住

---

① 王庆丰：《维吾尔族华侨移居西亚地区史探》，载《华侨历史》，1986 年第 3 期。
② 王希隆：《哈萨克跨国民族社会文化比较研究》，北京：民族出版社，2004 年，第 85 页。
③ 姚继德：《中国留埃回族学生派遣始末》，载《回族研究》，1999 年第 1 期。
④ 冀开运：《中东华侨华人若干问题研究》，载《中东问题研究》，2015 年第 1 期。
⑤ 庄国土等：《华侨华人分布状况和发展趋势》，载《侨务工作研究》，2010 年第 3 期。
⑥ 贾益民、张禹东、庄国土等：《华侨华人研究报告（2016）》，北京：社会科学文献出版社，2017 年，第 56—64 页。
⑦ 巫秋玉：《"大统战"格局下的海外新疆籍少数民族华侨华人统战工作研究》，载《广东省社会主义学院学报》，2018 年第 4 期。

在开赛利城、伊斯坦布尔等地；哈萨克族华人占比 31%（约 2.5 万人），主要居住于伊斯坦布尔、伊兹米尔、安卡拉、科尼亚等地[①]。从职业生存状况来看，中东的少数民族侨胞在原乡时多为普通民众，移居中东各个国家后，从事职业以商业为主，涵盖边境贸易、餐饮业、服务业、旅游业、中医中药、皮毛丝绸服装等，也有少量兼营其他各业，如务工务农等。中东少数民族华侨华人一般经过长时间奋斗，收入及生活条件处于中等水平，基本能在居住国安居乐业，并与新疆保持来往。从华社发展状况看，较为相近的地缘、民族、文化、习俗等，使得新疆少数民族华侨华人在中东国家的融入程度较高。但正是由于融入程度高、经济实力相对较弱，加之中东大多数国家对社团结社的严格限制，甚至是明令禁止（如沙特阿拉伯），华社组织数量极为有限，并且更强调民族特性。目前最有影响力的各民族社团组织是各族文化中心或协会，还有近年来兴起的具有行业性的、带有民族称呼的行业团体组织。从文化教育状况看，少数民族华侨华人在居住国通用本地语言文字，如土耳其的少数民族华侨华人通用土耳其语言文字，沙特阿拉伯的少数民族华侨华人则通用阿拉伯语言文字，只有第一代和第二代华侨华人在彼此交流时才使用母语。因此，新疆少数民族区华侨在中东地区办学、办报尚处于起步发展阶段，建立的母语教学机构较少，自办侨报、侨刊较少，但发展迅速，发展潜力巨大。

一位在阿联酋从事华文传媒出版多年的回族华人企业家，在访谈中用"语言""信仰""商机"概括出中东华侨华人的基本生存特点。

在中东创业生活的这十几年来，接触到的华侨华人中回族、维吾尔族等少数民族还是最多的。这些年对阿拉伯语学习的重视、宗教信仰方面的渊源以及中东地区涌现的商机和潜力，使得本身就善于经商的少数民族通过一些独有的优势与阿拉伯国家产生更多的经贸联系。[②]

自 2013 年中国提出"一带一路"倡议以来，截至 2022 年 2 月，已有 148 个国家和 32 个国际组织同中国签署了 200 余份共建"一带一路"合作文件[③]。"中东"国家除以色列、巴勒斯坦、约旦，其余 15 个国家均为"一带一路"合作国。由于近 5 年"一带一路"的建设与发展，中东侨情已发生了巨大的变化。考虑到中东华人中的非法移民、未记录在册劳工、未统计在内的港澳台同胞和流动性较大统计困难的人群，如海外项目工程承包、朝觐、旅游等人员，目前在中东长期居住的华侨华人实际人数预计已有百万。整体而言，中东华侨华人的规模增长较快，分布较为不均衡。其中，少数民族华侨华人比重较大（超过 50%）是中东华侨华人群体的重要特点。值得注意的是，汉族华侨华人数量增长迅速是近年来侨情新变化，这一变化打破了以往以少数民族华侨华人为主的民族结构。

---

① 梁日明主编：《新疆侨联志》，乌鲁木齐：新疆人民出版社，2010 年，第 143 页。
② 2023 年 2 月 16 日访谈宁夏籍阿联酋回族华侨 MYL01 于宁夏银川。
③ 《已同中国签订共建"一带一路"合作文件的国家一览（2022）》，https://www.yidaiyilu.gov.cn/xwzx/roll/77298.htm，访问日期：2022 年 2 月 10 日。

三、中东华侨华人的优势及困境

（一）中东华侨华人的资源优势

在政治方面，中东华侨华人是中国开展中东地区公共外交的重要力量。由于文化、宗教、民族构成等原因，中东国家入籍政策十分严格，华侨华人参政格外困难，缺少真正意义上获得巨大成功的华人领袖，个体参政尤为困难。但中东地区华侨华人仍在不断努力，并且有了更强的参政意识，目前参政主体主要为中东各国成立的各类华人社团，如埃及和平统一促进会、全巴华侨华人联合会、阿富汗华商会等，已成为华人与政府、华人与主流社会交流的重要桥梁。这些华人社团中的领导人代表当地华人向政府反映华人意见，积极维护华人权益，争取有利于华人的政策。同时，政府也会委任和邀请华人社团领袖加入政府性质的机构。

在经济方面，中东华侨华人成为引导中东外资进入中国的先锋和主力，又通过庞大的华商网络帮助中国企业"走出去"，推动了中国和中东合作的进一步深化。随着中东各国的华人规模和势力扩大，各类华人商会尤为活跃，与"一带一路"建设形成相辅相成的良性循环，如中东华商、伊朗华商会、阿联酋上海总商会暨同乡会、土耳其中国华侨华人总商会等。根据社会角色划分，中东华侨华人中的工人，作为劳动力市场重要的组成部分，一定程度上改变了国内收入分配，影响国内投资的优先次序。中东留学生有助于增加人力资本存量并传播中华文化，塑造中国形象。企业家和投资者为中东住在国创造更多的就业机会，推动其技术创新和产业发展。根据市场角色，中东华侨华人作为消费者，有助于增加对中国和住在国商品和服务的需求。作为储蓄者，不断向中国汇款，还通过银行系统间接地促进在东道国的投资。《2020年世界移民报告》显示，阿联酋和沙特阿拉伯2020年汇出汇款高达443.7亿美元和361.2亿美元，分别位列世界第二名和第三名[1]。

在人文方面，中东华侨华人是推动中华文化走出去的重要力量。中东的华文传媒发展时间较短，通过不断发展壮大，呈现出创办地点集中、辐射性强、各类传媒协作发展的特点。近年来华侨华人增速最快的阿联酋具有很强代表性。在华文网络媒体方面，官方网站有中国驻阿联酋大使馆、中国驻阿联酋大使馆经济商务处等，非官方网站有迪拜华人网、阿拉伯商贸网等。这些网站致力于为华侨同胞提供最及时的服务，同时也在中东采购商和中国产品供应商之间架起贸易桥梁。《绿洲》《新民商报》《东方商报》等华人报刊覆盖性广且在中东许多国家有着较大的影响力。在华人广播电视方面，亚洲商务卫视作为中东首家由中国人收购的电视台，其信号覆盖中东和北非21个阿拉伯语国家，观众超过4亿人。华文教育的发展在中东阻力较大但依然稳步前进。孔子学院、阿联酋长城书院、埃及德仁华文学校等年轻的华校不断壮大势力。此外，阿联酋、沙特阿

---

[1] Eurostat, *World Migration Report, International Organization for Migration (IOM)*, United Nations, 2020, pp.18-20.

拉伯、埃及等国家都将汉语纳入了华文教育体系。华社"三宝"的发展为中东各国公众架起了一座通往中国的信息桥梁，是中国文化在当地传播的最佳窗口。

（二）中东华侨华人面临的困境

虽然中东华侨华人的数量不断上升，影响力也不断扩大，但目前有关中东地区华侨华人在助力"一带一路"建设，发挥促进中国与中东关系方面的侨务公共外交作用以及面临的一些实际问题并未引起足够的重视。

中东的华侨华人整体是比较散的状态，目前很少有影响力大的华侨组织，也没有建立侨史博物馆去梳理历史资料。有一次在沙特的书展上，一个小女孩用阿拉伯语跟我说："我也是中国人。"当我问她是否会说中文时她表示不会，她爸爸会，在交谈时我发现她爸爸是祖籍昆明的侨二代，也只会一些简单的中文。华文传媒和教育在中东发展很受限制，一方面西方的媒体对他们影响很大，尤其是以美国为首的西方国家总是利用新疆问题制造舆情挑拨中东与中国的关系。许多中东国家如沙特，缺乏对中国的了解，因此对中国的整个社会状况发展还是存在很多的误解。另一方面我们在中东的文化输出渠道受限，主要依靠图书出版，但影视等方面传播就很少，整体上缺乏更多元化的这种文化的影响的手段。①

目前面临的困境，一是中东华侨华人的侨社侨团组织发展并不均衡。由于中东大多数国家对社团结社有十分严格限制，有些国家甚至是禁止结社，华侨联合会、促统会等华侨华人社团组织存在分布较少、影响力较弱、与国内联系不紧密等问题，难以有效发挥其应有的"桥梁与纽带"作用。二是中东华侨华人在意识形态方面呈现多元复杂性。中东华侨华人信仰宗教人口较多，且以少数民族侨胞居多，生存状况各异，以各种方式融入当地社会。"一带一路"沿线国家和地区环境复杂，各种思想文化相互交织。三是中华文化在中东的传播能力和途径较为受限。受国家间关系、地方保护主义政策、宗教文化势力等因素的影响，中东华侨华人在传播中华文化过程中受到诸多阻碍，中东华文媒体和华文教育的传播力和影响力仍然较弱。四是中东华侨华人在侨益保护面临多重挑战。中东国家的制度体制差异大，许多国家国内政治形势复杂，政策变动性大甚至战争频发，经济安全、生态安全及高危传染性疾病等非传统安全问题日益凸显，中东地区华侨华人的生命财产安全受到威胁，使得许多华侨对自身权益能否得到法律保障信心不足，影响了华侨回国投资、创新创业的热情和积极性。

四、促进中东华侨华人参与侨务公共外交的实现路径

随着"一带一路"建设的不断推进，沿线中东国家与中国的关系有了跨越式发展，在经济、文化等方面的联系日趋紧密。从侨务视角来看，中东华侨华人在参与侨务公共

---

① 2023 年 2 月 18 日访谈宁夏籍阿联酋回族华侨 YXD02 于宁夏银川。

外交、助推共建"一带一路"、加强中国与中东国家交流与合作方面有着不可替代的独特优势。充分挖掘中东华侨华人所蕴含的各种资源和潜能，使其更好地服务国家建设，既是侨务工作的重点，也是难点。

（一）中东华侨华人的二元分群

在开展侨务公共外交时，基于社会分层的思考，往往将侨务公共外交的对象"二元"划分为"精英"阶层与"草根"阶层。华侨华人群体中的"精英"一般泛指在社会各个领域里取得突出成绩的华侨华人，而"草根"则是指相对于华侨华人精英群体之外的一般华侨华人民众。根据西方"权利精英"理论，"精英"是具有决策权的少数人，而"草根"是被法律习俗、重大事件和领袖所决定和影响的大多数人[1]。可见，精英的社会影响及导向能力远远大于一般大众。

类似于"精英"和"草根"二元阶层的划分，公共关系中的"PVI"指数将公共外交实施的对象根据其重要性进行了优先次序排列，认为一种类型的公众对公共外交项目及组织的重要性（I），取决于公共外交项目及组织影响某类公众的潜能（P）和公共外交项目及组织受该类公众影响的脆弱性（V）（见表1）[2]。根据"PVI指数"的基本原理和测量方法，在开展侨务工作时应有所侧重，可将中东华侨华人划分为一般公众和优先公众。优先公众指"PVI指数"较高的中东华侨华人公众，包括在中东住在国当地政治、经济、文化等领域有较强的直接或间接影响力，能够对当地国民的认知、态度及社会舆论有较强影响力的华人社团领袖、华人代表、华文媒体高层、华人教育主力等华人社会精英。一般公众指"PVI指数"较低的中东华侨华人公众，包括对"一带一路"沿线中东国家的侨务公共外交有一定影响力但影响力较小的广大普通华侨华人公众。

表1　PVI 指数确定公众优先次序公式

公众或受众	P 组织影响的潜能 （数值范围 1—10）	+　V 受组织影响的脆弱性 （数值范围 1—10）	=　I 公众对组织的重要性

对于"精英"或"优先公众"这一类人群，朱东芹将其具体划分为三类。一是"政府精英"，主要指已参政的华人。二是"商业精英"，主要指在商业领域成功的华人。三是"知识精英"，主要指华人社会媒体、教育、文化界知名人士[3]。基于中东国家华侨华人的整体情况而言，由于文化隔阂、宗教信仰、移民制度等多重因素，中东华侨华人

---

[1] 托马斯·戴伊、哈蒙·齐格勒：《民主的嘲讽》，北京：世界知识出版社，1991年，第2—7页。

[2] 道·纽森、朱迪·范斯里克·杜克、迪恩·库克勃格：《公共关系本质》，上海：复旦大学出版社，2011年，第137页。

[3] 朱东芹：《中国侨务公共外交：对象与目标探析》，载《国际论坛》，2016年第3期。

流动性大，整体实力较弱，根基并不稳健，华人参政水平很低，主要专注于经商，因而在当地产生了一些具有强大经济实力和社会影响力的华商。这些华商往往期望获得"爱国侨企""爱国企业家"等身份认同。随着"一带一路"的建设与发展，我国在中东国家新移民中有很大比例的留学移民，同时海外传媒与华文教育也在稳步发展，华人"知识精英"在中东华侨华人群体中占有相当的比例。鉴于中东地区华侨华人"精英"分布的具体特点，我国侨务公共外交的工作重点可以放在"商业精英"+"知识精英"。

"我虽然在国外，我需要中国给我一个身份认同，认为我是一个爱国的商务人士，需要这种身份来助推事业的发展，这种侨胞与国家直接的相互认同感，更能使我有为国内投资和捐助的动力。"①

随着城市社会的兴起和科技的发展，"草根"或"一般公众"作为"沉默的大多数"，已经成为公共外交中不可忽视的一个群体。这一群体既是民间交流的主体，也是国与国相互理解、建立关系的根基，能够对政府的决策发挥一定的影响力。"草根"为主是中东侨胞群体的一大特点。虽然在中东一些国家已有个别华侨华人成为政商界精英富商，如第一个收购阿联酋电视台的华人王伟胜、担任土耳其-中国工商会会长的温州商人蒋晓斌。但大多数华侨华人，尤其是少数民族侨胞，生活处在中等偏下水平，以"草根"的角色如小商小贩务工务农者在中东各国谋生，总体经济实力较弱。

"在中东而言，我认为移民的体验感和发展空间不算很好，我们这些华人都好几代了，在当地一代一代地经营小买卖为生，经济上并不宽裕，也很难进入他们的政治、文化的主流社会中，即便你拿到国籍也永远是中东国家的二等公民，他们还是中东人优先的。有时候也会很思念故乡，特别希望中国国内是关心我们的。"②

针对"草根"的工作，一般主要围绕争取民心和国家认同。大多数华侨华人研究者在研究这一群体时，根据移民时间将其划分为老一辈华侨华人（老侨）、新一辈华侨华人（华裔新生代）、华人新移民（新侨）三个类别。中东国家的老一辈华侨华人移民动机较为复杂，包括经商、打工、留学、朝拜等各种类别。以中东侨胞中的少数民族华侨华人为例，第一代移民多从事与商贸相关职业，如在沙特阿拉伯，其商贸工业的经营主要涉及国际贸易、房地产、肉食加工、纺织业等；在土耳其则以中土贸易为主，经营范围包括服装、丝绸、瓷器及中药等，也有部分在当地从事餐饮业或开设中医针灸所等；阿联酋的少数民族侨胞主要从事纺织品、餐饮、旅游业等。这些少数民族侨胞经过自身的努力奋斗能够基本在住在国安居乐业，此外，出于对祖国的感情、受到的教育等因素，整体而言对于祖国文化认同的占大多数。中东国家的新一辈华侨华人，由于生于当地，部分人群已经入籍，大多接受到当地或欧美国家的高等教育，除一部分继承父业外，许多人还进入当地政府、科教、文卫等部门任职，整体在当地的社会融入度高。但

---

① 2023 年 2 月 18 日访谈宁夏籍香港人 ZJW03 于宁夏银川。
② 2023 年 3 月 1 日访谈宁夏籍土耳其回族华侨 MJP04 于宁夏固原。

华侨在当地的处境远不如华人，往往受到购房、就职、升学等方面的诸多限制。整体而言，受到中东当地教育、宗教、政治等整体环境的影响，新一辈华侨对于中东当地文化的认同感较多。中东华侨华人新移民以经商、留学为主，留学专业集中于文化艺术、教育、经济、医疗卫生等领域。这些新移民基本出生于国内并且受国内教育，同时大多保留中国国籍，与家乡保持着紧密的联系，因此对中国有着更为强烈的认同。因此，对于中东华侨华人"草根"群体，新一辈华侨华人和华人新移民应作为重点关注对象。

（二）充分发挥中东华侨华人优势的多元路径

自共建"一带一路"以来，中国与中东地区的关系得到了前所未有的发展。中东华侨华人凭借其独特而丰富的资源，通过各种渠道和方式发挥着重要的"桥梁与纽带"作用，成了进一步推进中国与中东国家关系的新的经济增长点。从侨务视角而言，中东华侨华人在侨务公共外交方面蕴含巨大潜力，其所拥有的丰富资源尚未被利用和挖掘。因此，应基于中东华侨华人的发展现状，充分结合其在民族、职业、分布、二元群分等方面呈现出的特点，针对中东华侨华人面临的困境，从中国特色外交理念和侨务工作的实践中总结经验，通过多元路径充分调动中东华侨华人参与公共侨务外交的积极性，发挥其优势助推"一带一路"建设与发展。

一是加强中东地区海外联谊联络工作。在中东侨社侨团分布较多的地区和国家，应搭建各类平台、组织各类活动，实时了解当地华侨华人思想动态和生活状况，拓展中东华侨华人和侨社侨团的联系服务工作。在侨社侨团受到严格限制或禁止的中东国家或地区，应扩大海外联谊联络的对象，有针对性、有侧重点地开展侨务工作。对于中东华侨华人中的"精英"或"优先公众"，要着重加强联系与交流，对于其"爱国企业家"身份认同的需求应给予更多的身份认可、精神投入和关注。涉侨部门通过政治、经济、文化等各种方式，加强侨情调研与考察，邀请华侨华人代表回国访问参观，必要时对这些"优先公众"开展工作给予一定的支持。对于中东华侨华人中的"草根"或"一般公众"，即对"一带一路"沿线中东国家的侨务公共外交有一定影响力但影响力较小的广大普通华侨华人公众，要做到统筹兼顾，较多地加强物质投入，最大限度地团结海外侨胞，增强其凝聚力与认同感。

二是提升中东地区海外反"独"促统的战略思维。充分认识中东地区海外反"独"促统工作的特殊作用及中东华侨华人的独特价值。充分发挥各涉侨机构职能，加强各相关部门、团体之间的沟通协调，建立多层次的信息快速交流机制，最大限度地识别、孤立、瓦解分裂分子，积极防范中东地区宗教极端势力、民族分裂势力、暴力恐怖势力对中东华侨华人的影响和渗透。同时，应关注当地华侨华人需求，重视加强中东地区侨社侨团特别是促统组织的引导和管理。

三是加强服务和支持中东地区华文媒体及华文教育。要协助增强中东地区华文媒体的国际传播能力。抓住"一带一路"这一历史契机，鼓励和帮助国内媒体与中东海外华文媒体的沟通与合作，同时引导当地华文媒体突破华人圈局限，通过双语出版、与当地主流媒体合作等方式扩大受众群体，充分利用文化影响力和政治动员能力，为传播和构建中国国家形象创造条件。在中东地区海外华文教育事业方面，选择一些有实力、有影响力的华文学校进行重点培育，加大政策、资金、师资、教材等方面的有力支持。采取"国家支持，民间运作"的方式，邀请华文教育相关人员来国内访问，并协助提供培训，加强合作交流，建立合作机制。引导中东华侨华人树立文化自信，增强其对于中华文化价值观和信仰、华侨华人组织的认同，特别是做好新侨工作中华裔新生代工作，注重引导中东地区华侨华人讲好中国故事，让世界更好地了解中国。

四是加强中国领事保护和中东地区华侨权益维护。要充分了解中东"一带一路"沿线国家的国情特点，根据各国安全情况、民族宗教等特点，做好风险预测和应对措施。根据中东地区侨情需要，推动建立警务合作机制，适时向中东"一带一路"沿线国家派驻警务联络官，完善应急预案建设，切实加强对中东地区海外侨胞人身财产安全保护。针对国际政治局势及中东地区侨情发展变化，加强中东领事安全的日常教育和普及，注重做好中东华侨权益维护工作，进一步增强华侨华人的国家向心力和凝聚力。

五、结语

随着"一带一路"建设的持续推进、我国经济社会的快速发展以及国际局势的不断变幻，中东地区的侨情发生了新的变化，中东华侨华人的规模增长较快，民族结构少数民族占多数，汉族比重不断增加。中东华侨华人在政治、经济、人文方面蕴含的丰富多样的资源和优势更加明显，能够更好地在传播我国的方针政策、历史文化、价值观念，宣传和介绍中国的国情民生、制度建设，加强住在国与我国经济沟通，开展民间外交等方面发挥"桥梁与纽带"作用。对于中东华侨华人所蕴含的优势和潜力，以及他们所面临的困难，我们应该有针对性、有的放矢地开展工作，根据中东华侨华人中的"精英"和"草根"二元群体各自的特点，通过海外联谊、领事保护、提供支持与服务等多元化路径，积极开展侨务公共外交，充分调动中东华侨华人的积极性，发挥其优势，更好地服务于国家建设。正如习近平总书记指出的："新时期打好'侨'牌，要深入调研、摸清新情况，调动广大华侨的积极性，引进先进技术和高水平产业，扬长避短、久久为功，团结广大海外华侨共同实现中国梦。"[1]

---

[1] 习近平：《团结广大海外华侨共同实现中国梦》，http://www.gov.cn/xinwen/2020-10/14/content_5551134.htm.，访问日期：2022 年 6 月 14 日。

党务抑或政务：抗战时期南京国民政府设置华侨捐款机关递嬗

吴 元[①]

【摘　要】抗战时期海外华侨通过人力、物力、财力给予祖国极大支援，是抗战得以胜利的重要保障之一。南京国民政府对于华侨捐款的处置大致分为接收、造册、保管三个部分，其中接收华侨捐款的机关历经国民党中央财务委员会、华侨爱国义捐总收款处、财政部；保管机关主要是华侨捐款保管委员会；款项则存储于江苏银行、中南银行、上海商业储蓄银行、中央银行。华侨捐款机关的递嬗不仅是战事发展的需要，也集中体现了在"党政双轨"体制下，对于华侨群体及侨务事务归属由党务向政务的认知转变。

【关键词】抗日战争；华侨捐款保管委员会；华侨爱国义捐总收款处

在以政党为核心的现代民主政治中，党政关系是国家治理体系的重要内容，党政关系不仅关乎执政党行使执政权力的职能定位和组织方式，还关乎国家治理问题。1928年后，南京国民政府实现了形式上的统一，国民党一党独掌全国政权，在"训政"体制下，其党务组织系统与行政组织系统实行双轨并进。关于国民党党政关系的研究，无论是早期的集中于中央层面，还是近些年关注的国民党基层组织如何"嵌入"省市甚至是县域地方，以及党政关系在地方权力争斗中的介入与胶着，这些均是在制度史的范围内展开讨论。[②]2000年后，学界出现了研究"活"的制度史的号召，提出注重发展变迁、互相关系的研究范式，并迅速铺展开来。[③]"活"的制度史致力于探讨政治实际运作过

[①] 作者简介：吴元，福建社会科学院助理研究员。

[②] 关于国民党中央党务运作情况以王奇生的研究为代表，见王奇生：《党员、党权与党争：1924—1949年中国国民党的组织形态》，北京：华文出版社，2019年。关于地方党部的运作集中于以浙江、安徽、江苏等国民党推行"党治"重要区域，见孙岩：《南京国民政府时期地方党政关系研究——以江苏省为例（1927—1937年）》，南京大学博士学位论文，2011年；冯筱才："中山虫"：国民党党治初期瑞安乡绅张棡的政治观感》，载《社会科学研究》，2015年第4期；王才友：《浙江国民党基层党务发展之考察（1927—1931）》，载《近代史研究》，2020年第2期。

[③] 参见邓小南：《走向"活"的制度史——以宋代官僚政治制度史研究为例的点滴思考》，载《浙江学刊》，2003年第3期；邓小南：《再谈走向"活"的制度史》，载《史学月刊》，2022年第1期。

程中制度的动态变迁，包括机构设置、人员调配等等。近代政治制度同样具有"鲜活"的状态，本文拟以《中央党务月刊》为史料基础，在前人研究的基础上，通过梳理抗战时期国民党中央设立华侨捐款机关行政权归属递嬗，考察党政"双轨制"状态下行政机构的权力分配问题。

自辛亥革命以来，华侨捐款是其历次支援祖国的一种最常见、最主要的方式。抗战时期，华侨捐款至国内去向众多，或汇至地方，或汇至中央；捐款形式也灵活多变，既有长期性的"常月捐"，又有"特别捐"；至于捐款来源更是遍及五大洲。[①]一般来说，华侨捐款主要是捐给国民党中央政府，还有部分是直接汇给军队（包括共产党部队和国民党地方军队）、地方政府及其他相关机构，根据不同捐款对象，捐款渠道也千差万别。囿于史料的凌乱庞杂和数据的纷繁复杂，对于华侨捐款的研究大多集中于国内外某一地区或国家，[②]对于国内接收华侨捐款的情况还有待深入考察。《中央党务月刊》自1928年第2期开始连载国民党中央接受华侨捐款的情况，包括捐款时间、具体金额、捐赠人或团体名称等，其中也提及国民党中央接受华侨捐款的具体机构名称及日常工作运转，为本文的写作提供了契机。

一、抗战初期华侨捐款机关的成立

1928年5月爆发了震惊中外的济南惨案，中国民众被焚杀死亡者达一万七千余人，海外侨胞闻此消息"复激于外侮频来，忧愤交感，集会募捐"，国民党中央收到侨胞捐款函电不计其数。华侨寄往国内的捐款大部分汇到财政部，有一部分汇到组织部海外股，又有些寄至国府李委员（李烈钧）处，还有部分汇至上海总商会及和丰银行转交，其中以国民党中央党部、国民政府财政部及中央各委员收到华侨捐款最多。[③]

由于国内未有指定收款机关，"事后往往无法稽核，致令海外华侨怀疑莫释有失中央威信"，由组织部临时提议，经1928年5月17日国民党中央第一三八次常务会谈议决，指令位于南京丁家桥的国民党中央财务委员会为海外侨胞捐资收款总机关，负责接收并保管海外华侨捐款。财务委员会并非为接收华侨捐款而专门成立，早在1927年5月的国民党中央常委及各部部长第九十二次联席会议上，即有"组织财务委员会作党费预算计划"之决议，并决定由胡汉民等七人组成委员。[④]财务委员会的主要职责是支配

[①] 曾瑞炎：《华侨与抗日战争》，成都：四川大学出版社，1988年；黄慰慈、许肖生：《华侨对祖国抗战的贡献》，广州：广东人民出版社，1991年；任贵祥：《华侨对祖国抗战经济的贡献》，载《近代史研究》，1987年第5期。

[②] 黄海娟：《海外捐款的运作与监督机制》，载《兰台世界》，2016年第1期；吴敏超：《抗日战争与华侨社会的演变——以新西兰华侨捐款风波为中心的探讨》，载《抗日战争研究》，2016年第1期。

[③] 费哲民：《谈谈整理华侨捐款问题》，载《南洋研究》，1928年第2卷第1期。

[④]《中央财务委员会报告》，载《中国国民党第二届中央执行委员会总报告·六》，1929年。

党务经费问题，将其作为接收华侨捐款的指定机关，足可见这一时期国民党中央政府将海外华侨捐款看作是党内事务处理。同时侨胞无论大小捐款，除函寄国民党中央财务委员会外，应同时具函报告国民党中央监察委员会及中央组织部备案，财务委员会在接收到海外侨胞捐款后应发回收据。①如海外有些地方对于国民党中央所指定的机关因为格于当地政府的为难，有不便汇款时应由当地党部或领馆随时请示国民党中央，再由国民党中央临时指定。②国内捐款亦照此办理。

虽然国民党中央财务委员会被指定为华侨捐款接收机关，但在实际运行中并非如此，汇往财政部、组织部的华侨捐款仍络绎不绝。1928年6月1—9日国民政府财政部即报告收到华侨捐款共计一百三十五万九千九百五十九元四角四分国币。③国民党中央组织部也在中常会上报告这一时期收到华侨捐款，计银21,579.6角，11,364两。④

对于这些华侨捐献的处理，原定"由中央执行委员会决定"，并多次在中常会上进行报告、讨论，将部分捐款挪用于首都建设及赈灾、慰劳等方面。⑤海外华侨闻讯，认为均属虚糜之举，"甚或为经手人所中饱"之事，更是时有耳闻。⑥随即"有菲律宾某华侨团体发起联络英属各埠华侨，及中华会馆拟定由各埠侨民各推一人回国，得将所有捐项完全收回，由华侨自行管理存放华侨之殷实银行，或由华侨代表自行组织保管委员会，并监督捐款用途，以后如政府拨用捐款时须将用途述明得华侨代表一致同意方可挪用"。⑦加之原来负责保管捐款的财务委员会因"除原有工作外，兼负保管责任，不徒事务较繁，责任实亦较重"，国民党中央政府遂决议另在财务委员会下成立一机构专事负责保管华侨捐款。⑧组织部原定名为特种捐款保管委员会，后改称美侨捐款保管委员

---

① 《中国国民党中央财务委员会经收华侨捐款报告第一号》（附华侨捐款保管委员会组织条例），载《中央党务月刊》，1928年第2期。《第2届中常会第138次会议》，载中国国家第二历史档案馆编《中国国民党中央执行委员会常务委员会会议记录》（第4册），桂林：广西师范大学出版社，2000年，第271—272页。

② 《指导华侨捐款》，载《华侨半月刊》，1932年第6期。

③ 《华侨捐款报告：国民政府财政部实收华侨捐助北伐费清单》，载《南洋研究》，1928年第2卷第1期。《第2届中常会第144次会议》亦有记载，但金额不一致，见中国国家第二历史档案馆编：《中国国民党中央执行委员会常务委员会会议记录》（第4册），桂林：广西师范大学出版社，2000年，第439页。

④ 《第2届中常会第144次会议》，载中国国家第二历史档案馆编《中国国民党中央执行委员会常务委员会会议记录》（第4册），桂林：广西师范大学出版社，2000年，第440—441页。

⑤ 《第2届中常会第155次会议》，载中国国家第二历史档案馆编《中国国民党中央执行委员会常务委员会会议记录》（第5册），桂林：广西师范大学出版社，2000年，第321页。

⑥ 以华侨捐款十九路军为例，据《星洲日报》所发表，仅马来半岛救国捐款就有二百余万元，但十九路军实收不过二十余万元，其余捐款去向不明。宗泉：《华侨救国捐款的疑问》，载《华侨旬刊》，1932年第1卷第10期。

⑦ 《菲律宾华侨对于捐款主张自行保管》，载《南大与华侨》，1928年第7卷第2期。

⑧ 虽然《华侨捐款保管委员会组织条例》第一条即说明保管会掌理接收及保管华侨捐款事

会，最后定名为华侨捐款保管委员会，并颁布《华侨捐款保管委员会组织条例》，由国民党中央常务委员会指派委员五人组织之。①1928年6月9日保管会正式成立，设委员五人，由国民政府主席、国民革命军总司令、财政部长、审计院长及一名国民党中央常务委员组成，如需提取华侨捐款，须由指定的3名委员签名盖章方可。②国民党中央财务委员会待收到的华侨捐款入账后转交华侨捐款保管委员会保管，并填发收据三联，第一联寄给捐款人，第二联送国民党中央监察委员会备案，第三联存根，留国民党中央财务委员会备查。③至于捐款收据的话，"凡收到捐款时，金额在千数以上者随即电复，如金额不及千数者，则改用函复，再填发正式收据"。截至1928年10月底，已发出之正式收据计八百余张，尚待缮发者五百余张。同时，虽然条例声明收到捐款后要及时发给收据，但在实际操作过程中，限于战事影响、官吏延误、汇款手续不全等因素，经常出现捐款人未收到收据，或收据未及时发回给捐款人及团体的情况。④

华侨保管委员会首任五位保管委员分别是谭延闿、于右任、丁维汾、蒋中正、宋子文，其中前三位委员被指定为签字盖章者。⑤后因于、丁二委员因事离京，改由国民党中央常务委员胡汉民、戴传贤、谭延闿三委员签字盖章，此外尚有经收人保管干事赵棣华、闻亦有签名盖章。⑥其后，委员人选几经变动，并由五人增至七人，但职责始终没有改变。⑦由于保管委员均为兼职，因此保管会的日常工作主要由秘书（原称保管员）

宜，但在实际运作过程中，保管会主要负责保管华侨捐款，并不直接接收捐款。

① 组织条例由蔡元培根据国民党中央常务委员会所发《特种捐款保管委员会组织条例》修改而成，全文刊布在《中央党务月刊》《中央图画月刊》《南大与华侨》《南光》等杂志上，内容略有差别，其中《南光》杂志公布的条例第一条中多出"（一）北伐捐款（二）国防捐款"字样，对照《蔡元培全集》可知，此份文件来源于《特种捐款保管委员会组织条例》第二条，"本条例所称特种捐款，以左（下）列各款为限：（一）北伐捐款（二）国防捐款（三）其他未确定某一特种用途之捐款"，蔡元培在修改时已将其删去。中国蔡元培研究会编：《蔡元培全集》第十八卷，杭州：浙江教育出版社，1998年，第552—553页。

② 原提案为"全体委员签字盖章始可提用"，后因"时有保管委员离京他去情事，提款至感困难，酌量变通，有任何保管委员三人签字即可取款"。见《第2届中常会第144次会议》，载中国国家第二历史档案馆编《中国国民党中央执行委员会常务委员会会议记录》（第4册），桂林：广西师范大学出版社，2000年，第437页。

③《中央办理华侨济案捐款情形》，载《侨务汇刊》，1928年第1期。

④《华侨代表呈询华侨捐款，三马林达华侨捐款已否收到》，载《时报》，1928年10月1日；《国民政府财政部启》，载《申报》，1928年10月3日；《中央办理华侨济案捐款情形》，载《申报》，1928年10月20日。

⑤《华侨爱国捐特设保管委员会，全作购造飞机用》，载《大公报（天津版）》，1928年6月15日。保管委员初为五人，后增至七人。

⑥《中央财务委员会报告》，载《中国国民党第二届中央执行委员会总报告·六》，1929年。

⑦ 1932年第十三次常会决议推林森、蒋中正、汪兆铭、叶楚伧、于右任五人为保管委员。1936年再次改组，人员增至七人，分别是林森、蒋中正、汪兆铭、于右任、叶楚伧、宋子文、

负责，从成立至撤销历任 6 位，分别是赵棣华、邱景桓、闻亦有、张强、陈寿松、杨子镜，其中除张强履历尚未可考外，其余 5 人中 3 人由国民党中央秘书处调任，2 人由财务委员会秘书调任。

表 1　华侨捐款保管委员会职员录[①]

职别	姓名	别号	年龄	籍贯	到部服务年月	备注
委员	蒋中正	介石	57	浙江奉化	二五年一月	
	林森	子超	76	福建闽侯	二五年一月	
	于右任		65	陕西三原	二五年一月	
	宋子文		50	广东	二五年一月	
	叶楚伧		57	江苏吴县	二五年一月	
	陈树人		60	广东番禺	二五年一月	
秘书	杨子镜	其景	50	浙江吴兴	二五年	十六年四月起在中央任职
出纳	陈顺祥		40	浙江萧山	二五年	十六年五月起在中央任职
会计	王新民		46	南京市		十七年二月起在中央任职
文牍	朱有恒		50	江苏嘉定		十六年八月起在中央任职
庶务	蒋其济	祗中	36	浙江吴兴		
兼办人事管理人员	朱有恒					

华侨捐款保管委员会是一个政府机构，只负责名义上的保管捐款，并不具备银行性质，具体负责存储华侨捐款的事情则委托银行执行。保管委员会最初指定江苏银行为存款银行，后因捐款数额巨大，江苏银行不能多存，经赵棣华及丁惟汾接洽，增加中南及上海商业储蓄两家银行。捐款保管委员会分别在三家银行开设账户，凡国民党中央财务委员会经收之捐款均逐日托交银行代收存入，并同时分别记入账簿，江苏、中南银行周息为五厘，上海商业储蓄银行周息为四厘。1928 年底中央银行成立，此项捐款便统一改存中央银行，存息照江苏、中南两银行例。根据华侨捐款保管委员会及三家银行统计，至 1928 年底共接收华侨捐款国币 5330 万余元。[②]

陈树人。见《补推华侨捐款保管委员》《华侨捐款保管委员会改组》，载《中央党务月刊》，第 29、42、90 期。

[①] 中央秘书处人事处编：《华侨捐款保管委员会》，载《中央党部职员录》，1943 年，第 175—176 页。

[②] 根据《华侨捐款委员会报告》整理而得，载《中国国民党第二届中央执行委员会总报告·六》，1929 年。

虽然国民党中央设立了接收、保管华侨捐款机关，但以华侨的意见，保管的机关除了国民党中央派人组织保管外，应予回国华侨有监查之权，再不然的话应将捐款数目每月报告国民党中央监察委员会一次，一面再给民众一个公开的告白。[①]因此，国民党中央财务委员会自1928年9月起在《中央党务月刊》上定时公布接收华侨捐献情况，包括捐款时间、捐款人（或团体）名称、捐款金额及币种。此外，《时报》也不定时刊布华侨捐款情况，两者差别主要体现在：（1）《时报》创刊于上海，发行区域集中于江浙一带，读者也多限于国内；《中央党务月刊》是国民党内部发行刊物，发行对象既包括国内各级党组织，也包括身居海外的华侨国民党各支部。鉴于二者的发行对象不同，刊发关于华侨汇款的情况也就存在差异，《时报》上公布的有关华侨捐款的情况较少，只有1928年6月9日至11月30日；《中央党务月刊》公布的情况较为详细，记录了从1928年6月18日至1933年3月30日的华侨捐款情况。[②]（2）《时报》一般为每半月公布一次，《中央党务月刊》则逐月进行汇报。除此，华侨捐款保管委员会秘书还负责定期向国民党中央财务委员会报告接收华侨捐款情况。[③]

至此，混乱不堪的华侨捐款情形开始得到逐步梳理，华侨捐款到国内之后的流程也基本确立下来，即捐款统一由国民党中央财务委员会接收，存储于江苏、中南及上海商业储蓄三家银行，由华侨捐款保管会负责监督保管及监视用途。

二、华侨捐款机关由党部向政府的转移

抗战爆发后，海外华侨"对祖国战区难民之筹赈工作，风起云涌，海啸山呼，热烈情形，得未曾有，富商巨富，既不吝金钱，小贩劳工，亦尽倾血汗"。虽然此前国民党中央已指定财务委员会为接收海外华侨捐款的专门机构，但并未将此决定电令海外侨胞，加之传闻财委会即将取消，导致"后来侨胞一到要汇款的时候，好些地方拍电报或写信来中央侨务委员会或其他机关，询问财委会有没有存在？汇款要交什么机关？"而一般的情形，"有汇交财委会的，有汇交侨委会的，有汇交组织部的，有汇到宣传部的，有汇到执委会的，有汇交国民政府的，有汇交财政部的，也有直接汇交抗日军队的，有汇交银行或私人转给抗日军队的"，形形色色，至不一律，更有不肖之徒诱惑侨

---

① 费哲民：《谈谈整理华侨捐款问题》，载《南洋研究》，1928年第2卷第1期。
② 《中央党务月刊》自1928年第2期起，每期以《中央财务委员会经收华侨捐款报告第X号》为题公布华侨捐款情况，至1933年第56期止。《中央财委会报告侨胞捐款》《中央财委会第四、五、六、七、八、九、十二次华侨捐款报告》《十月份捐款报告》，载《时报》，1928年8月5、25、27日，1928年9月8、10、15、28日，1928年10月8、21日，1928年11月9日，1928年12月9日。
③ 《中央财务委员会第八次会议记录》《中央财务委员会第九次会议记录》，载《中国国民党中央执行委员会常务委员会会议录·五》，第319、417页。

群滥收捐款。[1]加之款项在分配及保管方面有欠妥之处，再次有华侨提议发起华侨统一捐款机关。[2]为进一步统一经收方法并集中分配以资统筹起见，经陈树人、周启刚、萧吉珊、戴愧生、郑占南五委员提议，国民党中央三四三次政治会议决议，由国民党中央财务委员会、国民政府财政部、侨务委员会共同组织成立华侨爱国义捐总收款处于上海（下文简称收款处），经收海外侨胞捐款。

1933年4月1日，收款处正式成立于上海西爱咸斯路五〇一号财政部驻沪办事处（一说上海南京路大陆商场三楼第三四八号），并在南京设驻京办事处，附设于位于丁家桥的国民党中央财务委员会。就组织关系而言，收款处由国民党中央财务委员会常务委员、财政部部长、侨务委员会委员长主管经收捐款事宜，并分派万长祜、杨婉航、李竹简三人共同在沪办理经收事宜，再各派一至三人在驻京办事处办理日常事务，其中财政部为总负责，侨务委员会从旁协助。[3]并分别由国民党中央党部、国民政府名义电令通告海外各级党部及华侨团体，以后义捐汇款应直接寄交上海华侨爱国义捐总收款处，必要时得由当地党部或侨民团体（如总商会中华公所等）及领事馆汇寄，内地各团体以后不得擅自收受，并应随时指导其汇交上海华侨爱国义捐总收款处。[4]同月，收款处在《中央党务月刊》开始发布《华侨爱国义捐总收款处经收捐款报告表》，时间从1933年4月至1934年1月，共接收汇款额国币494,088.98元。[5]与前述不同的是，《西京日报》《南宁民国日报》《南京日报》《申报》等报刊均也不定时推送华侨捐款情况。

由于华侨爱国义捐总收款处分设于上海、南京两地，与此前相比经收、经存捐款流程较为复杂。驻沪办事处主要负责经收、经存捐款的前期事务，包括登记捐款信息、填制及寄发捐款单据、制作捐款周报表、答复华侨有关捐款事宜，大致流程如下：

经收：函电登记——主任拆封——填经收款正副凭单（红色）——移送监印盖印并复核——移送经存捐款票据——经收捐款凭单汇寄驻京办事处——归卷。捐款票据背面加盖本处印章及"此款该上海中央银行代收存入华侨捐款保管委员会账户"之图记并附盖经收人名章。经收单据上登记有捐款号次、捐款团体或人名、经汇机关、票据号次、货币类别、金额总计、收文登记号次、收据号次、答复方法（函或电）内容，并"刊印清单甲乙两册，分批送请外交部转寄各地使领馆，以免居留地政府干涉"。

---

[1]《指导华侨捐款》，载《华侨半月刊》，1932年第6期。
[2]《组织统一抗日捐款机关》，载《华侨旬刊》，1933年第3卷第3—4期。
[3]《华侨爱国义捐总收款处今日成立》，载《申报》，1933年4月1日；《华侨爱国义捐收款处组织条例》，载《侨务委员会公报》，1933年第1期。
[4]《侨务委员会为爱国义捐事告海外侨胞书》，载《华侨周报》，1933年第35期；《中国国民党中央执行委员会常务委员会会议记录》（第20册），载《第4届中常会第58次会议，1933年2月16日》，第231—232页。
[5]《华侨爱国义捐总收款处经收捐款报告表》（二十二年四至二十三年一月份），载《中央党务月刊》，1933年第61、63、64期，1934年第66期。此外，《申报》也不定时转载《华侨爱国义捐报告》，载《申报》，1933年6月12日。

经存：接收经收捐款票据——填制经存捐款正副凭单（蓝色）——复核——送存银行——经收捐款凭单汇寄驻京办事处——归卷——回复捐款机关。经存单据上登记有经汇机关、票据类别及号次、付款机关、货币类别、金额。①

此外，每笔经收、经存的单据副单留存，正单寄回南京办事处存档。

驻南京办事处则根据捐款信息进行详细分类统计、填写捐款总收据、办理捐款文书、呈报经收捐款周报表、对外公布新闻事务等。这种看似复杂的程序恰恰体现了政府对华侨捐款认识的深入，及捐款程序的规范化。

至于分配方法，无论捐款人是否指定捐定用途，均由国民党中央执行委员会统一分配。②收款处裁撤时间不明，从现有资料来看至少在1937年底机构仍在运行。③虽然接收华侨捐款的机构发生了变化，但保管捐款的机构仍为华侨捐款保管委员会，并在中央银行开设爱国捐户专项户头，由爱国义捐总收款处将接收到的华侨捐款存入。

值得注意的是，抗战初期接收、保管捐款时并未对国内外民众捐款进行细致的划分，统一由国民党中央财务委员会经收。自卢沟桥事变后，由于国内外各界人民纷纷捐款以为抗敌后援，经国民党中央执行委员会常会决议，将接收国内外捐款机构区分开来。华侨捐款由爱国义捐总收款处经收，交华侨捐款保管委员会保管；国内各界捐款照国民贡献一日所得捐经收办法，由国民党中央财务委员会经收，国民党中央秘书处在中央银行开立专户保管。④虽然国民党中央设立统一接收华侨捐款机构，但仍有不少海外华侨团体直接汇款至侨务委员会，继而再转送至总收款处。

与前期相较，接收华侨捐款机构从完全由国民党党部把持，过渡至由党部与国民政府共同控制，保管华侨捐款事宜则仍由党部把持，其中代表党部的国民党中央财务委员会逐渐退出了具体行政事务的处理，更多担任了监督功能。

三、政务体系下的华侨捐款机关变迁

1937年"八一三"事变爆发后的第二天，行政院下令嗣后华侨救国慈善一切捐款统由侨委会经收转呈行政院，并分电各地侨胞一体知照。半个月后，国民政府在上海成立救国公债劝募委员会总会，发行公债。蒋介石随即电令凡华侨捐款一律转交救国公债

---

① 《华侨爱国义捐总收款处办事规则》《华侨爱国义捐收款处办事规则》，载韩君玲《中华民国法规大全》（第2册），上海：商务印书馆，1936年，第1318页。

② 根据《华侨爱国义捐收款处办事规则》第五条规定"本处收到捐款应于二十四小时内送存中央银行"，而不再通过保管会，但仍由保管会在中央银行开设户名。见《华侨爱国义捐收款处办事规则》，载韩君玲《中华民国法规大全》（第2册），上海：商务印书馆，1936年，第1318页。

③ 目前学界大致认为收款处裁撤于1935年，主要根据《侨务二十五年》中所列"侨务委员会所属机构简表"，但是《侨务委员会公报》《大公报》《申报》中均有1936—1937年间收款处日常工作的消息。

④ 《中央统一经收抗敌捐款》，载《广东党务旬刊》，1937年第7期。

劝募委员总会列收，捐款直接由财委会拨给救国公债劝募委员会，或由救国公债劝募委员会迳向银行截收，由救国公债劝募委员会总会列账统收，发给收据。[1]但在实际运作过程中，仍有不少华侨捐款寄交至其他机关，后经呈准由各部门统收列账。另外，由于部分华侨居留地政府限制华侨向国民政府自由捐款，侨胞借用红十字会、慈善等名义捐助国内。[2]与前一阶段相较，接收华侨捐款机构由统一又趋向分散。

这种纷杂局面并未持续太久，1937年11月淞沪沦陷，救国公债劝募委员会难于行使职权遂告结束，华侨捐款改由财政部接办经收，并照《四行经办救国公债及救国捐办法纲要》与《慈善捐经收办法纲要》，随时交中央银行保管。[3]虽然政府明令指定接收华侨捐款机关，但一些政府机关及社会团体还是派员出国劝募或经收华侨捐款。鉴于此，1938年4月行政院发布训令要求"嗣后各机关团体向海外侨胞募捐，应先呈经本院核准，不得擅自派员前往"。1939年7月，政府颁布《统一缴解捐款献金办法》，再次整理、合并国内外捐款经收机构，规定华侨捐款"统汇香港中国银行列收财政部各该账户汇存，并由香港中国银行依照委托经办办法分别名目出具收据寄交各捐献人或团体。但荷属捐献照另定办法汇缴贵阳万国红十字会核收"[4]。

表2　1937年后国内主要接收华侨捐款机构[5]

国民政府	行政院、外交部、财政部、军政部、赈务（济）委员会、侨务委员会、救国公债劝募委员会[6]、中国航空建设协会、内政部卫生署
国民党中央执行委员会	中央党部、中央财务委员会、军事委员会、华侨爱国义捐总收款处
民间慈善机构	中国慈善救济会、万国红十字会、中国华洋义赈会

至于制发收据事宜，劝募总会所收华侨汇款初经呈准，无论债款或捐款，一律发给救国公债收据，如华侨爱国义捐总收款处即定时将所收华侨捐款函送救国公债劝募委员会总会核收、换发救国公债。但部分汇款人声明不接受公债收据退回而改发捐款收据者，加之人手多从各银行借调或特约襄助，缺乏统一指挥，导致捐款侨胞往往并未收到

---

[1]《华侨捐款统计》，载《时报》，1937年9月22日；侨务委员会：《侨务委员会经收转抗战期中侨胞爱国捐及慈善金第一期报告》，1937年。

[2] 这里主要指的是荷属殖民地华侨捐款，《经收华侨捐款及经募救国公债事宜规定办法三项案》，台湾"国史馆"，档案号：0140404000139。

[3]《美国华侨捐款》，台湾"国史馆"，档案号：00106714000039022。根据《侨务委员会经收转抗战期中侨胞爱国捐及慈善金第一期报告》，国外收款及换发债票事务由香港中国银行经理并得由该行负责委托其他海外各地银行代办。

[4]《统一缴解捐献金办法》，载《新新新闻每旬增刊》，1939年第2卷第3期。

[5] 根据《侨务委员会经收转抗战期中侨胞爱国捐及慈善金第一期报告》、《侨务委员会经收转抗战期中侨胞爱国捐及慈善金第二期报告》、《中华民国海外侨胞救济及慈善捐款征信录》（第一期）、《中华民国海外侨胞救济及慈善捐款征信录》（第二期）整理而得。

[6] 1937年底救国公债劝募委员会被撤销，由财政部接管。

捐款收据。劝募总会裁撤后，财政部根据接收机关不同大致分为两种，一是由财政部接收的捐款，委托中国银行发给收据；一种是以慈善名义捐款，由财政部委托香港中国银行以中国慈善救济会名义带给。对于尚不明了、仍向经收捐款机关索取收据的侨胞，则由侨委会负责向各地侨胞广为宣传。①由于制发收据机关一再变易，为免华侨滋生怀疑，经行政院各部多次商议，由主要接收华侨捐款的财政部以行政院名义编制《中央各机关经收海外侨胞赈济兵灾捐款征信录》，后改名为《中华民国海外侨胞救济及慈善捐款征信录》（第一期）。之后，又陆续编印出版了第二期、第三期，接受捐款时间从1937年7月至1941年底。

自此，自1937年中至1939年初，前期接收华侨捐款的主要机构是救国公债劝募委员会，后期由财政部接手。至于中国航空建设协会、中国慈善救济会、中国华洋义赈会、赈务委员会等机构虽也接收华侨捐款，但限于机构职能专责且少为海外侨胞知晓，接收捐款金额无法与之相提并论。至于华侨捐款保管机关，早期始终由隶属于国民党中央执行委员会的华侨捐款保管委员会负责，随着接收华侨捐款的机关逐渐由党务系统转向政务系统，这一组织也渐渐形同虚设，最终于1943年底被裁撤。

结语

"以党治国"是国民政府的治国理念，力求在混乱失序的负责局面中建立起有力量、有规矩、有建设性的国家政权模式，这种模式被称为"党政双轨制"。近代以来，政府侨务工作也始终沿着"党政双轨"体系前进，具体而言，除了国民政府下设侨务委员会外，国民党中央党部之下也设有海外部负责部分侨务事务，两者既有分工又互相交融。海外部成立之初扮演的角色主要是"争取海外华侨社会的革命助力；筹款接济革命行动；打击侨社反动势力，防范奸邪"。此后，虽在1930年前后遭裁撤合并，但仍有国民党中央党部负责处理华侨事务。侨务委员会成立之初也曾经历了隶属党务还是政务系统的争论，最终以1931年底公布的《侨务委员会组织法》为标志重归行政院管辖之下，成为南京国民政府的重要行政部门。

抗战初期，鉴于国民政府之下并未设有专门负责侨务事务的部门，国民政府视华侨捐款为国民党党内事务处理，由国民党中央财务委员会负责接收华侨捐款，与之相配合的捐款保管机构虽由政府与党部共同组织成立，但归国民党中央执行委员会管辖。随着战事发展，捐款数额日益增多，国民党中央财务委员会已无法将之作为兼顾事务处理，遂由财政部、侨委会、国民党中央财务委员会共同组织成立华侨爱国义捐总收款处，以财政部为主，侨委会从旁协助，保管机构仍延续前状。至此，华侨捐款开始由党务系统掌管逐渐向政务系统负责转变。"八一三"事变后，接收华侨捐款机构虽几经迭变，但

---

① 《经收华侨捐款及经募救国公债事宜规定办法三项案》，台湾"国史馆"，档案号：0140404000139。

始终由国民政府管制，而保管机构则渐渐形同虚设，并最终裁撤，捐款一经接收直接交由中央银行保管，以财政部、侨委会陆续编印捐款征信录为据，华侨捐款事务已完全由党内事宜转变为政府事务。

党务还是政务始终是国民政府无法摆脱的症结，对于华侨捐款接收、保管单位的隶属反复变更，表明国民党及国民政府对于侨务工作、侨务机构的定位处于摇摆不定的状态。尽管就制度而言，对于国民党海外部与侨委会的工作职责区分清晰，但在实际运作中，如何很好地处理党政系统内两个部门工作，进而推动侨务事业的发展是伴随国民党以及由其主要构成的国民政府一直无法回避的问题。

华侨华人与浙江金融业中国式现代化

陈海鸥[①]

【摘　要】 浙江省是重点侨乡之一，浙江籍华侨华人在海外分布甚广，特别是移居在欧洲的浙江籍华侨华人较多，他们与浙江金融业保持着紧密的联系。浙江侨乡的发展无论是在历史或现实中，浙江籍华侨华人都扮演着重要的角色，并促进了中国式现代化的发展。

【关键词】 华侨华人；浙江金融业；中国式现代化

党的二十大报告指出，"以中国式现代化全面推进中华民族伟大复兴"。这是党中央立足新时代新征程，综合我国发展阶段、内部条件和外部环境做出的战略安排。金融是现代经济的核心，也是实体经济的血脉。金融高质量发展是推进中国式现代化的必然要求。

浙江是侨务大省，华侨华人和华侨经济是浙江的一大特色，浙江金融业必须立足侨乡实际，贯彻新发展理念，以中国式现代化的金融服务方式为浙江省的华侨华人生活、创业和华侨经济高质量发展贡献力量。当地政府应聚焦华侨华人元素，构建侨乡特色金融发展之路，助力当地金融业高质量发展，推动中国特色社会主义现代化强国建设。同时，华侨华人要善于抓住机会，利用各种的现代化金融服务手段，为侨乡的经济建设贡献自己的力量。

一、浙江侨情概况

浙江省地处中国东南沿海，是我国重点侨务大省，浙籍侨胞和港澳台胞、浙籍留学人员、劳务人员等遍布世界各地。作为改革开放以后迅速崛起的新侨乡，浙江侨乡资源有其独特的优势和作用。

浙江侨情有六大特点：一是数量多。截至目前，全省共有205万华侨华人、港澳同胞，120多万归侨侨眷，全省涉侨人口已逾300万（约占全省总人口6%），在全国众多侨乡中占有重要的地位。二是分布广。浙籍侨胞分布于世界五大洲186个国家和地区，

[①] 作者简介：陈海鸥，暨南大学国际关系学院/华侨华人研究院博士生，研究方向为华侨华人与国际关系。

主要聚居在欧美发达国家和地区，呈现"全球分布，地区积聚"的空间分布特点。三是结构新。在华侨华人比例构成上，华侨占79.66%。浙江改革开放后出国的新华侨华人特别是1990年以后出国的占76.3%，年龄在20—59岁的海外侨胞占总人口的81.23%。四是实力强。大部分浙籍侨胞从事的职业已经从传统谋生型的家庭餐馆业、加工工场，转变为致富型的进出口贸易、连锁餐饮业、大型商超、旅游等第三产业。五是贡献大。浙籍侨胞有着浓厚的家国情怀和家乡情结，改革开放以来向家乡捐赠公益事业总额折合人民币近200亿元。截至2019年底，全省共有侨资企业4万余家，总投资达4192亿美元，分别约占全省外资企业总数的62%和外资总额的60%。六是侨团强：浙籍侨团在促进所在国与浙江的经济、贸易、文化交流方面一直发挥着积极的作用。

二、华侨华人助力侨乡现代化建设

随着改革开放的不断深入、中国经济社会的全面进步和投资环境的逐步改善，以及中国现代化进程的加速和中国经济产业结构的调整和升级，外资进入中国呈同步上升趋势。中国引进外资取得了巨大成效，海外华侨资金是外商直接投资的主要来源。华侨华人不仅为所在国的经济发展发挥了积极作用，也为中国的改革开放和经济发展做出了重要贡献。

华侨华人对侨乡经济现代化的影响主要体现在：他们不仅为侨乡经济提供了资金、技术和信息，同时也使侨乡产品走向国际市场，使侨乡的优势资源得以开发、利用，从而推动侨乡经济的发展和现代化进程。

浙江省委原书记车俊公开表示，浙江是侨务大省，广大华侨是浙江省极其宝贵的资源财富，越来越成为浙江现代化建设的一支重要力量。近年来，浙江坚持"以人为本、为侨服务"工作宗旨，进一步凝聚侨心、汇集侨智、发挥侨力、维护侨益，共谱中国梦的浙江篇章。浙籍侨胞是推动浙江经济社会发展的重要力量。

浙江省侨联站位高，聚焦"联大户"，"抓高新"，建立"一模式两矩阵"引才网络，构建"地方搭台、部门协同、侨联导流、人才唱戏"的机制模式，通过侨界"双招双引"服务联盟、"基金+基业+基地"、"民资+民企+海智"等"一车两轮"模式，全力推动侨界人才回归、侨企技术升级、侨商项目回迁、资本回流。例如：自2019年11月浙江侨界发出"千个侨团（企）帮千村"倡议至今，该省已有696个侨团（企）牵手"结对村"，累计到位资金25.77亿元。

三、华侨华人是浙江金融业中国式现代化的重要推动力量

华侨华人与祖籍国和家乡之间存在必然的相互依赖、双向互惠关系。华侨华人是中国式现代化建设的重要参与者，是推动浙江金融业发展不可或缺的力量。首先，华侨华人作为融通中外的桥梁与纽带，既熟悉住在国的贸易情况、发展模式和投资动向，又和祖（籍）国有着天然的亲缘关系和良好的语言沟通能力，是推动中外贸易往来的主要力

量之一。其次，海外侨胞以其深厚的爱国情谊和家国情怀，在优化地方产业结构、繁荣地方经济方面发挥了积极作用。最后，华侨华人凭借自身雄厚的经济实力，以及在制造业、贸易、金融、知识型产业等领域所掌握的技能和经验，更是为浙江的经济金融发展注入新活力。

长三角经济区域一体化带动了浙江省经济的持续增长，共同富裕示范区的打造更是树立国内经济发展的标杆模式，海外华侨华人到家乡浙江投资的热情高涨。良好的金融发展环境和服务能力，有助于吸引侨资并形成规模化发展格局。

一是华侨汇款是侨乡重要的外汇资金来源。侨汇不仅能满足日常的侨眷在国内的生活消费需求，而且推动着侨乡商品流通和服务业的发展，同时还是重要的国家外汇收入。除了外汇汇款之外，温州、丽水一带的侨胞回国带回大量的外币现钞，银行网点对现钞的存入和结汇都有限额控制，这部分限额无法满足当地非居民以及持中国护照和境外居留证的华侨的正常需求，客观上导致了大量外币现钞流转于银行体系之外，从而推动了当地银行部门通过金融服务补位，出台更多便利于华侨华人的外币管理办法，落实国际业务普惠金融。

其中非居民个人外汇业务在发展过程中，通常由于客户在国外，业务在国内，在国内银行办理开户、转存、汇回境外、提现手续，会出现客户无法亲临柜台办理的矛盾，由此催生了侨乡青田银行部门的"外汇账户代管业务"。

二是外来直接投资是浙江省经济发展的重要力量，其中侨商投资占有较高比例。华侨华人长期生活在发达的资本主义国家，长期参与国际市场竞争，他们拥有优越的信息资源优势、先进的管理理念和企业运营方式，侨资投资企业与生俱来的这些独特优势，能带动先进技术转移、中国现代企业制度的建立和管理模式的创新。除了传统的"三来一补"加工业、劳动密集型行业之外，侨资企业投资领域不断拓宽，开始涉及新能源、生物医药、集成电路、软件开发等新兴产业和高新技术领域。

三是大量华侨华人回国回乡创业。随着我国改革开放的不断深化，浙江侨乡政府一方面不断出台侨商回归、华侨要素回流的财政扶持政策和税收优惠政策，另一方面努力打造更好的营商环境，引导和支持华侨华人回乡创业。例如：青田县政府为进一步促进华侨回乡兴业安居，加快华侨要素回流，发挥华侨资源优势，于2018年5月专门出台了《关于促进青田华侨回乡兴业安居的若干意见》。聚焦华侨回归兴业需求，建立华侨回归兴业项目库；编制华侨兴业回归服务指南，建立项目对接专员制度；集中资源优势，搭建华侨回归兴业平台。

为进一步促进华侨兴业、资本、总部、智力、安居"五大回归"，青田县政府于2021年8月再次出台了《加快华侨要素回流、推进共同富裕的若干意见（试行）》（简称"30条福利政策"），在跨越式高质量发展中扎实推动共同富裕，努力打造浙江"华侨经济文化"重要窗口。

近些年，不少华侨华人看好国内市场，利用自身在国内的各种基础和社会网络，加上政府的正确引导，因此纷纷转向国内市场，回国回乡创业热情高涨。由于长期生活在国外，侨商们在创业过程中必然有较高的现代化的金融服务需求，因而推动着当地银行部门创新金融服务，给予华侨华人创业者专项支持。

四是知识、技术人才回流为浙江经济高质量发展提供了智力资源。华侨华人的专业人才将海外的最新技术、专利带回家乡，并在家乡的高科技企业中得到了良好的应用，促进了前沿技术的交流，推动了中国科技的发展。在企业发展过程中遇到资金需求，当地银行部门能否在贷款抵押物评估方面做些变通，合理评价专利技术价值，从而给予贷款支持。2023年8月25日，中国（浙江）世界华侨华人新生代创新创业大会（简称"侨创会"）在温州召开，为进一步加大对侨界高质量创新创业项目和科技领军人才、青年人才的引进，浙江温州市政府发布"惠侨政策"十条举措，即温州侨创小镇创新创业十条举措，内容包括住房补助、就业和生活补贴、启动资金支持、金融资本对接、优惠贷款等等。

四、金融业中国式现代化服务，赋能华侨华人事业全面发展

金融是实体经济的血脉，为实体经济服务是金融的天职，是金融的宗旨。支持实体经济发展壮大，是金融机构经营发展的必然要求。金融机构必须立足于服务实体经济本源而发展，促进经济和金融良性循环、健康发展。温州、丽水一带的金融机构立足于侨乡的实际情况，全面提升服务效率和水平，把更多金融资源配置到经济社会发展的重点领域和主要方向，助力加快构建发展新格局，推动当地经济健康稳定发展。

（一）立足服务华侨华人，切实优化和改善金融服务

1. 侨联与银行战略合作，携手侨企共谋发展

中国农业银行浙江省分行、中国建设银行浙江省分行、浦发银行杭州分行、宁波银行杭州分行等多家金融机构分别与浙江省侨联建立战略合作伙伴关系，充分发挥银行自身优势，为侨界企业家的创业和侨资侨属企业发展提供更全面、更优质、更低息的金融支持。她们与省侨联携手开创侨、银、企合作新局面，为浙江金融业中国式现代化发展做出更大贡献。

2. 落实惠企便民要求，协同外汇管理工作

丽水市外汇管理局在2023年度工作会议提出，继续推进优质企业贸易外汇收支便利化试点，做好青田个人侨汇结汇便利化改革十点的扩面增量工作。提升外汇金融服务质效，推动跨境人民币业务稳量提效。

3. 设立"侨胞之家"和"银行驿站"，增进侨胞福祉

2022年5月12日，省侨联三星级"侨胞之家"在中国银行温州市玉壶支行侨胞服务中心挂牌。其主要功能是：针对侨商、侨企的金融需求，发挥银行的服务优势，践行

小陈热线等八项服务功能，构筑"爱侨、为侨、护侨"服务网络，提供"温馨、暖心、贴心"金融服务，切实为海内外侨胞办实事解难题。

2023年8月22日，青田县工商银行举行"工行驿站+财富"揭牌仪式。该驿站集公众教育、宣教服务、惠民服务、金融服务于一体，根据青田侨乡特色打造的为华侨等客户群体服务的专属驿站，驿站内咖啡、书籍等服务齐全，旨在提升对客户服务的深度和广度，建立服务华侨客群"有温度"的、专业财富管理的加油站。

4. 侨联银行联名发卡，共同赋能华侨经济

2019年9月4日，省侨联与省农信联社开展战略合作，通过侨联的组织优势和金融机构的行业优势，联合推出的全省农信系统首张华侨专属信用卡——"侨信卡"。侨信卡不仅为浙江华侨提供资金融通、支付结算等基础金融服务，同时还提供VIP体检、机场接送、贵宾候机、酒店住宿、洗车、代驾、家政服务、航空意外保险、账户保险等专属尊享服务，无论是在国内还是国外，侨信卡都能充分满足广大华侨多层次、广角度、个性化的消费和金融需求。侨信卡的诞生，不仅填补了华侨金融服务的空白领域，也顺应了时代的发展要求，成为华侨发挥自身优势、深度参与家乡建设的有效载体，为支持侨乡画好"同心圆"、架好"连心桥"，积极引导更多华侨华人投身家乡的建设和发展，助推以"侨商回归、资本回流"为核心内容的华侨经济高质量发展，同时对"一带一路"建设、乡村振兴事业发展都将产生积极的推动作用。

2021年12月27日，瑞安市侨联、瑞安农商银行在"侨信卡"的基础上，推出系列"安心·惠侨"特色服务品牌，面向瑞籍侨商、侨眷、侨属企业、留学生等侨界群众的经商、初期创业、投资涉企生产经营等需求，定制"侨商贷""侨创贷""留学贷""侨信卡""侨富理财"等一揽子专属金融产品，个性化定制金融综合服务方案，以满足瑞安侨胞的融资授信、消费、财富管理、国际结算等金融产品与服务。此项服务充分展现了双方服务华侨、服务华侨经济的初心和决心，形成了"党建+侨建+金融"的联动模式。

5. 探索侨乡普惠金融模式，打造侨乡特色社区银行

银行不仅是资金的提供者，更是资源的整合者。青田农商银行结合侨乡县情，积极探索为侨服务的普惠金融"青田模式"，努力打造侨乡特色的社区银行，满足华侨融资需求，搭建银侨联动体系，提供多元化金融服务。

一是发放贷款支持华侨出国创业；二是助力"华侨要素回流工程"和"青商回归工程"建设，用配套金融服务吸引华侨资金投入乡村振兴项目，努力将华侨经济转化为地方经济，例如为侨乡进口商品城商户创新推出"保税仓储质押贷款、应收账款质押贷款、订单质押贷款"等产品；三是积极开展线上"涉侨不见面全球代办服务"，先后推出视频公证、贷款视频展期等金融服务；四是于2019年9月青田农商银行成立全国金融业首个侨联组织，建立金融助力乡村振兴、共同富裕党建联盟，探索"乡村振兴侨同行"模式;五是建立全省首家华侨支行,将侨文化元素与金融服务紧密融合,精心打造服务海内外华侨客户的"侨胞之家";六是为海内外华侨提供"一站式"涉侨政务代办服务;七是通过创办"家门口的外汇银行"、开展外汇业务"下乡进村"、设立村级外币代兑点等形式,将侨汇服务延伸到所有农村网点。

6. 金融助侨,金侨同心,共同赋能"地瓜经济"

2022年7月20日,在杭州市建德市第五届留联会上,杭州市委统战部(市侨联)联合建德农商银行发布了"德美·海创贷"金融产品,旨在解决海归侨胞的创业资金需求,鼓励和引导更多的海外留学人员回乡创业。建德农商银行现场分别为杭州积成企业咨询有限公司、杭州圣德义塑化机电有限公司、建德市飞龙电器有限公司授信500万元。

2023年3月,浙江省首个由侨联牵头的金融助侨联盟——龙泉市"金侨同心"共富联盟在浙江省龙泉市正式启动。龙泉市委立足现阶段发展实际,大力实施"问海借力",努力"打好侨牌",提供丰富的为侨服务项目,提升侨商、侨企的韧性、活力与竞争力,推动更多侨界力量投身"双招双引"。龙泉市侨联以激发侨胞爱国爱乡之情为切入点,以放大侨界鲜明独特优势为着力点,积极开展对外联谊、为侨服务、参政议政、侨情研究等活动,招引更多华侨资本、高端人才、先进技术、一流团队,为"地瓜经济"集聚侨资源。"金侨同心"共富联盟将通过联席会议、信息共享、服务到家等方式,及时掌握侨胞侨企、归侨侨眷的金融需求和困难,细化实化惠侨服务措施,形成统筹协调、资源共享格局,为侨胞、侨眷、侨企提供全方位金融保障,不断探索为侨服务的金融新模式,营造更优营商环境。

(二)变革金融创新模式,增强高质量发展的驱动力

一是侨联搭台、银行唱戏,为侨服务数字化。为进一步深化为侨服务,更好地服务全球205万浙籍侨胞,浙江省侨联于2022年初打造了数字化改革项目"浙侨通"智慧侨联综合平台,以大数据、云计算、移动互联网等信息网络技术为"为侨服务"工作赋能,构建了一个以"一个系统、两个界面、三大平台、七大功能"为组织架构的为侨公共服务及政侨交互沟通渠道。其中,三大平台之一的"浙里办·浙侨通"掌上服务平台涵盖了网络医院、华侨学院、项目超市、慈善公益、生活服务、金融服务、权益维护等功能。在"金融服务"这个界面,中国银行、中国建设银行、中国农业银行和农村信用联合社四家金融机构齐聚"浙侨通",并且设置了固定的为侨服务专员,为广大海外侨胞提供便捷的金融资讯和咨询服务。比如最新的外汇政策、实时的外汇牌价;支付结算、资金融通等基础的金融服务;就医、出行、商旅等专属尊享服务,基本满足了广大侨胞日常工作生活中的金融需求,是华侨参与家乡建设的有效载体。

二是科技赋能推动外贸融资便利化。2023年3月,宁波银行丽水分行在丽水市外汇管理局的指导和帮助下,落地侨乡丽水首笔跨境金融服务平台出口信保保单融资业

务，大幅提高出口贸易融资效率，降低了"脚底"成本，提高外贸企业融资和外汇收支便利化，助力侨乡涉外经济高质量发展。

三是侨汇结汇便利化业务创新。中国银行丽水市分行以国有大行的责任与担当，紧贴市场脉动，自觉融入地方经济发展大局，以青田县侨汇结汇便利化试点政策实施为契机，整合外汇资源，提高外汇服务便利程度，以金融之力推动丽水华侨经济要素回流工程。主要做法是创新"六专"试点金融服务，包括组建专业队伍、制定专门指南、开展专属服务、建立专有考核、做好专项风控、创立专门文化。2022 年度该行共获批便利化结汇客户 131 户，累计获批额度 3310 万美元，结汇 1047.45 万美元，获批户数、额度、结汇量均列青田县全县第一，服务华侨及侨眷遍及 21 个国家，分布于全市 15 个以上乡镇。这项金融创新被丽水市人民政府评为 2022 年度金融机构十大创新案例。

2019 年，侨乡青田县政府发布《浙江（青田）华侨经济文化合作试验区建设方案》，其中重点包括"推进华侨金融服务便利化改革"，即支持青田探索发展离岸金融；提高华侨个人外汇年度结汇额度；推行境内市场经营主体的个人外币贷款划转至国内进口代理企业代为支付货款试点；开展"融资租赁"业务；鼓励金融机构对符合"一带一路"建设要求的企业提高贷款授信额度；支持华侨企业开展本外币跨境融资等。

（三）政府鼎力资助，支持侨商回乡创业

2018 年 5 月，青田县政府为了创优金融营商环境，丰富侨乡金融服务供给，《关于促进青田华侨回乡兴业安居的若干意见》中提出金融业中国式现代化改革方案：

——鼓励县内金融机构设立华侨理财中心，为侨资提供外汇便捷汇入、外币存储、外汇理财、理财产品定制、投资咨询、财富保值增值等一站式金融服务。

——鼓励金融机构针对华侨回乡兴业的特点，为其提供支付结算、创业贷款融资等一揽子金融服务。

——积极开展个人外汇贷款、内保外贷、外保内贷等业务，支持回乡兴业的华侨拓展国内外市场。全国首创多用途个人外汇贷款，简化客户手续、降低融资成本、规避汇率风险，累计为华侨创业兴业提供外汇贷款 1284 笔，共 20,748 万美元。

——引进成熟的公募基金、贵金属交易平台、保险等机构，优化和丰富华侨财富配置渠道。

——鼓励金融机构对开展进口代理业务企业提高授信额度，对年进口额在 50 万美元（含）以上的企业，县政府融资担保公司可提供上年度进口额度 20% 流动资金的信用担保，最高担保额度不超过 300 万元人民币。

——鼓励华侨资本认购政府性产业基金。县政府出资 10% 的引导资金，联合侨、银、企建立首期规模为 10 亿元人民币的"青田县华侨创业创新产业基金"，向华侨资本开放。基金优先投资华侨回归兴业的优质项目。

再例如：2023 年杭州市政府为留学回国人员给予创业者最高 500 万元银行贷款的

全额贴息;对高层次留学回国人员来杭创办企业的,提供100万元以上500万元以下资助资金。

(四)提升金融服务能力,助力先进智造和科技创新

扎实推进制造业金融服务能力提升,聚焦国家战略,助力制造业高端化智能化发展;坚持以推动高质量发展为主题,服务传统产业改造升级,提升对先进制造业、战略性新兴产业等重点领域的金融服务能力;围绕战略性新兴产业,探索建立支持科技型企业的金融合作机制,全力提升金融服务科技创新质效。

尽管近年来浙江省金融业中国式现代化发展取得了重要成就,但仍然存在发展不平衡、不协调、不充分等问题,与当地华侨华人的预期需求、华侨经济的高质量发展和中国式现代化要求相比仍有一定差距,亟须有针对性地加以改进。

参考文献

[1] 蔡克骄,江华. 华侨华人与温州经济 [J]. 社会科学战线,2003(2):57—60.

[2] 潮龙起. 华侨华人与中华民族伟大复兴 [M]. 广州:暨南大学出版社,2018.

[3] 陈方豪,熊瑞驰. 以侨为桥:侨资企业与中国的外向型发展 [J]. 中国经济学,2022(1).

[4] 陈奕平,曹锦洲. 国际移民与祖籍国经济现代化:以华侨华人为例的分析 [J]. 华侨华人历史研究,2023(2):6—15.

[5] 陈志强. 华侨华人投资对上海经济转型的作用 [J]. 上海商学院学报,2012,13(1):68—75.

[6] 葛海蛟. 以金融高质量发展助力中国式现代化 [J]. 当代世界,2023(7):12—17.

[7] 刘莹. 浙南侨乡经济发展的侨务资源优势 [J]. 华侨大学学报(哲学社会科学版),2009(2):93—100.

[8] 彭昳柔. 海外浙江人爱国爱乡行为研究:以《浙江侨声报》为中心,[D]. 温州大学硕士学位论文,2015.

[9] 沈宗洪. 对青田县非居民个人外汇业务的调查 [J]. 浙江金融,2003(4):33—36.

[10] 吴乃华. 华人华侨与中国的现代化 [J]. 民主,2011(1/2).

[11] 郑元昌. 探索侨乡普惠模式,打造特色社区银行 [J]. 中国农村金融,2022(9):79—80.

第二篇　华人社会与文化

华裔科学家对美国人工智能技术发展的重要贡献

江 峡[①]

【摘 要】人工智能几十年来一直是科技界的一个流行语。但自进入21世纪以来，以计算机、互联网、大数据、机器学习和机器人相结合产生的人工智能革命不断前进，席卷全球，正在改变我们工作、学习和生活的一切，人类开始迈进全新的人工智能时代。在拥抱和推动21世纪的人工智能革命中，中国与美国是全球人工智能革命的第一梯队，是人工智能技术创新的领先者。中美两国科学家曾经在人工智能领域通力合作，互享资源，共同发表研究成果，推进人工智能不断创新。特别是拥有庞大人口的中国培养了世界上顶尖的人工智能科学家。在顶级人工智能会议上发表文章的研究人员来自中国的人数比其他任何国家都多。但由于美国拥有世界一流的研究型大学和顶尖的实验室，中国超过一半的人工智能优秀本科生来到美国读研究生，并在毕业后留下来。更有超过90%移居美国攻读博士学位的中国留学生毕业后留在美国。[②]不仅中国受益于美国培养的这些人工智能人才，[③]美国更是受益于这些优秀的华裔科学家。据美国智库MacroPolo在2020年的一项调查中发现，在为美国大学和科研机构及技术公司工作的人工智能研究人员中，中国出生的科学家占了近30%，[④]仅次于美国本土的人才。这些华裔科学家为美国人工智能技术的创新与发展做出了不可磨灭的贡献，受到美国科学界与教育界以及企业界的肯定。本文仅选择3位具有代表性的华裔科学家为样本，通过分析探讨他们在美国人工智能领域的杰出工作，论述华裔科学家为美国人工智能革命所做出的重要贡献。

【关键词】华裔科学家；人工智能；朱松纯；贾杨清；朱嘉迪

[①] 作者简介：江峡，《亚省时报》时评专栏作家，华侨大学国际关系学院特约研究员。

[②] Paul Scharre, "To stay ahead of China in AI, the U.S. needs to work with China", Center for a New American Security, April 18, 2023.

[③] 美国《福布斯》杂志统计，中国顶尖的20位人工智能科学家中，至少有15位毕业于美国的研究型大学。见 Adelyn Zhou, "These 20 leading technologists are driving China's AI revolution", *Forbes*, June 21, 2017.

[④] Ishan Banerjee and Matt Sheehan, "America's got AI talent: US' big lead in AI research is built on importing researchers", *MacroPolo*, June 9, 2020.

引言：中国人工智能的崛起与人才辈出

人工智能是 21 世纪蓬勃发展的具有重要政治、经济、社会和战略意义的新兴技术，中国政府多年来一直在推动国内人工智能的进步，鼓励科技人才培养和科技创新。过去 10 多年来，中国以国家项目通过了一系列计划与政策来促进人工智能的发展。这些计划与政策包括《中国制造 2025》《促进大数据发展行动纲要》《下一代人工智能发展规划》等。这些计划与政策向社会各行各业（包括大学、科技界、企业家、投资者甚至研究人员）发出了一个明确的信号，即人工智能是一个得到中国政府支持的重要领域，值得投资与发展。通过多年不懈的努力，中国科研人员现在发表的关于人工智能的论文比美国研究人员更多，获得的专利也更多。中国似乎有望成为人工智能领域的一个领先大国。[1] 2018 年 7 月，清华大学中国科学政策研究中心发布的《2018 年中国人工智能发展报告》显示，中国在人工智能领域获得的进展"令人惊叹"。华盛顿州西雅图艾伦人工智能研究所的分析发现，中国在被引用次数最多的 10% 论文中的作者比例稳步上升。它的份额在 2018 年达到 26.5% 的峰值，与美国的 29% 相差不远，如果这一趋势继续下去，中国将可能会在这一指标上超过美国。其他的分析表明，中国科学家对人工智能论文的平均引用率一直在稳步上升，高于世界平均水平，但目前仍低于美国作者的论文。[2]

美国智库安全与新兴技术中心的研究发现，中国研究人员产出的高引用人工智能出版物与美国同行的工作竞争日益激烈。在过去的 10 年中，中国研究人员在全球排名前 5% 的人工智能出版物中发表的份额越来越大，从 2010 年是美国产出的一半上升到 2019 年的基本持平。中国顶级出版物发表的人工智能文章经常在中国境外被引用，尽管中国在国际引用方面仍然落后于美国。随着时间的推移，中国论文在国际上的引用数量稳步增加。中国在 13 个顶级人工智能会议上提供的出版物份额越来越大，而美国在这些会议上的出版物份额却停滞不前。2010 年至 2019 年间，中国在这些出版物中的份额从 13% 上升到 31%，而美国的份额从 55% 下降到 51%。在美国和中国研究人员的高影响力的人工智能出版物中，一个值得注意的份额是美中合作。例如，这种合作占 2019 年两国被高度引用的人工智能出版物的 24%。美国和中国合计发表了约 65% 的高引用人工智能研究出版物。[3]

在过去 10 多年时间里，不仅中国科学家与美国科学家在人工智能领域里联合进行

---

[1] Daitian Li, Tony W. Tong, and Yangao Xiao, "Is China emerging as the global leader in AI?", *Harvard Business Review*, February 18, 2021.

[2] Sarah O'Meara, "Will China overtake the U.S. in Artificial Intelligence Research?", *Scientific American*, August 24, 2019.

[3] Ashwin Acharya and Brian Dunn, "Data brief comparing U.S. and Chinese contributions to high-impact AI research", Center for Security and emerging technology, January 2022.

了大量有创造性的科学研究，发表了许多被高引用的研究成果，推动了人工智能在中美两国的进步，在美国的华裔科学家与研究人员更是为美国的人工智能及相关科技领域的科技创新做出了重要贡献。数十年来，中国一直是美国科学家与研究人员最重要的外国供应者。据统计，2000—2005 年，中国在美国获得 STEM 博士学位的人数为 2740 人，其中 95% 的人留在美国；2006—2011 年，获得 STEM 博士学位的人数为 3788 人，其中 91% 的人留在美国；2012—2017 年，获得 STEM 博士学位的人数为 4646 人，其中 87% 的人留在美国。[1]

2022 年秋天，"亚裔美国学者论坛"发表的一篇研究报告显示，在 2020 年美国大学与研究机构授予的约 34,000 名科学/工程（S/E）领域的博士学位获得者中，46% 的人（约 15,000 名）持有临时签证，在这 15,000 名持有临时签证的申请人中，最大的比例来自中国，占 37%。这意味着在 2020 年美国所有 S/E 博士学位中，有 17% 是来自中国的国际学生。这些获得科学与工程博士学位的人中绝大多数的人留在美国，以便随后就业。总体而言，来自中国的大约 87% 的博士毕业生留在了美国，占美国 S/E 劳动力的很大一部分。华裔科学家已成为美国科技界一个庞大而明显的人口群体。[2]他们对美国科学技术的创新与发展，所做出的重要贡献有目共睹。《纽约时报》称，华裔 AI 人才是帮助美国公司与大学主导人工智能领域创新的秘密武器。[3]本文将以三位华裔科学家朱松纯、贾扬清与朱嘉迪作为研究样本，分析他们对美国人工智能革命所做的重要贡献。

一、朱松纯对美国人工智能革命的贡献

1968 年夏天，朱松纯出生于中国湖北省鄂州市，他从小就对数学、物理感兴趣。1987 年，朱松纯以优异的成绩考入位于合肥的中国科技大学学习计算机，并在 1991 年获得计算机科学学士学位。在中国科技大学学习期间，朱松纯发现已故麻省理工学院神经科学家大卫·马尔的视觉计算理论影响深远，激发了他对人工智能的兴趣。他决定追求视觉和人工智能的普遍统一理论。1992 年，朱松纯如愿考入美国顶尖大学哈佛大学艺术与科学研究生院学习计算机视觉与统计。在哈佛大学数学家大卫·芒福德的指导下学习，朱松纯先后获得计算机硕士和博士学位。1996 年，在哈佛大学获得计算机科学博士学位后，朱松纯跟随导师芒福德进入布朗大学应用数学系担任博士后研究员。博士后研究结束后，朱前往加州的斯坦福大学计算机科学系短暂授课。1998 年，他加入俄亥俄州立大学，担任计算机科学和认知科学系的助理教授。2002 年，朱应聘到加州大

---

[1] Remco Zwetsloot, Jacob Feldgoise and James Dunham, "Trends in U.S. intention-to stay rates of international Ph.D. graduates across nationality and STEM fields", Center of Security and Emerging Technology, April 2020.

[2] Yu Xie, Xihong Lin, Ju Li, Qian He and Junming Huang, "Caught in the Crossfire: Fears of Chinese-American scientists", Asian American Scholar Forum, September 23, 2022.

[3] "A U.S. Secret Weapon in A.I.: Chinese Talent", *The New York Times*.

学洛杉矶分校计算机科学与统计系担任副教授，2006年晋升为正教授。在加大洛杉矶分校，朱创建了计算机视觉、认知、学习和自主机器人中心，并担任该中心主任，成为该校人工智能技术开发的领军人物。在加州大学洛杉矶分校任教期间，朱于2017年夏天在洛杉矶创立了一家AI初创公司DMAI，作为统一认知AI的公共教育平台，帮助公众——家长、教师和学生，认识了解计算机视觉、认知科学、自然语言、游戏理论和道德、机器人和机器学习等人工智能的概念与知识。[①]这时期，他的主要研究兴趣在于追求视觉和智力的统一统计和计算框架，其中包括空间、时间和因果与或图（STC-AOG）作为统一表示众多蒙特卡罗推理和学习的方法。

自从在哈佛大学学习计算机和毕业后从事计算机与统计学教学与科研以来，朱松纯在4个不同的阶段在同行评审期刊和论文集上发表了300多篇文章与几部学术专著，在理论模型上对美国人工智能技术发展贡献良多。

在20世纪90年代初期，在哈佛大学求学时，朱就与模式理论小组的合作者一起开发了先进的计算机视觉统计模型。大卫·马尔死后出版的名为 *Vision* 的著作中提出开发一个统一的视觉统计框架，这是一个开创性的统计模型，在马尔的框架中表述概念。他们首先在一种新的马尔可夫随机场模型中制定了纹理，称为框架（FRAME），使用最小最大熵原理将神经科学和心理物理学的发现引入统计物理学中的吉布斯分布。然后他们证明了FRAME模型和微规范系综之间的等价性，他们将其命名为Julesz系综。这项工作在1999年国际计算机视觉会议（ICCV）期间获得了马尔奖荣誉提名。

从1999年到2002年，朱与他的博士生涂卓文一起开发了一个数据驱动的马尔可夫链蒙特卡洛（DDMCMC）范式，通过扩展格林南德-米勒的跳跃扩散工作来遍历整个状态空间。他与另一位博士生一起，将物理学中的聚类采样算法从Ising/Potts模型推广到任意概率。该领域的这一进步使分裂-合并算子在文献中首次可逆，并实现了比吉布斯采样器和跳跃扩散100倍的加速。这一成就推动了计算机图像解析方面的工作。

2004年，朱通过学习随机语法进入高层次视觉。语法方法可以追溯到20世纪70年代的句法模式识别方法。他为一些关键的视觉问题开发了语法模型，例如面部建模，面部老化，衣服，物体检测，矩形结构解析和排序。2006年，他与其哈佛大学导师芒福德合著了一本题名为《图像的随机语法》的著作，2007年，朱和合著者获得了马尔奖提名。次年，朱获得了国际模式识别协会颁发的J. K. Aggarwal奖，以表彰他"对视觉模式概念化、建模、学习和推理的统一基础的贡献"。

自2010年以来，朱与认知科学、人工智能、机器人技术和语言领域的学者合作，探索他所称呼的"人工智能暗物质"95%的智能处理无法在感官输入中直接检测到。他们一起通过对以下方面的认知建模和推理来增强图像解析和场景理解问题：功能（对象和场景的功能，工具的使用），直觉物理（支持关系、材料、稳定性和风险），意图和

---

① Https://dm.ai

注意力（人们在社交场景中知道、思考和打算做什么），因果关系（改变对象流畅性的行为的因果效应），和效用（驱动视频中人类活动的共同价值观）。结果通过一系列研讨会传播。在此期间，朱还探索了许多其他主题，包括：制定人工智能概念，如工具、容器、液体；通过推理功能、物理稳定性、通过联合视频和文本解析的定位对话，从单个图像中整合三维场景解析和重建；发展交际学习；绘制非凸学习问题的能量景观。

朱松纯因其在计算机视觉与模式识别领域的重要贡献而获得过许多奖项，包括三度问鼎国际计算机视觉大会马尔奖，1999和2007年获荣誉奖，2003年正式获得该奖。马尔奖曾是计算机视觉领域的最高荣誉，它是该领域在20世纪80年代至90年代和21世纪初颁发的唯一奖项，每两年评选一次。

朱松纯在计算机领域获得的奖项还有2001年美国国家科学基金会职业奖、2001年海军研究办公室青年研究员奖、2008年国际模式识别协会阿加沃尔奖（J. K. Aggarwal Prize）、2013年国际计算机视觉大会亥姆霍兹奖（Helmholtz Prize）、2017年国际认知科学学会计算建模奖等。

2020年9月，在特朗普政府加强与中国的科技竞争，怀疑和打压在美华裔科学家的历史背景下，朱松纯毅然回到中国，致力于创建一个新的、独立的人工智能研究机构——北京通用人工智能研究院（BIGAI），同时担任清华大学与北京大学讲席教授，并任北京大学人工智能研究院院长。据介绍，BIGAI专注于先进的AI技术、多学科融合、国际学术交流、培养新一代青年AI人才。该研究院聚集相关领域的专业研究人员、学者和专家，将朱的人工智能理论框架付诸实践，共同推广中国原创人工智能技术，构建新一代通用人工智能平台。朱松纯离开加大洛杉矶分校后，该校计算机系的教授名单上，至今仍保留他的学术信息。[1]这意味着，朱松纯将继续为美中两国的人工智能研究和人才培养做出重要贡献。

二、贾杨清对人工智能研究的贡献

贾杨清出生于中国东部浙江省风景秀丽的绍兴市。中学时代，他听说美国微软未来的人工智能系统将会给人类生活带来极大方便，便萌发了将来要从事计算机与自动化方面的工作。高中毕业后，他选择去中国顶尖的研究型大学清华大学读书，并在清华大学先后以极其优异的成绩获得了自动化专业的学士学位和控制科学与工程的硕士学位。随后，他于2008年前往加州大学伯克利分校计算机系学习深造，在特雷弗·达雷尔教授指导下攻读计算机科学博士学位。在研究生学习期间，贾在新加坡国立大学、亚洲Microsoft研究院、NEC Labs America和谷歌研究院工作/实习。

贾杨清的主要兴趣是人工智能硬件和软件堆栈的设计和演变，将前沿研究与计算机科学的传统智慧相结合。贾杨清还聚焦计算机视觉和机器学习研究。他在读博期间就开

---

[1] www.stat.ucla.edu/Song-Chun Zhu's homepage ucla.edu

发了开源深度学习软件 Decaf 和 Caffe。Caffe 是最快的卷积网实现之一。处理速度使 Caffe 非常适合研究实验和行业部署。Caffe 每天可以使用单个 NVIDIA K40 GPU 处理超过 60M 的图像。这是 1 毫秒/图像用于推理和 4 毫秒/图像用于学习，更新的库版本和硬件速度更快。Caffe 已经为学术研究项目、创业原型，甚至视觉、语音和多媒体领域的大规模工业应用提供支持。Caffe 很快成为最受欢迎的深度学习框架之一，大大加快了模型训练时间，贾将其开源，使更广泛的机器学习社区受益。在 Caffe 之前，深度学习领域缺乏一个完全开源所有代码、算法和细节的框架。许多研究人员和博士生不得不一遍又一遍地复制相同的算法。Caffe 软件不仅被美国许多大学的计算机系师生所采用，并很快成为多家顶级人工智能公司采用的流行深度学习框架，包括 Microsoft、Facebook、Yahoo、NVidia 和 Adobe 等。贾杨清后来在接受采访时表示，"Caffe 开始吸引世界各地的人来尝试和使用深度学习的技术，这个是我们所始料未及的"。[①]这个时期，贾还与一些研究伙伴启动伯克利视觉和学习中心（BVLC），为与行业提供集中互动的论坛，并作为支持在加州大学伯克利分校电子工程与计算机科学（EECS）系学习视觉和学习的一年级学生的具体机制。

2013 年冬，贾在伯克利电子工程和计算机系以 4.0 成绩博士毕业。在获得计算机博士学位后，贾加入位于硅谷的顶尖科技公司 Google 工作，成为 Google Brain 的研究科学家，主要从事计算机视觉、深度学习和 TensorFlow 框架的工作，与 Google 的研究伙伴共同推动发展 TensorFlow 成为谷歌的下一代人工智能平台。他还与同事一起构建了 GoogLeNet，这是第一个打破人类图像分类准确性的神经网络，加强了机器看到周围世界的能力，使计算机视力变得更加准确，更好地帮助人类加深对图像的理解，对人工智能驾驶等技术创新发展意义重大。

2016 年 2 月，贾杨清离开谷歌，跳槽到硅谷的另一个顶尖人工智能公司 Facebook 任人工智能工程总监，随后又担任了 Facebook 人工智能基础设施组织的董事，在组织中雇用和发展了多个团队成员和主管。贾不仅有卓越的技术创新能力，而且有强大的团队协调与组织能力。他建立的研究团队不断扩大其研究范围，最终成为一个 300 多人的技术团队，跨越 Facebook 人工智能研究和产品的多个技术支柱。贾领导其研究团队全面构建了 Facebook 的大规模 AI 平台，支持广告，Feed，搜索排名，计算机视觉，语音，自然语言处理，VR 和 AR 应用程序等 AI 产品用例。创建并领导了 Caffe2 的开发，它延续了 Caffe 的开源理念，以支持创新的深度学习应用程序。Caffe2 是首批在所有主要平台（云 CPU/GPU、移动 CPU/GPU、嵌入式系统等）上同时提供高性能 AI 功能的深度学习框架之一。全球已经有 10 亿部手机在使用 Caffe2go，在世界上每一个 Facebook 应用程序中提供实时 AI。贾还发起并领导了业内其他有影响力的人工智能解

---

① 周建丁、贾扬清：《希望 Caffe 成为深度学习领域的 Hadoop》，载《程序员》，2015 年 7 月。

决方案。创建了整个行业神经网络的开放标准 ONNX，使之能够在 Facebook、Microsoft、亚马逊、高通、ARM 等主要参与者之间建立协作。2018 年，在 Caffe2、PyTorch 和 ONNX 成功的基础上，贾共同领导了该项目，合并了这些工作并创建了 PyTorch 1.0。贾在创建和贡献软件开源库方面有着良好的记录，一直是硅谷人工智能软件堆栈设计中的活跃人物。总之，在加入 Facebook 后，贾为 Facebook 的所有应用程序从头开始构建 Facebook 的通用大型 AI 平台，做出了无人企及的重要贡献。该平台系统是排名、计算机视觉、自然语言处理、语音识别、移动人工智能和 AR 等 Facebook AI 产品的骨干。[1]

在从事繁忙的人工智能技术创新与团队管理的同时，贾杨清还单独或与人合著了不少研究论文，有的单独发表，有的提交参加计算机与人工智能领域的国际学术会议。其中主要有《Caffe：用于快速特征嵌入的卷积架构》《更深入地进行卷积》《因子分解多模态主题模型》《使用标签关系图进行大规模对象分类》《学习多项式数据的跨模态相似性》《大规模学习语义图像表示》和《走向更深的卷积神经网络》等。

2019 年 3 月，在特朗普政府发起的针对华裔科学家的"中国行动计划"大范围实施之际，贾杨清离开 Facebook，应聘到中国发展快速的网络与电子商务技术公司阿里巴巴集团担任人工智能和数据分析副总裁，负责监督阿里巴巴集团最大的人工智能和数据分析平台。同时担任阿里云相关产品领域的总经理，并兼任达摩研究院（阿里巴巴研究院）人工智能实验室系统负责人。贾在阿里巴巴领导一支才华横溢的工程师和科学家团队，为电子商务和云客户构建先进的数据分析和人工智能算法。主要产品包括：MaxCompute/Hologres，无服务器数据仓库 Dataworks，数据开发和治理平台使用 Apache Flink 进行实时计算、使用开源分析工具的 Elastic MapReduceAI 平台（PAI）。在阿里巴巴工作期间，贾杨清领导阿里巴巴达摩研究院的科学家团队，进行先进的人工智能算法和系统开发，发布了一些世界上最大的多模态人工智能模型，[2]为阿里巴巴的人工智能技术创新与发展做出了无可估量的贡献。

2023 年 4 月，贾离开阿里巴巴返回旧金山，在硅谷创建新的人工智能公司乐普顿人工智能（Lepton AI），成为其全职总裁，继续为美中两国的人工智能发展贡献智慧与才华。作为具有广阔胸怀、才华横溢的年轻华裔科学家，贾杨清对人工智能的最大贡献是将他所开发的所有应用软件，作为技术开源平台供全球所有人无偿使用。他对人工智能技术发展的名言是："人人了解，人人使用，人人获益。"[3]

---

[1] https://www.linkedin.com/in/yangqing-jia/?profileId；另见 Google Scholar 与贾的个人网页上有关他的介绍；《人工智能评论》（*AI Review*）也刊有介绍他的文章。

[2] 同上。

[3] 同上。

三、朱嘉迪推动美国芯片材料创新

芯片对于 5G、云计算、物联网以及国防和太空等许多快速发展的领域的持续创新至关重要。从智能手机、计算机、机器人到弹道导弹和汽车行业，它们在各个领域都不可或缺。中国是世界上最大的集成电路消费市场。然而，半导体价值链由一系列相互依存的技术组成，这为那些控制其瓶颈的人提供了战略优势。尽管中国为开发先进芯片做了巨大努力，但由于基础薄弱与人才短缺，中国远远落后于竞争对手，所有这些领域都位于美国及其盟友日本、韩国、一些欧洲国家，以为中国台湾地区。

2023 年春天，美国麻省理工学院的研究人员完成了一项有望突破制造更强大芯片极限的尖端技术。领衔这项技术创新的是一位在该校读博士的中国留学生。他就是 27 岁的朱嘉迪。4 月 27 日，朱嘉迪和他的主要合作者、MIT 的博士后研究员朴智勋（Ji-Hoon Park）以及其他合作者在《自然纳米技术》(Nature Nanotechnology) 杂志上发表了一篇关于这项新技术的论文。据说他们的成就有望突破或延续"摩尔定律"，通过一种新的低温生长和制造技术可能会生产出"更密集、更强大的芯片"。[①]朱嘉迪表示，他们的创新主要体现在芯片制造的五个方面——材料、设计、加工、封装和测试的前三项。由于他们在芯片上的创新研究，朱嘉迪与他的主要合作者、MIT 的博士后研究员朴智勋获得 2023 年北美高通创新奖学金（QIF），该奖学金主要认可、奖励和指导在技术研究领域创新的博士生，使那些实现技术创新的研究生能够得到硅谷高通研究院顶级工程师的指导，并支持他们实现其研究目标。[②]

朱嘉迪出生于中国南京，从小学习就极其优秀。他从南京师范大学附中毕业后，在 2014 年以优异的成绩考入北京大学读本科，主攻微电子。朱嘉迪在北大读本科时就是一个学霸，曾拿过"五四奖章"，这是北大学生能够获得的最高荣誉。朱嘉迪自豪地说，相当于是 20 年才评出了 100 个左右的"五四奖章"获得者，而且是本硕博一起，他是其中之一。朱嘉迪说，北大提供给学生的资源非常好，导师对学生很照顾，师兄师姐也很和睦。他在北大读本科时，就在 Advance Material、IEEE Electron Device Letters 这样很好的期刊上发表过论文。

2018 年，朱嘉迪从北京大学电子专业毕业，获得科学学士后，在北大做了一年全职的研究助理，然后于 2019 年申请到美国顶尖的研究型大学麻省理工学院电气工程和计算机科学系攻读硕士与博士学位。2023 年是他在 MIT 的第 4 年。朱嘉迪说，这整个技术创新其实就是他博士论文的课题。"实际上就是一个半命题作文，就是你导师在你刚进来的时候给你固定了一个大的方向。"

---

① Pranjal Mehar, "MIT scientists innovated automatically thin transistors to make denser computer chips", Tech Explorist, May 2, 2023.

② Sarah Beckmann, *Four MIT students selected for Qualcomm Innovation Fellowship 2023*, MIT Media Lab, August 9, 2023.

在20世纪60年代，英特尔创始人戈登·摩尔（Gordon Moore）谈到半导体经验时说，"集成电路上可以容纳的晶体管数量大约每18到24个月翻一番"，成为著名的摩尔定律。

新兴的人工智能应用需要更密集、更强大的计算机芯片。芯片传统上由具有3D结构的块状材料制成，但是堆叠多层晶体管以创建更密集集成，从而更强大的芯片变得越来越困难。遵循芯片制造中的"摩尔定律"，即每18个月到两年，芯片的性能随着晶体管密度的增加而翻倍。目前先进的芯片制造达到了尺寸减小的物理极限。

朱嘉迪协调的研究团队开发了一种新技术，可以直接在8英寸晶圆硅芯片上"生长"二维材料晶体管，实现更密集的集成。朱嘉迪认为，硅这种材料已经制造了近60年，已经达到了一个相对极限的状态。他们大规模、高质量地供应了8英寸单层二硫化钼，这种材料的供应量非常大。在设计方面，朱嘉迪把它比作建筑房子，他说："使用2D材料是增加集成电路密度的有力方法。我们正在做的就像建造一座多层建筑。如果你只有一层，这是传统情况，它不会容纳很多人。但随着楼层的增加，这座建筑将容纳更多的人，可以实现令人惊叹的新事物。由于我们正在研究的异构集成，我们将硅作为第一层，然后我们可以将许多层的2D材料直接集成在顶部。"朱嘉迪及其研究团队创新的新技术可以实现更先进的芯片制造。

朱嘉迪指出，在1纳米或者更先进的技术节点的时候，他们创新的材料实际上是把集成度提高了，"就像刚才我说的这种搭楼房的过程，如果说我们在第一层缩小上出现了卡壳，我们就可以往高里做，就是可以搭好多层，我们可以用二维材料在硅基上面继续做、继续搭，然后我们进一步地堆叠，做三维集成。当然这种异质集成的方法对于大尺寸的成熟技术节点也是适用的。"

在加工方面，朱嘉迪与他的团队提供了低温设计，这意味着它可以直接在电路的第一层进行这种叠加，而不会损坏它。这整个技术创新实际上是他博士论文的主题。朱嘉迪与他的团队进行的这项技术创新部分由麻省理工学院士兵纳米技术研究所、国家科学基金会集成量子材料中心、爱立信、MITRE、美国陆军研究办公室和美国能源部资助。

对于这项创新技术究竟对未来更强大芯片的产出，比如1纳米制程的芯片，有什么意义？朱嘉迪回答，1纳米实际上只是一个技术指标，"在1纳米节点没有任何一个东西是1纳米的。"他解释："对于28纳米技术节点以下的工艺，所谓多少多少纳米只是一个技术指标，表示单位面积芯片性能相对于前一代，翻了一倍左右。"[①]

朱嘉迪指出，这项成果最终被运用于工厂批量生产"还需要有一些过程"，"我们做的是前三项中的一部分，后面还有封装跟测试也是非常重要的两项。"朱嘉迪表示，在

---

① "Peking University high-caliber students promote the innovation of chip materials in the United States", Voice of America, August 23, 2023.

未来，他们希望微调他们的技术，并用它来生长许多堆叠的 2D 晶体管层。此外，他们希望探索将低温生长工艺用于柔性材料表面，如聚合物、纺织品或纸张，以实现半导体集成到服装或笔记本等日常物品上。

麻省理工学院新闻办公室在报道这个消息时指出，新兴的人工智能应用程序，如生成自然人类语言的聊天机器人，需要更密集、更强大的计算机芯片。但半导体芯片传统上是用块状材料制成的，这些材料是四四方方的 3D 结构，因此堆叠多层晶体管以创建更密集的集成是非常困难的。然而，由超薄 2D 材料制成的半导体晶体管，每个只有大约三个原子的厚度，可以堆叠起来制造更强大的芯片。麻省理工学院的研究人员现在已经展示了这种新技术，该技术可以有效且高效地直接在完全制造的硅芯片上"生长" 2D 过渡金属硫族化物（TMD）材料层，以实现更密集的集成。该报道宣称，麻省理工学院的工程师在计算机芯片上"生长"原子般薄的晶体管，一种新的低温生长和制造技术允许将 2D 材料直接集成到硅电路上，这可能制成更密集、更强大的芯片。[1]

朱嘉迪协调麻省理工学院研究团队突破研发芯片材料新技术的消息在中国自媒体上引起强烈反响。有人说："北大毕业生让美国芯片再次领先！"有人说："很遗憾取得这一成就的又是美国。而令人受不了的是，这个人居然还是华裔科学家。"[2]

四、结语

自从在国家层面规划和推动人工智能发展以来，中国培养了世界上最顶尖的人工智能科学家。在近几年里，中国人工智能科学家与研究人员是最多产的，发表了全球所有人工智能期刊文章的 27.5%。美国研究人员只占 12%。中国科学家发表的人工智能文章在引用率上也领先于其他所有国家。

中国一直是美国 STEM 科学家与研究人员最重要的外国供应者。中国超过一半的人工智能优秀本科生来到美国读研究生。近 90% 移居美国攻读博士学位的中国本科生毕业后留在美国。这些华裔科学家与研究人员在美国大学接受良好教育后，留在美国为其计算机科学与人工智能的技术创新与发展做出了不可磨灭的重要贡献。中国技术人才的最大受益者不是中国，而是美国。本文选择的三位华裔科学家朱松纯、贾杨清与朱嘉迪，是在美无数优秀的华裔科学家中的佼佼者。

中美两国科学家曾经在人工智能领域通力合作，互享资源，共同发表研究成果，推进人工智能不断创新，引领全球人工智能革命的潮流。自特朗普政府以来，美国政策制定者一直在有选择地将中美人工智能生态系统脱钩，然而，这两个生态系统是紧密交织在一起的。斯坦福大学人工智能研究所发表的 2022 年人工智能指数显示，尽管存在各

---

[1] Adam Zewe, "MIT engineers 'grow' atomically thin transistors on top of computer chips", MIT News Office, April 27, 2023.

[2] "Peking University high-caliber students promote the innovation of chip materials in the United States", Voice of America, August 23, 2023.

种战略紧张局势，但中国和美国在人工智能研究方面的合作数量惊人。这一惊人的趋势凸显了一个悖论。尽管中国和美国在双方认为具有战略意义的技术上争夺领导地位，但双方的研究人员似乎都看到了分享专业知识和合作的好处。

　　尽管美国对中国正在进行激烈的科技竞争，但两国的人工智能科学家与研究人员正在努力确保他们能够在国际间合作。中美两国的人工智能科学家和研究人员都希望保持全球共享的科学与文化的活力。人工智能研究是关于开放性、速度与共享的。它的创新与发展应该是全人类受益。三位华裔科学家朱松纯、贾杨清与朱嘉迪对人工智能创新所做的贡献，正在证明这一点。

苏联远东中国高级列宁学校的建立及其影响[①]

宁艳红[②]

【摘　要】联共（布）为加速中国共产党的成长和壮大，从20世纪20年代末至30年代末在苏联远东海参崴建立了中国高级列宁学校。该校是联系联共（布）与中共关系的重要平台，其历史使命是为中国革命培养具有较高文化知识、政治立场坚定、经得起考验的党、团员和积极分子，其目标还包括提高远东地区华人的文化素质，加强对华工的管理，进而促进苏联的经济文化建设。

【关键词】远东边疆区；海参崴；联共（布）；中国高级列宁学校

20世纪20—30年代的中国共产党与联共（布）和共产国际的关系，是中共党史和国际共运史中最重要的内容之一。而连接三者关系的平台是苏联的西伯利亚及远东地区，它扮演重要的角色，也是连接中共与联共（布）和共产国际的重要通道，这里既是共产国际在东方国家发动革命的策源地，又是中共在苏联培养党务干部及其革命者的重要基地。在海参崴（符拉迪沃斯托克）建立的远东边疆区中国高级列宁学校（Дальневосточная краевая высшая китайская ленинская школа，以下简称列宁学校）更是连接上述多种关系和承载重要任务与使命的国际平台。

长期以来，由于受俄藏档案解密进度缓慢的影响，以及在列宁学校工作或学习的中苏人员均采用化名而难以破译的阻碍，再加上国内外学界历来对亚俄地区的共产国际活动关注不够，导致国内外学者对此问题研究甚少。

本文以海参崴国立滨海边疆区档案馆（ГАПК）全宗第1190号《1936年远东边疆区中国高级列宁学校教师和学生名单》、《联共（布）滨海边疆区党委办公室关于远东边疆区中国高级列宁学校招收学生的新决议》以及《高级班招生简章和干部名单》等档案；以全宗第61号《联共（布）滨海省委员会中国部》档案；以远东国立历史档案馆（РГИА ДВ）全宗第102号《远东边疆区中国高级列宁学校（1931—1939）》；以俄罗斯

[①] 基金项目：国家社科基金重大项目"俄罗斯西伯利亚远东地区藏1950年前中国共产党档案文献的整理与研究"（项目编号21&ZD031）、国家社科基金项目"旅俄华侨华人的红色档案整理与研究（1921—2021）"（项目编号21BZS079）。

[②] 作者简介：宁艳红，女，满族，黑龙江省黑河市人，黑河学院研究员，研究方向为华人华侨史。

国家社会政治历史档案馆（РГАСПИ）全宗第 495 号《李耀奎个人档案》等档案文献的解读为基础，探究该校建立的历史背景与使命、联共（布）和中共与该学校的关系，并简单评价海参崴中国列宁学校在中共党史上的影响。

一、远东地区的华人培训与中国高级列宁学校建立

自 19 世纪 90 年代初，西伯利亚大铁路建设以来，来自中国山东、河北、河南的工人远涉万里，成为西伯利亚开发大军中的重要力量。在 1917 年十月革命后，华人华工在西伯利亚和远东地区的居民中占有较大的比例。据《哈巴罗夫斯克统计年鉴（1923—1925）》提供的数据：华侨占该城市自谋职业者人数的 21.5% 和城市工人总数的 35%，他们基本上是体力劳动者，做装卸工、搬运工、矿工、制革工和食品业工人等工作。

苏联远东政府为了调动华人的积极性，制定一系列措施，使他们在政治、经济等方面获得解放，享受与苏联公民一样的平等待遇。同时，联共（布）和共产国际为了传播马克思列宁主义，加快东方革命的进程，以此维护苏联的国家安全；为了帮助中国革命培养党的骨干力量，亟须建立培训华人的专门学校，并使其成为培养中国革命干部的重要基地。

在俄共（布）和共产国际的政治指导下，远东各地纷纷建立旨在提高华人文化素质和政治觉悟的扫盲班及华人学校。1921 年 12 月，俄共（布）中央通过决议，在伊尔库茨克建立东方劳动者共产主义大学分校（Иркутское отделение КУТВ），1922 年 2 月该校开学。正在莫斯科东方劳动者共产主义大学学习的梁柏台受中共党组织委派在该校中国部担任教师工作。但是作为远东经济政治活动中心兼远东最大的华人聚居地海参崴，距离伊尔库茨克及莫斯科均路途遥远，不便于来自中国或远东的中共干部和群众赴欧俄地区学习，共产国际与中共驻海参崴党小组都在筹划在海参崴建立中国学校。

1925 年 4 月 5 日，当时负责中共中央秘书部工作的王若飞给中共北京地委组织部部长兼北方区委组织部部长陈乔年的信中提到：“海参崴小组情形及想请求中央留莫斯科的中国一二得力同志赴崴做党的学校教育工作事，大口前信已经说过，我是极赞成此事的。”王若飞分析了在莫斯科办学存在的不足，"路费难筹，家庭的维持无着，最得力的同志不能在俄久留。"而在海参崴建立学校，不仅距离国内较近，交通方便快捷，而且可以在较短时间内培养更多优秀的中国干部。

联共（布）滨海边疆区委员会中国部召开会议，决定每周四召开工作会议，专门讨论华人党组织以及华工文化普及等问题。梁柏台被任命为联共（布）滨海边疆区委员会中国部主任，负责组织开展培训华工、开设扫盲班等系列工作。1925 年 7 月 4 日，联共（布）滨海边疆区委员会决定，在海参崴"组建滨海边疆区苏维埃党校中国系"，校址位于海参崴市中心，即十月革命大街和列宁大街交叉的十字街头的西南角两层大楼内。同年 8 月 1 日，梁柏台、郭文春、王奇岳等人决定要"开设中国工人扫盲班并培训华人教师，请省委员会指示省国民教育局尽快开办苏共党校附属华人教师培训班，定额

10 人"。9 月 15 日，联共（布）滨海省①委员会召开中国部会议，梁柏台建议"尼古拉耶夫斯克-乌苏里斯克联共（布）县委员会要充分重视华人的领导工作，要为华人开设扫盲班，选拔华人学校教师"。从上述三份俄文档案得知，梁柏台领导的联共（布）滨海省委员会中国部高度重视华工文化普及工作，并将其摆在重要工作日程。可是，开办中国党校尚属初始阶段，缺乏经验，困难重重。同年 12 月 18 日，在联共（布）滨海省委员会中国部例会上，梁柏台汇报"15 个扫盲班均无教材，参加培训的学员所用教材均为自带书目，教学内容各不相同，由于学员对教材的需求量大，建议为学员印刷统一教材"。

1925—1926 年，在海参崴建立远东滨海省苏维埃党校中国班、高丽（朝鲜）班，中国班学生人数达到 16 人。在 1926—1927 年，该校中国学生 14 人，其中 11 名男性，3 名女性，学制 2 年。1927 年远东滨海边疆区苏维埃党校中国班招生情况如下：

1. 名额：中国班原定招收新生 15 人，插班生 3 人，共计 18 人，实际招生 12 人，在校新生共计 14 人，12 人由党校供给食宿等费，其余 2 人则由私人供给；

2. 名额的分配：伯力（哈巴罗夫斯克）1 人，苏城 1 人，海参崴 6 人，哈尔滨 2 人，上海 4 人；

3. 性别：男子 11 人，女子 3 人；

4. 党籍：俄共候补党员 1 人，俄少共党员 6 人，中共党员 4 人，中国少共党员 2 人，非党 1 人；

5. 职业：纺织工人 7 人，铁路工人 1 人，印刷工人 1 人，运输工人 2 人，煤炭工人 1 人，厨师 1 人，建筑工人 1 人；

6. 文化程度：初中 1 人，高小 9 人，初小 4 人；

7. 服务：在党组织服务者 2 人，在少共服务者 5 人，在青年团服务者 1 人，在工会服务者 5 人；

8. 年龄：32 岁 1 人，28 岁 1 人，25 岁 1 人，24 岁 1 人，23 岁 1 人，21 岁 2 人，19 岁 4 人，18 岁 1 人。

通过以上文献可知，该校不仅在远东边疆区招生，还在中国上海、哈尔滨等地招生，负责为中国革命培养干部；在性别上，男生占大多数；在政治面貌上，大多数学生是思想进步、政治坚定的联共（布）党员、中共党员、团员或积极分子；在职业上，招生对象多为产业工人，充分说明工人阶级是觉悟最高的先进分子。但是，在文化程度方面，学生文化程度普遍不高。在工作岗位上，这些学生多从事组织、宣传等思想政治工作。

---

① 滨海边疆区（Приморский край）位于俄罗斯的最东南，东面接临日本海，北面与哈巴罗夫斯克边疆区（Хабаровский край）相邻，西面和南面分别与中国吉林珲春、朝鲜接壤。1922—1926 年为滨海省（Приморская область），1926—1937 年划入远东边疆区（Дальневоточный край），1938 年起设立为滨海边疆区。

由于苏联方面缺少培训华工的经验,学生学习积极性不高,出勤情况较差,毕业生质量较低。从 1925 年 11 月至 1926 年 5 月 1 日,滨海省水亭子学校"有 10 名华工缺课,上课人数 21 人;每星期授课 2 次,完成第一部分及第二部分的三分之一教学任务后,有 11 名学生只能听无法看懂或稍能看懂,2—3 名学生能看、能写"。联共(布)滨海省委员会中国部及时总结教学经验,提议党校由中国部直接指导工作,经费由滨海省委员会支付。中国部组织人员编辑浅显易懂的教材,在招生时注重考查学生的文化成绩,并确定将培训工作重点落在海参崴华工会、"五一"中国工人俱乐部、远东地区的工厂等行业以及水亭子、苏城、双城子等地区。1926 年,滨海省有 4 所培训华工的党校,经考核只有水亭子学校教学成绩较好。1929 年,联共(布)滨海省委员会决定改组滨海边疆区华人苏维埃党校,也称"苏兆征中国苏维埃党校"。

1927 年国共关系破裂与大革命失败,大批进步青年赴苏联寻求革命真理。20 世纪 30 年代,滨海边疆区华人不断增多。1930 年 1 月 1 日,联共(布)滨海边疆区"五一"中国工人俱乐部主任姜醒红报告海参崴有华侨华人 43,622 人,其中妇女 1106 人,工人 29,717 人。因此联共(布)滨海边疆区委员会决定加大招生力度,保障学生顺利完成学业,为此还提高了学生的助学金,改善了办学条件。由于华人在海参崴总人数中比重较大且文盲较多,各地纷纷推荐优秀的党团员及积极分子代表参加培训,这一时期招生人数较 1927 年扩大了 10 倍。1931 年 7 月 18 日,联共(布)海参崴市委书记处指出:"中国苏兆征苏维埃党校有 163 名学生,入党积极份子从 49% 增长到 65%,学生奖学金从 30 卢布增加到 50 卢布。"

1932 年远东边疆区党校针对华人招生制定了详细的招生简章,共计 8 条,招生人数 160 人,在 31 个区分配招生名额。全苏最大的中文报纸、编辑部设在海参崴的《工人之路》详细刊登《1932—1933 年招生简章》。招生简章要求准备投考的学生须先将自己的申请书写好交当地党支部转区委,填写履历表,还要提供当地党团组织对投考者的工作批评表以及医生开具的健康证明书。针对报考预科考生的考试内容为一般简单时事问题,要求能阅读中文,能用中文做简单的造句。针对报考正式入学的学生能了解较深的时事政治问题,懂得算数的四则法,能用中文写简短的文章。学校供给学生一切书籍纸笔用具,提供住宿,每月发给学生津贴,有家庭的学生可申请家庭补助费。简章中明确要求投考的学生未考取以前,必须保存原来的工作。

1932 年,中国苏兆征苏维埃党校有 166 名学生,在夏季学校组织学生党员参加实习实践活动,提高学生的实践技能。男生参加工会活动,女生在幼儿园工作。

截至 1933 年,在远东地区培训华侨的学校还有远东边疆区中国师范学校、远东边疆区中国职工学校、远东边疆区工业大学的中国班、远东边疆区国际师范大学的中国部、赤塔苏维埃党校中国分校等。

但是,由于缺少中文教材、校舍不足、师资力量薄弱、学生衣物不足等问题,这些党校的毕业生质量令人担忧,无法满足远东边疆区党委、企业单位、华人集体农庄、学校等部门对中国干部的需求。

1933年1月25日,联共(布)远东边疆区委员会书记处会议决定将远东共产主义大学中国班和远东师范大学中国班所有师生、校舍合并到远东工人列宁学校,暂改校名为中国高级列宁学校,由联共(布)远东边疆区委员会拨款,由远东边疆区国民教育处管理。会议决定李一平[①](俄文名斯塔卡诺夫,Г. И. Стаканов)[②]担任该校校长,张锡俦[③](俄文名桂斯基,И. Н. Гуйский)担任教学副校长。1933年9月,因为李一平工作变动,张锡俦担任校长。1933年3月1日,该校正式更名为"远东边疆区中国高级列宁学校"(Дальневосточная краевая высшая китайская ленинская школа)。1933年夏,这所学校划归苏联教育人民委员部少数民族教育局领导,列宁夫人克鲁普斯卡娅(Н. К. Крупская)曾任教育人民委员部副人民委员,并主管少数民族教育局。该校遂成为远东地区培养华工及中国革命者的重要基地。

二、海参崴中国列宁学校的招生

海参崴中国列宁学校的招生对象以在苏联居住的华人华工为主,以及国内各党组织推荐的革命者、东北抗联官兵和情报人员等。苏联滨海边疆区党委各部门、工会组织、集体农庄、企业均有推荐华人华工参加培训的职责和义务。学校的招生工作根据革命形势及社会需求补充完善。随着列宁学校的各项工作逐渐步入正轨,招生人数逐渐增多,招生范围不断扩大,生源质量不断提高。

联共(布)滨海边疆区委员会中国部根据世界革命和中国革命形势的需要,加大招生宣传和审查力度,招生工作逐步规范,政治审查尤为严格,被录取的学生需要提交入学申请书、个人履历表、由区级组织部门鉴定的自传、健康证明、军事培训证明书和两张照片;凡是联共(布)党员和预备党员、列宁共产主义青年团团员需持有党、团组织关系介绍信或证明信。办公地址设在海参崴的北京街与朝鲜大街街角的"五一"中国工人俱乐部,是联共(布)滨海边疆区委员会建立的华工组织机构,不仅承担华工的教育、管理服务工作,还承担推送优秀华工参加培训学习的重任。

参加学习的华人华工大多是联共(布)党团员及积极分子、中共党团员及积极分

---

① 李一平,又名李耀奎、王达理,1903年生,辽中人。1925年,在北京由吴晓天、彭桂生介绍加入中国共产党。1929年夏,被调到海参崴中国党校任校长,还曾担任过中共满洲省委代理书记。

② 当时共产国际工作人员和中共留学生及驻苏人员均以化名方式活动,使用俄文姓和名则较为常见。

③ 张锡俦,又名陈大刚,1905年2月出生于四川涪州。1927年冬,被党组织派往莫斯科东方劳动者共产主义大学学习。1928年1月,转入中国劳动者共产主义大学(原莫斯科中山大学)学习。1929年10月,被共产国际中国代表团派到海参崴红河地区工作。1931年,加入苏联国籍,成为俄共(布)党员。1932年5月,与列宁学校苏方教师留波芙·德米特里耶夫娜·波兹涅耶娃(Позднеева Любовь Дмитриевна)结婚。

子。这一时期滨海边疆区各工会组织均有推荐华工到海参崴列宁学校学习的职责。例如，1933年10月28日第347号函：

致列宁学校：

现证明，王成奎同志系工人积极份子，特派王成奎同志前往列宁学校学习。

署名："五一"中国工人俱乐部苏维埃主席 王金新

为保障学生顺利完成学业，列宁学校多次提高学生助学金，学生助学金按学习成绩分为四等，最少180卢布，最多240卢布。

1933年列宁学校"招收207名学生，其中高级班学生43人"。1934年，海参崴列宁学校有233名学生，62名学生在预科班，125名学生在中级班，46名学生在高级班。

1934年中共上海中央局被国民党特务破坏，中共与共产国际失去电讯联系（至1936年6月）。中共各地党组织遭到破坏，海参崴列宁学校学员的选派工作也困难重重，招生工作大多在半公开状态进行。此时，伯力（哈巴罗夫斯克）远东红旗司令部、远东海军司令部、共产国际太平洋书记处开始向列宁学校输送中共党团员插班学习。这些学员年龄在17—35周岁之间，具有基础教育和初级政治水平，同时具有在基层党、团或者社会工作且工作时间不少于2年的工作经历。但是，由于招生名额增加，列宁学校不得不降低要求，甚至不得不招收不识字的学生。在1936年预科班的20名学生中有18名没有任何教育基础，实际上学校一年级就是扫盲学习班。为了提高招生质量，联共（布）滨海边疆区委员会书记处决定委托文化部门加大宣传力度，保证招生中党员、团员比例不低于75%。

表1 1936年海参崴中国列宁学校学生名单

序号	姓名	出生年份	党派和入党时间	社会地位	赴苏年份
1	马洪奎	1906	布尔什维克党员，1932年	工人	1926
2	宋林航	1896	布尔什维克党员，无入党时间	矿工	1916
3	冯远征	1886	布尔什维克党员，1931年	汽车工人	1905
4	田玉群	1899	布尔什维克党员，1932年	矿工	1916
5	袁桂兰	1900	布尔什维克党员，1933年	工人	1919
6	宋通学	1908	布尔什维克党员，无入党时间	工人	1927
7	洛姆斯基	1906	布尔什维克党员，1930年	修鞋匠	1916
8	丘瓦利	1897	布尔什维克党员，1933年	工人	1916
9	高松奇	1910	列宁主义共青团员，无入团时间	工人	1925
10	李树华	1913	列宁主义共青团员，无入团时间	工人	1929

（续表）

序号	姓名	出生年份	党派和入党时间	社会地位	赴苏年份
11	郦宏	1902	列宁主义共青团员，无入团时间	修鞋匠	1927
12	张四达	1915	列宁主义共青团员，无入团时间	工人	出生在苏联
13	董敬祥	1910	列宁主义共青团员，1934 年	工人	1931
14	蒋华京	1911	列宁主义共青团员，无入团时间	工人	1927
15	邝同光	1913	列宁主义共青团员	工人	1932
16	邵德祥	1910	列宁主义共青团员，1934 年	工人	1930
17	赵建睦	1911	列宁主义共青团员，无入团时间	工人	1927
18	李有	1912	列宁主义共青团员，无入团时间	工人	1935
19	王吉台	无	无	无	无
20	陈绍宝	无	无	无	无

从以上文献得知，在 20 名学生中，有 18 人资料较为详细。其中，18 人是一线工人，且分别是布尔什维克党员、团员；17 人是赴苏务工人员，1 人在苏联出生；这些华工赴苏时间短则几年，多则十几年，已经适应并融入当地生活。由于生源紧张，50 岁的冯远征等人虽已超过招生简章规定的年龄范围，但仍然被录取。笔者推断上述学员是列宁学校的预科学生。

为了进一步提高招生质量，滨海边疆区招生委员会严把招生质量关。1937 年，列宁学校提高了入学标准，预科培训的招生考试相当于小学 3—4 年级水平，预科班培训结束后，依据预科培训结业的材料，可以免除考试，进入正式班学习。有意愿进入正式班学习的学生，必须按照相关部门确定的教学大纲进行所有科目的考试。

1937 年 4 月 8 日，列宁学校校长张锡俦收到联共（布）滨海州委员会书记米亚金涅伊签发的机密文件《关于 1937 年学年度海参崴列宁学校招生委员会组成人员》，确定联共（布）滨海州委员会学校和科学部负责人加尔金、内务人民委员会代表康德拉季耶夫、列宁学校校长张锡俦和联共（布）海参崴委员会代表贝科夫、红旗远东特别集团军代表克雷洛夫为招生委员会成员。招生委员会对列宁学校的招生工作直接领导并下拨招生计划。4 月 19 日，联共（布）滨海州委员会学校指导员维诺格拉多娃致列宁学校校长张锡俦公函："我们给你派去了王久一同志，请予以录入贵校，手续由克雷洛夫同志进行补办。"该校招生计划和招生名单等均为机密，招生简章只分发到联共（布）省级委员会和海参崴列宁学校（不印刷公布），最终录取名单由列宁学校的专门委员会确定。

为了完成 1937 年列宁学校招生计划，必须保证招收学生数量拟增加到 80—90 人。校长张锡俦与红旗远东特别集团军瓦利内伊约定，从红旗远东特别集团军中选派 20—25 人；与远东内务人民委员部扎巴德内伊约定，从内务人民委员部选派 5—10 人；与太平洋舰队列伯罗夫约定，从太平洋舰队选派 5—10 人；从其他部门选派 30—45 人。列宁学校校长张锡俦致函联共（布）滨海州委员会，计划从勘察加省招收 1 人，候补 2 人；萨哈林省 1 人，候补 2 人；下阿穆尔地区 2 人，候补 3 人；滨海州委员会 10 人，候补 20 人；乌苏里委员会 3 人，候补 6 人；阿穆尔委员会 4 人，候补 8 人；结雅委员会 3 人，候补 6 人；哈巴罗夫委员会 3 人，候补 6 人；总计划招收 27 人，候补 53 人。

但是，一方面由于中共中央与共产国际失去联系，并且国内赴苏通道大多被日军封锁，国内无法及时派出学员，或国内学员无法及时报到。另一方面，身处苏联远东地区的华人的教育素质和学习积极性均不高，苏联各军政部门选派的学生报到时间并不统一，例如红旗远东特别集团军、人民内务委员会远东部和太平洋舰队派送新生报到期限是 1937 年 6—9 月，边疆区委员会派送的新生报到期限是 8 月 15—25 日。因此，招收充足的拥有较高文化水平和政治素质的学生，始终是海参崴中国列宁学校无法完成的任务。

三、海参崴中国列宁学校的师资和教学

列宁学校的教师队伍主要由中、苏两国人员组成。中国教师和管理人员大多是莫斯科中山大学和国际列宁学校（Международная Ленинская школа）的毕业生，由共产国际和联共（布）滨海边疆区党委选派。学校早期的校长李一平和张锡俦分别于 1929 年和 1931 年调到该校任职。

联共（布）远东边疆区党委要求列宁学校的教师具有较强的思想政治素质及理论水平，并且是联共（布）党员、团员。1930 年，早期的苏兆征中国苏维埃党校有 20 名教师，其中：16 人为华人；16 人毕业于东方共产主义劳动大学，另有 1 人毕业于远东国立大学东方系。在教师出身和政治面貌方面，出身中农的 12 人，职员 3 人，其他出身的 5 人；有联共（布）预备党员 15 人、共青团员 1 人，有 3 名教师曾于 1911 年参加过中国辛亥革命。

1931 年 1 月，联共（布）选派中共党员、具有丰富革命经验的林伯渠、吴玉章、李俊夫从莫斯科中山大学到海参崴列宁学校任教，林伯渠还被组织推选协助学校领导工作。他们在授课中注重理论联系实际，深入浅出地讲解，受到学生的欢迎，课后经常对学生进行个别辅导，得到学生们的敬重。林伯渠、吴玉章、杨松等人还倡议和支持在学校成立中国问题研究室，集中搜集有关中国问题的图书和资料，举办有关中国问题的报告会和座谈会，方便师生了解中国信息和中国革命问题。学校教研室正副主任由中国教师诺索夫（中文姓名未知）、杨新松、瓦列茨基（中文姓名未知）、丁山、富芦贝尔（中文姓名未知）、王宝乾、刘保夫担任。盛忠亮、袁梦超在莫斯科中山大学毕业后，被共产国际中共代表团派到海参崴列宁学校工作。哈巴罗夫斯克中文《工人日报》主编王肖地被派到该校工作。杨兴顺在 1933 年由联共（布）滨海边疆区委员会选派到海参崴列

宁学校，教授辩证唯物主义并任中级部教学主任，直至海参崴列宁学校解散。赵实[①]于1934年任海参崴列宁学校中文教员，1935年调回莫斯科。这些优秀教师的加入充实了教师队伍，解决学校师资匮乏等问题。

据1936年11月1日记载的档案资料显示，1936年海参崴列宁学校有24名教师，分别是桂斯基·伊万·尼古拉耶维奇（张锡俦，又名陈大刚）、格鲁季宁·米哈伊尔·伊万诺维奇、科里亚达·康斯坦丁·罗曼诺维奇、克雷洛夫·阿列克谢·马克西莫维奇、斯塔卡诺夫·乔治·伊里奇、诺索夫·雅科夫·彼得洛维奇、杨兴顺、马雅凯维奇·列夫·康斯坦丁诺维奇、哥尔奇琴·列昂尼德·尼古拉耶维奇、萨迪科娃·利季娅·利沃夫娜、斯米多维奇·米哈伊尔·古兹米奇、克鲁普尼克·阿列克谢·谢尔盖耶维奇、弗鲁别利·弗谢沃洛德·卡·利博夫·吉列尔·马科西莫维奇、马世泽、博利特·海曼、塔别利斯基·布罗尼斯·斯塔尼斯、王季明、邢省三、波兹德涅耶娃·柳苞芙·德米特里耶夫娜、拉兹沃丽亚耶娃·叶卡捷琳娜·乔治耶夫娜、莫罗什季娜·妮娜·弗拉基米罗芙娜、杜博沃娃·安娜·瓦西里耶夫娜、杰别申斯基·K. B.。其中：中国教师17人，苏联教师7人；教师中工人出身的6人，中国人即为6人；教师中党团员、积极分子较多，其中联共（布）党员12人，预备党员2人、共青团员3人、积极分子3人，非党4人；教师中具有高等文化教育者17人、具有中等教育者6人、具有初等教育者1人；工作年限少则1年6个月，多则17年。但是，除张锡俦、杨兴顺的中文姓名可辨外，其他中国教师的真实中文姓名尚不得知。

表2　远东边疆区中国列宁学校管理人员构成一览表

	社会成分		民族成分			党团成分		性别		总计
	工人	职员	俄罗斯人	朝鲜人	中国人	苏联共产党（布）	列宁共青团	男性	女性	
学校	22	14	23	9	4	2	—	19	17	36
食堂	14	2	8	4	4	—	—	7	9	16
宿舍	10	—	7	3	—	—	—	2	8	10
郊区农庄	9	—	—	—	9	1	—	9	—	9
合计	55	16	38	16	17	3	—	37	34	71

上述管理人员，工作在海参崴列宁学校的食堂、宿舍、集体农庄、校医院、印刷所、警卫室、图书馆、财务、总务等部门，以及校内的党支部、团支部、职工会、红色救济会等机构。

[①] 赵实（1905—1973年），亦名赵登秀，化名王保乾，汉族，湖北省郧县人。1927年受党组织委派赴苏军事训练班学习，后转入莫斯科中山大学，联共（布）党员。1956年回国，任外交部礼宾司专员。

列宁学校设有经济、历史和语言三个教研组和翻译部。学校根据学生文化程度开设一年制预科班、二年制中级班、二年制高级班,其中高级班分为两个班、中级班分为三个班、预科班分为四个班。高级班教学工作根据列宁主义文化和联共(布)宣传部批准的共产主义大学的大纲实施;中级班的教学工作根据联共(布)批准的中等政治教育学校教学大纲实施。预科班主要是将文化扫盲作为中心学习任务。高级班的任务是培养党员干部和中学教师,学生年龄不超过35岁。中级班的任务是为工厂和集体农庄培养骨干力量,为华人扫盲班、夜校培养师资骨干,学生年龄不超过30岁。随后又设立政治班和师范班。政治班学习期限两年,师范班学习期限三年。从1934年开始,政治班学习期限延长为三年半,师范班延长为四年半。

列宁学校教学活动基本上都用汉语进行。开设的课程有:列宁主义思想、政治经济学、中国经济学、联共(布)党史、共产国际史、俄罗斯历史和苏联历史、中国近现代革命史、教育学、自然科学、物理学、天文学、数学、中国文学、俄语等。师范班除了开设以上课程外,还设有数学、物理、化学、地理和教育学等专业课程。学校安排教学内容中文234学时、政治理论80学时、农业技术60学时、农业管理70学时。林伯渠曾在该校教授过中共党史和中国语文,吴玉章曾教授过中国革命问题等课程。

学校注重实践教学,经常组织学生到远东地区的各大工厂进行生产实践。1933年3月,列宁学校校长张锡俦向联共(部)滨海边疆区委员会汇报学校运行情况,学生参加远东工厂、埃格尔舍利杰厂、远东螃蟹罐头厂劳动实践,有40人参加党的群众工作,50人参加党的宣传工作。学生还为400多名华工传授文化知识,学校派出3名学生以农庄各部门负责人身份在乌苏里斯克"红色东方"集体农庄,参加为期3个月的生产实践活动,1名学生在孙中山集体农庄参加实践时还当选农庄管理委员会主席。实践教学活动增加了学生对当地经济文化的了解,提高了实践能力,拓宽了视野。

学校注重党团组织建设,成立了共青团组织,经常组织团员学习中共党史、联共(布)党史、政治理论知识、学习列宁共产主义青年团章程和报纸上的新闻,开展座谈讨论。团组织还组织团员参加文化活动,成立了舞蹈小组、政治理论学习小组、弦乐小组等。1937年1月6日,学校共有204名学生,"成立6个活动小组,有41名共青团员,其中36名中国人和5名朝鲜人;共青团员32人,9人是预备团员。"

由于抗日战争的需要,列宁学校还曾抽调一些优秀人员组成特别小组,对学生进行各种无线电培训、军事射击和特殊训练,专门培训派往国内参加抗日活动的军事指挥人员和情报人员。苏子元、纵精博、吴良山、范绍华、王维清、刘成祥、陈宝山等人毕业后都先后返回国内从事情报工作。

但是,列宁学校师资力量严重不足问题长期无法彻底解决,尤其是专业师资匮乏,致使有的课程无法正常开课,并且缺少规范教材,学校自编教材无法满足学生所需。另外,学生之间的文化程度差别较大,许多学生在国内已经完成中等教育,入学后被硬性编入低年级学习,而文化程度较低学生因政治需要被硬性编入高年级和专业课程班学习。由于教学计划缺少科学合理性，学生学习积极性不高，教学质量较低，教学效果不明显。1936—1937 学年冬季考试中，取得优秀成绩的学生只有 12 名，取得中等成绩的 126 名，有 28 名学生考试成绩不及格。

四、结语：筚路蓝缕创业路，滋养中国革命人

虽然列宁学校在办学条件上和办学实际效果方面均存在不足，但它的功绩仍然是不可磨灭的。主管苏联教育人民委员部少数民族教育局工作的副教育人民委员克鲁普斯卡娅"曾几次对这所学校的出色工作提出表扬"。列宁学校是培养中国革命者和远东地区华工干部的摇篮和基地，许多著名的共产党干部董必武、吴玉章、林伯渠等都曾在此校工作，他们积累了丰富的办学经验，为国内创办中共党校和干部学校发挥积极促进作用。学校毕业生大多在远东边疆区政治经济领域担任领导职务，为远东地区经济文化发展培养了大批中国党务干部，成为远东各地扫盲站、俱乐部、中文编辑部、中文学校的骨干力量，弥补这些部门中国干部的不足。1930 年，冯金妹毕业回国担任无锡县委委员兼东城区区委书记，负责工人运动和妇女运动；1934 年，李学思毕业后被共产国际中国代表团派到东满地区参加党的领导；朱明毕业回国后担任东满党的代理书记。

列宁学校提高了抗联军官的政治素质和军事才能，成为抗联干部的加油站和培养基地。抗联队伍在游击战争中，陆续选派优秀人员赴苏学习，壮大了抗联队伍，坚定了抗联官兵抗日的决心，为打造一支不怕流血牺牲、誓死驱除日寇的抗联队伍奠定政治基础。李斗文、张文偕、李学忠、刘曙华等人从海参崴列宁学校毕业后，回到东北成为抗联的优秀指挥员，成为抗日的骨干力量。

列宁学校为未来的新中国培养出一批教育、科技、翻译人才。曾在列宁学校任教的吴玉章回国后利用在苏联的教学经验推行汉字简化和汉语拼音方案，加强了扫除文盲和推广普通话工作。列宁学校校长张锡俦回国后，先后任哈尔滨外国语专门学校第一副校长、中共中央编译局副局长、北京外语学院院长，培养了大批新中国建设急需的俄语人才，他本人成为著名俄文翻译家。

在学习期间，就有很多中国学生积极参加学校组织的各项政治活动，思想素质不断提高，许多学生成为联共（布）党员和全联盟列宁共产主义青年联盟成员，大部分学生加入苏联国籍，由联共（布）候补党员转为正式党员。留在苏联境内的毕业生亦成为苏联远东地区经济、文化领域的骨干力量，促进了远东地区经济文化建设，为苏联提前并超额完成第一个、第二个五年计划，加快社会主义建设步伐做出贡献。例如，1934年，李琼堂从列宁学校毕业后，在苏维埃港任教；马尚绅毕业后于 1934 年至 1935 年在布拉戈维申斯克市中国工人俱乐部担任主任；梁柏台的妻子周月林毕业后曾任伯力华工会俱乐部主任；1936 年国际情报员张有仁毕业后在海参崴国立东方大学外语系当中文教员。

因此，海参崴列宁学校是中苏两党两国关系史上的一段佳话，并且是一段长期被湮

灭的珍贵历史。海参崴列宁学校是共产国际指导东方革命和中国革命的历史产物,是国际共运史的重要一页。

离散批评、"第三空间"理论与荷印吧城华人婚丧文化的解读[①]

沈燕清[②]

【摘　要】 华人离散群体是中华文化在海外传播的重要载体。国内外学术界对海外华人婚丧文化史的研究多从离散批评的角度探析华人对中国传统婚丧文化的继承与发展，忽略了其日益呈现出来的在地化趋势。吧国公堂华人婚丧档案是现存稀见多语种未刊华人民间文献，集中反映了荷治时期印尼华人的族群认同与信俗迁移，展现出华族母体文化、西方异域文化、印尼土著文化在华人婚丧文化中杂糅共生、包容互渗的奇特现象。在离散批评的基础上，利用"第三空间"理论对吧国公堂华人婚丧档案进行全面解读，具有重要的史学价值。在研究方法上，它是利用民间文献展开对海外华人婚丧文化史的深入研究；在学术理论上，它对族群多元文化主义进行有力例证；在学术思想上，它为海外华人社会的真实存在提供了直接证据。

【关键词】 离散批评；第三空间；荷印华人；婚丧文化

华人离散群体是中华文化在海外传播的重要载体，婚丧文化是华人移民文化的重要组成部分，它承袭于中国传统婚丧文化，反映了中华民族的传统宗法观念和伦理道德。迄今，国内外学术界对海外华人婚丧文化史的研究已有一些成果，但它们多从离散批评的角度探析华人对中国传统婚丧文化的继承与发展，忽略了其日益呈现出来的一种在地化趋势。吧国[③]公堂华人婚丧档案是现存稀见多语种未刊华人民间文献，集中反映了荷兰殖民时期印尼华人的族群认同与信俗迁移，展现出华族母体文化、西方异域文化、印尼土著文化在华人婚丧文化中杂处共生、包容互渗的奇特现象。本文拟在离散批评的基础上，利用"第三空间"理论对荷印吧国公堂华人婚丧档案进行全面解读，并探析其对海外华人婚丧文化史研究的学术价值。

[①] 基金项目：本文是国家社科基金项目"稀见多语种未刊印尼华人婚丧档案整理与研究"（项目编号 22BZS157）的阶段性研究成果。

[②] 作者简介：沈燕清，女，厦门大学南洋研究院教授，研究方向为华侨史。

[③] 吧国，即巴达维亚，华人称之为吧城，今印尼雅加达。

一、吧国公堂华人婚丧档案的构成

以闽粤人为主体的华人移民印尼吧城的历史非常悠久，荷兰殖民者对华人采取"分而治之、间接统治"的民族政策，华人社会一定程度的自治是中国传统婚丧文化得以传承的重要条件。"吧国公堂"（简称"公堂"或"公馆"），即吧城华人评议会（The Chinese Council in Batavia），始创于1742年，设玛腰（Majoor）[①]、甲必丹（Kapitein）[②]、雷珍兰[③]、默氏[④]等华人官职，由荷兰殖民政府委任。在某种程度上，公堂是"一个华人精英分子管理华人社会内部事务的半自治机构"[⑤]，集官府衙门、慈善公益机构和地方庙宇组织等诸多社会功能于一身。二战后，公堂被解散。公堂在管理华人事务的过程中留下大量的原始档案，现收藏和保存于荷兰莱顿大学图书馆的公堂档案残件计600余卷（册），时间跨度为1772年到20世纪50年代，分为《公案簿》《婚姻簿》《塚地簿》《清册簿》《户口簿》《公堂通知簿》《金德院簿》《文化教育簿》八类，其中《婚姻簿》与《塚地簿》共255卷（册），多为中文记录，少量为荷兰文和马来文（印尼文）档案（参见表1）。

表1 荷兰莱顿大学现存吧国公堂婚丧档案构成情况表

名称		起讫年份（年）	卷（册）数
婚姻簿	成婚注册存案簿	1772—1919	75
	成婚登记簿（含成婚申报书、成婚调查书）其中包括成婚调查书（荷兰文与马来文档案）	1858—1943（1889—1943）	37（7）
	离婚书（含退档的成婚证书、离婚书和复婚书）	1860—1897	9
塚地簿	丹绒义塚（即丧葬登记）	1811—1896	23
	丹绒、式里陂、惹致、如南末、吃喇塚地购买簿	1812—1934	42
	丹绒、式里陂、惹致、如南末、吃喇风水寿域簿	1891—1944	14

---

① 玛腰，荷兰语 Majoor 的音译，荷属东印度政府授予当地华人首领的最高头衔。见〔荷〕包乐史、刘勇、聂德宁等校注：《公案簿（第六辑）》，厦门：厦门大学出版社，2006年，第306页。

② 甲必丹，荷兰语 Kapitein、马来语 Kapitan 的音译，原意为上尉军衔，1619年荷兰东印度公司开始设立华人甲必丹，以管理华人的民事事务。见侯真平、聂德宁、〔荷〕包乐史等校注：《公案簿（第四辑）》，厦门：厦门大学出版社，2005年，第355页。

③ 雷珍兰，荷兰语 Luitenant 的音译，原意为中尉军衔，1678年荷兰东印度公司开始在吧城设立华人雷珍兰一职，以辅佐甲必丹处理华人民事事务。见侯真平、聂德宁、〔荷〕包乐史等校注：《公案簿（第四辑）》，厦门：厦门大学出版社，2005年，第366页。

④ 默氏，荷兰语 Wijkmeester 的简略音译，意为街区负责人。见侯真平、聂德宁、〔荷〕包乐史等校注：《公案簿（第四辑）》，厦门：厦门大学出版社，2005年，第376页。

⑤ 聂德宁：《吧国公堂档案》，载《历史档案》，2000年第3期。

（续表）

名称	起讫年份（年）	卷（册）数
丹绒、式里陂、慈致、如南末、吃喇荫地簿	1891—1944	3
寿域规例、寿域单据簿	1891—1954	6
丹绒、式里陂、慈致、如南末、吃喇风水买地申报书	1863—1905	12
丹绒、式里陂、慈致、如南末、吃喇风水附单	1914—1941	29
塚地碑铭簿（荷兰文与马来文档案，少量为中文）	1928—1948	5

表1显示，《婚姻簿》档案包括以下几个部分：

1.《成婚注册存案簿》：即成婚登记簿，是现存档案中数量最多、内容最为完整的。现存最早的是1772年的一份成婚注册记录，其内容为："遵奉王[①]制，为婚姻事，今据男家何才生，年二十一岁；女家王玉娘，年二十一岁，媒妁郑东娘，合和琴瑟，结缔朱陈，禀明甲必丹仝雷珍兰列位大人台前察夺，成婚注册存案，给照准此。乾隆三十七年四月十一日，即和1772[②]年五月十三日。"[③]可见，其内容一般包括男女双方的姓名、年龄、住址、成婚登记的时间及媒妁人、主婚人和在场办公的公堂官员的姓名等信息。此后，《成婚注册存案簿》（下文简称为"存案簿"）的内容历经多次增减，在格式上也有所不同。1913年以后的存案簿为中文和马来文各一份，使用西历纪年，并加盖椭圆形公堂官印。经公堂注册后，新婚夫妇保留一份存案簿复件，作为他们的结婚证书（华人称之为"婚字"）。当华人离婚时，存案簿会相应进行补注，说明离婚的时间、原因。当华人女性为再婚时，存案簿也会对其再婚原因（离异、丧夫、丈夫失踪等）进行标注。如果是复婚或同居后再进行注册的情况，也会加以标注。

2.《成婚申报书》：是欲成婚的男女向公堂提出的申请，多由吧城各街区书记代为呈报，或由男女双方亲朋识字者申报。内容包括男女双方姓名、年龄、生辰八字、住址、父母、主婚人和媒妁人及拟成婚日期等信息，或是关于男女双方未婚的证明、要做婚字的时间和地点等的说明。《成婚申报书》一般会附有中文和荷兰文的默氏来单，多是对结婚申报相关内容的印证或补充说明。

3.《成婚调查书》：为中文、荷兰文与马来（印尼）文多语种档案。在华人向公堂申报结婚后，所在街区默氏将对其身份、年龄、职业、住址、有无疾病或重婚、拐骗等情况进行审核，并将调查结果呈报公堂，以判断其是否可以成婚。

4.《成婚证书》：为公堂提供给新婚夫妇的存案簿复件，但《结婚证书》一般有甲必丹、雷珍兰二者签名，而存案簿中则无；存案簿中有男女方主婚人和媒妁人的名字及

---

① 王，亦作王上，指荷印总督（荷兰语 Gouverneur Generaal）。见侯真平、聂德宁、〔荷〕包乐史等校注：《公案簿（第四辑）》，厦门：厦门大学出版社，2005年，第396页。
② 原档中的年份使用苏州码进行标识，为便于阅读，本文直接以阿拉伯数字标注。
③《成婚注册存案（1772年5月13日）》，荷兰莱顿大学汉学院馆藏，档案号51001。

签名画押,《结婚证书》中则无;《结婚证书》上男女双方的姓名、年龄采用中文和荷兰文并用的标注法,为中国史籍所少见。

5.《离婚书》:作为一个移民社会,吧城华人有较高的离婚率。华人要离异也需到公堂登记在簿,注明离异双方的姓名、年龄、子女情况及离异后子女归属问题,并在之前的存案簿上加以标注。存案簿档案显示,华人离婚的主要原因是夫妻不睦、妻子外遇或不守妇道、男方无力赡养家庭、男方宠妾、女方不敬公姑或不孕等。

6.《复婚书》:华人夫妇离异后要破镜重圆同样需要到公堂登记在案,现存《复婚书》档案仅一册,内容包括男女双方姓名、年龄、成婚时间、复婚时间等信息。

而从内容上看,《塚地簿》包括以下几个部分:

1.《丹绒义塚》:为吧城华人丧葬登记,共记录5万余名死者的基本信息,其中多为华人。不同年份的登记内容有所不同,一般包括登记时间、死者姓名、年龄、埋葬方式[①]、塚地规格、死者住址和丧事经办人的名字,有时死者的生平简介也被记录下来,包括其出生地、职业或经济状况[②]、死亡日期及是否有遗产或遗嘱等。

2.《塚地购买簿》:包括吧城的丹绒、式里陂、惹致、如南末、吃哪五处塚地的购买信息,内容涉及塚地购买日期;购买者及将要埋葬者的姓名及他们之间的关系;塚地的面积和价格等,并在标注面积和价格的地方加盖公堂公章,以防日后纠纷。

此外,《塚地簿》还包括其他几百个独立档案,它们多是对《丹绒义塚》和《塚地购买簿》的补充说明。如《风水寿域簿》是公堂历年塚地销售情况的汇总,内容包括购买者姓名、塚地四至、要埋葬对象及售价等信息。《风水买地申报书》是买家向公堂提出的塚地购置申请。《风水附单》多是为《风水寿域簿》和《风水买地申请书》提供的补遗、缴费证明等相关证明文件等。《寿域单据簿》是塚地买卖完成后公堂提供给买家的一个凭据。《荫地簿》是一种较特殊的档案,所谓"荫地"即由公堂提供的免费塚地,一般提供给公堂华人官员、公堂各类雇员及塚地土公[③]和华人寺庙主持等。《寿域规例》是公堂丧葬管理条例,散见于《塚地簿》各档案中。现存零星的《塚地碑铭簿》是华人墓志铭,多为荷兰文与马来(印尼)文档案,少量为中文档案。

由上述可见,《婚姻簿》与《塚地簿》具有相当的完整性和连续性,在时间上跨越近二百年(1772—1954年),反映了这一长时段中国传统婚丧文化在印尼华人社会的变迁。在内容上,它们涵盖了华人从成婚到离婚到复婚、从死亡到购地到安葬到立碑的整个过程,且档案各组成部分之间可互相印证与补充,构成一个较完整的档案体系,对还

---

① 1811—1872年的档案中记录了死者的埋葬方式,有员板(即厚板)、薄板、薄布、施棺或施板等。

② 对死者职业或经济状况的记录比较零星,常见的有"贫人"、"龟里"(即苦力)、"水手"、"小商"、"做工人"等。

③ 土公,公堂雇用的塚地管理者。见侯真平、吴凤斌、〔荷〕包乐史等校注:《公案簿(第八辑)》,厦门:厦门大学出版社,2009年,第498页。

原中国传统婚丧文化的真实面貌及探析其在海外华人社会的嬗变具有重要的史料价值，对其进行解读的学术意义也由此凸显。

二、离散批评与吧国公堂婚丧华人文化的解读

"离散批评"（Diaspora Criticism）是 20 世纪 90 年代在后殖民主义背景下发展起来的研究离散族裔群体的社会、经济、文化、生存处境的理论。离散研究从 20 世纪至今始终都与民族主义、族群认同和文化认同等研究紧密联系在一起。"离散"（diaspora）一词最初是指漂泊流浪的犹太人，历史记忆、复兴祖国、回归故乡等政治文化因素成为其鲜明特征。20 世纪后半叶至今，"离散"所指也在逐步扩展，涵盖更多族群，涉及的社会现象包括地缘政治、殖民主义、世界体系、族群互动、文明冲突等方面。[1]与此同时，"离散"现象从真实族群主体逐渐发展到"文化离散"（Cultural diaspora）。"文化离散"强调移民文化中的"他性"（otherness），即"作为生活在异文化中的少数族群，保持着自身的文化特质与族群认同，有着对母国文化的文化自觉与主体性建构"[2]。美国社会学家罗杰斯·布鲁贝克（Rogers Brubaker）曾指出，离散的核心特征包括与母国保持着认知、情感、物质、社交等多方面的联系；在寄居国中仍维护着母文化认同，且有意地抵制寄居国主流文化的同化。[3]

迄今，对海外华人婚丧文化史的研究，亦多是将华人作为离散群体，进而强调他们对中华文化的传承与坚守。如英国人类学家莫里斯·弗里德曼（Maurice Freedman）利用地方志和田野调查资料，探析新加坡不同方言群华人对传统婚丧礼俗的态度；[4]美国 G. W. 史金纳（G. William Skinner）从族群通婚的角度探析爪哇华人的同化问题[5]；新加坡唐志强（Tong Chee-Kiong）通过丧葬仪式的文化内涵揭示当地华人的生死观及应对策略[6]；印尼欧阳春梅（Myra Sidharta）对巴达维亚华人婚姻中媒妁人角色进行剖析。[7]此外，冯尔康、薛灿和王玥涵等分别梳理美、澳及新马等地华文报章的讣告，探

---

[1] 段颖：《diaspora（离散）：概念演变与理论解析》，载《民族研究》，2013 年第 2 期。

[2] 张少科：《离散族群多元文化认同对社交媒体使用的影响》，载《国际新闻界》，2018 年第 40 卷第 3 期。

[3] Rogers Brubaker, "The 'diaspora' diaspora", *Ethnic and Racial Studies*, Vol.28, No.1, Jan., 2005.

[4] 〔英〕Maurice Freedman：《新加坡华人的家庭与婚姻》，郭振羽、罗伊菲译，台北：正中书局，1985 年。

[5] 〔美〕G. W. 史金纳：《爪哇的中国人》，载《南洋资料译丛》，1963 年第 2 期。

[6] Tong Chee-Kiong, *Chinese death rituals in Singapore*, London & New York: Routledge Curzon, 2004.

[7] Myra Sidharta, "The Role of The Go-Between in Chinese Marriages in Batavia", IIAS (International Institute for Asian Studies) Workshop, "Chinese Archival Sources And Overseas Chinese Communities (1775-1950)", 9-10 December 1999, Leiden, the Netherlands.

讨当地华社对中华传统丧葬习俗的承袭与嬗变。冯尔康认为，海外华人丧礼具有多元文化的特征，以中华传统文化为根基，中西合璧。[①]薛灿和王玥涵则认为华人传统丧葬文化"慎终追远"的核心内涵并未丢失，而是根据外部变化不断进行调适[②]；赵敏对印尼西加山口洋地区的婚俗进行初步探讨，认为客家移民保留着大量的中华民族传统文化与道德观念，[③]等等。

离散批评同样适用于吧城华人婚葬文化的解读。就丧葬而言，"所谓事死如事生，乃唐人之道也"[④]，华人在移居国建立塚地已成为其移民文化的一个集体象征。[⑤]徐吉军的《中国丧葬史》一书提及，泉州"丧祭以俭薄为耻"，漳州则"务求珍异，不计财费"。[⑥]漳泉地区丧葬的奢靡风气自然也影响了以闽侨为主的吧城华人社会。《丹绒义塚》《塚地购买簿》《风水买地申报书》等档案显示，倾力厚葬、讲究风水、等级尊卑、停尸缓葬、归葬桑梓、居丧守孝等中华传统丧仪在吧城华人社会中蔚然成风。19世纪50年代公堂曾议决：唐（华）人葬坟大小定有五等，一等葬贫寒之人；二等葬少有之人；三等葬巨富之人；四等葬富户之人；五等葬大富之人，以此为限，不得加大。[⑦]此外，公堂以"华人之礼所宜然"支持华人停尸缓葬的习俗；[⑧]以"依唐人之例，凡夫妇生则同床，死则同穴，理所宜然也"为由支持华人合葬的习俗[⑨]，等等。因此，《丹绒义塚》中华人丧葬登记时间与其死亡时间之间一般都有几天甚至两三周的差距，而《塚地购买簿》《风水寿域簿》等档案中"双圹之坟""双圹寿域"甚至"三圹之坟"的记载随处可

---

① 冯尔康：《当代海外华人的丧葬礼仪对中华文化的传承与反哺》《当代海外华人丧礼文化与中华家族文化的海外生根》，载冯尔康著《近现代海内外宗族史研究》，天津：天津人民出版社，2019年。
② 薛灿：《从〈南洋商报〉讣告文本看多元信仰形态对新马华人丧葬文化的影响》，载《八桂侨刊》，2016年第4期；王玥涵：《新马华人对传统礼俗的承袭与在地化发展》，载《名作欣赏》，2019年第11期。
③ 赵敏：《海外客家华人婚俗研究——以印尼西加山口洋客家华人为例》，载《东南亚研究》，2013年第2期。
④ 聂德宁、侯真平、吴凤斌等校注：《公案簿（第七辑）》，厦门：厦门大学出版社，2007年，第9页。
⑤ Li Minghuan, "Batavia's Chinese Society in Transition: Indications of Tandjoeng Cemetery Archives (1811-1896)", IIAS (International Institute for Asian Studies) Workshop, "Chinese Archival Sources And Overseas Chinese Communities (1775-1950)", December 1999, Leiden, the Netherlands, p.1.
⑥ 徐吉军：《中国丧葬史》，南昌：江西高校出版社，1998年，第511页。
⑦ 〔荷〕包乐史、聂德宁、吴凤斌校注：《公案簿（第十辑）》，厦门：厦门大学出版社，2010年，第56—62页。
⑧ 聂德宁、吴凤斌、〔荷〕包乐史等校注：《公案簿（第十三辑）》，厦门：厦门大学出版社，2014年，第440—442页。
⑨ 聂德宁、侯真平、〔荷〕包乐史等校注：《公案簿（第三辑）》，厦门：厦门大学出版社，2004年，第71—72页。

见，但再婚女性被视为出庙之人不得与原夫合葬、出嫁之女不得奉祀祖上香火等习俗被严格遵循。

而就吧城华人婚姻习俗而言，旧中国婚姻礼法的痕迹也随处可见。吧城华人严格遵循婚嫁"六礼"习俗[①]，且只要经济条件许可，都力求婚仪隆重。此外，父母丧期未满不得婚娶、同姓不婚等传统礼俗在吧城华人社会得到较好贯彻。纵观 1772—1919 年间存案簿所载的 17,158 对男女成婚情况，基本未有同姓成婚的现象出现。存案簿还显示，媒妁人和主婚人在吧城华人婚姻中占据重要地位，甚至成为一种职业。如 1889 年和 1890 年成婚注册的 119 对、126 对华人男女中由赖二娘做媒的就达 93 对和 101 对。[②] 在 1891—1894 年成婚注册的 403 对新人中，由张荣娘做媒的高达 293 对。[③] 就主婚人而言，一般依照"先尊而后卑，先亲而后疏，先内亲而后外戚，先男而后女，惟'卑幼不得为尊长主婚'"的原则进行甄选。吧城华人移民社会的性质决定了主婚人身份的多样性，根据存案簿记载，担任主婚人有男女双方的堂兄、堂叔、宗兄、宗伯、房叔、房兄、胞姑、母妗等 40 多种身份。《离婚书》和《复婚书》的存在则说明吧城华人婚姻关系较不稳定，离婚率较高。而在审理具体的离婚案件中，公堂往往会参照中国传统的道德伦理（如"七出"）[④]、《大清律例》等进行审判。

概而言之，吧城华人在婚丧文化上对中国传统礼俗的坚守体现了其离散性的一面。作为离散群体，坚守传统文化以构建与强化族群认同是华人克服社会疏离感、抵抗外界压力的有效途径。

三、"第三空间"理论与吧国公堂华人婚丧文化的解读

近年来，"离散"概念在被越来越多学者接受的同时，也派生出一些新的歧义与问题，突出表现为将"离散"概念无限泛化，不恰当地将所有移民及其后裔都纳入"流散族群"范畴，无视移民群体内部业已存在的明显分化。因此，在相当长的一段时期内，一些海外华人学者诸如王赓武、陈志明等对"离散华人"（Chinese diaspora）这一称谓颇有抵触。[⑤] 美国学者史书美则认为"离散华人"的提法是不恰当的，时世变迁使得华裔群体的身份早已不能被"离散"一词强加统摄与划一，而且"这些移民在移居国里寻

---

① 六礼即纳采、问名、纳吉、纳征、请期、亲迎。参见王玉波：《中国婚礼的产生与演变》，载《历史研究》，1990 年第 4 期。

② 陈萌红：《在中国传统与荷兰殖民体制之间：19 世纪巴达维亚的华人婚姻》，载《南洋资料译丛》，2004 年第 2 期。

③ Myra Sidharta, "The Role of The Go-Between in Chinese Marriages in Batavia", IIAS (International Institute for Asian Studies) Workshop, "Chinese Archival Sources And Overseas Chinese Communities (1775-1950)", 9-10 December 1999, Leiden, the Netherlands, pp.7-8.

④ 所谓的"七出"即无子、淫佚、不事舅姑、口舌、盗窃、妒忌及恶疾。见聂德宁、侯真平、吴凤斌等校注：《公案簿（第七辑）》，厦门：厦门大学出版社，2007 年，第 377 页。

⑤ 王宁：《流散文学与文化身份认同》，载《社会科学》，2006 年第 11 期。

求地方化的意愿非常强烈"。①史书美指出，在离散华人研究中，对于以中国为祖国的观念的过多倾注既无法解释华语语系人群在全球范围内的散布，也无法说明在某一特定国家内华人在族群划分和文化身份上不断增加的异质性。因此，她认为，离散有其终时。②

斯图亚特·霍尔（Stuart Hall）在《文化身份与族裔散居》一文中提出对文化身份的新看法，他认为文化身份是由两个同时发生作用的轴心或向量"构架"的，一个是相似性、连续性和稳定性的向量，即民族共同的历史经历和共有的文化符码，它为离散群体提供"一个稳定、不变和连续的指涉和意义框架"。另一个是不稳定的、差异性的和断裂性的向量，即离散文化身份，它是某一特定的文化身份在历史变迁、文化形构与权力更迭的过程中不断与外界进行调适的结果。③霍尔还指出，共性与差异在文化身份形成的过程中同时存在，在不同的时空条件和社会背景下文化身份还可以被重构。④

在文化身份认同问题上，以后殖民研究而著称的霍米·巴巴（Homi K. Bhabha）的"第三空间"理论形成了一种极具启发意义的理论建构。"第三空间"是由美国学者爱德华·W. 索亚在20世纪80年代提出的一个重要的跨学科批评概念。霍米·巴巴提出的"第三空间"是一种在不同文化的"间隙"中呈现出来的协商空间（negotiated space）。⑤他认为："某个文化的特征或身份并不在该文化本身中，而是该文化与他文化交往中形成的一个看不见、摸不着但又存在着的模拟空间。这个空间既不全是该文化又不全是他文化，而是两者接触交往的某个节点，这个非此非彼、亦此亦彼的'第三空间'中。"⑥"这个空间既不仅仅属于自我，也不仅仅属于他者，而是居于两者之外的中间位置，混合着两种文化的特征。"⑦因此，"杂糅性"（hybridity）是第三空间的主要特征。⑧在"第三空间"视域下，与母文化保持密切联系并不一定会阻碍个体的跨文化融入，而对所在

---

① 王方、顾鉴予：《离散叙事中的异托邦：马来西亚华语电影中的族群认同》，载《南京艺术学院学报（音乐与表演版）》，2022年第1期。

② [美]史书美：《反离散：华语语系作为文化生产的场域》，赵娟译，载《华文文学》，2011年第6期。

③ 周丽：《离散视域下〈中国佬〉中的文化身份建构》，载《长春理工大学学报（社科版）》，2016年第1期。

④ 王方、顾鉴予：《离散叙事中的异托邦：马来西亚华语电影中的族群认同》，载《南京艺术学院学报（音乐与表演版）》，2022年第1期。

⑤ Homi K. Bhabha, "Cultures In-Between: Questions of Cultural Identity", in Stuart Hall and Paul Du Gay eds., *Questions of Cultural Identity*, London: Sage Publications, p.58.

⑥ Homi K. Bhabha, *The Location of Culture*, London & New York: Routledge Press, 1994, p.204.

⑦ Homi K. Bhabha, *The Location of Culture*, London & New York: Routledge Press, 1994, p.28.

⑧ Homi K. Bhabha, "Cultures In-Between: Questions of Cultural Identity", in Stuart Hall and Paul Du Gay eds., *Questions of Cultural Identity*, London: Sage Publications, p.58.

国主流文化的接纳，也并不意味着以消除自身文化特性为前提。[1]族裔散居者的文化与宿主文化之间是一种"商榷"关系，移民文化有选择地适应宿主文化，进而融合、演化成一种新的文化，一种既同母国文化和宿主文化有关但又与它们截然不同的文化。[2]

第三空间理论对于吧城华人婚丧档案的进一步解读无疑具有重要意义。一方面，吧城华人婚丧文化具有鲜明的杂糅性。在婚姻习俗方面，"经由公堂登记在册的华人合法婚姻，实际上保持着荷印法律体制与中国传统习俗的双重特性。"[3]早在1717年荷兰殖民政府就出台华人婚姻登记制度，是海外华人社会中最早实行相关制度的。[4]因此，吧城华人须按殖民地律法进行登记，而非中国传统的仅凭"媒妁之言、父母之命"即可。存案簿记录中"遵奉王制"一说就是华人对荷印法律体制遵循的体现。公堂曾指出："论婚姻一事，在唐则婚书礼帖为重，此礼既行，则成夫妇矣。在吧则给婚字为重，婚字既给，则成夫妻矣……若宴客拜神，不过遵行古礼私家之事，过则已焉，非若婚字确凭，百年不朽。"[5]此外，存案簿及《成婚申报书》《成婚调查书》等档案显示，离婚再醮（即再婚）、同居、婚前性行为、异族通婚、异教通婚等反中国封建礼教的现象较为普遍。如1812年9月29日到1813年12月21日成婚注册的158对新人中，有30对是女性再婚的，约占总数的20%。[6]而1807—1894年间共有123次再婚的记录。[7]而荷兰莱顿大学袁冰凌博士则曾指出，19世纪中后期以后华人与荷兰人通婚的情况日益普遍。

而在丧葬方面，由于身处荷兰治下的多元族群社会，华人丧葬文化也呈现出一些新特点。《塚地购买簿》档案显示，华人购买塚地必须遵"（荷印）君厘书[8]所定之例而行"。此外，为征收丧葬费用，殖民政府会对华人停尸缓葬和遗骸归葬故里等习俗也进行诸多限制。《塚地购买簿》《风水寿域簿》等档案中对遗骸归葬的情况会进行补注，但

---

[1] 王敏、〔澳〕王毅、刘琴：《互联网时代澳洲华人的媒介使用与"文化兼融"——基于"第三空间理论"的视角》，载《八桂侨刊》，2022年第1期。

[2] Homi K. Bhabha, *The Location of Culture*, London & New York: Routledge Press, 1994, p.191.

[3] 聂德宁：《荷印吧城华人文化的传统与变迁——以"吧国公堂"的司法行政职能为视角》，载《东南亚研究》，2013年第2期。

[4] 〔荷〕包乐史、吴凤斌：《18世纪末巴达维亚唐人社会》，厦门：厦门大学出版社，2002年。

[5] 〔荷〕包乐史、聂德宁、吴凤斌校注：《公案簿（第十辑）》，厦门：厦门大学出版社，2010年，第340—341页。

[6] 《成婚注册存案（1812年9月29日—1813年12月21日）》，荷兰莱顿大学汉学院馆藏，档案号51203。

[7] 陈萌红：《在中国传统与荷兰殖民体制之间：19世纪巴达维亚的华人婚姻》，载《南洋资料译丛》，2004年第2期。

[8] 荷兰语Kennisgeving音译，指官方的通告、通知或布告。见侯真平、吴凤斌、〔荷〕包乐史等校注：《公案簿（第八辑）》，厦门：厦门大学出版社，2009年，第443页。

相关记载并不多见，且往往是历经曲折。①进入19世纪中后期，由于城市化进程加速及其他族群社会活动的影响，吧城华人塚地不断受到侵占或盗掘，华人的"风水"观念更是遭遇极大的冲击。②

此外，19世纪末20世纪初以来，公堂婚丧档案中中文、马来（印尼）文与荷兰文并用的情况本身就是华人婚丧文化杂糅性的直接体现。

另一方面，吧城华人婚丧文化呈现对殖民地文化的"商榷性"。19世纪末20世纪初，印尼华人民族意识觉醒。吧城华人曾兴建多处宗祠并成立一些婚丧事务组织，力图恢复和保持中国传统婚丧文化。③1900年3月巴达维亚中华会馆正式成立，开始以孔子思想为指导改革华人婚丧习俗，以期阻止华人"番化"。中华会馆先后宣布25项（后增至35项）与丧仪有关事项，并提出47条婚俗改革措施，如号召华人不要学习印尼土著那样锯齿④，等等。但与此同时，荷印殖民政府开始尝试亲自管理吧城华人婚丧事务。1914年1月，荷兰官员曾到公堂传达殖民政府欲设立生死婚离之规条于华人的命令。存案簿档案也显示，20世纪初以后到公堂成婚登记的华人日益减少。荷印殖民政府统治初期，每年有150多对华人男女注册成婚。而1900—1919年每年平均90多对，其中1909年为22对，1912年为91对，1913年为111对，1914年为92对，1915年为93对，1916年为79对，1917年为91对，1918年为101对，1919年为42对。⑤20世纪20年代以后，华人婚姻登记改由荷兰殖民当局负责管理，华人婚姻很快呈现出一些新特点，如采取新式登记注册、举行集体婚礼等。而在丧葬方面，随着殖民统治的日益强化，殖民者主导的吧城城市化发展对代表华人风水的塚地造成不断侵蚀，公堂丧葬管理权限亦呈日渐缩小趋势，直至公堂被解散。

二战后，民族解放运动席卷全球，民族国家的体系在全球形成，为国家间关系与族群身份认同搭建了全新的框架。而印尼独立后，国内民族主义意识高涨，排华情绪不断滋长，对华人大办红白喜事的习俗日渐不满，华人墓地与城市空间及城市景观之间的冲突凸显，印尼土著侵占华人塚地、阻挠华人葬礼等情况时有发生⑥，这些都极大地冲击

---

① 《丹绒、吃嘟、式里陂塚地风水买地（1916年6月29日—1917年12月28日）》第143号记录，荷兰莱顿大学汉学院馆藏，档案号62109。

② 参见Sarkawi B. Husain, "Chinese Cemeteries as a Symbol of Sacred Space Control, Conflict, and Negotiation in Surabaya, Indonesia", in Freek Colombijn and Joost Coté eds., *The Modernization of the Indonesian City, 1920-1960*, Brill, 2015.

③ 〔法〕苏尔梦：《十九世纪印尼泗水地区围绕福建公德祠的礼俗之争》，载《海交史研究》，1991年第2期。

④ 王爱平：《印度尼西亚华人社会孔教的兴起》，载《南开学报（哲社版）》，2007年第6期。

⑤ 吴凤斌、聂德宁、谢美华编纂：《雅加达华人婚姻——1772—1919年吧城唐人成婚注册簿》，厦门：厦门大学出版社，2010年，第1—2页。

⑥ 参见Sarkawi B. Husain, "Chinese Cemeteries as a Symbol of Sacred Space Control, Conflict,

了印尼华人的婚丧观念。20世纪50—60年代华人开始在《生活报》《天声日报》《苏门答腊民报》《黎明报》等华文报纸刊载"讣告""悼词"及新婚志庆、离婚启事、集体婚礼通告等，以代替传统的婚丧仪式，彰显了战后印尼华人婚丧文化的调适与革新。1965年"9·30"排华事件发生，1967年中印（尼）断交，华人传统习俗被全面禁止。1990年中印（尼）复交，华人地位逐步得到改善，华人传统文化逐渐得到尊重。在祖籍国及侨居地社会历史变迁的双重作用下，印尼华人婚丧习俗已有很大改变，但中国传统婚丧文化的核心价值仍得以保留，即对传统宗族关系、中华丧礼精神和孝道文化的坚守。今天，中华传统婚丧文化已然成为印尼华人的"群体记忆"，使得他们不忘来处、心向故土。

四、吧国公堂华人婚丧文化解读的学术价值

迄今为止，国内外学界的离散研究主要在两个领域展开。一是以社会学和人类学为代表的社会科学研究，以罗宾·科恩、萨夫兰（William Safran）等学者为代表。他们以实证研究为主，关注离散社区的生存状况，并试图综合出一个离散的标准型，对推动全球化语境下不同族群的和谐多元共生做出巨大贡献。二是以文化和文学学科代表的人文研究，以斯图亚特·霍尔、霍米·巴巴等为代表，他们试图探析离散状态中那些难以通过社会科学量化的成分，更多地关注离散群体的文化认同、共同想象的建构、双重意识的发展等，在意识形态层面推动了多元社会的发展。[1]这两个领域之间不存在重大的学术观点分歧，只是关注点不同。因此，辩证运用离散批评与第三空间理论对吧城华人婚丧档案进行解读，对于全面地探析吧城华人婚丧文化发展变化的历史面貌不仅是可行的，而且是必需的。

此外，笔者认为，综合运用两种理论对吧城华人婚丧文化进行深入解读，还在以下几个方面具有重要的学术价值：

（1）在研究方法上，利用民间文献展开对华人婚丧文化史的深入研究。在海外华人婚丧文化史研究方面，就研究方法而言，已有的研究多从社会学、民族学、民俗学的角度来研究，较少利用移民理论或后殖民主义理论进行相关研究。就研究资料而言，以往的研究多通过田野调查、华文报章、碑铭石刻等，鲜见利用华人原始档案文献展开的相关研究。吧国公堂档案属于一种"华人民间文献"，所谓"民间文献"是指那些承载着特定时代、地域和群体相关信息的、私家性的或私人保存的官方非周知性的、具有原始记录性的文书资料。华人民间文献作为一种档案资源，原始记录性是它的本质属性。这种属性决定了其内容与内容所对应的社会活动具有同一性，因此具有历史凭证价值，可

---

and Negotiation in Surabaya, Indonesia", in Freek Colombijn and Joost Coté eds., *The Modernization of the Indonesian City, 1920-1960*, Brill, 2015.

[1] 朱骅：《离散研究的学术图谱与理论危机》，载《世界民族》，2018年第3期。

"补史之阙、纠史之偏、正史之讹"。①就《婚姻簿》《塚地簿》档案而言，除了原始记录性外，其珍贵之处还在于它们的延续性和多元性，以一个相对完整的档案体系较客观地记录了百余年间吧城华人的婚丧历史。公堂档案虽以吧城为中心，但吧城不仅是荷印殖民统治时期的政治中心，也是荷印华人主要聚居区和经济中心，故其华人婚丧文化在印尼华人社会具有鲜明的代表性。同时，作为华人人口最多的国家，印尼华人婚丧文化在东南亚华人社会无疑具有典型性，故对吧城华人婚丧档案的解读具有重要的意义。

（2）在学术思想上，为华人社会的真实存在提供有力证据。近年来，因华人群体逐渐融合于主流社会及华人传统文化的式微，海外华人社会是否真实存在曾引发热议。有学者认为，由于所在国政治制度、经济制度和法律制度等的限制，世界上任何一个有华侨、华人存在的国家都不可能形成一个华人社会；华侨社会或华人社会在理论上站不住脚，在实际上并不存在。②英国剑桥大学教授巴素（Victor Purcell）及美国历史学家G. W. 史金纳则认为，华人社会不仅存在，且具有不同于其他少数民族或当地主体民族的特殊的社会结构形态。实际上，"华人社会"应是一个社会学而非政治学的概念，指在海外某一地区形成的、具有中华民族传统文化特征的、以外籍华人为主体的文化群体。③吧城华人百余年来在婚丧文化上体现出来的对中国传统婚丧文化的"离散性"，无疑是海外华人社会曾经真实存在的最有力证据。

（3）在学术理论上，对族群多元文化主义进行直接例证。实际上，关于国际移民的社会融入问题，学界始终存在着同化论（Assimilation）与多元论（Multiculturalism）的争辩。同化论者相信，外来移民群体将放弃其特有的文化与认同，与主流社会融合成一体，最终形成一个新的文化。美国学者霍勒斯·卡伦（Horace Kallen）最早提出了"族群多元文化主义"的概念。他认为，少数族群在适应新的社会与文化环境的过程中，其原有的族群文化特征并不必然会消失。相反，移民将更多地在流入地重建自己的文化传统和关系网络。正如新加坡学者游俊豪所描述的，"由于离散族裔结构性的多元，所以（其）主体性是分层和分裂的。原乡、居留地、他处，不断地在抵达和重访。分别认同，同时存在。"④吧国公堂婚丧档案体现出华人婚丧文化的日益杂糅性，说明吧城华人从拥有纯粹华人文化背景的移民群体逐渐转变为一个受荷印殖民地文化影响的华人社会，华人文化也成为荷印多元种族文化的一个组成部分，这显然是对"族群多元文化主义"的一个直接例证。

---

① 参见徐云：《华侨华人民间文献多重价值初探》，载《华侨华人历史研究》，2012年第3期。
②〔泰〕江白潮：《泰国华人现状述略》，载《汕头大学学报（人文社科版）》，1989年第1期；江白潮：《论泰国华侨社会非实际存在》，载《东南亚》，1990年第1期。
③ 郭梁：《战后东南亚华人认同、同化问题的几种观点》，载《南洋问题研究》，1992年第2期。
④〔新加坡〕游俊豪：《主体性的离散化：中国新移民作者在新加坡》，载《长江学术》，2009年第1期。

让文明交流互鉴中的海外华文文学为文化小康建设增光添彩

萧 成[①]

【摘　要】 华文文学的全球化纯粹是华文文学发展的自然现象，在全球化浪潮席卷之下，形成了多元文化与网络科技共同构筑而成的"复合世界"，这是一个去中心的、复杂与多维的世界，包括地域、学科、文化等一切元素的跨越转化，而身处中外文化交流前沿阵地的华文文学在这方面似乎拥有天然的优势。

【关键词】 文明交流互鉴；海外华文文学；小康建设

全面建成小康社会不仅是改革开放战略之一，也是中国古代思想家描绘的理想社会图景，反映了人民对幸福、安逸、殷实生活的追求。"小康"一词最早见于《诗经·大雅·民劳》："民亦劳止，汔可小康；惠此中国，以绥四方。"[②]此处"小康"为安逸、安康之意。以孔子为代表的儒家学派在构筑理想社会形态时，将"小康"看作仅次于"大同"的一种理想社会模式。在儒家传统话语体系里，建立小康社会要"礼义以为纪"。这表明"小康"既是经济和物质发展水平的标志，又有礼义规范和文明演进的要求。从全面建成小康社会的整体角度看，"文化小康"乃全面小康社会的重要组成部分之一，同全面建成小康社会的总体进程相同步，同全面小康社会对文化发展的水平、质量和要求相适应，同全面小康社会各领域发展相协调，同全面小康社会中起积极作用的各要素相匹配。而且"文化小康"建设本身也反映出人们对"全面小康"的深刻认识和系统理解，它来自我国在建设小康社会过程中一贯注重思想文化建设，推行文化强国战略的实践启示。因此"文化小康"必将成为我们重要的奋斗目标。

在新的历史条件下，在建设全面小康社会的奋斗进程中，文化的价值必将越来越凸显，文化的作用必定越来越重要，文化的意义也必然越来越宏大。特别是党的十八大以来，从《国家"十三五"时期文化发展改革规划纲要》到《关于实施中华优秀传统文化传承发展工程的意见》，再到《关于深化群众性精神文明创建活动的指导意见》等一系列重要文件从不同方位为我们指明了"文化小康"的建设路径，绘就了"文化小康"的美丽蓝图。从国际交往的发展历程来看，自1978年我国改革开放拉开序幕至今，中外

[①] 作者简介：萧成，女，福建社科院文学研究所研究员，研究方向为华文文学。
[②] 骆玉明解注：《诗经》（雅卷），西安：三秦出版社，2018年，第169页。

本土与互鉴：多维视野下的海外华人与中国侨乡关系研究

文化交流频繁开展，多元文化交流互鉴业已上升到一个新台阶——中国文化、中国精神、中国制度、中国价值、中国理念、中国故事、中国声音、中国力量、中国贡献，在世界各地都产生了广泛的感召力和影响力。习近平主席亦曾在多个重大场合谈到要在对外宣传中"讲好中国故事"，"讲好中国故事，传播好中国声音，增强在国际上的话语权"。由此可见，要让国际社会了解中国，仅靠官方的新闻发布、政府有关部门的介绍，以及来华外国游客的亲身感受，其作用都是很有限的。而文学艺术则是最具优势的交流方式，在中外交往方面发挥着无可替代的作用。一部小说、一篇散文、一首诗、一幅画、一张照片、一首歌、一部影视剧、一出戏曲，都能给人们了解中国提供独特视角，都能以各自魅力去吸引人、感染人、打动人。近年来，"中国故事"已愈来愈成为海外华文文学中的亮点和重点，如何"讲好中国故事"亦日益成为海外华文作家之创作新追求。

当前，在"以人民为中心"的美学理念观照下，虽然都是"讲述中国故事"，但由谁来讲也有差异。同中国本土作家创作的"中国故事"有所不同，海外华文作家所写的"中国故事"，会更有意识地把海外生活的经验，以及东西方文化的交流、冲突与融合带入进去呈现，使作品更加符合"文化多元共存互鉴"的审美理想。海外华文文学的主流也在为全面建设小康社会积极添砖加瓦，涌现出了一批较好地讲述"中国故事"的作品，突破了以往那种个人奋斗的悲情窠臼，以及家务事、儿女情的题材框框。海外华文作家开始着眼于更为广阔的社会、历史与文化题材。譬如陈河的《甲古时光》、施玮的《故国宫卷》、虞谦的《二十九甲子，又见洛阳》、孙博的《中国处方》、文章的《良渚玉琮密语》、东瑞的《落番长歌》，以及李彦的《不远万里》和《尺素天涯》都折射出了类似于人类学的"各美其美，美美与共"的审美观念。文化是历史的基因，历史是文化的足迹。借助人类学"田野调查"方式进行的文本考古方法，海外华文作家兴起了一股书写中国历史文化的热潮，他们用生动的文学创作，积极践行着"人类命运共同体"的理念。再如戴小华的《忽如归》、严歌苓的《陆犯焉识》、海云的《金陵公子》等，则通过血脉相承的家族故事，反映时代变迁，把握历史脉动，透视人性复杂及文化丰饶。特别是葛亮与陈永和这两位新近进入研究者视阈的华文文学作家，其作品的文化广袤性和历史纵深度都令人耳目一新。一旦历史人物与作者产生了血脉联系，有了共同的家族基因时，作者的叙事更显得激情澎湃，显示出某种"在场主义者"参与历史进程的自觉性。出身大陆又有着港台教育和生活背景的葛亮，从两岸三地文学脉络中汲取丰富养分而形成自己的风格，其作品隐隐透视出一种融合中国多重文脉的可能性。其代表作《朱雀》和《北鸢》，被合称为"南北书"，故事叙事在时间和空间的多重维度上纵横驰骋，潜心挖掘出维系中国生生不息的文化和精神内核，并以中国文化精神为轴心来重塑中国形象和家国、民族的认同。生活在日本的陈永和则在其斩获"中山文学奖"的《一九七九年纪事》中，娴熟运用时间与空间的转换，以平行叙事的方式置"中国故事"与"家乡（福州）故事"于全球化浪潮之中。在时间上，通过现在回望过去，钩沉过往的记忆，面对"过去"反思历史和生命；于空间上，在日本遥望故乡福州，通过异质空间和文化空间的构建，表现文化话语对家国理念的重塑；在交错的时空叙事中，以海外流散的独特体验，书写多重身份认同中产生的文化乡愁的不同面向，折射出作者关于历史、生命、存在的另类思索，反映了海外华人作家为人类命运共同体建构所做的审美努力。

历史的总体化趋势是由多元辩证决定的过程，因为"每一个社会构成或历史上现存的社会事实都包含了几种生产方式的同时交叠和共存，包括现在在结构上已被贬到新的生产方式之内的从属位置的旧的生产方式的痕迹和残存，以及与现存制度不相一致但又未生成自己的自治空间预示倾向"[1]。这种"交叠和共存"的景象就鲜明地反映在世界华文文学的发展历程中。当今世界华文文学版图的构成，除了中国大陆、台湾、香港与澳门之外，还包括东南亚、东北亚、北美、欧洲及大洋洲等主要区域，其形成伊始就呈现一种"散中见聚"的状态。一方面，海外华文作家散居于全球数十个国家或地区，形成了"花果飘零，灵根自植"[2]的文学追求的不同面向；另一方面，在所在国家或地区文化中，海外华文作家虽处于"弱势"境遇之中，但其"灵根自植"中华文化的努力，增强了华文文学的"在地"生产能力，提升了海外华文文学的质量。"华文文学与英语文学、法语文学、德育文学、西班牙语文学不同。英、法、德、西等语种文学是伴随着这些帝国主义列强的侵略，以殖民文化甚至暴力征服的方式强行向世界各地推行而发展起来的。而华文文学与世界性的东方文学——比如阿拉伯文学——一样，是以一种内在生命力，和平地向世界各地蔓延的。当然，这中间又有区别，像阿拉伯文化，主要是依靠宗教和民族（或种族）的力量来完成传播的过程，华文文学却是以一种民主文化的力量，首先自发地产生在华人移民内部。作为一种生活方式，作为一种生存手段，在历程的演变（时间）和关系的更替（空间）中，以一种平康正直、从容以和的精神，道并行而不悖的态度，与当地各民族文化和文学平等交融。……从而超越国家和种族的界线，使自己能百物皆化，达于四海。"[3]这"是一种中华'道统外移'的古老想象。他们遍及世界各地，是持续几个世纪以来移民和海外拓居这一历史过程的结果"[4]。

2020年我国全面建成小康社会。这不仅仅是要解决温饱问题，更是要从政治、经济、文化等诸多方面来满足人民日益增长的各种需求与期待。人们的物质生活富裕起来后，对精神和文化的需求亦将越来越多。由此我们应该充分认识到海外华文文学在"文化小康"建设中承担的角色和功用，以及它对中国文化继承、发展和创新中所具有的深刻反思和突破性的特殊意义。它带给人们的震撼不仅是海外华人面对西方异质文化及自

---

[1] 胡亚敏：《后现代社会中的新马克思主义批评》，载《华中师范大学学报（人文社会科学版）》，2000年第6期。
[2] 王德威：《华语语系文学：花果飘零 灵根自植》，载《文艺报》，2015年7月24日。
[3] 许翼心、陈实：《作为一门新学科的世界华文文学》，载《评论和研究》，1996年第2期。
[4] 王德威：《华语语系文学：花果飘零 灵根自植》，载《文艺报》，2015年7月24日。

己的母体文化所做的精神挑战。事实上，正是一代代海外移民或侨民的迁徙历史，表明了这不单单是生命的移植，更是文化的移植，而移民或侨民作家的华文创作活动又使之演化成了文学移植。海外华文文学是中国当代文学向海外的出走，也是中国当代文学向世界文学的出击。它的出现，更为快捷有效地拉近了中国文学与世界各民族文学之间的直线距离。无论是用中文写作，还是用所在国语言进行创作，海外华文文学都是在把中国文学与文化和所在国的文学与文化进行移出或移入的工作，这一工作极大地促进了海外华人祖籍国与移居国之间的文学与文化交流，为双方注入了崭新的滋养元素，大大促进了双方的进步和发展。他们的一个突出精神特征就是用在远隔本土文化的"离心"状态中重新思考、回望华文文学于"异乡"存在的意义，并能够在自觉的双重"突围"中重新辨认自己的"双乡"文化身份，同时在"超越乡愁"的高度上来寻找自己新的创作理想。

一个不争的事实是，华文文学的全球化纯粹是华文文学发展的自然现象，由于中国内含于世界，台港澳暨海外华文文学与中国文学，虽然都是用汉语创作的文学，但却是两个圆心各异又有相互交叉重叠部分的关系，华文文学在讲述"中国故事"时在传播文化方面，其跨国、跨境、跨域的流动性、能见度似乎也更为迅速和广泛；而且它不排斥国家或地区的民族主义独特性，即不带任何侵略性或颠覆意味，而全然是并存性与兼容性。随着科技日新月异的发展，国际公共文化产品的生产方式也发生了重要变化，在全球化浪潮席卷之下，形成了多元文化与网络科技共同构筑而成的"复合世界"，这是一个去中心的、复杂与多维的世界，包括地域、学科、文化等一切元素的跨越转化，而身处中外文化交流前沿阵地的华文文学在这方面似乎拥有天然的优势。一方面，文学与艺术、网络、科技合谋走向跨媒介叙事，这已不再是汉赋、唐诗、宋词、元曲、明清小说等样态。文学跨媒介讲究交叉互联，渗透融合，这不仅指不同艺术的嫁接，且有更丰富的意涵。换言之，各门艺术巧妙跨行，糅合图像、影像、舞蹈、武术、音乐、网络或科技等符号灵感，创造新的文学叙事。另一方面，在不同媒介载体中转化，从一媒介向他媒介变异，文学叙事可以运用多媒介，集听、说、读、写、音、像、文于一身，经横向、纵向或斜向整合，成为综合媒介，并借助数字网络平台（微信公号、网络博客等），进行跨媒介传播，向全球输送。与此同时，在全面奔小康的道路上，以多元形式生动讲述"中国故事"的海外华文文学，亦应积极主动地为"以人民为中心"的文化小康建设增光添彩。

从追求收益到兼顾质量：21世纪以来英国对华留学生政策的发展、特征与影响

邵政达[①]

【摘 要】 21世纪以来，中国一直是英国最大的留学生来源国。英国对华留学生政策呈阶段性发展：2000—2005年以工党政府"首相倡议计划"一期为主导，关注经济利益，实行扩张、粗放性的政策；2006—2011年以"首相倡议计划"二期为主导，在关注经济效益的同时，注重国际教育品牌化、规范化；2011年保守党执政以来，对华留学生政策关注经济效益与教育质量的平衡，国际局势的多变引发政策的应激性收缩和频繁变化。总体上，21世纪英国对华留学政策主要以工党政府颁布的第一、二期"首相倡议计划"为纲，不断更新调整，呈现出整体宽松中伴随短期应激性收缩的特点。除了这一阶段性特征，英国对华留学生政策还具有以下特点：一是相较于20世纪80—90年代，政策更新调整加速，政策变革周期极大缩短；二是作为英国国际教育市场化重要一环，对华留学生政策变迁与英国经济发展密切相关；三是与21世纪中英关系变化息息相关。相对宽松的对华留学生政策推动中国留英生人数迅速增长，不仅给英国带去可观的经济收益，也给中英两国的科技、文化事业培养了大批高层次人才。

【关键词】 英国；对华留学政策；首相倡议计划；21世纪

英国对华留学政策是英国留学教育的重要组成部分。21世纪以来，中国一直是英国最大的留学生来源国。目前学界对中国人留美、留加教育的研究较为成熟，而对中英留学教育方面的研究相对薄弱。学界的研究旨趣主要指向赴英留学动因和影响、英国高等教育国际化和留学生文化适应等问题。沃克从历史视角考察英国高等教育的国际学生政策演进，指出其对发展中国家产生了较大经济和社会作用。[②]阿特巴赫等学者分析了英国高等教育国际化进程，认为商业利益和课程国际化是主要动因。[③]顾清（Qing Gu）

[①] 作者简介：邵政达，历史学博士，江苏师范大学历史文化与学院教授。

[②] Patricia Walker, "International Student Policies in UK Higher Education from Colonialism to the Coalition: Developments and Consequences", *Journal of Studies in International Education*, No.4, 2014.

[③] Philip G. Altbach, Jane Knight, "The Internationalization of Higher Education: Motivations and Realities", *Journal of Studies in International Education*, 2007.

指出中国留学生在英社会融入与文化适应面临极大挑战。[①]李喜所、刘晓琴等对近代中国留英教育史做了纵向梳理。[②]廖小健等对英国留学政策做了整体性考察。[③]相关研究或从中国留学史视角出发，或从英国国际教育整体政策入手，鲜有专门针对英国对华留学政策的考察。本文在梳理21世纪以来英国对华留学政策变迁的基础上，分析其特征和影响。

一、21世纪英国对华留学政策的阶段性发展

在国际高等教育竞争日益激烈的背景下，1999年英国工党政府颁布了"首相倡议计划"（The Prime Minister's Initiative）。以该计划的颁布实施为背景，21世纪以来的英国对华留学政策大体可以分为三个阶段。

第一阶段为2000—2005年，以"首相倡议计划"一期为纲要。1999年英国工党政府颁布了以经济利益为导向的"首相倡议计划"，其中留学政策相关文件有《高等教育的未来白皮书》（The Future of Higher Education）、《将世界引入世界一流教育——教育、技能与儿童服务国际战略》（Putting the World into World Class Education: An International Strategy for Education, Skills and Children's Services）等。中国是英国"首相倡议计划"中优先关注的国家。为配合上述计划的开展，以英国文化教育协会为引领，英国政府实行国际教育整体战略，积极打造教育品牌，致力于打开中国留学生市场。该战略涉及全球一百多个国家和地区，中国内地和中国香港是该战略最优先关注的8个地区之一。负责英国国际教育和文化交流事务的英国文化教育协会加大留学英国宣传，[④]打造教育品牌，开发品牌网站，利用网络为留英生提供优质服务。[⑤]

在"首相倡议计划"的推动下，英国优化了对华留学政策，增加留学签证发放数量，全面欢迎中国学生来英留学。这一阶段的变化主要体现在以下方面。

[①] Qing Gu, "Changing Places: A Study of Chinese Students in the UK", *Language and Intercultural Communication*, No.4, 2009; Qing Gu, "Maturity and Interculturality: Chinese Students' Experiences in UK Higher Education", *European Journal of Education*, No.1, 2009.

[②] 李喜所主编：《中国留学通史》，广州：高等教育出版社，2010年；刘晓琴：《中国近代留英教育史》，天津：南开大学出版社，2005年。

[③] 廖小健、易文明：《英国留学"新政"的变化、影响及对策研究》，载《广州社会主义学院学报》，2012年第2期；袁李兰：《1999年以来英国留学生教育政策研究》，重庆：西南大学硕士学位论文，2018年；廖小健、黄莹滢：《英国留学政策的变化与评析》，载《上饶师范学院学报》，2010年第2期。

[④] 英国文化教育协会（British Council）是英国提供教育机会、促进文化交流的国际机构，负责国际教育整体战略的管理，包括英国教育品牌的开发与全球营销活动。英国文化教育协会已经在100多个国家实地展开工作。自1979年以来始终与中国保持合作关系。

[⑤] Sylvie Lomer, *Recruiting International Students in Higher Education: Representations and Rationales in British Policy*, Berlin: Springer International Publishing, 2017, p.56.

在留学签证方面，英国政府不断简化手续，放宽对华留学签证。2001年5月，英国驻华大使馆取消对中国留学生的签证配额制度，放开对华留英人数限制。2004年，英国驻华大使馆开通快速通道签证系统规定：符合条件的申请者可以通过代理机构完成申请，不必亲自前往英国驻华使馆，大大简化了签证程序。2005年，英国宣布：申请人只需前往所在地英国使馆签证中心申请留学签证，且无须面谈。[①]

在奖学金方面，英国政府提供多种形式的资助。英国政府与高校、私人基金合作拓展奖学金计划，增加一千个"志奋领"奖学金[②]（Chevening Scholarship）计划名额，向全体留英生开放，为获奖者减免部分学费。中国和印度留英生占获奖学生比例最大。2002年，布莱尔政府宣布，增加中国学生的英国政府奖学金名额，计划至2005年由原来的150名增加到1000名左右。[③] 2003年，英国政府针对发展中国家博士生发起留学奖学金计划，如"新多萝西-霍奇金"研究生奖（The New Dorothy Hodgkin Postgraduate Awards，简称DHPAS），招收百余名发展中国家的博士生到英学习或从事学术研究，其中包括多位来自中国大陆和中国香港的博士研究生。[④] 2005年，英国政府与中国政府共同出资设立"优秀青年学者奖学金"项目，为符合条件的博士研究生和博士后研究人员提供全额奖学金，支持两国最好的院校之间开展高水平研究活动。[⑤] 此外，英国文化协会还发起"真正英国留学运动"（Real UK Campaign），联合英国许多社会名流，为留学生提供奖学金，该运动于2002年在14个国家和地区开展，中国大陆、中国香港和中国台湾都在其中。[⑥]

[①]《2005年留学解读：英国签证新政策及应对措施》，中英网，2005年3月10日，http://www.uker.net/visa/question/33716.html，访问日期：2023年5月10日。

[②] 志奋领奖学金是英国外交部出资和运行的全球奖学金项目，始于1984年，全名为"外交和联邦事务部奖学金"（Foreign and Commonwealth Office Awards Scheme），1994年更名为"志奋领奖学金"。志奋领奖学金覆盖118个国家。在中国，志奋领奖学金项目通过英国驻华使馆和在上海、广州及重庆的英国总领事馆进行运作。该奖学金的资助对象是符合申请条件的在中国居住的永久居民，希望申请英国一年制授课式硕士学位的有为人士。

[③] Tony Blair, "Attracting more International Students", http://webarchive.nationalarchives.gov.uk/-20060130194436/http://number10.gov.uk/page3369, accessed on 2021-12-22.

[④] 该项目于2003年11月17日由英国首相布莱尔公布，由内政部规划处（Home Office Scheme）资助，总额约1000万英镑。该项目对到英国攻读学制三到四年的博士学位，专业为科学、工程、医药、社会科学和技术的尖子生开放，被认为是"好中之好"项目。每个成功的申请人平均每年可得到25,000英镑（三年总计达75,000英镑）的奖学金，但该项目已于2011年暂停。参见Prabhat Sakya, "Dorothy Hodgkin Postgraduate Awards Report 2007", https://www.readkong.com/page/dorothy-hodgkin-postgraduate-awards-8672171, accessed on 2023-05-30.

[⑤] 该项目于同年9月实施，首先挑选优秀中国学生前往英国大学。参见《中英签订协议 博士赴英研究可获全额奖学金》，载《北京晨报》，2005年2月28日。

[⑥] Sylvie Lomer, Vassiliki Papatsiba & Rajani Naidoo, "Constructing a National Higher Education Brand for the UK: Positional Competition and Promised Capitals", *Studies in Higher Education*, 17 Mar.

留学生就业方面，英国政府减少留学生在本地就业的限制，支持高级人才在英就业。英国政府允许在英留学生每周从事 20 小时的兼职，假期可做全职，并且不用向职业中心申请工作许可证。2004 年初，英国政府推出"理工毕业生计划"，该计划允许攻读理工科的毕业生留英一年。次年，苏格兰推出"新英才计划"，允许所有在苏格兰院校留学的毕业生在本地停留 2 年。① 这些措施大大增加了留英教育对中国家庭的吸引力。

此外，该阶段中英政府达成学历学位互认，成为中英留学政策的一大突破。2001 年 2 月，中英两国教育行政部门就相互承认学历文凭一事达成共识。2003 年 2 月 23 日，中英政府签订了关于相互承认高等教育学位证书的协议。② 根据协议，中英互相承认学士、硕士、博士学位，这极大促进了两国高等教育留学事业的发展，特别是大大提高了中国留英生回国就业的积极性。

第二阶段为 2006—2010 年，以"首相倡议计划"二期为纲要。该阶段的英国留学政策侧重于提升教育质量和学生体验。与此同时，中英留学教育合作与交流更加密切，简化留学手续、减轻留学负担，进一步完善对华留学政策。

其一，创新教育模式，打造教育品牌。2007 年后，英国政府在北安普敦大学、利兹城市大学等 5 所大学试行"两年制"本科教育。此后更多英国院校开设"两年制"本科课程。相对于中国国内四年制本科教育，这一模式大大缩短了留学时间，极具吸引力。③ 除此之外，伦敦城市大学还实施一种全新的学习和工作叠加模式，即"3+1+1+1"模式：留学生先念三年本科，工作一年，再念一年硕士，再工作一年。④ 英国不断创新人才培养方案，形成英国国际教育的相对优势。

其二，推行更加规范、快捷的签证制度。2008 年英国实行"计点积分制"（Points-Based System，简称"PBS"），对留学签证申请各环节都做了明确规定。在签证方面，要求"国际留英学生必须通过新的计点积分系统才能申请"，申请共需 40 分，其中签证信（Visa Letter）占 30 分，拥有充足的留学资金占 10 分。⑤ 同时，规定由作为"教育担

2016, p.2.

① 宋懿琛：《英国留学政策的演进及发展趋势》，载《大学（学术版）》，2010 年第 7 期，第 86 页。

② 《教育涉外服务与管理丛书》编委会编：《相互承认学历学位协议汇编》，北京：高等教育出版社，2009 年，第 15—17 页。

③ 《2007 年英国政府关于留学的四项政策》，中英网，2007 年 4 月 2 日，http://www.uker.net/apply/application/51169.html，访问日期：2022 年 9 月 25 日。

④ 赖继年：《留英生与当代中国》，天津：南开大学博士学位论文，2012 年，第 99—100 页。

⑤ UK Home Office Border Agency, "GuidancePoints Based System Tier 4: Adult Student and Child Student" (INF 29), http://www.ukvisas.cn/files/Tier4migrantguidance.pdf, accessed on 2022-11-04.

保人"（sponsor）的院校审核学生申请材料，并向学生发放"offer"，减少签证官负担，提高签证办理效率。留学资金方面，新政策将学费和生活费标准统一量化，改变以往政策模糊不清、收费参差不齐的情况；同时简化留学资金证明环节，缩短现金存款期限。①招收单位方面，有计划招收留学生的院校或教育机构必须向英国边境管理局提交成为"教育担保人"申请，通过审核才有资格接收海外留学生。

其三，增设中英双边奖学金和中国留学生专属奖学金。2006年4月，中英两国教育部启动"中英卓越奖学金计划"，这是继20世纪"中英友好奖学金计划"以来中英双边最大的奖学金项目，是双方教育交流与合作新的里程碑。②英国各高校还开设专门针对中国留学生的奖学金，如伦敦城市大学2006年设立的"英华奖——中国学生特别奖"。该奖学金每学期为本科或本科以上学历的中国留学生提供3个名额，金额为全部或一半学费，最高可达21万人民币。2010年伯明翰大学还设立了李四光奖学金，为赴伯明翰大学攻读博士学位的中国留学生提供3年的全额奖学金。③

其四，延续首相倡议计划一期政策，鼓励留学生在英国就业。2007年5月英国政府颁布"国际毕业生计划"（International Graduates Scheme），允许所有在英国取得任意专业学士学位及以上的非欧洲籍留学生在英国工作或创业12个月，而无需工作许可证。该计划每年为中国毕业生提供1000个名额。如果留学生一年后仍未找到合适工作，可以在符合相关规定的前提下，通过技术移民、工作许可、学习或经商等多种方式申请继续留英。2008年英国实施"计点积分制"的签证新政，留学生只要根据相关规定获得足够分数即可申请留英两年的工作签证。同时，英国将"国际毕业生计划"引入到第一层级移民类别（Tier1），改名为"Tier1 Post-Study Work Visa"（PSW签证）。较为宽松的PSW政策成为许多中国学生选择赴英留学的重要原因。同时，对留学生打工时间的限定也有所放宽，只要拿到六个月以上的学生签证，每周可打工时间由原来的15小时增加到20小时。④

第三阶段自2011年起，为"首相倡议计划"结束后的调整时期。2011年，工党政府的"首相倡议计划"结束，新上台的保守党政府结合计划实施期间的经验和教训，将留学政策侧重点转向追求经济利益与提升教育质量兼顾，寻求二者之间的平衡。英国政府先后颁布了《国际教育：全球增长与繁荣》（International Education: Global Growth and Prosperity）、《保障英国留学生的学习质量：英国高等教育机构指南》、（Assuring

---

① 留学资金可以存在学生名下，审核时提供本人存折和存款证明即可；对于现金存款期限，以往对存期的要求基本上在半年以上，现在则不需要。
②《中英两国教育部启动"中英卓越奖学金计划"》，中央政府门户网站，2006年4月5日，http://www.gov.cn/govweb/zwjw/2006-04/05/content_245487.htm#，访问日期：2022年9月25日。
③《英国伯明翰大学设立李四光奖学金》，载《地球学报》，2010年第6期。
④ 赖继年：《留英生与当代中国》，天津：南开大学博士学位论文，2012年，第99页。

Quality for International Students Studying in the UK: A Guide for UK Higher Education Providers)、《支持和增强英国留学生体验：英国高等教育机构指南》(*Supporting and Enhancing the Experience of International Students in the UK: A Guide for UK Higher Education Providers*)等文件，对华留学政策迎来新调整。

首先，积极推动中英教育交流与合作的深化。2011年8月，中英两国政府合作推出为期3年的"教育伙伴行动计划"（UKCPIE），双方每年共同出资400万英镑用于基础教育、高等教育、语言教育、职业教育四个领域的合作。2014年李克强总理访英，双方达成协议——未来5年中国向英国派遣1万名公费留学生，同时推动"中英博士伙伴关系"等项目的启动。此外，英国陆续有不少大学接受中国高考成绩作为入学依据。伯明翰大学宣布，中国学生自2019年起可凭高考成绩直接申请该校本科入学资格。随后，莱斯特大学、邓迪大学、肯特大学、女王大学等高等院校也宣布承认中国高考成绩。[1]

其次，设立中英教育交流基金，增加中国留英生专属奖学金的投入。2013年英国首相卡梅伦访华，中英双方共同设立为期5年的"中英研究与创新合作基金"，该基金主要用于两国人员交流、科学研究和技术创新，基金总额2亿英镑。2013年英国还启动面向非英籍博士后的牛顿国际奖学金项目。[2]其中，英国皇家学会与中英学术基金会（Sino-British Fellowship Trust）及香港王宽诚教育基金会合作，为获得牛顿国际奖学金的中国科研人员提供研究经费。2018年英国大使馆携手31所英国大学公布了专属于中国留学生的奖学金，即"2018非凡英国百万英镑奖学金计划"，总额100万英镑。次年又公布"2019非凡英国奖学金计划"，覆盖更多文理专业，为中国研究生及以上学历的留学生提供55个名额，总额超过60万英镑，单笔最低1万英镑。

再次，改革"计点积分制"，收紧留学签证政策。2011年保守党政府对刚推行不到三年的"计点积分制"进行较大调整。一是增加对留学生英语的要求，规定：学习本科以下课程的学生要拥有B1英语测试成绩（SELT），学习本科或以上阶段课程的学生要拥有B2英语测试成绩，[3]分别相当于雅思约4.5分和5.5分。二是严格规定留学生的学习期限。本科或以上的课程必须在5年内完成，本科以下的课程必须在3年内完成。[4]

---

[1]《二〇一九哪些留学政策影响了中国学生》，新华网，2019年12月19日，https://baijiahao.baidu.com/s?id=1653302752654054089&wfr=spider&for=pc，访问日期：2022年11月14日。

[2] 该项目于2013年1月启动，进入该项目的申请人在英国院校进行2年的博士后研究，每年将获得24,000英镑生活补助、8000英镑研究经费，以及一次性安家费2000英镑。毕业后十年内，每年将获得6000英镑资助，以鼓励长期与英国院校合作。

[3] UK Home Office Border Agency, Student Visas, *Statement of Intent and Transitional Measures*, http://dera.ioe.ac.uk/3749/1/sop4.pdf, accessed on 2022-11-10.

[4] 此前，英国政府规定：留学签证时间不得超过8年，一些学生通过"毕业论文不通过"，或"考试不及格"的方式，要求续签，不断延长在英国逗留和打工的时间。新政策对此进行了明

此外,"教育担保人"资格认证要求提高,只有通过英国教育标准局(Office for Standard in Education,简称 OFSTED)等官方机构认证,且获得"高度信任的担保机构"称号的学校才有招生资格。

2017 年英国再次调整"计点积分制"。一是提高留学生生活费标准,伦敦地区为 1265 英镑/月,非伦敦地区为 1000 英镑/月,同时取消在英国满一年后只需交 2 个月的生活费便可续签的规定。二是延长生活费覆盖时长:自 2017 年 11 月 12 日起,所有申请英国 T4 pilot 签证的学生均需要提供 9 个月生活费的资金证明。三是新增签证面试环节,规定所有申请留英人员都要参与,主要目的是核实学生赴英原因并进行可信度调查。此外,2019 年英国留学签证不再认可托福和 PTE,将雅思细分为学术类、签证类和生活类三种,提高雅思考试精准度,以保证雅思成绩能够真实体现申请者的英语水平。

最后,加大留学生毕业留英工作限制。2011 年,英国政府取消 PSW 政策,留英毕业生不再允许无条件留英 2 年。新政策规定:留学英国的应届毕业生,只有找到一份年薪超过 2 万英镑的稳定技术工作,或者是具有顶尖创新能力的精英人才,才能续签。在经济危机的冲击下,外国留学毕业生要找到一份这样的工作非常困难。此外,新政策还限制了在读留英生课外打工时间,规定公立学校留学生每周课外工作时间最长 10 小时,较以往减少一半,私立教育机构的学生则不允许课外打工。自 2013 年 4 月起,对毕业博士生也只保留为期一年的毕业生签证。紧缩的留学生就业政策造成 2012—2013 学年留英生人数大幅下降。

在留学生就业政策紧缩的同时,英国政府也制定了新的替代政策,以留住和吸引来自中国的高等人才。2014 年,英国增加针对中国留学生的实习计划——"国际学生实习计划"(International Student Internship Scheme,简称 ISIS)。《2014 英国移民法修改草案》(*Immigration Act 2014*)规定:在校或者已毕业的中国留英生可申请为期一年的 Tier 5 国际学生实习工作签证,留英实习一年。国内 211 工程院校的应届优秀毕业生(绩点 3.0 以上)可以直接线上申请。[①] T5 签证使超过 13 万中国留学生受惠,弥补了 PSW 签证取消带来的负面影响。[②] 此外,2016 年英国宣布,不允许公立继续教育学院在读的非欧盟国家学生在英工作,但为留住更多高等人才,英国开始推行针对硕士研究生

确限制。参见廖小健、易文明:《英国留学"新政"的变化、影响及对策研究》,载《广州社会主义学院学报》,2012 年第 2 期,第 73 页。

① UK Home Office, "Tier 5 (Temporary Worker) of the Points-Based System-Policy Guidance", https://assets.publishing.service.gov.uk/government/uploads/system/uploads/attachment_data/file/300095/T5__TW__guidance_04-14.pdf, accessed on 2023-05-30.

② 2019 年英国重启 PSW 签证,为留英毕业生发放为期 2 年的工作签证。

的 T4 学生签证计划（Tier 4 visa pilot）[①]，该签证可比普通学生签证延长 6 个月。

总体上，在中英两国政府留学教育合作不断深化的背景下，英国通过"首相倡议计划"等政策，放宽留学签证，降低留学成本，提高奖助学金，支持在英就业，推动中国学生在 21 世纪的留英热潮。2011 年以来英国对华留学政策从追求经济利益到兼顾教育质量，整体上由宽松转向应激性收缩。尽管如此，2019 年，中国赴英留学人数超过 10 万人，达到历史峰值，其他年份人数统计参见表 1。

表 1 2006—2021 年中国赴英留学人数

学年	人数	增长率
2006/07	25,135	
2007/08	24,670	-1.85%
2008/09	28,905	17.17%
2009/10	36,950	27.83%
2010/11	44,805	21.26%
2011/12	53,525	19.46%
2012/13	56,535	5.62%
2013/14	58,810	4.02%
2014/15	58,975	0.28%
2015/16	62,290	5.62%
2016/17	66,705	7.09%
2017/18	76,930	15.33%
2018/19	86,895	12.95%
2019/20	104,240	19.96%
2020/21	99,160	-4.87%

注：此表根据英国高等教育统计署（HESA）发布的留学生数据整理而成，参见 https://www.hesa.ac.uk/data-and-analysis/students/table，下载日期：2022 年 12 月 28 日。

二、21 世纪以来英国对华留学政策的特征

21 世纪以来英国对华留学政策是其国家教育政策的组成部分，同时受到国际和国内政治、经济、文化等各方面因素的影响，特别是与中国大陆改革开放政策和中英关系

[①] 不同于烦琐的美国签证，英国签证有 Tier 1-5 五种类型。其中，前往英国学校就读的学生所持的都是 Tier 4 student visa，也就是学生签证。

的发展密切相关。正是在多重因素的共同作用下，21世纪以来英国对华留学政策的变迁呈现出以下特征。

第一，相较于20世纪80—90年代，21世纪以来英国对华留学政策更新调整加速，政策变革周期短。20世纪80—90年代，英国对华留学政策具有稳定性和连续性。中英两国定期续签《文化、教育和科学交流计划》等，推进教育交流及留学生派遣工作。英国鼓励中国留学生公、自费留英。[①] 进入21世纪，英国对华留学政策变化较快。以中国留学签证政策为例，依据英国大使馆公布信息，每四到五年便有一次较大调整：2001年取消对中国留学生的签证配额制度；2004年开通快速通道签证系统，部分地区面签改函签；2008年推行"计点积分制"；2011年、2017年又分别进行较大调整（前文已详述）；同时，2011年取消PSW政策，2014年新增针对中国留学生的ISIS计划，后又于2019年重启PSW政策。

造成21世纪英国对华留学政策变化快、周期短的原因是多方面的，但以下两点是主要因素。其一，中英两国政府和高校之间的交流空前频繁，教育合作协议迅速增多，英国对华留学政策也因此不断调整。两国政界和教育界往来密切，部级及以上官员互访20多次，几乎每次都会就中英留学教育交换意见并达成新的协议。[②] 其二，21世纪国际形势变化迅速，各种突发事件或多或少地影响英国对华留学政策的调整。2001年，美国发生"9·11"恐怖袭击事件，英国一度收紧移民和签证政策。2004年2月5日，英格兰西北部发生莫克姆湾拾贝惨剧，[③] 当年中国留英生拒签率提高。2008年金融危机以来，英国经济一度陷入危机，为减轻本国公民就业压力，英国收紧留学生就业政策。近年，英国加入美国对华科技封锁，更是在许多高科技领域收紧对华留学政策。新冠疫情也对英国对华留学政策造成极大冲击。其三，英国国际留学教育市场已近饱和，开始控

---

① 早期以公费留学为主。中英两国于1954年正式建立代办级外交关系。1956年，中国开始公派留英生，至1965年，中国总计派出不超过230名留英生。1972年中英关系升级为大使级外交关系，中英留学事业逐渐恢复。1972年到改革开放前，中国一共向英国派出355名留学生。1980年到1983年，每年留英人数都在150人左右徘徊，增减不大。1993年11月，中共中央确立"支持留学、鼓励回国、来去自由"的留学工作方针，自费留学生的数量直线上涨，中英留学教育迅速发展。参见中华人民共和国教育部计划财务司编：《中国教育成就统计资料》，北京：人民出版社，1984年，第127页；赖继年：《留英生与当代中国》，天津：南开大学博士学位论文，2012年，第50页。

② 例如，2016年12月，英国教育大臣贾斯蒂格里宁访问上海，就分别出席了中英高级别人文交流机制第四次会议、第九次中英教育部长级磋商会议以及中英基础教育论坛，推动中英留学教育的深入与务实合作。参见《中英教育合作与交流概况》，中华人民共和国驻大不列颠及北爱尔兰联合王国大使馆教育处，http://www.edu-chineseembassy-uk.org/england/jlhz/zyjy/20171222162735135150/index.html，访问日期：2022年11月12日。

③ 莫克姆湾突如其来的海水上涨使得30多人遇难，其中发现有23名中国非法劳工。此事在英国引起剧烈反应。英国政府为了阻止不法分子假借读书为名，企图在英国非法居留，收紧了审批中国留学生签证程序。

制国际教育规模。在整体效益不受影响的前提下，英国留学教育从追求数量逐渐过渡到追求质量。

第二，对华留学政策是服务于经济利益的国家战略一部分，其变迁与 21 世纪以来英国经济的发展密切相关。在"首相倡议计划"主导的时代，英国改变以往由各高等院校主导留学市场的局面，加强政府对留学教育产业的控制，将国际留学政策与国家整体教育政策进行统一谋划。[1]英国对华留学政策三个阶段的变迁反映出英国国家经济利益对留学政策的重大影响。

第一阶段（2000—2005 年）是"首相倡议计划"落地实施的阶段，既是对 20 世纪末英国教育产业化政策的继承，也是英国进一步参与国际留学市场竞争，服务国家经济利益的新阶段。英国早在 20 世纪 70、80 年代就已经吃过留学教育产业的红利。撒切尔夫人执政期间，推行国际高等教育市场化改革，实施"全费政策"，标志着"英国的国际教育进入了国际服务贸易阶段，英国留学生教育不再是其海外政策的内容之一"。[2]冷战结束后，全球化飞速推进，发达国家教育产业化发展，教育事业的公益性大大降低。21 世纪以来，高等教育和继续教育的国际市场竞争激烈。除英、美、法等国致力于巩固其在国际教育中的领导地位外，澳大利亚、加拿大、新西兰、新加坡、德国等后起之秀，也加入了国际留学生市场的竞争大潮。[3]为增强英国高等教育的国际竞争力，英国工党政府"在国家层面上整合了政府、国际组织、教育机构等各种资源，……开启教育国际化的国家战略时代"。在此背景下颁布的"首相倡议计划"正是以经济利益为导向，参与国际留学市场竞争的国家战略的重要体现。在该计划指导下，英国政府大力干预留学教育，制定扩张性的留学政策，吸引海外留学生，改革开放后经济迅速崛起的中国成为英国最大的海外留学生来源国。

至第二阶段（2006—2010 年），诚如英国首相布莱尔在《为什么我们必须要吸引更多的海外留学生》中表明的：该阶段英国留学生政策的目标仍然是在国际留学生市场竞争愈发激烈的背景下，进一步抢占国际留学教育的市场份额，推动海外市场多元化，增加英国竞争优势。[4]该阶段工党政府意识到首相倡议计划的实施虽然为英国带来巨大经济利益，但也出现教育质量下降、留学生满意度下滑等问题，要使英国留学生教育可持续发展，教育质量是关键。所以，英国在该阶段关注提升教育质量和留学生体验，大力打造教育品牌，致力于国际留学生市场的可持续发展。中国拥有世界上最大的留学生市

---

[1] Sylvie Lomer, *Recruiting International Students in Higher Education: Representations and Rationales in British Policy*, Berlin: Springer International Publishing, 2017, p.50.

[2] 赖继年：《留英生与当代中国》，天津：南开大学博士学位论文，2012 年，第 97 页。

[3] Sylvie Lomer, Vassiliki Papatsiba & Rajani Naidoo, *Constructing a national higher education brand for the UK: positional competition and promised capitals*, Studies in Higher Education, 2016, p.2.

[4] British Council, *Making it Happen: The Prime Minister's Initiative for International Education*, London: British Council, 2008.

场，英国不断加大与中国的教育合作。例如，在 2006 年第二届"英-中教育峰会"（UK-China Education Summit）上，英国政府承诺两年资助 200 万英镑用于开展英国与中国的合作伙伴项目，加强中、英两国高校的合作。[①]根据 DFES 的数据显示，中英之间已建立起 160 项高等教育合作伙伴关系，还新设立了 5 个英中就业与创业合作项目，不少中国留英生从中受益。

2011 年至今的第三阶段，受欧洲金融危机等因素的影响，英国经济面临严峻挑战，因此，英国政府实施削减国际教育开支，扩大留学市场经济收益，收紧留学签证和留学生就业政策以减轻本国公民就业压力等，受此影响的对华留学政策变动较大。根据英国宣布的"高等教育涨学费计划"，从 2011 年起，英国政府在未来四年削减高校 40%的教育经费，约 40 亿英镑。[②] 2011 年英国保守党上台后，英国政府实行空前紧缩的留学签证政策，减少英国的"净移民人数"。近年来，国际局势动荡不安，英国脱欧、中美贸易争端和新冠疫情等都对英国经济和中英教育合作与交流产生消极影响，但由于英国留学产业对中国留学生市场的依赖，英国对华推行利好教育政策的总体趋势并未改变。

第三，对华留学政策的变迁与中英两国关系发展息息相关。中国收回香港主权以来，中英两国关系不断升温。1998 年，两国政府首脑会晤，宣布建立全面伙伴关系。中英两国关系的向好发展为两国教育合作奠定了良好的政治基础。在中英政要互访中，双方分别在 1999 年 7 月和次年 6 月签订《中英教育合作联合声明》和《中英两国政府关于教育合作的框架协议》，这两份文件为 21 世纪英国对华推行积极的留学政策奠定了基础。英国首相布莱尔多次访问中国，积极推动中英教育合作深化。在与清华大学学生进行的圆桌对话中，布莱尔邀约中国学子赴英交流、深造，表示"在过去的几年里，我们大量增加中国留英生人数……我认为未来教育交流会非常非常重要……所以我们将招收更多的留学生"。[③]在布莱尔首相倡导下，英国政府随后制定了一系列积极的对华留学政策。

2004 年 5 月，中国总理温家宝访问英国，建立两国政府领导人年度会晤机制，并且宣布达成中英全面战略伙伴关系。英国驻华大使馆文化教育处表示：在英国留学的国

[①] 袁李兰：《1999 年以来英国留学生教育政策研究》，重庆：西南大学硕士学位论文，2018 年，第 64 页。

[②]《英经济衰退削减教育拨款 经费压力转嫁海外学生》，载《法制日报》，2012 年 2 月 28 日，http://www.taiwan.cn/xwzx/gj/201202/t20120228_2361766.htm，访问日期：2022 年 11 月 11 日。

[③] "The scholarships can be difficult, but we are actually expanding our scholarship program... In the last few years we have been hugely increasing the numbers of Chinese students... I think educational exchange is going to be very, very important in the future... And so we are trying to expand our university sector to take in more overseas students." 转引自陈红编：《与精彩交流——清华大学来访国际名人演讲录》，北京：清华大学出版社，2007 年，第 187—224 页。

际学生数量排名中，6年前中国还是第12位，2004年已经上升到第1位。次年2月，英国教育与技能部副部长和我国教育部副部长就中英教育合作问题进行会晤，双方签署《关于全面加强教育合作与交流的联合声明》和《关于设立中英优秀青年学者奖学金项目的协议》。2006年4月，中英两国教育部长级磋商会议于伦敦举行，两国政府、高校和企业共同合作启动"中英卓越奖学金计划"。①此次会议还签署了关于全面加强教育合作的联合声明，同时决定实行"大学生实习计划"。同年7月英国使馆文化教育处发布最新统计结果表示，与上一年同时期相比，2006年中国学生赴英留学人数的增长超过31%。同时，英国使馆签证处称，现在中国留学生签证成功率已达到86%。②

2010年5月，保守党领袖卡梅伦当选英国首相，他延续工党政府加强中英伙伴关系的政策。同年11月卡梅伦率领代表团访问中国。他在北大的演讲中明确表示："希望与中国建立牢固的关系……在如何应对中国崛起的争论中，我认为这是个机会。我选择参与，而不是脱离；对话而不是对峙；互利共赢，而不是零和博弈；伙伴关系，而不是保护主义。"③卡梅伦还特别强调国与国之间的联系不能仅仅依靠政府和政府之间的往来，还要建立人民与人民、大学与大学之间的交流。卡梅伦访华后，第五次中英部长级教育磋商会议召开并签订了《中英关于教育合作伙伴关系的框架协议》，双方就两国未来学生交流等方面的密切合作达成进一步共识。2013年卡梅伦第二次访华前夕，他公开对媒体表示，英国欢迎中国学生到英国学习深造，只要符合英国大学招生规定的语言和申请要求，英国不会对中国留学生数目设置上限。为进一步促进留学教育以及多方面合作关系，双方政府设立了"中英研究与创新合作基金"。依据英国官方数据，2014年在英国大学就读大学本科一年级的中国留学生人数达58,810人，与2009年相较飙升了60%。④与此同时，中国留英生入学人数已经超过了欧盟留英生入学总人数。⑤

---

① 《中英两国教育部启动"中英卓越奖学金计划"》，中央政府门户网站，2006年4月5日，http://www.gov.cn/govweb/zwjw/2006-04/05/content_245487.htm#，访问日期：2022年9月25日。

② 《今年赴英留学中国学生人数比去年同期增长逾三成》，中国侨网，2006年7月20日，http://www.chinaqw.com/news/2006/0720/68/37231.shtml，访问日期：2022年11月13日。

③ "China is on course to reclaim, later this century, its position as the world's biggest economy the position it has held for 18 of the last 20 centuries... But on this vital point there is absolute continuity between my government and the Governments of Tony Blair and Gordon Brown. We want a strong relationship with China. Strong on trade. Strong on investment. Strong on dialogue... In the argument about how to react to the rise of China. I say it's an opportunity. I choose engagement not disengagement. Dialogue not stand-off. Mutual benefit, not zero-sum game. Partnership not protectionism."

④ 《数据分析：中国留英本科生首次超过欧盟学生总和》，中英网，2015年1月19日，http://www.uker.net/apply/application/333226.html，访问日期：2022年11月13日。

⑤ 根据英国高等教育数据统计局公布的数字，2014年除英国之外的欧盟国家留学生总数是57,190人。

2014年李克强总理和2015年习近平主席访英期间，中英双方均在加强人文交流、促进双向留学领域取得共识。[①] 2016年英国国家统计局（ONS）公开数据表明，截至当年6月一年，获得英国学生签证的中国内地公民人数最多，为7.02万人，占34%，几乎是第二大来源国美国留英人数的五倍。

2020年距离英国前首相卡梅伦首次提出要打造中英关系"黄金时代"过去5年，中英关系遭遇重大波折。在美国挑起中美贸易战和对华科技封锁的背景下，英国迫于美国压力，一定程度上加入美国一方，如宣布在5G建设中禁用中国华为，并在中国香港问题上试图干涉中国内政。中英关系进入冷静期，英国《金融时报》甚至开始用"深度冻结"来形容中英关系的现状。[②] 新冠疫情暴发以来，由于防疫政策不同，英国也部分追随美国加大对留学生的限制。2021年2月，根据《泰晤士报》（*The Times*）报道，英国大学开始"封杀"敏感专业的中国留学生。这44个敏感专业涉及人工智能、化学、物理、数学、计算机等学科。英国政府要求希望就读敏感专业的国际留学生必须提前申请ATAS许可，即英国学术技术批准系统许可。根据ATAS的要求，相关人员需提交背景资料和研究范围细节，并申报是否与军方有联系。来自欧盟、挪威、瑞士、美国、加拿大、澳大利亚、新西兰、日本、韩国和新加坡的申请人可获豁免申请ATAS。中国留学生在事实上成为最主要的限制对象。

总之，21世纪以来英国对华留学政策的变迁受到国内外政治、经济各方面因素影响，呈现出显著的特点。一方面，21世纪的英国对华留学政策受国际、国内突发事件影响呈现出明显的应激性变化快、周期短的特点。另一方面，经济利益是英国对华留学政策调整、考量的基础，而中英两国关系的起伏也产生了极大影响。但总体上来说，尽管时有不稳定因素的干扰，英国对华留学政策仍表现为短期波动，而长期稳定向好的发展态势。

三、21世纪以来英国对华留学政策的影响

中国留英生人数持续增加是21世纪英国对华留学政策变迁带来的最直接结果。目前，英国是中国留学生人数最多的欧洲国家，在过去的40年间，共有超过50万中国学生来英留学。[③] 全英留学生的构成中自费留学生人数约占90%以上，其他多为通过国家

---

① 《中英教育合作与交流概况》，中华人民共和国驻大不列颠及北爱尔兰联合王国大使馆教育处，http://www.edu-chineseembassy-uk.org/england/jlhz/zyjy/20171222162735135150/index.html，访问日期：2022年11月12日。

② 《中英关系发展遇波折 美国非唯一影响因素》，载《中国青年报》，2020年7月22日，https://baijiahao.baidu.com/s?id=1672921677798783354&wfr=spider&for=pc，访问日期：2022年11月12日。

③ 《中英教育合作与交流概况》，中华人民共和国驻大不列颠及北爱尔兰联合王国大使馆教育处，http://www.edu-chineseembassy-uk.org/england/jlhz/zyjy/20171222162735135150/index.html，

留学基金委或双边校际交流等形式派遣的公费留学或访学人员。中国留英生数量的迅速增长给中英两国都带来了重要影响。

对于英国来说，对华留学政策制定和实施的政治和经济目标基本实现。从政治上来说，21世纪以来英国对华留学政策是其推进与中国全球全面战略伙伴关系构建与深化的重要组成部分。通过与中国在教育、科技和文化等领域的交流，两国关系持续向好发展，虽然近年遭遇一些挫折，但两国总体的友好合作关系并未改变。

从经济上来说，21世纪以来的英国对华留学政策推动英国国际教育市场化进程，给英国带来显著的经济效益。直接经济效益方面，大量中国留学生的到来为英国各院校带来可观的经济创收。在1999—2005年第一个"首相倡议计划"阶段，英国全力抢占国际教育市场，且英国自费留学生的学费约为英国本土学生的5—10倍，成为英国各大高校收入的主要来源之一。同时除了教育类费用，留学生在英国的食宿、娱乐等各类消费支出，成为英国经济的重要增长点之一。仅2004—2005年一个学年，海外留英生就为英国带来了约37.7亿英镑的利润，作为英国最大海外留学生群体，中国留学生的贡献无疑是最多的。

2006—2010年第二个"首相倡议计划"阶段，英国政府注重提升教育质量与口碑，但经济收益继续保持稳定增长。高质量的教育水平、浓厚的学术氛围、完善的教育设施等优势使英国作为世界上仅次于美国的第二大留学目的国，拥有稳定的海外留学生源，中国始终保持英国最大留学生来源国地位。根据英国高等教育统计局（HESA）的数据，2007—2008年在英中国留学生总人数为4.3万，占非欧盟留学生人数的18%。[1]高等教育政策研究院（Higher Education Policy Institute）数据显示，非欧盟国际学生每年为英国带来约15亿英镑的学费和22亿英镑的生活费，粗略计算，2007—2008学年中国留学生给英国带来约6.6亿英镑的收入。[2]

2011年至今，英国留学政策阶段性调整不断，但经济收益却屡创新高。2012—2013学年，非欧盟留学生的入学人数持续40年增长后首次下降1%，但同年度中国留学生人数增加5.6%。依据高等教育政策研究所和英国国际大学（Universities UK International）统计结果，2018—2019学年每个非欧盟籍学生为英国带来约102,000英镑的净收入。[3]按照这一标准，仅该学年刚入学的中国留学生，若按计划完成学业，便

访问日期：2022年11月12日。

[1] 王正惠：《英国高等教育经费改革政策解读》，载《外国教育》，2011年第3期，第59页。

[2]《英国大学刮"中国风"纷纷出招吸引中国学生》，中新网，2008年7月20日，http://news.cctv.com/world/20080720/100963.shtml，访问日期：2022年12月28日。

[3] Universities UK International, "The costs and benefits of international higher education students to the UK economy", https://londoneconomics.co.uk/blog/publication/the-costs-and-benefits-of-international-highereducation-students-to-the-uk-economy-september-2021/, accessed on 2022-10-17.

可给英国带来约 88 亿英镑的净收入。

间接经济效益方面，大量中国留英生毕业后选择留在英国发展，成为英国各行各业的后备人才，特别是在高新技术产业做出重要贡献。2004 年英国推出的"理工毕业生计划"、2005 年的苏格兰"新英才计划"、2007 年的"国际毕业生计划"，以及 2014 年专门针对中国留学生的"国际学生实习计划"等都致力于为英国重要产业储备人才，有针对性地留住高层次技术人才。根据 2011 年英国国家统计署对 16 岁以上就业者的统计，从事低技能职业的华人比重在英国所有族群（包括本土白人）中最低。[①]更多中国毕业生就业于英国的金融、IT、科学和管理等专业领域。[②]《世界侨民报告》公开数据显示，2011 年仅伦敦的华人注册会计师就超过一千人，仅次于本土白人。[③]

同时，华人是英国平均收入最高的族群之一，高薪意味着华人缴纳更多的税款。来英接受高等教育的中国学生大多主修会计、金融、经济学、商科、计算机和电气工程等应用学科。大多数学生毕业后进入金融业、商业和中高端专业技术领域，这些都是收入水平较高的行业。时薪中位数（median gross hourly pay）是最能直观反映收入水平的指标。根据 2018 年英国国家统计署公布的数据，英国华人时薪中位数是英国所有族群中最高的，达 15.75 英镑，比英国白人（12.03 英镑）高 31%。[④]

大量留英生毕业后陆续回国，对我国科教文卫事业发展做出重要贡献。根据中国教育部留学服务中心《中国留学回国就业蓝皮书（2016）》发布数据，2016 年从英国院校留学回国就业的人数最多，占总人数的 35.06%，远超美国（21.70%）、澳大利亚（8.30%）、韩国（4.56%）和日本（4.39%）等。[⑤]

在新兴学科建设方面的代表人物是重庆大学李百战教授。李教授毕业于英国雷丁大学，后在英国拉夫堡大学从事博士后研究。2002 年，李百战回国后出任重庆大学城市建设和环境工程学院院长，带领学术团队组建"城镇建筑环境质量保障与节能技术"

[①] ONS, "Men and Women in Low Skilled Occupations by Ethnic Group", in *2011 Census analysis Ethnicity and the Labour Market, England and Wales*, https://www.ons.gov.uk/peoplepopulationandcommunity/culturalidentity/ethnicity/articles/ethnicityandthelabourmarket2011censusenglandandwales/2014-11-13, accessed on 2022-12-01.

[②] 邵政达、张秋生：《亚文化视域下英国华人与穆斯林族群经济差异性剖析》，载《历史教学问题》，2021 年第 5 期。

[③]《世界侨情报告》编委会：《世界侨情报告（2012—2013）》，广州：暨南大学出版社，2013 年，第 298 页。

[④] ONS, "The median gross hourly pay (excluding overtime) for all employees by ethnicity(10-categories), GB, 2012-2018", in *Ethnicity pay gaps in Great Britain: 2018*, http//www.ons.gov.uk/employmentandlabourmarket/peopleinwork/earningsandworkinghours/articles/ethnicitypaygapsingreatbritain/2018, accessed on 2022-09-08.

[⑤]《中英教育合作与交流概况》，中华人民共和国驻大不列颠及北爱尔兰联合王国大使馆教育处，http://www.edu-chineseembassy-uk.org/england/jlhz/zyjy/20171222162735135150/index.html，访问日期：2022 年 11 月 12 日。

"城市基础设施建设与环境管理信息化技术""城镇水质安全保障技术及固废处置与资源化"三个学科专业，并在此基础上组建并增报"城市环境与生态工程"和"环境工程"两个二级学科博士点。①此后，李教授又组织建立国家"985"工程"三峡库区水质安全与生态重建"研究院，并担任院长。由李教授主持完成的"建筑热环境理论及其绿色营造关键技术"获得2020年度国家科技进步奖二等奖。李百战在低碳绿色建筑与室内环境健康领域的部分研究已达到国际领先水平，取得了显著的经济效益和社会效益，为国家重大需求和重大战略部署提供了理论和技术支撑。②

在传统学科国际化方面的代表人物是北京大学季加孚教授。季教授毕业于英国卡迪夫大学，担任北京大学肿瘤医院、北京大学临床肿瘤学院院长，其在胃癌外科治疗方面取得了享誉国际的成就。他领衔组建了世界上规模最大的胃癌及癌前病变临床样本资源库及共享平台，并主持创建"卡迪夫大学-北京大学肿瘤联合研究所"，为中国胃癌手术规范化做出卓越贡献。③2017—2018年"英国杰出校友大奖"④（Study UK Alumni Awards，2017—2018）中国赛区"职业成就奖"颁发给季加孚教授。

总之，21世纪以来英国对华留学政策作为英国对华交往合作总体战略和国际教育市场化的组成部分，取得了其既定的政治和经济目标。特别是在经济效益方面，相对宽松的对华留学政策带来中国留英生人数的持续增长，不仅给英国带来直接的收益，而且成为英国经济高质量发展的潜在人才库。当然，大批留英回国的高层次人才也对中国科学技术和产业发展起到重要推动作用。

四、结语

21世纪以来英国对华留学政策大体可以分为三个发展阶段。2000—2005年以工党政府"首相倡议计划"一期为主导，关注经济利益，实行扩张、粗放性的留学政策；2006—2011年以"首相倡议计划"二期为主导，在关注经济效益的同时，注重国际教育品牌化、规范化；2011年保守党执政以来，对华留学政策关注经济效益与教育质量的平衡，国际局势的多变引发政策的应激性收缩和频繁变化。总体上，21世纪英国对

---

① 中国侨联经济科技部编：《走向成功——海归创业谈》，北京：中央编译出版社，2004年，第207页。
② 《英国归侨李百战满腔热血科技报国》，中国侨网，2021年12月28日，https://view.inews.qq.com/k/20211228A05LZB00?web_channel=wap&openApp=false，访问日期：2022年11月12日。
③ 《"2017英国杰出校友大奖"颁奖典礼圆满落幕》，东方网，2017年11月27日，http://caijing.chinadaily.com.cn/chanye/2017-11/27/content_35061605.htm，访问日期：2022年11月12日。
④ 英国杰出校友大奖由英国文化教育协会和英国各大院校共同筹划，并于2014年9月由英国文化教育协会正式推行。该奖项开放予目前居住在英国以外任何国家、曾于英国官方认可的教育机构留学，曾修习大学学位水平课程至少一个学期，或在过去15年内曾获英国大学颁授学位资格或更高资历的校友。

华留学政策不断成熟、规范。除了这种阶段性发展的特征,英国对华留学政策的变迁还具有以下三个特点:一是相较于20世纪80—90年代,21世纪英国对华留学政策更新调整加速,政策变革周期极大缩短;二是对华留学政策是英国国际教育市场化的重要一环,其变迁与英国经济发展密切相关;三是与21世纪中英关系的变化息息相关。相对宽松的对华留学政策推动中国留英生人数的迅速增长,不仅给英国带去可观的经济收益,也给中英两国的科技文化事业培养了大批高层次人才。

近年来,国际局势风云变幻,特别是英国脱欧、美国对华科技封锁和新冠疫情等事件都促使英国不断调整对华留学政策。但中英双方在整体上都对留学合作持积极态度。新冠疫情期间,英国政府及部分院校启动多个中英包机项目,如2020年INTO教育集团联合吉祥航空启动的"上海—英国包机项目",一定程度上解决特殊时期中国留学生赴英和回国的交通问题,保护中国留学生权益。在全球留学市场萎靡之时,英国并未对中国留学生进行过多政策限制,基本上仍采取支持和帮助的政策。加之,中国在学生留英教育上始终坚持着开放交流、积极合作的态度,因此未来中英留学教育仍将保持向好趋势。

从"香蕉人"到"芒果人"：华裔新生代文化认同困惑的消解[①]

胡春艳[②]

【摘　要】 生长在海外的华裔新生代由于身处两个世界碰撞交融的叠加地带，他们表现出对民族身份的抗拒和对"根"文化的淡化，面临着文化认同的"迷思"。帮助华裔新生代建构自己的精神家园，增强其中华文化认同，以及对中国的了解与认知，摆脱由于"民族认同疲惫"和"文化认同困惑"所带来的迷茫和痛苦，实现从"香蕉人"到"芒果人"的转变，意义重大。对此，一方面要提升"寻根"活动的效果，探寻国内"寻根"与本土"寻根"的有机结合，同时要不断创新侨务工作模式，提升华裔新生代的参与度与获得感，最后要关注海外华文教育的发展，夯实华裔新生代的"留根工程"。

【关键词】 华裔新生代；文化认同困惑；消解

一、问题的提出

认同（identity）一般指个人和他人、群体或模仿人物在感情上、心理上相互认知、趋同的过程。[③]它是人类的基本特征，而且人们的认同总是归属于某个群体或组织，是社会化的产物。文化认同（Culture Identity）是人们对世界的主体性经验与构成这种主体性的文化历史设定之间的联系。[④]其核心是一种价值认同、价值选择以及价值依从，并以使用相同的文化符号、遵循共同的文化理念、秉承共有的思维模式和行为规范作为依据。[⑤]长期以来，学界和社会一直关注华侨华人的文化认同问题。随着华裔新生代逐

[①] 基金项目：国家社科基金 2023 年一般课题"欧洲新生代华裔的文化认同与对华认知研究"（项目编号 23BGJ025）；2023 年国际中文教育一般课题"欧洲华裔新生代中华文化认同与海外华文教育研究"（项目编号 23YH21C）。

[②] 作者简介：胡春艳，温州大学华侨学院副教授，研究方向为华文教育、华裔新生代等。

[③] 西格蒙德·弗洛伊德：《群体心理学与自我的分析》，北京：国际文化出版公司，2000年，第35页。

[④] Paul Gilroy, "Dispora and the Detours of Identity", in *Identity and Difference*, Ed. Kathryn Woodward, Sage Publications and Open University, 1997, p.301.

[⑤] 崔新建：《文化认同及其根源》，载《北京师范大学学报》，2004年第4期。

渐成长为海外华侨华人的中坚力量，促进中外交流的桥梁和纽带，中华文化传播的天然使者，近些年关于华裔新生代的文化认同问题也备受关注。

2023年8月，"中国寻根之旅"夏令营温州大学营共有来自德国、法国、英国、意大利、西班牙、葡萄牙等11个国家的70多名华裔新生代参加，本人作为班主任，得以近距离观察他们，在此期间对33名华裔新生代做了有效访谈，其中深度访谈15人。结营后，笔者又通过微信等方式对15人进行了跟踪调查，了解他们回到居住国的生活学习情况。同时，对部分华校校长、教师及营员家长进行了访谈，回收有效问卷180多份。在整个调研过程中，搜集了大约3万多字的半结构化访谈笔记。笔者最后对访谈和问卷进行系统分析，得出以下结论：欧洲华裔新生代有较强的中华文化认同感，具备一定的中文听说能力，但读写能力有待加强，这点无明显性别差异，但呈现出区域差异和混血差异；在文化身份认同上呈现出一定的困惑和迷茫，这点在混血以及入籍的华裔新生代身上表现得尤为明显。"我认为我是中国人和英国人混在一起的。"[①] "在意大利，有他者的感觉，回到中国，感觉还是他者。语言差异不说，思维方式的差异更难融入。我有华人血统，会说中文，可它不是母语，我也不属于任何地方。"[②]……总之，由于华裔新生代在新的移民环境中出生成长，他们身处两个世界碰撞交融的叠加地带，他们别无选择地面对自己与周围环境（主体族群）存在差异的事实，并在漫长的成长过程内化这种事实。而且认同从来不是单向发展或者固定不变的，尤其是那些与中国关系日益密切的国家，随着中国在该地区影响力的日益加大，可能对华人的认同以及他们之于中国的认识产生新的甚至复杂的影响。[③]

那么华裔新生代该如何建构自己的精神家园，摆脱由于"民族认同疲惫"和"文化认同困惑"所带来的迷茫和痛苦，实现从"貌似神未必似"的"香蕉人"，到成表里如一"芒果人"的转变，是学界一直在探讨的问题。根据笔者的观察和调查，认为排在首位的是要让华裔新生代了解进而认同自己的"根"文化，当然这个"根"文化可能是多元文化的融合，是其心理支撑和精神慰藉。是否认同"根"文化可以从中文语言学习、传统文化学习、对中国历史、对中华文明关注与思考的程度等方面来看。王赓武先生就把中华文化认同涉及的因子归纳为："我对学习中文很感兴趣；我的传统文化；我的祖先曾做过什么；是什么使中国文明成为这样一个伟大的文明；它如何才能继续保持生命力。"[④]因而增强华裔新生代的中华文化认同，以及对中国的了解与认知，一方面要提升

---

① 笔者对英国华裔新生代HYY的访谈，访谈时间：2023年8月6—16日，访谈地点：温州开元名庭大酒店。
② 笔者与意大利华裔新生代HLL访谈，访谈形式：微信，访谈时间：2023年2月12日。
③ 代帆、刘菲：《柬埔寨华裔新生代的认同及对华认知》，载《八桂侨刊》，2015年第4期。
④ 《我们祖先是中国人 因此我们是华人——华人访谈录》，新浪网，2005年8月16日，http://news.sina.com.cn/o/2005-08-16/10086702908s.shtml。

"寻根"活动的效果,探寻国内"寻根"和本土"寻根"的有机结合,同时要不断创新侨务工作模式,提升华裔新生代的参与度与获得感,最后要关注海外华校,夯实华裔新生代的"留根工程"。

二、提升"寻根"效果,打造华裔新生代的"生命体验之旅"

20世纪90年代以来,中国各级政府、民间组织、高等院校以及海外华社举办各种形式的华裔青少年冬/夏令营"寻根"活动,通过精心设计各种文化"体验",着重让华裔青少年亲历中华文化情境,使之触动、惊奇、感悟以至升华,消解其文化认同困惑,进而产生中华文化认同,建构自己的精神家园。事实证明这种"体验"式活动是培育华裔青少年中华文化认同的有效方式。德国哲学家狄尔泰就认为,"体验"与"经验"或"经历"是截然不同的,它包括行为体验和内心体验,指的是源于人的个体生命深层的对人生重大事件的深切领悟,是用自己的生命去验证事实、感悟心灵。[①]总之,"寻根"等文化实践活动对华裔青少年来说是一种"生命体验",是一种心灵震撼,它通过营造出全身心投入的文化情境,让华裔新生代在体验中感受、领悟和升华,进而产生情感皈依和文化认同,效果明显,但也存在不少问题。

1. "寻根"活动提升了华裔新生代对中华文化的认同

华侨大学课题组在该校境外生中开展的调研实验结果表明,海外华裔新生代对中国文化与情感疏离,其原因在于受访者的不少人因为没来过中国,对中国社会问题的看法,对中国的印象、态度、情感主要受到国际舆论或当地舆论、教育的引导。[②]为了增强华裔青少年对中华文化和中国元素的了解,近年来,国侨办打造了一系列以"体验"为主导的文化交流活动。尤以1999年创办的海外华裔青少年"中国寻根之旅"活动最为知名,该活动旨在鼓励世界各地的华裔青少年学习和传承中华文化,旗下已经形成"中华文化大乐园""中华文化大赛""汉语文化营"等一系列经典活动。

"寻根"活动让华裔新生代眼见为实,"零距离亲密接触"中华文化和现代中国的风貌,真实感受中华文化的魅力,增加对现代中国的认知,进而更好地将个人的前途规划与中国的发展和机遇联系在一起,这是消除文化隔膜的最有效途径,也使得他们更易求得价值认同和精神回归。全美中文学校协会会长倪小鹏就将"寻根之旅"比作文化"播种",他说:"很多参团团员因为青春年少,还没有形成强烈的华夏情结和文化共鸣,但'寻根之旅'把他们与中国的情缘和印象种在心底,有待日后长大,这颗种子便会生长

---

① 转引自胡培安、陈旋波:《华文教育与中华文化传承》,北京:社会科学文献出版社,2018年,第272页。
② 朱东芹、胡越云:《多元视角下的海外华侨华人社会发展》,北京:社会科学文献出版社,2018年,第186页。

发芽。"①一方面,"寻根"活动能提升华裔青少年的中文水平以及对中华文化的认知。法国华裔青年张**从8岁开始就参加"寻根之旅"夏令营活动,先后参加9届,对她影响很大。8岁第一次参加夏令营活动时,还不会说中文,她是在夏令营活动中第一次接触到拼音,后来多次参加夏令营活动,加上家里父母使用中文交流,自己慢慢学会了中文,并在大学时选修中文课程,希望深入了解中华文化。另一方面,寻根活动提升了华裔新生代对中国的认知,并愿意充当中外文化交流的使者,向外界传播中华文化,讲述中国故事。美国杜克大学的吕颖颖谈到自己的亲身体验:"亲身的交流让我认识到一个我从来没有认识过的中国。这样的中国和中国人比我之前知道的要多元化得多。"②菲律宾华裔青年李嘉婷认为,"在寻根之旅夏令营的体验,让我亲身感受到了中华文明和中国发展。回到菲律宾后,我会更好地向同学们讲述中国故事。"③来自意大利的营员胡倩倩参加完夏令营活动后,很自豪地说:"明年,我还会回来的,我要更多地了解中国,并把中国文化带到意大利去,让更多人了解中国、佩服中国!"④

可见,"寻根"活动效果明显,可以让华裔青少年近距离接触中华传统文化、感知中国,但如何让这种接触不断持续、感知不断深化,对中华文化的认知不只是停留在表面,而是触及内核,这是需要认真思考的问题。对已经连续参加9届寻根活动的华裔新生代张**的座谈很好地验证了这一点。访谈中张**说,"自己回到法国后会向法国同学讲述自己在夏令营的体验。"当笔者追问"会不会主动向同学介绍中国的传统节日和文化时",她说:"不会,因为自己也不太了解。"

"每年如果到了一个季节,就是一个比如说一个节日,然后吃月饼,吃粽子之类的我会跟他们(法国朋友)提起,并跟他们分享一些美食方面的。他们也感兴趣,然后会问更多的问题。但是问题是我自己也不太了解,所以我也不太敢去提。比如说他们会问吃月饼,到底是怎么来的一个故事之类的。可我也不太了解,就不敢太去提。""夏令营活动时有讲到中国传统节日之类的,但后来慢慢就忘掉了。"⑤

2. "寻根"活动存在的问题及效果提升策略

"寻根"活动对于培育华裔新生代的中华传统文化"根"意识,完善其身份认同和精神依托,作用巨大。但举办了几十年的"寻根"活动也存在不少问题,如"寻根"活动的外方院校合作较为杂乱且不成体系,呈现不固定、零散化、区域集中化的特点。如

---

① 《华侨华人的文化基因:是共同纽带亦是独特记忆》,中国新闻网,2022年10月12日,http://www.chinanews.com/hr/2022/10-12/9871571.shtml。
② 《华裔新生代:从"香蕉人"到"芒果人"》,载《人民日报海外版》,2010年3月2日。
③ 孙少锋、李笑然:《华裔新生代"寻根之旅"二十年:留住根脉 沟通中外》,载《人民日报海外版》,2019年6月12日。
④ 来自2017"亲情中华·汉语桥"夏令营浙江文成营学员建议反馈,2017年7月20日。
⑤ 笔者对法国华裔新生代ZFN的访谈,访谈方式:微信语音,访谈时间:2022年7月4日。

何在保证相对公平公正的前提下，扩大活动的参与面，惠及更多华裔青少年；以及如何增强活动的文化内涵，提升夏令营活动的效果等，都是值得思考的问题。

首先，精心筛选"寻根"活动的外方院校合作单位。相关部门要建立合作单位信息数据库，进行系统管理，对于效果突出、经验丰富的合作单位建立固定的合作机制。同时，要兼顾亚非欧拉等不同区域，根据每个区域的华侨华人数量、参与次数等情况分配名额，尽可能把这一活动惠及海外不同区域的华裔新生代。

其次，做好开营前的筛选、培训等工作。不少来华参加夏令营的营员，几乎不会说一句中文，而且把"寻根之旅"仅仅浅显地定位为来华旅游，并未给旅行加入深刻的文化内涵。一方面，需要对营员进行选拔考试，选取汉语水平比较高的华裔青少年赴华参与活动。另一方面，赴华参加活动之前，主办单位可以借助互联网手段，向营员们提供有关中华文化相关的课程，先让营员通过视频学习对中华文化和中国进行初步了解，提升后期寻根活动的效果。

再次，增强"寻根"活动的文化内涵，丰富课程设置。目前寻根活动在文化体验上过于偏重物质形态及民俗礼仪，对精神文化层面的认知和感悟不够。探寻如何将中华民族的思维方式、价值取向、伦理观念、审美情趣等以最恰当的方式呈现给华裔青少年，让他们既听得懂，又乐于接受。这就需要不断创新活动的技术手段。可以借助华裔青少年喜闻乐见的动漫、国潮、微视频等形式，丰富活动内容，使华裔青少年的中华文化熏陶既有的放矢又生动活泼。华裔青少年作为未来中外文化交流，传播中国声音的主力军，要让他们了解当代中国，因而活动在课程设置上，不但要展示中国传统文化、民俗礼仪，还要关注近代以来中华文化的发展变迁、当代中国的发展，并不断探寻讲述当代中国故事的巧妙形式。

最后，建立活动追踪机制，提升活动效果。寻根之旅的本意就是要通过活动增进海外华裔青少年对中国的了解，提高他们对中文和中华文化的兴趣。但目前很多活动陷入了"活动时热闹非凡，活动后一片沉寂"的怪圈。这就需要相关单位在活动后要及时建立追踪机制，如建立学习档案等，对华裔青少年进行持续关注和推进，借助微信、微博、抖音以及公众号等自媒体平台，定期向他们推送有关中华文化、中国现代发展的文章、微视频等，给海外华裔青少年持续"充电"，不断强化和拓展他们对中华文化、现代中国的认知。

3. 积极探寻回国"寻根"与本地"寻根"的有机结合

华裔新生代需要了解祖辈的移民历史，增强其民族认同与文化认同，不能忽视本土的"寻根"活动，做好华裔新生代的本土历史教育。百年来，海外华人的移民史就是一部血泪史。尽管海外华人为所在国的发展做出了重大贡献，但长期以来并没有获得应有的承认和尊重。随着海外华人社会的发展壮大，及不断的努力争取下，许多历史真相终见天日，华人先辈的付出得到承认和尊重。但华裔新生代对这段历史未必了解，通过本土"寻根",增强华裔青少年的民族认同及文化认同非常必要和迫切。一方面,海外华文学校在课程中可加入有关海外华人移民历史的讲述,让华裔新生代了解祖辈艰辛的移民历史,有助于他们更好地找到个人价值和发展方向。另一方面,开展华裔本土历史教育的实践课,进行本土的"寻根之旅"。课堂的讲述让海外华裔新生代对祖辈的奋斗历程有了基本认知,但这种认知是肤浅的、表面的,记忆也是短暂性的,通过实践可以进一步强化这种认知,并产生情感共鸣,有利于培养华裔新生代的文化认同,塑造双向文化气质。华社要充分挖掘当地的中华文化资源,利用华侨华人博物场馆及"唐人街"的寺庙、道观、学堂和会馆开展体验教育,帮助华裔新生代探寻华人移民印记,体悟先辈的奋斗史。同时,还可以举办诸如"我与美国华人历史"视觉艺术展示大赛之类的活动。鼓励华裔青少年挖掘身边的华侨华人奋斗史,展示并记录他们在海外生存发展过程中的标志性建筑、物件等。

三、创新模式,提升华裔新生代的参与度与获得感

以人为本、为侨服务历来是我国侨务工作的宗旨。党的二十大报告明确提出要"加强和改进侨务工作,形成共同致力民族复兴的强大力量"。[1]海外侨务工作是中国侨务工作的重要组成部分,华裔新生代是中国海外侨务工作重点关注的对象。但华裔新生代与老一代华侨华人不同,他们一般拥有较高的知识层次、较强的创新意识、宽广的国际视野以及国外先进的管理理念和科技信息,拥有较强融入当地主流社会的意识。但他们大多出生并成长在国外,受当地文化、西方文化以及当地体制影响较深,对祖籍国缺乏认识,对中华文化了解较少,有的已经不谙中文,更谈不上认同。传统侨务模式已经不能很好地服务华裔新生代。自身就是华裔新生代的法国华二代创业协会会长詹胜洁对此深有感悟,"传统的侨务活动已经不能引起华裔新生代的关注,他们甚至对此毫无兴趣,必须根据华裔新生代的关注点与兴趣点,打造有针对性的侨务活动,才能引发华裔新生代的共鸣与参与。"[2]

1. 调研先行,提高针对性、吸引力

习近平总书记强调指出:"调查研究是谋事之基、成事之道,没有调查就没有发言权,没有调查就没有决策权;正确的决策离不开调查研究,正确的贯彻落实同样也离不开调查研究;调查研究是获得真知灼见的源头活水,是做好工作的基本功;要在全党大

---

[1] 习近平:《高举中国特色社会主义伟大旗帜 为全面建设社会主义现代化国家而团结奋斗——在中国共产党第二十次全国代表大会上的报告》,环球网,2022年10月16日,http://china.huanqiu.com/article/4ACfjprsUKU。

[2] 笔者与法国华二代创业协会会长詹胜洁的访谈,访谈时间:2023年2月12日,访谈地点:温州大学行政楼918会议室。

兴调查研究之风。"[1]可见调查研究的重要性。海外侨务工作由于工作对象的特殊性和复杂性,只有通过调查研究才能真正了解海外侨情,做好精准统战,调动海外新生代的积极性,对于后续开展大统战工作至关重要。

新时代,海外侨务工作已从过去联谊交友,注重亲情、乡情、友情的维系,转向海外资源的发掘利用,引导新移民和华裔新生代以己所长,服务经济社会发展。各种宗亲会、同乡会、校友会等华人社团组织历来是凝聚海外华侨华人的重要载体,成为华人社团组织的领导人亦是老一代华侨华人所向往的,是一种"身份"象征。但对于职业结构和来源地结构发生深刻变化的新移民,加入华人社团不再是一件与自己的社会属性和生存状况休戚相关的事情,彼此之间呈现出一种去社团化的松散结合趋势。新移民与侨团的联系越发薄弱,尤其是新生代对传统的华人社团组织兴趣不大,传统华社面临断层。百年侨团新加坡温州会馆的张锡有会长就感叹道:"为了吸引年轻人我们会馆经常举办各种活动,并向年轻学子颁发助学金等,但效果都不太理想。"[2]自然,华裔新生代对侨务部门组织的诸如恳亲会、座谈会等各种传统联谊活动不感兴趣,甚至排斥。对此,有关部门要做好长期规划,有针对性地对海外华裔新生代拓展侨务工作,扩宽交流渠道,增强情感联络。积极组织一些契合年轻人性格特点和生活背景,直接面向华裔新生代的如"嘉年华会"等活动。继续做好如"华裔新生代企业家研修班""华侨华人新生代创新创业大赛"等针对华裔新生代的回国考察活动,让他们向往"回来",觉得这是荣耀和期待的事情,逐渐产生文化身份的认同感和归属感。

2. 技术赋能,打造方便快捷的互联网服务平台

凝聚侨心,为侨服务,将"侨助侨"的光荣传统发扬光大,互联网在其中发挥的价值不可替代。中国侨联主席万立骏在部署 2019 年下半年侨联工作主要任务时,也特别指出,要"探索运用互联网手段开展宣传思想工作的新方式新途径"[3],明确了"互联网化"是未来开展侨务工作的新趋势。新生代作为网络原住民,他们在信息搜集、沟通交流、经验分享上都高度依赖互联网。由于华裔新生代在国外出生成长,对祖籍国了解有限,甚至完全不了解。有限的了解也主要是来自亲朋好友的介绍或者当地主流媒体的报道,他们需要相关网络社交平台进行交流,以便了解国内真实的创业和就业环境。一位曾经留学英国、现在回国创立科技企业的 80 后新侨就表达了这样的迫切需求,"我们特别希望有一个跨国界跨时差的互联网信息平台,让我们去往不同国家的人,从不同国家回来的人,都可以随时随地了解最新政策动态,了解过来人的亲身经历,同时分享自

---

[1] 中华人民共和国中央人民政府:《关于在全党大兴调查研究的工作方案》,2023 年 3 月 9 日,http://www.gov.cn/zhengce/2023-03/19/content_5747463.htm。

[2] 笔者与新加坡温州会馆会长董事的座谈,座谈时间:2023 年 5 月 21 日,访谈地点:温州大学校友之家二楼。

[3] 中国侨联:《中国侨联十届三次常委会议在京召开》,2019 年 7 月 31 日,www.chinaql.org/n1/2019/0731/c419643-31268059.html。

己的真实经历供后来人参考，大家互帮互助"。①目前，国内出现了诸如趣探路的APP，聚焦出国领域的真实点评和分享，以及在侨居国的生活工作见闻、经验等，受到新生代华侨华人的追捧。建议有关部门根据华裔新生代的关注点与兴趣点，利用好互联网平台，打造诸如华裔新生代创新创业服务平台、海内外浙籍/粤籍/闽籍等青年联系互动平台，设立诸如"华人青年精英榜"等奖项，鼓励和助力华人青年以及留学生创新创业。此外，平时多注重通过微信群、公众号、各种APP等开展各种国际交流活动，加强与华裔新生代的联络交往。

3. 创新内涵，增强华裔新生代的中国情结

为满足海外侨胞的精神文化需求，集中展示中华文化的丰富多彩和博大精深，增进海外侨界及主流社会对中华文化的了解和喜爱，近些年中国侨务机构精心打造了"文化中国"系列品牌活动，如"海外中国·四海同春""文化中国·海外文化社团负责人高级研修班"等，已经成为推动中华文化走向世界的国家级文化品牌，取得一定成功。但中国侨务机构组织的这些"讲述中国故事"的行动，在海外华人看来也存在偏驳之处。如以旅荷华侨的身份活跃于中荷两国的投资界及文化交流事业的荷兰海牙的青田移民一代卢女士，她就认为："诸如国侨办主办的'四海同春'等文化交流活动，本质上就是出口转内销，去观看的80%、90%是中国人，讲述中国故事并没有抓到主流社会的神经。""我们现在讲中国故事就是很一厢情愿地用自己的方式去讲，觉得我们讲的很好，其实不是。""我们需要用当地国的语境，用当地的语言来讲述中国故事，可以发动留学生和华二代力量。"②法国华二代创业协会会长詹胜洁站在华裔新生代的角度对此类"走出去"的文化交流活动发表了自己的看法，他认为："像四海同春这类活动服务范围过于狭窄，演出的节目不适合当地，没有实现本土化。节目要展现现实的东西，不要带政治倾向，这样才能吸引华裔新生代的关注。"③可根据不同国家华侨华人情况特点做有针对性的节目安排，精准演出，提升华侨华人尤其是华裔新生代的参与度与满足感。同时，增加演出场次，惠及更多侨胞。在创新传播形式的同时，还要进行内涵上的创新。在选择贴近民生、出镜率较高的诸如"中文""中医""春节""太极"等"物化"和"文化"象征符号进行传递、交流的同时，还要将中华传统文化中的诸如爱国爱家、团结和谐等文化精髓蕴含其中，增强华裔新生代的中国情结。

总之，要让海外华裔新生代了解、接受中华文化，到认可中华文化，再到产生共情，想要传播中华文化，就要不断创新中华文化的传播方式和载体，用他们喜欢的方

---

① 《年轻新侨成为主力军 互联网化将是侨务工作新趋势》，凤凰网，2019年8月8日，https://finance.ifeng.com/c/7oyLvzVOhKi。

② 转引自刘悦：《跨文化记忆与身份建构——欧洲华裔新生代的文化认同》，厦门：厦门大学出版社，2020年，第99页。

③ 笔者与法国华二代创业协会会长詹胜洁的访谈，时间：2023年2月12日，访谈地点：温州大学行政楼918会议室。

式、听得懂的语言来讲述。

四、关注海外华校，夯实华裔新生代的"留根工程"

语言学习和文化认同有着直接关联，语言文字是文化的基石，承载着文化因子，"华裔青少年对语言的情感反映出对文化的认同程度"[①]，"华人的文化认同很大程度上受其书写语言的影响"[②]。而且语言还是民族精神的记录与表达的载体，语言文字自信是民族文化自信的第一要义。"在所有可以说明民族精神和民族特性的现象中，只有语言才适合于表达民族精神和民族特性最隐蔽的秘密。"[③]海外华文教育是面向海外华裔青少年进行民族语言、文化教育的"留根工程"和"希望工程"，是中华文化海外传播的重要载体。正如庄国土所言："华文教育是提高华侨华人的中华文化素养，保持他们的中华民族特性，维系和加深他们与祖国血脉联系的有效方式。"[④]多位身处海外华文教育第一线的华校校长都纷纷表示："影响华裔新生代文化认同的两大因素，一是家庭教育，二是华文教育，在家庭教育越来越缺失的今天，华文学校的影响越来越大，责任也越来越大。"[⑤]经历疫情洗礼后的海外华文教育面临再次转型，需要国内外的共同关注，携手构建内外联动的海外华文教育机制，提升海外华文教育水平，夯实华裔新生代的这一留根工程，培育华裔新生代的中华文化认同，消解文化认同困惑。

1. 聚焦师资，提升华文教育的内生动力

长期以来，国侨办采用"请进来"、"走出去"、长期外派等多种方式，开展华文教师培训工作，主要以"输血"方式来解决海外华文师资短缺问题。国内"输血"固然可以短期内解决华文师资短缺问题，但不是长久之计。海外华文教育的本土化，需要加强海外华校的"造血"功能，做到"造血"与"输血"双轨并行，慢慢从借助外援向自己培养师资力量转变，提升华文教育的内生动力，保证师资力量的延续性、连贯性。

首先，继续保留线上的师资培训。疫情期间，国内相关部门开设了不少面向海外华文教师的培训课程，华校校长纷纷表示这对于提升教师水平有很大帮助，希望疫情后不要全部转为线下，可以采取线上线下相结合的模式，为没有条件进行线下培训的华文教

---

① 陈燕玲：《菲律宾华裔青少年的语言情感与文化认同——基于"词语自由联想"实验的研究》，载《东南学术》，2015年第4期。

② 陈志明：《迁徙、家乡与认同——文化比较视野下的海外华人研究》，北京：商务印书馆，2012年，第123页。

③〔德〕洪堡特：《论人类语言结构的差异及其对人类精神发展的影响》，姚小平译，北京：商务印书馆，1999年，第53页。

④ 庄国土：《略论东南亚华族的族群认同及其发展趋势》，载《厦门大学学报（哲学社会科学版）》，2002年第3期。

⑤ 笔者与德国纽伦堡中文学校校长李立、南非华教国际中心负责人柳玲、葡萄牙欧诺学院校长杨欢、里斯本中文学堂陈晓红校长等的座谈，座谈形式：微信，时间：2023年3—6月。

师继续提供学习机会。同时，他们也希望能够提供多样化的教学方法和资源，来满足不同海外华文教师的需求，促进海外华文教育的多元化发展和文化传承。课程培训的内容更加多元化，基础培训和技能培训相结合，增加儿童心理、营销以及华校管理者胜任力方面的课程培训。[①]

其次，设立海外华文师资培训中心，建立师资库。政府层面要加强顶层设计，创新思维，在欧洲等地设立海外华文师资培训中心，支持并推动海外华校和国内高校合作建立"一站式"师资培训站。培训站要结合当地的实际情况，考虑当地的风土人情，培训内容涉及教学大纲、教学目标、教学PPT等各个方面，实现系统化、本土化的教学设计，形成国内援助海外华校的联动机制。

再次，挖掘华校自身资源，实现常态化的师资培训。师资培训不能全部依靠国内提供的培训机会，海外华校要挖掘自身资源，发挥老教师传帮带的作用。此外，要加强校际交流，同一地区的华校之间可以通过循环听课，相互学习，总结可供推广的教学经验。

最后，发挥民间力量，鼓励并扶持民营企业积极走出去，创办面向海外华裔青少年的国际中文以及在线教育平台等，推动中文教育和中华文化交流。

2. 内外联手，合编适合当地的华文教材

海外华文教育历来被认为是海外华人传承中华文化的有效途径，肩负着传承中华文化及价值观的重任。华文教材是华文教学的依据和遵循。目前，绝大部分华校都直接采用国内提供的各种版本的华文教材，但这些教材偏重语言、文字的学习，文章内容较少，而且文章的政治性过浓，华裔孩子由于缺乏相应的政治背景，难以理解。[②]因而，华文教材的编写需要海外华文教师的大力参与，内外联手共同打造本土化的教材体系。

调查中发现，不少华校直接选取部编版教材，一是容易与国内接轨，二是部编版教材着眼于对学生进行全面的语文启蒙和提高学生的语文素养，内容涵盖了中国历史、文化以及地理等知识，非常全面。但国外的语言环境和学习时间与国内不可同日而语，海外华裔孩子的中文基础层次不齐，无法达到母语教材设计的教育目标，需要制作适合各个国家和地区的华文教材。国侨办以及国内高校应加强与海外华文华校合作，选派专家与海外一线华文教师合作，结合当地语言和文化环境、学校的特点以及学生的学习习惯来编写适合本地的华文教材，提高教材的针对性和适用性，调动学生的学习积极性。同时，海外华社还要积极鼓励海外华文文学的创作，为各国华文教材的本土化提供重要的思想及语文资源。

---

① 温州大学华侨学院主办的"2023年海外华校校长圆桌论坛"，2023年3月8日。
② 笔者与海外华文学校校长的座谈，座谈方式：微信语音，2023年3—6月。

3. 技术赋能，打造丰富多元的课程体系

首先，善用新技术，打造线上线下联动的混合教学课程体系。疫情让海外华文教育的授课方式实现了由线下到线上的转变，提升了海外华文教师的素养和技能。疫情后，海外华校通过技术赋能，打造线上线下相结合的混合教学新模式，更加有趣、多元、有效的课程体系，提升海外华校的竞争力，促进海外华文教育的多元化发展和文化传承。

其次，有效利用阅读 APP 软件。华裔新生代对网络更加熟悉，甚至依赖，因而可以选择一些有趣的阅读 APP 软件，如适趣 AI，作为课后阅读补充，增强海外华裔孩子中文学习的连续性，提升学习兴趣和成就感。

再次，创建绘本数据库，赋能海外华文教育。中文绘本是进行中文学习、文化启蒙的有效载体，尤其适用于低龄孩子。但在海外合适的绘本难以获取，且成本较高，加之不少老师和家长并不能很好解读绘本里所蕴含的传统文化精髓，效果大打折扣，因而创建绘本数据库非常必要。相关部门可以组建专家团队对此类绘本进行系统解读，拍摄成微视频，形成绘本库，定期通过公众号、微信群等形式发布，提供给海外华校教师、家长，对海外华裔青少年进行文化启蒙，赋能海外华文教育。

最后，借助互联网技术，打造针对海外华裔学生以及华文教师的高质量比赛平台。国侨办、各级侨联等组织部门要做好筛选把关工作，精心打造几家高质量、侧重点不同的针对海外华裔学生的比赛平台，避免一窝蜂的无序竞争。

总之，由于身处跨国实践和多元异质文化冲突的环境下，华裔新生代在身份认同上经历着迷思、转变和抉择。消解华裔新生代文化认同的困惑，助其建构自己的精神家园，需要关注和了解华裔新生代的所思所想，根据他们特点和喜好，对"寻根"活动进行优化，不断创新侨务工作模式，设计能够激发华裔新生代参与热情的项目，大力发展海外华文教育，同时注重华裔的本土历史教育。通过从感知到认知再到实践和参与这样的教育路径，回答华裔新生代"我是谁？""我从哪里来？"的疑惑，对于消解华裔新生代的文化认同困惑，提升其中华文化认同大有裨益。

"认知-情感-意志"：海外华裔青年与祖籍国青年交流模式的变迁与发展

康晓丽[①]

【摘　要】 近几年，海外华裔青年与祖籍国青年交流逐渐发展成"认知-情感-意志"三者紧密联结的有机统一体，在这样的交流模式中，认知推动彼此熟悉，强化事实根源，加深信息交流，为凝聚共识夯实基础；情感满足彼此心理需求，反映价值关系，实现心灵对话，促进相互信任，为构建中华儿女大团结创造了条件；意志则调节和支配自觉行为，推动价值增值进而做出理性选择，增强了双方的内聚力，成为共建海内外同胞命运共同体的必然前提。本文通过"认知-情感-意志"逻辑解释并研析海外华裔青年与祖籍国青年交流的模式，提出"认知-情感-意志"的交流新模式应成为推动新时代海外华裔青年与祖籍国青年全面融合式交流的重要政策引导要素。通过这种有机统一的交流模式，海外华裔青年与祖籍国青年不仅能厘清彼此认同的心理起源，还能够为构建中华民族共同体意识的话语体系提供动力源泉。

【关键词】 海外华裔青年；祖籍国；认知；情感；意志

一、问题的提出

在中国与海外华侨华人的交流中，青年交流已经成为当前侨务中心工作的重点和难点。[②]习近平总书记指出："我们希望海外华裔青少年愿意传承和发扬中华文化，愿意成为中华民族文化与世界文明交流互鉴的民间使者。"[③]为了推动中国青年与海外华裔青年交流，中国与海外华侨华人居多的国家实现了青年留学招生的双向互动，中国也连续举

[①] 作者简介：康晓丽，女，内蒙古赤峰市人，中共厦门市委党校、厦门市行政学院、厦门市社会主义学院统战理论教研部副教授，法学博士。

[②] 根据世界卫生组织、联合国大会、联合国儿童基金会、联合国人口活动基金会、联合国教科文组织和国际劳工组织确定的年龄分段，青年（youth）的年龄范围为15—24 岁。根据中国国家统计局界定的青年范围为 15—34 岁、中国共青团界定的青年范围为 14—30 岁，《中长期青年发展规划（2016—2025 年）》所指的青年，年龄范围是 14—35 岁。综上，参照海外华裔新生代青年与中国青年的互动交流现状，本文所指青年范围为 15—30 岁。

[③]《习近平讲话引共鸣：华裔青少年议"根、魂、梦"》，2010 年 7 月 27 日，https://www.chinanews.com/hwjy/2010/07-27/2427405.shtml。

办了一系列从中央到地方不同层级的针对海外华裔新生代的文化交流项目，这些项目推动当前海外华裔青年与祖籍国的交往有了日新月异的变化和发展。

越来越多的研究指出，海外华裔青年与祖籍国青年在对祖籍国的认知和认同、传承中华文化、共同实现中国梦等重要议题上存在明显的认知差异[①]。通过海外华裔青年和祖籍国青年交流活动，显著改善和提升了双方对彼此的印象，也在情感互动方面增加了价值认同。尤其是随着中国青年前往海外华裔青年集中的相关国家留学，海外华裔青年也陆续前往中国来求学，更是迅速拉近了两个群体之间的距离，增加了接触和融合的机会，但是涉及海内外同胞命运共同体建构等重要议题时，双方的立场和态度不尽相同。推动海外华裔青年与祖籍国青年交流，需要培育和构建中华儿女大团结的共同体意识，应用互动情感传播路径，以及从公共外交和民间外交相结合来入手，建构培育海外华裔青年与祖籍国青年的"共同认知"，真正实现青年群体交流的有效性和持久性[②]。

从1999年以后，中国开始通过寻根之旅、夏令营等体验式交流活动，加强海外华裔青年与祖籍国青年的相互认知。随着交往和接触的不断增加，双方交流中的一些问题日益凸显，例如一些华裔青年通过交流对祖籍国认知更加正向，一些华裔青年则在交流中强化了原有的偏见；一些华裔青年在深入走访了解后体现了较强的华裔身份属性，但是却对华裔血统持否认态度。2012年以来，诸多针对海外华裔青年身份认同的调研表明，华裔族群身份的主动和被动缺失情况较为显著，这引起了中国涉侨部门和海外华侨华人社会的广泛关注，如何在广大海外华裔青年中培育中华民族情感和开展中华文化传播，形成中华儿女大团结的共识，将成为构建新时代海内外同胞命运共同体的重要基础。因此，重新梳理和总结以往海外华裔青年与祖籍国青年交流的模式和特点，有着重要的现实意义。

针对新时代海外华裔青年与祖籍国青年交流，本文的研究内容包括两个层面：海外华裔青年与祖籍国青年交流的模式和变迁，海外华裔青年与祖籍国青年交流发展的未来趋势。事实上，海外华裔青年与祖籍国青年交流反映了群体的主观心理活动，认知、情感与决策起着非常重要的作用。美国学者詹姆斯·马克·鲍勃温提出"认知·情感·意志"理论，该理论认为，人的意识包括认知、情感与意志，他们分别反映了三种基本的客观事物（事实关系、价值关系和行为关系）。认知阶段解决"是什么"的问题，情感（评价）阶段解决"有什么价值"的问题，意志（或决策）阶段解决"实施什么行为"

[①] 金鑫、熊佳怡：《海外华裔青少年"中国梦"认知、认同情况调查与分析》，载《海外华文教育》，2016年第6期，第852—858页。刘燕玲：《加州大学圣地亚哥分校华裔学生的双重认同研究——美国华裔青年身份认同的个案分析》，载《世界民族》，2015年第1期，第79—91页。康晓丽：《1980年代以来新西兰华人身份认同的变化》，载《南洋问题研究》，2015年第3期，第75—81页。

[②] 马溧：《华裔青年中华民族共同体意识的情感传播路径——互动仪式链理论视角》，载《华侨大学学报（哲学社会科学版）》，2021年第2期，第23—32页。

的问题①。鉴于此，本文采用"认知-情感-意志"逻辑解释并研析海外华裔青年与祖籍国青年交流的模式。在实际交流过程中，认知、情感与意志贯穿青年们交流的全过程，甚至影响交流的实际效果，在不同的历史发展阶段中，也呈现出不同的发展特点。当前，海外华裔青年与祖籍国青年交流发展迎来了新时代，"认知-情感-意志"正逐渐形成相互促进共同发展的新模式，成为推动新时代海外华裔青年和祖籍国青年交流的重要政策引导要素和发展动力②。

二、认知：奠定青年交流的事实基础

认知是指人们获得知识或信息加工的过程，它包括感觉、知觉、记忆、思维、想象和语言等。在人际关系中，人们之间的交往正是通过相互感知从而实现对个体认识活动的调节进而形成概念、知觉、判断和想象等心理活动，为开展情感交流和互动奠定基础。在海外华裔青年与祖籍国青年的交流中，认知主要表现为他们相互之间感知各自主观情感、心理活动、价值观等基础上，进而对事实关系给予认定。这种认定既包括彼此对各自祖籍文化的情感记忆，也包括对各自社会结构运行的现实反馈等等。可以说，这些认知涵盖历史与现实、地域与政策、文化与心理、世俗与三观，是一个既有理性也有感性的多元认知体系。

事实上，海外华裔青年与祖籍国青年的交流始于双方的事实认知。从1955年万隆会议之后，中国放弃双重国籍，选择住在国国籍的华侨变成华人，随后造成大量华人新生代与祖籍国青年长期隔阂，对彼此的了解认知主要来自父母和家庭长辈的口述以及境外媒体的片面宣导。以泰国为例，20世纪50—60年代，泰国政府通过取缔华文教育实施对华人的"泰化"，华人新生代的祖辈和父母辈基本上完成了被同化和融入泰国社会的过程。除了因家庭内部交流之需保留了一定的方言表达能力之外，大多数华人对汉语和汉字的使用能力已经基本消失，他们的后代子孙普遍不识汉字，有的甚至连祖家方言也不会讲，直至1992年泰国宣布全面开放华文教育，情况才得以逐步改善，由此，海外华裔青年对祖籍国的认知隔阂自然产生。所以，海外华裔青年与祖籍国青年要开展交流，就必须从相互认识了解开始。1977年，侨乡重镇广东省计划尝试举办海外华裔青少年夏令营，海外华裔青年开始有了实际接触了解祖籍国的机会。1980年，广东开平举办了第一期华裔青少年夏令营，随后广东各地纷纷跟进，直至1984年，广东全省共举办华裔青少年夏令营21期，海外华裔青少年共599人来到广东③。1985年，教育部

---

① 〔美〕詹姆斯·马克·鲍德温：《认知·情感·意志》，北京：北京邮电大学出版社，2018年第15页。

② 艾明江：《"认知-情感-利益"：两岸青年交流模式的发展与演变》，载《中国青年研究》，2017年第1期，第37—44页。

③ 《广东省志》编纂委员会：《广东省志·1979—2000侨务卷、外事与港澳事物卷》，北京：方志出版社，2014年。

本土与互鉴：多维视野下的海外华人与中国侨乡关系研究

设立联合招收华侨港澳台学生办公室（简称"全国联招"），挂靠在广东省教育考试院，最初只有 7 所高校参加招生，开启了正式招收海外华裔子女来华读书的序幕。此后，暨南大学、华侨大学也联合招收港澳台、华侨、华人及其他外籍学生入学考试（简称"两校联招"），数量众多的海外华裔学生源源不断留学中国，成为青年学生交流迅速增加的起点。实际上，改革开放初期，侨务工作重点是明确海外侨胞和归侨侨眷的重要地位和作用，以中国单方面输出为主，海外华裔青年交流并不是中国与海外侨胞交流的主体。20 世纪 90 年代后，海外华裔族群普遍出现了中华文化代际传承的断层，这一点在新一代青少年华裔群体中表现得尤为突出。同时，改革开放后走出去的新移民，他们希望后代能够保持与中国的文化和现实联结，在此背景下，海外华裔青年与祖籍国青年的交流由中国方面的单向交流逐步向双向交流转变，交流项目也渐渐拓展涉及探亲、学术、文化等各个方面。随着各领域交流的不断发展，1999 年起，国侨办主导采取"自上而下"向各地方省市推进的方式，在全国各地全面开展"海外华裔青少年中国寻根之旅"项目，此活动获得快速拓展和推进，规模涉及 6 大洲、35 个国家和地区的数千名海外华裔青少年，实现了真正意义上的大规模群体面对面交流。

随着中国经济的发展以及海外侨胞与中国融合的深度不断加强，海外华裔青年来中国高校留学的规模逐渐增加，这成为海外华裔青年与祖籍国交流发展新的着力点。据统计，1985—1999 年，中国高校招收的海外华裔青年本科学生达 196 人，研究生 67 人。2000 年以后，招生发展速度迅速提升，截至 2021 年本科生 2868 人、硕博研究生 1520 人。四十年来，到中国大陆读书的海外华裔青年学生人数累计达上万人[①]。海外华裔青年学生到中国求学读书拓展了他们了解认知中国的渠道和方式，通过在中国高校读书、学习、生活，大多数海外华裔青年很大程度上深化了对中国的认知，增加了情感友谊的累积。这些海外华裔青年在学成返回后抑或留在中国工作生活，都成为推动中国人民与其他国家人民友好往来的桥梁和纽带，甚至某些优秀华裔青年还成为国家间公共外交的独特资源。

往常，海外华裔青年与祖籍国青年交流缺乏平等客观的互动平台，双方的偏见和误解经常出现，这不利于海外华裔青年和祖籍国青年相互之间建立客观正确的认知。依据心理学理论，刻板印象是偏见的认知来源，消除偏见主要采取以下举措：基于平等地位的交往、消除刻板印象、熟悉对方的独特性、对别的群体的内部规范采取宽容的态度、共同的命运与合作性奖励[②]。新中国成立到改革开放开始这段时期，大量海外华裔住在国推动"强制融合"和"强制同化"政策，在东南亚甚至出现剧烈的排华运动，这给华裔青年在国籍归化、认同观念、社会结构、经济状况、教育水准、政治觉悟、分布流向

---

① 根据"两校联招"和"全国联招"数据统计而得。
② 于海涛、杨金花、张雁军等：《想象接触减少偏见：理论依据、实践需要与作用机制》，载《心理科学进展》，2013 年第 10 期，第 118—126 页。

等层面的认知带来了巨大的冲击和改变，有些华裔青年拒绝承认华裔身份，甚至对祖籍国产生负面认知，这就使得海外华裔青年与祖籍国青年之间缺乏最基本的平等地位的交流，相互理解与尊重和基本的认知共识更无从谈起。

改革开放后，中国新移民增长迅速，海外华裔青年与祖籍国青年的交流也迎来了新的环境。中国各年龄段学生赴海外院校就读的规模也越来越大。教育部数据显示，仅2019 年，中国出国留学人数就高达 70.35 万人，留学年龄段中大学本科占比达 60%，高中生占比 18%，小学生占比 3%[①]。另据《英国高等教育大数据》最新数据，申请 2021 年入学英国本科的中国内地学生人数达 25,810 人，创历史新高，比 2020 年同期增长了 21.46%[②]。此外，中国学生还通过各种形式赴海外进行短期交流，如冬令营和夏令营、短期交换项目、游学营等等。中国青年赴海外交流的剧增，增加了双方平等交流与互动的机会。越来越多的海外华裔青年与中国留学生接触后对中国有了新的了解和认知，并在此认知基础上逐步向文化族群认同倾向，进而开始在某些议题上衍生出情感认同。海外华裔青年与祖籍国青年在相互接触、了解后进行平等地位的交往交流，不仅提高了交流的有效性，更改变了传统交流中先入为主的刻板印象。

事实上，海外华裔青年与祖籍国青年增进认知的途径不限于留学读书，随着新媒体等交流介质的普及，互联网建构的虚拟世界的社交媒体成为交流互动的又一主要路径。与传统的参访、夏令营、留学读书等实际接触的交流相比，采用多样性的对话空间，构建多重交往的关注焦点的社交媒体交流极大地缩短了海外华裔青年与祖籍国青年交流的物理和心理距离。一方面，它使得大部分无法参加实际接触等体验式交流的海外华裔青年有了多元对话的空间，从海外华裔青年视角提升了他们对中华民族文化的认知体验，交流更为正常和高频次，对彼此的独特性也更为熟悉；另一方面，通过微信、短视频、Facebook、Twitter 等平台的信息频繁交互，有利于海外华裔青年与祖籍国青年参与相关议题并形成共同关注的焦点，进行适时的信息咨询共享，推动双方实现共同认知空间的构建。虚拟的互联网社交媒介交往从文本符号的多重性，关注到了海外华裔青年成长背景，这种交往媒介建构了适合与海外华裔青年进行互动的话语体系，深化了认知体验，使得对彼此群体的内部规范采取更为宽容的态度。实践证明，善于运用社交媒体与祖籍国朋友保持互动的海外华裔青年，更能进行客观理性的有效互动，甚至实现情感能量的聚集。这种有效互动能提升海外华裔青年与祖籍国青年交往的广度与深度，弥补了蜻蜓点水式的一般交往存在的缺陷。

认知奠定了青年交流的事实基础，并伴随后续的价值取向和行为导向。早期阶段，由于海外华裔青年与祖籍国青年长期分离，了解不深，此阶段的交流基本以粗放式接触

---

① 《〈2019 中国留学白皮书〉最新发布　5 年数据积累展示留学群体全貌》，新东方，2019 年 5 月 7 日，http://goabroad.xdf.cn/201905/10909318.html。

② 根据 HESA《英国高等教育大数据》和 UCAS《英国大学 2021 申请季中期报告》中关于中国内地学生历年录取人数统计而得。

为主，比如，海外华裔青年和祖籍国青年对彼此所处的社会制度、身份归属、文化取向等情况不甚了解，成为此阶段增加接触、加深了解、扩充认知的主要议题。随着交流不断深入，海外华裔青年与祖籍国青年的交流接触日益增多，各自对双方总体情况的把握也基本熟知，开启了进一步的信息共享与共有认知空间的建构，双方在交流中也出现了新的认知偏差，例如，由于受到双方政治经济和国家关系的影响，海外华裔青年与祖籍国青年不仅会通过对新形势的自我适应来改善生存和发展条件，也会通过自我强化来避免因华人族群认同所施加的影响，这就导致各自所呈现的认知观念分歧从而无法通过交流建构共有的认知。因此，海外华裔青年和祖籍国青年交流需要通过建构共有的认知空间，形成更多的共同看法和理念，从而理性看待各种观念上的冲突，进行平等的沟通互动。

三、情感：影响青年交流的价值取向

情感是指人们对客观事物是否满足自己的需要而产生的态度体验。在人际关系中，人们总是试图使其认知与其情感相符，即，人们的信念或感觉在相当程度上取决于认知，这就为群体内部交流的稳定性和群体交流中成员的态度倾向提供了政策引导方向。在海外华裔青年与祖籍国青年的交流中，情感认同随着共有认知不断深化，已成为目前影响海外华裔青年与祖籍国交流的主要内容。随着交往模式和沟通介质的拓展，海外华裔青年与祖籍国青年在认知领域的沟通日益畅达，情感认同逐渐浮现，成为新时代海外华裔青年与祖籍国青年交流的重点。在情感认同交流中，海外华裔青年与祖籍国青年的情感认同更为多元，趋向独特，但仍受历史文化的制约。文化交往就是在形成共有认知的基础之上，推动彼此互动和有参与感，通过文化符号建构和互动式情感交流等方式，对海外华裔青年和祖籍国青年交流施加情感影响，从而建立长期目标感，获得彼此心灵的认同。

早期的海外华裔青年与祖籍国青年交流重点以奠定客观事实和基础为扩充认知的前提。随着中国对外开放和交往的扩展，大量的海外华裔青年拥有了直接接触和深度了解祖籍国的机会和平台，越来越多的高校、企业、社区、兴趣社团、宗亲协会、校友会等采取各种交流活动，推动和拉近了海外华裔青年与祖籍国青年之间的情感互动和参与。20世纪90年代末，海外华裔青年通过夏令营等各种不同层级的平台到祖籍国参观、培训，了解中华传统文化，认知中国现代化快速发展的事实，这种文化交流活动是基于认知基础上的互动，旨在让海外华裔青年通过对中国的切身观察加深了解，改变认知，在中国包容开放的文化自信中寻根溯源，加强华裔青年自身的文化认同。然而，在华侨向华人身份的转变过程中，海外华裔青年在认知、情感层面已经发生了巨大的变化。诸多海外华裔青年不仅放弃了中文学习，缺失了对中国历史文化认知的渠道，更对中华民族共同体缺乏情感认同，甚至还有一部分青年否认中华血统。2018年3月，笔者针对"一带一路"沿线国家华裔青年关于"华人身份认同"和"中国所学专业"所做的问卷

调查中发现，相当一部分海外华裔青年在身份认同、祖籍国文化认可等情感认知上呈现出与中国青年截然不同的认知取向[1]。尤其是在受到当地一些西方媒体的渲染和影响之下，有些海外华裔青年认为中国"一带一路"的海外建设企业是抢占当地资源、影响当地经济社会发展，进而会损害其自身利益，因此，在有些海外建设项目遇到在地政策困难时，一些海外华裔青年甚至成为负面宣传的主力军[2]，这也再次表明了海外华裔青年与祖籍国青年在情感认同层面的引导还有许多工作要走深走实。

随着新移民的增加，海外华裔青年与祖籍国青年交流呈现"规模化发展"的新趋势。在继续扩大海外华裔青年"全国联招"和"两校联招"的同时，中国从中央到地方进一步强化"中华儿女大团结"的目标和理念，中央和各省市陆续启动了寻根之旅、文化研习、青少年（冬）夏令营等青年交流项目，海外华裔青年与祖籍国青年交流的规模和覆盖面都得到了极大的提升，但与六千万海外侨胞的总量相比，参与实际交流的人数仍然需要增加。据统计，海外华裔青年来华实际参与交流的比率不足5‰[3]。这也表明，海外华裔青年与祖籍国青年交流在数量上还需要实现规模化的突破。经过近些年的努力，海外华裔青年与祖籍国青年交流已经由了解认识祖籍国现状的模式，转向侧重情感认同层面的传播式交流，更加注重从跨文化管理的角度去统筹对海外华裔青年的文化传播和情感共识建构，力求将国际接轨与兼顾传统特色相结合。1999年开始，国侨办正式提出开展海外华裔青少年品牌项目工作，形成了以"寻根之旅"营为龙头，汉语学习营、舞蹈武术营、优秀华裔青少年营、领养中国人营、与省市侨办合办营为辅的多形式、多种类的夏令营系列品牌。2008年又新增了"海外华裔青少年中华文化知识竞赛优胜者夏令营"和"世界华人少年作文比赛获奖者夏令营"，旨在鼓励更多的华裔青少年参加中国有关机构组织的文化知识竞赛和作文比赛[4]。这些交流项目就是希望通过现场调研、密切接触、联谊交友等方式实现相互认识、相互理解、相互包容的心灵契合，在原有基本认知的基础上最终达成某种程度上的情感共识。截至2021年，全国层级、影响面较广的海外华裔青年与祖籍国青年交流项目主要由国务院侨务办公室、中国海外交流协会、中华海外联谊会、中国侨联、国台办、中国宋庆龄基金会、政协港澳台侨事务部门、共青团中央、中华全国青联联合会、欧美同学会、中华儿童文化促进会等相关部门和机构主办，这种自上而下的模式有助于扩大活动项目的覆盖面，但也急需各地方

---

[1] 康晓丽：《"一带一路"沿线相关侨务资源大国侨务政策比较研究》，北京：中国华侨出版社，2020年，第67页。

[2] 康晓丽：《中国涉外民间组织参与全球治理的战略与机制研究》，载《太平洋学报》，2020年第12期，第16—29页。

[3] 杨宏伟：《"跨代离散"：华裔青少年中国寻根之旅研究——以华侨大学为例》，泉州：华侨大学硕士学位论文，2020年，第112页。

[4] 李嘉郁：《近年来华裔青少年"中国寻根之旅"夏令营活动的特点和发展趋势》，载《八桂侨刊》，2009年第2期，第28—31页。

与之前增进海外华裔青年认知的信息宣传式的交流相比，以夏令营等模式为主的体验式交流加深了与海外华裔青年在情感层面的互动和沟通，为实现认知和情感共识奠定了基础。从具体实践来看，海外华裔青年与祖籍国青年在离散情怀、沟通模式、内化自身认同的"限度"等层面都达成了很舒适的契合度，从而有助于更好地实现有意识培育的一致性目标。从人际交往的视角来看，情感阶段解决"有什么价值"的问题，要实现情感共识，必须在人际交往中，通过文化符号构建、互动沟通，并建立长期目标感，最终获得共同的情感评价。夏令营、文化课堂、知识竞赛等体验式交流就是通过亲自参与、互动接触，推动海外华裔青年与祖籍国青年在共同参与中，通过历史文化的感性体验和祖籍寻根需求的内在刺激等创建游学结合的行动，从而获得更好的、正向的情感体验。通过近些年实施的中华文化的实用价值式交流来看，海外华裔青年与祖籍国青年不仅拉近了彼此的情感，更将一般意义上的"寻根"提升至国家战略的高度。例如在2010年的"中国寻根之旅"夏令营开营仪式上，时任中共中央政治局常委、中国国家副主席的习近平就提出了著名的"根、魂、梦"理论，随之活动规格、规模和意义都提升到了更为深远的高度，随后又以"中华文化大乐园"海外课堂项目为主题，围绕汉语教学、中华武术、中华舞龙、中华书法、中华手工、中华国画、中华民歌、中华舞狮、中华龙舟、中华文化讲座等为交流内容，偏重满足无法来华参加寻根之旅活动的海外华裔青少年的需求[1]，这种"走出去"项目与"请进来"项目相结合，兼具"粗放式"和"内涵式"的深度学习互动，广受海外华裔青年和祖籍国青年的认可。

　　1949年新中国成立后，特别是万隆会议召开后，中国不再承认双重国籍，海外华人"落地生根"，新出生的华裔后代世居当地，加入所在国国籍，至今已延续三四代。不同于其祖辈心系祖籍国，新生代华裔从小生活在多种文化的影响中，其族群身份认同呈现多元化倾向，情感互动成为海外华裔青年与祖籍国青年交流的重要内容[2]。通过情感的互动与沟通，海外华裔青年不仅对自己的族群身份认同开始求索，也开始以更丰富的情感去观察、理解和包容中国。一些海外华裔青年开始将双向的交流和互动视为海外华裔族群发展和延续的动力，是民族文化传承的载体，这种认知深度与高度的提升，难能可贵。随着海外华裔青年与祖籍国青年交流逐步进入深度交流阶段，情感共识成为需要共同解决的议题。当前，华语的使用、国家认同的影响、华人经济地位、中国的影响力等这些变量成为建构海外华裔青年和祖籍国青年情感认同的主要关联因素，随着双方互动的加深、华语的家庭使用和课堂教学的增加、所在国对待华人政策的宽容、华人经济地位和中国综合国力的提升，海外华裔青年从祖籍国汲取的资源和养分愈多，逐渐衍

---

[1] 杨宏伟：《"跨代离散"：华裔青少年中国寻根之旅研究——以华侨大学为例》，泉州：华侨大学硕士学位论文，2020年，第22页。

[2] 杨宏伟：《"跨代离散"：华裔青少年中国寻根之旅研究——以华侨大学为例》，泉州：华侨大学硕士学位论文，2020年，第113页。

生出的自信心、荣誉感和认同感也愈强，这种认知和情感的判断和评价重塑了海外华裔青年的祖籍意识，使得海外华裔青年和祖籍国青年的群体身份更趋向一致性和共识性。

四、意志：深化青年交流的行为导向

意志是在感知和了解各种事务的事实关系、掌握这些事务对于人的价值关系之后，再掌握每个行为的价值关系并且判断、选择、组织和实施一个最佳的行动方案的决策行为。即，意志阶段解决"实施什么行为"的问题。在群体交流中，意志是既考虑了客观事物本身的变化规律和状态，也考虑了主体自身的利益需要，进而做出能动性、创造性的反映的活动，这种反映可以是感性的意志，也可以是理性的意志，是促进群体交流顺畅的基本动力。在与海外华侨华人的公共外交和民间交流中，以华商群体为主的交流模式成为推动和维系中国现代化发展的重要关系，诚如邓小平所言："海外华侨华人是中国发展的独特机遇，中国改革开放，海外华侨华人功不可没。"[1]可以说，这种基于经济利益为基础的交流使得海外华侨华人与祖籍国的关系更加紧密，也成为新时期推动侨务关系服务国家战略发展的重要动力。

较长一段时间以来，在海外华裔青年与祖籍国青年交流中，认知和情感层面的交流活动成为推动海外华裔青年和祖籍国青年加深了解和认同的重要议题。海外华裔青年与祖籍国青年交流始于认知，并不断通过建构共同的话语体系和文化符号强化情感认同，这种交流模式对加深海外华裔青年与祖籍国青年的双向互动发挥了积极的正向作用。但随着海外华裔青年与祖籍国青年交流的深入推进，一些新的问题也不断成为影响海外华裔青年和祖籍国青年价值判断的重要因素。在 20 世纪八九十年代海外华社出现断层的这段时间内，由于国内集中精力发展经济，海外华裔青年参与感相对不够，诸多海外华裔青年受住在国和西方文化影响对自身认同感到迷茫，一些青年将回避华裔身份作为自我保护和融入其他文化圈层的手段，由此在进入 21 世纪后的海外华人社会发展中，出现了以"汉语盲"为代表的文化断层，"汉语退居为家庭方言，汉字演化成玩赏符号"的口号已经成为海外华裔青年与其他各种文化交互作用，呈现出少见的多元化和多样性的明显后果[2]。这种现象在一定程度上表明，侨务政策和海外华社对于华裔新生代传承中华文化的任务任重道远，海外华裔青年从生活习惯到思维方式、从价值观到世界观，都已经与老一代华人显著不同，他们的诉求和关切成为政策转变的关键。为了解决这一事关海外华侨华人传承发展的重大问题，进一步增强海外华裔青年与祖籍国青年的互动和认同，海外华裔青年与祖籍国青年交流开始从深化行为导向开始，推动海外华裔青年与祖籍国青年共同创业、共同发展、共同学习中文、共享发展机遇。2019 年在北京举

---

[1] 唐宋：《难忘邓小平打"侨"牌：改革开放华侨功不可没》，载《人民日报海外版》，2009 年 7 月 17 日。

[2] 康晓丽：《二战后东南亚华人的海外移民》，厦门：厦门大学出版社，2015 年，第 186 页。

行的第九届世界华侨华人社团联谊大会和中华海外联谊会上，就提出要加强海外华裔青年交流，传播中华文化，为建设和谐侨社，积极推动中外文明交流互鉴等方面创造条件。可以说，为海外华裔青年搭建沟通交流的新渠道、新平台，创造共同成长、共同发展的新环境，已经成为中国和海外华社面临的一项紧要课题。

为了推动海外华裔新生代加深对中华民族的认同感，中国方面很快出台了新的政策和方针，国侨办和中国侨联与各省市和高校合作，积极围绕打造海外华侨华人社团联络总部，推动海外华裔青年企业家集体研修中国经济、海外华侨华人青年与"一带一路"座谈会、海外华裔优秀青年夏令营和中文研习班、海外华团华社区域国别问题研究生班等海外华裔青年和祖籍国青年交流平台的搭建。同时，海外侨胞资源丰富的各地方政府部门也积极出台政策，搭建平台，营造氛围，为海外华裔青年来中国创业或融入"一带一路"提供各种优惠的条件，使他们能在各地发展中积极参与和共享发展机遇。例如，著名侨乡江门市与香港、澳门和海外华侨华人合作，建设面向粤港澳和全球华侨华人的创新创业基地，为海外华裔青年提供区域合作、经贸、文化、教育、青年创业创新等领域合作的一系列扶持政策；广东和福建等地通过联络总部、夏令营、留学生联合招生、区域国别问题研究生班等方式加强华裔青年新生代的联谊交流、引资引智、咨询建议等活动和项目。这些实践表明，海外华裔青年与祖籍国青年交流的频率增加，共享中国经济社会发展机遇和资源，与祖籍国青年携手，创业发展，不仅在青年共享与互动的渠道中进行心灵契合的互动，更将构建多元化的对话聚点，通过这些交流平台，加深情感体验和身份认同，进而逐步转化为实践。

如果说认知和情感是奠定海外华裔青年与祖籍国青年交流的事实基础和价值取向，那么意志则正成为海外华裔青年与祖籍国青年交流的行为导向，是培育中华民族共同体意识"根脉"的新的方向。从中华民族共同体意识的培育来看，意志是构建认知、促成行为、筑牢意识的重要组成部分。海外华裔青年与祖籍国青年的实践已经表明，以经贸关系和文化认同为基础的行为导向是推动双边关系深入发展的重要动力。目前，海外华裔青年和祖籍国青年在认知、情感层面的黏合度不断增加和深化，意志导向也必将推动青年交流的行为从认知系统迈向情感系统再迈向实践系统，实现互动性的共享发展，建构紧密的命运共同体，从而更理性地培育海外华裔青年和祖籍国青年中华民族共同体意识，增进中华民族向心力，实现双方个体情感元素向情感社会属性的升华和实践。

以意志推进青年行为导向发生变化的交流模式丰富了海外华裔青年与祖籍国青年交流的内容，体现了海外华裔青年与祖籍国青年交流模式发展方向的转变，即从原来的认知与情感迭进，转变为认知、情感和意志的交流闭环。在这种交流闭环结构中，情感交流主要基于价值取向，认知交流则奠定事实基础，意志交流更强调行为导向层面，即通过相关政策导向做出理性决策，将认知行为转化为实践行动。受这种意志的行为导向影响，海外华裔青年已经逐渐将与祖籍国青年共同创业或参与中国发展战略追求利益最大化、共同学习中文构建海内外同胞命运共同体意识作为与中国互动交流的最佳选择，因此，合作、认同与共识将成为海外华裔青年与祖籍国青年更为理性的抉择，更利于中华儿女同圆共享中国梦的情感和身份联结。在海内外同胞命运共同体的基础之上，通过认知、情感、意志的多元互动场域，调动感知系统，形成海外华裔青年和祖籍国青年共同关注的焦点，扩大相互认知、升华情感体验、增进行为和身份认同，才能筑牢基于"认知–情感–意志"为价值符号的中华民族共同体意识，真正实现中华儿女大团结。

五、结语

从认知、情感到意志的人际沟通发展逻辑，符合海外华裔青年与祖籍国青年关系发展的基本逻辑，也促成了一系列政策落地。海外华裔青年与祖籍国青年交流的实践证明，只有依靠认知、情感与意志的多元互动，从事实到价值再到行为的逻辑演进，才能实现海外华裔青年与祖籍国青年消除认知隔阂、升华情感体验、促成行为实践这样的全面融合式的发展，最终实现凝聚侨心侨力，践行"同圆共享中国梦"的目标，成为中华民族文化同世界各国文化交流互鉴的民间使者。

海内外华人"妈祖信俗"文化网络探析

王怡苹[①]

【摘　要】 "妈祖"是中国大陆第一个信俗类世界非物质文化（2009年），习总书记指出："既是乡土文化也是重要旅游资源的妈祖文化，是凝聚两岸同胞的一条纽带，要充分发挥其在促进两岸交流合作中的重要作用。"在2016年3月，"妈祖文化"被写入了"十三五"规划纲要。目前，湄洲妈祖祖庙也入选中国"海上丝绸之路·中国史迹"预备申报世界文化遗产首批文物点。

一千多年来，特别是明初郑和下西洋和历代朝廷对藩属国的册封，以及出洋移民后的华侨华人之脚步在海外流布，"妈祖文化"的足迹远播到世界。据目前不完全统计，全世界妈祖宫庙1万多座，分布于近50个国家和地区，全球信众约3亿多人，成为了一种"从地方性逐步带有世界性"的信俗文化。而有海水的地方就有华侨华人，"妈祖信俗"在全球形成的"妈祖文化网络"，不但是凝聚海内外华人重要的纽带，"妈祖信俗"亦成为为今日海内外华人传承与弘扬中华文化正向的传播网络。

【关键词】 华人；妈祖信俗；中华文化；文化传播网络

前言

"妈祖"信奉原是福建地区传统的民间信俗[②]，在中国自古流传的众多民间神祇中，"妈祖"属"生人羽化为神"的"先贤崇拜"信仰[③]。从宋代到今日已有一千多年的历史，更随着先民的迁徙，将此一地方性之信俗在广袤的陆疆由南向北传播，从《元史》

[①] 作者简介：王怡苹，华侨大学国际关系学院教授。

[②] "闽人尤崇。……郡城东宁海之旁，……圣墩祠在焉。……不知始自何代，独为女神，人壮者尤灵，世传通天神女也！……"转引自蒋惟锬、周金琰编纂：《妈祖文献史料汇编（第一辑）》之《碑记卷》中的〔宋〕廖鹏飞：《圣墩祖庙重建顺济庙记》，原载《白塘李氏族谱》清代抄本忠部，北京：中国档案出版社，2007年，第1—2页。

[③] 按相关学者研究梳理，关于民间信仰大致分成以下几个来源：（1）自然神崇拜；（2）从佛教、道教，或神话、传说中转化成为生活信仰的，如观音、四面佛（大梵天）、齐天大圣（孙悟空）；（3）先贤崇拜，如孔子、屈原；（4）地方性祖先（如汪华"越国公"）或孤魂（如因战乱、瘟疫、海难等形成的"百姓公"）；（5）各行各业的保护神，如鲁班（木工）、华佗（医生）；（6）与自身或家人等的生命或生活密切相关的，如门神、灶神、地基主、床母、井神、牛棚公等。

载录中已见 13 世纪时的兴化、泉州、福州、江苏、湖南、天津等处都建有信奉的宫庙[1]；另见《明一统志》载："天妃庙，在金州卫旅顺口，海舟、漕运多泊庙下，正统间（公元 1436—1449 年）命有司春秋祭，又辽河东岸亦有庙。"[2]可知到了明代时，"妈祖"在陆域漕运的发展下亦传播至北方的辽东半岛。除了陆疆的传播外，"妈祖"具有的"慈爱与智慧""英勇与无私""护航与安全"等海洋和水神的神能特色，又随着沿海先民（近现代的华侨华人）因商贸、避祸与战乱或迁徙等，出洋前以特定仪式祈请获得宫庙主神分香（灵）加持与开光的"船仔妈"，在漫漫航行路（旅）途中做祈拜供奉，到了移居地（国）或个人与乡族供奉于家中，或重塑妈祖造像（金身）修建公共宫庙延续香火信俗，由此辗转广传于今日的东南亚[3]和全球。

近年在两岸信众的努力推动下[4]，"妈祖信俗"在 2009 年成功列入世界非物质文化遗产[5]，成为了"中国首个信俗类世界遗产"，亦成为传统中华文化的一张世界名片。

---

[1] 宋濂等：《元史》卷七十六《祭祀》五，北京：中华书局，1997 年，第 1904 页"南海女神灵惠夫人，至元中（公元 1264—1294 年）以护海运有奇功，加封天妃神号（公元 1281 年），积至十字庙曰'灵慈'。直沽、平江、周泾、泉、福、兴化等处皆有庙"。

[2] 李贤：《明一统志》卷二十五，文渊阁四库全书，第 51 页。另《明会典》卷八十五《礼部》四十四《祭祀》六，第 18 页"妈祖庙 今山东、直隶诸处多有庙不具载"。

[3] 昭乘：《广州救太监郑和》，《天妃显圣录》，台湾文献丛刊第 77 种，台北：台湾银行发行，1961 年 3 月，第 36 页载"永乐元年（公元 1403 年），钦差太监郑和等往暹罗国，至广州大星洋早遭风，舟将覆。舟工请祷于天妃……'望神妃救之！'俄闻喧然鼓吹声，一阵香风飒飒飘来，宛见神妃立于桅端，至此风恬浪静，往返无虞"。

[4] "湄洲妈祖祖庙"在 1998 年时举办了"纪念妈祖金身巡游台湾一周年座谈会"，与会的官庙代表提出成立"世界妈祖信众联谊会"，并由湄洲岛妈祖祖庙牵头。起初，一直停留在筹备阶段，直到 2001 年台湾大甲镇澜宫率先成立"台湾妈祖联谊会"后，"世界妈祖信众联谊会"的倡议者看到新的交流契机，于 2002 年改名为"中华妈祖文化交流协会"，并由当时湄洲妈祖祖庙董事长林金榜担任筹委会主任；在 2004 年 1 月经过相关部门研讨审批后，同意成立，同年经国家民政部批准后，10 月 31 日在福建莆田市湄洲岛举行成立大会，是中国大陆第一个全国性的妈祖文化社团，当时一共有海内外 175 个妈祖文化组织申请入会，其中 57 个来自台湾，初始会员共 268 个，会长由全国政协副主席、台盟中央主席张克辉担任，6 位副会长分别为中国侨联主席林兆枢、莆田市人大常委会主任林国良、湄洲妈祖祖庙董事长林金榜、天津天后宫管委会主任蔡长奎、大甲镇澜宫董事长颜清标、北港朝天宫董事长蔡永常。在 2018 年的第三届三次会员大会时，据统计来自世界 45 国共 800 多名会员代表参加大会。"中华妈祖文化交流协会"成为妈祖信仰"非遗化"重要的推手，在 2006 年 5 月成功申报"妈祖祭典"为国务院首批"中国非物质文化遗产名录"；2008 年 5 月新任莆田市委书记杨根生在湄洲岛调研后，提出申请妈祖信俗为世界人类非物质文化遗产，申遗活动则是由社会团体组织、乡村委员会和各个妈祖庙首先发起的，他们通过提供相关的文献和文化遗产、审查提名文件的内容、接受采访以及规划保护措施等行为参与了申遗的过程；他们表现出对申遗对象自发的、事先获知、重视的同意态度。

[5] 2008 年 9 月 25 日，由湄洲岛管委会和湄洲妈祖祖庙董事会联合申报的《妈祖信俗》申报书和宣传片，经中国申报联合国教科文组织世界非物质文化遗产专家评审委员会评审通过和中国政府同意提名，航邮设在法国巴黎的联合国教科文组织秘书处。于 2009 年 9 月 30 日，在阿拉

本土与互鉴：多维视野下的海外华人与中国侨乡关系研究

随着几千万华侨华人在全球的流动，其活跃于移居国、区域的社会、经济、政治中，并与当地群众在生活上共创与积累活态（living）、动态（dynamic）文化面貌，同时又与祖（籍）国（地）有着密切的"五缘"联系，海内外华人就是"一个集人力资源、资本资源、文化资源、政治资源、科技资源、信息及网络资源类型于一体的资源系统"[①]。而"妈祖信俗"随着海内外华人的推动，被不同社会团体认可为身份认同及连贯性的一个符号，且于数个世纪以来代代相传，目前据不完全统计，已有一万多座的"妈祖宫庙"分布于全球约50个国家和地区，由此更建构推展了中华传统文化正向传播于全球的重要网络之一。

一、"妈祖"

"妈祖"从人羽化成神，由宋元明清至民国，官方文献多见其相关记载；在宫庙碑记，自古民间流传的轶事、通俗志异、小说等，"妈祖神"的传说与事迹广为人知（见"简表"）。"祂"原是一个村庄（湄洲岛上[②]）的地方生活信仰，其展现的神迹[③]与灵力从海洋（乡人出海捕鱼）"海神""护航女神"又加入护佑江河（水上交通如漕运），保护人们的范围扩大到"五湖四海""汪洋江河"的全水面区域（之后加上移民出洋），"海神+水神"成为广义的妈祖信俗。

在传播过程和时间推移中，人们对妈祖的信仰崇拜逐步加入了"干旱祈雨（如张掖临泽羊台山）、治疗与化解瘟疫、求子生产、出入平安、事业顺意"等，生活上方方面面的祝祷，"妈祖"神力（能）的护佑逐渐通达海内外，涵盖人们生活的多面向，超越了"海神+水神"的范畴，成为了华人日常生活中最熟悉的神祇，例如在台湾的台中大甲镇澜宫、彰化鹿港天后宫、台南大天后宫等地的宫庙，平日里就香火鼎盛！每当民众遇到烦恼、遇事难以抉择、家中不平安、求子、出行甚至"国运签"等，往往直接到"妈祖宫"以"掷筊"方式来请示"妈祖（婆）"，"妈祖"所展现的灵力深受大众敬仰，转而成为大众日常生活的守护神。据《天后（妃）显圣录》《元史》《明史》《明会典》等文献记载，历代朝廷因对妈祖加封、赐匾，或求国泰民安、漕运顺利、通航顺畅、军

伯联合酋长国首都阿布扎比召开的联合国教科文组织政府间保护非物质文化遗产委员会第四次会议审议中入选。

① 张学惠、江作栋：《华侨华人在中外关系中的作用载体研究》，载《八桂侨史》，1997年第2期，第18—22页。

② 原住"湄洲屿"，羽化后在"圣墩"处显现圣光及梦示渔民可以木筏等枯枝为其搭建"庙"；"圣墩"在今福建省莆田市涵江区白塘镇地界，原木兰溪出海口的海宁镇旁。

③ 霍兰（R. F. Holland）：《"神迹"》，载《美国哲学季刊》2，1965年，第43—51页。关于"神迹"属于两类范畴，存在着关于神迹的偶性概念（contingency）或偶合概念（coincidence concept）。另见 D. Z. Phillips 编著：《宗教与理解》，牛津大学，1967年，第163页"一个神迹虽然不可能仅仅带着如下的特性，但是它必须至少是某种发生的事件，即它能够同时纳入在经验上是确定的而在概念上是不可能的范畴"。

事胜利等事由，曾到湄洲祖庙谒祖进香多达 300 多次，"妈祖"演变成为宋代到清代时的守护国家平安的"天后之神"。

表 1 "妈祖"神迹与灵力传说与故事简表

降生 宋建隆元年 （公元 960 年）	1. 天妃诞降本传 2. 求佳儿大士赐丸 3. 神降 4. 闻异香我后降世 5. 观音大士女侍龙女转世
人身修道 与救渡（度） 传说 （略举）	1. 窥井得（灵）符 2. 遇道人秘传玄诀 3. 救乡民收妖（降服二神） 4. 运织（神）机停梭救父 5. 化草救商 6. 航海寻亲（兄） 7. 挂席泛槎（渡海指席为帆） 8. 菜屿常青 9. 铁马渡江 10. 祷雨（降甘霖）济民 11. 龙王（率水族）来朝见 12. （投法绳）收伏晏公 13. 莆田尹求符救瘟疫 14. 奉旨锁龙（除水患） 15. 收高里鬼（怪）、除风怪……
得道飞升为神 宋雍熙四年 （公元 987 年）	雍熙四年九月九日湄洲湄峰山顶 道成升天 1. 证仙班九日升天 2. 湄山（岛）飞升
"妈祖神" 神迹与传说 （略举）	1. 枯槎显圣（立庙）；得铜炉（溯流）建祠 2. 现身渡劫；圣泉救瘟 3. 护粮船额颁"灵惠" 4. （助皇师）温台剿寇 5. （助）平寇追封 6. 紫金山助战 7. 钱塘（江）助堤 8. 神助漕运 9. 药救吕德 10. 广州救太监郑和 11. 琉球救太监柴山 12. 清朝助顺加封 13. 悯军行涌泉给师（流泉解渴） 14. 灯光引护舟人（引舟入粤） 15. 警急兵显灵上海……

资料来源：蒋惟锬、周金琰编纂：《妈祖文献史料汇编》；昭乘：《天妃显圣录》；程端学：《灵济庙事迹记》；无名氏：《天妃娘娘》；伍瑞隆：《大榄天妃庙碑记》；《中国民间故事集成·福建卷》；《中国民间故事集成·浙江卷》；石万寿：《台湾的妈祖信仰》；金荣华：《中国民间故事与故事分类》；蔡相煇：《台湾民间信仰专题——妈祖》等。笔者自制。

二、"人"到"神"的信仰、信仰文化、非物质文化

综上所述，关于"妈祖"文化传播网络的形成，我们必须关注一千多年来，"妈祖"从一般人羽化成神到官方神祇，再从中国古代融入现代，海内外华人传播"妈祖文化"的过程：

1. 林默（人[①]）在当地守护父兄乡民，具"里中巫"的身份，经常为渔民预测出海时的天气情况、义务采药治病、拯救遇险渔船，还曾点燃自家的房子，用火光当作航标引导迷航的商船脱离险境等，"巫"是妈祖信仰的原始形态。

2. 28岁时因在海上救人而献出生命，受村人敬重而立庙成为地方信仰"圣姑"，进一步成为羽化后的"圣墩之神"，至此救渡出海作业遇难渔民屡显神迹。

3. 地位神圣性由官方提升：宋宣和五年（1123年），通议大夫路允迪在奉命出使高丽的途中遇上狂风大浪，他所乘的船只快要覆灭之时，得"海神"显神迹相助而平安脱险。事后，路允迪的同行之人告诉他保佑众人的为"圣墩之神"妈祖。脱险后的路允迪便向朝廷请奏；同年，宋徽宗特赐莆田宁海圣墩庙"顺济庙额"，之后到清朝共有17个[②]（含"顺济"）。从宋高宗开始册封妈祖为"夫人"[③]（绍兴二十六年，公元1156年）；宋光宗（绍熙三年，公元1192年）始封为"妃"；元世祖（至元十八年，公元1281年），开始封为"天妃"；明太祖（洪武五年，公元1372年），始封"圣妃"；康熙十九年（公元1680年），始封"圣母"之名，在康熙二十三年（公元1684年），则开始封为"天后"；咸丰七年（公元1857年），始封"天后之神"。可见从宋代开始到清代，今日我们熟悉的"妈祖娘娘""妈祖婆"历经了"夫人"—"妃"—"天妃"—"圣妃"—"圣母"—"天后"—"天后之神"7个名称封号，共计16位皇帝先后26次对妈祖加封，"官方（皇室）册封名号演变体现了朝廷对其敕封的爵位愈来愈高，妈祖的三大功绩"辅国""护圣""庇民"使其神祇地位从地方到国家备受尊崇，信仰与祭祀也从民间上升至官方[④]。

[①] 妈祖原名林默，宋建隆元年（960年）农历三月二十三日诞生于莆田湄洲岛，排行家中老幺，聪慧过人，终身未婚，后因救助海难于宋太宗雍熙四年（987年）九月初九逝世。

[②] 宋到清代皇帝册封妈祖的庙号和匾额：顺济、灵应、昭应、崇福、灵慈、显卫、加应、协正、慈济、善庆、显济、显佑、灵慈、护圣庇民、福佑群生、善利汪绿作灵慈昭应崇福、灵感助顺福惠徽烈。

[③]《宋会要辑稿》记载，妈祖最初的封号为"灵惠夫人""灵慧昭应夫人"等。

[④] 在雍正十一年之后，清廷下令各省之省城内凡有天后官的都要祭祀天后，且皆由地方最高长官总督与巡抚主祭。此后，妈祖信仰发展鼎盛。

4. 以海内外华人流动及"五缘"联系为载体的"妈祖走出去"成为了"湄洲的妈祖 世界的文化",促进了中华文化在全球的正向传播。如(1)千百年来从未离开过湄洲岛 的妈祖金身,在1997年从湄洲岛出发,跨越台湾海峡,以"妈祖架心桥,两岸一家 亲"的行动在岛内进行了102天的巡游,此间经过19个市、县,驻跸35个妈祖庙; (2)莆田市从2017年开始通过举办"妈祖下南洋·重走海丝路"系列活动,因此在东 南亚国家掀起了"妈祖热"。其中于公元1572年就建了第一座妈祖庙的菲律宾,妈祖信 俗源远流长,因此,该活动在2018年到菲律宾举行为期6天的巡游活动中,长达3000 多千米的路程有超过30万人恭迎祭拜妈祖,当时菲律宾已有大小妈祖庙100多座。菲 律宾中菲友好基金会更积极建设菲律宾的妈祖文化中心,目的就是梳理妈祖文化在菲律 宾的传播历史;其创会会长著名侨领许明良说:"妈祖文化是共融共通的,对服务'一 带一路'倡议很有意义,它带动了中菲两国的友好相处,许多菲律宾人通过妈祖文化接 触并了解中华优秀传统文化,进而了解中国、亲近中国。"

5. 改革开放以后,湄洲妈祖祭典与陕西黄帝祭典、山东孔子祭典并称为中国三大祭 典,妈祖与黄帝、孔子享有国家祭典礼遇。"妈祖信俗"在2009年9月30日由联合国 教科文组织政府间保护非物质文化遗产委员会[1]的第四次会议被列入《人类非物质文化 遗产代表作名录》,标志着妈祖至此成为全人类共同的文化遗产。

三、"妈祖文化网络"

"妈祖"是中国大陆第一个信俗类世界非物质文化[2],因此受到政府部门的高度重 视。2010年10月29日,福建省人民政府批复省文化厅和莆田市政府(闽政文 〔2010〕435号文件)实施《湄洲妈祖文化生态保护实验区规划纲要》,《纲要》中对 "妈祖文化"明确定义为:"人们在敬仰和颂扬妈祖的过程中所形成的物质和精神产品的 总和。妈祖文化以著述、档案、匾额、楹联、壁画、摩崖石刻、碑刻、诗词、戏曲、音 乐、舞蹈、礼俗和服饰、饮食、建筑、工艺品等形式表现,已知的历史文献资料超过千 万字,建筑、工艺品和文物等不计其数。"2016年3月,"妈祖文化"写入了"十三 五"规划纲要;目前,湄洲妈祖祖庙也入选中国"海上丝绸之路·中国史迹"预备申报

---

[1] 2003年10月17日,联合国教科文组织第32届大会通过了《保护非物质文化遗产公约》 (以下简称《公约》)。中国于2004年加入《公约》。截至2020年12月,中国列入联合国教科文 组织非物质文化遗产名录(名册)项目共计42项,总数位居世界第一。其中,人类非物质文化 遗产代表作34项;急需保护的非物质文化遗产名录7项;优秀实践名册1项。

[2] 公元987年,福建省莆田市湄洲岛的妈祖因救海难而献身,被该岛百姓立庙祭祀,成为 海神。"妈祖信俗"是以崇奉和颂扬妈祖的立德、行善、大爱精神为核心,以妈祖官庙为主要活 动场所,以习俗和庙会等仪式、节庆活动为表现形式的民俗文化。被列入《人类非物质文化遗产 代表作名录》内容的申报书和宣传片对妈祖信俗包含的内容进行了阐述,主要由祭祀仪式、民间 习俗和故事传说三大系列组成。

世界文化遗产首批文物点。

一千多年来，随士农工商在海内外传播，特别是明初郑和下西洋和历代朝廷对藩属国的册封，以及出洋移民华侨华人先民的脚步在海外流布，妈祖文化的足迹远播到世界。据不完全统计，全世界大大小小的妈祖宫庙约有1万多座，庙宇遍布近50个国家和地区[①]，全球信众约3亿多人，成为了一种带有世界性的民间信俗文化。世界有海水的地方就有华人，有华人的地方多建有妈祖分灵庙宇的信俗，其中以海上丝绸之路沿线国家为甚。一千多年来的"妈祖热"形成了"妈祖文化网络"，兹从以下几个方面概述：

1. 研究内容："妈祖文化传承""妈祖文献资料""妈祖学""妈祖在地化""妈祖与海丝文化""妈祖文化与国家治理""妈祖文化与华侨华人""海外妈祖文化传播""两岸妈祖文化与信仰""妈祖文化与两岸关系""妈祖民俗""妈祖神话""妈祖与体育""妈祖与艺术""妈祖与文学""妈祖文化资源与创意产业"等等，诸如此类无疑都是妈祖文化网络研究的内容，涉及了宗教史、民俗史、航海史、科技史、建筑史、文学史、艺术史、华侨史、中外关系史等多学科交叉的多元研究，具有一定的学术性。"妈祖"的特别之处即妈祖故事是国内全民普遍知晓的[②]，因此可成为全民共同关注和研究的对象，所形成的文化认同和网络当然也是"老少皆宜"的。

2. 信仰与祭祀：从"里中巫"到广义的"海神""护航女神"再到"日常生活守护神"，妈祖文化是一种常民文化，在中华文化融合过程中演变为以道教为主吸纳佛教、儒教于一身的信仰；在祭祀上包含了供品（妈祖筵桌[③]）、祈福平安灯、武馆、曲馆、遥拜、古礼祭祀祈福、酬神戏曲（莆仙戏、潮州戏、琼剧等）、民俗表演（男女锣鼓队、彩旗队、飘色队、舞狮队、舞龙队、艺阁阵等）、卸马戏、相倾戏、三月疯妈祖（台湾）、妈祖回娘家[④]、进香、妈祖銮驾出巡与绕境、妈祖过海仪式、春祠祭典仪式

---

① 据《福建日报》2023年3月27日中新社记者访谈吴巍巍（福建师范大学闽台区域研究中心副主任、研究员）内容："目前，全世界49个国家和地区拥有3亿多妈祖信众、1万多座妈祖庙，妈祖文化已成为海峡两岸和'21世纪海上丝绸之路'沿线民心相通、相互交融的精神纽带。"

② 明代编撰的《天妃显圣录》和清代刊行的《天后显圣录》等文献中，比较集中地记录了当时广为流传的妈祖传说故事，包括了妈祖救父寻兄、化草救商、甘泉济师等许多脍炙人口的故事，具有民间传说故事的属性。而现代妈祖文化学者刘福铸、朱合浦收集宋代至民国地方志（包括一些地方志类志）有关妈祖的记载共有130条。

③ 妈祖供品配套和排序均有相对固定程式，供桌上按序必备：花、果、茶、酒、面、饭、糕果、六斋；筵桌中间为饼筵、一担盘（即大、中、小10个盘分别盛有香菇、金针、寿桃、寿面、红米团及其他面食类），两边则分为文筵（斋筵）和武筵（荤筵）。每架斋筵再分为：十斋、十二大碗（四平八企或八平四企）、十二小碟等。除规格"筵桌"外，还有自由创作供品。

④ 妈祖回娘家，意即寻根问祖，其特点为祭祖与祭妈祖合二为一。春祭在农历三月廿三妈祖诞辰日，秋祭在农历九月初九妈祖升天日。每年农历三月海内外各妈祖宫庙护送本宫妈祖神像到莆田（贤良港天后祖祠）朝圣、进香的一种民间妈祖信俗活动。

（山东烟台）以及妈祖祭典仪式（庙祭、郊祭、海祭、舟祭、家祭）等。

3. 祭祀文化空间：在大陆地区妈祖庙宇分布在 22 个省市的 450 个县，仅在福建莆田就有 316 处之多，海南约有 200 多座，香港有 57 座，澳门有 10 座，台湾地区妈祖宫庙则有 5000 多座。在国外，妈祖庙宇较密集的地区是日本、新加坡、马来西亚，其他还分布于美国、印尼、菲律宾、泰国、越南、缅甸、柬埔寨、文莱、印度、朝鲜、挪威、丹麦、加拿大、法国、墨西哥、巴西、阿根廷、新西兰及南非、毛里求斯等地。

庙宇是祭祀文化空间的重要场域，从庙宇分布的地理位置可以观察"妈祖"在世界扩散的地域并追寻其传播的路径，从而发现妈祖逐渐被不同社会团体接受和认可，并成为其身份认同及其连贯性的一个符号。在以妈祖庙宇为核心的这个特定场域内形成并呈现着以庙会、祭祀仪式的习俗和传说等为表现形式的民俗文化，从而形成祭祀的文化空间。与此同时，个人在家中祭拜妈祖也形成了"家庭式的祭祀文化空间"。

除了固定的庙宇，特别值得关注的是在妈祖信仰中"移动的祭祀文化空间"，如"船仔妈"崇拜形成了"船上的妈祖祭祀文化空间"，在汽车上"挂妈祖像"来祈求出入平安形成了"车内的妈祖祭祀文化空间"。虽然船与车都是可移动的，但具有一定空间范围也能形成祭祀的文化空间。因此，除了陆地上固定的庙宇，也应考虑诸如"船仔妈"或"车内挂像"之信仰与祭祀形成的文化空间，及随之而来的"妈祖文化网络"。

结语

"妈祖文化网络"的提出旨在呼应如何传承妈祖文化，整合相关文化资源来不断丰富其应有的时代内涵。习近平总书记指出："既是乡土文化也是重要旅游资源的妈祖文化，是凝聚两岸同胞的一条纽带，要充分发挥其在促进两岸交流合作中的重要作用。"妈祖信俗被列入《人类非物质文化遗产代表作名录》后，如何凝聚海内外华人来更好地以"妈祖"做好海内外的联结，并形成正向传承妈祖文化的网络，赋予妈祖文化新的时代内涵，焕发出新的精神力量，使其成为沟通世界各地华人的文化桥梁和精神纽带，使世界认识中华传统信俗文化的特色，是两岸未来在推展妈祖文化中需勠力同心携手合作的重要考验。

意大利新生代华侨华人的优势：多元背景塑造中西文化架桥人
——华文教育和文化认同的视角与反思

郑周文[①]

【摘　要】 华侨华人是联通祖籍国与世界的桥梁纽带，随着老一辈侨胞减少，新生代华侨华人大量增加，逐渐成为这一"桥梁"的新生力量。他们接受西方国家教育，逐步融入所在国，对中华文化、中国语言学习不够，因而对中华民族的情感认同、乡土认同、文化认同有所弱化，纽带关系需要进一步巩固。海外华文教育肩负着让世界更好了解中国和中华文化的使命，新生代华侨华人可以在海外华文教育发展中发挥双文化优势，积极推动文化的交流互鉴。期望他们在双重文化熏陶下成长起来，不仅了解中华文化，还具备用住在国话语体系传播中华文化的能力。只要新生代华侨华人能兼收并蓄中西方文化的精华，弃其糟粕，他们就将不再是双重文化的"香蕉人""夹缝人"，而是既知中华文化，又懂西方文化，掌握多元文化精髓的"架桥人"。

【关键词】 新生代华侨华人；多元背景；华文教育；文化认同

一、意大利华侨华人社会概况

1970年，中意两国建交。1985年1月，为加强中意两国间的经贸合作，中意政府正式签订《关于鼓励和相互保护投资协定》。1991年5月，又正式签订《中意经济合作协定》。2004年，中意两国政府就"建立稳定、友好、长期、持续发展的中意全面战略伙伴关系"发表联合声明，并强调两国将"在文化、科技、教育、环保、旅游、卫生、司法、信息和其它相互感兴趣的领域开展更多的合作"。2008年世界金融危机后，中国在增加国内市场需求与扩大境外投资两方面的努力让中意战略伙伴关系迈上新台阶。2019年，中意两国在全面战略伙伴关系缔结15周年之际又签署《中意关于共同推进丝绸之路经济带和21世纪海上丝绸之路建设的谅解备忘录》，两国的各方面交流合作进一步深化。

---

① 作者简介：郑周文，温州大学华侨学院兼职研究员，意大利中国贸易发展促进会执行主席。

中意经贸合作的不断深化，大大激发了意大利华侨华人的创业精神，推动着意大利华侨华人的就业领域从打工到创业、从"三把刀"到跨国贸易的转型，意大利华侨华人内部的经济资本不断累积，经济实力不断增强。作为中意两国间联系的桥梁纽带，意大利华侨华人一方面为中意双边合作做出了积极贡献，另一方面与两国外交关系的发展同频共振，华侨华人社会亦在迄今50余年的建交历程中得到了发展，人口规模以百倍增长，在2016年达到333,986人。截至2020年，中国移民已成为意大利第三大移民群体，年龄构成持续年轻化，受教育程度不断提升，性别比例逐渐均衡，居住地分布集中并趋于稳定，以从事贸易行业的新移民为主体，但就业领域趋于多样化，来源地仍以浙江为主但也呈现出多元变化，国籍身份构成仍以华侨为主，也就是持中国国籍者占绝大多数。

由于意大利政府所制定的入籍程序十分烦琐，帮助华侨华人融入当地社会的教育经费严重短缺等，在一定程度上打消了中国移民入籍成为意大利公民的念头，导致意大利中国移民入籍比例不高。总之，意大利华侨华人社会的规模壮大得益于住在国的移民政策，而其难以"落地生根"在很大程度上也与住在国政策相关。

二、新生代华侨华人文化认同问题的源起

由于意大利华侨华人群体的特殊性，本文讲的新生代华侨华人，就特指在意大利出生或成长的二代及以上华侨华人，包括加入意大利籍的新生代华裔和未加入意大利籍的新生代华侨。

早期老一辈在中国出生的华人华侨，祖祖辈辈在传统农业文明土壤中生活，系下了"故土难离、落叶归根"的情结。祖国就是他们的"根"，即使暂时栖身异域，最终还是要回归故里，振兴家乡，报效祖国。他们即使后来加入了居住国国籍，仍自觉是客人。到了其子、孙辈，其文化认同和心态上已经实现了从"落叶归根"到"落地生根"的质的转变，身份上也从"客人"变成"主人"。生活在欧美发达的工业文明社会，再也不可能产生如父辈那样的乡土情愫。而作为少数族裔，他们深感被边缘化，缺乏作为"主人"的安全感。因此，他们渴望成为真正的当地人。

新生代华侨华人普遍缺乏一代移民早期在母国生活所浸染的情感底色。他们与祖籍国的联系，有来自血缘家庭的口传心授，也有来自互联网海量信息的超链接个性化点餐。新生代华侨华人身处充满竞争性乃至对抗性的信息环境中，面对意识形态和利益冲突等各种纷争，他们敏感于有关中国的事物，希望接触来自中国的信息，这种对于有关中国信息的关注和寻觅，或隐含着某种情感牵引。他们中大多缺乏对祖国的感性和理性认识，故土观念非常淡薄。他们的血脉中缺少民族文化"基因"，自然难以产生"游子意""故人情"之类的民族心理情感。新生代华侨华人这些方面的特点，增加了构建华人华侨社会网络的难度。

新生代华侨华人遇到的第一道关卡就是他们的父母，由于基本已完全西化，所以他

们难以认同父辈们传统的中式思维方式。另一方面，对中华文化的认可程度是新生代华侨华人与其父母争论的又一焦点。作为接受了中国传统文化教育的父母，当然希望自己的子女能中西兼备。然而，在说意大利语的大环境下成长的新生代华侨华人，脱离了祖籍国的文化氛围，要做到这一点确实不易。

新生代华侨华人既不能得到华人的认同，也得不到洋人的认同，犹如两头不到岸。祖籍国的人们用怀疑的眼光看待他们，同时，尽管他们的意大利语说得同意大利人一样好，甚至还更好，但在意大利人眼中，他们依然是中国人，通常难以与其建立起关系较密切的朋友圈子。我们应该看到，新生代华侨华人对本民族身份的抗拒和对根文化的淡化，是其社会环境发展所使然。

老一代华侨普遍没有文化，贫穷、落后、"愚昧"，备受当地社会排斥和压制。唯有在"华人街""中国城"才获得心理安全感，他们一辈子生活在其中。无可否认，"华人街"等华人社区，对海外华侨具有极大的凝聚力，给初来乍到的移民提供生活上的方便和精神上的安全感，对中华文化在海外的延续和传播起到极大作用。新生代华侨华人大多受教育水平高，出于自身发展的需要，他们努力突破父辈身份的限定。他们走出华人社区狭隘、封闭的圈子，力争融入当地主流社会，提升自己的社会、政治地位，这对于华人华侨以及他们的居住国和祖籍国都是有好处的。

不过，尽管新生代华侨华人努力洗脱与生俱来的"华人"血统，然而他们并不能完全彻底地融入到当地社会中，不可避免地会产生"民族认同疲惫"和"文化认同困惑"及其所带来的精神迷惘和痛苦。身份认同是他们无法绕过的内心叩问。"我是谁""何处是家"这样看似简单的问题，却是一个时常徘徊在确定和不确定之间的两难选择。

新生代华侨华人的身份认同主要表现为文化的认同。不少受访者谈到，父祖辈话语里的中国故乡和中华文化，对他们来说既亲近又遥远，似熟悉更陌生——亲近熟悉，来自家庭族裔中长辈们的言传身教与潜移默化；遥远陌生，则来自于当地社会文化的时空隔膜与现实差异。与一代移民相比，新生代华侨华人不再是毫无根基又急于立足的外来者，他们生长于斯，对于移居社会的陌生感和边缘感不似前辈们那么明显；关于中国的认知，也不像前辈们那样，残留着曾经贫穷屈辱的记忆，以及溯源而来的另类身份感；他们生活在中国国力迅速提升的现当代，没有那种悬殊的比较落差，心态也相对平和。对于当地社会，如果说一代移民的模式是移入或嵌入的话，那么新生代模式则是融入，除了无法改变的血统和体貌，他们从语言方式、行为举止和生活习性上，与当地人已没有多少差别。

就群体而言，新生代华侨华人生长环境参差，在社会化过程中吸收的文化"养分"各异，在移居地融入主流的过程中遇到的困扰也不同。"在意大利，有他者的感觉，回到中国，感觉还是他者。语言差异不说，思维方式的差异更难融入。""我有华人血统，会说中文，可它不是母语，我也不属于任何地方。"在新生代华侨华人的身份认同中，有信奉"一元论"者，即单一认同；有"二元论"和"多元论"者，既认同居住国又承认自己的中华子孙身份，以及跨国跨族裔认同。他们是偏向祖籍国的更多，还是偏向移居地的更多，是单一认同更多，还是双重认同乃至多元认同更多，答案不一。然而，无论是哪一种认同，甚至是时而混杂、时而矛盾、时而游离的认同，深层次里，华裔意识都是基因一样的存在。

值得一提的是，在一些新生代华侨华人那里，此前时空隔绝、离散天涯的海外华侨华人，会因为互联网而相遇和走近。他们会借助互联网有意无意地去发现和寻找同类人，Wechat（微信）的兴起，已经成为海外华侨联系彼此的纽带，牵拉起新的信息关系。

互联网作为全球信息集散地，为新生代华侨华人的"跨界互动"提供了技术和文化等多重支撑。他们趋向于采用电脑和手机通过视频网站或社交媒体看节目、刷视频，除了因为时间机动和网感习惯外，还有一个原因就是，社交平台就像一家"茶馆"——聚散无羁，来去自由，信息开放，言论多元，各种视角和观点在这里汇集和交锋。新生代华侨华人们走进去，分享时事，质疑观点，解构权威，平等互动，不再是传统"点-面"传播关系中层级和势能都在低位的受众，而是具有自主性和能动性的传播参与者。这是他们热衷上网的原因之一，也是"茶馆文化"的魅力所在。虽然价值观和意识形态的冲突在所难免，本就松散的新生代华侨华人群体也在或分化或重组，但是这为他们全面而立体地认知世界、认识中华文化和了解当代中国，提供了多维视野和广阔时空，也为他们的"信息偏好"写下新的注脚。

三、新生代华侨华人对当代中国文化认同——知识反哺与再社会化

新生代华侨华人出生、成长在居住国，自幼全盘接受居住国的教育，满脑子的当地思想和地道的当地国语言，接受了居住国的文化教育和生活方式。

对年长者和前辈们来说，传统电视时代形成的媒介思维和技能，似乎难以向新媒介"移植"，网络世界新鲜而陌生，几乎是"断代性"的，需要重新学习进入。传统上，通常是前辈年长者向后辈年轻人传授知识和文化，因为他们吃的盐比后辈吃的饭多，他们过的桥比后辈走的路多，他们见过的世面、经历的风雨，能够提供丰富的经验和参考，裨益后辈。然而，互联网时代新科技新知识层出不穷，有许多已经超出老一辈的经验范围，靠传统知识难免捉襟见肘，加上技术迭代和更新极其快速，跟进实属不易。那些"吃过的盐"和"走过的桥"，有不少已经成为沉淀的资本，难以适应当下，长者和前辈的经验法则和经验传喻有些也不再那么有价值。

反观新生代华侨华人，在当地土生土长，出生便带有互联网的基因，可谓是地域和技术双重意义上的"原住民"。相对于一代祖父辈移民，新生代华侨华人们更容易融入当地文化风俗和主流社会，他们从自身社会化过程的早期开始，便学习当地语言、习俗和生活方式，并潜滋暗长为内在的常识和默会知识，乃至区别于传统中国文化的人格特质。第一代移民时常面临的本地化和社交圈的困扰，不再是新生代融入的樊篱，也无需

再经历一代移民时常面临的去"边缘化"过程。他们从小的语言习得、生活经历和社会人脉都是原根生的，自然而熟悉。"家里长辈看本地节目或对本地事物什么不明白的，我有语言优势，会给他们讲解。"这背后所体现的或许不只是语言优势，而是社会文化和生活方式上"原住民"与"移民"的区别。

新生代们似乎天然熟谙数字时代的生存密码，在网络世界里左右逢源，在技术更新中捷足先登，其思维碎片化、记忆外挂化、交往屏端化等网生特征，与传统一代形成鲜明对比。在网络领域，新生代华侨华人的知识反授和反哺逐渐成为常态，前辈们需要求助于他们，了解和学习网络技能，以及新兴的网络文化。"我要时常帮助父母解决电脑问题，教他们上网，下载 APP，寻找网址和账号，包括寻找网上华语电视节目。"

几乎是在转身之间，新生代华侨华人成为移民家庭中新知识和新文化的内行，新生活版图的导游，也自然承担起向祖父辈传递新事物的责任，形成独特的代际"反哺"现象。

不可否认，家庭族群仍然是文化传承的重要场景，长辈们的言传身教也在涵育新生代的中华情结，呈现出浓厚的前喻色彩。不过，我也不止一次听到老一辈华侨华人说，"希望下一代学习汉语，了解中华文化，但是会尊重他们的想法，希望培养他们的汉语能力，但是不会强迫他们只接触汉语信息"，在家庭关系中，"我们是平等的"。

新生代华侨华人的媒介消费在大屏电视、中屏电脑和小屏手机之间切换和穿插，也在全球性网络社群中游走。"有时候我会陪家人一起看电视，但我一般是在 YouTube 上看节目。"他们边看边讨论，但是场景与祖父辈们不同，一般是在线上群组，很少在线下客厅；前辈们尤其是大陆新移民多用 Wechat（微信）与人互动，有自己的华语微信群和朋友圈；新生代则偏好在 Facebook（脸书）或 Twitter（推特）上发声，且多语种混杂，心态和语态都更加"世界化"；有些还边看边发弹幕，衍生出另类的交流形态。登录全球性社交平台，令新生代们的话语和互动拥有更大的空间，不同的社交方式亦生成不同的家庭舆论场。这中间既有语言的屏障，又叠加了不同圈层和代际的区隔。

四、摆正融入当地与继承中华文化优良传统的关系

华侨华人家庭中的"上一代"，多数在移民前于祖籍国生活了颇长的时间，对传统中华文化的认可是根深蒂固的。移居海外之后，他们很多人对中国教育思维是认同的。

但作为他们的子女，特别是在国外出生的新生代华侨华人，自小就进入国外的幼儿园，其后是小学、初中、高中，接受的完全是西方的教育，无论是语言、行为、思维方式都已发生了改变。所在国的价值观念与中华文化的价值观念、道德观念存在明显的差异。在这种情况下，家长强迫孩子适应完全中国式的教育，就会引起孩子的反感乃至叛逆。

为此，有关专家对海外华侨父母们提以下几点建议：一是重视中国教育思维与所在国教育方式的融合，取两方之所长，同时要充分尊重孩子的选择。二是在家要跟子女讲

中国话，不要满足他们听得懂。生活在国外，如果父母在家里不坚持跟子女讲中国话，社会上是没有人跟他们讲的。而学习语言是学习中华文化的基础。三是在积极培养子女成材融入主流社会的同时，也要引导子女学习中华文化，保留中华民族的根，特别要注意家庭教育，从小、从日常生活中加强对子女的品德教育，也就是中华民族道德观和价值观的教育，这是为人父母的基本义务，不能完全寄托于学校。

另外，"西方教育相对宽松"这一现象也应当引起家长们注意，西方教育制度比国内相对宽松这是事实，但它的这种宽松不是说学生走出课堂就可以无所顾虑地去玩，而相反是要让学生更多去接触课外知识，学生目前处在哪一阶段的教育，他们就应当去掌握这一阶段的知识，这个不是因为说疲劳去放松或者说减少课堂学时就可以跳过这个阶段，相反其背后则更需要学生花更多的努力去自我学习，由于这里课程的设置只是半天，故而在课堂上学生接受老师面授的机会就会减少，如要消化课本知识更多还是要靠自己。所以说，所谓西方宽松教育只是相对的宽松，这样一来，他们就根本没有什么时间再去帮助父母看店和打理生意，如果作为父母非要让孩子这么做，那他们就必定对课程的疑问越积越多，疑问越多困难也就增多，同时也就逐渐丧失学习的兴趣，从而使他们进入到不想学习又不甘于受命的恶性循环状态。

还有就是关于华侨家长送子女回国读书的问题，很多侨胞觉得国内重视教育，会把孩子送回中国读书。

对此，温州大学华侨学院院长包含丽认为，当前侨胞子女在华入学、考学时主要面临两个重要问题。一是中文水平不足，无法与适龄年级匹配，很容易出现学生实际年龄较大却只能入学低年级教育的现象。"如此一来，可能会对学生的心理造成很大压力。"二是"走、换"情况频繁，华侨华人子女经常出现短时间内转学、换学现象，学生们难以适应这种频繁的"走、换"节奏。包含丽建议："我认为首先要协调华侨聚集地区的教育政策。"以侨乡地区为代表的教育部门应该考虑建立统筹机制，拿出一定的教育资源提前对华侨华人子女进行培训，使其适应接下来的学习节奏。对于未来，包含丽相信："会有更多的侨胞子女愿意回国学习，甚至也有更多的外国人愿意来中国学习，这种趋势将越来越明显。"

五、要增强新生代华侨华人身份认同感，就要华文教育先行

华文教育是海外根植最深、覆盖最广、影响最广和最为有效的中华文化传播方式。这项工作有利于培养新生代华侨华人文化认同，有利于在海外传播弘扬中华文化，推动世界语言文化多样性保护传承，加强当地社会的和谐与融合，促进中外文明交流互鉴，对海外铸牢中华民族共同体意识、构建人类命运共同体发挥着独特的作用。华文学校不仅是保护华裔子弟学习母语的天然特性，更是要在学校里了解到"文化中华"，了解中国文化的核心要义，增强华裔青少年对民族文化的认同，这样就可以通过他们把中华文明和而不同、美美与共的大同理想传播给当地民众，形成共同的价值体系，成为世界民

心相通的友谊桥梁。

因此，海外华侨华人社会的华文教育推广工作，不仅要使新生代华侨华人熟练掌握中文文字，更要使其掌握中国文化的精髓，培养其对中国文化的自豪感、并通过中国文化来了解中国，增进对中国的感情，从而自觉地为促进中意关系做贡献。因此，增强民族认同感，华文教育必须先行。

原中国国侨办主任裘援平在第三届世界华文大会上说，华文教育不仅维系着华侨华人的民族特性及与祖（籍）国的情感联系，而且辐射到各国主流社会，是覆盖最广、相对正规、长期有效的海外中华语言文化教育形式，对提升中华文化影响力、增强国家软实力具有不可替代的优势。正因如此，华文教育被誉为中华文化在海外的"希望工程"，中华民族在海外的"留根工程"，也是华侨华人社会最重要的"民生工程"。

中国国侨办一直以来积极会同有关方面，在华文教材研发推广、华文教师培养培训、华文学校发展建设、举办华裔青少年活动等方面做了很多努力和尝试。推行"两大机制"，一方面建立与华侨华人住在国政府交流合作机制，为海外华文教育发展创造良好的政策环境。另一方面是通过建立国内华文教育资源统筹协调机制，为海外华文教育发展提供更多支持。与此同时，中国国侨办还打造了"六大体系"，通过内容施教、教材、培训、帮扶、支撑、体验体系的建立，全面提升华文教育发展水平。

除了支持住在国的华文教育发展，为了增强华裔青少年对中华文化和中国元素的了解，中国国侨办还打造了一系列以"体验"为主导的文化交流活动，其中最知名的就是"中国寻根之旅"夏令营。游览历史名胜、感受现代城市魅力、了解传统民俗……"到中国过暑假"也越来越成为海外华裔青少年的自发选择。

通过中国侨办结合其他相关地方、部门举办的这一系列中华文化体验活动，这些"华二代""华三代"彼此之间的交流也让他们彼此找到了"共鸣"。寻求文化认同中的"尴尬"或许因此而慢慢削弱，很多人有了更深层的思考，"作为华裔，我们可以很好地结合东西方文化好的部分，因为我们有机会深入接触、了解东西方文化，这其实是很难得的"。

吸引新生代华侨华人传承中华文化、增强民族感情意义重大，传承中华文化最直接最有效的途径就是加强华文教育，"对于新生代华侨华人来说，尤为关键"。要进一步加强华文教育，创造更多途径和方式传承好中华文化，增强新生代华侨华人对中华文化的认同感，积极发挥好海外华侨华人在居住国和中国之间的文化交流和桥梁纽带作用。

第一，把加强华文教育作为一项长期的战略任务来抓，要加大人力、物力、财力的投入，支持扩大海外华文教育，培养高素质的师资，编写高质量的教材，提供丰富的图书资料，建立华文教育信息网络，不断改进华文教育方法，提高华文教学质量。通过华文教育，提高华侨华人的中华文化素养，保持他们的中华民族特性，维系和加深他们与祖国血脉联系。

第二，举办具有民族特色的联谊活动。如开展夏冬令营等活动，引导和组织新生代华侨华人到中国参观访问、旅游观光、寻根问祖。我们也可以组织人员到有关国家为华侨华人举办报告会、展览会、医疗服务、传授技艺和文艺演出。

第三，加强侨务宣传和文化交流。应加强与世界各地华文媒体的通力合作、相互支持，共同推动世界各地华文媒体的宣传工作。在国内通过涉侨的报纸、杂志、影视、网络，加强对海外侨胞的宣传教育工作，增强对华侨华人的感染力、吸引力和亲和力，增强华侨华人对祖国的认同感。

六、"寻根之旅"增强新生代华侨华人身份认同

该如何培养其对祖籍国的了解和对中华文化的热爱？"中国寻根之旅"肯定是一剂"良方"。"中国寻根之旅"系列活动自 1999 年开始举办，是侨务部门开展华文教育工作的品牌活动。侨务官员在接受中新社采访时曾表示："'寻根之旅'主要是让海外华裔青少年回中国看一看，通过课堂学习、参观游览、联谊交流等活动，使这些孩子对祖（籍）国多些了解，多些认识，也多些感情。"

20 多年来，参加"中国寻根之旅"活动的海外华裔青少年踏着祖辈的足迹了解中华文化，感受祖籍国的发展变化。这既增强了他们作为炎黄子孙的骄傲，也让他们成长为沟通中外的使者。当前，新生代华侨华人逐渐成为这一沟通的"桥梁"的主要构成力量，只有他们具备了对中华文化的认同，才可能形成对祖（籍）国的凝聚力和向心力。

新生代华侨华人的价值观和话语方式是在住在国形成的，其话语诠释相对而言更符合住在国的理解模式。他们了解住在国的文化，如果也了解中国的现实，就具备了客观、全面介绍中国的可能性，以住在国话语方式讲好中国故事。因此，增强新生代华侨华人的中华文化认同，使他们更加理解中华民族及其价值观念，有助于他们更加积极地应对关于中国的信息，有利于更好地建设话语渠道，应对国际舆论。同时，应该注意到，随着代次更迭，新生代华侨华人由文化适应转而被住在国文化逐渐同化，难以理解祖辈父辈的中国情结，其中华文化认同感也将随之减弱。而随着全球化发展，强势文化推进和传统文化的式微，也会影响新生代华侨华人对中华文化的认同感。

当前，中国的发展为增强新生代华侨华人的中华文化认同提供了一些有利因素。一是中华文化走向世界为新生代华侨华人提供了更多接触、学习和了解的机会与渠道。改革开放以来，中国与海外的双向文化交流发展迅速，文化交流的范围也得到扩大。初期，在双向文化交流中，中国更多的是吸收西方优秀的文化和技术。随着国力提升，中国文化已开始走向世界，中华文化的源远流长是沟通"中国梦"和"世界梦"的重要途径。这一背景下，新生代华侨华人在住在国也能感受到中华文化传播的影响力。中华文化的海外载体如各种侨团、孔子学院等，也在一定程度上为新生代华侨华人了解中华文化提供了良好的平台。二是"中国机会"激发了新生代华侨华人认识、了解中华文化的主观能动性。三是中国重视加强与新生代华侨华人的文化交流与凝聚。21 世纪以来，中国的涉侨部门创建了诸多文化交流品牌活动，以满足不同层次海外侨胞的文化需求。

针对新生代华侨华人，则主要通过邀请他们到中国参加华文夏令营来引领他们认识中国文化、中国社会、中国现实，增强他们对中华文化的认同。

调查发现，意大利华侨华人家庭中文环境整体较好，祖父母在新生代华侨华人的语言保持和发展上起着重要作用，而父母尤其是母亲在很大程度上决定了新生代华侨华人早期语言选择，而同龄的兄弟姐妹和会讲中文的朋友则加快了新生代华侨华人的语言转用，保留中文家庭语境是祖语传承的高效途径。在学习方式上，新生代华侨华人普遍认为"在家坚持说中文"是一种非常高效的学习方式，同时，这种天然的学习方式也是最容易实现的，因此，保留中文家庭语境是祖语传承最关键的途径。

家庭是母语习得的起点，是移民环境下母语保持的最后堡垒。很多家长把孩子祖语的退化归因为其他原因，事实上是家长的态度造成的。如果家长持有正确的语言态度，并采取积极的语言学习措施，那么新生代华侨华人的祖语传承将会取得很好的成效。开展家长课堂，转变家长观念是目前亟待解决的根本问题。家长课堂的开展任务有三：一是华一代必须改变"忙着赚钱"的固有观念，参与到中文教育中来，建立和谐的亲子关系；二是解决家长在子女中文教育方面的困惑，改变"汉语难"这个原本是西方人对汉语不成熟的认识，充分认识到家庭中文教育的重要性和开展方式，以及如何协调子女中意双语教育等问题；三是加强家长对新生代华侨华人后续中文教育的了解，比如，中国政府对华侨华人子女回国入学的优惠政策等。

加强华侨子女教育，构建海内外协同华文教育新机制。应更好解决华侨子女回乡就学、华侨子女未来的成长成才问题及构建海内外协同华文教育机制，应创新教育教学体制，打造高品质公益性华侨实验学校，可在积极规划华侨资源集中并可辐射周边，合理设置华文教育课程等方面发力。

华侨子女教育办学水平的提升，离不开优质教育资源。要引进优质教育品牌，同时充分利用华侨生联考政策，引进知名联考指导机构进行合作办学。应注重拓展华侨文化及阵地建设，依托海外华文学校，建立集寻根祭祖、观光旅游等功能于一体的华侨国际文化交流中心，推进中外文化教育合作，以文化为纽带，弘扬和传播中华文化。

在此基础上，有关部门可依托知名教育平台和资源，成立国际华侨子女教育研究会，出版面向海内外华文教育的各类高质量教材等。同时引进优质师资资源，特别是小语种双语教师资源，与高校建立常态化实习合作项目，促进双向提升。此外，实验学校可成为高校华文教育的研究实践基地，推动双方合作的同时，全面提升华侨子女教育水平。

如何联动海内外，探索共建华文教育新模式？依托华侨实验学校与海外华文学校共同开展结对活动，实现资源共享，打造华文教育品牌，可以联合海外华文学校开展活动，将中华传统文化元素纳入课程安排，更好地弘扬中华优秀传统文化。

七、新生代华侨华人优势：多元背景塑造文化架桥人

"'华一代'具有更多中国色彩，受成长环境的影响，新生代华侨华人的思维方式和生活习惯更接近当地同龄人。"新生代华侨华人在学习工作中更多地受到当地文化的影响，双重身份给新生代华侨华人们在居住国带来了特殊的生活体验。"虽然大部分意大利人对华人态度比较友好，但华人仍不免目睹或经历一些被歧视的言行。""长期的海外生活稀释了新生代华侨华人身上的中国文化特性，使得越来越多的华裔青年因为身份认同而困惑。""由于缺乏在中国生活的直接经验，我们对中国的认知是比较抽象的。"成长环境的差异所造成的文化隔阂使得他们在同父母相处过程中，常会产生分歧甚至冲突。

在人际交往中也是如此，"我完全不了解我的中国朋友谈论的中国影视剧。这种感觉很奇怪，会显得格格不入。""我在家吃四川菜，庆祝中国新年，并与其他中国朋友互动。这样，我感觉与中国有亲近感，对中国文化怀有向往，觉得中国习俗很有吸引力。"然而，这种"间接的乡愁"会随着所处环境的变化而变化。

所受教育的差异也是造成这种"尴尬"的原因之一。大多数新生代华侨华人在学校和社会接受的是西方文化教育，但在家庭中会受到中华传统文化的熏陶，因此难免会有撕裂感。但近年来他们在海外取得的令人瞩目的成就，很多正是得益于传统的中国式家庭教育与别具一格的海外视角。"夹缝人"正以更强大的适应能力与多元的文化修养为中西方搭建沟通的"桥梁"。实际上，华裔身份本身就是一种优势，"我有更多机会接触到不同文化和语言，发现别人看不到的中西文化的一些区别和共同点，从独特的视角审视两种文化。"

如今，国内外的机构和团体越来越关心新生代华侨华人的成长，这也为培养中西方文化传播的友好使者创造了条件。"帮助新生代华侨华人在主流社会站稳脚跟，一直是华人社团工作的重点之一。""如果从小让他们系统地学习中国文化，他们就能较好地理解中国人的思维习惯；如果从小便大胆地主动融入当地人的圈子，那么他们对西方文化必然也不会陌生。"只有这样，中西文化的差异对于华裔后代而言才不会是冲突，而是一种交融与互补。

因此，要强化新生代华侨华人们的"桥梁"属性。"相比'华一代'，新生代华侨华人流利的双语沟通能力以及出色的专业能力会使他们自信心大大提高，因而在当地更具竞争优势，这正得益于重视教育的家庭传统以及生长于海外的背景优势。"新生代华侨华人往往具备更高的知识层次和更强的适应能力，从而有机会跳出华人社区传统行业，广泛活跃于金融、科技、医药、法律、房地产等专业领域。只要新生代华侨华人能兼收并蓄中西方文化的精华，弃其糟粕，他们就将不再是双重文化的"香蕉人""夹缝人"，而是既知中华文化，又懂西方文化，掌握多元文化精髓的"架桥人"。

马来西亚华文教育面对的问题和挑战
——以华文小学与国民型华文中学为例

祝家丰[①]

【摘　要】 马来西亚华文教育的水平和素质深获各国学者的认可，但是其华文教育依然面对各种问题和挑战。除了受制于国家教育政策，马来西亚华文教育必须面对全球化和英语至上所带来的挑战。本研究立意探讨当今华文小学与国民型华文中学所面对的各种问题。研究发现近年来华小学生总人数逐步下滑、华小的微型化、非华裔生日益增多、学生中途转校日增和政府增派"交际华语"教师到华小。国民型华文中学则面对校长难寻、华裔教师越来越少和华校特征难于维持。

【关键词】 马来西亚华人；华文教育；华文小学；国民型华文中学

一、引言

华人自离开中国大陆而漂泊到世界各地谋生后，由于需适应在不同地域的国情而衍生出各种不同的调适方式。现今有些海外华人虽能口操华语或华语方言，但作为其载体的华文教育在世界各国却拥有迥异的命运。马来西亚华文教育在华人捍卫母语教育的过程中已打下雄厚基础。马来西亚华文教育声名远播，其办学模式也成为海外华人教育机构的仿效对象。作为海外华人一分子的马来西亚华人虽然面对国家机关实施单元教育政策的深刻影响，但却能发展出一套独特且蕴含着韧力非凡的华文教育体系，此现象可属罕见。马来西亚华文教育体系可说在中国大陆及港台以外发展得最完善和肩负着传承中华文化重任的体系。华人社群为了捍卫华文小学（华小）、独立中学（独中）和国民型华文中学的存在而与国阵政府掌控的国家机关进行长期的抗争。

在马来亚1957年教育法令下，华小已被纳入国家教育体系内。根据该项法令，华小本该享有与马来文小学或国民小学（国小）同等地位和待遇，可是自独立以来，华小一直面对增建与拨款严重不足的困境。巫统领袖和许多马来民族主义学者认为，华小一般没有把校地主权交给政府，因此岂能享有同等地位。但许多已向政府献地的华小并转型为全津贴华小，依然面对各种各样的问题。同样为国家培训人力资源献上一份绵力的

[①] 作者简介：祝家丰，马来亚大学中文系荣休副教授，系主任，马来亚大学哲学博士，研究方向为马来西亚和印尼华人、族群关系。

华小，为何会面对如此多的问题呢？这是马来西亚实施单元化教育政策的后果。

马来西亚自1969年发生的种族流血冲突事件后，马来政治精英开始更改以往的多元文化建国之路。国家领袖实施一系列以马来中心主义为主的国家语文、教育及文化政策。这种趋势说明了当政者欲达至一种文化、一种语文的民族国家，所以当时的政府可说是尝试以同化之路建国，[①] 如此的国策转向为华文教育带来极大冲击并引发华人的各种抗争。马来西亚华文教育长期面对各种不利其发展的束缚，但在得到华人社群的鼎力支持与抗争下已使它衍生为令人敬佩的华教运动。华裔家长也以实际行动来支持华教，即把他们的子女送进华校求学。马来西亚教育部数据显示2011年已有96%的华裔家长把其子女送进华小以接受母语教育。[②] 马来西亚华人这股捍卫华文教育的精神，主要是源自他们把华小与华文教育视为是传承中华文化和华语及赓续华人族裔认同的最重要载体。

二、华小现今的发展趋向和问题

马来西亚是一个推行单元化教育政策的国家，虽然马来西亚的华裔总人口一直在增多，但华小的总数目不增反减，例如在1970年，国内共有1346所华小；但到了1980年，华小的数量减至1312所。此种趋势还在持续中，因此在2016年马来西亚进一步减少至1298所华小。除了是国家单元化教育政策的影响，华裔人口的城市化亦是造成华小数量减少的原因。在20世纪80与90年代，马来西亚华裔人口向城市流动主要是由经济发展所策动，城市和城市周边的蓬勃发展吸引了成千上万人口的到来。由于城市规划与发展跟不上这些蜂拥而至的人口，马来西亚的都市和其周边市区须面对许多社会问题。对于华裔人口，他们面对的主要问题是儿女上学的问题。虽然政府在新的住宅区设立了国小，但华裔父母对国小的办学没信心而鲜少让他们的儿女入读。[③] 另一方面，政府一般没有在新住宅区设立华小，因此他们的子女面对入学无门的问题。这些华裔子弟只能往旧有的华小挤，这造成城市地区的华小面临学生爆满之苦。

无论如何，华小的数量自2010年开始有了增加的趋势，即从1291所增加至2023年的1302所，但是这数量依然达不到1970年1346所华小的水平。这样的数据显示，华小数量依然不能满足华裔家长的需求，此情况在城市地区尤为显著。除了华小数量不足的问题，到了2022年华小师资不足的梦魇依然得不到解决。这个自马来亚独立后一直棘手和悬而未决的问题，更引发了"董教总"举办2012年3月25日或简称325的"华教救亡抗议大会"，并在大会上通过4项诉求以要求政府全面解决华小师资问

---

① 一直以来马来当权领袖都避免用"同化"这字眼来形容当时的国家政策，但马来西亚的第四任首相马哈蒂尔医生于1996年8月6日接受《马来西亚前锋报》专访时就承认时代已变，国家不能再走同化的道路。

② Kementerian Pendidikan Malaysia（KPM 马来西亚教育部），2012年，第E8页。

③ 另外，国小在这20年以来日益伊斯兰化，华裔父母担心子女的宗教信仰会受影响而不愿让他们就读国小。

题。[1]为了掌握全国华小在 2021 年新学年开学时的师资概况，马来西亚华校教师会总会（教总）进行相关的问卷调查。这次的调查显示，华小依然面对师资不足的问题。根据此项调查的回馈，截至 2021 年 1 月 31 日，在 1171 所华小当中，共有 1197 个教师空缺，以及 30 个正副校长的空缺。根据 2021 年的情况，保守估计，在未来几年，华小每年约有一千个师资空缺。而现有正在培训的华小师资人数并不足以填补有关的空缺。为了解决这项问题，马来西亚教育部在几年前开始调派"交际华语"教师到华小，[2]目前这不适当的调派行动日益严重。[3]教总的立场是不能接受这类教师到华小教导华文，因为他们只接受交际华语课程的培训，所以不具教导华小华文课的资格。

另一显著的发展趋向是近年来华小学生总人数逐步下滑，例如在 2007 年马来西亚全国华小共有 643,679 名学生；到了 2016 年，其人数已下滑至 542,406 人，因此 10 年来锐减 101,273 人。[4]教总 2018 年 9 月 2 日发布的一份报告显示，从 2008 年到 2018 年，马来西亚华小在校的学生减少了 112,029 人，下降幅度达 17.8%。[5]下图清楚说明这种趋势：

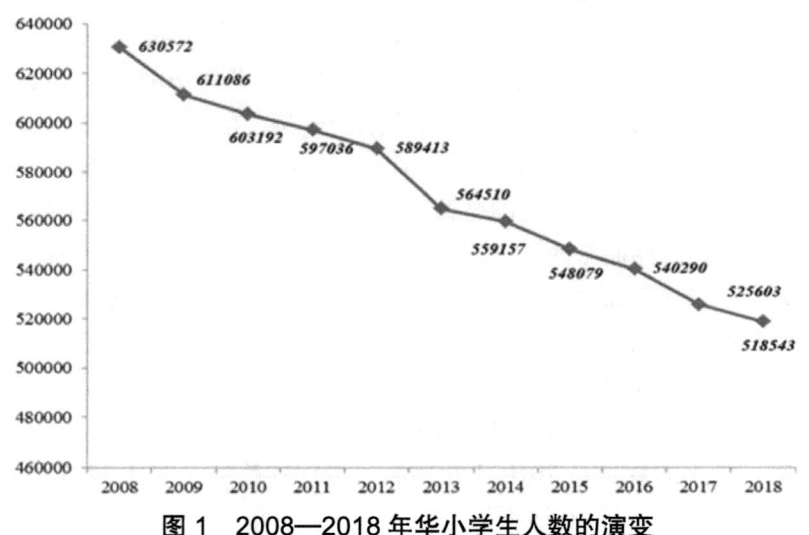

图 1　2008—2018 年华小学生人数的演变

---

[1] 祝家丰：《后 308 政治海啸与两线政治下的华教发展》，载祝家丰《风雨如晦六十年：马来西亚华人社会研究论集》，Petaling Jaya：策略研究中心与智行学会，2022 年，第 63 页。

[2] 马来西亚华校教师会总会在 2023 年 5 月揭露教育部在几年前，有一批马来青年也通过人民信托局或教育部的保送计划，远赴中国攻读 5 年制的对外汉语课程以培训成为"交际华语"的教师。自 2008 年开始，北京外国语大学与马来西亚教育部及人民信托局签署了培训中文师资的合作项目，并为这两个单位的保送生特别开办了"对外汉语——马来师资项目班"。据了解，两个单位每年保送一百多名学生到中国。这个课程专为马来学生制定，课程包括中文对马来文、英文的翻译；而不谙中文的保送生必需先修一年的预科班，再攻读为期 4 年的本科学位（学士）课程。

[3]《星洲日报》，2023 年 5 月 31 日。

[4]《东方日报》，2017 年 5 月 29 日。

[5]《星洲日报》，2018 年 9 月 3 日。

资料来源：马来西亚华校教师会总会：《2008 年至 2018 年华小学生人数的演变，以及华小建校和迁校的发展实况》，2018 年 9 月 3 日发布。

注 1：2008—2017 年的数据是截至有关年份 6 月 30 日的统计，而 2018 年的数据则是截至 1 月 31 日的统计。

注 2：图 1 的学生人数不包括学前教育班的人数。

其中沙巴州华小学生人数在同期仅下降 1.5%，这是由于该州有越来越多非华裔学生入读华小。就读该州华小的非华裔学生占学生总数的比例从 2016 年的 51.2% 增加到 2018 年的 58.1%。根据马来西亚教育部 2021 年 2 月的统计，华小的学生人数为 507,177 人。到了 2022 年，全国华小学生总人数每年减少 2 万人，其总数更首次跌破 50 万人，即只有 495,386 人。① 近 19 年来，即从 2003 年至 2022 年，华小的学生总人数急减 15 万 2261 人，跌幅高达 23.5%。② 这样的趋势说明了华小的华裔学生日益减少已是不可逆转的发展。

华小学生总人数逐步下滑的趋势是因为华人生育率逐年下降，每户家庭通常只有一两名孩子。研究显示华裔育龄女性（15—49 岁）总生育率大幅度减少，从 1957 年的 7.4 减至 2021 年的 0.8，远低于生育替代水平的 2.1，这导致每年华裔新生婴儿人数趋向减少。③ 此外，一些家境比较好的家长则选择让子女入读私立学校或国际学校。这些家境宽裕的家长认为华小的功课过于繁重和注重考试，学生需面对过大的学习压力，因此他们希望子女接触其他如英美国家的教育方式以让他们能快乐地学习。此外全球化时代也造成英语至上的风潮，国际学校所提供的英语教学成功吸引了众多的华裔学生。④ 在这趋势下，各种国际学校如雨后春笋般在马来西亚各地设立起来，至 2022 年这类学校已有 209 所和 6 万 9147 名学生，10 年内增加了 139 所。⑤

另一方面，城市化浪潮亦造成许多乡区华小大量流失学生，虽然没被马来西亚教育部关闭，但也沦为微型华小。⑥ 这些微型华小常常面对华裔学生来源捉襟见肘的情况，形成华小必须靠非华裔生来支撑。2015 年的马来西亚教育部数据显示马来西亚全国共有 489 所微型华小，即占了华小总数的 37.7%。2018 年微型华小的数量进一步增至 601 所，其比率激增至 46%。⑦ 到了 2022 年，微型华小的数量进一步增至 616 所，

---

① 详见《星洲日报》，2022 年 8 月 26 日，2023 年 7 月 15 日；沈天奇：《马来西亚微型化小概况：兼谈应对之策》，载《华教导报》，2022 年第 4 期，第 11 页。

②《星洲日报》，2023 年 5 月 3 日。

③ 沈天奇：《马来西亚微型化小概况：兼谈应对之策》，第 12 页。

④ 除了英语教学外，国际学校也提供单科华语的学习，因此成功吸引了许多华裔学生报读。

⑤《星洲日报》，2023 年 5 月 3 日。

⑥ 根据马来西亚教育部的规定，一所小学的学生总人数少于 150 人就被归类为微型小学。

⑦《东方日报》，2018 年 8 月 7 日。

其比率激增至 47.31%,[①]这比率占了将近华小总数的一半。下图详列 2010 年至 2021 年微型华小的数据演变：

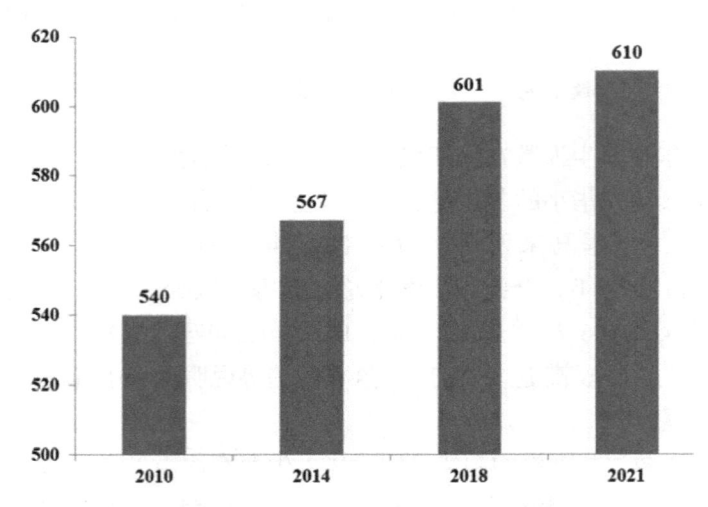

图 2　2010—2021 年微型华小的数据演变

由于学生人数太少，这些微型华小面对教学和设备不足的问题，例如它们必需进行复级班教学，这使到教学成果不理想和增加教师的工作负担。这些微型华小并不符合经济效益，马来西亚教育部一般会采取合并或关闭学校之举措。不管是关闭或是合并微型华小，对华社来说都是非常敏感的问题。追根究底，这是因为华社要求增建华小的意愿没有获得政府的重视。在 20 世纪 90 年代，由于马来西亚的发展步伐越来越快，许多处于城市周边的地区都已蓬勃地发展成为商业区或住宅区，更多的华裔人口往这些地区迁徙。华社需要增建华小的呼声越来越大，但时任政府依然漠视华社的诉求，华社对此深感不满。作为执政党一员的马华公会当时只积极地提出迁校策略来化解华社要求增建华小的压力和避免乡区微型华小被关闭的危机。[②]在 90 年代和往后马来西亚的华小需要迁校，除了一些特殊的个案，主要还是因为政府不批准增建华小所致。[③]虽然政府允许华社把微型华小迁移至城市地区，但迁校过程依然困难重重。[④]其中物色适当的校地是迁校过程中重要的一环，这原本是政府的责任，但在现实情况里，政府却没有履行对华小

---

① 《星洲日报》，2022 年 8 月 23 日。
② 祝家丰：《种族霸权离散族群下的母语教育与文化传承》，载祝家丰《风雨如晦六十年：马来西亚华人社会研究论集》，第 130—131 页。
③ 马来西亚华校教师会总会：《华小建校、迁校和微型华小资料集》，加影：马来西亚华校教师会总会，2009 年，第 108 页。
④ 对华小迁校过程所面对的各种问题分析和讨论，可参阅祝家丰：《种族霸权离散族群下的母语教育与文化传承》，载祝家丰《风雨如晦六十年：马来西亚华人社会研究论集》，第 129—134 页。

的责任，当局一般都不会提供校地作为增建和搬迁华小的用途，这迫使"董家教"必须自行物色校地。

在这种困难的局面下，大多数微型华小的董事部都会选择保留现状，譬如吉打州居林县新中小学（微型华小）[①]董事长陈振燊就不认为迁校，或安排同样面对新生来源问题或学生少的学校合并就能解决问题。他甚至担心可能会引发其他问题，他始终认为，为应付地方上教育需求，只要有家长愿意把孩子送进来华小接受教育，华小还是有必要留在原地。[②]微型华小的董事部为了保存华小的命脉，只好接受和鼓励友族把孩子送进来。至于华小的特质和特征就暂且放在一旁，保校比保存特征更为重要。

此外，现今的华小还吸引了许多非华裔生，尤其是马来学生来就读。2014年马来西亚全国华小共有87,463名非华裔生，占学生总数的15.47%。[③]到了2021年，其人数进一步攀升至19.75%。[④]一直以来马来西亚政府立意要把国小发展成为全民的学校，但其过度注重伊斯兰化而导致华裔和印裔家长的排斥而不把子女送来就读，最新的数据显示国小只有4%的非马来裔学生。这数据说明了华小是各源流小学不同种族学生就读比例最高的学校，因此华小已能取代马来文小学成为各民族的首选学校。[⑤]这趋向引发了马来西亚国家教育咨询理事会的担心，他们认为华小在十年内将能成为主流学校。[⑥]在非华裔生日益增多的趋势下，有的华小之友族学生就超过半数，例如森美兰州瓜拉庇朥县的10间华小就有4间的马来学生超过50%。[⑦]乡区的华小或微型华小往往有更多的非华裔生，此趋势造成了没有华裔学生的华小之出现，2013年西马半岛就有5所这类学校。没有华裔生的华小可说是逐年增加，就连在吉隆坡周边的华小，即雪兰莪州呀吃18里的中华小学在2021年初开始就没有华裔学生了。[⑧]友族学生增多不只发生在乡区华小；也发生在城市地区，例如在吉隆坡的圣德华小和洗都巴沙平民华小，其非华裔生就超过学生总数的40%。[⑨]以上的分析说明了华小已有能力成为马来西亚的全民小学。

[①] 居林县麻坑新中小学有23名学生，友族占21名。

[②]《光华日报》，2018年4月1日，http://www.kwongwah.com.my/?p=493468，访问日期：2018年7月10日。

[③]《东方日报》，2017年4月10日。

[④]《星洲日报》，2021年3月24日。

[⑤] Thock Ker Pong, "The developmental trend and increasing enrolment of non-Chinese students in Malaysia's Chinese primary schools: Challenges and problems (1998-2018)", in Yow Cheun Hoe & Qu Jingyi (eds.), *The cultural legacies of Chinese Schools in Singapore and Malaysia,* London: Routledge, 2021, p.172.

[⑥] Minderjeet Kaur, "Study: Chinese Schools may be main schools in 10 years", *Free Malaysia Today,* 2016, 5 August.

[⑦] Tan Yong Ling, *Pertambahan Murid Melayu di Sekolah Rendah Jenis Kebangsaan Cina Daerah Kuala Pilah*, Disertasi MA, Universiti Malaya, 2018, pp.50-51.

[⑧]《南洋商报》，2020年1月4日。

[⑨]《东方日报》，2015年11月27日。

本土与互鉴：多维视野下的海外华人与中国侨乡关系研究

在非华裔生的日益增多的趋势下，华小的学生结构已由单一的华族衍变为多元族群。现今的华小除了华裔生，还有马来、印度、伊班、卡达山、杜顺等族裔的学生，它比国民小学呈现了更多元族群和多元文化的学习环境。①在此情况下，华小亦能扮演另一个重要的角色。除了日常的学习，华小也让友族学生了解中华文化并和华裔学生做频密的交流，所以华小可促进民族交融和团结。无论如何，非华裔生的大量增加造成华小必须面对各种问题和挑战。由于非华裔生的增多，华文作为华小的行政语言逐渐受到侵蚀。在一些友族学生过半的沙巴州华小，校方为了有效传达学校讯息给非华裔生和非华裔家长，开始发出马来文的通告，校园内使用双语广播（先马来语后华语），出现没有华文的布告栏。②

在乡区华小的马来学生日渐增多之际，教学上马来语的使用亦日趋重要，乡区华小的这趋向导致了教师必须用双语教学。③比方说，在中文科目的教学上马来语也成为教学中必要的语言，教师需要翻译、讲解等，皆以马来语进行解释，甚至是活动、周会和学校公函也需要以双语呈现。乡区华小的微型化导致了教师必须用双语教学。④对于马六甲郊区的光亚学校，⑤其马来文和华文地位相等，甚至前者会更为重要，才能满足巫裔学生或家长的需求。⑥这问题将进一步深化，如果到时有华文资格的巫裔或其他土著校长到华小掌校，为了有效地与家长和学生沟通，相关校长将会用更多的马来文。沙巴州的吧巴乌鲁金马利政民华小就迎来一名土著校长，⑦所以马来校长到华小是迟早的问题。虽然马来西亚华教领导机构和华社意识到这问题的严重性即华小有变质的危机，但却还未拟定出具体的措施来帮助这些华小。学校的领导人往往只能依据各自的办学和掌校经验来减少此现象对华小特征的冲击，譬如吉打州华玲县甘光拉兰华小董事长练寿生坦言，作为一所友族生占60%的华小，要保住华小特征即行政和教课以华语为媒介语

---

① Danny Wong Tze Ken & Vivien Wong, "Chinese Schools in Malaysia: Between Ethnic Aspirations and the Challenges of Forging a National Education", in Yow Cheun Hoe & Qu Jingyi (eds.), *The cultural Legacies of Chinese Schools in Singapore and Malaysia,* London: Routledge, 2021, p.140.

② 王康进：《本是同根生——沙巴华小的校园观察》，载《拓宽教育前路：观念、方法与实务国际学术研讨会论文集》，加影：马来西亚华校董事联合会总会，2023年，第226页。

③ Tan Yong Ling, *Pertambahan Murid Melayu di Sekolah Rendah Jenis Kebangsaan Cina Daerah Kuala Pilah,* pp.97-98.

④ Tan Yong Ling, *Pertambahan Murid Melayu di Sekolah Rendah Jenis Kebangsaan Cina Daerah Kuala Pilah,* pp.97-98.

⑤ 光亚学校是一所非华裔生占多数的微型华小。该校学生的族群比例，从2016年至2018年稳定地维持在6∶4，即每10位学生中，有6位是非华裔生，有4位是华裔生。

⑥ 容健辉：《论马来西亚微型华小的现况——以双溪罗丹华小和光亚学校为个案》，拉曼大学中华研究院中文系学士毕业论文，2018年，第41页。

⑦ 王晓梅：《全球化时代马来西亚华文教育的机遇和前景》，载《2019世界华文教育论坛》论文集，加影：董教总教育中心有限公司和新纪元大学学院，2019年，第45页。

可说是一项阻力。若学校过于坚持华小的行政语和教学媒介必须是华文和华语,肯定会有问题。他说,如果大家太坚守华小的特征,不向现实低头,恐怕很多乡区华小很难再办下去。①

另外,非华裔生日渐增多也造成乡区华小的华语学习环境正在逐渐弱化。有鉴于乡区华小的友族学生往往超越华裔学生,因此华小的母语场域不再单元,而是朝多语发展,譬如沙巴州华小的学生就用华语、英语、马来语及客家话来沟通。②除了在教学上使用马来语的频率增加外,在课堂外教师亦用马来语或穿插马来语来与友族学生沟通。在学生与学生交往方面,马来文的使用率在乡区华小日渐提高。非华裔学生不是在中文的语言环境中成长,而且对于中文一窍不通,所以在掌握中文听、读、写方面就会比华裔学生面对更多难题。③非华裔学生的华语水平依然是不尽如人意,有许多五、六年级的非华裔生仍然无法有效掌握华语。最近的相关研究显示,在 300 名非华裔生中,有 98 人的 2020 年年终华文考试成绩介于 0 至 39 分之间(占 32.7%);40 至 59 分之间则有 134 人(占 44.7%)。④这样的成绩说明了 77.4% 的非华裔生之华文掌握能力是不达标的,在这方面,教师在教学上的付出往往不能反映在华文成绩上。这现象显示华小的母语教学课程纲要并不适合非华裔学生,华裔教师即使应用三种语言教学也无济于事,苦了学生。⑤为了解决这个问题,马来西亚华校董事联合会总会(董总)主席陈大锦最近建议教育部必须重视非华裔生在华小的学习情况,为华小培训掌握第二语言教学法的教师。⑥

由于乡区华小学生起了结构性的变化,这些学校的家教协会组织也起了新的变动。现今好多乡区华小的非华裔学生人数超过 50%,家教协会必须保留特定职位给友族家长。马六甲光亚学校就发生马来家长自荐出任家教协会副主席,由于该校的友族家长的人数占了 60%,学校董事部只好接受其建议。该名马来家长自 2015 年就出任家教协会副主席,不仅如此,家教协会 6 名家长理事职中,有 3 名是马来家长,同样占了半数。对于这项发展,该校董事长侯元德先生只能在内心感慨良多,却又无可奈何。⑦光亚学

---

① 《光华日报》,2018 年 3 月 25 日,http://www.kwongwah.com.my/?p=489919,访问日期:2018 年 7 月 10 日。

② 王康进:《本是同根生——沙巴华小的校园观察》,第 226 页。

③ 容健辉:《论马来西亚微型华小的现况——以双溪罗丹华小和光亚学校为个案》,第 38 页。

④ 这项专门研究华小非华裔学生的学习状况和影响由马来西亚华校董事联合会总会主催并交由马来亚大学的杨迎楹博士和周芳萍博士执行,其研究成果可参阅 2023 年 7 月 15 日《星州日报》第 4 版的报道。

⑤ 郭素芬、洪丽芬:《马来西亚国民型华文小学多元化现象》,载《八桂侨刊》,2017 年第 1 期,第 33 页。

⑥ 《星洲日报》,2023 年 7 月 15 日。

⑦ 《东方日报》,2017 年 1 月 11 日。

校的处境，极可能成为非华裔学生占多数的华小之问题。吉打州华玲县另一所微型华小——诚育华小面对的不仅是华裔学生来源问题，更令"董家教"担忧的是接班人问题，因为华裔家长对家教协会的热忱和参与感出现滞后的现象。这一点，反而是友族家长比华裔家长更为积极。①对其他乡区华小的研究也发现类似的趋向。②在积极地参与家教协会活动和担任重要职位后，这些家长极有可能成为华小的董事部成员。③这些发展都是马来西亚华社无法抗拒的，更令华人社群担心的是华小的校园文化和学校行政因为马来家长成为"董家教"成员也逐步马来化或伊斯兰化。在此新的发展趋势下，维护华小的特征可说是面临了更棘手的问题。

三、国民型华文中学的现况

当谈到马来西亚完整的华文教育体系时，人们会说马来西亚华人拥有华文小学（华小）、华文独立中学（独中）和三所民办大专院校。人们往往不会谈到国民型华文中学。另外，"董教总"对于华文教育的概念只有华小和独中，国民型华文中学不被承认为华文教育体系的一部分。董总和教总出版的有关书籍及宣导资料等，一般都不纳入国民型华文中学。在"董教总"的认知里，基本上华教史以1962年为分界线，在1962年之前，华教史是所有华校的历史，而之后，华教史是所有华小和独中的历史，其中又以独中为主。④国民型华文中学在马来西亚华教史里是缺席的。

什么是国民型华文中学？要有效地解释马来西亚此类型的中学，我们得回溯马来西亚教育政策的拟定历史。自1957年独立以来，虽然华小已被纳入国民教育体系之一，但它一直不能享有与国民小学（即马来文小学）的同等地位。作为华小的接轨，华文中学其实面对的问题更复杂与尖锐。华小和泰米尔小学的存在是马来西亚各族群在政治上已谈妥的协定并得到宪法的保障，为了有效实施单元教育政策，政府只能把重点放在中学教育。政府把各种教育政策导向和资源都放在国民中学以吸引三大民族的学生。但在独立后，华文中学的存在无疑成了实施单元教育政策的绊脚石，因为许多华小毕业生的首选升学之路是华文中学。有鉴于此，马来西亚政府通过1961年教育法令对华文中学进行改制，并把不接受改制的华文中学即独中排斥在国家教育体制之外。⑤这些在1961

---

① 《光华日报》2018年3月26日，http://www.kwongwah.com.my/?p=490331，访问日期：2018年7月10日。

② Tan Yong Ling, *Pertambahan Murid Melayu di Sekolah Rendah Jenis Kebangsaan Cina Daerah Kuala Pilah*.

③ 根据马来西亚教育法令下的条文，华小或国民型中学的董事部成员须有3位代表是来自家教协会。

④ 黄集初：《从华文中学到国民型中学——论什么是华校改制》，华研研究论文系列第六种，吉隆坡：华社研究中心，2013年。

⑤ Thock Ker Pong & Wang Xiaomei, "Sekolah Menengah Persendirian Cina: Sejarah Perkembangan dan Keunikan Model Pendidikan", in Thock Ker Pong & Tai Lay Keng (eds.),

年和 1962 年接受政府津贴而改制的华文中学被称为国民型华文中学。

接受改制后，这类改制华文中学必须采用国家的教育课程纲要并运用英文和后来的马来文作为教学的媒介语。国民型华文中学只剩下一科的华文课，这造成当时华人的主流意见，即"董教总"认为此类学校不应称为华文中学。[①]马来西亚华文教育知名研究者郑良树认为自从华文中学融入国家教育体系后，其正确的名称应该是"国民型华文中学"或"国民中学"，[②]因此和华文教育完全没有关系。但另一名学者陈绿漪的看法则有别于主流论述。她认为："还有 74 间改制中学，虽然已经成为国家教育系统的一环及使用马来语文为主要教学媒介语，但是其中不少还是被视为华校。"[③]

国民型华文中学虽然不被许多华教团体和华教工作者接受为华文中学，但这类学校依然深受华裔家长的青睐。从早期（20 世纪 60 年代）的钟灵中学和槟城的其他改制中学之"受落"，[④]到今天马来西亚国民型华文中学可说是华小毕业生升上中学的第一选择。大多数的改制中学坐落在城市地区，乡区华小毕业生一般皆没有机会入读。再加上政府限制国民型华文中学的增建，它一般只能容纳大约 20% 的华小毕业生，其余的 62% 和 17.6% 分别选择入读国民（马来）中学和独中。[⑤]多年来，国民型华文中学为族群、社会和国家培养了无数人才，但却要面对拨款过少、华文老师不足、政府考试华文科目的超高标准及批改分数不透明化和不谙华语华文的华裔校长被委派到国民型华文中学掌校。此外，增建这类学校更是华社的棘手问题。在改制初期（1961 年）到马来西亚成立时，马来西亚共有 78 所国民型华文中学，但是国民型华文中学到了 2022 年也只有 81 所。[⑥]这数据说明了 60 年以来，马来西亚政府只允准 3 所国民型华文中学的增建，因此这类学校明显受到政府的歧视和边缘化。另一方面，由于不是纯正的华校，所以亦得不到主流华教团体认同和资助，国民型华文中学又面对另一轮的边缘化。虽然贵

Pendidikan Cina Malaysia Kontemporari: Cabaran dan Peluang, Kuala Lumpur: Penerbit Universiti Malaya, 2022, p.176.

① 黄集初：《马来西亚国民型中学的华校特征及其保障机制》，载《马来西亚华人研究学刊》，2014 年第 17 期，第 6 页。

② 郑良树：《马来西亚华文教育发展史：第四分册》，吉隆坡：马来西亚华校教师会总会，2003 年，第 95 页。

③ 陈绿漪：《从历史的观点看马来西亚华文教育与华教人士》，载《林连玉百岁冥诞学术研讨会》，吉隆坡：林连玉基金，2001 年，第 35 页。

④ 在面对马来亚独立后的一个多元语言、文化及民族的环境里，槟城华人希望在英校及华校之间开辟出第三种学校，即钟灵路线。这种心态造成槟城的华裔家长把注重三语教学的国民型华文中学列为其子女首选的学校。相关详情参阅郑良树：《马来西亚华文教育发展史：第三分册》，吉隆坡：马来西亚华校教师会总会，2001 年，第 397 页。

⑤《星洲日报》，2023 年 5 月 3 日。

⑥ Cheong Yuen Keong, "Dilema Dwipeminggiran Sekolah Menengah Jenis Kebangsaan (SMJK)", in Thock Ker Pong & Tai Lay Keng (eds.), *Pendidikan Cina Malaysia Kontemporari: Cabaran dan Peluang,* Kuala Lumpur: Penerbit Universiti Malaya, 2022, p.159.

为马来西亚华裔家长为子女升上中学的首选，但却被政府和华文教育攸关者边缘化。①

四、国民型华文中学面对的问题

国民型华文中学面对首个重要课题是这类学校面临无人接班的窘境。国民型华文中学是由华文中学改制而来，它负有把母语教育和中华文化发扬光大的重任。作为这类学校的校长，他们必须在所掌舵的学校实现这两个目标，拥有华文资格才能有效地辅助他们。马来西亚华社，尤其是国民型华文中学的董事部和校友会多年来一直坚持必须由具有华文资格的校长来掌管国民型中学，②但是此项坚持并非易事，多年来一直备受挑战。这是因为难找到谙华文的校长人选，很多拥有华文资格的副校长不愿申请升级以当上校长。一项由马来西亚行动方略联盟改制中学发展委员会于2017年主导的调查显示在70所国民型华文中学中有高达19名校长不具华文资格。③另一方面，马来西亚教育部在十年前推出新政策，所有要当上小学或中学校长的教师必须完成一年的校长培训课程。有了这项新条例后，符合担任国民型华文中学校长资格的人选很有限。上述的调查也发现全国仅存的81所国民型华文中学当中，竟有11所无校长掌管。④在缺少符合资格的校长下，有的学校只好由不谙华文的校长掌校，例如柔佛州丰盛港的国民型华文中学是由一名泰裔校长掌校。⑤

除了校长短缺，这项调查也发现国民型华文中学的华裔教师越来越少。调查报告指出国民型华文中学的资深华裔教师占74.1%，服务年资较浅的华裔教师则占22.17%，这数据说明了华裔教师总体的百分比会随着时间的推移而逐步减少。⑥此趋势造成国民型华文中学愈来愈多的教师不谙华文，校长往往很难找到合适的教师来领导各种推广中华文化的活动和团体。另外，国民型华文中学缺乏华文老师的问题多年来尚未全面解决，这使到华文科和中国文学科的教导受到影响。

国民型华文中学的另一个重要问题是华校特征正在弱化。有关国民型华文中学的华校特征之提出，第一次是于2001年举行的全国国民型中学董事与校长交流会上。到了

---

① 有关国民型华文中学被政府和华文教育攸关者边缘化之情况，可参阅祝家丰：《马来西亚国民型华文中学的发展和增建问题：双重边缘化分析》，载祝家丰《风雨如晦六十年：马来西亚华人社会研究论集》，第147—172页。

② 对马来西亚的教会学校，马来西亚教育部已于2013年发出通令（SPI BIL 1 Tahun 2013），在委任教会学校校长前需全面咨询（principle of maximum consultation）董事会；国民型华文中学却没有类似通令，是双重标准，对国民型华文中学极不公平。教育部在20世纪60年代华文中学接受改制时曾承诺国民型华文中学的董事部拥有此项权利。

③ 黄集初：《2017年国民型华文中学（华校特征）调查报告》，吉隆坡：吉隆坡暨雪兰莪中华大会堂，2019年，第18页。

④《东方日报》，2019年3月16日。

⑤《东方日报》，2019年8月24日。

⑥ 黄集初：《2017年国民型华文中学（华校特征）调查报告》，第16页。

2006年，国民型华文中学校长理事会出版了《马来西亚国民型华文中学指南》（以下简称《指南》），该《指南》以槟州10所国民型中学为范本，提出了17项华校特征。[①]马来西亚行动方略联盟在国民型中学校长理事会的协助下于2012年首次对全国的国民型华文中学之华校特征展开调查。当年的研究发现国民型华文中学还是保有相当浓厚的华校特征，不过其华校特征与精神并不受到马来西亚教育政策和法令的支持和维护，因此需要有保障机制来保护其华校特点。[②]现今一些保障机制如校长资格、华文地位（华文是必修必考科）、学生起点（必须是华校毕业生）、华文师资保证受到侵蚀，一些国民型华文中学已经变质，原因以及征兆如下6点：

1. 校园没有保留中华文化特质。
2. 一些学校有越来越多的非华小毕业生就读。
3. 华裔教师逐年减少。
4. 校内活动不注重中华文化的传承。
5. 校刊、学校庆典、校徽、校歌、布告栏、招贴、校园文化都已经失去华校特征。
6. 一些学校也不坚持学生在公共考试中必修必考华文科。[③]

除了上述问题，国民型华文中学也像华小一样面对流失学生的问题。全国国民型华文中学总学生人数从2010年的12万6442人，已减至2017年的10万9218人，跌幅达13.62%。[④]在马来西亚全国华人总人口继续增加之际，国民型华文中学又是华小毕业生首选之学校，但它的学生总人数却不断下滑。此现象的出现是因为国际学校和独中已成为其竞争学校，这是国民型华文中学利益攸关者必须正视的问题。

---

① 该17项特征为：（1）学校以华文命名；（2）有华文校歌、校训、学生信条；（3）董事部扮演重要角色；（4）校友会活跃支援母校，校友皆自认华校生；（5）学校与当地华团有密切关系并保持联系；（6）正副校长和主要行政人员皆具备华文资格；（7）校方呈达学生家长函件包含华文部分；（8）学校周会校长以华语做报告和训话；（9）学生来源纯为华文小学；（10）对象为学生时，行政语言包括华语；（11）华文科是每位学生必读必考科目；（12）校园里学生之间共同语言为华语；（13）如科任老师为校友或华校生，可在授课时兼用华语；（14）每年举行中五学生毕业典礼并颁发毕业证书；（15）每年毕业班学生出版毕业刊；（16）校园洋溢传统中华文化气息；（17）学生团体活动包括华文学会、华乐、书法、水墨画、武术、相声、华族舞蹈、舞狮、二十四节令鼓等。相关资讯详见马来西亚国民型中学校长理事会：《马来西亚国民型华文中学指南》，吉隆坡：国民型中学校长理事会，2006年。

② 这些保障机制计有校长资格（谙华文）、华文地位（华文是必修必考科）、学生起点（必须是华校毕业生）、华文师资保证、董事会拥有主权和社区联系（与家教协会、校友会及当地社团紧密合作），详见黄集初：《马来西亚国民型中学的华校特征及其保障机制》，载《马来西亚华人研究学刊》，2014年第17期。

③ 廖国华：《国民型中学的华校特征与行动路线图》，未发表论文，2021年。

④ 黄集初：《2017年国民型华文中学（华校特征）调查报告》，第12页。

五、结语

有许多评论者认为马来西亚的华文教育会因为全球化的到来及中国的崛起而拥有更美好的发展空间。这是过于乐观的看法,本人认为华教问题的解决基本上取决于马来西亚国内政治格局的发展。如在20世纪90年代有所谓的开放政策,但我们看到华文教育的支柱,华小的增建和发展还是停滞不前,困境依旧。除了增建新华小和搬迁问题,经济发展和全球化亦影响了华小的发展趋向。马来西亚的经济发展造成了华裔人口的城市化,这现象造成了华小发展的两个极端化。城市华小面临了学生爆满的问题,乡区华小则因为华裔学生的递减而沦为微型华小。在乡区继续流失华裔人口,华小微型化可说是马来西亚华社急需面对的棘手问题。这是因为这类学校有可能被政府关闭和面临变质的危机。此外,全球化浪潮所带来的英语至上现象亦造成了华小学生的总人数正在逐年减少。越来越多的富裕或中产阶级华裔家长选择把子女送进国际学校以接受英语为教学媒介的教育。为了减少华裔学生的流失,华教团体和华小校方需寻找对策以提升英文的学习和其教育素质。

华小的另一个发展趋向是越来越多的友族学生入读。日益增多的非华裔生能帮助马来西亚华文小学发展为全民小学,但也给华小带来各种新问题和挑战。虽然非华裔生入读华小肯定了华小在教学和学校管理上有良好的表现,校方却需做出各种调整和适应以面对这新的发展。乡区华小在此方面可说是面临了最大的冲击,这些华小的校长和董事部需要各自摸索出最有效的方法来应对越来越多的友族学生。为了避免学校被关闭,他们欢迎友族学生的到来。日益增多的非华裔生却又给学校带来变质的危机,诚然他们是处在两难的局面。这些非华裔生之家长的意愿是让他们的子女掌握高水平的华语,但诸多研究发现,华小的第一语言教学法并不适合这批友族学生。只有少数非华裔学生能掌握好华语并在中学阶段继续学习中文。大多数的友族学生在华小的六年华文教育后,只能掌握华语的会话技能,整体华文成绩不达标。由于华文基础差,他们上了中学往往就放弃了华文的学习,这现象诚属可惜。这现象已不是华小和华社的问题,它已衍生为国家教育课题,因此教育部有必要研究和拟定出更好的策略来教导华小的非华裔生并确保华小不会变质。

作为华文小学的衔接中学教育,国民型华文中学依然是华裔学生首选的学校。改制中学的三语教育是吸引华裔学生的最主要动力,马来西亚的华裔学生必须掌握好马来文、英文及中文,他们才能在职场上和融入社会占有优势。只有国民型华文中学能提供有素质的三语教育。此外,这类学校虽然已经改制了,但是它还是拥有华校的传统和校园文化。这使到它能培养出华校毕业生(如独中生)的品质,因此深受华裔家长的喜爱。虽然如此,政府到现今依然实施不增建国民型华文中学的政策,所以这类中学并不能普及化。它们只能在旧有的城市地区办学,许多乡区华裔学生没有机会入读国民型华文中学。时至今日,这类学校面对的问题与挑战也越来越多,它们以往所扮演的角色亦受到影响。

　　国民型华文中学面对的问题主要集中在校长接班无人的困境和华裔教师越来越少。如果这两个问题没有得到有效的解决，它直接造成国民型华文中学的华校特征受到蚕食和弱化。在华裔年轻人无意愿当教师的趋势下，国民型华文中学所面对的这两个问题可说是没有解决方法，因此这类学校所面临的窘境只会继续恶化。各项研究也显示了这种状况，这亦是国民型华文中学的当前危机。在华校特征受到弱化和华裔教师越来越少之下，国民型华文中学的学术成绩和校风深受影响。现今华裔家长已开始把他们的子女送进国际学校和独中接受中学教育，国民型华文中学的学生总人数正在逐年减少反映了这事实。

食之有道：马来西亚华人社群的药膳饮食文化与身份塑造

胡娇阳[①]

【摘　要】"民以食为天"是人类的天性也是共性，"吃的哲学"在中华传统文化中更能彰显。马来西亚华人社群以其独特的药膳饮食文化，游刃有余在"食物"与"药物"之间，将"食料"赋予"食疗"的功能。"茶与药""草与药""月子药材汤"等药膳饮食文化在马来西亚华人社群中不仅仅是满足口腹之欲的一种饮食习惯，更是一种身份认同和文化传承的象征。以饮食人类学的角度解构马来西亚华人社群的药膳饮食文化及其象征意义，可观之其遵循中华传统"阴阳和谐""天人合一"的养生之道，亦可观之其食材选取融合"本土化"与海上文明交流互鉴的成果，还可观之其饮食生计模式在群体身份塑造的意义。同时，马来西亚华人社群的药膳饮食在反哺原乡文化和经济发展具有启示作用。

【关键词】药膳；马来西亚华人；海上文明交流互鉴；身份塑造

古有俗语："民以食为天。"对食物的挑选、制作工序乃至用餐礼仪，中国人严谨精致且讲究，视其为身份地位的标识。由此，"吃的哲学"也衍生出"民间营养学"[②]，民间笃信"是药三分毒"，若能用食物治疗疾病或者将食物与药物混合治疗疾病，将对身体更加有益。食疗治病早在唐代就已兴起，孙思邈有云："医者当须先洞晓病源，知其所犯，以食治之，食疗不愈，然后命药。"[③]孙思邈建议以食疗治病为先，而后才用药。另一位唐朝四川蜀地的医生昝殷著《食医心鉴》，论述了妇儿科疾病的食疗诸方，对后世以食疗治病影响颇为深远，只可惜该书传至宋代就已亡轶，现代流传的为日本《医方类聚》中辑出的，猜测应为唐朝时期日本遣唐使来学习交流后带去日本流传沿用。迭至清人姚止庵所著《素问经注节解》亦有云："凡人之病，不病于已病，而病于未病。"[④]这种药食同源的理念也用于预防疾病、食疗养生。

[①] 作者简介：胡娇阳，女，辽宁大连人，福建闽南师范大学闽南文化研究院在读博士研究生，助理研究员，研究方向为闽台家族社会与文化。
[②] 〔美〕尤金·N. 安德森（E. N. Anderson）：《中国食物》，马孆、刘东译，南京：江苏人民出版社，2003年，第190页。
[③] 〔唐〕孙思邈撰、林亿等校正：《孙真人备急千金要方》，涵芬楼本，卷七十九，第1546页。
[④] 〔清〕姚止庵：《素问经注节解》，北京：人民卫生出版社，1963年，第1页。

随着大航海时代的到来，福建东南沿海的闽粤先民下南洋谋生，在马来西亚的大地上建立自己的华人社群，将原乡的药膳饮食文化带至侨居地，并落地生根代代相传。马来西亚华人社群将这一传统的饮食观念融入到日常生活中，被视为一种传统的文化习俗，不只是满足自身口腹之欲，更是传承和弘扬华人社群的文化与价值观，乃至塑造群体身份认同。

一、茶与药：马来西亚华人的茶食

中国饮茶起于何时？按《茶经》所载："茶之为引，发乎神农氏。"[1]顾炎武《日知录》亦云："是知秦人取蜀而后，始有茗饮之事。"[2]在唐代饮茶风气大盛，《封氏闻见记》记载茶道盛行后，茶市繁华贸易的景象，茶饮之风气也由中原流往塞外，成就茶马古道。宋代在西北边境专营茶马贸易，宋代福建的建安北苑茶"甘香重滑，为味之全"[3]，成为宋徽宗所青睐的贡茶。宋元时期海上丝绸之路兴起，福建茶、刺桐丝绸、德化陶瓷一度成为海丝贸易的标志。现如今，在英国伦敦自然历史博物馆里依旧保留着17世纪从中国经由海上丝绸之路运到欧洲的茶叶"植物样本857"[4]，见证了三百多年前中国的茶叶给予欧洲皇室的影响。

"茶"的古字原为"荼"，"《周诗》谓'荼苦，其甘如荠'是也"[5]。又有名称为"槚，苦荼，叶似栀子，今呼早采者为茶，晚采者为茗，蜀人名为苦荼"[6]。所以，"荼"其实是一种苦菜。顾炎武认为"荼字自中唐始变作茶"[7]。茶有其特殊的药用价值，《神农食经》曰："茶茗久服，令人有力悦志。"[8]而施肩吾亦有诗称赞"茶为涤烦子"。茶由古荼而来，随着大航海时代的海洋贸易远播南洋甚至欧洲。威尼斯作家与地理学家乔瓦尼·巴蒂斯塔·拉穆西奥（Giovanni Battista Ramusio，1485—1557）的旅行作品合集《航海与旅行》（*Navigationiet Viaggi*，1559）中详细记载了中国茶的药用价值，"空腹吃一两杯煎成的汁，它祛除热症、头疼、胃疼、肋疼与关节疼"[9]，还可以治

---

[1]〔唐〕陆羽：《茶经》，杭州：浙江古籍出版社，2011年，第16页。
[2]〔清〕顾炎武：《日知录》，载《皇清经解》第1册，卷六，第212页。
[3]〔宋〕赵佶原著、王建荣编译：《大观茶论 寻茶问道》，南京：江苏凤凰科学技术出版社，2022年，第161页。
[4] 马克曼·埃利斯、理查德·库尔顿、马修·莫格：《茶叶帝国》，高领亚、徐波译，北京：中国友谊出版公司，2019年，第1页。
[5] 郑培凯、朱自振主编：《中国历代茶书汇编校注本 下》，北京：商务印书馆，2014年，第678页。
[6] 郑培凯、朱自振主编：《中国历代茶书汇编校注本 下》，北京：商务印书馆，2014年，第678页。
[7]〔清〕顾炎武：《日知录》，载《皇清经解》第1册，卷六，第211页。
[8] 张哲永、陈金林、顾炳权主编：《中国茶酒辞典》，长沙：湖南出版社，1991年，第462页。
[9] 黄时鉴：《关于茶在北亚和西域的早期传播：兼说马可波罗未有记茶》，载《历史研究》，

疗痛风和积食。以茶为药，将茶与食物相结合达到药食同源的目的，在马来西亚华人的饮食文化中有着丰富的体现。

（一）擂茶

自宋代兴点茶后，就有唐宋茶皆为细末之说，"末茶"饮法由唐代遣唐使带回日本，而后在日本发展成为抹茶。将茶与各种食物混合一起食用，可见于元代宫廷御厨忽思慧所撰《饮膳正要》中，元廷享用茶食已达19种，其中有"炒茶"，"用铁锅烧赤，以马思哥油、牛奶子、茶芽同炒成"[①]。关于"擂茶"之名及做法，在明代朱权所著《臞仙神隐书》中有确切记载："（擂茶）将芽茶汤浸软，同去皮炒熟芝麻擂极细。入川椒末、盐、酥油饼再擂匀细。若干，旋添浸茶汤。如无油饼，斟酌以干面代之。入锅煎熟，随意加生栗子片、松子仁、胡桃仁。如无芽茶，只用江茶亦可。"[②]擂茶起源于中原，盛行于全国各地，民间有"无擂茶不成客"的谚语，而擂茶的做法也因环境、人群的不同而各相异。随着客家人向海外迁徙，食擂茶习俗被带往侨居地。马来西亚华人的客家族群流行的特色菜品就是擂茶，客家谚语言："每天三碗擂茶，保您活到九十八。"擂茶的药用功能有生津止渴、防风祛寒、开胃健脾、清热解毒，主打健康有益身体的功效，在马来西亚的马来人、印度人和素食主义华人中都非常盛行。

传统的客家擂茶将茶叶磨成微茶粉，加入各种食材成为客家特色茶食。而客家人在马来西亚的分布区域形成了各具特色的擂茶食料与口味。据张菁蓉的研究分析，客家擂茶在马来西亚的在地化表现为西马精致甜擂茶和东马传统苦擂茶，并详尽分析不同地域影响下擂茶食料的区别，兹转引列表如下：

表1 西马擂茶和东马擂茶的区别

地区	西马擂茶			东马擂茶		
	北马槟城	中马怡保	南马新山古来	砂拉越古晋	砂拉越美里	沙巴亚庇
菜料	九层塔、艾草、绿茶、香菜、薄荷、长豆、萝卜、马豆、豆干、包菜、马尼菜	花生、豆角、菜脯、包菜、菜心、眉豆、江鱼仔等	艾草、九层塔、包菜、薄荷、芫荽、虾米辣酱、鱼肉等	添加大量金不换、薄荷、苦勒芯、艾草、紫苏等药草	以薄荷叶、九层塔、树仔菜、苦枥芯、艾草等为主	薄荷叶、艾草、山打根虾米、包菜、树仔菜、苦枥芯等
形态	传统擂茶饭；	原味擂茶；	传统苦枥芯擂	传统擂茶	传统擂茶	传统擂茶饭

1993年第1期，第145页。

① 〔元〕忽思慧：《饮膳正要》，明景泰七年内府刻本，卷第二，第63页。
② 〔明〕朱权：《臞仙神隐书》，〔明〕胡文焕校刊本，现藏上海中医学院图书馆。转引自杨海中：《擂茶与客家擂茶考论》，载《农业考古》，2014年第5期，第63页。

（续表）

	西马擂茶			东马擂茶	
	擂茶炒饭；擂茶炒面、米粉、河粉、老鼠粉	斋擂茶、甜竹擂茶、苦心叶擂茶、酒擂茶等	茶饭；擂茶粿条、擂茶伊面、擂茶粥、擂茶糕点等	饭；槟城风味七彩擂茶米粉；正开发速食包装擂茶	饭
食用人群	除客家人及其他华人族群外，吸引印度友族喜爱，但较少看到马来人吃擂茶			马来人等当地各族群同胞不仅吃擂茶，甚至积极参与擂茶节庆活动	

资料来源：张菁蓉：《马来西亚华人饮食文化研究：以客家擂茶为例》，泉州：华侨大学，2021年，第90页。

由上表观之，"擂茶"早已超越了传统意义上我们对于茶的认知，除了添加茶叶与其他各类草药、蔬菜等食材共同烹煮而成，甚至可以不需要茶叶，而单单就是各类蔬菜与草药的混合。"擂茶"可以被理解为一种药用的食物，它不仅易于烹饪还可就地取材，如树仔草，当地自生野草，带有甜味还可清凉解热、消除头痛。再如艾草，是除湿祛寒、辟邪良药。还有苦枥芯，也是长于荒野之中，味苦性凉，但有祛风利湿、活血舒筋的功效。而据说东马砂拉越客家人使用当地盛产的胡椒树的根做擂棍，胡椒具有祛风寒的药性，为擂茶增加保健功效。

"擂茶"是介于茶饮与药粥之间的糊类食物，对于物资匮乏和劳力做工的早期移民到马来西亚的客家人而言是节省时间和成本的果腹之物。如果说早期的客家人迁徙至马来西亚，是出于生存的需要，就地改良而繁衍出各色的客家擂茶，如今，则是出于健康生活理念的需求，客家擂茶逐渐向精致、多元的高级菜肴转变，更加适应其他民族人群的需求，而马来西亚华人社群的饮食记忆也借由擂茶而传承与推广。

（二）肉骨茶

肉骨茶（Bak Kut Teh），是马来西亚华人生活中不可或缺的食物，可以说，"每一个大马华人心中都有一碗肉骨茶"。肉骨茶是闽南及闽粤毗邻的乡镇人民的一种独特饮茶风俗，由老辈华侨传到海外，成为现在新加坡等东南亚地区的风味小吃。然而，虽其名称中有"茶"，却不以茶叶为原料，而是中药材与肉骨熬煮的食物。关于肉骨茶的起源有着诸多的传说。最为常见且最受认可的传说是肉骨茶来源于马来西亚的巴生，当地知名的百年肉骨茶品牌"奇香"肉骨茶包装上如此描述肉骨茶的来源：

"有关'肉骨茶'的木本水源故事，坊间流传着多个捕风捉影的版本。事实上，根据史料考证，马来西亚的'肉骨茶'是源自巴生南区一位名为李文地先生而伊始。实情发生于二次大战后。当时尚属英殖民地的马来亚，居住于巴生南区的跌打师傅李文地，发想将家乡的炖肉骨，添加了有益健体的中药材。这道前所未有的佳肴，不仅大受食客欢迎，更传至家喻户晓。当时更有人为这位肉骨茶创始人取个诨号为'肉骨地'。而此诨号'地'字与永春语里'茶'字为同音，在以讹传讹之下，后世便称此为'肉骨茶'。此为'肉骨茶'名堂之由来。'奇香'创办人之一李荣莘尽得其父亲真传，并将最初'肉骨茶'的原有七种传统药材配方，另加本身研制的秘方，正式命名为'奇香肉骨茶'，开始了马来西亚最纯正的'肉骨茶'品牌。"①

奇香只是肉骨茶创始人李文地第七子创立的店，李文地于二战前就已创办"德地"肉骨茶，继而由长子继承，其他儿子分家后相继在巴生地区将肉骨茶开枝散叶，三儿子创办"德发"，四儿子在原始店址创办"盛发（桥底下）"，五儿子创办"五月花"。

根据马来西亚自由作家林金城在2007年对肉骨茶创始人李文地第四子李汉盛先生的口述资料显示，肉骨茶早在战前就已有，也并非其父亲首创。"当时的药材并不昂贵，猪肉也相当便宜，光顾的多是巴刹里的工人，以及附近火车站前的人力车夫，……早午餐就吃那么一顿，多吃几碗油饭、捞些汤汁，就有足够的体力应付一天的粗重工作"②。几乎在同一时代，马六甲市区板底街有一家七十多年的肉羹摊，来自泉州永春的潘氏传人售卖的就是药炖猪肉和猪内脏的药材汤，将肉羹与药材汤相组合，潘氏传人表示这就是福建人自古就有的煮药材汤补身体的药膳传统。

虽以茶为名，实为药，肉骨茶并非止于"茶"与"药"的名实之辩，而是注重思考茶-汤食-药膳之间的等价关系，我们且从"茶"即为"药"的角度去看待肉骨茶的真实价值，这是一份含有肉骨的药膳汤。况且，在全域伊斯兰教的马来西亚，食用猪肉不仅成本低且是区分族群的选择。现在的肉骨茶都会在吃完药膳肉骨后搭配一壶福建茶，以去油腻，但回想过去物资匮乏的年代，劳苦华工本就担忧自身油水不够无法抗住饥饿，是不大可能有用茶去解油腻的想法和行为。

肉骨茶中配方主要为："当归，玉竹，桂皮，枸杞，胡椒，党参，甘草，川芎，西洋参"③。抑或是"当归、玉竹、桂皮、甘草、黑胡椒、党参、川芎、八角、芫荽、丁香"④。当归、党参是补气生血的药物，而川芎则为理气活血，胡椒、丁香等辛温芳香类药物性温偏燥，入肝肾经，可以温经散寒。对于在炎热潮湿又瘴疠之气弥漫的南洋雨林里劳作的华工，肉骨茶不仅喂饱饥肠辘辘的身体，还能增强抵抗力帮助排毒，具有祛湿活血、补气养肺的功效。

二、草与药：马来西亚华人的酸辣辛香

明代李时珍著《本草纲目》，将各类植物以纲目区分，并对植物的药用价值予以详尽阐述。下南洋的华人先辈以人口的流动，将草与药的知识交换悉数融入南洋华人的饮

---

① 来源：奇香肉骨茶包装袋，提供者：许玉萱（马来西亚），时间：2023年9月4日。
② 林金城：《肉骨茶起源考》，载张玉欣主编《第十届中华饮食文化学术研讨会论文集》，台北：中华饮食文化基金会，2008年，第402页。
③ 来源：奇香肉骨茶包装袋，提供者：许玉萱（马来西亚），时间：2023年9月4日。
④ 来源：A1肉骨茶包装袋，提供者：郭庭恺（马来西亚），时间：2023年10月4日。

食文化。以下将举有代表性的马来西亚华人菜谱为例，管窥华人如何就地取材，将草与药融合进日常饮食之中。

（一）海南鸡饭（Nasi Ayam）

海南鸡饭是最初由海南人下南洋携至的菜品，在吉隆坡、雪兰莪可以直接称为"鸡饭"，所选用的鸡可以是白斩鸡或是烧鸡。其他原料有香菜、黄瓜片、小西红柿、焦糖黑酱油、香油，汤底则是用香茅、班兰叶、蒜、南姜等熬煮而成。具体做法：将香茅放入水中煮沸，入鸡浸泡15分钟，取出泡入冰水，捞出泡热汤，以冰水冷却，使鸡肉松弛，去骨切块，淋香油摆盘，鸡油饭则需将香米洗净后沥干，锅入鸡油烧热，下鸡皮、班兰叶、香茅炒香，加香米炒香，加鸡汤、姜、盐煮熟。

香茅，是马来西亚华人菜品中出现频率最高的香草。宋时称为"茅香"，按《本草纲目》中记载，香茅古名又称为香麻，因为"闽人呼茅如麻，故尔今并为一"[1]，而且香茅当时早已被用来煎水沐浴以御风寒，还可辟邪。香茅广泛种植于热带地区，在我国广东、海南、台湾等地均有栽培。但香茅不会自然散发清香，需要搓叶子或剪开段节，柠檬的香气就会散发出来。香茅的药用价值很广泛，《中华食疗本草》中评价香茅的药食两用价值为："全草味甘、辛，性温。具有祛风通络，温中止痛，止泻之功效。主治感冒头身疼痛、风寒湿痹、脘腹冷痛、泄泻、跌打损伤等病症。香茅花，味甘、微苦，性温。具有温中和胃之功效。主治心腹冷痛、恶心呕吐等病症。全草（叶）可做香料，也可作调味剂。"[2]事实上，香茅也是作为我国华南、西南地区日常蒸鸡用的香料，同时兼有保健食疗的作用。

班兰叶，又叫香兰叶，是盛产于东南亚国家的热带绿色植物，是药食两用的香草，具有养生保健的功效。班兰叶具有独特的香气，叶子结构大而稳固，若将食材包裹在班兰叶中，让叶子的香气与食材相互作用，会让食材充满班兰叶的香气。班兰叶若捣碎成汁，则是兼具香味和颜色视觉的调料上品，有人曾比喻班兰叶之于马来西亚糕点，就如同香草之于西式甜品。侨居马来西亚的华人们就地取材，将当地随处可见的草用于食物中，发现班兰叶既可以用作香料，又可以用作天然色素，做成兼具"食物"和"药物"的美味。现代研究表明，班兰叶中含有丰富的亚油酸、维生素K3等营养物质，对于人体的多种不适都有慢性调理作用，其富含的亚油酸具有一定辅助降低血脂的作用，可以辅助清除体内多余的脂肪。班兰叶还富含维生素K3，能够辅助利尿，富含的鱼鲨烯具有一定的供氧能力，能够辅助解除疲劳、缓解精神萎靡等多种亚健康状态。

---

[1]〔明〕李时珍：《本草纲目》，四库全书本，草部第十四卷，第1202页。

[2] 严仲铠、丁立起主编：《中华食疗本草》，北京：中国中医药出版社，2018年，第332页。

（二）叻沙（Laksa）

叻沙在马来西亚各地的做法有所区别，基本可分为槟城的 asam 叻沙和沙捞越叻沙，他们之间的口味和用料都不一样。槟城叻沙使用的粉是"濑粉"，汤是由 kampung 鱼、assam 膏、香茅、叻沙叶、assam 皮等熬煮而成，配料是黄梨（即菠萝）、黄瓜、薄荷叶、洋葱等，为酸辣口味，比较开胃。沙捞越叻沙使用的是米粉，汤是放叁巴酱和虾壳熬煮的，配料有鸡丝、虾、煎蛋卷、石栗、香茅、南姜、干辣椒等等，口味香辣，带有虾味与浓浓椰奶的香味。据马来西亚南洋茶室的店主许保萱表示，沙捞越的叻沙原料复杂，叻沙汤底是其灵魂所在，需以 7 种蔬菜、鸡骨、虾壳等花费 5 个小时熬制成高汤，再加入 36 种香草和香料，闻起来有一种独特的香味[1]。

叻沙叶，也叫越南香菜，属蓼科，除了普遍见于东南亚等国家和地区，我国岭南地区也偶见。根据《岭南本草新录》的记载，叻沙叶为"多年生植物，叶子的颜色为暗绿色。温暖潮湿的环境下生长得最好，在适合生长的环境下，植株高度可以生长至十五到三十公分高"[2]。叻沙叶味苦、辛、温，归肺、脾经，可解毒消肿，对于长期生活在潮热的东南亚岛国人民而言，将叻沙叶用于食物的汤料中具有发汗透疹、消食下气的功效。

薄荷，土名"银丹草"，属唇形科植物，味辛、性凉，具有清凉的芳香味。中国各地都生长有薄荷，喜长于潮湿的水旁。薄荷在古代中国是作为蔬菜食用，至唐代《备急千金要方》将薄荷列于药食之物，《本草纲目》也证实其为菜部移至草部的芳香草类，并描述薄荷有诸多别名，如"菝荷""蕃荷菜""吴菝荷""南薄荷"等[3]。薄荷早在中国唐代时期就已用于食用药用，有着诸多分类，如"胡薄荷""新罗薄荷""石薄荷"等，不仅可以治风寒，还可以用作茶饮。现代医学研究表明，薄荷可以治疗多种疾病，具有丰富的药用价值，又可生吃或熟吃，还可以做菜，具有驱邪毒、除困乏等多种功效。

总之，无论是就地取材的"叻沙叶""班兰叶"，或是从华人原乡携至的"香茅""薄荷"，这些本草被侨居马来西亚的华人游刃有余地运用于食材中。将本草赋予药用食物的功能，或许起初只是出于谋求生存的目的，以适应当地的气候环境，然而这些在地化的过程却无形之中建立起独一无二的身份认同。

三、中药汤：马来西亚华人素食女性的月子食疗

出于健康的社会需求和个人宗教信仰自由等原因，马来西亚华人中素食主义者数量

---

[1] 王一宁、东宸、刘超：《南洋茶室"小娘惹"用心捧出爱之料理》，载《中国烹饪》，2020年第9期，第104—111页。

[2] 刘克襄编：《岭南本草新录》，北京：海豚出版社，2011年，第83—84页。

[3]〔明〕李时珍：《本草纲目》，四库全书本，草部第十四卷，第1224页。

逐渐增加，随着物质条件丰富过盛，素食饮食可以降低患心脏病、糖尿病和高胆固醇等风险。对于素食主义的马来西亚华人女性而言，原本因为分娩而受到的身体创伤需在月子期间好好弥补，此类人群的月子食疗全部需要依靠中药材汤来调理。

位于马来西亚大山脚的康生中药行，经营当地中药材生意已有十余年历史，药行的李医师擅长为当地坐月子的华人女性开月子方，以帮助她们在月子期间得到产后恢复。现将李医师提供的月子药材方列表如下：

表2　月子药材方

名称	药材成分	服用时间	功效
炒姜丝吴茱萸茶	姜丝、吴茱萸	每两三天带代茶饮	祛风散寒
黑枣圆肉杜仲茶	黑枣、桂圆肉、杜仲	每天代茶饮	补血，养肝，补腰
参芪杞枣清补汤	北芪、党参、枸杞、红枣	第1天、第4天、第7天、第22天、第24天、第26天	清补
四君子汤	人参、茯苓、白术、炙甘草	第2天、第5天、第8天、第10天、第17天	益气健脾养胃
四物汤	当归、川芎、芍药、熟地黄	第3天、第6天、第9天、第11天、第18天、第23天、第25天、第27天	补血
八珍汤	人参、茯苓、白术、炙甘草、当归、川芎、芍药、熟地黄、何首乌、杜仲	第12天、第29天	调和营卫，气血双补
当归补血汤	当归、枸杞、玉竹、党参、黄芪、黑枣	第13天、第19天	补血活血、调经止痛、润肠通便
十全大补汤	人参、茯苓、白术、炙甘草、当归、川芎、芍药、熟地黄、玉桂、黄芪	第15天	温补气血，滋阴生阳
高丽参汤	高丽参、枸杞子、桂圆肉、红枣、玉竹、黄芪、党参、山药	第16天、第21天	大补元气、复脉固脱、补益脾肺、生津养血、安神益智
天麻乌发汤	天麻、何首乌、黑豆、黑芝麻	第28天	乌发生发、安神养脑、避免产后头痛
人参补汤	人参、玉竹、川芎、枸杞子、黄芪、党参、红枣、蜜枣	第30天	大补元气、复脉固脱、补脾益肺、生津止渴、安神益智

资料来源：马来西亚大山脚康生中药行，提供者：李医师。

由上表可见，马来西亚华人素食女性的月子药材汤主要以清补、温补为主，由于产后起初较为虚弱，按中医理论"虚不受补"，则以清补为主，而后在适当时间添加大补元气的温补药材，例如"十全大补汤""人身补汤"等。由于女性分娩流失大量血液，每日代茶饮的"黑枣圆肉杜仲茶"也主要以补血为主。此份月子药材汤食谱安排里的部分汤品与福建泉州的月子帖几乎一致，如"十全大补汤""四物汤"等，均为中国古代传统的产后食疗药方，但此份月子药材汤食谱比如今福建的月子帖更为精细，足见马来西亚华人社群对于中药材使用的传承。

四、文化意义再生产：马来西亚华人社群的药膳饮食之道

（一）对原乡药膳文化的传承

自神农尝百草始，中国就有将食物与药物合二为一的药膳文化雏形，中国传统医学称为"药食同源"。《周礼》中记载了"食医"，掌管周天子的"六食""六饮""六膳""百馐""百酱"等，还有"疾医"用"五味、五谷、五药养其病"[1]。尤金·N. 安德森（E. N. Anderson）认为中国传统的药膳文化是"古老的综合性营养学"[2]。

马来西亚华人的药膳饮食文化"食饮有节，五味调和"，传承中华传统的"药食同源"，并将其实践于日常生活中，将茶与药、草与药相融合，原乡的理念与在地化的食材相互补，对于最初迁徙至侨居地的华人群体而言，是适应侨居地新环境的补充剂，也是对原乡药膳饮食文化的海外传播。马来西亚华人的药膳饮食文化通过代代相传保留下来，形成新的文化传承模式，这种传承过程不仅是对华人文化的维护，也是对原乡传统饮食知识的保护和传承，促进原乡文化在时空变迁中的发展。

（二）对群体身份塑造的延续

王建红认为，"文化属性与文化身份，作为规约个体在社会结构中的角色标示或符号，影响并建构着日常生活方式与习俗"[3]。这就是日常生活方式通过侨居海外的华人社群所会发生的文化意义再生产，而饮食文化就是日常生活的必备环节，时刻提醒人群的自我角色定位。马来西亚华人初到新环境，首先烹调自己最熟悉的饮食味道，不仅是文化传承的表现，更是马来西亚华人社群独特的身份象征。食物的选择是在生活环境变化后对于生存需求的渴望，将原乡熟悉的食材因地制宜地再造，融原乡饮食文化的精髓理念于其中，作为原乡传统文化的延续，也是对自身身份塑造的延续。

---

[1]〔清〕方苞集注、金晓东校点：《周礼》，上海：上海古籍出版社，2023年，第56—58页。

[2]〔美〕尤金·N. 安德森（E. N. Anderson）：《中国食物》，马孆、刘东译，南京：江苏人民出版社，2003年，第187页。

[3] 王建红：《东南亚华裔幼童华人身份养成——以马来西亚槟城闽粤华人为例》，载《浙江师范大学学报（社会科学版）》，2020年第45卷第4期，第115—120页。

马来西亚华人社群的药膳饮食文化不仅仅是一种饮食方式，即使是在地化的药膳饮食，如"叻沙"，叻沙叶与粉面交融熬制的汤味，也能时刻提醒个体对原乡文化的意识觉醒。饮食是表达自我意识的通道，自身主体性认同通过食物得以呈现。原乡食材与在地植物的融合传承了几代人的智慧和经验，反映了华人社群对自身身份的坚守。换句话说，马来西亚华人的药膳饮食不仅美味且寓药于食，更重要的是表达了华人的自我情怀和群体认同。

（三）对原乡文化的反哺

既是中华传统文化传承的印记，又受着南洋水土滋养的华人饮食文化，对于马来西亚华人而言，或许最初只是日常生活之所需，经过在地融合的中华传统药膳，如今已演变成为原乡也青睐的"南洋味道"，反哺着原乡的饮食文化，成为多元文化交流互鉴的遗产。

同时，还应看到在新时代饮食风潮下，这种"南洋味道"的华人药膳文化发展出的商业价值。近年来，在原乡逐渐兴起南洋餐厅，食物消费带来新鲜的味蕾感受，不仅为原乡注入了新的活力和创新，丰富原乡文化的内涵，更有利于民俗与经济活动相互动，促进文化的可持续性发展和国际传播，让饮食文化成为人群身份的标识，成为存续其历史史实的永久记忆。

越南太原省艾族初探

梁氏海云　杨秋恒　黄芳邻[①]

【摘　要】 1979年，越南的艾族首次从华人群体当中分离出来，成为一个单一的民族，这是由于越南艾族具有不同于越南华人的显著特征。自艾族被越南识别为一个独立的民族以来，由于语言与海外田野的困难，民族学与人类学界对艾族研究尚未给予足够的重视，国内外现有资料主要偏重历史研究，对艾族的认识也有一定的错误与滞后，并未对艾族的族群特点做细致深入的分析。基于2023年3月至6月于越南太原省的田野调查，对越南太原省艾族做较为深刻的民族志考察，通过口述史与文献文物资料，详细介绍艾族的族源、经济生活、文化习俗以及变迁，除了对于越南艾族的研究有所发展，也为学界提供了海外民族志资料。

【关键词】 越南太原；艾族；客家人；越南少数民族；文化变迁

一、越南太原艾族研究缘起

艾族，用艾语自称为"倪人"[②]，白话是 Ngài-ngìn，其他名称如疍民、村人、黎人。艾族是一个越南的少数民族，属于越南54个独立的少数民族之一。根据越南学者的定义："艾族属于汉语-客家语系，在19世纪下半叶来越南定居，主要分布在越南广宁省"[③]。

对于越南艾族的研究，国内外学者尚无专著进行全面的叙述，就相关问题做专门讨论的文章也不多，只有零星几篇论文针对越南艾族的起源与族称进行了介绍与描述，涉及越南艾族经济生活与文化传统的相关部分则较少，更不用说其近几年来的发展与变迁，对于越南艾族学界知之甚少。本文重点讨论的艾族，是位于越南太原省的艾族，以区别于其他地区艾族的研究。

---

① 作者简介：梁氏海云，广西民族大学副教授，研究方向为海外民族志、中越文化对比；杨秋恒，越南太原师范大学副教授，研究方向为越南少数民族文化与语言；黄芳邻，广西民族大学硕士研究生，研究方向为海外民族志。

② "倪人"，国内学者称为"艾族"，按照艾语和艾族自称，应为"倪（ngai）人"，但为了表述方便，依照学术界的称谓依旧称之为"艾族"。

③ 邓严万：《越南民族国家共同》，胡志明国家大学出版社，2003年。（Đăng Nghiêm Vạn, *Công đồng quốc gia các dân tộc Việt Nam*, Nxb. Đại học quốc gia TP HCM, 2003.）

以艾族为主要研究对象的成果，中国国内目前主要有《"侬族"考》《侬族华人》等文及范宏贵的《中越跨境民族研究》一书。范宏贵在《中越跨境民族研究》一书中明确提出艾族属于客家人的观点。他认为（越南艾族）讲话时"艾"字不离口，总是"艾"什么"艾"什么，因而毗邻而居的人便称他们为艾族，"艾"是第一人称"我"的意思。他们自称客家或客家人，其他民族也称他们为客家或客家人。除了族称的出处，范宏贵还介绍了越南艾族的迁徙历史、婚姻家庭、居住文化、民间信仰等方面内容。

关于越南艾族的来源，吴云霞、（日本）河合洋尚认为越南艾族是来自中国广东、广西地区的客家人，"越南的艾族是古代分散在沿海和北部岛屿上的土著居民（包括防城港地区）。"[1]越南王春情在《越南少数民族》第四集第二卷"汉与马来语言群"中简单介绍艾族的名称与来源，但作者没有具体描述这民族的民族文化特征与其他具体信息。作者肯定艾族是华人的一支。[2]现阶段，学术界大多认为艾族属于客家人的一支，从两广地区不断迁徙到越南，并在越南定居，成为越南54个少数民族之一。

现聚焦于越南太原省的艾族研究国内外成果不多，大多数是越南语文献，简略综述如下，以提供国内学者进行了解：

2014年范云英《寻找艾族的来源》的文章[3]，作者指出，到目前为止，越南在确定艾族和华人的种族方面仍然不一致。根据作者的说法，太原的艾族是一个独立的民族，与华人完全不同。为了证明他的论点，作者通过观察太原省艾族村里的老房子来描述艾族传统的房屋类型和建筑。同时作者介绍了太原艾族的农业生产经验、饮食文化特征。

VOV4.VOV.VN广播系统播出《艾民族》节目[4]描述了太原省艾民族的名称和自称，以及艾族的饮食、住宿、服装和交通等物质文化特征。特别是，这篇文章提到了艾族妇女生孩子后、结婚、宗教信仰的禁忌，以及艾族的节日与他们祭拜的仪式形式。

《艾族的传统"防守"房子建筑》[5]提到了越南太原省艾族传统房屋的防守建筑，许多屋顶都带有艾族特色。此外，文章还介绍了艾族建房子的原材料，以及如何制作建房原材料。另一方面，这篇文章介绍了目前太原艾族房屋的现状以及房屋风格和材料的变化。现在越南太原省艾族的房子就像京族房子一样，这是民族适应周围大多数文化的

---

[1] 吴云霞、〔日本〕河合洋尚：《越南艾人的田野考察分析：海宁客的跨境流动与族群意识》，载《八桂侨刊》，2018年第4期。

[2] 王春情：《越南民族》第四集第二卷"汉与马来语言群"，事实国家出版社，2018年，第527页。（Vương xuân Tình, *Các dân tộc ở Việt Nam*, tập 4 quyển 2, "Nhóm ngôn ngữ Hán và Mã lai đa đảo", Nxb. Chính trị Quốc gia sự thật, 2018.）

[3] 范云英：《寻找艾族的来源》，2014年。（Phạm Vân Anh, "Tìm lại Cội nguồn người Ngái", 2014, Truy cập ngày 12 tháng 5 năm 2015, từ http://www.bienphong.com.vn/tìm-lại-cội-nguồn-ngườingái/2593.bbp.）

[4]《艾民族》，VOV4.VOV.VN广播系统。（*Dân tộc Ngái*, Hệ phát thanh VOV4.VOV.VN.）

[5]《艾族的传统"防守"房子建筑》（Kiểu nhà "phòng thủ" của người Ngái xưa）, thuvien.datviet.com。

结果。

2013年，越南《旅游与体育文化报》刊登了《太原艾族独特饮食》[①]一文，文章分析了艾族的主要生计来源，太原艾族的烹饪方式、特色食物、喜爱的香料等，论证艾族的饮食取决于每个季节的农业和气候特征，这些是太原艾族的典型特征。

潮顺的《太原的艾族：民族本色退潮》一文[②]，反映了太原省同喜县华上村三泰公社的艾族的现状，即当地艾族的传统文化价值观逐渐消失，了解本族传统文化的人在不断减少。家谱等文书现已不复存在，关于艾族的信息和文物保存很少，数量有限，内容"稀缺"。作者特别指出，艾族语言的埋没是因为艾族对周围社会的适应以及被京族文化的"同化"。

上述有关越南太原省艾族的新闻材料和文章有一定的价值，因为其介绍了一些艾族的文化、习俗以及一些地区艾族生活的变化与背后的因素，并对艾族传统文化的价值进行了肯定。

虽然对于越南艾族的研究现阶段已经有了一些叙述，但是大多集中于概述与介绍，更加详细的讨论国内尚未见诸报端，且许多论述也值得商榷与探讨。而在有关越南艾族的文章当中，有关越南太原省艾族的介绍则更为稀少了，大多数是围绕越南广宁省以及胡志明市的艾族进行研究与探讨。虽然越南50%艾族都分布于太原省，但对于太原省艾族的研究，国内文献几乎没有涉及，因此本文详细介绍越南太原省艾族的经济生活、文化习俗以及变迁与现状，希望起到抛砖引玉的作用，填补学界对于越南艾族研究的空白。

二、越南太原省艾族简介

根据越南2019年人口和住房普查，越南的艾族有1649人，分布于越南20多个省市，具体为太原省（47.8%）、平顺省（15.2%），其余的分布在同奈省、北干省、宣光省、得乐省与高平省等省市。太原省的艾族大多居住在大伺县（Đại Từ）、太原市（thànhphố Thái Nguyên）、普安（Phổ Yên）、福梁（Phú Lương）与同喜县（Đồng Hỷ），其中艾族多集中在同喜县（占50%）。太原省的艾族没有自己的村庄，与京族、岱族、华人和山由族杂处而居。

表1 越南2019年人口和住房普查当中越南艾族统计

	百分比	人数
太原省	47.8%	788

---

① 《太原艾族独特饮食》，载越南《旅游与体育文化报》，2013年。("Nét ẩm thực độc đáo của người Ngái ở Thái Nguyên", *Báo văn hóa Thể thao và Du lịch*, Việt Nam, 2013.)

② 潮顺：《太原的艾族：民族本色退潮》，载《太原电子报》，2014年。(Triều Thuần, "Người Ngái ở Thái Nguyên: Mai một bản sắc dân tộc", *Báo điện tử Thái Nguyên*, 2014.)

（续表）

	百分比	人数
平顺省	15.2%	251
其他	37%	610
总计	100%	1649

（一）田野点简介

太原省（Tỉnh Thái Nguyên）位于越南东北部，省会太原市，根据越南2019年4月1日的人口普查，太原省人口为1,286,751人，其中男性629,197人，女性657,554人[①]。太原市，距离河内市中心约75千米，距离海防市中心约200千米，距离越南-中国边境约200千米，东接连谅山省和北江省，西邻永福省和宣光省，南边与首都河内接壤，北边与北干省接壤。太原地理位置优越，尤其是越南北部地区的政治、经济和教育中心之一，是中部山区和北部平原之间社会经济交流的门户。

太原气候分为两个明显季节，雨季为5月至10月，旱季为10月至翌年5月。年平均降雨量约为2000—2500毫米；8月份最高，1月份最低。总的来说，太原省的气候有利于农业和林业部门的发展，平均温度为21.5—23°C（从东到西、从北到南逐渐升高）。

目前太原省有46个民族居住，主要的民族有京族（占73.1%）、岱族（占11%）、侬族（占5.7%）、山由（占3.9%）、山泽（占2.9%）、瑶族（占3%）、苗族（占0.6%）、华人（占0.18%）等。第一批华人在太原已经存在了大约150年，他们大多是来自中国广东和广西，其中一部分人的祖先是农民，他们漂泊谋生，另一部分人可能是抵抗清朝的太平天国战士的后代，太平天国运动失败后，逃到了越南。到了20世纪六七十年代，一部分华人也从广宁河栓迁回太原创业，[②]1979年后这部分华人被识别为一个独特的民族——艾族。

华上村是同喜县的中心城镇，距离太原市中心约6千米，1B国道和17号国道贯穿该地区，全长5千米。属1类行政单位，分为14个居住组团。全镇行政边界总面积1345.11公顷，人口12,722人，3064户，8个民族杂居，平均人口密度12人/平方千米。华上村三泰公社是艾族居住最多的地区（太原占80%）。

---

① https://thainguyen.gov.vn/vi_VN/trang-chu
② 河栓（Hà Cối）属于海河县广宁省。海河县是广宁省东北部与海接壤的山区边境地区，距离下龙城150千米，距离芒街国际口岸40千米（对面是中国东兴口岸）。地理坐标为北纬21°12'46"至21°38'27"，东经107°30'54"至107°51'49"。北部与中国接壤，边境长达22.8千米。东是芒街市，南部临海，海岸长约35千米，位于北部湾带。

（二）太原省艾族的来源

关于艾族的来源，国内外大多都认为艾族属于客家人的一支，越南学界也将艾族划分到华人群体当中，虽然艾族属于客家人这一点没有分歧，但对于艾族最初的具体来源地，学界有不同的观点。本文认为，太原省艾族与胡志明市的艾族有很大的差别，具体体现在生计方式的巨大差异上，按照学者范宏贵在《中越跨境民族研究》当中的观点："越南的艾族是由客家人、疍民、村人、黎人构成。"[①]因此，不同地区艾族的巨大差异是由其不同的来源以及迁入越南时间的不同所造成的。

关于艾族最初迁入越南的时间，越南艾族学者叶中平在他的文章里提到：明朝衰亡的时期，在一些越南北部村落，意大利的传教士已经能接触到一些人，他们衣着似"福建人"，其村落与越人的村子相交错。越南的阮朝官府准许他们通过耕种或买卖维持生计，并与越人自由通婚。这群人应该是早期来自中国一侧的艾族。[②]这是目前看到的最早关于艾族迁入越南的记载，这批艾族应该是不愿归附清朝，起兵反清失败了的客家人。

同时，根据对艾族的民族史和各家族历史的研究，艾族移民到越南的过程持续了几个世纪。艾族的祖先源于中国东南部各省，如福建、广东和广西。由于历史动荡和社会经济压力，艾族迁移到中国广西防城地区，然后从那里迁移到（前）海宁省的芒街、河桧（今河桧和海河），这些地区现在是广宁省的一部分。到目前为止，该地区的艾族已经有七到八代人了，之后，他们逐渐向内陆迁移，分散到太原省、北江省、谅山省、北干省等。1954 年后，大部分艾族迁移到越南南部生活。这一段历史可从现今太原省艾族的叙述当中呈现出来。

沈奕寿（Thẩm Dịch Thọ）先生生活在太原，是一个非常了解自己民族来源的人，其叙述到："我们艾族从海宁省的河桧地区移民到太原，并在这里定居了几代，最初的生活非常困难和饥饿。特别是在 1979 年的北方边境事件当中，一些人返回中国，一些人移民到南方。然而，到目前为止，许多人仍然决心留在太原的土地上谋生。我们的艾族社区起源于中国广东省。"[③]这是太原艾族族人关于自身来源的记忆，具有一定的真实性，同时也反映了艾族迁徙的路径。

沈奕德（Thẩm Dịch Đức）先生也是艾族的一员，其说到："在广宁省的生活相当艰难，又听说太原省的生意容易做，所以上世纪 40 年代，当我还是个孩子的时候，我们的家人从广宁移民到太原，从那时起就一直在开发这片土地。""（我们）现在生活在太原省同喜县三泰村，有四个大家族，沈、陈、林和黄，仍然保留了艾族的文化特征。一些沈家人移民到北江省，和我们一直保持着联系。"[④]

---

① 范宏贵：《中越跨境民族研究》，北京：社会科学文献出版社，2015 年，第 239 页。
② 叶中平：《越南的华族、艾族与大国沙文主义》，载《民族学杂志》，1979 年第 2 期。
③ 2023 年 3 月，作者在太原调研访问的记录。
④ 2023 年 3 月，作者在太原省同喜县三泰村的访问记录。

沈氏一族是太原艾族最大的家族，讲艾语和客家语，祖籍为中国广东省罗梁地区。他们在越南生活了大约八代，前四代定居在海宁省河桧地区，在（前）海宁地区定居时，沈氏家族主要种植水稻、玉米、土豆和木薯。然而，由于农田收益不好，且畜牧业效率低下，无法长期定居，又由此迁移到太原省。

沈华辉（Thẩm Hoa Huân）爷爷，虽然已90多岁，但他仍然清楚地记得他和家人从广宁河桧移民到太原的历史，当时他只有11岁："我父亲出生在中国，移民到越南。我出生在河桧。我11岁时开始去太原。不记得走了多少天，但到了这片土地就停下来，因为这里土地茂盛，又有很多钢矿，容易生活。"[1]

另外一个艾族的家族——陈家，是艾族最早在太原同喜县开荒和创业的三个家族之一。在与我们交谈时，户主陈文强先生说："1920年，广宁省东朝县河桧的沈、陈、林三个艾族家族来到这里创业，并与山由族等其他民族的人结婚，逐渐发展到今天。"[2]

在写关于中国少数民族移民的文章时，作者陈庆谈到了生态移民，并在分析历史上中国移民的原因和形式时，他写道："作物歉收、饥荒、疾病、人口过剩、过度生育、人满土地少，迫使人们放弃家园，寻找新的更好的居住地。特别是越南，东南亚国家通常自然条件有利，靠近中国，可以很容易地移民到通过公路或水路。另一方面，越南人和该地区其他居民的风俗习惯、生活方式、宗教和种族与中国人相对接近，因此在异国他乡建立新家园几乎没有困难。"[3]这也是艾族移民到越南且在越南定居的因素之一。

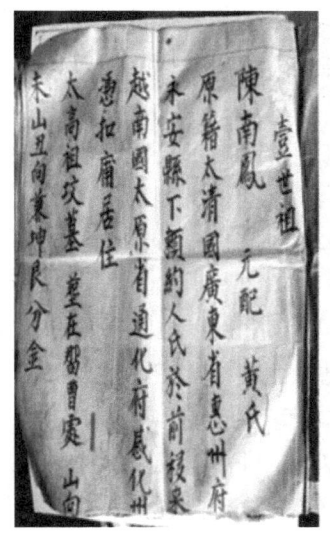

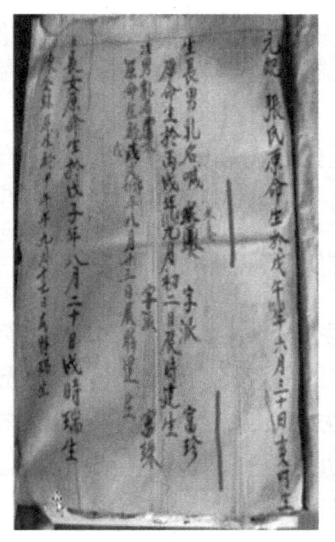

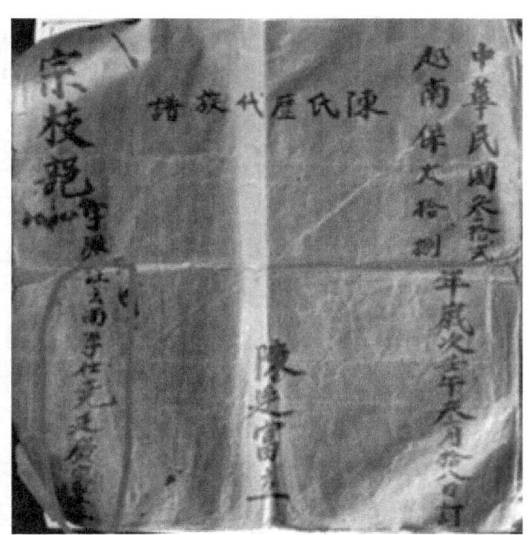

图1 太原省艾族族谱

---

[1] 2023年6月，作者在太原省的访问记录。
[2] 2023年6月，作者在太原调研访问记录。
[3] 陈庆：《历史上华人移民的原因和形式》，2002年，第37页。(Trần Khánh, "Nguyên nhân di cư và các dạng di trú của người Hoa trong lịch sử", 2002.)

进入越南时，每个艾族家族都带有自己的移民故事，他们走过的每一块土地都留下了自己和当地人民的文化印记。从前辈研究调研结果与我们在太原省田野调查可以得出结论，艾族迁入越南的时间主要集中在近代以来各个时期。在中越边境如芒街，于此地生活的艾族迁入越南的时间最早不超过两三百年，而现在生活在太原省的艾族最晚也不超过一百年时间，但大多数情况下，生活在越南各地艾族都自认为是"本地人"。

阮筑平与叶中平两位越南学者都认为艾族得名于其方言中"艾"，"艾"为第一人称"我"之意。这一点可以与学者何良俊、乔艳艳在中国一侧的艾族村落中的调查当中能够印证，也与学者范宏贵的观点相同。但叶中平还另外提及：艾族中还有一群人自称"山艾"，意为山林中的人，然而中国边境的艾族群体中并无此说。由此推知，"山艾"的自称可能是艾族在迁越后才出现。①

通过对太原省艾族的田野调查以及对各学者观点的梳理，可以得出艾族这一群体最早迁入越南的时间为明末清初，并且这种迁移持续了几个世纪。这些不同时间迁移到越南的艾族，祖籍主要为福建、广东、广西三省，其迁移路径为广西防城地区—（越南）广宁省—（越南）太原省，并在这些地区定居的过程当中，于越南本土发展出了自称为"山艾"的一支。

三、太原艾族的经济生活

艾族与其他华人不同，在越南的华人大多从事工商业，而艾族大多务农，因此在移居越南社会的过程当中，围绕务农产生和发展了自己独特的习俗与文化，以此区别于其他华人群体。

艾族的传统生计是农业。艾族社区的农业是季节性的，基于鸟叫、落叶、开花等自然现象进行种植。到了新的生态区域，艾族也很容易适应，如沿海捕鱼、筑堤等。此外，艾族还有许多有助于农业的手工艺品，如编织垫子、锻造、木工、制作瓷砖和烧制石灰。

在农业生产生活中，艾族主要耕种田地（称为 thèn），还涉及山丘和海滩（称为 fó）地区的生产。他们不仅积累了丰富的生产经验，还努力学习兄弟民族的知识。艾族对农业受其他民族的影响体现在许多方面，从生产工具类型到作物育种系统和季节日历。艾族的农业工具包括许多不同的功能，如开垦工具（斧头、刀）、耕作工具（犁、耙子、锄头、铁锹等）、作物护理工具（锄头、耙子）、收获工具（镰刀、篮子、光担等）。

艾族的水田（thèn）分为两种：梯田（sáthèn）与沼泽田（sùithèn），这两种田地的耕作过程是相同的，但耕种的季节日历和用水解决方案有一定差异。梯田是一种等苗种

---

① 何良俊、乔艳艳：《迁徙与认同：中越跨国"艾人"初探》，载《广西民族大学学报（哲学社会科学版）》，2015年第5期，第127页。

的田地，一年一季种植，而且要与雨季连在一起；沼泽田一年两季，水稻季节（ángvỏ）与旱季节（thaitốngvỏ）种植。艾族一般种植两种水稻，即糯米（nôcục）和大米（trámcục），其中大米是主要作物，且该民族的大米品种多样，反映了其受到邻近民族影响的程度很深。旧水稻品种的生长时间长，产量低，因此艾族不断更换生长时间短、产量高的新水稻品种，以增加作物产量。

在艾族的农时，梯田只能种一年一次的水稻。在三月、四月开始播种，五月种植；六月、七月护理浇水和除草；九月、十月收获。今天，随着技术的进步，可以很容易在低田地上浇水，因此有些地方可以一年两季种植水稻。而在高地，除了种植季节性水稻作物外，还可以种植冬夏作物以及其他种类的作物，所以相比以前现在艾族的田地利用率显著提高。

而沼泽田，从一开始就可以种植一年两季大米。水稻在十一月、十二月播种，一月、二月除草和施肥，五月收获。旱季在四月播种，五月、六月种植；七月、八月除草和施肥，十月收获。现在，随着生物技术新成果的应用，生长时间长、产量低的水稻品种已逐渐被生长时间短、产量高的品种所取代。由于新品种生长时间较短，被准确地称为夏秋季节。夏秋季节后，可以在春耕前种植一季蔬菜。

与太原省的其他民族不同，艾族不在山上种植，而只在海滩和家周边的地方耕种。在许多家庭的收入中，海滩的种植收入比水田占据更大的份额。在海滩上，艾族种植了许多不同的植物，可以分为四类：粮食作物、豆类植物、经济作物和果树。

粮食作物中，主要种的是玉米（sôcma），此外，还有薯类植物，如木薯、甘薯、山药等，除此之外还有白菜、大豆、洋葱、大蒜等其他作物；艾族的经济作物包括甘蔗、花生和茶叶；甘蔗是糖业的主要原料，糖业是艾族的传统手工产业；茶树在艾族的生活当中占据特别重要的位置，太原的茶质量高，盛誉世界，因此，包括艾族在内的许多民族长期以来一直将茶叶视为主要商品；艾族种植的果树有波罗蜜（lochan）、柚子（pộcchay）、柠檬（chaikeng）、番石榴（uichai）等。近年来，由于市场的扩大，在资本、技术方面的推广机构的支持下，艾族许多家庭正在逐步转向以栗子为主要作物的种植。

无论是在梯田还是沼泽田，抑或是海滩上，艾族都有运用相应的农业工具，比如犁很小，重量轻，但坚固，适合牵引发力，在海滩土壤上可以很好发挥。其他生产工具，如镐、铁锹、刀、镰刀等，艾族也会针对适合的地形条件、土壤和栽培类型进行运用。在种植上，艾族对选择作物品种非常注重，认为这是确保作物种植成功的先决条件之一，此外，他们早就知道使用各种肥料来增加土壤肥力，如堆肥、肥料，随着科学技术的发展，艾族现在使用了许多化学肥料和微生物肥料，同时为了对抗害虫，艾族也会使用化学杀虫剂。

在艾族的生产活动中，除了定期对茶叶进行护理、加工和收获外，其他作物必须始终遵守严格的种植时间表，艾族的历法实际上与他们的兄弟民族没有太大区别，这是同质化和长期文化适应的必然结果。

总之，与其他华人群体相比，越南的艾族人在生产生活当中最突出的特征是以农业种植为主，辅之以渔业与林业，而相对较少从事工商业，这与艾族迁入越南的路径以及定居地点有关，艾族在移居越南之后，定居在冲积平原和丘陵地带。太原省的地形主要是低丘陵，从北向南逐渐下降，且丘陵土地占自然面积的31.4%，适宜发展农业与林业。艾族基于定居的地理环境，以农业种植为主进行生产生活，并在此过程当中发展与传承自身的民族文化。

四、越南太原省艾族文化

（一）传统住宅

艾族通常在山坡、山谷或海岸上建立村庄，艾族的传统住宅是一座三间的房子，称为"正墙"（也称为 trình tường），但由于历史的变化使得许多地方不再保留艾族特有的传统建筑。

图2 太原省艾族的建筑

以前，在太原省同喜县三泰社区，大多数是两种形式的"田"（Dien）和"门"（Mon）房屋，常见有三间或者五间（如果是五间房，则有两间是睡屋，如果是三间房则只有一间是睡屋，其他两间一是客厅，一是供奉祖先的地方）；两侧有厨房、谷仓等附属建筑，连接循环成封闭的形式。房屋中间是院子，像一口宽阔的天井，只有一扇门进出。用于建造房屋的材料是非常大的砖块，砖块由泥土与稻草混合制成，然后模制、晒干；由阴阳瓦或树叶、稻草、甘蔗叶制成屋顶。艾族建造一座房屋，首先要完成土墙，才建造桁架和屋顶。这种类型的建筑展示了他们独立而又封闭的生活方式，同时这种传统建筑既能抵御雾气、冬天的寒冷、夏天的炎热，又能抵御骗子和野兽，所以称为"防守房子"。艾族的传统房屋在关门后，所有活动可以在家中，而不用出门。门的两边都有圆孔，如果有狗吠叫或发出声音，人们会通过一个洞看看有没有人，如果是常客就开门，如果是陌生人就不开了。到了晚上，关上门，每个家就成了自己的小而独立的世界。有条件的家庭一般做木门，没有条件的就做竹门。

今天太原艾族的房子建筑就像京族的房子一般，在太原省同喜县三泰村只有陈成光（Trần Thành Quang）的家人保留了传统的房子形式，但屋顶结构发生了变化，以适应现代生活。他家的祭坛也发生了变化，唯一留下的痕迹是祭坛上的红纸。

（二）传统服装

艾族的服装类似于越南的侬族和中国的壮族，靛蓝与森林绿色交织在一起，既没有越南北部山区其他一些民族服饰的色彩，也没有刺绣图案。艾族女性通常穿五身上衣，四身长足以盖住臀部，右前躯干内侧的一身短，有遮盖开衫线的作用。所有的衣服都是用绳子系的，并把纽扣放在右边。艾族一般穿长裤，用绳子穿过皮带系好。男性穿着靛蓝色短上衣，前胸切开，衣领高2—2.5厘米，有7个布带扣，衣服有口袋。男人和女人的裤子样式是一样的，脚穿布鞋。除了衣服，艾族的服装还有帽子——由树叶、竹子制成的装饰物品，除此之外艾族还携带毛巾和伞。

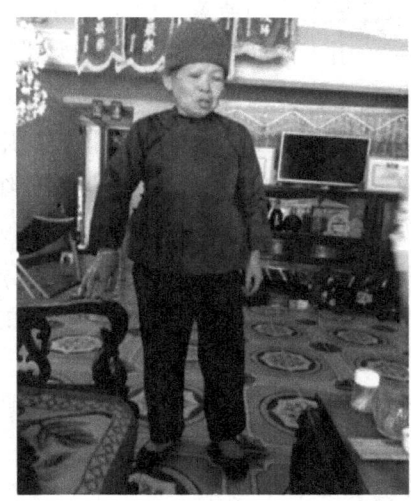

图3 太原省艾族的服装

（三）传统饮食

由于艾族的主要生计方式是农业，其主食是大米、糯米、玉米和其他一些谷物。除了米饭，艾族还吃一些民族菜肴，如面条、xíumại等，xíumại是由大米制成的一种特色食物，除此之外与大米食物一起吃的还有肉、蛋和鱼等。

据我们观察，艾族的饮食风格与中国广东、福建和江西的客家人没有什么不同。客家菜属于粤菜——中国八大菜系之一，通常倾向于油炸和炖菜。但艾族的炖菜也很特别，在炖之前，他们总是把食物放在"金条"上，然后倒入酱油、糖、大蒜、辣椒等香料，煮到水用完，这也是客家人（艾族）的名菜——"丘辱"的做法。

图 4 太原省艾族的特色食物

艾族的特色饮食习俗反映在节日期间。例如，五月初五日吃粽子，但粽子与普通粽子不同，艾族粽子的包装很小，有六个角。春节也吃粽子，但粽子较长，为圆形，两端是两个三角形，这种粽子被称为"六角粽子"。

然而，艾族日常饮食中不可或缺的菜肴是绿色蔬菜，如菠菜、白菜、等。在蔬菜菜肴中，盐萝卜是许多艾族家庭最喜欢的菜肴之一。由于他们的食物总是较为油腻辛辣与甜，在食品加工过程中，洋葱、大蒜、辣椒、生姜、香菜等香料几乎不可或缺。

艾族在烹饪食物时非常小心，在他们看来，在食品加工过程中，香料的使用不仅与口味有关，而且是预防和治疗的方法之一。此外，根据艾族的说法，一些菜肴除了为身体补充营养外，还显示出丰富的民间知识。艾族的饮食取决于日历和季节性气候特征，且每顿饭的时机都是参与社区活动的机会。在节日，比如春节，或各种规模的家庭社区活动中，如进入新家、孩子一周岁、父母过寿等，艾族会用许多具有民族特色的菜肴隆重庆祝。

（四）葬俗

艾族相信多神、万物有灵。通常，艾族家庭会建立神龛来崇拜祖先、财神和土地公。神龛是最庄严的地方，所以艾族把神龛放在房子的主房间里。祖先的祭坛放置得很高，并形成一个尽可能恭敬的空间，在祖先的祭坛下放置土地公祭坛，土地公祭坛直接放在地上。艾族也相信其他神，如河神、山神、树神、守门神等，众神保家禽，在不好的季节，艾族也组织祭拜上述神，祈求雨和风顺、丰收。

根据艾族习俗，死者的葬礼要组织周到，葬礼之后的 21 天、35 天、42 天、49 天、63 天、70 天要举行供奉，3 年后再办一次葬礼。

艾族的葬礼特点是必须贴红纸，就像中国人春节必须贴对联一样。红纸上什么都不用写，剪成长 20 厘米、宽 10 厘米的长方形。贴红纸的位置分别是祭坛外缘 3—5 张，门框 1—3 张，猪圈牛圈贴 1 张，9 月份扫墓时贴在墓碑上 3 张，还用两张较长的纸交叉放在墓上。

图 5　太原省艾族的神龛

关于丧葬习俗，在过去，当家中有人死亡时，在悼念、入棺、丧葬之后，丧主才请八音坊吹响号角，每次有人来吊唁时，子孙都会哭泣。下葬后按艾族的习俗是不改葬的，现在受京族的葬礼习俗影响，死者也被送回村庄的墓地，3—5 年后进行改葬，子孙向祖先致敬，然后开墓，将骨头从棺材移到小瓦器中，葬到新坟墓。

图 6　太原省艾族的葬礼

（五）婚姻和家庭观念

在艾族的观念当中，每个家庭都住在一套房子里，每个家庭都有祖父母、父母和孩子。艾族家庭也是父权家庭，在家庭中，父亲和大哥发挥着最大的作用，参与婚礼、葬礼、节日的所有决定。在每个村庄，大家庭的族长的地位很高，并在解决村庄关系方面发挥了重要作用，艾族通过中间名系统识别并区分分支。

艾族婚姻是一夫一妻制，每个婚礼都有两次婚礼仪式：第一次是婚礼，第二次是入室仪式。婚后，新娘住在丈夫家庭生活，只有在特殊情况下（新娘家没有男性，新郎有多兄弟）才会出现新郎到新娘家居住。

现在，艾族仍然保持着独特的婚姻习俗：任何新娘出嫁前都要哭七天七夜，问名礼后（收到新郎家的全部礼物后）艾族女子才可以哭。婚礼前大约一个月，在私人房间里哭一个小时；婚礼前大约十天，新娘的母亲会走进新娘的房间，两人拥抱在一起哭泣；婚礼前一天，新娘的姐妹、姑姑也进了新娘房间一起哭；最后在婚礼当天哭。新娘到婆家后，也有许多"规定"要遵守：新娘不能和公婆坐在同一个盘子里吃饭，要在厨房里单独吃饭。晚上和早晨，要端一盆热水给公婆洗脸、洗脚。"这是一个艾族的传统习俗，但现在人们觉得太落后了，所以他们放弃了，并遵循了越南的新习俗。"[1]

（六）民间艺术

根据前者材料越南艾族拥有丰富的民间艺术，包括民歌、民间舞蹈等艺术类型，尤其是口头文学，有传说、童话、成语、谚语等，这些体现了他们的世界观、人生观，至今还富有一定的意义。然而，对于今天越南太原艾族社区来说，珍贵的艺术宝藏已经逐渐消失，消失的速度令人震惊。他们的民间艺人，虽然了解艾族的民间文化艺术，但随着时间流逝，加上受到全球化的潮流影响，使得他们的传统民间艺术在传承方面没有得到重视，只剩余一些人保存着传统（见表2）。根据我们的调查，太原的艾族现在只拥有2个民间故事、3首民歌和一些其他成语和习俗（见下页）。所以艾族的作品是口口相传与用越南语记载的，因为艾族没有自己的文字。这也是艾族保存与发展本民族文化的困难之一。沈奕寿谈到："可悲的是，我们艾族的语言正在逐渐消失，会说艾语的人越来越少，会说艾语的人主要是中老年人，而年轻人几乎不知道，即使知道，也只会说几句话。""如果党和国家对艾族关心，我希望在太原省同喜县华上村三泰公社村建立一所小学校，向今天的年轻人教授艾语，以保留我们民族的声音。"[2]

---

[1] 在太原省同喜县三泰村对沈奕寿的访谈，2023年6月。
[2] 在太原省同喜县三泰村对沈奕寿的访谈，2023年6月。

表 2　太原艾族民间艺人一览

名字	性别	年龄	地址
Thầm Dịch Thọ 沈奕寿	男	60	太原省同喜县华上村三泰公社
Diệp Quang Vinh 叶光荣	男	67	太原省同喜县华上村三泰公社
Thầm Tú Phương 沈秀芳	女	39	太原省同喜县华上村三泰公社
Thầm Thế Lâm 沈世林	男	37	太原省同喜县华上村三泰公社
Thầm Thị Gấm 沈氏锦	女	57	太原省同喜县华上村三泰公社
Thầm Dịch Quý 沈奕贵	男	57	太原省同喜县华上村三泰公社

太原省艾族一些民间作品：

艾语：
Thiàu mọc xắm qịt ke Chóong,
Miến hiéoou thien.
Tà cộ tiêu lóc né,
Chụt cái mai đệt qiền.
cẹt: bạt chíeo
（叶光荣先生提供）

越南语：
Một gày dài ba bảy chi,
Mặt hướng trời.
Đáng quả rơi vào đất.
Mang lên chợ bán được tiền.
Đáp: quả chuối

中文翻译：
一瘦长三七寸，
面向太阳，
打果掉在土地上，
带上市场卖到钱。
答：香蕉

《月光光》
月光光，秀才郎
騎白馬，過蓮塘。
蓮塘背，種韭菜。
韭菜香，種老薑。
老薑辣，種芥末。
芥末有好食，分做兩三滴。
（沈奕寿先生提供）

作为越南 16 个人口最少的少数民族之一，太原艾族已经在享受许多社会保障和政策的保护，以促进民族传统文化的发展。然而，与北江、广宁等其他地方的艾族相比，太原的艾族更需要积极地收集和修复已经严重消失的民间艺术宝藏。

五、越南太原省的艾族现状与传统文化变迁

根据 2019 年人口普查，越南艾族近 50% 的人口集中在太原省同喜县三泰村。[①] 近

---

① https://datacollection.gso.gov.vn/dieutragiaxuatkhaunhapkhau2023/cong-bo-ket-qua-tong-dieu-tra-dan-so-2019

年来，艾族与其他人口最少的民族一样，得到了国家和政府的许多关注和支持，如2012—2015 年持续减贫国家目标计划、农村发展政策、社会经济和文化发展政策等政策为艾族的发展提供了支持。与此同时，越南的国内和国际组织也实施了许多支持少数民族的项目计划。

截至 2015 年，针对 53 个少数民族进行的社会经济状况调查，结果是艾族的平均预期寿命为 74.01 岁，高于少数民族的总体预期寿命（72.1 岁），也高于全国平均水平。艾族一岁以下儿童的死亡率是 53 个少数民族中最低的。这两个数据可以清楚地表明越南艾族的基本生活已经得到了保障。

根据 2015 年的统计[①]，艾族人均收入为 1,716,800 越南盾/人/月（七百块），在 53 个少数民族中排名第二，仅次于华人的 2,933,400 越南盾/人/月（九百块），而越南少数民族的平均收入为 1,161,000 越南盾/人/月（四百块）。艾族的贫困家庭占比只有 5.5%，少数民族的贫困家庭占比为 13.6%。在此基础上，艾族的基础设施也逐渐建立。例如，在提供水力和电力方面，艾族 97.2% 的家庭可以使用电网，92.5% 的家庭可以使用卫生的水资源。

在医疗机构方面，在 2014—2015 年的两年内，孕妇与儿童都能接种疫苗，虽然艾族仍然相信传统疗法当中的使用烟草和艾草针灸来治疗疾病，但同时也在医疗机构和医院使用现代医学进行检查。在教育方面，今天 100% 的艾族儿童能够按时上学，艾族接受教育进入学校比例甚至高于少数民族的平均水平。

他们的生计也随着新社会的发展而变化。艾族的传统生计是农业，在过去，种田、筑坝、捕鱼是这个民族的一大优势。艾族社区的农业是季节性的，基于鸟叫、落叶、开花等自然现象进行种植，到了新的生态区域，艾族也很容易适应，如沿海捕鱼、筑堤等。此外，艾族还生产有许多有助于农业的手工艺品，如编织垫子、锻造、木工、制作瓷砖和烧制石灰。但随着科学技术和经济的发展，特别是近年来越南政府针对少数民族的巨大优惠政策，几乎每个艾族家庭都将其谋生产业扩展到其他领域，如种植经济作物栗子、柚子和香蕉等。还有许多人开始做生意，有些人甚至直接与外国人做生意。其余的人还从事劳动力出口，在中国广东和台湾的大城市工作。

在田野调查的过程中，遇到过很多从中国务工回来的人，他们的中文说得很流利。在三泰村，有不少女孩在中国工作从而在那边跟本地人结婚定居。环阿姨家有三个女孩，一个嫁到台湾，一个嫁到广东，还有一个嫁到韩国。所以她经常在不同国家、地区旅行，看看她的外孙女们。在问及她是否因为女儿们都远嫁而伤心？她笑着回答："现在交通便利，到处都有互联网，想见面也很简单。"[②]

在同喜县三泰社区，许多艾族青年已经完成了大学学业，成为国家公务员或企业的

[①] https://vi.wikipedia.org/wiki/Ng%C6%B0%E1%BB%9Di_Ng%C3%A1i
[②] 在太原省同喜县华上村三泰公社的访谈，2023 年 6 月。

职工。如沈奕寿的侄子，名叫啊秀，在中国读博士，现在在太原大学外语学校当中文老师[①]。根据 2015 年 53 个少数民族社会经济状况调查，艾族通过培训就业的成年人比例为 15%，在 53 个少数民族中排名第二。

随着全球化、经济发展潮流，越南太原省艾族的生活水平逐渐提高，但是艾族的民族的文化特征渐渐埋没。现在到了三泰村，可以发现这个少数民族社区的身份印记已经非常微弱。在三泰村我们访问了陈氏後女士（在 2011 年她荣幸地参加了政府民族委员会在河内组织的第一次"越南民族社区传统服装表演"，她表演时穿着的艾族服装给越南的少数民族文化保存带来了新的视角）。她说："虽然我是艾族，在艾族社区中出生和长大，但对于我来说，文化传统的了解和继承只是一种模糊的概念。因为从我还是个孩子的时候起，在我们的社区里，很少看到或参与关于我们的民族传统文化活动或习俗。这里的一切似乎都按照越南人的新生活方式进行了。"[②]

图 7　访谈对象

沈华辉先生告诉我们传统文化逐渐消失的原因："以前我们家族有家谱，但在战争中丢失了，所以现在不知道亲戚是谁，只知生活在三泰村的艾族是亲戚。在新的土地上生活了几十年，现在只有像我这样年龄段的人才知道自己民族的语言。我侄子他们只会说简单的词，因为现在的生活当中不需要民族语言了，一切都按照新的生活习惯来执行。"[③]

副氏理女士是同喜县华上村的村文化部门副主席，她告诉我们："三泰社区目前有 87 个艾族家庭，人口近 300 人。总的来说，这是一个稳定的社区，艾族有条不紊地进行经济生产。然而，尽管他们的生活有所改善，但这里的风俗习俗很多却消失了，似乎很难有人了解自己民族传统文化的特点。"

---

① 在太原省同喜县华上村三泰公社的访谈，2023 年 6 月。
② 在太原省同喜县华上村三泰公社的访谈，2023 年 6 月。
③ 在太原省同喜县华上村三泰公社的访谈，2023 年 6 月。

今天，艾族吸收了周围社区的许多习俗，他们的房子、语言、服装和传统习俗都不再具有鲜明的特色。艾族被公认为是越南的一个少数民族，但太原艾族的民族身份可能只存在于其民族的名义上，或者在国家博物馆的某个角落里而已。

总之，在现代化进程的推动与其他民族的影响之下，艾族社区的方方面面，包括经济生活、社会文化、民族认同等，都发生了巨大的变化。自艾族迁移越南至今，已经过去了几百年，在长期的文化适应过程当中，艾族产生了自己的民族文化，以区别于越南其他少数民族，也与华人群体有一定的区别，这是艾族在保存自身文化与应对地方社会文化多样性的冲突过程当中做出的适应性结果。对于艾族的关注，特别是针对越南太原省艾族的研究，有助于了解海外华人社会，并补充海外民族志资料。

第三篇 侨乡社会与文化

当前加强"世界难民安置工作橱窗与范例"
——广西北海市侨港镇研究的意见、建议

张 坚[①]

【摘　要】广西北海市侨港镇是20世纪70年代我国建设的归侨安置点，也是北部湾地区重要渔业生产基地，我国实施海洋强国战略以来，侨港镇因地制宜大力发展旅游产业，使旅游业成为除海洋捕捞、海产品加工外，促进该镇经济发展的又一重要驱动力。侨港镇在面对转产转业困境时，因地制宜地抓住时代发展机遇，以敢于转变发展的勇气和创新精神发展旅游产业，对北部湾渔民转产转业路径探索起到了良好典范作用。

【关键词】北海侨港镇；世界；难民

广西北海市侨港镇前身是成立于1979年6月的北海"华侨渔业公社"，它是由中国政府在联合国难民署支援下建设的国内最大越南难民集中安置点，当时安置了7703名归难侨。1984年改名新港镇。1987年改名侨港镇。目前侨港镇辖区面积1.1平方千米，常住人口约1.8万人，下辖侨南、侨北、侨中三个社区和一个自然村——亚平村，归侨侨眷占总人数的95%以上。

侨港镇在40多年的发展历程中，在经济发展、文化建设等方面不断获得突出的成就。主要包括：1985年1月，联合国难民事务高级专员办事处出版的《难民》杂志称赞："北海渔港是难民安置工作取得完满成功的范例。"进入21世纪，侨港镇先后获得"全国文明村"、"全国文明镇"、全国"暖侨敬老行动"示范社区、"全国先进基层党组织"、全国特色小镇、全国"一村一品"示范村镇、全国乡村治理示范称号、国家级AAAA景区等重大荣誉。

一、侨港镇是世界难民安置工作取得圆满成功的范例

20世纪70年代末，印支三国政治动荡导致了成千上万的难民流离失所。由联合国难民事务高级专员办事处设置在亚洲各地接受印支难民的临时救助站收留了多达150万

[①] 作者简介：张坚，教授，历史学博士，现任桂林旅游学院发展规划处处长，中国华侨历史学会理事，广西华侨历史学会副秘书长，广西《八桂侨刊》编委，广西侨联特聘专家，主要研究东南亚华侨与中国关系，泛北部湾地区历史与现实问题。

人，其中 84 万人属于越南难民（不包括从陆路进入中国的 28.3 万人以及因为海盗劫掠、燃油耗尽或者海上失事而葬身大海的船民）[①]。越南难民潮产生之后，包括美、加、澳等国在内的 29 个西方国家参与收留越南难民的工作，使越南难民成为 20 世纪下半叶地理分布最广的难民。[②]上述现实也促进世界各国学者（尤其是欧美学者）不断投入到越南难民的研究当中，从而使越南难民研究逐渐成为一个世界性的课题。[③]

受各种因素的影响，目前有关印支难民的研究存在重欧美地区，轻亚洲地区的弊端。上述不足主要表现在：学界过多地关注了从亚洲地区再移民到欧美各国的印支难民，而没有给予那些因为不符合欧美各国难民接收条件（包括教育水平、健康状况、英语学习能力、工作职业背景等），被迫继续留在香港地区、马来西亚等最初的庇护所（难民营）或亚洲其他国家当中那一部分弱势难民群体。[④]事实上，这一滞留在最初庇护所的难民数量是十分庞大的。据有关方面统计，进入 21 世纪后，我国香港仍然滞留着超过 5.8 万的越南难民，而且每一天都仍然有新的难民涌入香港地区与东南亚各国。[⑤]对此，香港当地社会甚至提出：越南难民在香港的临时安置点已经 "No Exit"。[⑥]可见，越南难民问题具有持续时间长、接收安置难度大等突出的特点。

---

① Yuk Wah Chan, "Revisiting the Vietnamese refugee era", in Yuk Wah Chan (ed.), *The Chinese/Vietnamese Diaspora –Revisiting the boat people*, Routledge, 2011, p.5.

② Yuk Wah Chan, "Revisiting the Vietnamese refugee era", in Yuk Wah Chan (ed.), *The Chinese/Vietnamese Diaspora –Revisiting the boat people*, Routledge, 2011, p.11.

③ 主要的成果集中于关注难民群体对所在国移民政策的冲击影响，包括 Astri Suhrke：《印支华人难民对东盟国家以及美国政策的冲击》，载《当代东南亚》，1981 年第 3 期，第 24—40 页。Linda Gordon：《美国关于印支华人难民的安置方式》，载 INS《报告者》，1980 年第 28 期，第 6—10 页。R. E. March：《美国印支华人难民社会经济地位取得的进步及存在的问题》，载《社会科学文献》，1980 年第 10 期，第 11—20 页。华盛顿特区美国大学国际服务学院一名副教授 Astri Suhrke 是一名出色的东南亚问题研究专家，在印支难民问题上有比较深入的研究。其著作 *Indochinese Refugees: The Impact on First Asylum Countries and Implications for American Policy*（Washington, DC: Government Printing Office, January 1981）在学界享有较高的声誉。澳大利亚的学者专门研究 Boat Peoples。近年来，也有学者开始关注如何准确把握印支难民当中的差异性，增强安置工作针对性、实效性，代表作有美国西北大学学者 Jeremy Hein 的《印支华人难民全国性的移民组织与经纪人小群体的产生》（刊登于《社会科学季刊》1988 年第 3 期，第 463—478 页）；美国圣地亚哥州立大学 Paul J. Strand 的《印支华人难民当中的职业报警器》（刊载于《国际移民评论》第 18（XVIII）册第 1 期）；加拿大魁北克拉沃尔（Laval）大学 Louis-Jacques Dorais 的文章《加拿大魁北克市印支难民社会结构及其当地化研究》（Refugee Adaptation and Community Structure: The Indochinese in Quebec City, Canada）。

④ Yuk Wah Chan edited, *The Chinese/Vietnamese Diaspora, Revisiting the boat People*, Routledge Taylor & Francis Group, 2011, p.5.

⑤ 有关《印支难民的两难境地》一书的书评，路易斯安娜州立大学出版社 1990 年版。

⑥ Kwok B. Chan、David Loveridge：《越南难民在香港难民营当中的"转变"》，载《国际移民评论》(*International Migration Review*)。

众所周知，由于越南难民数量众多、涌入时间集中，亚洲各国作为为难民提供庇护的第一站，受其经济条件差、救助政策滞后以及救助组织不健全等客观因素所限，无法提供与西方国家相比的救助条件，因此，难民营当中的治安、待遇等十分险恶。20世纪90年代曾经在香港难民里担任难民孩子绘画老师的Ocean Chan声称：难民营里孩子们的童年始终充斥着被金属围栏禁锢，受暴力、毒品的戕害，他们内心充满了对自由无法遏制的渴望。现如今，这些长大成人的孩子都定居在香港，他们当中只有小部分人取得了成功，而其他的都只能在监狱当中度过余生。而今天定居于澳大利亚的越南难民，对于他们曾经生活过、位于印尼的Pulau Galang难民营，仍然心有余悸。[1]

可见，由于亚洲各国处于难民接收的第一站，它成为了全部印支难民的最初庇护所，以及后来一大批无力再移民至西方世界的相对低素质难民的最终安置地，由于该地区整体经济社会发展水平低、救助机构不完善等现实原因，其难民安置工作成效直接决定着整个世界范围内印支难民安置工作最终解决的程度。对此，部分学者大声疾呼：关注被忽视了的、仍然滞留在亚洲地区的越南难民（draw attention to the missing Asian part of the story）。[2]

1978年，印支三国政治局势急剧变化之后，中国政府克服"文革"十年浩劫的重重困难，发扬国际人道主义救助精神，严格遵照联合国1951年《关于难民地位的公约》以及1966年《关于难民地位的议定书》签字国的承诺，接收安置了28.3万多印支难民[3]（其中越南难侨16.1万人[4]），在安置过程中，坚持不设立难民营，按照"一视同仁，不予歧视，根据特点，适当照顾"原则，将归难侨集中安置在全国84个华侨农场（林场）中[5]，举全国之力帮助难民在中国重建家园。我国政府负责任的态度和出色的工作成绩赢得了国际社会的高度肯定。

广西是我国接待安置印支难民最多的省份，截至1988年底，从广西各个口岸和隘

---

[1] Yuk Wah Chan edited, *The Chinese/Vietnamese Diaspora, Revisiting the boat People*, Routledge Taylor & Francis Group, 2011, pp.147-160.

[2] Yuk Wah Chan edited, *The Chinese/Vietnamese Diaspora, Revisiting the boat People*, Routledge Taylor & Francis Group, 2011, p.3.

[3] 董中原主编：《中国华侨农场史》（主卷），北京：中国社会科学出版社，2017年，第152页。

[4] 《中共中央、国务院关于国营华侨农场经济体制改革的决定》（中发〔1985〕26号），载董中原主编《中国华侨农场史》（政策法规卷、地方文献资料卷），北京：中国社会科学出版社，2017年，第2055页。

[5] 一说是86个华侨农场（林场）。见《中共中央、国务院关于国营华侨农场经济体制改革的决定》（中发〔1985〕26号），载董中原主编《中国华侨农场史》（政策法规卷、地方文献资料卷），北京：中国社会科学出版社，2017年，第2055页。

口入境的难民 222,165 人（绝大部分都是越南难侨），[①]广西为接待安置归难侨建造了 22 个华侨农场，安置了超过 10 万的归难侨。1979 年 6 月 2 日，北海渔业公社正式成立，当时安置了从越南海防婆湾岛、广宁省姑苏群岛回国的 7703 名祖籍北海、钦州等地的难侨渔民。

1979 年 6 月，北海华侨渔业公社刚刚成立，联合国难民署驻华代表雅克·莫歇专门到北海来进行考察，之后，他说："中国政府将难民融入当地社会，把他们组织起来进行生产自救的做法，这是国际上独一无二的。" 1981 年 9 月 3 日，丹麦前首相、联合国难民署高级专员保罗·哈特林一行在考察了侨港镇之后，高度评价了北海市安置难民工作。他表示："中国广西北海市在帮助难民自救、自理方面做了很多工作，取得了成果，使难民同当地居民融洽地生活在一起，为世界做出了榜样。"[②] 1985 年 1 月联合国难民事务高级专员办事处宣传处出版的第 13 期《难民》期刊称赞："北海的工作，无疑是成功的。""北海渔港是难民安置工作取得圆满成功的范例。"

据不完全统计，从 1978 年至今，已经有超过 100 名外国友人（包括联合国难民署官员、各国元首及媒体记者等）到过侨港镇进行参观、视察、采访。《纽约时报》《明镜周刊》《卫报》《朝日新闻》等世界知名报刊媒体都进行了专门报道。在上述报道中，侨港镇几乎获得了一致好评。侨港镇已经成为一个帮助世界各国了解我国作为第二大越南难民安置国的责任、担当以及出色成就的窗口，也有望为当前仍然悬而未决的世界越南难民问题提供难得的中国方案。

二、侨港镇是我国实事求是落实归难侨安置政策的典范

1978 年越南排华导致成千上万难侨渔民回到北海后，为尽快帮助广大归难侨迅速走出困境，在国务院侨办的直接指导下，发扬十一届三中全会提出的实事求是精神，创新性地探索实施了归行安置、补偿贸易、一社两制等特殊政策。

（一）归行安置

与当时国内普遍实施的将归难侨集中安置到农场、林场不同，中国政府充分尊重回到北海的归难侨难民绝大部分属于祖籍北海、钦州疍家渔民的特点，采取"上船下海"的方式，将难侨渔民集中安置于北海，让他们继续留在其熟悉的北部湾海域从事渔业生产活动，避免了难侨在陌生的环境从事全新工作所带来的混乱与不适，归行安置为侨港镇经济迅速走上正轨并持续健康发展奠定了坚实基础。侨港镇归行安置方式与当时归难侨全部按照"上山下乡"原则，集中安置到农场、林场不同，成为当时国内安置难侨的

[①] 董中原主编：《中国华侨农场史》（主卷），北京：中国社会科学出版社，2017 年，第 152 页。

[②] 北海市政协文史资料委员会编著：《故乡的云——侨港建镇 30 年》，桂林：漓江出版社，2009 年，第 20 页。

一个特例，也是国际安置难民工作的创举。

（二）补偿贸易

1980年，为了帮助刚刚成立的华侨渔业公社迅速发展，自治区党委与人民政府特许北海华侨渔业公社与香港兴伟海产品有限公司连续六年开展补偿贸易，侨港镇是当时全广西唯一享有该项优惠政策的单位。在签订了合同之后，香港兴伟水产公司提供130万港币给华侨渔业公社，用这笔钱进口木材及其他生产资料，组装渔船发展生产。华侨渔业公社把捕捞的产品，以广州春交会及秋交会（即中国进出口商品交易会）上相应品种的价格，再追加3%—5%的价格，卖给香港兴伟水产公司。补偿贸易犹如雪中送炭，极大地缓解了广大归侨渔民恢复生产所急需的资金、物资设备以及产品销路问题。不到三年时间，侨港镇归难侨生产条件、生活水平明显改善，民心逐渐稳定。

（三）一社两制

1981年，在自治区政府的支持下，华侨渔业公社在全国渔业系统中率先实行"一社两制"管理政策。"一社两制"是指新成立的华侨渔业公社当中，集体所有制经济（国家投资以及联合国难民安置署援建的拖船、冷冻厂、造船厂、港口、码头等为公社所有）与个人所有制经济（归难侨从越南带回来的小船归个人所有）并存，上述管理体制一方面保证了集体所有制经济集中力量办大事，解决难侨群体重大生产生活问题，另一方面，难侨渔民从越南带回来的600多艘私人小船归个人所有，难侨渔民可以利用休息时间进行家庭捕捞作业，改善生活，补贴家用。上述体制使集体经济与个体经济相得益彰，在当时全国属于首创，它使公社经济充满活力，为侨港镇经济发展掘出了活水源头。

受侨港镇优越的生活条件吸引，20世纪80年代末，当年安置在广西其他地方和海南、广东等一些华侨农场、祖籍属于广西沿海的2000多难侨渔民纷纷举家迁到侨港镇。这是1979年难民潮涌入北海后的又一波大规模移民潮。侨港镇上述"归难侨回流"现象与国内不少安置点难民再移民国外，亚洲的香港地区、马来西亚等庇护所难民再移民欧美形成明显的反差，也从一个侧面说明了侨港镇的安置工作所取得的巨大成就，产生了积极的社会影响。进入21世纪后，将近100位已经加入了美国、加拿大、澳大利亚等国国籍的侨港籍华人及其国外亲友，主动回到侨港镇从事创业活动或者养老。

建镇40年来，胡耀邦、王任重、胡启立、乔石、李长春、谷牧、田纪云、罗豪才、汪洋等10多位党和国家领导人先后到侨港看望和慰问归难侨，并指导工作。2018年广西壮族自治区成立60周年大庆，中共中央政治局常委、全国政协主席、中央代表团团长汪洋到侨港镇视察时，称赞侨港镇"归侨的幸福生活，就是我国改革开放40年伟大成就的缩影"。

三、侨港镇积累了我国南海渔业转型升级发展的本土经验

侨港镇是南海地区重要渔业生产基地。2022年，全镇拥有渔船1835艘，总功率102,234kW。其中，大功率在册海洋渔船460艘，总功率43,401.5kW，含拥有南沙捕捞证的远洋捕捞大渔船65艘，主机总功率29,475kW；从事近海捕捞的渔船1375艘（含乡镇运输船舶），主机总功率为58,823.5kW；不含侨港镇居民购买挂外地船照或者不停靠侨港镇海港的渔船还有近300艘。进入21世纪以来，侨港镇每年全镇渔业生产量占广西总产量的三分之二以上。2018年侨港镇鱼货交易量50多万吨，总产值达23亿元，占整个广西市场的70%。水产品年加工量达20万吨，产品远销欧美、日韩及东盟各国。[①]2022年，全镇水产品年交易量超过30万吨（区海洋局统计年交易量为17.2万吨）。[②]在近年来我国南海局势极度紧张的关键阶段，侨港镇从事远洋捕捞的渔船主动参与捍卫我国南海主权的斗争。

目前，侨港镇拥有了覆盖生产、加工、销售全流程的渔业产业链。广西最大全产业链海洋渔业企业——广西海洋投资集团也是由侨港镇归侨创办于该镇。2015年11月成立于侨港镇的祥和顺公司，积极响应国家"一带一路"倡议，充分利用世界五大渔场之一——西大西洋渔场的丰富渔业资源，在西非国家毛里塔尼亚努瓦迪布自贸区，建设以捕捞、加工和渔港服务为主体的产业平台——毛里塔尼亚渔业园区综合开发项目，项目总投资6.5亿元人民币，总占地面积352亩，建筑面积120,000平方米，捕捞板块形成捕捞能力10万吨/年，加工板块形成加工储运能力25万吨/年，渔港板块形成系泊能力1万吨，综合保障能力50万吨/年，建成了中国在西非产业链最齐全、技术装备最先进、配套功能最完善的大型渔业产业加工园区。2017年4月，毛里塔尼亚总统阿齐兹签发对园区项目的支持函，园区项目成为中毛渔业合作的重点示范项目。2022年，该园区克服国际性新冠疫情影响，实现稳定经营，2022年示范区渔获量达到1.36万吨，加工渔获量3.77万吨，产值3.31亿元人民币，回运国内各类渔业加工产品1.38万吨，示范区出口产品1.78万吨，利润6678.32万元人民币。基地已为毛塔当地解决就业岗位600多个，为当地社会和经济发展做出了较好的贡献。[③]

在取得上述成绩的同时，近年来，侨港镇与南海地区其他渔业生产基地一样，都先后面临严峻的挑战，包括：第一，2000年中越两国北部湾海上划界，传统渔场大面积缩小、渔民被迫洗脚上岸等冲击，侨港镇由于没有自己的海域，没有自己的滩涂，向来以捕捞业为主的归侨渔民在转产转业方面面临一系列的困难。第二，党的十八大以来，我国大力实施海洋强国战略，延长休渔期、取消柴油补贴、限制近海捕捞。由于我国实

---

① 北海市银海区委书记游君宇于2019年8月9日在广西壮族自治区新闻中心发布厅"北海市'侨港开渔节'新闻发布会"的讲话。
② 根据侨港镇政府提供相关资料统计。
③ 广西农业农村厅办公室以及祥和顺公司提供资料。

行休渔期过程中，越南和其他东南亚国家没有实施休渔政策，我国单方面实施休渔，给我国南海渔业生产带来负面影响，加上国家倡导的远洋捕捞因为周期长、投入大，这些都是传统的以近海捕捞为业的归侨渔民自己所难以破解的难题，需要国家给予重点的扶持与大型企业之间的深度协同等。在上述一系列冲击下，侨港镇渔业作为全镇的支柱产业，收入持续下滑，全镇经济面临严重的困难。

四、侨港镇是我国西部民族边疆地区基层社区治理的成功案例

十九届四中全会以来，提高基层社区治理能力，已经成为我国实现治理体系与治理能力现代化的重点。

侨港镇作为我国南海边疆民族地区一个归侨小镇，40多年来，该镇归侨群众发挥海外华侨社会广泛结社的特点，先后成立了一系列的社团组织，包括：海产品贸易协会（2000年6月，2010年在海产品贸易协会基础上成立水产协会）、老年协会（2001年9月）、姑苏群岛归侨联谊会（2005年4月）、婆湾岛归侨联谊会（2007年7月）、美食协会（2016年）、归侨文化促进会（2018年由婆湾岛归侨联谊会改组而成）。上述社团组织都是以归侨为主体，自愿组成的非营利性，业缘、地缘等民间组织，其主要服务功能就是发挥归侨群体的自我治理、自我服务等作用，帮助政府在社区的渔业生产、老年人服务、海内外乡亲联络以及餐饮业管理等领域实施有效治理。

例如：水产协会不仅协助镇政府与当地公安部门，打击了当地鱼霸在侨港镇码头欺行霸市的非法行为，协会还积极有效地帮助渔船招工培训、化解工伤矛盾纠纷等问题，将矛盾有效化解在基层。

侨港镇电建渔港是广西最大渔业港口之一，是侨港镇渔业经济的枢纽地带，也是水产品的集中销售市场。20世纪90年代，流窜于广东、广西、海南等地的渔霸聚集在电建码头，强买强卖，欺行霸市，大批打鱼归来的归侨船老大（当地人对渔船主的俗称）面对渔霸的侵害行径，敢怒不敢言，众多前来收购渔货的商人也深受其害。[①]当地公安部门对上述问题进行了整治，但由于警力有限，加上当地渔船数量众多，渔霸与公安干警玩起捉迷藏，导致码头的渔霸问题屡禁不止。为了彻底整治侨港镇的码头市场乱象，2000年，在当时侨港镇副镇长莫华福的倡导下，归侨吴方权组织成立了海产品贸易协会，会员包括侨港镇8大渔业公司、渔船主、鱼货收购和加工老板一共100多个单位和个人，协会组建了专门的巡逻队。会员们共同出资6万元购买了一艘快艇、5架摩托车以及对讲机数部。巡逻队有队员7人，实行24小时值班，他们分布在渔港码头各处，一旦发现"强买强卖"情况就上前制止并报告公安机关，公安机关接到报警后，立刻出动到现场加以处理。协会还对违法人员拍照留底，以便日后对这些惯犯提高警惕，做好防范。在海产品贸易协会的努力下，电建码头逐渐成为了北部湾海域治安状况最为出色

---

① 侨港镇海产品贸易协会吴会长，2013年8月3日。

的码头之一。原来不敢回到自己码头交易的归侨渔民全部在电建码头进行交易，受港口良好的治安条件和管理服务水平所吸引，广东、广西及海南的渔船都选择侨港进行交易，侨港镇由此成为泛北部湾最大的海产品交易市场。

在电建码头恢复良好治安后，吴方权转而为广大归侨调解纠纷，化解矛盾，2019年底，在北海市政法系统、侨联和辖区党委政府的协调组织下，北海市侨港涉侨纠纷多元化解中心正式挂牌成立，吴方权担任中心负责人。他采取"法院+司法+公安+侨联+侨港涉侨纠纷多元化解中心"多方多级联动的社会治理新模式，实现了"小事不出港，大事不出镇，矛盾不上交，就地能化解"，逐渐探索出一条符合侨港镇归侨侨眷特色的涉侨纠纷多元化解之路。自挂牌以来，共接待归侨侨眷、渔民群众咨询及来访2000余人次，成功调解案件165件，调解成功率达100%，主动履行率达98%以上，涉及金额2800万余元，调解金额2600万余元。[①] 在2023年8月31日召开的第十一次全国归侨侨眷代表大会上，吴方权被评为"中国侨界杰出人物"，这是"中国侨界杰出人物"荣誉设立以来，广西第一位跻身该荣誉的归侨代表。此外，侨港镇副书记石秋碧还被评为"全国归侨侨眷先进个人"。

侨港镇姑苏群岛归侨联谊会、婆湾岛归侨联谊会、归侨文化促进会以地缘为纽带，广泛联络国内外越南难民[②]，从人力、物力和财力等方面，帮助政府将侨港镇传统的开海节、龙舟赛、疍家风情、渔家文化和越南归侨特色文化等进一步开发成为旅游产品，丰富了侨港镇作为全国特色小镇的内涵建设。美食协会致力于帮助全镇从事餐饮的商家实现自我学习、自我管理、自我监督、自我发展。老年协会关心下一代健康成长，在全镇老归侨群体中开展健康丰富的文体活动，为传承和保护自治区非遗文化——咸水歌做出突出的贡献。

可见，北海市侨港镇在40多年的改革探索过程中，初步构建了新型的党委领导下，政府负责、社团支持、群众参与、网格化的覆盖全体居民的基层社区治理体系，为全镇改革发展提供了强有力的体制机制保障。

2004年，侨港镇老年协会被国家民政部评为"全国先进星光老年之家"。2008年，亚平村被评为全国文明村，2009年侨港镇被评为全国文明镇。2016年，侨港镇党委-海上党旗红支部被评为全国先进基层党组织。全镇旅游业呈现良好的发展态势。自2016年到2019年，全镇年接待游客分别从60多万人次迅速增加到200多万、350万、374万人次。2023年，截至8月30日，侨港镇接待游客超过了400万人次，日均近7万人次。在只有1.1平方千米（扣除电建港、小港两个港口水域面积后，陆地面积只有0.7

---

① 《二十载涉侨调解路，勇担当侨益守护者——记广西北海市侨港涉侨纠纷多元化解中心负责人吴方权先进事迹》，第十一次全国归侨侨眷代表大会"中国侨界杰出人物"评选材料。

② 侨港镇拥有十分丰富的海外侨力资源，据统计，截至2019年底，侨港的归侨国外亲属人数达一万两千人左右，分布在美国、英国、加拿大、澳大利亚等19个国家和地区，每年都有300多侨胞回侨港省亲祭祖和观光考察。

平方千米）的小镇上，如此庞大的游客接待量，节日期间仍然能够秩序井然。至今，侨港镇居民经营的商铺仍然保持零投诉的骄人纪录。没有上述社团从各个层面，发动全镇居民的广泛参与和鼎力支持，要做到这一点完全是无法想象的。

五、相关意见和建议

（一）系统构建宣传和推广侨港品牌的立体网络

1. 中国侨联划拨专款，将不同时期国内外有关侨港镇报道的新闻、图片、纪录片等全部收集，以口述史的形式，抢救挖掘整理不同时代参与侨港镇建设的亲历者，记录当年的重大历史事件。编辑出版《侨港史》《侨港志》《侨港图志》以及系列专题纪录片等，真实记录、立体呈现侨港镇不同寻常的40多年改革发展历程。努力多角度、立体再现侨港镇成为"世界难民安置工作的橱窗与典范""归侨的幸福生活，就是我国改革开放40年伟大成就的缩影"的深层次原因。

2. 在中国华侨历史博物馆设立侨港镇建镇40多年改革发展专题展览，逐步将侨港历史陈列馆纳入中国华侨历史博物馆体系，吸纳其为华侨博物馆专业委员会会员，共享全国优质华侨博物馆资源，邀请当年援助过侨港镇及我国华侨农场建设的联合国世界难民安置署官员观看展览并重访侨港镇，以缩微形式客观展示我国政府在越南难民安置方面的突出成绩和大国担当。

3. 在侨港镇定期举办有关世界范围越南难民安置工作的国际学术研讨会，吸引世界各地学者共同交流越南难民安置工作经验，以侨港镇为个案，讲好中国接待安置越南难民的故事，为当前仍然没有从根本上解决的世界越南难民问题提供中国方案，也为全国当前84个华侨农场、林场改革发展提供本土化的经验借鉴。

4. 将侨港镇建设成为全国侨务干部教育培训基地、爱国主义教育基地、海外华侨华人回国开展联谊活动主要考察点、海外华侨青少年"寻根之旅"、游学、研学旅行的目的地之一。

5. 支持姑苏群岛归侨联谊会、由婆湾岛归侨联谊会改组而成的归侨文化促进会在海外设立分会，定期举办联谊活动，制作出版《魅力侨港》刊物，分发上述地区，以此将散布于世界各地的祖籍姑苏群岛、婆湾岛的难民团结起来，逐步扩大侨港镇在促进"一带一路"倡议实施，促进中外民间外交和爱国统一战线中的作用。

（二）将侨港镇建设成为我国南海渔业转型升级发展的试点

1. 针对侨港镇渔业生产发展面临的一系列重大难题，国家农业农村部和相关部门开展专项调研，系统了解当前渔民从近海捕捞向远洋捕捞面临的一系列困难，派出侨港镇更多的具有远洋捕捞证的渔船前往毛里塔尼亚基地开展渔业捕捞生产，分批分期派出侨港镇归侨渔民前往基地，从事他们熟悉的渔业生产、加工等工作，全面总结祥和顺公在西非毛里塔尼亚渔业生产基地的成功经验，探索更多的渔业公司抱团出海，服务"一带一路"倡议的新路径。

2.系统梳理侨港镇40多年来，渔业生产、加工、销售以及海洋旅游、海洋渔业国际合作等发展历史，总结、反思我国南海各项治理政策实施的得失，探索新时代背景下，南海地区海洋经济实现绿色发展、高质量发展的有效路径，为海洋强国战略在南海地区的真正落地获得本土的宝贵经验。

3.真正从一盘棋的整体高度来推进南海渔业生产发展，打破传统的以省区为界限的广西、广东、海南、福建各自为政的南海渔业治理体系，着眼于南海主权保护、南海渔业生产、南海旅游开发等整体，以三沙市为核心，筹建南海专属经济特区。

（三）将侨港镇整体纳入北海华侨投资开发区

1991年10月31日，为了解决侨港镇面积狭小的瓶颈问题，进一步发挥其海外丰富的侨力资源优势，促进北海对外开放的发展。广西壮族自治区人民政府办公厅颁布桂政办函〔1991〕457号文，同意"在北海市侨港镇建立华侨投资开发区，执行华侨企业的优惠政策"，"开发的范围为三平方公里（含侨港镇现有的1.1平方公里）"。该开发区是当时北海市唯一的自治区级开发区。1992年3月市政府成立开发区筹建班子，依傍侨港镇北沿征用2.5平方千米土地，成立集工业、旅游、贸易、金融、商住、高新科技、出口创汇于一体的综合性经济开发区。后来由于各种原因，侨港镇被排除在华侨投资开发区之外，全镇的企业也没有享受政策所规定的各种优惠，侨港镇面积狭小的瓶颈问题仍然没有解决，作为银海区管辖下的一个镇，其独特的"侨""渔""疍"优势不断地被忽视和削弱。因此，重新理顺、落实广西壮族自治区人民政府颁发的457号文件，将侨港镇作为主体加入北海华侨投资开发区，提升其行政级别，进一步保持、发挥其"侨""渔""疍"等独特优势，擦亮侨港镇品牌，扩大其国际影响力。

海外华侨华人与侨乡企业、社会公益事业
——以广东梅县客家华侨张榕轩家族为例①

周云水　张健华②

【摘　要】在闽粤客家侨乡，几乎所有的乡村学校都和华侨的支持有关，包括兴建校舍、筹措经费、聘请师资、资助困难学生、添置设备、培训教师等学校办学的各个环节，促进侨乡教育文化的多元化和现代化。客家华侨崇文重教情怀跟客家人重视教育的传统有关，读书既是谋生的手段，又是祖宗文化的传承。海外客家华侨坚持传承以儒家文化为核心的中华文明，格外注重崇文重教的传统家风，进而对其原乡传统村落文化的复兴产生了重要的推动作用。海外客家华侨与原乡宗亲的双向互动，主观上促成了华侨华人与原乡社会密切的交往，客观上恢复了原乡濒临消失的宗族文化和儒家礼制，促成原乡对中华文明的传承，海外客家儒商文化反哺原乡的模式，对经济后发地区激发乡贤带动家乡发展具有可资借鉴的意义。本文以广东的梅县籍客家华侨张榕轩家族回到粤东侨乡修建潮汕铁路、开办运输企业、热心教育及社会公益事业为例，认为闽粤客家华侨善行义举体现儒家文化对海外华侨华人的深刻影响，展示了海外客家华侨对优良家风的坚守和传承，以他们为代表的韩江上游的客家华侨不仅有浓厚的爱国情怀，而且对客家优良家风进行了创新性发展。

【关键词】海外华侨华人；侨乡企业；社会公益事业；闽粤客家华侨

一、研究问题

张榕轩，活跃在19世纪末20世纪初的华侨实业家，曾被当时的清政府先后授予四品官和三品官的荣誉官衔，并聘任为中国政府驻槟榔屿副领事、南洋商务考察钦差大臣。他与弟弟张耀轩合作修筑的潮汕铁路为人们所熟知，开创了中国近代史民营铁路的先河。在国内，他"凡遇一切善举，无不慷慨乐输，虽巨万无少吝"，捐资修公路、铺

---

①　基金项目：本文为国家社科基金"地方故事与国家历史——韩江中下游地域的社会变迁"（项目编号21WZSB002）阶段性成果。
②　作者简介：周云水，博士，嘉应学院客家研究院副研究员，兼任广东省梅州市华侨历史学会理事、广东省民间文艺家协会客家研究专业委员会理事；张健华，中共杭州高新区（滨江）科达投资大厦委员会党委书记。

桥梁、赈灾民、建学校,是著名的大慈善家。(林馥榆,2012:78—79)

张榕轩,是广东梅县松口人,年少时南渡到荷属东印度,在张裕葡萄酿酒公司创办人张弼士的农场工作。后来,张榕轩自立门户,承办烟、酒、赌博饷码而致富。他与张弼士联手开办了日里银行和商号,还追随张弼士在马来亚的槟榔屿开拓事业。他受张弼士影响而慷慨捐输公益,获得尊崇的社会地位。(黄建淳,1993:134—138)张榕轩除了在经商方面表现出色,闲时颇喜文墨。他与弟弟张耀轩共著有六卷的《海国公余辑录》,以及《海国公余杂著》三卷;此外,亦著有《梅水诗传》十卷。(翁丽珠,2017:13)张榕轩是南洋富商中少有的自学成功的知识分子。(李恩涵,2003:198)张榕轩家族秉持人本主义办慈善公益,不仅带有浓厚的爱国情怀,而且传承和弘扬了客家传统的优良家风。

张榕轩从巴达维亚(雅加达)来到棉兰开创基业,各项事业兴旺发达,成为当地著名的华人领袖,后又成为清政府驻棉兰的总领事,受到当时清政府的重用,在保护华侨方面发挥了重要的作用。(张洪钧,2006:41)为此,曹云华提出印尼棉兰开埠功臣是梅县人张榕轩,在印尼棉兰的发展史上写下了光辉的一页,理应为客家人祖先在棉兰曾经创造的辉煌而感到自豪。(曹云华,2014:21)

图1　中国广东省梅州市梅县区松口镇南下村张氏族谱首页(作者拍摄)

在中国近代华侨史上,张榕轩、张耀轩兄弟是闻名遐迩的华侨实业家、慈善家和爱国侨领。他们在印尼兴办实业及慈善事业取得成功的同时,践行、发展了伟大而独特的客家精神,其内涵主要包括四个方面:艰苦创业、奋发图强的奋斗精神,精诚团结、锐意进取的创新精神,崇文重教、回馈社会的感恩精神,与时俱进、光耀中华的爱国精神。(苗体君,2022:16)张榕轩先贤亦官亦商,满怀实业兴邦报国之远大理想,发动华商投资入股兴办潮汕铁路,殚精竭力,中外传扬。

张榕轩家族的善行义举活动覆盖面广,时间跨度大,内容丰富多样,受惠者众多。在朝觐慈禧太后、光绪皇帝时,奏曰:"臣在外洋多年,身虽在外,心常系念国家,每逢需款之时,臣不竭力报效。"(饶淦中,2011:12—26)其身体力行,慨捐八万两白银筹办广州武备学校;清廷扩充海军筹集经费、筹办京师医局,以及为祖籍国和家乡的赈灾济困、兴学育才、建桥修路、出版志书等等,均捐助巨款,奉献爱心。

张榕轩先贤之长子张步青,承继家风,爱护侨民,保工惠商,振兴华侨教育,政绩斐然。他还热诚为侨居地及祖籍国和梅州家乡的文化教育、赈灾助贫等公益慈善事业,贡献良多,充分展示了"艰苦奋斗、开拓进取、博爱慈善"的客家精神,并与客家族群推崇善行义举的传统理念一脉相承。(周云水,2016:88—96)

张榕轩昆仲在侨居地乐善行仁、频施义举,行仁有道,大爱无疆,深为当地各族民众称颂有加。他为侨商减免税务,兴建华侨公墓、关帝庙、天后宫、观音宫,创设收容所、麻风病医院、济安医院,凡贫困侨众一律免费治疗。特别是20世纪初在苏岛率先创办敦本高等小学,推行华文教育,学生免费教育达十多年之久。其作育英才之甘霖,还涉及荷兰学校、印尼回教学校。

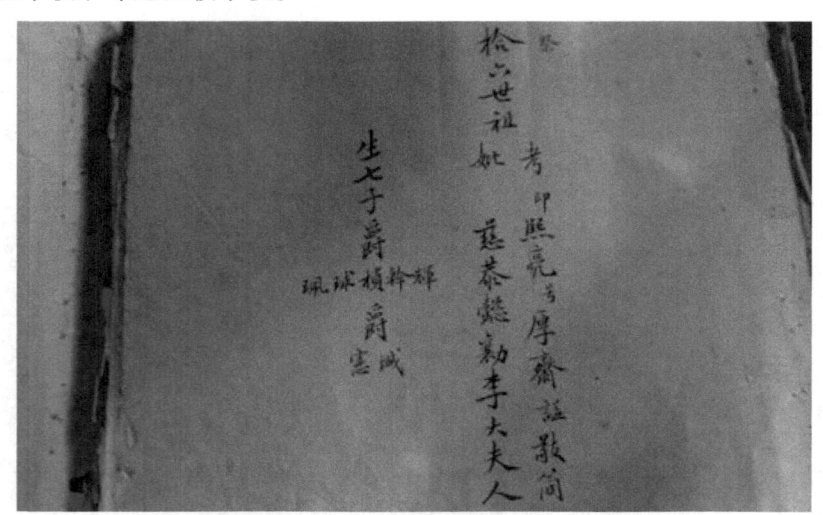

图2 张氏族谱记载张榕轩昆仲七人

笔者多年来研究客家传统家风,在各个姓氏的宗祠开展实地调研,并翻阅收集了大量的族谱。在松口南下村的张氏各宗祠走访时,对当地各式各样的客家民居尤其是华侨建筑蕴含的文化印象深刻,其中就有现今修复为张榕轩纪念馆的张氏大围屋。依据田野调查资料和文献比较,通过翻阅张氏家谱,笔者得以了解张榕轩家族的传承谱系。另外,在张榕轩留下的《海国公余辑录》及杂著中,可以发现张榕轩昆仲的慈善理念渊源,而张榕轩昆仲及其后裔在国内外诸多的善行义举则与客家优良家风一脉相承,我们自然会问两者有何内在的逻辑关联。

二、梅县松口南下村张氏的乐善家风传统

松口南下村的姓氏众多,杨、卜、张等18个姓氏的族人在这里繁衍发展,是松口最大的村落之一,清代光绪《嘉应州志·方言》载"父老相传,皆云未有梅州,先有杨、古、卜",由此可见南下村的历史悠久。宋修《百家姓考略》记载:"张,商音,清河郡。黄帝第五子青阳生挥,观弧星,始制弓矢,为弓正,主祀弧,遂为张氏。"(赵杰,2009:38)清河张氏为天下张氏的始源地,其始祖为黄帝后裔挥。

张氏较早的堂号有很多,其中包括清河堂、百忍堂、两铭堂、金鉴堂、德远堂、余庆堂、孝友堂、燕贻堂、京兆堂、精忠堂,还有河南固始堂和福建龙岩堂。清乾隆年间的《清河张氏宗谱》和清光绪年间的《清河张氏宗谱》的家训要求"敦孝弟、恤孤寡、重贤能、别尊卑、别男女、慎婚姻、崇祀典、重坟墓、谨丧制、重国课、勤本业、戒争讼"。(河北省清河县张氏文化委员会,2017:96—100)

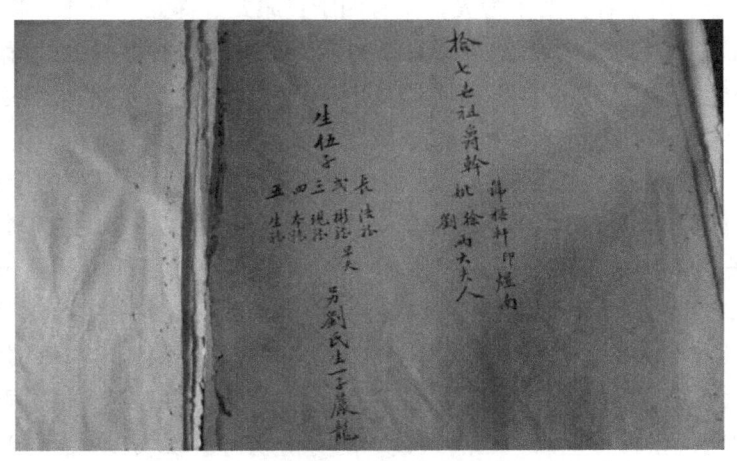

图3 张氏族谱记载张榕轩(名爵幹、印煜南)

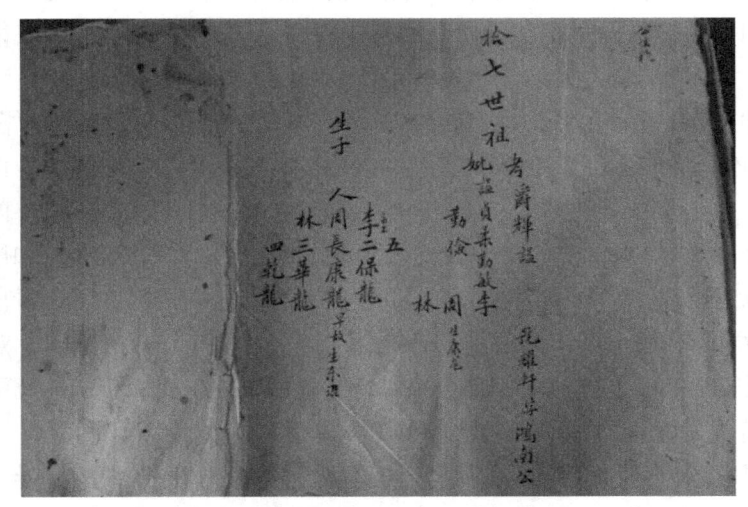

图4 张氏族谱记载张耀轩(名爵辉、字鸿南)

在漫长的历史发展过程中，张姓得到了快速的繁衍生息，许多郡望声名显赫、人才辈出，对历史的发展做出了巨大贡献。他们引领当时的社会发展航向，对当时产生很大的影响。但是，他们的影响不仅仅只局限于当代，而且还对后世子孙产生启迪，引领后人不断地向其学习，为社会发展做出贡献。（藏明、顿一鸣，2021：24—29）

近代的岭南有四大名镇：梅县松口、潮汕澄海、顺德杏坛、南雄珠玑。梅县（今梅州市梅县区）松口镇有1200年历史，地处闽粤要冲，水路发达，是明末清初闽粤赣地区客家人出南洋的首站，亦因此成为中国著名的侨乡之一。按照现今梅州市梅县区松口镇南下村《张氏家谱》的记载，张榕轩的父亲张熙亮，号厚斋，谥敬简，为第十六世，娶了李姓女子为妻，生有7个儿子，分别是：爵辉、爵幹、爵桢、爵球、爵珮、爵城、爵宪。第十七世爵幹，号榕轩，印煜南，其先后娶徐、刘氏女子为妻，徐氏生有五个儿子：浩龙、彬龙、现龙、本龙、生龙；刘氏生有一子丽龙。第十七世爵辉，号耀轩，字鸿南，先后娶李、周、林氏女子为妻，生有四子：康龙、保龙、华龙、乾龙。族谱第二页手写的家风对联为："金鑑远遗风千百年史乘流传入庙尚讴思祖德，青钱绵世泽亿万载馨香坠报登堂犹仰答宗功。"另一副对联为："风度溯曲江当年宰相宏模一代声名垂史册，芳徽遥宗莹士此后文章华国千秋俎豆庶馨香。"

1895年，张榕轩得到梅县同乡、大清国驻新加坡总领事黄遵宪的推荐，继张弼士之后出任大清国驻槟榔屿副领事。在修葺一新的海珠屿大伯公庙，主事者力邀身份显赫的朝廷命官张榕轩撰联，张榕轩以"钦加头品顶戴侍郎花翎"的身份题写庙柱颂联："君自故乡来，魄力何雄？竟辟榛莽蕃族姓；山随平野尽，海门不远，会看风雨起蛟龙。"颂联不仅点明大伯公身世，歌颂其率众开辟槟榔屿蛮荒的丰功伟绩，而且表达海外侨胞在大海之滨北望中原，冀望"海门不远，会看风雨起蛟龙"的家国情怀。与此同时，张榕轩的胞弟张耀轩也以"二品顶戴"的身份题写了颂联："捕鱼闲暇，黄石矶边理桂棹；逐鹿归来，桃源湾里话桑麻。"此题联更侧重于描绘英国殖民者到达槟榔屿之前，大伯公们捕鱼打猎，过着和谐悠静的桃花源式生活，意蕴深刻。（张佑周，2022：20）

张氏昆仲信奉"积善之家，必有余庆；积不善之家，必有余殃"的古训，赚到了钱，一定要回馈社会。因此，他们对公益慈善事业，非常热心。在棉兰，由于华人学校很少，华人子弟要学习中华文化，甚为困难，他们担忧这样下去，不出一两代人，中华文化在海外很可能有本根断绝之忧，于是便独资兴办华人"敦本学校"和修建中华学校校舍，实施免费教育，培养莘莘华人学子。从"敦本"这个校名，可以看出张榕轩昆仲树人立德、敦本厚俗的办学宗旨。他们还在棉兰兴建了关帝庙、天后宫、观音宫，每年的关帝诞、天后诞和观音诞，人们都会来举行隆重的庆祝仪式，祈求风调雨顺，国泰民安。张榕轩昆仲是日里中华商务总会的创办人，这个组织专为华侨服务，比如代办护照，方便归国省亲，以慰侨胞的乡情，还协调华侨的商务，解决纠纷，排忧解难；又在棉兰日里河上建造大铁桥，以利交通；在棉兰勿老湾海口捐设麻风医院，收容医治麻风病人，捐建济安医院，为贫困者施医赠药，免费治疗等。1904年，张榕轩获得爪哇总督颁"柯士德奖章"。荷印殖民当局为纪念他开发棉兰埠的功勋，将棉兰一条繁华马路命名为张榕轩路。

张氏昆仲不仅在南洋乐善好施，热心侨居地的公益事业，而且牵挂着国内的同胞，并竭尽所能帮助祖国事业的发展。1921年2月8日，张耀轩在棉兰侨居地病逝。出殡之日，不分种族和国籍，人们从亚齐、巴东、爪哇、槟榔屿、新加坡等地赶来参加葬礼，对这位曾为发展棉兰经济及慈善业贡献巨大的华侨先贤表示哀悼。

三、张榕轩昆仲善行义举的理念溯源

张榕轩担任了两年槟榔屿副领事，离任后亲自辑录《海国公余辑录》6卷及撰写《海国公余杂著》3卷，详述槟榔屿的古今地名沿革及他在任职期间所了解到的风俗民情，记录了大清朝廷加设各地使馆文件及世界各国概况，收录了洋务派大臣李鸿章、张之洞、薛福成等人的奏章，还有一些南洋华侨的诗词，为中国了解海外世界以及华侨了解祖国的情况，提供了非常珍贵的参考资料。张榕轩认为伟大的儒教文明应当在海外得到发扬光大，中国人传统的价值观如忠君、笃诚、敬老等应长期保存在华侨社会之中。他还致力于华侨教育事业，力求使华侨更加靠近于中国。《海国公余辑录》卷一为《槟屿纪事本末》，介绍槟榔屿的历史地理、山川风俗、物产法纪种种，张榕轩对于槟榔屿副领事这一身份的认同，使他以中朝使臣的身份要求自己，纪所闻见，上之总署，以达陈诗观风之义。他自言书中斯地风俗之繁。（张榕轩，2020：120—130）此外，张榕轩对慈善公益有自己独特的理解与特殊情感，有自己的体认、感知和思想。长期身居海外的张榕轩有着强烈的民族认同，他博施广济，对慈善公益有着独到、成熟的见解，把积极参与国内慈善公益和救助侨社同胞视为表达民族感情的有效方式。

张榕轩赞赏以皇帝为代表的政府对工厂进行鼓励与支持，欧美君民之间"特有"的关系，这些内容在其多篇诗里均有反映，如："从禽一矢喜相加，出猎郊原渴思奢。便具酪浆给军士，定多络秀在民家。（瑞典）""热茶待冷遽倾盘，男女同时笑作团。乡客失仪王代掩，效尤偏易不留难。（英吉利）""遗墓临江对水涯，外围铁槛内多花。官民到此鲜瞻拜，塚上旗悬十丈斜。（亚墨利加米利坚合众国）"

"君民一体"一句将欧美与晚清的君民关系区别道尽。再看国有灾难时贵族与后宫的表现："时遇偏灾乐助将，王妃国后首为倡。闺房也解捐衣物，市价高抬也不妨。（普鲁士）""广延绅士集多赀，阛阓场中坐美姬。购取一端价三倍，布施半为美人贻。（英吉利）"张榕轩认为这些都是在西方的政治制度（议会制）与教育制度影响下形成的。他的诗中反映欧美议会制的有三首："争说郊天即位仪，七侯商酌不嫌迟。预先置玺黄金匣，定议方教取出时。（日耳曼）""拣选诸员议院开，不图公举到闺才。一犹未字一出阁，道蕴依然出世来。（英吉利）""居官权势握诸男，巾帼如何不得参。选举大非公道事，上书议院逞雄谈。（亚墨利加米利坚合众国）"其中第一首介绍日耳曼的国王选举

制度，由"七侯商酌不嫌迟"一句可知此诗源于《金玺诏书》，1356年查理四世颁布的《金玺诏书》直至1806年罗马帝国灭亡，一直被称为神圣罗马帝国的"帝国基本法"，它规定：神圣罗马帝国的皇帝由7位地位最高的选帝侯选举产生；后两首则反映了19世纪欧美女性在争取自身政治权益时的执着。而政治上的民主离不开全民教育的普及，诗人将视角集中在女性受教育这一角度，如："劝学频闻入校来，赐衣偏厚出群才。孰知礼教娴仪节，女塾先时小笠开。（日本）""刺绣工诗色色全，金环约指想夫怜。轻绸作服新花样，妆束随时变万千。（英吉利）""教训娇娃仅十龄，女师廿五示仪型。身居书塾庄严甚，鼓瑟声中拱立听。（亚墨利加米利坚合众国）"

张榕轩认为欧美的议会制确保了上层和下层之间"君民一体"的密切关系，从而加强了国家的内部团结；而学校教育特别是女子教育给社会培养了大量的人才，从而促进了社会的进一步发展。为此，他以"多行善举"为题，专门举例并进行了评述：

伦敦好善，老幼孤穷、废疾、异方难民，皆建大院居之，优给衣食。有所谓老儒会者，皆读书寒士，虑其就食为耻，则继粟继肉，遣人致诸其居。有所谓绣花局者，世家妇女家道中落，不能自赡，则聚之深邃房屋，供给衣食，使之纺绣而货之，禁男子不得擅入，以远其嫌。有所谓施医院者，院中罗列治病之器，后有铁栅六层，乃学者立，处男女养病。房皆洁净，设矮床三十余架，被褥俱备；每室有舍身义仆一人，甘心扶持病者；其上下楼皆以小车载之。有所谓养老院者，男妇老者日三饭以为常，晨饭一馒、一茶、一牛脂，间以嬗粥；午饭加肉，晚饭有羹，皆丰洁。血气衰者，医士谓宜酒，则酒之。男外服以黑大呢，内以白布，女服杂色衣裾，无异充裕之家，礼拜一易而浣濯，敝则改造。寝所宽舒，男女异处，衾褥随四时为，厚薄咸备。自院中夫妇偕，则共一室。周遭各有院落，可任游憩。其他义塾不可胜记，经费皆绅商所凑，不足则或辟地种花养鱼，或会中演戏弄杂耍，游人往观而收其入门之费、赁座之赀，以资弥补。有贵家妇女陈杂货，邀请国主官绅往游，选女子之美者当肆，货皆百倍其价，必购取数事而后可出，亦以其会充善举焉。伦敦然，推之中国亦然。光绪三四年间，山左右两省大饥，英之助赈者三万余金；前年黄河郑口一决，沿河一带饥民尤为可惨，英人助赈，三月间费银三十四万两。巨款乐输，毫无吝色，真可谓好行义举者矣！善举不难，难在布置如此之得宜耳。此则西法之可师者矣。（张榕轩，2020：276—278）

另外，他以中国传统文化里非常注重的寓言，分析听来的外国故事《抽水救火蛇》，进一步阐述他对慈善事业的理解：

美国有地名那高打者，在美苏里河下游。西报言其地产蛇如喷水筒式，人呼为抽水蛇。此蛇不知所自来，一千八百八十六年春，始有人在伊门上村落见之，大都身长十六英尺，径三英寸，成群结队，约三百尾。其舌底有一孔如筒，透至尾，孔径三英寸，柔软同橡皮而坚固过之。教养极易驯熟，能为人作工。是处之人，时时掩取。有一农夫在吉地路地方养二千尾，教之工作，用口一吹，其蛇齐至河边，中推一条为首，自沉于水，其尾搭岸上，第二条即含其尾，由是次第接含，长三百尺，接至牛栏灌水给牛饮。

农夫云往时有一屋堆积麦秆，忽然失慎，农夫急往扑灭无奈，其人救助正苦无策间，忽闻长林丰草中扑簌有声，视之，则抽水蛇相率往近处小河，推为首者入水，互相含尾，引水泼火，甫十五分时，屋内火已全息。当为首者入水时，救火心急，甚为出力，咸闻其吸水之声，及起，力竭而毙。然则此蛇也，不但有用于农圃，并有义气凌霄，诚千古之罕有者矣。人具灵性，物亦有之。美国产抽水蛇，可以助农功，并可以御火灾。兼此两美，人犹难之，初不意蛇甘为其难而力竭亡身也。录此以为舍生取义者劝。（张榕轩，2020：277）

20世纪伊始，教育家丘逢甲与温仲和、何士果、温廷敬等师友就在汕头创办岭东同文学堂，"以欧西新法教育青年，以革命维新鼓励士气"，使过去被封建思想禁锢的青年，初次受到西方自由民主洗礼。1902年5月5日，在汕的客家人杨源以及何士果、陈云秋、温廷敬等人，则借鉴和参考国内外所办报刊的经验，以吴子寿的房产"岭东阅报所"作为社址，创办了汕头第一家地方报纸《岭东日报》，"开创了汕头报界之滥觞"。（陈楚金，2016）之后，《岭东日报》在"潮嘉新闻"中多次报道张榕轩的慈善理念及其家族的善行义举。比如，"大清光绪三十二年丙午四月十九日（1906-5-12），张京卿桥梓热心助学。汕埠八属正始学堂，由杨季岳大令，张公善驾部等，经营创设，自开学以来，学生日增，进步亦速，近日复扩充校舍，规模益宏，兹闻张公善驾部之尊人榕轩京卿，捐银四千元，为学堂经费，公善驾部，近又备资，自上海购回仪器标本数百种，及化学药品，哑铃等件，捐助学堂。夫潮汕铁路，为中国自办之始，而京卿既开其先，而兹又能独捐巨款，培育人物，京卿桥梓，真新世界中之翘楚。"

四、张榕轩昆仲的慈善实践

1894年，原来担任槟榔屿领事的张振勋奉命调任新加坡总领事。翌年，张榕轩得到黄遵宪的推荐，被清政府任命为驻槟榔屿副领事。1903年张榕轩回国受到慈禧太后的召见，这是一种极高的恩赐，被张榕轩认为是终生难忘的最大荣誉。清政府一向视海外华侨为"化外之民"，严加排斥，但到19世纪末，出于稳定统治和借助侨商财力兴办实业的需要，从摒弃变为在一定程度上的争取，给华侨封官许爵，就是笼络侨心和引进侨资的重要措施之一。从华侨上层人物来说，除了以得到国内政府的赏赐来提高自己的地位和声望外，在当时的历史条件下，实际上也是他们与国内维系宗邦和保持联系的一种表现形式，这种特殊的联系和荣誉则让华侨更加积极为国家和梓里做出贡献。（黄绮文，1989：91）

张榕轩昆仲在实业上取得突出成就和拥有一定社会地位后，对社会公益事业也竭力赞助。他们曾在棉兰创建一所敦本学校，同时还对其他各埠的中华学校捐款。他们还捐建一所"济安医院"，对病人实行医药免费，对年老和贫困者尤为照顾，另外还在勿劳湾海口捐设麻风医院，收容麻风病人，救死扶伤，实行人道主义，让患者痊愈后能重返社会，安定了民心。他们还架造棉兰日里河大桥，方便交通。因此，在当地人民中享有较高的声望。

对于祖国，张榕轩昆仲也一往情深。他们曾捐款资助清政府扩充海军力量，陕西闹旱灾，顺直发生饥荒，他们都曾捐献巨款。对于家乡的文化教育事业，也予多方资助，如捐款 4000 元作为松口中学的建校费用，独资捐助出版宋明至清末嘉应历代名人诗选——《梅水诗传》十三卷，鼎力资助温仲和主纂的《光绪嘉应州志》，出版了《海国公余录》十卷。给香港大学捐赠 10 万元；给岭南大学捐了一座二层的"耀轩楼"；1910 年，江南开劝业会，张榕轩昆仲带头捐款 30 万，以倡导"实业救国"。更值得一提的是，在同乡、同盟会会员谢逸桥的发动下，张耀轩曾捐了一笔巨款支持孙中山领导的革命起义，在其"大力相助带动下，南洋华侨由是踊跃输将"。为此，民国成立后，孙中山先生特为张耀轩亲笔题赠了"博爱"大字斗方一幅，借以表彰其支持革命的义举。

张榕轩和张耀轩兄弟俩捐巨资在家乡修公路、架桥梁、建学校和图书馆，并因筹集海军经费，筹办京师医局以及赈济陕西、北京灾荒等有功，受到清廷嘉奖。张榕轩昆仲在国内的各项事业中，贡献最大、影响最深的，莫过于发起修建了潮汕铁路。1895 年，张榕轩继张弼士之后出任中国驻槟榔屿副领事。此后，因为他向祖国捐助了许多救济款项，先后被清政府授予花翎二品顶戴、四品卿衔、四品京堂候补等头衔。1903 年，在张弼士的劝说和鼓励下，张榕轩应邀回国，决心参与家乡铁路建设。他进京不久，受到慈禧太后的接见，这在当时是一种特殊的荣誉。他向清廷提出在韩江下游修建潮汕铁路的计划和潮汕铁路公司章程，获得了批准。从此，他向"实业救国"的理想迈出了重要的步伐。

潮海关税务司马根在《光绪二十四年汕头口华洋贸易情形论略》中称"惟汕至潮州府路出韩江，中有浅沙，小轮至此，恐不能越雷池一步，鄙见极宜建筑铁路一小段，联络潮汕，则陆有坦途，便于转运岂不妙哉。"如果不是张榕轩率先行动可能不会出现华侨对中国铁路建设的大规模投资。1904 年至 1905 年间建设的潮汕铁路为华侨投资者树立了榜样。这条铁路的资金主要来自东南亚，特别是英属马来亚和荷属东印度的华侨，资金总额超过 300 万银元。

1903 年张榕轩的计划得到商部的全力支持，他筹建的潮汕铁路有限公司也得到广东省政府的保护。这种保护是任何现代企业的成功所不可缺的。根据得到北京政府批准的潮汕铁路有限公司章程，公司共发行一万份股票，总金额为 200 万银元。每张股票为 200 银元，先交 50 银元，其余分两次缴付。该章程还规定，政府不参与投资，盈亏概由张榕轩和其他发起人负责。

张榕轩任潮汕铁路有限公司董事长后，为了使工程顺利进行，就主动寻求当地士绅的支持，并委任一名叫萧志山的有势力的士绅当潮汕铁路有限公司总经理。萧为三品卿衔花翎顶戴，潮州北部的巡迴役补，在地方上既有财又有势。张榕轩在给萧的一封公开信中，着重强调这项工程乃着眼于国家利益，有益于当地商贾百姓，并指出建造该工程的目的在于防止外国对中国经济的控制。除用爱国主义对萧氏进行说服外，张榕轩还从他们之间的长期交情和共同关心家乡福利事业的角度动员萧氏协力相助。

潮汕铁路为国人带来了心理上和政治上的成功。在心理上，它给全国人民带来了自信心和民族的自豪感。在铁路动工之前举国上下都注视着这一工程，把它看成是一个考验。铁路的建成激励了无数的中国人，使他们相信中国人同样有能力建设现代化的铁路。它为现代私人企业的经营管理树立了一个榜样，说明新的商办形式取代旧的官督商办形式是切实可行的。它也为华侨投资中国铁路建设开了先例。纵观历史，潮汕铁路建成所产生的自信心，对于后来中国海内外资本家从事这一类建设具有很重要的意义。张榕轩由于投资潮汕铁路而名垂青史，潮汕铁路也因华侨投资而在中国经济史册上占有一页地位。张榕轩建设潮汕铁路的动机代表了许多华侨的追求和愿望；而建设铁路的种种困难和有限的成就则是许多华侨资本家在清朝末年投资于中国经济现代化的命运的一个缩影。（颜清湟，1984：163—168）

19世纪末，国内有识之士，把实业救国的主张，高唱入云。光绪二十五年（1899年），张弼士由清廷委为佛山铁路总办，后调任督办闽广农工路矿大臣，上疏《招商兴办铁路》和《招徕侨商兴办铁轨支路》。光绪二十九年（1903年），在张弼士力邀之下，张榕轩踏上归国之程。多少年魂牵梦绕的家乡，今日终于衣锦荣归，然而人生易老，世事沧桑，心头难免有无限感慨。张榕轩奉旨进京，受到光绪帝与慈禧太后的两次接见。慈禧向他详细了解南洋的地理与政治情况，华民在南洋的生活情形，询问张榕轩在南洋的经商经历和赈捐数额。在第二次召见时，谈到了兴建铁路的问题。张榕轩向慈禧表示："方今回家举行新政，首以铁路为大宗。"慈禧深以为然，嘱咐他特别留意招商回国投资事宜。

图5　潮汕铁路竣工时张榕轩等人与车头合影

张榕轩建议在韩江下游修建潮汕铁路。当时潮州府城与汕头埠商业繁盛，番夷辐辏，红船云集，有"百载商埠"之称，海上航运发达，但对内交通却十分不便，阻碍了经济的发展。英商怡和洋行、太古洋行，先后提出在此修建铁路，均未获当局批准。而张榕轩提出用侨资兴建，却得到慈禧赞赏，要他"赶紧认真办"。陛辞出京后，张榕轩星夜南返，召集广东绅商制订潮汕铁路公司章程和筹组公司有关事宜。

潮汕铁路，南起汕头，北迄潮安，全长39千米，后来又加筑了意溪支线，共42千米。沿途在庵埠、华美、彩塘、散巢、浮洋、枫溪等地设站，方便沿线民众出行。干线、支线全部工程预计需300万银元。张榕轩怀着一个"铁路救国"的梦想，不辞劳苦，四处奔走筹措，动员亲友集资，张榕轩昆仲各投资100万银元，梅县松口华侨富商谢梦池和厦门籍富商林丽生等共认股95万银元，不足之数由张榕轩昆仲包下。推举张榕轩为公司董事长、倡建首总理，谢、吴、林为倡建总理。铁路的勘测设计，由著名工程师詹天佑负责。张榕轩等联名呈请朝廷商部批准潮汕铁路立案。商部向光绪帝《奏请准办潮汕铁路折》，声称"迟之日久，恐有洋人觊觎"。呈上奏折翌日，光绪帝御批："依议。"这一年，张榕轩正好五十大寿，慈禧太后题赠"寿"字书法条幅及一幅国画"牡丹富贵图"和玉如意，以示祝贺。

无论是经历洋股风波，还是葫芦市事件，张榕轩都能够顾全大局，隐忍周旋，保全路政，玉汝于成，最终建成第一条商办铁路，成就了开风气之先的壮举，显示了浓厚的爱国情怀。（郭锐，2022：10）

潮汕铁路由光绪三十年（1904年）动工兴建，至光绪三十二年（1906年）全部干线完工通车，成为中国第一条由华侨投资兴建的纯商办铁路。自建成通车之日起，至1939年被日军毁坏为止，共运营了33年。为了表彰张榕轩修建潮汕铁路的功绩，朝廷特赏他三品京堂候补。光绪三十三年（1907年），朝廷委派张榕轩筹办"长江实业"，旋又委为考察南洋商务大臣，负责南洋商务事宜；宣统元年（1909年）奉旨赏给侍郎衔。潮汕铁路对韩江中、上游及赣闽边区的华侨侨眷和客货进出汕头港口，对促进城乡交通物资运输，在历史上曾起到卓越的贡献。张榕轩、张耀轩这对皎皎双星，曾在祖国苍茫的大空闪烁着璀璨的光华，至今仍为粤东潮汕客家人共同称道。（李松庵，1983：130）

张榕轩昆仲做生意，除了眼光远大、魄力过人和精于计算之外，还有很重要一条，就是坚持。做生意如此，做慈善公益事业也是如此，择善固执，决不三心二意。和许多漂洋过海的老华侨一样，张榕轩昆仲童年时接受正规学校教育不多，凭的是丰富的历练，在商界立于不败之地。他们这一辈人，家国观念、使命感、责任心与忧患意识特别强烈，对国家的贫弱有切身体验。也许这正是他们日后恒以振兴斯文为己任，格外关注教育、乐于资助文化教育的原因之一。

张榕轩曾捐献8万两银子给广州一所高级中学做基金，捐资4000光洋给梅县松口公学（今松口中学），又资助溪南公立小学等；并曾捐赠10万元给香港大学，以张耀轩名义捐建岭南大学一座两层的"耀轩楼"（在今中山大学校园内）。光绪二十四年（1898年）翰林院检讨温仲和总纂编成《光绪嘉应州志》12本32卷，张榕轩昆仲出资助其刊印。张榕轩昆仲又于1901年和1911年分别出资辑录嘉应五属从宋代至清代400多位先贤的遗诗，编成《梅水诗传·初集》《梅水诗传·续集》共13卷。张榕轩还曾经资助嘉应著名女诗人叶璧华出版其作品《古香阁诗集》。张耀轩独资创办了《苏门答腊华巫双语日报》，聘请兴宁籍华人学者刘士木担任经理，对促进华巫文化的交流，起到了良好作用。

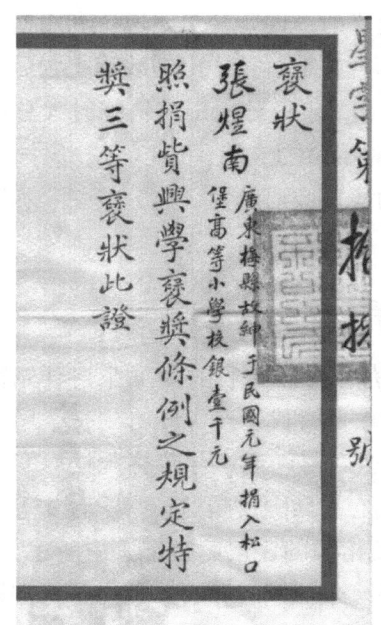

图6 张榕轩捐资教育受到政府褒奖　　图7 张榕轩后裔出资修缮的祖屋

1917年，民国政府教育部特派黄炎培、林鼎华到南洋考察华侨办学情况，嘉奖积极热心、卓有成绩者。由大总统冯国璋题颁"劝学有方"匾额一方给张耀轩，以表彰他具有远识，振兴侨学，功绩卓著。

张榕轩昆仲在家乡设立松口、汕头乐善社，扶危济困，帮助穷人；捐资兴修家乡的水利，梅县松源河口、盘安石桥、松口南岸的几百米河堤、福建龙岩建峰桥、五星桥等，他们都捐了巨资；还资助过上海广东红十字会、广东深水浦医院、香港东华医院等。张耀轩先后被清廷授为花翎三品卿衔江西补用知府、四品京堂候补、三品京堂及南洋商务考察钦差大臣。

1910年前后，张耀轩与巴达维亚的玛腰许金安、甲必丹李全俊合作，共同筹办中华银行，把张榕轩昆仲的生意扩展到苏门答腊、爪哇各地。张榕轩逝世后，棉兰甲必丹遗缺由张耀轩继任，不久又升任玛腰。这时，张耀轩拥有5000万盾身家，在棉兰说起"雄视一方的张玛腰"，妇孺皆知，与新加坡的陆佑和中爪哇的黄仲涵并称为东南亚华侨三大巨富。

光绪二十九年（1903年）五月十日致张弼士信札中，张弼士因为捐银报效，被赏赐三品京堂候补加侍郎衔，张榕轩称赞此举"在客族中最为出色之事，不独增一乡一邑

之光，且足增一省之光"。（肖文评、饶淦中，2021：291）

1911年，辛亥革命爆发，长江成为战区，张榕轩昆仲的长江实业损失惨重，濒临停业。偏偏此时兄长张榕轩又遽归道山，张耀轩独力支撑起这个危局，在他的动员之下，南洋华侨同心协力，共助长江实业渡过难关。

当孙中山在南洋筹集革命资金，发动反清起义时，同盟会员谢逸桥利用松口同乡的关系，找到张榕轩昆仲，请他们伸出援手。张耀轩在了解孙中山的政治主张后，大表赞同，立即捐出大笔资金，供同盟会革命之用。1912年，孙中山就任临时大总统后，特为张耀轩亲笔题赠"博爱"大字一幅，表彰他对革命的支持。1913年，民国政府农商部聘张耀轩为高等顾问，为国事筹策献议。并由民国政府颁发"急公好义"牌匾，赏授三等嘉禾勋章。

五、张榕轩昆仲后裔对慈善家风的传承

1936年在印尼棉南出生的张洪钧，在《楷范垂芬耀千秋：印尼张榕轩先贤逝世一百周年纪念文集》代序"感恩叩谢"中提到："孩提时代，经常聆听到长辈用客家话讲述先曾祖父榕轩公（号煜南）、先曾叔祖父耀轩公（号鸿南）早年离开松口家乡来到荷属苏岛日里艰苦创业，发迹后侨居地和祖籍地热心捐助赈灾扶贫、兴学育才等各种慈善事业的感人事迹。正如先曾祖父榕轩公在棉南茂榕园的《榕荫堂记》中所述，'回忆生平经历，此志此心，庶可以上告先灵，下启后昆。尔愿子若孙，念兹在兹，守斯创斯。喜风矩之长存，卜云祊之适行。为世世子孙，永享勿替之休征也。'"他和夫人逐步整理曾祖父、祖父所保存的珍贵遗物，以溯源报本，慎终追远，让子孙弘扬祖训。（饶淦中，2011：268—276）

张洪钧乡贤是印度尼西亚苏北客属联谊会永久资深荣誉主席，苏北客属联谊会发起人之一。作为著名侨商的后裔，张洪钧先生与夫人林素琴女士自1972年以来，凭着夫妻俩过人的胆识和智慧，先于1972年创办"印度尼西亚棉兰国际包装工业有限公司"，后于1975年创办"印度尼西亚棉兰印马印刷厂"。2008年，在三个儿子和三位媳妇的辅佐下，又兴办"印度尼西亚棉兰长青国际造纸厂有限公司"，恪守信用，锐意经营，重振家声。张榕轩后裔继承了其敢闯的拼搏精神、敢想的创新精神、家国情怀、民族气节和使命担当。2011年9月17日，由北京国际公益互助协会与中华炎黄文化研究会客家文化研究中心、中国华侨历史学会等联合主办的张榕轩、张耀轩、张步青学术研讨会在北京召开，通过缅怀张氏昆仲、父子的业绩，弘扬其爱国爱乡的精神，为振兴祖国服务。

在努力保存传承家族珍贵文献的基础上，张洪钧、林素琴伉俪多次出资在北京、印度尼西亚等地举办纪念张榕轩、张耀轩、张步青的学术研讨会，近年在棉兰重修张榕轩墓园——榕荫堂，修建"清河堂"张榕轩纪念馆。他们还捐资支持梅州市华侨博物馆印度尼西亚展厅、中国客家博物馆、印度尼西亚客家博物馆的建设，支持家乡松口的公益

事业。2016年起，张洪钧、林素琴伉俪又筹资数百万元，历时两年，重修状况破败的祖居"幹荫堂"，布展成"张榕轩纪念馆"。

图 8　张氏家族为印尼棉兰做出重要贡献的物证

幹荫堂最初修建时，采用了大量的石湾陶、雕刻、灰塑等建筑艺术元素，尤其以采用大量的绘画装饰而炫彩夺目。2018年3月17日，张榕轩纪念馆开馆仪式在梅县区松口镇南下村举行，开馆仪式吸引了海内外嘉宾近千人参加。在中国故居和棉兰墓园，两座"张榕轩纪念馆"同时用大量珍贵历史照片和实物，图文并茂地展现了张榕轩传奇奋斗的一生，重现了他只手空拳"下南洋"的创富故事、殚精竭虑维护华侨权益的赤子情怀、"实业救国"的家国胸襟和崇文重教厚德报本的人生追求，这些史料作为新时代精神文明教育的重要素材，值得我们深入挖掘整理和进一步研讨。以广东梅县客家华侨张榕轩家族为例的探讨，能够管中窥豹，厘清19世纪末到20世纪初海外华侨回到侨乡投资企业及兴办慈善公益事业的事实。

海南华侨与咖啡

唐若玲[①]

【摘　要】 1898年，文昌市文城镇的邝世连从马来亚带回一小袋咖啡种子，撒播在自己家的房前屋后，成为海南最早种植咖啡的人。1935年，爱国华侨陈显彰先生怀着"实业救国"的抱负，举家赴海南岛创办农场发展咖啡产业。自从南洋之风把咖啡吹到了海南，海南岛的咖啡文化迅速发展起来，成为国内咖啡文化最浓厚的地区和最大的咖啡消费市场之一。

【关键词】 海南；华侨；咖啡；咖啡工艺；邝世连

海南是中国传统三大侨乡之一，拥有丰富的华侨文化。咖啡作为世界性饮品，它的传入和发展与海南华侨的历史和文化紧密相关。国内资深咖啡专家陈德新在《中国咖啡史》一书上提到，海南岛的咖啡种植史是爱国华侨、中国人自己的咖啡种植历史。

一、早期咖啡的传入

根据现有的资料记录，海南最早种植咖啡的是文昌市文城镇南阳办事处石人坡村的邝世连。他于1898年从马来亚带回一小袋咖啡种子，撒播在自己家的房前屋后，共种活312株。这些放任生长的咖啡树，经过数年的生长，在阳光充足、周边环境良好的地方，不仅长得好，结的咖啡豆也特别多。而在屋后杂树中生长的咖啡树，由于得不到结果所需的阳光照耀，其结的果子就少，光长树，少结果。

岁月如梭，到了20世纪80年代，这些咖啡树还存活十多株。其中长得特别好的一株，到1981年已长到主干围径67厘米，高5.5米，树荫覆盖面积约20平方米。此时，据其主人，邝世连的孙子邝其炳回忆，这株咖啡树已有78年的采摘历史，产量达6700多斤，最多的1957年结上180斤。后来由于台风、旱灾等自然灾害和管理不善，产量有所下降，但每年仍产70斤以上，为一般咖啡树的十多倍。

邝世连播种的这批咖啡，为利比里卡（Liberica）品种，其家乡的丘陵红黏土，湿润而肥沃，为咖啡树的生长提供了得天独厚的条件。关于邝世连与咖啡的故事，被其同村的邻居、一位在《海南日报》工作的记者陈绵福看在眼里，惊叹在心上，凭着记者的

---

① 作者简介：唐若玲，海南师范大学教授。

敏感，于是专门为这株咖啡树写了一篇名为《咖啡树王》的特写，发表在 1981 年 2 月 7 日的《海南日报》上，成为邝世连与咖啡传奇的真实记载。尽管后来这株咖啡树因主人修建房屋而砍伐，树根被别人收买而消失，但是，今天的人们仍然通过这篇特写了解到这段历史，显得格外珍贵。2023 年春节期间，笔者走访邝家后人，惊喜地发现，当年邝世连播种的咖啡树还有存活的两株。今天的这两株生长在屋后的咖啡树，由于与许多别的树长在一起，缺少必要的阳光照耀而生长缓慢且少结咖啡豆，但仍顽强地向上生长着，至今已长成十多米高，树径三四十厘米的大树。在其树下，还有几株由其结的果子掉下来发芽生长的小咖啡树，显现一幅自由生长状态。

邝世连引种咖啡之后，种咖啡树、喝咖啡的风气在侨乡逐步蔓延开来。在适宜种植咖啡的侨乡，人们会在房前屋后种咖啡树，收咖啡豆，到春节的时候炒咖啡豆制成咖啡粉。咖啡是侨乡人们招待客人的饮品之一，喝咖啡也成为侨乡人的习惯之一。这些自制的咖啡粉，造就了侨乡一批炒咖啡高手。

二、华侨对咖啡种植的推动

随着咖啡在侨乡种植的逐步推广，咖啡的商业化种植日成规模。据国立中山大学农学院 1937 年出版的《海南岛热带作物调查报告》记载，文昌迈号、南阳等地区的咖啡种植已达 2000 多亩，占全海南的 70%。

1935 年，爱国华侨陈显彰先生怀着"实业救国"的抱负，举家赴海南岛创办农场发展咖啡产业。他从印尼带回约 200 千克罗布斯塔咖啡种子，在澄迈县福山大吉村创办"福民农场"，开始大面积种植咖啡，开启了海南大规模种植咖啡的历史。到 1942 年冬，福民农场收获了 8000 多斤果实，产品远销广州、香港、上海、天津等地。味、色、香独树一帜的"福山咖啡"由始饮誉岛内外。陈显彰先生实现了咖啡产业化种植后，咖啡种植业从此在海南迅速发展起来，逐步成为中国的咖啡主要产地之一。陈显彰先生被后人誉为"中国咖啡第一人""福山咖啡创始人"。1952 年至 1953 年，他应邀到刚成立不久的万宁兴隆华侨农场担任规划与技术指导，并为该农场提供许多经济作物种苗，包括咖啡种子 3500 多斤。后来，福民农场收归国有，更名为红光农场。可见，如今海南著名的福山咖啡、兴隆咖啡都与陈先生有密切的关系。

1952 年，来自印尼、马来亚、新加坡、泰国等 21 个国家的归难侨共计 1.3 万人先后来到万宁兴隆小镇，拓荒种植，建起兴隆华侨农场。这些归侨在国外都有喝咖啡的习惯，回国后对咖啡仍念念不忘，于是归侨们把咖啡引种到兴隆，不但把喝咖啡的传统和制作、冲泡咖啡的手艺带到兴隆，并在太阳河畔引进了咖啡种植。新中国成立的第一家咖啡专营厂商——太阳河咖啡厂于 1952 年在兴隆华侨农场成立。随着咖啡豆产量逐年提高，兴隆逐渐形成了独特的咖啡文化，香醇的咖啡也和柴米油盐一起融入兴隆人的日常生活。

历史印证，海南华侨对开拓海南咖啡产业功不可没，他们奠定了海南咖啡的基础，对海南经济发展产生了极大的影响。海南咖啡种植最鼎盛时期，全岛咖啡种植面积曾达23万亩，咖啡产品畅销全国及东南亚地区。后由于"谷贱伤农"、国际贸易等多种原因，"福民农场"咖啡遭全面砍伐，海南其他地区的咖啡树也被橡胶、芒果等热带作物替换，咖啡种植规模大幅度下降至2009年不到3000亩。近年来，海南咖啡重整产业结构，大力推动咖啡产业发展，咖啡种植逐渐回温。目前全岛咖啡种植有3万多亩，主要分布在文昌迈号、万宁兴隆、澄迈福山、琼中黎母山及白沙陨石坑等地。

三、华侨与海南咖啡工艺

在东南亚有这么一句话："潮州粉条福建面，海南咖啡人人传。"早期海南人漂洋到南洋后，因贸易等利润高的商业机会已被更早移民来的福建人及潮州人占据，为求生计，许多海南人在洋人家担任厨师或管家工作，进而学习到西洋糕点及咖啡的制作技术。由于海南华侨善于钻研，他们整合西洋式的咖啡技术并融合当地人的喜好，研究出咖啡豆与牛油糖在炭火上拌炒的独特咖啡烘焙方式，他们炒制和冲泡咖啡的技艺高超，成品色泽十分油亮，散发出独有的浓郁风味，深受当地人的欢迎。由此海南华侨几乎垄断了东南亚咖啡行业的市场。

早期的归侨们不但把咖啡种苗带回海南种植，还把喝咖啡的传统和制作、冲泡咖啡的手艺带到海南。自从南洋之风把咖啡吹到了海南，海南岛的咖啡文化迅速发展起来，成为国内咖啡文化最浓厚的地区和最大的咖啡消费市场之一。海南咖啡之所以特色鲜明，就是因为早期的归侨们整合了西式咖啡的烘焙技术，又在成本考量和融合本地人口味喜好的大前提下，开发出在咖啡豆中加入诸如白糖、牛油等同炒的咖啡烘焙技术。由于所加的白糖、牛油等成分比例及咖啡豆的种类各有不同，而衍生出不同口味的海南咖啡。经过一百多年不断改造和丰富，已形成了一套特色的咖啡文化。

四、海南归侨后代的咖啡情怀

邝世连当年不仅从马来亚带回咖啡种子，还带回了铁锅炒制咖啡的手艺。自1903年起，老邝家开始了自家铁锅炒制咖啡的传统。邝祥垂是邝世连的第四代传人，他家一直沿袭着自己铁锅炒咖啡豆、喝咖啡的传统。今天他与儿子邝必寿一起创立了"老邝咖啡"品牌，力争把古老的咖啡文化发扬光大。

在兴隆，传统风味咖啡是老归侨记忆中的味道，如今，随着第一代归侨渐渐老去，兴隆许多侨二代、侨三代都继承了老一辈人对咖啡独特而深沉的情感。在兴隆，有一个名叫"老归侨故事"的咖啡屋，其主人吴海民是马来西亚归侨的后代。他幼时就坐在爷爷的膝头上品尝咖啡。作为家族咖啡业的第三代传人，他有种强烈的使命感，把海南咖啡传承好，让咖啡文化发扬光大。十多年前，吴海民开启了他的"传承"使命。为了培养敏感的嗅觉和味觉，他戒烟戒酒、用冰块刺激舌头，把大量的时间花在学习国内外先进的咖啡技术上。

吴海民意识到，只有与时俱进，才能更好地传承，老一辈的咖啡手艺固然要继续，但要重建海南咖啡的信心，还要走出家门，博采众长，把海南咖啡做得更好更精。海南为咖啡种植提供了得天独厚的条件，并形成了海南独特的品质。吴海民把握住了这一特质。为了保证咖啡的品质，吴海民做到全程把控咖啡的种植、收果、生豆处理、筛选、陈化、烘焙，一直到研磨、冲煮，每一环节中的细节，他都讲究到了接近苛刻的程度。他尝试用不同的方法处理生豆，由传统的日晒，拓展到黄蜜、红蜜、黑蜜处理，葡萄干、红酒处理等。在烘焙方面，他更是大胆尝试高温滑豆、恒温下锅、二次烘焙等手法，以期唤醒咖啡的不同风味。在冲煮上，无论是手冲还是虹吸式，他都有独特的理解，他说："每一杯咖啡都是有灵魂的。"他要让每个人喝到质优价廉的咖啡。他常参加咖啡公益分享会，去书屋、咖啡馆、学校，传播他对咖啡的理解。对每一位到咖啡馆学习或品尝咖啡的访者，他毫无保留地分享。

2018年，中国咖啡行业首次举办了全国职业技能大赛，吴海民作为海南赛区评委之一，见证了中国咖啡的新高度。2019年，在第28届上海国际酒店及餐饮业博览会上，吴海民作为海南咖啡团队中的一员，再次向世界推介海南咖啡。他手冲的香味醇厚的海南咖啡，中外咖友无不称赞，并惊讶海南咖啡品质之高。

侨乡社会的中间人与地方社会
——以梅县侨乡为例

夏远鸣[①]

【摘　要】 由于空间上的隔离，侨乡社会需要一个桥梁性质的人物在其中起联络作用。他们便是侨乡与南洋之间的中间人。虽然一直延续并且发挥作用的侨批与水客在社会日常中发挥着重要的作用，但其仍然是常规性的。如果遇到特别的事情需要南洋社会的资金时，仍然需要一个角色来充当中间人的角色，把这些资金想办法筹集并引入家乡，以达成相应的目标。这个中间人的角色，是侨乡社会众多公益事业得以完成的关键性人物。即便参与国家现代化层面的南洋巨商，他们除了依赖官方正式的渠道与政府打交道外，也还需要依靠中间人来达成自己的目的。

【关键词】 侨乡社会；中间人；地方社会；梅县

众所周知，侨乡社会的大小公益事业，多有来自南洋的资助。这是侨乡社会的重要特色之一。今天在城市乡村，随处可见捐赠者的芳名碑，或以捐赠者姓名命名的建筑、楼亭、道路、桥梁等，均可说明这一点。这已经是侨乡社会一道特有的景观。这些景观建设得以完成，自然是外洋华侨捐献的结果。但是，从外洋的资金，到家乡的建筑成果，这不是必然的，这其中需要一个具有桥梁作用的角色，奔走在外洋，进行募捐，然后将外洋的资金带回来，建设公益事业。本文暂且将其称为侨乡社会的中间人。之所以会有中间人这个角色，基本原因是南洋与家乡两地在空间上的隔离，两地交流不便，情况不明，所以需要一个中间人物在其中充当沟通角色。

中间人这个角色在侨乡社会广泛存在，他们也是侨乡社会之所以能够成为侨乡的重要一环。在南洋募捐是否成功，与中间人的能力和影响力都有很大的关系。这直接牵涉到家乡的公益事业能否有足够的资金完成。本文以侨乡梅县为例，对此进行考察。

一、民间公益事务的中间人

在传统时代，侨乡社会大量的公益事业，事实上多以民间公益事业居多。中间人多基于熟人社会而开展自己的工作。其所募捐活动，主要是为了本乡、本村或本族的祖

[①] 作者简介：夏远鸣，嘉应学院客家研究院助理研究员。

堂、祖墓、修桥补路、节庆活动等。依照所涉工程的大小，所需要募捐对象也不同。有的是一家一族的，有的是一个村落的，有的是一个地区的。以家族为例，如果需要办理某种公共事务，往往先派一个人去南洋募捐。一般是设立一个捐簿，前往南洋乡族内部进行劝募。关于这一类现象，已经司空见惯，本文不再赘述。本文着重介绍学校与社会工程中的中间人物。

1. 学校建设的中间人

在岭南地区，通过民间募捐的方式来做公益的事，至少在明代便已经普遍。往往请一位地方上有声望的人士出面来主持，并撰写"募缘疏序"之类的文章，告知社会。远的如明末清初的地方大儒李二何，曾撰写《阴那山造桥募缘疏序》《南口建桥募缘疏序》等，为公益事业募款。清末如地方大儒温仲和也曾撰写《捐建松口镇盘安桥簿序》。如果桥建好之后，也会请士人写一篇记文以颂扬善举，如温仲和曾作《松口镇广福桥记》，记载该侨修建经过，颂扬善举人士。

到了清末，闽粤居民多流寓于南洋群岛，且资为外府。"粤东东部诸州，社会、经济皆仰南洋诸岛为之奥援，风气因以转变。"[①]所以，清末以来，这种募捐行为开始跨越国界，达至外洋。事实上，这种依赖外洋的公益事业，其实早在同治年间便已经开始了。以嘉应州的育婴堂为例，便是陈国宝等在泰国募捐资金回国于同治六年（1867年）兴建。论者谓二十年来州中善举以此为最。[②]

清末以来，特别是新政以来，清政府开始现代化建设，其中波及面最广的一项便是废除科举，实行新学。这一新政措施渗透到中国社会各个乡村，产生革命性影响。为了应对新的政策，各地纷纷创办新学。但由于清政府财政有限，这项原本属于国家的事业，仍然还是由地方社会来负责办理。地方社会动用各种公产，开发出五花八门的捐税来推进这一现代化改革。在闽粤侨乡地区，他们还有一项额外的财富来源，这便是海外华侨的募捐。

进入清光绪以后，特别是清末至民国时期，依赖外洋的事务越来越多，除了传统家族与地方层面的公益事业外，特别是清末以来进行现代化建设以来，这种依赖外洋的程度越来越深。具体来讲，主要是学校建设。这些学校的创建过程中，多数均依赖外洋的捐款。以嘉应州为例，创办学校时几乎都要向南洋募捐。清末兴学时期，温仲和曾说："本州学堂筹款，在外洋者或易，在本地者恐难。若在本地而能捐巨款者，必其在外洋发财者也。然亦不可逆料其难而不为。本州之公事，以本州人分任之，亦应有之义务矣。"[③]

而如何将外洋的资金征集到本乡公益事业中来，这需要一个中介人物。以西阳公学

---

① 长啸：《失败》，1914年。（注：长啸为钟动笔名）
② 光绪《嘉应州志》，第236页。
③ 温仲和：《求在我斋集》卷5，第22页。

创办为例。该校于光绪三十一年创办，几经协力维护，得以维持下来。其间也获得外洋华侨的资助。其中负责外洋募捐的人士便是丘伯修。丘伯修自己本人先捐银一千元，且负责往外洋募捐。当时的卢文铎"则任撰募捐薄序，从事鼓吹鸠工庀材，经始于民国三年甲寅八月初五日，由是内外陆续接济"[①]。

以梅县梅江初级中学建校为例。该校位于梅江上游梅县水车墟。为了当地学生在小学毕业后能够升入中学，所以在1939年，地方社会筹办一所初级中学，名为梅江初级中学。他们便成立校董会，印发捐簿向外募款，派徐国光、黄少南二先生两度前往南洋募捐。募得近七万建校资金。[②]为学校的建筑做出了重要的贡献。这其中，前往南洋募款的中间人对于资金的捐献是起了很大作用的。其实，这几乎是梅县在晚清民国时期的基本做法。

有的学校是多个宗族一起创办，为了在南洋达到很好的募捐成绩，这种学校通常都会交由熟悉当地社会的人士充任募款一职。以梅县瑶上乡立程江中学为例，1940年，该校是瑶上乡的学校，所以校董会讨论如何募款时，乡贤丘和兴先生说，"吾乡素以陈、罗、丘、余四姓为望族，亦为经济中心，应先由该等姓族作模范捐献，庶易劝导其他各姓捐献，最好由各姓祖尝名义捐献田产，作为校董会编印建校筹款募启，分寄海内外所有热心乡亲，请其赞助"。结果极为踊跃，捐款陆续到校。[③]总之，每有学校或其他公益事业，都有中间人士到南洋募捐，从而将外洋的资金带回，身居海外的华侨也可以尽一份乡梓之心。

除地方性的学校外，更高一级的学校则需要更有声望，或者有官方背景的人士前往募捐。以20世纪初在汕头创办的岭东同文学堂为例。在建校初期，为了向南洋富商募集建校经费，曾派丘逢甲与王晓沧一同前往南洋募捐。1900年，丘逢甲与王晓沧被派往南洋，途经南洋新加坡、槟城、怡保等埠，向各地的富商演说募捐，为岭东同文学堂募得一批款项。丘逢甲执掌岭东同文学堂，除了改革以及政策变化外，与南洋客籍绅商的支持分不开。根据光绪二十九年公布的《岭东同文学堂历年捐款列明》记载，1900—1903年间南洋绅商的捐款，全部是客家籍。其中来自以槟城为活动中心的有张榕轩、谢益卿；来自霹雳矿区的有李桐生；其余全部来自荷属殖民地吧城，包括邱燮亭、梁映堂、萧郁斋、温紫琪、温文垣、温炯初、陈仪宾、梁上瀛、林鹏举（镇平县）、戴欣然（大埔县）。共捐银5240.5两，以张榕轩最多，达1440两。而从1900年到1903年之间，官款、公款及各界捐款共计9943.5两，当中南洋客籍绅商捐款为5240.5两，汕头绅商捐款为1233两，过半经费（53%）来自客籍侨商的捐助。[④]其他

---

① 黄任襄倡修、李元宋主撰：《西阳乡志稿》卷20《艺文》，油印本，民国三十五年，第176页。
② 《梅州文献汇编》第8集，第99页。
③ 《梅州文献汇编》第8集，第121页。
④ 《岭东日报》，1904年1月16日，"本馆广告"。

是潮籍的富商。

　　这些捐款之所以顺利募得，与丘逢甲的能力与声望以及乡族关系都有一定的关系。有些是丘逢甲于 1900 年南洋之行结识的绅商。另外一个方面，与当时同文学堂其他客家人士也有关系。特别是温仲和在其中作用不可忽视。因为捐款的南洋绅商中，相当一部分来自他的故乡松口堡。《岭东日报》载："前同文学堂教习温慕柳大史于去冬回家后，募得嘉应李仪坡茂才昭信股票五百两，温炯初司马昭信股票三百两，梁上瀛封翁昭信股票七百两，合共一千五百两，捐入汕头岭东同文学堂，以为经费，此项现俱托郡城怡和庄代寄京师，交饶外部简香转售。"①由此可见，温仲和对于当时同文学堂筹款起到非常大的作用。

　　这些热心人士之所以充当中介人，也有各种原因。

　　一是这种劝捐行为还有政策上的支持。如《奏定初等小学堂章程》规定，如"绅董能捐设或劝设公立小学堂及私立小学堂者，地方官奖之"。对于捐资兴学，自清末政府便开始进行奖励。将兴办教育的经费来源寄托于"绅富"等民间人士或团体，成为清末兴学的一贯做法。对于能捐款兴学者，分别给所办学校以"公立""私立"名号，给创办人以"花红""匾额""旌表建坊"等奖励；能慨捐巨款、办学成效卓著者，则奖给官衔。这种措施对财政困难的民国政府依然有效，奖励民间捐资兴学作为一项制度被保持下来。直到 1948 年，南京国民政府仍有《捐资兴学褒奖条例》，该条例指出："凡私人或团体捐助公立或已立案之私立学校、图书馆、博物馆、美术馆、体育场、民众教育馆，或其他有关教育文化事业者，依本条例给予褒奖。"②

　　二是开明士绅的一种情怀。办学一直是地方社会的传统。早在传统教育时期，便在家乡私塾提供捐款。某种程度上，办学只是传统的延续，但这种乐善好施的精神与传统仍然存在。只不过近代教育开始纳入国家体系，导致主体、政策、目的等发生了变化。近代教育成为国家实现自强的重要手段，也成为新时期开明士绅实现自己社会理想的方式。虽然教育已经归由国家来主导，但是士绅仍然有很大的主导权，并且互相劝勉、鼓励。这样一来，不但是国家目的，也是士绅个人实现自我理想与社会价值的一种行为。

　　三是募捐活动本身也带来实际的利益，一般募捐人可以从所募资金中抽取一定比例的佣金。这个佣金可以根据实际情况进行商讨确定，也有的可以依例按比例抽取。

　　正是这些因素，使得一些有能力的地方人士充当中间人。

　　这种基于地方社会的中介人，是建立在熟人社会基础之上，只有这样才可以取得海外乡亲或宗亲的信任，从而完成募捐任务。

---

①《捐票助学》，载《岭东日报》，1903 年 3 月 18 日，"潮嘉新闻"。
②《捐资兴学褒奖条例》，载教育部《第二次中国教育年鉴》，上海：商务印书馆，1948 年，第 1594 页。

2. 梅江桥的劝捐人

除了学校建设之外，还有许多大的工程项目更离不开南洋华侨的捐献，这里以梅县的梅江侨为例进行说明。梅江桥，始建于1931年春，由梅县士绅饶芙裳等人发起，时任县长彭精一赞成，募款筹建。这募款过程中，一名为曾汉南的人出力不小。曾汉南被推举任坐办。他又在各地安排了"簿首"，专门从事题捐工作。在征信总录中，特别"介绍领簿而有成绩人员纪念表"共18人。还将这些"热心介绍捐款而有成绩者"的头像也列上，分别为：张仲南（未赐照片）、李惕君、黄燮南、潘让华（未赐照片）、卢演群、黄燊阶、钟迪民、朱德仁（女）、陈宝杞、黄海沧、林缉峰、陈海珊、侯潘凤、黄运升（未赐照片）、梁伟邦（未赐照片）、刘启兰、黎秉成、钟介君。①其中特别介绍了李惕君，如下："李君旅吧城，曾为本桥在外极力宣传，时而来函指导劝募之方针，暨不惮走劝销彩票，成绩极优，其热心实为难能可贵者。"②据《梅县建筑梅江桥征信总录》，建桥捐资人达8100多人。正是这些劝捐人士的努力，可谓"源源募捐，滴滴汇归"，才使得聚沙成塔，将一座大桥建成。该桥成为梅县一道极具现代化的地标性建筑，并且一直至今，仍然在连通梅江南北两岸市民往来。

出面办理公益事业是需要一定的奉献精神的。除了任劳任怨之外，还需要"任谤"，因为任何一件公益事业，即便办得再好，都是有人说闲话的，一般讲究名节的清高之士是无法忍受这些闲言碎语的，也不愿意做出力不讨好的事。因此，能够出面做公益的人士，需要一定的奉献精神。以担任坐办的曾汉南为例，他在序言中写到："都人士在行桥间，颂扬者有之，诽议者亦有之，在同人等，则以为人生应尽之义务，曷颂扬为，至于诽议者，人则谓其不近人情。南则以为九十丈之长桥，廿二尺之宽度，建筑虽不大工，而车马侭堪往来，计费不及十万大洋，纵不大廉，亦不大昂，毁誉为社会应有之言，或论者未明事实，或别有心裁，本不足计。……"③这些话显示，即便如此重要利好于全体市民的善事，仍有人提出不同的看法，可见公益事业的完成需要多大的勇气、隐忍、毅力。

清末嘉应州外交家梁诗五是一名睁眼看世界的开明士绅。他对于在清末那种体制之下办成一件事情有自己的看法。他说："吾尝谓世间万事，无论内外公私巨细，不欲办则已，办则必有三者，随时随地须臾而不离。三者何？才、财、权是已。三者完全无事不可办，三者缺一无事可办。"④所以，赴南洋募捐者，需要解决的是"财"的问题。正

---

① 《梅县建筑梅江征信总录》，民国廿三年冬月初印，梅州市地方志编纂委员会1992年重印，第18—19页。
② 《梅县建筑梅江征信总录》，民国廿三年冬月初印，梅州市地方志编纂委员会1992年重印，第18页。
③ 《梅县建筑梅江征信总录》，民国廿三年冬月初印，梅州市地方志编纂委员会1992年重印，第28页。
④ 丘念台辑：《梁诗五先生遗稿集》，台北，1954年，第95页。

如梁诗五所言："夫一国之内，无论何种政，皆非财莫办。"①

而赴南洋募捐解决财政问题，也需要一定的权力。也就是一件事情由谁来做，谁有资格来做。确定下来名分之后，才可以统一思想，凝聚人心。这一点在中国传统文化中确实难以办到。今天我们看到许多公共事务，都是民间的力量做起来的，这其实是一种幸存者偏差。其实更多的公益与建设是没有做起来的。因为第一缺乏资金，第二缺乏权力的支持。梁诗五曾在向自己的族叔，同时也是地方士绅的梁辑五的书信中，对州中士绅在公共事务方面互相扯皮不作为且互相拆台时描写刻画如下：

"独是吾州缙绅之局，至今日而太坏，不计是非，但论门户。不问公事，但怀私怨。不顾大局，但图小利。人各一党，党各一心。势若犄角，形如博沙，是以生事有人，了事无人，偾事多人，办事少人。每遇地方义举问之，此而不答，商之彼而不应，让三让再。一若宁袖手旁观，鳃鳃焉惟恐贻累者，及至有人挺身当之，为之日夜计议，多方设法；规模略具，部署未定，而局外之异议骚然蠡起矣。甚则各张旗鼓，如临大敌，有必使之冰裂瓦解而后快者。夫后之局外异议者，即前之局中不议者也。事明明在所当为，已不为之，而偏妒忌人之为之，有不令人心灰气沮者乎。"②

梁诗五所讲的状况，正是缺乏一个核心力量领导而导致的涣散分裂的局面。在这种没有制度与权力保障的情况下，只能依赖发起者个人的满腔热情与不懈努力才能将一件事情办好。所以，在梅江桥建成之后，会在《梅县建筑梅江征信总录》中将募捐人专门列出进行表彰，这是有一定道理的，也有其实际意义的。

二、南洋巨商与清政府之间的中间人

19世纪末期，韩江上游出现一批非常有影响力的客籍南洋侨商，他们深度参与了近代中国的现代化建设。这些人包括：张弼士（1841—1916年），生于广东大埔县西河；张煜南（1851—1911年），号榕轩，张鸿南（1861—1921年），号耀轩，昆仲皆今广东梅州市梅县区松口镇松南人；谢荣光（1848—1916年），字春生，号梦池，祖籍梅县松口；梁辉（1857—1911年），名廷芳，字广辉，号碧如，梅县白土堡三角地人（今梅州梅江区三角镇折桂窝梁屋）；戴欣然（1849—1919年），名春荣，号喜云，大埔人。

荷属殖民地有影响的客家商人包括：梁映堂（运辉），1848年出生于巴城，童年时期被父亲送回家乡就读，后来带回巴城；丘燮亭（1859—1930年），梅县雁洋长教人；潘立斋（1854—1926年），梅县南口堡寺前村（今南口镇侨乡村）人。

这些侨商在当地社会都受到尊敬，并且都不同程度地参与了中国现代化的建设，在近代侨史上留下浓墨重彩的一笔。一般认为，这是清政府通过出售爵位与虚衔而获得的

---

① 丘念台辑：《梁诗五先生遗稿集》，台北，1954年，第67页。
②《与辑五叔论种山事宜书》，载丘念台辑《梁诗五先生遗稿集》，台北，1954年，第72页。

交换，[1]但这个过程如何发生的呢？这自然有一套正式的、公开的流程，但是，我们认为对于其背后的、私人的关系不容忽视。随着近现代史料不断被发掘，我们越来越多地发现一些鲜为人知的背后故事，这对于理解这些明面上的交易提供了另一个视角。

1. 张弼士与清廷交流的中间人温宗彦

在所有的南洋客家商人中，张弼士的带动与表率作用无疑是相当重要的。张弼士在较早就捐得较高的官衔。张晓威根据颜清湟的研究指出，张弼士捐的第一个官衔当在1893年，如果从目前坐落于槟城张弼士故居所藏的一份匾额来看，至少在光绪七年十二月（1882年1月），张弼士就捐得知府衔了。光绪十五年七月（1889年8月），因筹办江皖赈务，获两江总督曾国荃特奏颁赠匾额"义昭推解"；光绪十七年（1891年），李鸿章为直隶水灾赈捐有功的张弼士等人奏奖。[2]可见张弼士较早就参与国内事务了。1903年获赏侍郎衔，三品京堂候补。1905年赏头品顶戴，补授太仆寺正卿。

那么张弼士如何一步步建立与清朝政府的关系的呢？从大的背景而言，与晚清的洋务运动密切相关。与一系列洋务人物的关系，成为张弼士与清政府联系的重要的一环。从目前的史料记载来看，张弼士最早接触的客籍洋务派人士是来自嘉应州的温宗彦。

温宗彦出自一个有声望的家庭，在嘉应州的社会活动，主要表现在操办团练方面。[3]在粤东山区家乡有着丰富历练的温宗彦，是什么机缘以及什么时候参与到以江南士绅为主的洋务运动圈还有待考证。近代史文献上第一次提到温宗彦，是光绪五年（1879年）被上海轮船招商局派往南洋募款一事。此外，温宗彦还在其他公司任职。1882年，上海创立第一家私人保险公司——上海火烛保险公司，温宗彦也在其中任职。[4]也曾在湖北鹤峰、长乐矿务总局任职。[5]随着香港电报分局的成立，温宗彦在香港电报局任职。后来香港电报局成为南洋客籍华侨与国内沟通的一个重要枢纽。当然，这些任职之中，可能最重要的是他在轮船招商局的任职。也是因为在这里任职，他有机会作为特使前往南洋招募侨资作为股本。在温宗彦的社交活动中，最为知名的是1879年出使南洋为轮船招商局招股的经历。

轮船招商局于1872年11月在上海成立。在其筹备初期，官股较多，商股较弱。所以盛宣怀希望"招徕商股"，[6]以解决股本不足的问题。除了国内招股外，海外侨商的资

---

[1] 黄建淳：《晚清新马华侨对国家认同之研究——以赈捐、投资、封爵为例》，台北：海外华人研究学会，1993年。

[2] 魏明枢：《张弼士担任槟城副领事的人脉关系考》，载房学嘉等编《张弼士为商之道研究》，广州：华南理工大学出版社，2012年，第132页。

[3] 光绪《嘉应州志》卷22《封赠表》，载《中国地方志集成·广东府县志集20》，上海：上海书店出版社，2003年，第433页。

[4]《温辉珊告白》，载《申报》，1883年4月7日，第5版。

[5]《温辉珊告白》，载《申报》，1883年4月2日，第7版。

[6] 汪熙、陈绛编：《盛宣怀档案资料》第八卷《轮船招商局》，上海：上海人民出版社，

本也成为他们招募的对象，所以才有了派员外出南洋募股的想法。另一个重要的原因是，当时轮船招商局希望与英美的船务公司进行竞争，要扩大在海外的业务，招商局希望海外华侨能够支持这一商业计划。①在这种指导思想下，1879年，轮船招商局派人前往南洋招股，同时联络南洋各埠的侨商。一位是张鸿禄，另一位便是来自嘉应州的温宗彦。其中张鸿禄，即张叔和，江苏无锡人，是上海著名"张园"的主人，也是江浙洋务派核心人物之一。

轮船招商局开局不利，仅半年便重新改组，香山人唐廷枢为总办，徐润、朱其昂、盛宣怀为会办。开始有粤籍香山人进入招商局，并且由唐廷枢、徐润负责招股业务。②这时派一名粤省人士出洋，可能是出于平衡的原因。另一个更为重要的原因，可能是出于方言的原因。早期海外华侨活动圈子是以方言划分的。所以，国内派往南洋的人员的族群性质，往往会影响其社会活动效果。方言相通，往往更能够便利地交流，也更容易开展募捐工作。可能是考虑到其在方言上无法与南洋侨领进行有效的交流，所以随员中安排一位来自嘉应州的温宗彦，这至少在客方言人群中可以做到有效的沟通。以上海为中心的洋务运动中，参与者多以江浙一带士绅为主。温宗彦是轮船招商局中少有的客家籍士绅（另一名是廖维杰，即廖承志的叔叔）。温宗彦参与此次南洋招募股本的活动，在语言交流方面可以起到很大帮助。

二人先在曼谷会见当时南洋的侨领。他们在南洋著名侨商陈金钟③协助下，招募到第一批华侨股金，有28人交纳股金，共股银5万两。1880年，温宗彦又随同张鸿禄，往槟榔屿考察商情，并到苏门答腊的亚齐等地续收股银。随后，温宗彦继续在亚齐、槟城招股。温宗彦又新招股65,200两，其中张振勋投入股金3600两，谢春生3600两。④这一次入股，可能是张振勋、谢春生两位客籍南洋巨商第一次通过参股的方式，参与国内实业，可能也是这次入股，获得候选同知衔。因为1881年，在直隶赈捐过程中，张振勋是以候选同知衔身份获得知府衔的。⑤张弼士也入股投资，成为招商局的局董。这是张弼士等人第一次与清政府接触。

在跟随盛宣怀为主的洋务事业中，温宗彦另一个主要负责的业务是电报事业。电报

2016年，第80页。

① 颜清湟：《海外华人史研究》，新加坡亚洲研究学会，1992年，第44页。
② 张国辉：《洋务运动与中国近代企业》，北京：中国社会科学出版社，1979年，第147页。
③ 陈金钟（1829—1892年），祖籍福建海澄县，1829年出生于新加坡，是著名华商陈笃生的长子。曾在泰国曼谷开设米厂，成为新加坡最大的米商。1877年，山西遭受灾害，陈金钟捐银10多万元赈灾。1884年，左宗棠筹办福建海防，陈金钟"复捐万金"。1889年，黄河泛滥，陈金钟捐4000元，受到清廷嘉奖。薛福成称金钟是"海外华人识时务之俊杰"。
④ 聂宝璋编：《中国近代航运史资料》第1辑，上海：上海人民出版社，1983年，第988页。
⑤《直隶赈捐奖叙职衔》，载《申报》，1881年3月17日，第6版。

事业是洋务派重要的事业之一。温宗彦在参与创办两广电线事业中，出力甚多，根据奏定章程，被李鸿章等保奏奖叙，温宗彦以"同知衔候选知县"身份，"请以知县不论双单月选用"。①也正因为电报业的原因，他可以在香港与南洋的华侨进行中转联系。

1881年，温宗彦在香港执掌电报事业过程中，也被委办赈捐，所以在香港出任筹办助赈局委员，并出面发动直隶赈捐。当时以香港为中心，向南洋华人社会募捐。根据史料记载，此次在加拉巴（雅加达）、三宝垅一带，共募得一万余两白银。②其中，张弼士时以招商局董身份的捐赠良多，并且因此获得知府衔，并请旨建坊。

不久，温宗彦参与办理香港电报事务，香港赈务代收点又转移到香港电报局。③1886年，上海四马路文报局开设的协赈公所办义赈，时在香港电报局任职的温宗彦负责募集赈捐。由于温宗彦是客家人，所以在客家人当中发动捐款较为方便，其捐款人也主要是嘉应州客家人。《申报》载：

香港电局温辉珊翁募周其章，嘉应州梁显才二户各十元，温辉珊四元，彭焕章、刘锦勋二户各三元，嘉应州杨廷瑞二元；钟?翔、黄佐郎、钟春龄、钟生文、邹开合、无名氏、钟俊卿、杨作霖谨章九户各一元。④

1888年，秦省水灾协赈公所，香港捐款仍然由温宗彦出面募捐，由电报局作为代收点。温宗彦在香港募得十户捐款，共三十元。⑤所以，从这一时期开始，香港电报局便成为新的募款中心，捐款者也以客家人为主。并且，随着一些南洋大资本家的加入，赈捐的金额也越来越大。以1888年举办的"豫皖"义赈为例，当时香港电报局募捐第三批捐款者，全为客家人或客家人的商号，其中：

大埔张振勋一千元，松口谢双玉二百元，镇平邱思诚二百元；松口李作邦二百元；增邑李纯玉、嘉应梁金辉、陈鸿基、张联祥、张锡荣、张鹏南、李刘氏、郑安受、李东生、曾晓华、曾琼记十一户，各一百元。郑清和、吴应培、吴应植、吴应偕四户各五十元；⑥（以下略）。

通过对以上捐款者的考察可以发现，他们都是来自大埔县、嘉应（本属）的松口、镇平县、增城县等地的客家人，并且捐款金额也明显增大。1888年，上海可陈春记在

---

① 上海图书馆编：《盛宣怀档案选编》第65册，上海：上海古籍出版社，2014年，第573页。

② 《直隶赈捐奖叙职衔》，载《申报》，1881年3月17日，第6版。

③ 盛宣怀档案中，一份请求奖叙的名单中有温宗彦，但其何时任职香港电报局，目前无明确的资料显示。

④ 《上海四马路文报局内协赈公所经收赈捐十一月上旬清单》，载《申报》，1886年12月8日，第9版。

⑤ 《上海可炽顺陈春记在四马路经办秦省水灾协赈公所第二十八次收捐名单》，载《申报》，1888年11月20日，第9版。

⑥ 《上海陈家木桥电报总局豫皖赈所经收香港电局第三批细数》，载《申报》，1888年3月7日，第11版。

四马路经办奉灾第三次收捐名单也显示，省港客家人也积极捐款：

营口电局朱叔梧翁交来广州电局募鼎丰主人洋一千元；又来香港电局募旧金山嘉应州无名氏四十元，恒裕公司念元，李兆华、梁世熙、张煜南三户各十元；温胜殿六元，振裕源四元，李宜盛五角，温区氏三角，黄集贤二角。①

我们在盛宣怀档案中也看到，温宗彦除了办理电报事业外，也帮助张振勋申请封典。光绪十年十月十三日温宗彦致盛宣怀函，其内容显示了这一点：

杏荪观察大人钧座：敬禀者窃昨奉电示，大东交来物料开单呈览，经便结账等因。查当时此料系王锦翁饬洋匠及方生伯樑经收，卑局未曾存单，旋电恳锦翁将单寄来，兹已收到，遵即恭呈。

委办赈捐时，经手内有张振勋由同知请貤妻父母封典，因未声明本身父母曾经受封，经部议驳，嗣旋详复声明，想已早邀核准。惟迄今日久尚未奉到，该捐生屡来请领，殊深悬系。兹另开具月日履历一纸，仰恩宪台俯赐查催，实为恩便。

法事近无异闻，惟台湾封口以来，内信罕通，外援未至，殊堪杞忧耳。②

通过募集股本、善款等活动看出，温宗彦成为联结南洋客家社会网络的中心人物。如果从温宗彦1886年第一次在香港从事义赈工作推算，直到光绪甲午（1894）年，才从香港返回嘉应操办团练，温宗彦至少在香港待了8年。此后，香港电报局总办被另一个嘉应客家人温灏接手。温灏在香港电局任职期间，也参与义赈。如1904年山东义赈，温灏合家捐银20元；同时，电局同人也有捐款，交给上海陈家木桥电报总局筹赈公所。③

2. 张榕轩与清政府交流的中间人温灏

温灏（1862—1921年），字佐才（也作"佐臣"），嘉应州莆里人（今属梅县雁洋镇），光绪己丑（1889年）科举人，授花翎军机处存记，后授江苏即补道，又诰封荣禄大夫。随后，他通过劝赈、报效等途径，不断地获得功名。温灏与盛宣怀等江浙洋务派人士有着密切关系。我们发现大部的经历都是在外界的洋务活动。温灏最重要的经历包括：在香港执掌电报局，参与筹办中国通商银行香港分行。温灏曾捐纳道台为实职，故在电文中常常自称"职道"。同时，温灏与盛宣怀有着密切关系。在以江浙士绅为主导的洋务圈里，温灏可谓是一个异类，他曾参与洋务派的电报事业建设，在盛宣怀的档案中，有大量温灏与盛宣怀的电文往来。其中也包括他为张榕轩等人捐纳虚衔事务奔波的电文。

---

① 《上海可陈春记在四马路经办奉灾第三次收捐名单》，载《申报》，1888年12月17日，第9版。
② 上海图书馆编：《盛宣怀档案选编》第65册，上海：上海古籍出版社，2014年，第29—30页。
③ 《上海陈家木桥电报总局筹赈公所经收山东义赈第二次清单》，载《申报》，1904年1月21日，第10版。

温灏与张弼士、张榕轩昆仲等南洋客家侨商有着密切关系。这些南洋客籍侨商之所以能够比较顺利地回国参加晚清现代化建设，除了清政府华侨政策变更这个大的背景因素外，与温灏在其中穿针引线有关。温灏在帮助这些南洋侨商回国投资、报效、捐官等方面，起到非常大的作用。他成为在内地许多事务的代理人与咨询者。包括1902年秋，张榕轩报效两广武备学堂八万元一事，也是请温灏出面向张榕轩劝捐。[①]下面，我们根据史料记载，考察温灏与张榕轩及当时清朝实力派人物之间的非正式交流的过程，感受历史与人性的复杂性。

（1）1902年2月—1903年春，关于潮汕铁路承办的商议

潮汕铁路的创建主导者是张榕轩与张耀轩兄弟，但其决策过程中，温灏扮演着重要的角色。潮汕铁路之所以需要修建，其客观原因便是潮汕之间无法通航，影响交通运输。连通潮汕之间的梅溪，为当地咽喉。但梅溪在每年冬春枯水期无法通航，成为两地交往的瓶颈，乃至影响到与上游嘉应州之间的交通。[②]

光绪二十七年（1901年）三月初三日，盛宣怀给温灏的一封电文这样写道："潮汕铁路如能领办，望速议条款具禀，趁宣在京可商。"[③]根据逻辑推理，温灏此前已经跟盛宣怀报告了此事。从前后文来看，当时温灏向盛宣怀说能够领办潮汕铁路的人，应该是张耀轩。而盛宣怀给温灏回电的"望速议条款具禀"之语，也显示了盛宣怀急于促成此事。这给了温灏继续促成此事的动力。事实上，温灏也在积极劝张榕轩出来承办潮汕铁路，温灏电文讲到：

"是以上年二月，职道有禀请派张京堂招商承办之举。及后张京堂来函，仅允附股贰十万元，而不愿出名。于是复改招吴曾二商出首承办，当经禀明在案。"[④]

这里的"上年二月"，指的是1902年农历二月。电文显示，这个时候张榕轩还是不愿意出名承办潮汕铁路的，并且"仅允附股贰十万元"。在张氏不愿意出面承办的情况下，温灏只好改招吴、曾二商出首承办。[⑤]这件事，温灏也向盛宣怀禀明在案。

1903年春，张耀轩因为要为自己的儿子操办婚事，由外洋回老家松口。经过香港时，邀请吴理卿与另一位曾姓商人以及温灏一起订章程。温灏给盛宣怀的电文中回忆到："今年春，张鸿南由外洋回籍过港时，吴曾二商邀与共订章程，并劝伊加认股份。

---

① 饶淦中主编：《楷范垂芬耀千秋——印尼张榕轩先贤逝世一百周年纪念文集》，香港日月星出版社，2011年，第208页。
② 《梅溪搁浅》，载《岭东日报》，1902年9月23日，"潮嘉新闻"。
③ 上海图书馆编：《盛宣怀档案选编》第51册，上海：上海古籍出版社，2014年，第521页。
④ 上海图书馆编：《盛宣怀档案选编》第51册，上海：上海古籍出版社，2014年，第531页。
⑤ 这里的吴，即商人吴理卿；"曾"是何人，有待考证。

伊亦允肯。"①这封电文显示,直到1903年春天,仍然决定是由吴、曾二人出面承办潮汕铁路,并且还共订章程。对于记自己追加股份的要求,张耀轩也答应了。

总之,从1902年2月到1903年春天这一段时间里,由于张榕轩没有答应出面承办潮汕铁路,而决定由吴、曾二人出面承办,并且已经将此决议报告给了盛宣怀。

(2)1903年夏间,张榕轩决定承办铁路

虽然由吴、曾二位答应承办潮汕铁路,但在温灏心中仍然希望张氏兄弟出来承办。光绪二十七年四月廿九日,温灏给盛宣怀电:

"张煜南去年七月由职道经劝报效粤省武备学堂经费八万两,助陶前督奏保奉旨赏给四品京堂,现所图只头品顶戴,请设法奏保。潮汕铁路请改派伊弟江西试用知府张鸿南为总办。伊现在家,扎请速发,可面交。因张煜南欲晋京另图差使,伊兄弟并未分家,仍是一样。"②

这份电文显示:四月份,温灏仍然希望由张耀轩担任总办,并告诉盛宣怀,请盛宣怀改派张耀轩为总办,并告诉张耀轩现在就在老家嘉应州松口,请盛宣怀下达任命札书,他可以当面交给张耀轩。并且告诉盛宣怀,张榕轩现在准备进京另图差使。因为亲兄弟没有分家,任命张耀轩为总办,也是一样的。这则电文也透露,此时的张榕轩非常在意头品顶戴,对于潮汕铁路总办一职没有放在心上。但到了1903年夏天,情况发生了变化。

1903年六月,张耀轩家中的事情办完,便动身返回南洋。在途经香港时,对于承办潮汕铁路之事改变了原来的主意。他向温灏要求,如果要让他多入股份,则必须由他的哥哥张榕轩出面承办。温灏给盛宣怀的电报中写到:"迨夏间,张鸿南由籍至港,对职道言,及若要伊多认股份,必须伊兄出名。"③对于这样的要求,温灏与吴、曾二位表示"均皆乐从"。"乐从"二字,显示温灏实现自己初衷的欣慰,吴、曾二商放下重担的惬意,可谓皆大欢喜,毕竟出任潮汕铁路工程的总办并不是一件轻松的事。

光绪二十九年(1903年)十月二十四日,温灏在向盛宣怀报告潮汕铁路的电文中,透露出潮汕铁路最初之议的情况:

敬禀者:

窃职道于九月初六日接奉宪台札开候补四品京堂张煜南呈请招商承办潮汕铁路等因。查此事系张京堂之弟张鸿南前数年倡议,曾与职道会商。是以上年二月,职道有禀

---

① 上海图书馆编:《盛宣怀档案选编》第51册,上海:上海古籍出版社,2014年,第535—537页。
② 上海图书馆编:《盛宣怀档案选编》第65册,上海:上海古籍出版社,2014年,第533页。
③ 上海图书馆编:《盛宣怀档案选编》第51册,上海:上海古籍出版社,2014年,第535—537页。

请派张京堂招商承办之举。及后张京堂来函，仅允附股贰十万元，而不愿出名。于是复改招吴曾二商出首承办，当经禀明在案。①

上引文字提到，倡修潮汕铁路一事"系张京堂之弟张鸿南前数年倡议，曾与职道会商"。根据温灏的这句话，有关潮汕铁路修建之事，最先是张耀轩曾经与温灏商量。温灏除了同是嘉应州人，他与张榕轩昆仲也有一定渊源。温灏19岁时，在张氏先祖所建的三余书室就读，与其从弟政轩同学，因而知其家世颇悉。但当时张榕轩已经在南洋，一直未能谋面。光绪乙未（1895年）秋，温灏到香港执掌中国电报局。第二年，张榕轩从日里回松口，途经香港，两人才有缘见面。温灏《恭祝诰授光禄大夫榕轩京卿大人五旬晋一荣寿大庆》一文回忆道：

乙未秋，灏橄香江司理政电。越明年，公自日丽归，始获把其言论丰采，若恂恂然有儒生。谈次间，时以忧国忧民为念，绝不类虑当世所谓豪富一流人物，又于是知公过人者远也。②

总之，温灏与张榕轩昆仲关系非同一般。这也可看出温灏在劝说张氏兄弟投资潮汕铁路过程中扮演了重要的角色。而他的背后的推动者是清政府的铁路督办大臣盛宣怀。温灏可以直接与当时主管铁路事务的最高官员沟通，扮演的是一个桥梁角色。所以，他也是潮汕铁路修建决策过程中重要的一个行为主体。事实证明，温灏也在潮汕铁路中有入了10股，每股银200元，共银2000元。③

从目前的史料来看，1903年是潮汕铁路提上议事日程的重要年份。这一年，与潮汕铁路决策相关的各个主体在不同的空间里行动。其中，盛宣怀是全国铁路事务的最高官员，坐镇在上海，温灏在香港执掌中国电报局。张榕轩则在南洋的日里（今棉兰），而张耀轩这年年初因为儿子的婚事回到了老家梅县松口，直到六月底才返回日里，然后张榕轩又立即进京接受召见。在北京，皇太后与皇帝关注着全国时局，王公大臣们也在积极谋划新政，张弼士这年上半年在北京参与商部的筹建，直到农历六月底才回南洋。这些不同空间的主体之间，通过电文、书信联络，影响着潮汕铁路的修建决策。

（3）温灏对张榕轩捐纳虚衔的协助

张榕轩最为关心的是如何让自己的功名再提升一级。他的前辈张弼士因为各种报效，与清政府建立良好的关系，也获得各种头衔，这令张榕轩非常羡慕，在信中多次表露了这种情绪。以此为榜样，他也一直想如何让自己的功名再不断地提升。在刚刚过去的1902年，他通过报效广东武备学堂，被皇帝授予"四品京堂"之衔。但他并不满足，所以一直委托温灏帮他打听如何捐纳三品京堂一事。癸卯（1903年）闰五月十二

---

① 上海图书馆编：《盛宣怀档案选编》第51册，上海：上海古籍出版社，2014年，第531页。
②《印尼张榕轩先贤逝世100周年纪念论文集》，第208页。
③《申报》，1905年9月9日，第11637号，第10版。

日，张榕轩致信温灏，拜托他为自己捐头衔：

佐才仁兄观察大人阁下：

今以鄙人生日，多承费心撰就序联，由竹孙兄信内附来，展诵之余，莫名感谢。如此过誉，何以敢当，徒滋颜汗耳。据竹孙兄来函，所云"头衔一事，除前借两竿外，仍须加借四竿"等语。查尊处前来惠书，只云俟奉上谕后，再将该款汇交。想阁下一言重于九鼎，断无变易。弟惟有仰遵前命，不敢有拂锦怀，尚祈勉力代为；如得头衔，自当将此数呈缴，请勿介念。

耑此布臆，敬候台安，诸希心鉴不宣。①

信中希望温灏为捐纳头衔一事，能够为他"勉力代为"。结合其他材料，信的内容中所指的"头衔"是指"头品顶戴"，亦即"一品顶戴"，这是皇帝赏赐的荣誉，不代表官爵，只是象征性的荣誉，但张榕轩对此荣誉非常看重。

其实，张榕轩在追求功名的道路上一直在不懈地努力。早在1901年，已经是道员分发广西尽先补用的张榕轩对四品京堂非常看重，一直希望得到该衔。所以托温灏寻找关系保奏。光绪二十七年（1901）四月二十三日，温灏写信给盛宣怀，电文称："张煜南意在得四品京堂候补，拟再报效四万两，可否？设法奏保，伏乞电示，以便转告。"五月初九日，盛宣怀直接回复"京堂难奏保"。②结果，在温灏的劝说下，报效省武备学堂经费八万两，由两广总督陶模保奏赏给四品京堂。但是，张榕轩仍然不死心在此止步，希望得到头品顶戴。1902年三月，便托温灏打听如何获得这一荣衔。1902年三月廿三日，温灏又电询盛宣怀，"张煜南甚羡头品顶戴，秦晋捐案，如蒙设法奏保，渠必依附门墙，竭力以报大德，如何？乞示。"③三月廿七日，盛宣怀回复："张煜南前请保四品京堂，现有机会，但须援照弟所保之刘锦藻报效库平实银六万两费，在外既得京堂头品顶戴，甚易。"④但此时已经有了四品京堂，所以四月廿九日，温灏给盛宣怀电："张煜南去年七月由职道经劝报效粤省武备学堂经费八万两，助陶前督奏保奉旨赏给四品京堂，现所图只头品顶戴，请设法奏保。"⑤最后是在1903年12月由张榕轩捐助两粤赈款，经两广总督岑春煊奏请，终于获得头品顶戴这一殊荣。⑥

除了希望获得头品顶戴荣誉之外，张榕轩还希望在四品京堂的官品上再升一级，获得三品京堂，仍然还是委托温灏出面为他办理。1903年五月二十八日，温灏去电询问

---

① 肖文评、饶淦中主编：《海峤飞鸿：晚清侨领张榕轩奏牍书信集》，香港：大中华文化出版社，2021年，第335页。
② 上海图书馆编：《盛宣怀档案选编》第65册，上海：上海古籍出版社，2014年，第466页。
③ 上海图书馆编：《盛宣怀档案选编》第65册，上海：上海古籍出版社，2014年，第531页。
④ 上海图书馆编：《盛宣怀档案选编》第65册，上海：上海古籍出版社，2014年，第531页。
⑤ 上海图书馆编：《盛宣怀档案选编》第65册，上海：上海古籍出版社，2014年，第533页。
⑥《潮汕铁路述闻》，载《岭东日报》，1903年12月25日，"潮嘉新闻"。

盛宣怀："由四品京堂捐实银六万，能保赏三品京堂否？张煜南秋间晋京拟执贽门墙，能否保简派耀察南洋商务或驻粤会办铁路，乞示。灏禀。俭。"①

六月初八日，温灏又去电盛宣怀，"俭电谅阅，现煜（应为'耀'②——作者注）南到港，寒（？）赴洋，如有机会，无论款项若干，请速示，俾得面商，盼切。灏禀。庚。"③这里的机会，是指捐纳三品京堂的机会。两天后，即六月初十日，盛宣怀给温灏去电称："俭、庚电悉，四品卿捐升三品卿无成案，已函询政府，保派要差，须俟经过港面谈。潮汕铁路本轻利重，请催强速筹办，免为人夺。苏东部照即咨催。"④盛宣怀"四品卿捐升三品卿无成案"的回复，显示了其难度较大。同时对潮汕铁路何时开工建筑表达了急切的心情。这似乎是对温灏的一种暗示：如果要破格，需要为朝廷做出更大的贡献。温灏也理解这一点，张氏昆仲也应该明白了这一点。三天后，即六月十三日，温灏给盛宣怀去电："鸿云：潮汕拟商煜承办，另订章程，约八月到沪，一切请宪部署。灏禀。"⑤这份电文明确告诉盛宣怀，张耀轩已经将请其兄出面承办潮汕铁路。而事实上，张耀轩也是与张榕轩商议过的。只不过当时张榕轩没有在香港现场，所以电文中只好称"鸿云"之类的话。这也与前引"迨夏间，张鸿南由籍至港，对职道言，及若要伊多认股份，必须伊兄出名"⑥这份电文相互印证。因此，基本可以肯定，张榕轩是1903年六月间，才下了出面承办潮汕铁路的决心的。而这个决心，是心路历程的改变与利益博弈的结果。

在确定出面承办潮汕铁路以后，张榕轩等弟弟回日里，打理好各种生意事宜后，便动身北上。张榕轩具体哪天从日里出发不清楚，但到了香港是八月。然后拜会在香港的温灏，并与他订立相关的章程。所以，温灏在给盛宣怀的电文有如下报告：

"至八月间，张京堂过港时，登岸一宿，匆匆晤谈，即以此事相商。时方二鼓，嘱职道立刻订章程。次早黎明，将稿送交张京堂携以赴沪。"

这段电文描述了张榕轩路过香港，匆匆委托温灏连夜订立潮汕铁路章程的过程。既

---

① 上海图书馆编：《盛宣怀档案选编》第65册，上海：上海古籍出版社，2014年，第535页。
② 此处应为"耀"字。理由有三：一是此时张榕轩尚在日里，没有动身，因为他要等到张耀轩到日里后才能动身北上；二是癸卯六月十六日，张榕轩曾致函谢梦池，讲到耀轩前数天已达香港，而温灏的这封电报是六月八日发出的，时间相差"数天"，基本吻合（见《海峤飞鸿：晚清侨领张榕轩奏牍书信集》，第433页）；三是后面的六月十三日发给盛宣怀的电文中称"鸿云"之语，说明当时在香港交谈的是张耀轩。
③ 上海图书馆编：《盛宣怀档案选编》第65册，上海：上海古籍出版社，2014年，第535页。
④ 上海图书馆编：《盛宣怀档案选编》第65册，上海：上海古籍出版社，2014年，第537页。
⑤ 上海图书馆编：《盛宣怀档案选编》第65册，上海：上海古籍出版社，2014年，第537页。
⑥ 上海图书馆编：《盛宣怀档案选编》第51册，上海：上海古籍出版社，2014年，第535—537页。

然已经答应要出面承办，订立章程基本上只是走一个形式。事情到此，潮汕铁路承办人终于得到落实，这让从中协调奔波此事的温灏长长舒出一口气，终于好向自己的上司盛宣怀一个交代。整个过程中，最先是张耀轩答应承办，后又转到吴、曾二位商人，最后又落实到张榕轩身上。温灏给盛宣怀的电文中这样总结道："此职道前后禀请承办之人始而张，继而吴曾，终而由吴曾复让回张之实在情形也。"并且发出感慨：

"职道费两载苦心，上为朝廷收自有之利权，下为桑梓创无穷之商业，并可告无罪于宫保大人，之前其他皆非所计耳。兹接张京堂来函，以文内有云俟就近呈请本省大府核准后再行会奏，恐其多生枝节，嘱职道代为禀商等语。"①

一件长达几年的事，经过种种变数，种种博弈，最后由张榕轩答应承办潮汕铁路。这其中的原因，并非三言两语可以道清，而是一个心态缓慢变化、不断进行利益权衡的过程。

其实，捐纳虚衔，也是晚清南洋富商与清政府建立联系的一种重要手段。通过捐官，张弼士与晚清实权人物建立了良好的人脉关系，如盛宣怀、李鸿章等。②光绪十七年（1891年）六七月间，张弼士以"办理荷兰国山东赈捐委员、候选知府"的身份到烟台与盛宣怀面谈，并通过盛宣怀向李鸿章和总署反映了有关南洋荷属殖民地华侨所受的"苛虐"，并请求在荷属殖民地设领事，以保护侨民利益。

三、结语

侨乡社会之所以成为侨乡社会，一环扣一环的。由于空间上的隔离，所以需要一个桥梁性质的人物在其中起一个联络作用。他们便是侨乡与南洋之间的中间人。虽然一直延续的侨批与水客在社会日常中发挥着重要的作用，但其仍然是常规性的。如果遇到特别的事情需要南洋社会的资金时，仍然需要一个角色来充当中间人的角色，把这些资金想办法筹集并引入家乡，以达成相应的目标。这个中间人的角色，是侨乡社会众多公益事业得以完成的关键性人物。即便参与国家现代化层面的南洋巨商，他们除了依赖官方正式的渠道与政府打交道外，也还需要依靠中间人来达成自己的目的。

除了上述的活动之外，我们还发现，许多地方开明士绅也与南洋保持密切联系，从中劝说南洋巨商回国投资或为公共事务提供支持。关于这一点，我们可以通过温仲和、梁诗五、丘逢甲等人之间以及与南洋巨商之间的书信往来可以看出。这些通信带来的信息传递，也有利于沟通外洋与内地的信息，并影响南洋巨商的判断。

这种中间人的影响还包括介绍家乡的资源，以满足南洋华人社会的需求。如，家乡社会的文化资源等，常常是南洋社会所缺。以温仲和为例，在他的文集中，就看到几篇

---

① 上海图书馆编：《盛宣怀档案选编》第51册，上海：上海古籍出版社，2014年，第535—537页。
② 魏明枢：《张弼士担任槟城副领事的人脉关系考》，载房学嘉等编《张弼士为商之道研究》，广州：华南理工大学出版社，2012年，第140页。

为南洋巨商家人所作的寿序、像赞等,并且还帮泰国龙莲寺作《暹罗龙莲寺开山祖师碑》[①]。直到今天,仍然有一些文化人士为南洋社会从事相关文化工作,如刊物的编辑等。

---

① 温仲和:《求在我斋集》卷三,第16页。

中国特色社会主义新时代福建侨乡推进共同富裕的实践探索

邓达宏[①]

【摘　要】 共同富裕是社会主义的本质要求，是中国式现代化的重要特征。福建侨乡素来拥有大量的"侨"资源，是当地侨乡扎实推进共同富裕实现更大突破的良好基础条件。新时代福建侨乡在推进侨乡共同富裕的实践上进行大胆尝试和探索，取得一些成功经验。为更好地汇聚"侨"资源，推进福建高质量发展，进一步实现福建侨乡共同富裕发展目标，本文在分析新时代福建侨乡实现共同富裕优势的基础上，总结了侨乡推进共同富裕实践探索的成功模式。从五方面提出加快推进福建侨乡共同富裕对策路径，促进福建侨乡共同富裕实现和发展。

【关键词】 福建侨乡；共同富裕；实践探索

福建省是中国著名侨乡，华侨华人是福建侨乡高质量发展的重要力量之一。福建侨乡在推进共同富裕的实践路上离不开"侨"的参与支持。助力福建侨乡共同富裕是每位海外华侨华人的使命与责任。面对日益复杂严峻的国内外形势，更多海外华侨华人积极主动投身福建省高质量建设，推动外贸外资平稳发展。一些华侨华人的投资已成为福建各设区市外向型经济发展的重要支撑，特别是福州厦门泉州和三明等地。福建侨乡拥有丰富的侨力资源，是侨乡侨村扎实推进共同富裕、实现更大突破的坚实基础和良好条件。"共同富裕是社会主义的本质要求，是中国式现代化的重要特征。"[②]在党的二十大报告中，习近平总书记强调指出："中国式现代化是人口规模巨大的现代化，是全体人民共同富裕的现代化，是物质文明和精神文明相协调的现代化，是人与自然和谐共生的现代化，是走和平发展道路的现代化。"[③]中国式现代化将为共同富裕提供目标指引和发展路径。站在第二个百年奋斗目标的新征程上，怎样利用好"侨"资源，加快推进福建

[①] 作者简介：邓达宏，广东饶平人，福建社会科学院华侨所副所长、研究员，研究方向为华侨历史和侨批文化。
[②] 习近平：《习近平谈治国理政（第4卷）》，北京：外文出版社，2022年，第142页。
[③] 《高举中国特色社会主义伟大旗帜　为全面建设社会主义现代化国家而团结奋斗》，人民网，http://cpc.people.com.cn/n1/2022/1026/c64094-32551700.html。

侨乡侨村共同富裕，打造福建侨乡侨村共同富裕发展样本，值得业界广泛探讨。

一、福建侨乡发展的历史及实现共同富裕的基础

（一）福建侨乡形成与发展的历史

福建向海外移民的历史早已形成了侨乡一道特殊的文化景观。据统计，目前闽籍华侨华人有1580万人，分布在188个国家和地区，占全球海外华侨华人总人数的26.3%。自1978年改革开放以来，福建累计利用侨资高达900多亿美元，占全省实际利用外资总数的80%左右；海外乡亲捐赠累计超过280亿元人民币。[1]福建省的侨眷、归侨占全省总人口的15%左右，达500多万人。1979年到1996年之间，福建全省新移民约50万人。[2]自唐宋以来，福建侨乡数量经历了由少到多，分布由闽南向东部沿海地区、再到内陆的过程。随着向海外移民数量和分布范围的逐渐扩大，福建侨乡侨村就随之产生。据《福建省志·华侨志》记载，福建省内重点侨乡县（市、区）有20个，属于一般侨乡（县、市）有10个。[3]这些侨乡大都分布于沿海地区。直到20世纪80年代，福建内陆地区开始出现了一批如南平建阳市苦竹坪村、三明明溪县沙溪村等新侨乡村。现在，内陆地区新移民数量明显增多，仅几年时间就与厦漳莆相当，占总出国人数的8%。[4]据暨南大学李爱慧学者的调研，截至2021年5月10日，华人作为美国第一大亚裔族群，如今人口数量已经接近550万。研究显示，来自中国不同省份的新移民深刻地影响着整个华人社区文化以及社团结构。福州地区移美规模情况就很典型。由于福州移民规模的壮大，福州话已成为纽约唐人街的第二大方言。据统计，1998年福建籍华人社团只有十多个，至2005年，全美大大小小的闽籍社团已有100多个，多数集中于大纽约地区，既有以同省籍为基础的大型联合性社团，也有以同县、同镇，甚至同村籍为纽带建立的中小型同乡会。纽约大都会吸引了人数最多的新移民，该区的唐人街由1条增加到6条。[5]

（二）福建侨乡实现共同富裕的基础

福建侨乡经过历史的演绎，尤其是改革开放四十多年的探索与积累，比任何时候都有条件有基础推动侨乡共同富裕实现更大的突破。其一，福建侨乡人民群众生活相对较

---

[1]《改革开放40年引侨资逾900亿美元 于伟国冀华侨华人参与新福建建设》，中国新闻网，https://www.chinanews.com.cn/hr/2018/02-02/8440108.shtml。

[2] 吴志、王彬、刘成：《海洋文化视角下福建侨乡的形成与演变原因分析》，载《鲁东大学学报（自然科学版）》，2012年第2期，第180页。

[3] 福建省地方志编纂委员会：《福建省志·华侨志》，福州：福建人民出版社，1992年，第1页。

[4] 朱美荣：《福建省新移民问题剖析及相关政策初探》，载《人口研究》，2001年第5期。

[5]《从中餐风味到社团构成，美国华人人口结构发生了怎样的变迁？》，中国新闻网，https://www.chinanews.com.cn/hr/2021/05-10/9474244.shtml。

为富裕。侨乡经济总量比内陆的相对较高，人均地区生产总值也较突出，居民人均可支配收入也较丰厚。其二，各侨乡发展相对均衡。侨乡城乡居民收入倍差不大。其三，侨乡社会民生事业改革成效比较突出。系列改革为新时期推动福建侨乡共同富裕积累了宝贵经验。

二、新时代福建侨乡实现共同富裕的优势及实践模式

自 2012 年党的十八大以来，以习近平同志为核心的党中央坚持以人民为中心的思想，坚持把全体人民共同富裕逐步实现的目标摆在更加重要的位置上，不断为新时代促进共同富裕创造了更加良好的条件。当前，已经到了扎实推动全体人民共同富裕的历史新阶段。

（一）新时代福建侨乡实现共同富裕的优势

"团结统一的中华民族""博大精深的中华文化""实现中华民族伟大复兴"是习近平总书记关于海内外中华儿女共同"根""魂""梦"的重要论述，指引着新时代福建侨乡的侨务工作。闽籍海外华侨华人历来爱拼敢赢，在全球特别是东南亚国家素有美誉。党的十八大以来，福建省委省政府加大力度"以侨架桥"，鼓励海外华侨华人在更广范围上参与福建省高质量示范省建设，支持各设区市政府部门充分发掘华侨资源，重点突出侨资、侨韵、侨味、侨品、侨情等侨的元素，"广泛凝聚侨心侨力侨智"。在省委省政府的正确领导下，省市县有关部门在注重引导推动招商引资工作外，还多措并举开展侨乡（村）经济社会发展服务工作，合力形成有专门工作人员负责侨事、有专门场址商讨侨事，依法依规办理侨事的良好新局面。各级侨务工作者注重维护华侨华人的权益，保护和维护好华侨华人在国内的祖屋或祖坟这个"根"，用心用情用浓厚的乡愁文化情结牢牢抓住海外华侨华人对家乡的恋乡之情。一些侨乡还认真挖掘华侨人文内涵，建设一批华侨展览馆或纪念馆，凸显福建侨乡侨村特色，并以此系侨情，如福州《白眉侨批馆》、泉州永春县《梁披云梁灵光纪念馆》、三明沙溪侨村《侨史馆》等等。各馆都翔实展现各村华侨华人为桑梓建设的丰功伟绩，旨在弘扬华侨华人爱国爱乡的崇高精神。据统计，永春县仅就海外丰山村籍华侨华人捐赠家乡公益事业建设经费累计高达 2000 多万元人民币[①]，为丰山村侨村实现共同富裕做出了贡献。

共同富裕是逐步实现的。当前，福建已有一批侨乡侨村先后获得了各种荣誉称号，对乡村发展形成有效名片，如国家生态村名片、国家民主法制示范村名片、全省宜居环境建设试点村名片或国家侨务明星村名片等，乡村发展态势良好。福建侨乡践行共同富裕的优势是显而易见的。

---

① 资料来源于作者 2019 年 7 月 5 日与桃城镇丰山村侨务工作人员座谈实录整理统计结果。

（二）新时代福建侨乡实现共同富裕的实践模式

壮美画卷徐徐铺展——开启第二个百年奋斗目标的新征程上，加快推进全体人民共同富裕目标的实现摆在更加明显更加重要的位置，福建侨乡担负着新的历史使命，打造共同富裕的福建侨乡样本任重道远。城乡要想实现共同富裕，重点就在乡村，而乡村的关键又在于农民。实现侨乡全体人民共同富裕就必须要加大力度深化改革，争取在侨乡资源要素市场化配置上有更大突破，让侨乡在共同富裕发展的道路上激发新的内在活力，从而推进侨乡全体人民共同富裕目标实现。新时代"侨智""侨力"在推进福建侨乡共同富裕发展上的实践模式。

1. 文旅小切口带动侨乡共富"新出路"。福州白眉村是有名侨乡。近三年来，白眉侨村将文旅深度融合，为侨乡持续增加农民收入做出贡献，成为侨乡共同富裕的新出路。福州白眉侨村一方面紧跟社会正在兴起的"文博热""艺术热"趋势，利用侨资源特有的优势，加大力度引进侨资源和社会各方力量，打造"白眉侨批文创园"，并在以"侨"架"桥"上，加大力度下足功夫。果不其然，"白眉侨批文创园"的建设不仅带动了侨乡"土菜馆""民宿""直播培训中心"等多个项目在侨乡落成，不仅让乡村旅游业兴起，而且让侨乡脐橙等农副产品销售走俏，持续增加农户收入，为侨乡共同富裕发展注入新鲜血液。另一方面，侨村引进名家或特色大师工作室，创作书画、音乐和非遗艺术品等，不断提升乡村文化品位和侨乡村民的涵养，为乡村文明建设和共同富裕目标的实现提供内在精神动力。如今，白眉侨村拥有多张名片，如"省级乡村振兴试点村""市级美丽乡村精品示范村""省级乡村旅游特色村"等。白眉侨村面貌"颜值"刷新，百姓日子蒸蒸日上，幸福感满满。日前，白眉侨村入选福州市乡村振兴20个五星级村之一，正朝着实现"农业强农村美农民富"目标奋进。

2. 医康养集聚侨乡共富的"金色名片"。泉州永春侨乡引资引智双"回流"，将侨乡文化与医康养深度融合，让侨乡在共同富裕发展道路上更具有魅力。姑山镇北溪村是永春县侨乡引智与引资并重的典范。2004年，在香港永春同乡福利基金会主席的大力支持下，北溪侨村积极引进侨文化，建设"北溪桃花谷生态旅游区"生态园，吸纳在国外的一流学者和专业人员回家乡，为打造侨村高科技产业园服务。[①]北溪侨村将侨文化与医康养深度融合，从侨村发展的顶层规划设计做起，一步步稳扎稳打地实施侨村振兴发展工作，取得了综合性的良好发展态势。如今，"北溪文苑"已拥有"国家4A级旅游区""中国最有魅力休闲乡村""福建省劳模疗休养基地"等多张名片，大大激发了北溪侨村全面振兴发展的内在活力，造福当地百姓。

3. 乡贤产业集群撬动共富"新支点"。就业是最大的民生。福清市南湾侨村将乡贤产业集群，大力培育发展壮大龙头企业，解决了当地百姓就业问题，撬动共同富裕的"新支点"。南湾侨村在乡贤的积极带领下，成立了规模达90多人的乡贤促进会。南湾

---

① 资料来源于作者2019年7月4日与香港永春同乡福利基金主席郑永红先生座谈实录。

侨村在乡党委的领导下，在乡贤促进会的协助下，运用"以侨带企"的逻辑思维，大力培育壮大当地鳗鱼龙头企业，扩大企业就业岗位，使当地鳗鱼产业链条不断延伸发展。乡贤在省内企业有福清市的福建福铭食品有限公司、隆裕食品有限公司、福旺彩印制灌有限公司、福建龙翔鲍鱼水产养殖公司等。乡贤在外省企业有河南省周口的融辉集团、江苏融达再生资源配送有限公司、江苏如意生态农业发展有限公司等。乡贤在海外的企业有：新侨杨欢在日本开办日本福铭食品株式会社，销售福铭烤鳗，是福清市唯一一家在日本开办销售公司；新侨杨年春在厄瓜多尔开设"曼塔太平洋海产公司"；新侨杨广在加拿大开办大型超市；新侨叶晨锋在澳大利亚旅游区开办餐饮业；新侨杨国标在秘鲁开办中餐厅；新侨杨白在南非开办服装批发店；新侨杨国文在罗马尼亚开办玩具批发店等等。南湾村不仅成功促成了侨眷属在省内外创业，加速了侨乡侨企经济的发展，还组织侨务小组成员走出去，先后到古巴等7个国家走访居住在国外的乡亲，考察投资环境，座谈了解公司生产经营情况，拓展海外工作，拓展新侨工作，坚持国内国际双循环工作并重，老侨新侨工作并重，发挥侨力服务经济发展，积聚社会财富，助推侨乡共同富裕发展。①在发展产业同时，努力引导乡贤们为家乡公益事业项目建设捐资出力，不断提升当地村民的获得感和幸福感。经统计，自乡贤促进会成立以来，已收到乡贤捐资高达1200多万元。②不仅大大拓宽了企业在省内的融资渠道，还进一步夯实了推进侨乡共同富裕实现的物质基础。

4. 文化衍生品成为侨乡共富的"增长点"。侨乡文化风情小镇与苏区文化融合的文化衍生品持续发展，成为侨乡经济发展的"新增长点"。中西合璧、土洋结合的"文化风情小镇"传递的是悠闲、自在、田园牧歌式的现代生活理念，呈现的是国际文化与当地侨乡文化紧密融合的美丽画卷。

为实现共同富裕目标，我们不仅要从顶层设计上规划均衡与发展，做好"富"文章，而且要在物质与精神双文明的协调上拓展"裕"的内涵。比如，素有"八闽旅欧第一县"美誉的明溪县就是一个成功的例子。明溪县大力利用侨资源，开展对外交流，将"打响侨乡特色品牌"编制列入县"十四五"规划，着力谋划"华侨创业创新基地""欧陆风情体验区""世界红酒咖啡体验中心""进口商品城""欧侨文化交流平台"等项目建设，并按照"一个项目、一套班子、一张列表、一抓到底"的工作机制抓落实，确保每个项目顺利实施。在这基础上，紧密结合当地人文历史、自然生态及侨乡多元文化，为游客提供具有欧陆侨韵、异国风情、慢城乡愁等特色的主客共享的微旅游目的地。明溪县委县政府带领、组织当地建设中西结合的"文化风情小镇"，既重视苏区文化，又结合当地实际不断深挖红色文化，让红色精神家底永远赓续传承，为侨乡共同富裕目标的实现打下坚实的文化基础。

---

① 资料来源于作者2021年3月26日与南湾侨村书记等同志座谈实录。
② 资料来源于作者2021年3月26日与南湾侨村书记等同志座谈实录整理统计结果。

三、新时代促进福建侨乡共同富裕对策路径

当前,福建侨乡在实现共同富裕发展上存在一些短板。主要是侨村专业人才缺失;政府有关部门对老侨企的服务意识有待加强;慈善公益事业捐赠较多,但产业资本投入较少;侨乡公共服务尚显不足等,为此,提出如下五项对策路径。

(一)加快推进对福建侨乡特殊群体的关怀救助

习近平总书记曾在十九届中央政治局常委同中外记者见面时强调:"共同富裕路上,一个也不能掉队。"因此,福建侨乡要实现共同富裕是惠及侨乡全民的富裕,绝不是少数人或一小部分人的富裕。必须以侨村为支点,以侨乡为半径,实现城乡共同富裕全覆盖。必须做好脱贫攻坚与乡村振兴有效衔接、建立完善困难群众监测预警和主动发现机制;建立健全侨乡分层分类的社会救助体系;加快推进侨村社会救助立法进程,为实现社会救助事业持续高质量发展提供有力法治保障;继续推动侨乡公共服务均等化,完善社会保障体系。

(二)大力促进侨乡资本的跨国流动

在历经 3 年多时间的新冠肺炎疫情冲击下,部分侨资企业在工作人员往来及生产经营管理上都遇到不少堵点和障碍,侨乡各级部门要在贯彻"疫情要防住、经济要稳住、发展要安全"总体要求下,更加耐心细致地做好为侨服务工作,尽力帮助解决侨企遇到的堵点,尽最大力度提升侨资企业竞争力,有效促进侨乡资本的顺畅运转。今天,站在第二个百年奋斗的新征程上,要用心用情组织好中国国际投资贸易洽谈会,更要尽全力举办好海外华商中国投资峰会,抓好侨商面临转型再投资的有利时机,进一步优化扶持政策,进一步完善服务机制。既要帮助侨商寻找合适的投资项目,建立好侨商投资项目库;还要着力破解制约侨商回家乡投资的障碍和短板。让福建侨乡成为广大侨商最乐意最安心投资的热土。

(三)发挥闽籍华侨华人媒介宣传作用

加大力度宣传福建侨乡推进共同富裕发展实践的好故事。随着"一带一路"倡议的提出和稳步推进,处理好以东南亚为代表的周边外交工作乃至与世界各国的关系,对于稳定我国的社会经济发展大局、推进区域经济文化交流以及建构人类命运共同体等都具有重要的战略价值。相应的,海外华侨华人也在"一带一路"互联互通建设中被赋予了"宣传媒介"的特殊角色。大多数闽籍海外华侨华人都拥有融通中外的文化底蕴,他们有较好的经济基础,甚至还有广泛的人脉关系。他们在频繁往返于国内外时,正是传播中国好声音好故事的最好媒介。美国福建华人联合会主席李华听完习总书记在党的二十大上的报告后表示,海外华侨华人虽然身处异国他乡,但始终与祖(籍)国同频共振。

"我们将继续打好'新侨牌',突出发挥海外华侨华人融通中外的桥梁纽带作用,积极投身家乡'引侨资、聚侨力、汇侨智'工作,愿与家乡人民一道共同努力,为中国经济社会发展、推动祖国和平统一大业、实现中华民族伟大复兴的中国梦贡献自己的力量!"[①]福建省侨乡各地各部门应更加主动积极地邀请在政治社会经济方面有一定影响或专业上有造诣的海外华侨华人或专家学者回到家走走,看看侨乡侨村新面貌。同时,积极引导他们将中国好声音、福建侨乡共同富裕发展好故事传播出去,进一步推动中华优秀传统文化在中外民间友好交往过程中走出去。有条件的侨乡还应以融媒体为载体,用网言网语向海外华侨华人讲好中国"共富故事",让共同富裕宣传"飞入寻常百姓家",飞向全世界。

(四)为侨企升级转型提供服务

当前,部分海外国家受新冠肺炎疫情的影响仍十分大,给海外华侨华人的企业带来巨大冲击,比如旅游业、餐饮服务业、华文教育等行业。甚至有些华侨华人因疫情原因,造成无法回到国内或者无法前往海外居住国,企业经营只能委托代理人或暂停经营。在这种新情况下,部分侨商为应对变化,随时有可能将发展方向重点转向国内。各部门要充分利用有利机遇,积极帮助侨企随时调整方向,特别是生物科技等前沿领域,必须大力营造良好的营商环境,为侨乡村民提供更多新的就业机会,如数字经济、人工智能等重点产业。稳住就业,就是稳住了民心。侨乡民心稳住了,社会自然就有了稳定的基石,侨乡实现共同富裕的道路就会越走越宽,发展越来越好。

(五)建设高水平共同富裕的福建侨乡样本

时代呼唤人才,发展需要人才。引入高层次专业的海外华侨华人参与福建省侨乡建设,让侨"智力"在调整侨乡产业结构和企业升级转型上发挥作用。为精准掌握海外侨情新情况,为我省引智工作服务。必须加快构建海外闽籍重点"侨商数据库""社团数据库""专业人士数据库"等"三大数据库"。目前,厦门市已率先遴选出华侨华人社团150个,推动3个海外华商协会来厦设立办事机构,出台了"双百计划""海纳百川"2个计划,吸纳一批具有精尖高层次专业的华侨华人来厦投资,创办侨资企业。中国侨商联合会会长许荣茂曾在一次座谈时表示:"将当好国内国际双循环的桥梁纽带",推动更多有活力、有潜力、有创新力的"侨的智慧"留在八闽大地。[②]人才是创新的根基,是创新的主体,人才是强省之本。大力引入"侨的智慧",参与福建侨乡共同富裕建设,奋力谱写全面建设社会主义现代化强国的福建新篇章。

---

① 李寅峰:《全国政协海外列席侨胞热议党的二十大报告——中国的强大是海内外中华儿女的共同心愿》,载《人民政协报》,2022年10月17日,第7版。
②《福建省领导会见中国侨商联合会考察团》,中国新闻网,http://www.fj.chinanews.com.cn/news/2021/2021-06-03/485341.html。

习近平总书记深刻指出："我们追求的富裕是全体人民共同富裕。"[①]面向未来，福建将在党的二十大精神的指引下，有信心、有决心、有基础、有条件坚持以人民为中心的发展思想，准确把握实现共同富裕的战略目标和实践途径，推动经济平衡健康可持续发展，脚踏实地、久久为功，共同富裕的美好图景就一定能在福建侨乡大地上实现，为全面建成社会主义现代化强国提供有力支撑。

[①]《从"共"字看扎实推进共同富裕》，光明网，https://epaper.gmw.cn/gmrb/html/2021-12/09/nw.D110000gmrb_20211209_5-01.htm。

成为"网红":饮食消费与归侨文化社区建构研究
——基于福州华塑小区的田野调查

童 莹[①]

【摘 要】基于对福州市华塑小区的实地考察,本文呈现了以安置归难侨及其子女为主的城市工厂集体宿舍,在大众饮食消费影响下成为文化社区的建构过程。华塑小区原是福州华侨塑料厂员工的宿舍区,最早用以安置20世纪下半叶的马来西亚、印尼、越南归难侨。国营工厂倒闭后,一些归侨及其子女自发在宿舍区经营小吃摊位维持生计。近年来,伴随自媒体的发达与大众,特别是青年群体品味的变化,华塑小区一跃成为著名的南洋美食网红打卡地。归侨集中安置地的历史定位又进一步加深了"网红"的文化标签,使区内经营的所有小吃摊均被冠上"南洋小吃",而小吃摊主也有意无意地在食客面前彰显原本隐蔽的归侨身份与文化认同。爆炸性的消费增长吸引了散居福州其他地区,甚至周边县市华侨农场的归侨搬迁至华塑小区经营南洋小吃摊。大量游客与食客的进入,促使小区内普通的归侨居民亦开始公开展演自己的归侨身份。在与食客的交谈中,无论是小吃摊主抑或是其他归侨,都会提及他们在他乡漂泊和归国的经历,又进一步加强了群体记忆。本文认为,华塑小区这个"地点"的空间,与南洋美食街区这个"文化"的空间之交叠提供了归侨文化社区建构的"形""神"基础。饮食文化在大众面前的日常呈现重新激发了归侨的身份认同并带动了散居归侨向该地点的聚集。大众饮食消费的需求促使当地归侨公开展演具有南洋风情的文化风俗,并在群体记忆的不断重申中增强了共同体意识。身份认同、族群聚集与社区文化标识的相互作用共同型构了一个区别于周遭社会的归侨文化社区。

【关键词】文化社区;归侨;饮食消费;族群认同;文化展演

20世纪下半叶,受冷战格局与国际政治的影响,我国陆续接收了数十万来自马来西亚、缅甸、印度尼西亚、越南、印度等国的被迫回流移民,并采取了集中安置的方式来帮助这些归侨尽快融入本土社会。绝大多数归侨被安置于兴建的84个华侨农场及林垦、渔业生产队,除此之外,还有极少数人被安置在了城市国营华侨工厂。作为特殊历

[①] 作者简介:童莹,福建社会科学院华侨华人研究所助理研究员。

史时期形成的特殊移民社区，华侨农场的发展与变革得到了学术界的持续关注。[①]然而，国营华侨工厂却因数量少、安置人口少而鲜有研究。事实上，国营华侨工厂同样经历了由计划经济时代的"政策性社区"到改革开放后"体制融入地方，管理融入社会，经济融入市场"的制度变革。而归侨个体也同样经受了从集体生活模式到直面市场竞争的社会再适应过程。那么，国营华侨工厂的归侨职工对制度性变革做出了何种回应？他们在改革过程中发挥了怎样的主体性？城市化的背景是否给这些归侨的个人发展与社会融入带来了其他路径？而要解答这些学术问题，必须进一步开展可靠的实证研究。

基于此，本文选取了我国最早成立的国营华侨工厂——福州华侨塑料厂，即如今的华塑小区作为研究对象，来考察城市归难侨职工在国企改制后的生存境遇。通过为期一年的跟踪调查，本文发现华塑小区的归侨不仅较好地完成了社会再适应，还在大众饮食消费的影响下构建了一个以归侨文化为主体的文化社区。"文化社区"（cultural community）是令狐萍在研究美国华人社会时提出的学术概念，意指那些没有具体地理边界，而由中华文化凝聚力而产生的"无形"的华人社会空间。她认为美国华人社区经历了从"有形"的传统唐人街向文化社区的转变。尽管令狐萍的"文化社区"主要用来研究海外华人社会，但她同时指出文化社区理论也适用于在经济与就业方面已同化于主流社会，但在文化上仍保持族群特性的移民社区。[②]20世纪末华侨塑料厂倒闭后，一些归侨及其子女自发在宿舍区经营小吃摊位来维持生计。近年来，伴随自媒体的发达及大众饮食消费的变化，华塑小区一跃成为著名的美食网红打卡地。笔者对当下热门的自媒体交流平台抖音、小红书、微博、B站、大众点评上华塑小区的关注度进行了统计，截至2023年8月，共有相关帖子405篇，其中点赞233,267个，评论17,855条，收藏51,625次。如今，华塑小区俨然成为福州市别具一格的文化景观。华塑小区这个"地点"的空间，与归侨美食街区这个"文化"的空间之交叠提供了归侨文化社区建构的"形""神"基础。爆炸性的消费增长促使原本零星的小吃摊位扩大成美食文化街区景观，"归侨美食"成为社区显著的文化标识。在大量食客与游客涌入的饮食消费前台，归侨会有意无意地公开展演归侨文化。为了凸显美食的"地道"，网红摊主会强调自己的归侨身份，而在与食客的交流中不断被唤醒的集体记忆又进一步重塑了他们的族群认

---

① 参见贾大明：《华侨农场体制改革探析》，载《福建论坛（人文社会科学版）》，2004年第10期；郑少智：《国营华侨农场改革与资产营运模式探讨》，载《暨南学报（哲学社会科学版）》，2003年第4期；何静、农新贵：《关于华侨农场经济体制改革的思考》，载《福建论坛（经济社会版）》，1999年第6期；钟大球：《"小政府"催长了大经济——对珠江华侨农场成立管理区后的调查》，载《中国农垦经济》，1994年第10期；杨英、傅汉章、郑少智、王兵：《广东省国有华侨农场体制改革基本思路探索》，载《中国农村经济》，2003年第2期。

② 参见令狐萍：《美国华人研究的新视角：文化社区理论》，载《华侨华人历史研究》，2007年第1期，第25—30页；Huping Ling, *Chinese St. Louis: From Enclave to Cultural Community*, Philadelphia: Temple University Press, 2004, pp.1-14.

同。以下，本文将具体呈现归侨个体及家庭，如何借助大众饮食消费将华塑小区从普通的工厂宿舍变成归侨美食街区，并型构出一个区别于周遭社会的归侨文化社区。

一、生产空间向消费空间的转向

福州华侨塑料厂创建于 1985 年，2000 年宣布正式停工关厂，自此职工开始自谋生计。因经营不善与工厂转型需要，20 世纪末福州华侨塑料厂变卖厂房，流转了大部分土地，如今的华塑小区仅是保留的一小部分职工宿舍区。回首近 40 年的发展历程，华塑小区完成了由生产空间向消费空间的转向，为文化社区的形成提供了地理上的实体基础。

（一）华侨塑料厂兴衰

福州华侨塑料厂最初是 1958 年由二十几位马来西亚、日本归侨自发进行生产自助而创办。1959 年，为安置印尼归侨 600 余人，由福建省侨委拨款 30 万元，选址移山填田，添置设备，兴建厂房。原本以手工小作坊为主体经营的工厂正式成为机械化生产的侨委直属塑料厂。福州华侨塑料厂先后安置了来自 16 个国家的归侨 2000 余人，截至 1999 年尚有在职员工 980 余人，其中 60% 为归侨及其子女，离退休人员约 500 人，是福州市区内人口最集中的归侨社区。

福州华侨塑料厂曾经辉煌一时，归侨职工骄傲地提起这段过往，"那个时候福州本地人都羡慕我们，都想找关系进我们厂"。1961 年，厂里的技术人员以海外带回的日本橡胶海绵拖鞋为样本，经过反复试验，研发出由塑料原料替代的微孔泡沫拖鞋，于 1964 年以"白鸽"品牌投入生产，当年即出口香港 98,700 双。在全场职工的共同努力之下，福州华侨塑料厂一直保持较好的发展态势，成为国内外闻名的侨字号明星企业。1979 年，"白鸽"牌拖鞋荣获国家银质奖，工厂被评定为"省级先进企业"和"国家二级企业"。改革开放后，福州华侨塑料厂引进日 PU/PVC 新型人造革生产线，加开吹塑印花薄膜和热缩薄膜生产线，企业有了进一步发展。据统计，从 1958 年到 1988 年的 30 年间，福州华侨塑料厂为国家创造产值 4.7 亿元，创汇总额 9300 万美元，实现利润总计 8000 万元。[①]

20 世纪 80 年代末，由于海外市场萎缩及投资失利，华侨塑料厂的发展每况愈下。90 年代，在国企改制和市场经济的冲击下，华侨塑料厂彻底丧失竞争力，并于 1997 年陷入亏损。为了挽救企业，厂领导决定低价变卖闲置的设备给私企，又将车间转让给个人，同时决定置换一部分土地。华侨塑料厂共有土地 60 余亩，厂领导将临街的 20 余亩高价转让出去，同时在福州市北部郊区低价买入土地，建设华塑二厂，把亏损的拖鞋项目迁到郊区以"转换机制"。由于置换土地内有数栋职工宿舍，含归侨 300 余户，因此

[①] 黄小坚：《归国华侨的历史与现状》，香港：香港社会科学出版社，2005 年，第 212—213 页。

这部分职工也被安置在了北郊的新厂区。为了"减员增效",厂领导还将拖鞋生产车间的职工从700余人削减到400人。为了保障离退休职工权益,厂领导在仅剩的临街地皮上修建了"华侨大厦",用写字楼的租赁收入来发放职工内退费和养老金。

即便如此,2000年华侨塑料厂还是倒闭了,厂领导变卖工厂生产区的土地,只保留了22.5亩的职工宿舍区,即为今天的"华塑小区"。目前,华塑小区共有住户392户,但归侨及其子女所占比例已大大降低。除了华塑二厂的异地安置之外,还有两个原因造成了归侨职工的自发迁出。其一是城市化带来的自然人口流动,其二是20世纪末移民政策的宽松,许多归侨职工借助海外亲属再次移民到其他国家。而华侨塑料厂仅剩十几名行政人员,在小区门口的华侨大厦(工厂集体置业)办公,用以发放离退休职工养老金。自此,华塑小区归侨及其子女彻底告别了工业生产的时代。

(二)从谋生摊铺到"网红"街区

事实上,华塑小区归侨职工经营小吃摊位由来已久。早在20世纪80年代末,厂领导允许少数困难职工在宿舍区道路两侧经营小吃摊位。这一时期的消费群体是厂内职工家庭,供应的主要是早餐或特色糕点。由于厂内职工平日工作繁忙,常常来不及准备早餐,再加之大家的饮食口味趋同,钟爱来自家乡的美食,因此小吃摊的生意兴隆。其他职工见此情形也纷纷加入,摊铺的类型也从早餐摊扩大至正餐经营。例如,华塑小区最著名的"印尼爸爸"私房菜老板就告诉笔者:"我从1991年开始就在自己家里做整桌的印尼菜了。那个时候厂里谁家有要聚会的,会提前告诉我,然后就到我家里来吃,我就给他们做。那个时候收费很便宜,因为都是熟人嘛,大家也都很开心,因为不用自己麻烦。"①华塑小区经营归侨美食的消息逐渐传开,吸引了周边特别是其他归侨聚集社区的居民前来消费。

2000年,塑料厂停工后,华塑小区的美食经营进入蓬勃发展阶段。许多失业归侨相继扩建自家或租用一楼的房屋,改建成小吃店铺,那些没条件开店的则在社区的入门口、主干道两侧以及其他醒目的公共区域经营小吃摊位。借助于熟人社会的人际交往准则与默契,临时性的小吃摊位逐步固定化,形成了以店铺为主、摊位为辅的经营格局。经营范围既包括沙爹肉串、越南米粉、印尼糕点等小吃,又涵盖了印尼菜、越南咖啡和东南亚零食,甚至不具备归侨文化特色的烤鸭店。美食经营的聚集效应开始凸显,福州本地人也喜欢到此地消费,华塑小区声名鹊起,成为"老福州"有口皆碑的小吃街。

2015年后,伴随自媒体时代的到来,华塑小区的美食经营真正进入了高峰期。每天上午,华塑小区都熙熙攘攘,食客络绎不绝,而到了周末更是人满为患,致使在小区行走都嫌拥挤。最火爆的"阿宝越式米粉店""印尼大叔沙爹肉串"一般需要排队一小时左右才能吃上,而各式印尼糕点往往会在8点前就售罄。福州本地人、在榕大学生以

---

① 资料来源于2021年6月21日笔者对"印尼爸爸"老板朱春金的访谈。

及外地游客成为华塑小区饮食消费的主力军,华塑小区也成为名副其实的"网红"打卡地。提及小区的爆红,归侨们都会感叹,"网络和媒体帮我们做了很大的宣传",然而却没人能说得清华塑小区究竟是何时在网络上出名。笔者通过检索发现,目前能查到的最早网络报道是2016年一则来自"搜狐网"的报道,文中不仅介绍了华塑小区的美食,还提到了它已经深受大学生喜爱的事实。[①]

如今的华塑小区已经丝毫看不见工厂当年生产的影子,而"南洋美食"消费则替代成为社区的主要功能。归侨日常生活空间与大众饮食消费空间的叠加成为华塑小区的新特征。那么,华塑小区为什么会吸引如此多人前来消费,并成为网红社区?而大众饮食消费对华塑小区归侨的生活空间又造成了怎样的影响?下文将从饮食浪漫伦理与社区景观,饮食消费前台与日常生活,消费背后的文化符号意义与身份认同三个方面来阐释两者的互动关系。

二、饮食浪漫伦理与社区"景观化"呈现

从社会文化发展背景分析,华塑小区美食的风靡主要源于我国大众,特别是青年群体消费观念的改变。消费社会学认为人的消费行为存在"他人导向型"与"自我导向型"两种倾向。"他人导向"主要是指人们通过消费来达成不同阶层间的区隔[②],而"自我导向"则更多关注自我精神与身体上的消费动机。柯林·坎贝尔在"自我导向"的命题下进一步提出消费的"浪漫伦理",即促进现代消费主义精神的享乐欲望。[③]饮食作为一种重要的消费行为也受到坎贝尔"想象享乐主义"的影响。诚如波德里亚所言,"在现代社会中,消费者总是怕错过任何一种享受、经历或体验,这里起作用的是一种被挑动起来的普遍好奇"。[④]人们到华塑小区进行消费并不是"填饱肚子",更多是为了体验一种新奇的美食,享受品尝过程所带来的快乐。已有研究指出,改革开放以来,我国消费者越来越有自主性,饮食已经从一种满足基本生理需要的手段逐渐转变为追求新鲜感的工具。[⑤]同时,在社交媒体发达的今天,网红打卡成为一种新型的娱乐消遣方

---

① 《福州印尼美食聚集地:华塑小区【情怀&美食】》,原载微信公众号"平话",转载搜狐号"福州微校园",2016年2月25日,https://www.sohu.com/a/60713950_349438。

② Pirerre Bourdieu, *Distinction: A Social Critique of the Judgement of Taste*, Cambridge, Massachusetts: Harvard University Press, 1984, pp.5-10.

③ 参见〔英〕柯林·坎贝尔:《浪漫伦理与现代消费主义精神》,何承恩译,台北:教育研究院出版社,2018年,第12—21页;柯林·坎贝尔:《求新的渴望——其在诸种时尚理论和现代消费主义当中表现出的特性和社会定位》,载罗钢、王忠忱编《消费文化读本》,北京:中国社会科学出版社,2003年,第283页。

④ 〔法〕让·波德里亚:《消费社会》,刘成富、全志刚译,南京:南京大学出版社,2000年,第71—72页。

⑤ 黎相宜:《饮食浪漫伦理与"吃货族"的乐趣建构:基于广州青年"吃货"群体的研究》,载《广东社会科学》,2017年第6期,第178页。

式。对于标榜个性、追求时尚的青年而言，到华塑小区消费不仅能体验美食，还能获得"网红打卡"带来的满足感。笔者随机访谈了10位年轻食客，他们纷纷表示"除了食物好吃外，也想来华塑小区'打卡'"。正是大众消费需求带来的巨大商机促使华塑小区的归侨自发营造出"南洋美食"文化街区，使得原本普通的居民区变成具有视觉吸引力的文化景观。

（一）族群饮食聚集

在国际移民研究领域，由饮食聚集形成的移民经济已成为经典研究对象。饮食聚集不仅是移民聚集最直观的消费表征，还能生动反映出移民适应迁入地社会环境所具备的韧性。[1]华塑小区"南洋"美食摊铺的聚集既能鲜明展示出文化特性，还是"族群飞地"文化景观形成的基本条件。

经过数十年、两代人的经营，华塑小区现有餐饮店面42间，流动小吃摊位20多个。从小区入口向内延伸200米直至大榕树广场，所有楼栋一楼的房屋已全部变成店面，经营者又将店面门口的地盘转租给不同小吃摊位老板，形成"扎堆"经营态势。而咖啡馆、越式米粉店、印尼菜、沙爹肉串摊、糕点铺、零食兜售等多样化的经营又能照顾到食客的不同需求。华塑小区的集聚效应还体现在，吸引了福州市区，甚至周边县市归侨迁入经营小吃摊铺。如今在网络上小有名气的"印尼妈妈"私房菜，它的主理人是早先随父母安置在"中旅集团"的印尼归侨。据她所说，"以前我和我父母在中旅集团的宿舍住，我父母过世几年后我又下岗了，一时之间想不到自己该做什么，后来听说华塑有房子出租，我就也过来开店试试看，没想到生意不错，所以就把自己的房子租出去，一直住在这边"。[2]而同样知名的"印尼大叔"沙爹肉串摊主，则是原本安置在漳州市常山华侨农场的印尼归侨。十年前，他依靠亲戚帮助到福州谋生，在华塑小区租房，以开出租车谋生。四年前，他眼见华塑小区在网络爆红，便辞去原来的工作，租了一个摊位专心经营沙爹肉串。由于手艺出众、摊位醒目，"印尼大叔"成为经营沙爹肉串最成功的一位，而他也有意回避自己的来历，以华塑小区归侨自居。

（二）文化景观布局

从文化景观的布局上看，华塑小区能吸引大量食客主要是因为它立足现有环境和地势，最大程度保留了居民区的原始风貌，营造出非正式的商业生态。不少食客向笔者透露，与其他东南亚餐厅相比，他们更喜欢华塑小区的烟火气与不太浓厚的商业气息。商业空间与居住空间有区隔的融合是华塑小区的景观特征。南洋美食摊铺主要呈狭长形的兵营式分布，集中分布在靠近小区入口的道路两侧，可达性与曝光度较高。继续向内延

---

[1] Modica, Macro & Reggiani Aura, "Spatial Economic Resilience: Overview and Perspectives", *Networks and Spatial Economics*, 2014, Vol.15, No.2, pp.211-233.

[2] 资料来源于2022年3月15日笔者对印尼归侨陈金媚的访谈。

伸的一栋建于20世纪80年代的"赫鲁晓夫楼",有效起到区隔商业空间与居住空间的作用。楼前的大榕树与小型广场是重要节点,流动的零食、糕点兜售摊贩自发聚集,成为食客消费的最后一站,再往后则是略显冷清的居住区。

华塑小区的商业空间并不是有制度、有规划的经营,而是熟人社区日常性的集中体现。店主之间形成了较为松散的商业网络,大家不仅在经营类型上组成互补的供应链,避免同质化竞争,同时还会自发向食客介绍、推广其他店铺的美食。根据笔者的调查,华塑小区几乎没有发生过因"抢生意"产生的纠纷,用这些店主的话来说,"大家都认识,相互之间有什么事情说一声就好了"。如,华塑小区的流动商贩很多,却没有专门进行管理,大家都是按照"约定俗成"的位置去摆摊。由于搭建雨棚、围栏,种植花卉绿植等所营造的半公共性空间较多,因而商铺的营业范围也没有明确的地理边界,大家组织起了相互渗透且默契的空间秩序。华塑小区归侨经营美食摊铺目的是补贴家用,而非追求盈利,因此经营方式比较随性。以营业时间为例,所有商铺不仅不会在固定的时间开、闭店,而且每年暑假还会关店休息。总体而言,华塑小区体现出了"战术都市主义"(tactical urbanism)的要义,即归侨通过低成本的临时性改变创造出零散的商业空间嵌入当地,而摊铺间的相互渗透是为了构建社区团结,以抵御城市生活的共同风险。

三、饮食消费前台与归侨文化展演

大众的喜爱不仅带火了华塑小区,更是直接将归侨的日常生活推向了饮食消费的前台。戈夫曼(Erving Goffman)的拟剧理论认为,日常生活的呈现分为前台与后台,在与他人互动的前台,自我会经过一定的印象整饰,以维持观众所期望的理想形象。[1]大量食客的涌入为华塑小区的归侨提供了天然的舞台,而观众期待的则是与"南洋美食"所匹配的生活呈现。一方面,特定的表演前台制约了华塑小区美食摊主的形象表达,使其在与食客的接触中不自觉地展示出归侨文化特性。另一方面,为了增加卖点、吸引客流,他们也乐于保持这种前台表演,并营造出强烈的社区文化标识。由于商业空间与居住空间的叠加,食客渗透也不可避免地会对社区内普通归侨的日常生活产生影响。在美食摊主社区文化营造的带动之下,普通归侨潜藏的文化认同被激发,他们利用大榕树广场的公共性来有意识地展演归侨风俗。

(一)文化标识的营造

有学者指出,全球化时代的族群饮食经济聚集地同时也是一个"旅游展示区",成员的烹饪活动不仅是该聚集地内部的功能性文化实践,还是一种满足外部观众消费以及

---

[1] 〔美〕欧文·戈夫曼:《日常生活中的自我呈现》,冯钢译,北京:北京大学出版社,2008年,第2—5页。

观看需求的，具有表演性质的文化展示节目。①其中，文化展示的重要手段就是营造出足够多的象征符号，来让观众意识到这是一个鲜明的族群聚集地。

华塑小区的美食摊主在经营的同时还添加了许多东南亚风情元素，进一步渲染了归侨文化。首先，规模大至私房菜馆，小至零食兜售摊都会不约而同地播放印尼或者越南歌曲，使食客一进入小区就有置身"南洋"的感觉。从杭州来福州旅游的林先生表示，"华塑小区给我的感觉真的很好，一进来不管走到哪里都可以听到南洋歌曲，再加上看到这些人实实在在的生活，就好像自己真的到了东南亚一样"。②其次，美食摊主还会通过广告牌、菜单，甚至自身的穿着，在视觉上烘托归侨文化氛围。尽管华塑小区的商铺都是小本经营，没有华丽的东南亚风格装修，但店主们都会直接将店名和菜单制作成海报，直接张贴在外墙上，不仅附有食物的照片，菜名还会配上印尼语、越南语的翻译。这种方法不仅能吸引眼球，还直观介绍了本店的经营范围，方便食客挑选。为了招徕生意，有些摊主还会穿上印尼蜡染花衬衫（Batik）或是越南奥黛套装（Ao Dai）。"锋咖啡"的老板向笔者介绍，自己只有开店时才会这样着装，目的是显示自己是名副其实的侨眷来吸引客人。除此之外，在陈设与餐具的使用上，店主们也尽量体现"南洋"特色，如使用东南亚常见的"鸡公碗"，绿格子桌布配鸡蛋花、白茉莉图案等。有些店主在与食客交谈时，操略带口音的普通话，同时还会夹杂简单的印尼语、越南语问候语。在展示"归侨店主"社会角色的过程中，华塑小区的美食摊主不可避免地演绎了归侨文化。尤其是那些年轻店主，他们从未在"南洋"生活过，日常生活早已融入本地，却主动应用从父辈那里习得的知识。

（二）风俗习惯的展演

在美食摊主与食客的共同作用下，华塑小区俨然成为区别于周遭环境的独特场域，在这个空间里发生的展示归侨文化的任何行为都被视作合理。饮食消费的公共性与居民社区的私密性的巧妙结合为归侨的前台表演提供了基础，外来的食客与游客就是这场文化剧目的重要观众，而大榕树广场则是天然的舞台。华塑小区的归侨不仅不再像以前那样，为了融入本地社会而压抑族群文化特性，反而更加积极地在公众面前展演特殊的风俗习惯。

越南归侨林细香告诉笔者，"我们以前出去买东西都不敢出声，人家找多少钱算多少，生怕自己普通话不标准被人家听出来。还有那些花裙子啊，衬衣什么也不敢穿，他们会讲，说你穿奇装异服。但现在不一样了，所有人都知道我们华塑都是归侨还喜欢来这里"。③以前为了融入福州，华塑小区归侨都会学习普通话，子女送到按学区分配的公

---

① Lin Jan, *Reconstructing Chinatown: Ethnic Enclave, Global Change*, Minneapolis and London: University of Minnesota Press, 1998, pp.37-40.
② 资料来源于 2021 年 5 月 7 日笔者对杭州游客林某的访谈。
③ 资料来源于 2022 年 3 月 20 日笔者对越南归侨林细香的访谈。

立学校读书。老归侨之间会用印尼语、越南语或是白话、客家话等方言交流，而在国内出生、成长一代则全是说普通话。由于家庭内部缺少语言环境，久而久之，老归侨之间也不说家乡话了，因为"都没人讲，你自己就会不好意思讲"。而近几年华塑小区穿归侨服装，讲侨居地家乡话的人明显变多了。每天上午，一些退休归侨吃完早饭后，都会自发到大榕树广场打发时光。他们遇到熟人会用家乡话相互问候，会教食客不同美食的"南洋"叫法。他们与外来人攀谈时会讲述个人的经历、小区的变革，甚至归侨与本地人的差异。如，笔者在调研时就亲耳听到，一位越南归侨向江西游客抱怨福州重男轻女观念严重，分享邻居女儿因没生出男孩被赶回娘家的八卦。除此之外，有些归侨还会自备播放器，在大榕树广场上跟随音乐，自发跳印尼舞蹈，其中以一位名叫欧阳根聪的印尼归侨最具代表性。欧阳先生并不是华塑小区的职工，他8岁的时候和父亲回国，被安置在福建中旅集团。中旅宿舍拆迁后，欧阳先生几乎每周末都会到华塑小区的大榕树广场。他穿着蜡染衬衫，脖子上挂着功放器，边听音乐边聊天，激动时就地起舞，并鼓动相熟的归侨一起跳，欢快、热情的氛围也会感染到食客们前来围观。

四、符号消费乐趣与归侨身份认同重塑

瓦德和马顿斯（Alan Warde & Lydia Martens）在研究英国人外出就餐行为时提出，人们能够从饮食消费中得到不同类型的满足感。[1]在此基础上，朱迪进一步概括出消费乐趣的类型学，他认为相比低密度的感官性乐趣，人们更愿意获得高密度的思考性、功能性和社会性乐趣。[2]人们到华塑小区消费同样也不仅是因为好味道的食物，还享受了背后文化符号意义所带来的高密度乐趣。除了"网红"打卡行为本身的功能性乐趣外，华塑小区还为消费者提供了认识归侨文化的思考性乐趣，以及欣赏与分享归侨日常生活的社会性乐趣。换句话说，食客能够从"南洋"美食的消费过程中获得异文化体验带来的精神愉悦。大众对符号消费乐趣的追求在不知不觉中重塑了华塑小区归侨的身份认同，一方面为了向食客证明美食的正宗，摊主们强调自己的归侨身份，从而建构出"为了生意"的工具理性认同；另一方面食客对移民"故事"的探寻唤醒了他们从"漂泊他乡"到"落地安家"的集体记忆，进一步重塑了归侨的情感认同。

（一）工具理性认同的构建

作为族群认同理论的重要流派，情境论（Circumstantialist）或工具论（Instumentalists）认为，族群认同具有多重性，除了受到天赋或根基性情感联系的影响，还会根据工具利

---

[1] Alan Warde and Lydia Martens, *Eating Out: Social Differentiation, Consumption and Pleasure*, Cambridge: Cambridge University Press, 2000, pp.186-197.

[2] 朱迪：《品味的辩护：理解当代中国消费者的一条路径》，载《广东社会科学》，2013年第3期，第206—212页。

益或随情境而变化。[1]族群认同的情境性也体现在华塑小区的归侨身上，他们的身份认同随社会大环境的不同而发生了显著改变。

华侨塑料厂倒闭后，归侨职工失去了以往政府和企业提供的制度性保护，开始直面外部社会的残酷竞争，必须在经济生活、人际交往甚至生活习惯上尽快融入福州本地社会。这一时期，华塑小区的居民几乎从不提及自己的归侨身份，族群认同趋于淡化。越南归侨二代金嫦巧如是说，"以前我们归侨有什么问题，政府会帮我们解决，改制之后就不行了，归侨身份也帮不到我们什么。而且我自己虽然是归侨，但我觉得和福州本地人也没什么区别，大家都在一起读书、工作，和福州人结婚的也非常多"[2]。近年来，随着华塑小区的走红，归侨职工及其后代对自己的族群身份有了新的认识。对慕名而来的食客而言，华塑小区之所以值得打卡，主要是因为这些摊铺是由"南洋"归侨所经营的"地道"美食。因此，为了树立正宗南洋风味的形象，归侨摊主往往会主动向食客透露自己的归侨身份，或讲述自己从父辈那里习得正宗做法的故事，或强调自己在东南亚还有许多亲戚，食品原料直接从当地市场采买。经过数次尝试，这些美食摊主发现，显示自己的归侨身份的确可以引起食客的消费兴趣。经营越南肠粉摊的王惠勤如是说，"我们小区做肠粉的很多，但是客人喜欢来我这边。因为我会告诉他们，我们两口子自己就是越南回来的，而且是华塑最早做肠粉的。我老公以前在厂食堂做，厂长信任他才让我们摆摊卖肠粉"[3]。对美食摊主而言，归侨身份不再是可有可无的"文化标签"，而是可以帮助他们获得经济收益的工具。甚至有归侨毫不隐讳地告诉笔者，"以前真觉得这个归侨身份没什么用，现在却很感谢它，不然我也做不成这个生意"。在大众饮食消费的影响下，原本被淡化的归侨身份被美食摊主不断有意识地强调。从某种意义上说，华塑小区的归侨展示出了带有工具理性特征的身份认同。

（二）族群记忆的认同重构

当然，华塑小区归侨的族群认同也不全是工具性的。改制之后，他们虽从不显示归侨身份，但在心底仍保有原生的情感与文化依恋。而"南洋"美食文化街区的营造，以及大众消费者的追捧，使华塑小区归侨的族群自豪感油然而生。"归侨"成为一个可以获得食客欣赏与称赞的称谓。与此同时，食客对美食背后的文化与故事也充满好奇，有些人还会邀请归侨讲述个人与先辈的移民经历。福建农林大学的研究生周其达就说，"在华塑，喝着'南洋'的咖啡，听着归侨的故事，感觉特别好，这绝对是在那些商业化的东南亚餐厅感受不到的"。在食客热情的要求下，归侨会主动分享祖辈如何在异乡扎根，自己经历排华后又是如何来到华塑安家的故事，还会骄傲地提起华侨塑料厂的辉煌以及当时令福州本地人都羡慕的生活。而最常被食客问到的则是在排华的动荡年代，

---

[1] 周大鸣：《论族群与族群关系》，载《广西民族学院学报》，2001年第2期，第17页。
[2] 资料来源于2021年10月5日笔者对越南归侨二代金嫦巧的访谈。
[3] 资料来源于2021年5月21日笔者对肠粉摊主王惠勤夫妇的访谈。

归侨如何从"异国"回到"他乡"的传奇经历。归侨们的回应态度也不尽相同,如"锋咖啡"老板娘的父母在从越南回国途中不幸遇难,因此她每每遇到这个话题总是避而不谈。相反,"阿川"米粉店的老板则会很开心地讲述父母的移民经历:"我家是我外祖父过去越南的,我妈在那边出生。那时候二战,我外祖父去支援越南的,然后娶了我外祖母,生了7个兄弟姐妹。我妈二十多岁的时候排华了,我外祖父很爱国,就说全家都一起回来,但是我妈的哥哥姐姐都结婚了,他们的家人不愿意,所以我妈、我舅舅就跟着他们回来了。回来的路上确实很苦啊,什么都不让带,只能带几套衣服,有些人没熬住就死在半路上了。不过我妈妈住的地方靠近广西边界,所以不会很奔波,坐了2天2夜火车,过了一个友谊桥就到中国了。然后就在口岸那边集中起来等着政府安排,再后来就分配到了华塑。她在这边才认识的我爸爸,他也是厂里的职工"。[①]

共同的历史记忆和遭遇是族群认同的基础要素。在与食客的日常交流过程中,归侨客居他乡的历史记忆、颠沛流离的苦难记忆,以及在华塑重新"做家"的集体记忆被不断重申,唤醒了他们潜藏心底的族群情感。这些公共记忆与当下归侨饮食文化实践的经历一起重构了华塑小区归侨共同体的想象。

五、结论与讨论

本文以福州华塑小区为例,立足移民研究中的文化社区理论,探讨已经融入当地的回流移民重新构建具有显著族群特征的文化社区的过程。华塑小区最早是经由政府集中安置而兴建的归侨工厂宿舍区,"三融入"改制后,经过四十余年的发展,它完成了从生产性空间向消费性空间的转向,一些归侨及其子女自发在当地经营带有"南洋"风味的归侨小吃摊铺。近年来,在大众尤其是年轻人饮食消费需求的带动下,华塑小区一跃成为著名的南洋美食网红打卡地。成为"网红"及其带来的巨大饮食消费需求,是促使华塑小区归侨自发建构归侨文化社区的诱因。而具体从构成机制上看,归侨文化社区的营造离不开相互作用的三个方面:第一,自我导向的饮食浪漫伦理给华塑小区带来了巨大的商机,归侨在保留社区原始风貌的基础上,通过族群饮食经济聚集的方式营造出具有视觉吸引力的"南洋美食"文化街区景观;第二,被大众饮食消费推向前台的华塑小区成为了"归侨文化"的展示地,美食摊主通过文化标识的运用来展示归侨文化特色,在其社区营造的带动下,其他归侨潜藏的文化认同被激发,他们利用公共空间主动展演归侨风俗习惯;第三,食客对美食背后文化意义的消费乐趣在不知不觉中重塑了华塑小区归侨的身份认同,为了凸显美食的"地道",美食摊主刻意强调自己的归侨身份,建构出"为了生意"的工具性认同,同时归侨故事的反复讲述唤醒了他们的集体记忆,进一步重塑了归侨的情感认同。族群饮食聚集、文化景观、风俗习惯展演与身份认同的相互作用共同建构了归侨文化社区。而华塑小区这个"地点"的空间,与南洋美食街区这

---

① 资料来源于2021年4月17日笔者对"阿川"米粉店老板陈太川的访谈。

个"文化"的空间之交叠提供了文化社区建构的"形""神"基础。

华塑小区的案例不仅有效说明了族群饮食聚集在移民社会融入中的抵御韧性和适应韧性，还充分展示了归侨个体及家庭的主体性。以往学者在研究华侨农场等归侨集中安置社区转型与发展时，多从宏观视野着眼，重点突出了地方政府及农场决策层的作用，忽略了归侨群体在制度变革中的探索与回应。甚至有些侨务部门的干部和学者还将华侨农场的改革困境部分归咎于归侨的"等、靠、要"思想。而华塑小区归侨以非正式商业经营为手段，自发建构归侨文化社区的过程已经证明了归侨在应对制度性变革中的个体智慧，为其他归侨安置社区的发展提供了有益借鉴。

第三篇　侨乡社会与文化

侨乡洋留守儿童国家认同的现状及其问题研究

王　晓　周其达[①]

【摘　要】洋留守儿童是我国留守儿童群体中的一个特殊亚型。由于常年生活在"一家两国"的家庭结构之中,通过日常的代际沟通和自身的出国探亲实践,他们很容易受到国外文化和价值观念潜移默化的影响。通过对该群体的国家认同进行深入分析,发现该群体的国家认同虽然整体偏积极,但同时也呈现出了物质主义属性突出、文化认同的双重性以及积极的情感与中庸的评价共存等问题。在地方上,无论是家庭、学校还是基层政府和社区,虽然都注意到了洋留守儿童身上存在的认同张力问题,并为此还进行了有意的培育尝试,但由于对该群体的特殊性关注不够,实践过程针对性不强,效果不尽如人意。基于此,聚焦该群体呈现的问题并结合地方各行为主体的培育困境,本研究最后还提出了可能的培育路径。

【关键词】洋留守儿童；国家认同；侨务资源

20世纪60年代以来,由于受到不断加剧的全球化效应,越来越多的人终生处于不断的跨国迁移、变化和流动之中[②]。据联合国（United Nations，2022）统计,截至2020年,国际移民人数达到2.81亿,超过了整个印度尼西亚的人口。持续不断的移民浪潮在全球范围内催生出了一个数量庞大的特殊人口群体——跨国留守儿童。跨国留守儿童在我国主要被称为"洋留守儿童",同时又因为他们多集中存在于东南沿海侨乡,因此亦时常被叫作"侨乡留守儿童""华侨留守儿童"等。关于这一儿童群体的规模,我国至今并无一个明确的人口统计,但根据若干重点侨乡的地方性估算,可以肯定的是,其绝对数量和占比一直都居高不下。以浙江省青田县为例,共拥有16岁以下未成年人7.4万人,其中洋留守儿童多达8216名,占比超过了11%[③]。这也就意味着,在当地,每10个16岁以下未成年人当中,至少有1人便是洋留守儿童。这种父母出国谋生、儿童

[①] 作者简介：王晓,河南舞钢人,人类学博士,福建农林大学乡村振兴学院副教授,主要研究方向为侨乡社会治理；周其达,山西吕梁人,福建农林大学乡村振兴学院2021级农村发展专业研究生,主要研究方向为侨乡社会治理。

[②] P. Berger, B. Berger, & H. Kellner, *The Homeless Mind: Modernization and Consciousness*, New York: Random House, 1973.

[③] 吴羽翀:《侨乡"洋留守"儿童的调查与思考》,载《新农村》,2019年第10期。

被迫留守国内的跨国抚养模式,早已是各地侨乡普遍存在的一个社会现象。与广受关注的农民工留守儿童相比,洋留守儿童具有相当程度的自身独特性[1]。特别是,由于父母身居海外,通过日常的代际沟通和出国探亲经历,他们对国外的了解更多,也更容易受到国外文化和价值观念潜移默化的影响。站在新时代背景下,如何引导这些儿童形成正确的国家观念,提升他们对我国的归属感和认同感,无疑已经成为摆在政府和学者面前的一项重要课题。

基于此,本文选取了有着"八闽旅欧第一县"之称的福建省明溪县为田野调查点。通过为期一年的跟踪调查,本文发现洋留守儿童从整体上有着较为积极的国家认同。所谓国家认同意即个体对国民身份、国家历史文化、理想信念、疆域主权等的认同[2]。明溪县自1989年"出国潮"开始以来,截至2019年,全县洋留守儿童778人,约占义务教育学生数的9.69%。如此庞大的群体到目前为止仍然没有得到足够的关注,国内外学界在对于儿童国家认同研究上大多聚焦于农民工留守儿童,即使少量研究关注到了洋留守儿童,但讨论的焦点都统一指向父母出国对留守儿童造成的成长与发展困境问题[3],唯独对他们身上充满张力的国家认同观念视而不见。近几年,虽然有个别学者注意到了我国洋留守儿童的国家认同呈现出明显的"不确定性"[4],但并未就此继续追踪,展开更深入的分析。明溪县的洋留守儿童在认知、情感和行为纬度均展现了积极的国家认同态势,但也凸显了一定的"不确定性"。以下,本文将具体呈现侨乡"洋留守儿童"的国家认同,并描述其认同中所存在的问题,最后提出建议。

一、洋留守儿童的国家认同现状

巴雷特曾依据研究国家认同的结构,构建出一个系统分析儿童国家认同的框架。此框架也基于认知、情感和行动这三个维度对儿童进行考察[5]。以下内容参考已有分析框架,首先对洋留守儿童国家认同的总体状况进行描述,接着再分别从认知、情感和行动三个细分维度出发,对其特征予以分析和呈现。

---

[1] 王晓、童莹:《另类的守望者——国内外跨国留守儿童研究进展与前瞻》,载《华侨华人历史研究》,2019年第3期。

[2] 贺金瑞、燕继荣:《论从民族认同到国家认同》,载《中央民族大学学报(哲学社会科学版)》,2008年第3期。

[3] 刘艳飞:《东南沿海留守儿童类型及心理健康状况比较——以福州连江为例》,载《福州党校学报》,2010年第6期。

[4] 王佑镁:《"跨国寄养"背景下我国农村侨乡留守儿童媒介素养研究》,载《现代远距离教育》,2013年第4期。

[5] M. Barrett, *The development of national identity in childhood and adolescence*, Inaugural lecture presented at the University of Surrey, 2000.

（一）洋留守儿童国家认同的总体描述

国家本身是一个相对抽象的概念，其内涵的宽泛性不好被认知还在发展中的未成年儿童把握，故针对部分洋留守儿童对国内外差异有直观感受的背景下，笔者选择采用类比的方式让洋留守儿童发挥想象力，并在访谈中以开放性的问题"在你心中，什么可以代表中国？"来探寻洋留守儿童心目中的整体国家形象。洋留守儿童对这一问题的回答虽然较为分散，但也具备一定的特征。总的来看，在洋留守儿童心目中，能够代表中国整体国家形象的事物可以粗略划分为如下几类：

第一类是国家主席和执政党。儿童对国家领袖的主要关注点是主席。很多洋留守儿童都有提到："国家主席就是习大大。"此外，洋留守儿童对中国共产党也有较为清晰的了解。"我家里挂着毛泽东的照片，是毛泽东带领共产党把坏人赶跑，我们的生活才越来越好。"（LZJ，20220812）不难发现，对大部分洋留守儿童来说，中国共产党不仅可以代表中国，更是带领中国走向富足强大的最核心力量。

第二类是代表性城市和景点。其中出现频率较高的是：北京、厦门、上海、长城、故宫。

第三类是科技产品。科技是衡量一个国家是否强大的重要指标。在访谈过程中，部分洋留守儿童注意到了我国科技发展的前沿，并表达了自豪之情。

第四类是优良品质与民族精神。在与儿童的交谈中，许多儿童不止一次地提到中国人身上独有的精神品质——热情好客、淳朴善良、懂礼貌、爱国、奉献等，在描绘中国人品格特征的时候，对于"友好的、勤奋的、聪明的、礼貌的、大方的、和平的"等温暖词汇的使用频率极高。

第五类是类比象征。儿童将中国形象刻画为各种或强大或勤恳或有智慧的动物形象，并给出如此刻画的原因，具体见下表。

表1 儿童所刻画的中国形象

动物	类比原因	国家形象关键词
狮子	中国国力日益强大，像正在苏醒的雄狮。自立自强，不再是战争任人宰割的对象。	强大、独立
龙	像龙一样飞黄腾达、繁荣富强。中国人都是龙的传人。	发达、富强、崛起
大象	平时很和平，只有到了危难时会奋起反抗。	和平
牛	像牛一样朴实、勤劳能干。	朴实、勤劳、进取
狼	中国人都很有血性，也很团结。	血性、团结
鸡	中国的地图像雄鸡一般。	面积辽阔、自信
老鼠	中国人很有安全意识，注重自我保护。	进退有度

由以上可知，儿童对于国家有着独特的认知。虽然大部分儿童表达的想法不尽相同，但这些"关键点"大都代表了儿童心目中国家的崇高形象和一些美好的愿景。这也说明，洋留守儿童整体上对国家的认同处于较高水平。

（二）洋留守儿童国家认同的认知维度

在认知维度层面，我们重点考察了三个面向：一是洋留守儿童对国家地理领土的认知；二是洋留守儿童对政治符号的认知；三是洋留守儿童对民族文化的认知。以下内容将通过田野调查来展现洋留守儿童在如上三个面向上的表现。

首先我们向儿童询问了一个较有代表性的地理问题："我国最高峰是哪个？"绝大多数的洋留守儿童清晰地知道我国的最高峰为珠穆朗玛峰，总体来说，洋留守儿童对我国的地理标志物有较好的认知。进一步访谈发现，大部分儿童除了了解珠穆朗玛峰为我国最高峰之外，还能够提供其他更丰富的细节。比如，有儿童说道："珠穆朗玛峰是我国最高的山峰，也是世界上最高的山峰，比乞力马扎罗山还高，我还看到世界各地的很多人去那里探险。"（WX，20220829）

政治社会化领域的研究表明，儿童大约在4—7岁的年龄就发展出了清晰的国家认同感，而这一认同化的过程主要是通过政治符号的象征而获得的[1]。因此，接下来我们将以国旗和国歌作为关键词，来考察洋留守儿童的政治符号认知。从对儿童的访谈中可以得知，绝大多数的洋留守儿童对于国旗和国歌都有着较为清晰的了解。进一步访谈发现，大部分儿童不仅能够完整地唱国歌，而且还能指出国歌背后所蕴含的历史及其意义。"我们过去经常被人欺负，我们的国家是在炮火当中建立起来的。它（国歌）告诉我们，要想不被欺负，就要不怕牺牲，勇敢地站起来。"（ZHB，20220808）

最后，我们选取了"我对中国的传统节日十分了解"作为衡量洋留守儿童文化认知的指标。在对儿童的访谈后得知，大部分儿童都能说出六个以上的传统节日名称。当再进一步追问不同的节日都有什么习俗时，大部分儿童也基本都能给出相匹配的关键答案，比如"春节要贴对联、吃团圆饭""清明节要祭祖""端午节要赛龙舟、吃粽子"等等。不难看出，洋留守儿童对于中国传统节日有着较为清楚的了解。

（三）洋留守儿童国家认同的情感维度

段义孚等在研究人与地方的关系时曾提出"地方感"的概念，认为人与地方的依附感不仅包括人与地方之间的情感，还包含着地域内人与人之间的情感[2]。这部分内容借助"地方感"这一概念，将情感维度分为儿童对于"客体"国家的依恋感和儿童对所属

---

[1] F. Waldorn & S. Pike, "What Does It Mean to Be Irish? Children's Construction of National Identity", *Irish Educational Studies*, 2006, Vol.25, No.2, pp.231, 251.

[2] 段义孚、宋秀葵、陈金凤：《地方感：对人意味着什么？》，载《鄱阳湖学刊》，2017年第4期。

国家群体的一体感，也即国家依恋感和国民一体感两个部分。以下内容将通过田野调查来展现洋留守儿童在如上两个面向上的表现。

国家依恋感是指儿童对国家的喜爱、归属之情。巴雷特在研究儿童国家认同时指出，国家依恋感首先表现为儿童对特定国家地理领土的热爱。因此选取了儿童对祖国领土的热爱程度以及儿童对于国家的评价共同作为衡量洋留守儿童国家依恋感的指标。

从访谈中得知，绝大多数的洋留守儿童坚定地认为中国领土是神圣不可侵犯的。也有留守儿童表达了有关领土的更丰富的看法："我知道中国的领土是神圣不可侵犯的，之前钓鱼岛的事情，我在网上也有了解到，那些日本人居然还想抢我们国家的领土，这是不可能的，国家和人民都不会允许这件事情的发生。"（ZSJ，20220828）在对国家影响力的评价方面，有较多的儿童给出了较低的答案，紧接着我们对于这些儿童进行了深入的访谈。他们表示："中国现在是比较发达，但仍然是发展中国家，我觉得还是美国更厉害一点，经济和科技更发达，在国际上也更有话语权，影响力也更大。"（ZS，20220713）也有儿童表示："我看见网络上有很多营销号一直说中国很厉害，但我觉得不是，还是其他国家影响力更大一点吧，比如美国，还有一些欧洲的发达国家，但我觉得再过许多年，中国一定可以成为世界强国。"（ZYQ，20220807）从整体来看，洋留守儿童对于中国在情感上是积极的，在影响力的评价较高，部分洋留守儿童对于中国的国际地位有着自己的思考，在表达对中国国际地位认可的同时，也有着中国定会成为世界强国的自信。

国民一体感指一个国家或地区的人民，有着相互认同、彼此关心、团结合作的意识，是形成国家这一"想象的共同体"的重要推动因素。在这部分我们主要选取了外界批评自己国家群体时的感受作为关键的衡量指标。

访谈时，很多洋留守儿童表示："我知道在国外有些外国人会说中国人没素质，我都会觉得好像在说我一样，但大多数中国人并不是他们想的那样，大家都很有素质。"（WLQ，20220720）但也有一些儿童给出了不同的答案，认为在被外国人批评之后，虽然会有一定的不悦，但更将其视作一次反思和自我审视的机会，以此来提高国际形象。比如，一位洋留守儿童说道："我觉得被批评是一件好事，也不会觉得是在批评我，老师告诉我们要'有则改之，无则加勉'，所以我们应该接受批评，并改善，以后就可以得到外国人的赞赏了。"（LSR，20220804）不难发现，洋留守儿童已经建立起正确的是非观，在面对国际友人批评时，不会轻易被民族情绪所左右，更有着自己的思考，这无疑为良性的国家认同奠定了基础。

（四）洋留守儿童国家认同的行为维度

在行为维度层面，我们重点考察了两个面向：一是儿童对国家形象的维护；二是儿童对国民身份的坚守意愿。以下内容将通过田野调查的方式来分别展现洋留守儿童如上两个面向上的表现。

国家形象反映的是一个国家在国际社会中的总体印象。良好的国家形象，有利于人民认同的构建[1]。对国家形象的维护，也是儿童积极的国家认同的重要表征。网络媒体为儿童提供了平台，儿童可以和五湖四海甚至国外的友人交流互动，发表自己的看法。比如，有儿童说道："我在上网时会看到一些抹黑我们国家形象的话，让我十分生气，我经常和他们讲道理。"（ZZJ，20220715）

"和外国人打交道时，我会非常注意自己的言行举止，在外面我们代表的也是中国的形象，因为我知道有些外国人本身就是对中国有偏见的，我们更要做好自己，让这些人无话可说。"（LHC，20220801）由此可见，洋留守儿童不仅会在虚拟的网络上与抹黑中国的不实言论辩驳，而且还会在日常实践中刻意维护中国人的形象。总体来说，洋留守儿童普遍表现出了维护中国国家形象的较高意愿。

对国民身份的坚守，是国家认同的底线[2]。没有对国民身份的接纳与坚守，国家认同将会空壳化，沦为无根无基、虚无缥缈的抽象理念。从访谈中得之，虽然部分洋留守儿童也强调自己具有多元身份（半中国半意大利），但他们并不会对这一多元身份产生自豪与支持。比如，一位儿童说道："我出生在意大利，也算是半个意大利人，爸爸妈妈想让我加入意大利籍，但我没同意。"在被问到拒绝的原因时，他说："没什么特殊的原因，我生活在这里，长大在这里，这里的环境我更熟悉，为什么非要加入意大利籍呢。"

在生活方式的选择层面，我们也发现，大部分儿童和家长在海外依然能保持中国人的生活方式。"我在外面也是吃的中餐，因为西餐太难吃了，在外面因为都是接触中国人，也都是说的中文。"（ZMS，20220811）"一开始在国外也是吃披萨热狗什么的，刚开始很有新鲜感，觉得很好吃，但是吃了一段时间觉得太难吃了，还是中餐适合我这个中国胃。"（WL，20220814）可以发现，大部分洋留守儿童不仅会坚守自己的中国人身份，还会主动践行中国人固有的生活方式。

二、洋留守儿童的国家认同的主要问题表现

王佑镁在对洋留守儿童媒介素养进行研究时，曾点出这一群体的国家认同表现出明显的"不确定性"。这是我国学者首次注意到"跨国寄养"模式对洋留守儿童国家认同造成的困境问题。然而，由于王佑镁在研究中重点讨论的是洋留守儿童的媒介素养问题，对国家认同的论述只是一笔带过。这种"不确定性"到底指的是什么？有什么具体的表现？以下内容利用民族志调研，试图对这一问题进行深层挖掘。通过下文内容，我们将会发现，虽然洋留守儿童的国家认同整体运行良好，但也呈现出一定的功利主义、

---

[1] 张昆、徐琼：《国家形象刍议》，载《国际新闻界》，2007年第3期。
[2] 王枬、柳谦：《在国民教育中强化国家认同——桂滇边境国门学校调查研究》，载《广西师范大学学报（哲学社会科学版）》，2013年第5期。

文化身份认同双重性以及积极的情感与中庸的评价共存等问题。

（一）物质主义、实用主义倾向突出

近年来，伴随着经济的快速发展，我国逐渐实现了全面崛起，综合国力稳步攀升。也正是在此背景下，"富国""强国""中国梦"等成为当下的流行词汇。受此影响，我们发现，在谈到对国家的理解时，洋留守儿童的表述沉浸在一种物质和实用的话语之中，国家形象往往与飞速发展的经济、强大的军事力量以及科技进步等密切关联。

"我们国家经济发展很快，生活水平也越来越好。到处都是高楼大厦，交通也四通八达，去哪里都很方便。"（LK，20220709）

"我们现在的军事力量也非常强大，飞机、坦克、大炮、航母，什么都有。除了美国，咱们应该是目前世界上武力值最高的国家。"（LJH，20220803）

"咱们中国的科技是真的牛，5G基本全覆盖，网络信号无论到哪里都是满格。"（NMX，20220620）

这一主题也反映在孩子们的绘画中。田野调查中，当我们要求洋留守儿童用绘画的形式表现出心目中的国家时，他们也往往聚焦于我国几十年来取得的经济进步与军事科技发展水平。"我们国家越来越强，像巨龙一般屹立在世界。我们有时速300千米的高铁通往每个省份，去哪里都很方便。生态环境也很好，绿植随处可见，空气清新。而且，我们的航天技术也很厉害，所以我画了神舟飞船！"（WY，20220808）

不难发现，在本研究中，洋留守儿童会有意识地将其对国家情感与物质进步和经济发展的更大话语联系起来，并认为国家的日益强大和经济繁荣对国家是一件积极正向的事情。

三十多年来，由于国家将发展重心向经济倾斜，人们的价值观念也随之改变，实用主义和功利主义逐渐占据上风。这种实用、功利的倾向在洋留守儿童身上也有充分的体现，主要表现在如下两个方面：

其一，"个人动机"突出。所谓个人动机，是指儿童在考量事情时，主要基于个人的兴趣、喜好和利益而非集体意识做出选择。田野调查中，我们试图以"你更愿意生活在国内还是国外？"的开放式问题来探寻儿童选择背后的心理动机。虽然大部分洋留守儿童都选择了更愿意在国内生活，但给出的理由却更多是物质的、实用的、从自我视角出发的。

"我不想生活在国外，在国外连个朋友都没有。"（LZH，20220714）

"去国外干啥，在国内多安全。"（LM，20220714）

"在国外主要是吃的不习惯，没啥好吃的，我就喜欢吃咱们中国的大米饭。"（LDH，20220714）

虽然也有儿童选择了更愿意生活在国外，但给出的理由同样是功利的、实用的，并从个人视角出发的：

"我愿意去国外生活，可以好好学英语。英语是世界上最通用的语言，要是把它学好了，未来去哪里找工作都不愁。"（HXM，20220715）

"去国外生活也挺好，我爸妈说欧洲那边的社会福利都很高。"（MGQ，20220714）

不难发现，虽然洋留守儿童在这个问题上做出的选择不同，但给出理由的背后逻辑却出奇的一致。从这里也可看出，大部分洋留守儿童对我国的情感依恋是以国家的"好"为前提的，他们的国家认同感虽然整体偏积极，但却停留在功利性的水平。

其二，"承诺性"难以保证。虽然洋留守儿童有很强的国家自豪感，但这种国家认同是建立在中国理想的物质水平和现代化生活方式之上的，一旦物质条件和生活条件发生改变，洋留守儿童对国家的承诺性可能难以保证。为了验证这一问题，我们先让洋留守儿童观察了两张上世纪八十年代的中国老照片，然后询问他们："如果回到上世纪八十年代，你更愿意在国内还是国外生活？"大部分洋留守儿童说出的第一印象均为破旧和落后。"八十年代的中国原来是这样子啊，都没有手机玩，路上也都是三轮车，房子也破破的。"（CWL，20220726）也有儿童说道："这不就是破旧的小村庄啊，根本不是北京。"（CRH，20220727）当回答"如果回到上世纪八十年代，你更愿意在国内还是国外生活？"时，有大约2/3的儿童选择了可能去国外生活。他们给出的理由多是：

"这生活条件也太艰苦了，呆不下去。"（ZYJ，20220726）"改革开放前中国实在是太穷了，我奶奶和我说过，那时候人们都吃不饱饭，都是吃树皮，我有点难以想象生活在那个时候。"（ZRH，20220726）"我觉得我可能会选择先去国外生活一段时间，学一点国外的先进技术，然后再回来建设中国。"（WJY，20220726）

综上不难发现，虽然大多数洋留守儿童都具有一定的国家自豪感，并对中国的未来充满期望，但同时他们也创造了一种更务实的话语。对洋留守儿童来说，方便快捷的交通系统、鳞次栉比的高楼大厦、高水平的生活条件、稳定的政治环境以及强大的军事力量和国际地位等，不仅仅是中国近几十年来取得的现实成就，更成为他们国家归属感的标志和来源，由此形成了一种物质主义式的国家认同。然而，值得注意的是，一个纯粹建立在经济进步和物质基础上的国家认同并不是非常牢固的，其暗含的功利主义会造成儿童个人动机突出，并致使他们对国家的承诺不足。在日益强调发展的当下，儿童或多或少成功地内化了物质主义的心态，但这是以牺牲对国家的依恋为代价的。如果这一问题得不到正视，并且继续延续经济神话，将会加速这种局面。

（二）文化身份认同具有双重性

近些年，伴随着全球一体化进程，各种国外文化及社会思潮涌入到我国的意识形态领域，对人们的文化身份认同构成挑战。受此影响，我们发现，洋留守儿童的文化身份认同呈现出明显的双重性问题。他们不仅热爱中国的传统文化，对其他国家特别是父母旅居国家的文化也有着浓厚的兴趣，进而导致在文化身份判定上，一部分洋留守儿童呈现出鲜明的"混合文化身份"的特征。根据调研我们发现，洋留守儿童文化身份认同的双重性主要体现在传统节日、饮食实践以及自我身份判定等几个方面。

1. 传统节日

赵爱霞和左路平认为传统节日承载着一个民族的文化精神，承担着身份辨识和文化认同的功能[①]。一个群体对节日的认同与参与是文化身份认同的载体，是不可替代的文化身份的表达象征。田野调查时，我们试图以"请说出你最喜欢的一个节日，为什么？"的开放性问题来探寻洋留守儿童的文化身份认同问题。结果发现，洋留守儿童在积极参与中国传统节日的同时，对外国的一些节日也产生了莫大的兴趣和认同情感。

"印象中最盛大的就是春节，家家户户贴对联，放鞭炮，然后全家人围在一起吃顿好的，这就跟意大利的圣诞节一样。要说更喜欢哪个节日的话，我只能说都喜欢。"（WZY，20220907）

"意大利那边也过元旦节，但是好像比我们的更隆重一点，他们的元旦节就跟我们过年是一样的，会凑在一起，喝喝香槟。对我来说，意大利的这种节日还是蛮有意思的。"（ZCY，20220820）

从以上访谈内容不难发现，洋留守儿童对中外节日都表示可以接受，没有认为哪国节日更吸引自己，也没有对哪国节日产生更显著的偏好，而是表现出对这两种文化都高度欢迎且认同的态度。

2. 饮食实践

田野调查时，我们主要通过"你喜欢吃中餐还是西餐，为什么？"的问题来探究洋留守儿童对待中外饮食文化的态度。结果发现，洋留守儿童在饮食实践上表现出更为明显的双重性倾向。在这方面，MXY和QMS的回答最具代表性：

"我们国家有非常多的美食，我最爱吃北京烤鸭了，但意大利也有很多好吃的，最有名的应该是披萨，只能说是中餐和西餐都各具特色吧。"（MXY，20220827）

"我最爱吃火锅，这个是咱们中国独有的，在其他国家找不来。但国外也有很好吃的，尤其是当时在意大利吃的意面，真的很正宗。"（QMS，20220827）

MXY和QMS的回答并非个别现象，事实上，在田野访谈时，绝大部分的洋留守儿童在提到自己喜欢的食物时都包含了很多种类的西餐。张沐阳曾经指出，饮食也被人们拿来区分"我者"与"他者"[②]。然而，对于洋留守儿童来说，由于其饮食实践与偏好具有双重性的特点，他们并没有构建出"中餐-中国人""西餐-外国人"的严格区分。

[①] 赵爱霞、左路平：《论文化记忆及其意识形态功能》，载《思想教育研究》，2022年第2期。

[②] 张沐阳：《人类学视野下的食物与身份认同》，载《华东理工大学学报（社会科学版）》，2019年第5期。

3. 混合文化身份

在日益全球化的今天，不同的文化元素得以在国与国之间自由流动、碰撞乃至融合。在此背景下，有学者发现，儿童普遍倾向于描述"多重身份"或者说"混合身份"[①]。在洋留守儿童身上，我们也发现了同样的现象。少部分的洋留守儿童既认为自己是中国人，也认为自己是意大利人，他们会经常使用"一半中国人，一半意大利人"或相似的描述来对自己的文化身份进行定位。

"我觉得自己是半中国人半意大利人，因为我既有中国人的身份证也有意大利的居留权。"（TXH，20220809）

"我是中国人，同时也是意大利人，我出生在意大利，有意大利的居留权，所以我觉得我是意大利人，但当我回中国，和我的家人朋友们一起时，我又觉得我是中国人。"（FSS，20220809）

综上，虽然洋留守儿童对中华传统文化有很强的认同感，但是对于外国文化也秉持着欢迎和认可的态度，文化的碰撞也使得他们的身份认同陷入到双重性漩涡中，对自我文化身份持模糊摇摆的态度。如果洋留守儿童的双重认同问题长期得不到重视，不仅会导致他们产生"身份焦虑"，更有可能削弱他们的国家认同观念。

（三）积极的情感与中庸的评价

在上文关于国家认同情感维度的描述中，我们发现其对国家的情感呈现积极的态势。然而，当我们要求儿童做出更加细致的评价时，却发现，很大一部分洋留守儿童的积极情感并没有带来相应的积极评价，呈现出积极的情感与中庸的评价共存的现象。

为了挖掘出洋留守儿童更细、更丰富的评价，我们主要以两个开放式问题来展开。首先，我们以"你认为中国是世界上最强大的国家吗？"来测量洋留守儿童对客体国家的评价。如下几条是比较有代表性的回答：

"我觉得中国确实很强大，但我觉得很多方面还是比不上国外。比如中国房价很高，但是在意大利房子就更便宜。"（MSZ，20220816）

"应该不算是吧，就拿看病来说，我觉得国内的看病很贵，但我听爸妈说，意大利医疗福利更好，在那边看病基本上一分钱都不用花。"（WLQ，20220810）

"我觉得不是，美国应该更厉害吧。他们的科技比咱们牛，军事也更强大，而且他们人少，环境也更好。"（CMJ，20220815）

不难发现，洋留守儿童在对客体国家进行评价时是通过不同维度进行比较的。他们分别对比了国内外的收入、房价、医疗、科技、环境等方面，讲述了国外比起国内"收

[①] S. Dockett & M. Cusack, "Young Children's Views of Australia and Australians", *Childhood Education*, 2003, Vol.79, No.6, pp.364-368.

A. Murphy & J. Laugharne, "Children's Perceptions of National Identity in Wales", *Education*, 2013, Vol.41, No.2, pp.188-201.

入高、房价低、医疗福利好、科技发达、环境好"等的情况。总体来说，洋留守儿童对国家的评价不似情感那么积极正面。

接着，我们又以"你如何评价中国人？"的开放式问题，来衡量洋留守儿童对中国人的评价。我们发现，虽然大部分洋留守儿童具有强烈的中国人身份归属，但对中国人的评价却没有那么积极，主要包括不讲卫生、不讲文明、过于吵闹、冷漠、注重条条框框等方面。

"中国人素质还是挺低的，在街上你会看到很多人乱丢垃圾、随地吐痰。"（PLM，20220719）

"中国人过于吵闹了，去哪里都是嗓门很大，我之前看视频一群中国人在一个图书馆大吵大闹，还有小孩子在旁边追逐打闹，旁边的外国人就很安静地看书，这就形成了鲜明的对比。"（WZY，20220816）

"中国人比较冷漠，外国人跟中国人比会热心很多。"（QLY，20220810）

"中国人条条框框太多了，外国人更有想象力，更自由，不愿意被规则所束缚，这也是我梦想的一种生活状态。"（LQM，20220817）

通过以上分析不难发现，因受到特殊的生活环境的影响，洋留守儿童对客体国家以及中国人的积极情感并没有带来积极的评价，而是呈现出"积极的情感与中庸的评价共存"的现象，两者之间存在一定的张力。有学者曾经指出，关注儿童对国家以及国家群体的评价是非常有必要的，因为积极的评价会促进儿童国家认同的良好发展[1]。在这个意义上，如果这种认同张力的问题没有得到应有的重视，久而久之也会最终影响到洋留守儿童整体的国家认同感，造成国家认同"情"与"理"的困境。

三、对策建议

洋留守儿童身处非常复杂且相互嵌套的社会化环境中，儿童受各系统的影响也会产生正向或反向的交互作用。笔者将本研究选择在学校场域展开，因此需要对学校教育做出现实考量的考虑，更是因为学校是儿童社会化活动相对集中的场域，能够联合处于"跨国分离"现状的家庭结构和家庭关系，社区文化共同作用于儿童的自我成长，并在交互影响作用过程中，在复杂的大环境下做出有限的努力，这种努力不仅是出于响应政治要求，更是出于激发儿童将自我与国家、社会发展联系在一起的自觉和坚信，为"中国梦"乡村振兴的发展积蓄青少年的力量。接下来，本研究试图从学校、家庭、社会三个层面对侨眷型留守儿童国家认同的教育实践进行提升与再构。

---

[1] 佐斌：《当代中国社会群体印象评价及心理机制研究》，载《华中师范大学学报（人文社会科学版）》，2019年第1期。

(一) 丰富国家认同教育形式,注重知识和实践的结合

目前中小学各阶段的德育目标划分还不够科学、准确,课程设置还不够科学,内容安排还不尽合理,实践活动还不够贴近生活,存在一定程度的简单重复交叉和脱节问题;有的学校对德育和思想政治工作重视不够,存在重智育轻德育、重业务轻党的建设和思想政治工作、重道德灌输轻实践养成等现象。学校针对青少年的爱国主义教育比较陈旧,缺乏创新,学生的情感共鸣不强,无法提起学习兴趣。其次,国内目前的青少年爱国主义教育并没有对受群进行分类,所以很容易造成各种类型的儿童接受的都是毫无变化与区分的爱国主义教育,易让青少年产生一种倦怠感,自然不能起到爱国主义教育的目的。学校在青少年爱国主义教育过程中扮演着重要的角色,它既是国家话语的宣传平台,也是儿童习得国家话语,获得相应国家观念与身份认同的起点。但是如今这个角色却未能发挥出应有的作用。学校对学生进行爱国主义教育过程中依旧过于依靠纯理论教育,常常是随着思想政治教育"填鸭式"地展开,但实际上,儿童的爱国主义应该是一门社会实践课而非理论知识。

(二) 注重优良家教家风建设,营设国家认同家庭气氛

侨眷型留守儿童特殊的家庭背景对国家认同的培育有着迥殊的影响,相较于其他类型儿童,侨眷型留守儿童身处中华传统文化和父母旅居国文化的冲撞中,不同的文化冲击对他们的价值观念的建构与国家认同感带来的影响是十分明显的,呈现文化身份认同双重性的特点。甚至还有一种现象,少部分父母片面一味地认为旅居地好,抛却了自己的根本,这种刻意与本源国文化脱节的现象极易导致侨眷型留守儿童对中国传统文化的不理解和不接纳。家庭是国家的基础,万千个家庭组成一个国家,家庭作为培养国家认同的重要场域,父母长辈的一言一行、生活经验、道德品格对儿童都有深远持久的影响,优秀的家教家风熏陶、良好的家庭文化气氛是培育儿童国家认同的基本形式。

(三) 强化大众传媒正向引导,宣传社会主义核心价值观

全球化的浪潮扑面而来,各国之间的关系逐渐紧密,但同时,全球化也带来了诸多问题。首先,互联网的迅猛发展使得人们获取信息的渠道更多,效率更高。随着中国国际地位的不断提高,以美国为首的西方国家试图运用网络媒体的手段瓦解中国公民特别是青少年的国家认同感。儿童身处校园,还没有形成辨别真伪信息的能力,再加上侨眷型留守儿童特殊的生活背景,更易被某些不良势力所利用。大众传媒要充分发挥正向引导作用,规范网络秩序,建立专门的国家认同教育平台,进行多方面的国家认同教育推广,加强德育数字化建设,推动形成以数字青少年宫为龙头,以数字科技馆、数字博物馆、数字图书馆等为骨干的网络德育体系。对一些敏感的政治问题,主流媒体要旗帜鲜明地表明政治立场,给予儿童正向的引导,而不是选择避而不谈。有些不良博主为博眼

球,丑化历史人物,歪曲历史文化,儿童心智未成熟,易形成扭曲的爱国认同,对于网络上的负面不实消息要进行及时的澄清,防止国家认同娱乐化,加强网络环境的监督管理,强化大众传媒的正向指导,营造良好的国家认同传播环境。丰富电视节目和综艺类型,传播中国的优秀传统文化,《朗读者》《中国诗词大会》等综艺节目让大家近距离地感受到了中华五千年的灿烂文化,激发儿童文化自信,促进儿童的文化认同。

浙南侨乡玉壶镇的侨韵生活研究[①]

方　明　梁筱雪　王亚柔[②]

【摘　要】 浙江省文成县玉壶镇是我国知名的新侨乡，2016年被国际慢城总部认证为其成员。本文运用参与观察和深度访谈等方法收集资料，分析玉壶镇充分利用侨乡资源，积极建设"侨韵玉壶·国际慢城"的实践，从文化空间与慢生活两方面呈现侨韵玉壶的文化图像，为知晓侨乡文化变迁提供个案参考，也为如何挖掘侨乡特色、探索共同富裕示范区建设提供发展路径。

【关键词】 侨乡；玉壶镇；侨韵生活

一、引言

学界对侨乡的定义见仁见智，但所指"华侨华人的故乡"并无异议。一般来说，判断侨乡可参照以下几个方面："第一，华侨、华人、归侨、侨眷人数众多；第二，与海外的亲友在经济、思想、文化等方面有着千丝万缕的联系；第三，尽管本地人多地少，资源缺乏，但由于来自海外的侨汇、侨资、侨物等较多，因而商品经济比较发达；第四，华侨华人素有热心家乡公益事业的传统。"[③]坊间约定俗成以改革开放为界限，之前形成的侨乡为老侨乡，之后的为新侨乡。

学界对中国侨乡的研究始于陈达在1934年发表的《南洋华侨与闽粤社会》[④]，现已累积丰硕的成果。对本文具有重要参考价值的有以下三类。第一类是分析侨乡文化特征及其变迁。郭剑波认为，侨乡文化是中外文化交流、碰撞、融合的产物，具有直观、开放、兼容、多元的基本特征。[⑤]冉琰杰和张国雄也表示，"中外文化融合是侨乡文化形态

[①] 基金项目：中国侨联2022年立项课题"后疫情时代浙江华侨生存与发展研究"（课题编号22BZQK214）的阶段性成果。

[②] 作者简介：方明，温州大学华侨学院教授，兼任三峡大学民族学专业硕士生导师，研究方向为国际移民与华侨华人；梁筱雪，三峡大学民族学院民族学专业硕士研究生，研究方向为国际移民与华侨华人。

[③] 方雄普：《中国侨乡的形成与发展》，载庄国土《中国侨乡研究》，厦门：厦门大学出版社，2000年，第279页。

[④] 陈达：《南洋华侨与闽粤社会》，北京：商务印书馆，2011年，第3页。

[⑤] 郭剑波：《浙南华侨华人与中欧文化交流》，载《浙江师范大学学报（社会科学版）》，2013年第4期。

最本质的特征"。[①]一些学者则提出受海外华侨华人影响，侨乡人们的生活方式渐趋"洋化"，但不同侨乡呈现出不同的文化形态。[②]第二类是聚焦侨乡的公益慈善与社会发展。吴晶论述了浙江华侨公益事业的发展情况。[③]王元林指出，侨资企业已成为侨乡发展的一大特色，侨乡居民将侨汇侨资用于生产建设，部分侨乡已从昔日的"输血型"捐赠转变为"造血型"投资。[④]熊燕军、陈雍则提出"文化侨乡"的概念，主张在新时期以侨文化资源作为侨乡可持续发展的重要支撑。[⑤]第三类是探讨侨乡移民网络的社会互动关系。李明欢等学者曾提出海内外社会关系网络为侨乡人提供了出国的机会和渠道，并以"侨乡社会资本"概念来阐释其基本载体和运作机制。[⑥]郑一省选择福建省济阳柯蔡委员会作为个案，分析华侨华人与闽粤侨乡政府、民间及其组织之间的互动关系。[⑦]以上研究既有历史的深度，又有现实的广度，具有跨学科、多维度、纵深发展的特点，启发笔者思考浙江侨乡如何挖掘侨资源，为打造共同富裕示范区的侨乡样本提供个案参考。

清光绪三十一年（1905年），胡国恒跟随其青田县舅父从上海坐船远赴西欧，成为浙江省温州市文成县玉壶镇出国的第一人。之后，玉壶人中的少数勇敢者因逃避灾祸、生活贫困等原因出国打拼，基本从事廉价的劳动密集型产业。最初以日本和东南亚为主，后因太平洋战争爆发又转向欧洲。到中华人民共和国成立前，该镇出国总人数并不太多，还未形成侨乡。改革开放后，我国实行新的侨务政策，加之国内外收入的显著差异，曾经在海外艰辛谋生的"火种"在玉壶大地上熊熊燃烧，玉壶人以工作、探亲、旅游，甚至偷渡等方式争先恐后地卷入出国浪潮，玉壶也因此成为知名的新侨乡。据统计，1990年底，该区[⑧]共有9119人侨居17个国家，占该县华侨人数的87%；2022年

[①] 冉琰杰、张国雄：《地域视野下的侨乡文化——以广东侨乡为例》，载《广东社会科学》，2020年第6期。

[②] 如王元林、邓敏锐：《近代广东侨乡生活方式与社会风俗的变化——以潮汕和五邑为例》，载《华侨华人历史研究》，2005年第4期；张应龙：《输入与输出：广东侨乡文化特征散论——以五邑与潮汕侨乡建筑文化为中心》，载《华侨华人历史研究》，2006年第3期。

[③] 吴晶：《浙江华侨公益事业发展的探索与实践》，载《八桂侨刊》，2012年第3期。

[④] 王元林：《海外华侨华人与侨乡关系演变的特点》，载《暨南学报（哲学社会科学版）》，2001年第4期。

[⑤] 熊燕军、陈雍：《侨乡可持续发展的新视角：从"经济侨乡"到"文化侨乡"》，载《华侨大学学报（哲学社会科学版）》，2018年第4期。

[⑥] 李明欢：《"相对失落"与"连锁效应"：关于当代温州地区出国移民潮的分析与思考》，载《社会学研究》，1999年第5期；《"侨乡社会资本"解读——以当代福建跨境移民潮为例》，载《华侨华人历史研究》，2005年第2期；王春光：《移民的行动抉择与网络依赖——对温州侨乡现象的社会学透视》，载《华侨华人历史研究》，2002年第3期。

[⑦] 郑一省：《华侨华人与闽粤侨乡互动关系的恢复和发展》，载《东南亚研究》，2004年第2期。

[⑧] 当时建制为玉壶区，下辖10个乡镇、89个行政村，其中最典型的是中村，95%的户籍人口在国外，李林乡68%的户籍人口在国外。

底，该镇户籍人口 5.17 万人，常住人口 1.37 万人，华侨华人 6.8 万人，侨居在海外 68 个国家与地区，侨汇存入该镇银行超百亿元，超过千人担任华侨社团副会长以上职务，享有"侨领之乡"的美誉。[①]因其丰富的侨乡资源、悠闲的生活节奏、优美的生活环境，2016 年 6 月 25 日，国际慢城联盟在葡萄牙维泽拉年会上正式授予玉壶镇"国际慢城"认证书，成为全世界第 225 个[②]、我国大陆第 5 个、浙江省首个国际慢城。为此，本文选取玉壶镇作为研究对象，主要运用参与观察和深度访谈等方法，以侨乡和国际慢城切入，分析该镇如何利用侨乡资源，打造侨韵文化空间，使得民众得以享受怡然自得的"慢生活"。除引用的文献外，所用资料主要来自 2021 年 9 月至今共 20 余次累计 90 余天的田野调查。本文既从文化空间与慢生活两方面呈现侨韵玉壶的文化图像，为知晓侨乡文化变迁提供个案参考，也为如何挖掘侨乡特色，探索共同富裕示范区建设提供发展路径。

二、与日俱增：舒适优雅的侨韵空间

玉壶的地貌特点为"七山一水两分田"，新移民又以欧洲为主，因此玉壶国际慢城的建设必须因地制宜，结合乡土风情规划空间营造。[③]下文无意讨论该项内容，而是强调侨资捐建的亭台楼阁，以此彰显侨韵的建筑文化空间，再通过国际慢城的建设，描述侨韵的街区文化空间，以及衍生的节庆文化空间，为后文的侨韵生活提供铺垫。

（一）乐善好施：悠悠我心的文化空间

玉壶镇有百余年的侨居历史、数万人在海外打拼，更因其具有爱国爱乡的深情厚谊，节衣缩食也要反哺家乡，尤其值得点赞。这方面最为突出的就是华侨捐资兴建的校舍、楼宇、路桥、亭榭。以下仅举数例，即可管中窥豹。

为了交通便利，侨胞慷慨解囊，修桥铺路。如：1991 年旅荷华侨胡志荣四兄妹以父亲名义捐资 30 万元新建克木大桥。1997 年，奥地利侨胞胡立井捐资 16.2 万元修建外婆桥。1996 年，旅外侨胞共 42 人捐资 74.96 万元新建叶岈隧道；意大利侨胞胡寨弟捐赠 10 万元用于光明村（原名李山村）造桥修路，后又为该村修建自来水捐赠 18 万元。2020 年 12 月 27 日，玉壶镇举行胡希读爱乡桥桥建工程开工典礼，2023 年 4 月 1 日举行竣工典礼。该桥由意大利华侨胡一中全额捐资近 600 万元建造，并以其父亲名字命名。该捐赠刷新了文成县单次捐资的历史纪录。该桥的投入使用，不仅便利民众往来，

---

① 数据由玉壶镇政府与侨联提供，特此致谢！

② 遗憾的是，由于政策和时间限制，文成县委、县政府一时派不出人员参加年会。后经文成县侨联主席胡立帅多方协调，由葡萄牙温州商会赵建锋副会长代表文成赴会领取认证书。

③ 黄瑶环：《慢城玉壶旅游规划及可行性研究》，桂林：广西师范大学硕士学位论文，2016 年；雷豪：《国际慢城建设下的温州市玉壶镇旅游发展规划》，桂林：广西师范大学硕士学位论文，2020 年。

也将成为玉泉溪上新的网红景点。

为了救死扶伤，侨胞仗义疏财，盖楼建院。为支持家乡抗击非典，2003年胡直光特向文成县捐赠25万元用于购买救护车。新冠疫情暴发时期，雷开勋联同意大利中华少数民族联谊会为家乡筹集资金和防疫物资；周碎金赠予定向防疫物资近2万欧元；蒋忠南捐赠了价值3万欧元的物资，还通过多种途径将各渠道捐赠的防疫物资运输至国内。为了改善侨乡医疗条件，玉壶华侨88人共捐资242.88万元助建玉壶华侨医院（现改名为文成县人民医院医共体玉壶分院），并以侨居地命名为荷兰门诊楼、意大利楼、巴黎综合楼。2015年与2016年玉壶侨联与玉壶商会、侨眷胡允珠一家分别捐资59万元与42万元为医院安装2部电梯。为了支持家乡可持续发展，听闻家乡受台风影响、遭遇重创之后，2016年胡寨弟以个人名义向灾区捐款10万元；2017年雷开勋组织侨胞向家乡捐款50万元用于抗灾。

为了劳逸结合，侨胞好善乐施，建亭盖楼。1982年，玉壶外村旅港归侨胡遇彩独资1.4万元在该村新建一座别具一格的日月亭。"日昃日升日日升升昃昃，月圆月缺月月缺缺圆圆"的对联与该亭极为相衬。这是欣赏云卷云舒，享受日月悠长极佳的休憩之处。1995年，玉壶底村旅法侨胞胡立正捐资11万元在克木大桥东侧修建女英亭。2005年，龙背村旅荷侨胞胡从永为纪念其父母也捐资11万元在克木大桥西侧新建玉春亭。两亭相对，相映成趣。1995年，光明村旅荷华侨胡中杰在荷兰病危，临终前嘱咐子女他仙逝后要魂归故里。1996年春，其子女护送其父灵柩回村，其子旅荷华侨胡沪生遵父遗嘱捐资21万元在该村修建一座楼房，供老年人颐养天年，以其父亲名字命名为胡中杰颐年楼，于1997年中秋节举行落成典礼。

侨胞捐资助教更是当地佳话。早在20世纪50年代即已开始，到20世纪90年代形成高潮，这与华侨的经济实力形成正相关。之后，随着我国经济社会的强势发展，国家已有足够的能力保障教育事业的良性发展，侨胞在这方面的捐助也就相应减少。据不完全统计，1952—2008年，玉壶镇侨胞捐资建成中小学教学楼12座、校舍2座、图书馆1座，为教育捐资合计785.4万元[①]。为改善教学条件，旅奥侨胞胡越发动胡元绍与胡伟绍等侨胞共募捐60.34万元，于1990年在光明村建设了李林华侨中学教学楼。该教学楼有3层，共9个教室，建筑面积高达800平方米，与城镇中学的教学楼相比也毫不逊色，曾为当地教育事业做出了巨大的贡献。1994年，意大利侨胞胡克球知晓自己在世时日不多，在病危之际嘱托捐资30万元助力玉壶镇中心小学的教育事业。1996年，胡克球教学楼落成。该楼建筑面积1146平方米，共4层，有11个教室、3个办公室与2个阳台。2013年至2014年，蒋忠南向玉壶镇中心小学与中学累计捐款83.5万元，并且自2018年起每年向10名高中贫困学生捐赠10万元至大学毕业。2019年至2022年期间，胡寨弟资助8名文成籍贫困生以完成大学学业，共计15万元。侨胞捐资助学，

---

① 该数据来源于玉壶镇政府，特此致谢！

以有形的建筑设施为莘莘学子提供教育场所，更以无言的方式为其饮水思源的助教精神树立了一座丰碑！

（二）"国际范"十足：自得其乐的街区文化空间

玉壶镇在中心区建设健康养老城、慢城广场、华侨金融街区、精品酒店、文化创意街区等重点项目，将打造出一个具有浓郁欧陆风情的慢生活综合社区。[①]为了突出"慢"的特色，该镇重点规划生活方式，以绿色出行方式、自然养生活动、休闲慢体验等为基调，营造沉浸式乡居生活体验，展现"壶中日月长，玉壶慢天地"的悠然生活境界。

以华侨文化为引领，玉壶镇内建筑尽可能采用欧式风格，以小建筑模块、多露台、多庭院、小街区诠释欧洲传统街巷空间特点，规划华侨文化交流中心、华侨金融一条街、欧式酒店重点项目，将"欧情侨乡文化"镶嵌其中。就国际慢城的侨韵来说，主要体现在因侨而兴的街区文化。首先，高标准改造提升了玉壶街、芝水街、沿溪路等现代商贸步行街、传统商业街和咖啡休闲街，着力打造侨韵玉壶国际慢城休闲娱购的一大亮点。其次，推进商业平台打造，投资1000余万元，成功打造慢城商业休闲示范街，同步招引红酒欧品商户入驻。2019年，玉壶出台了《玉壶国际化休闲旅游街区扶持奖励办法》，重点打造欧品特色街区和欧式休闲餐饮，努力吸引人流、物流集聚。成功招引欧城酒庄、桥丝通海外购、中国银行等19家店铺与机构入驻慢城商业休闲示范街。到2021年底，已引入返乡创业资金1.2亿元，招引入驻欧品商户36家，落实集体经济项目6个，商贸氛围较前几年提升显著。最后，积极谋划一批适合投资的产业项目，打造一批"土洋交融"的产业业态。在"侨购文化步行街""马赛克风情文化街"与沿溪路咖啡酒吧特色街区等，推出咖啡、酒吧、西餐等业态。如今，中西结合式的慢城餐饮品牌初步形成，美誉度不断提升。通过紧密对接，全方位发力，谋划布局旅游相关配套产业，如意大利归侨王海青与温州女孩林张红合伙于2020年初经营"慢城民宿·羞答答"，意大利归侨胡永国于2020年6月经营"球球西餐厅"，意大利归侨胡素琴夫妻于2022年2月经营"胡哥咖啡吧"。据悉，他们的营业收入良好。文成县为浙江省山区26县的成员之一，玉壶镇积极探索发展路径，效果显著，2020年玉壶镇地区生产总值达66,267万元，同比增速15.6%，高于文成县3.5%的增长幅度，为实现共同富裕迈出坚定步伐。[②]

---

① 针对玉壶特色小镇的发展，胡胜链就政府如何更好地发挥作用，提出了一些建议和对策。参见胡胜链：《特色小镇项目建设中政府作用研究——以文成玉壶"国际慢城"项目建设为例》，长沙：湖南农业大学硕士学位论文，2018年。

② 该数据由玉壶镇政府提供，特此感谢！

（三）淘旧铸新：高大上的节庆文化空间

为了拓展国际慢城的文化空间，玉壶镇精心策划与实施了形式多元、内容多彩的节庆活动，以文旅融合的方式推进国际慢城的建设。据不完全统计，玉壶先后两次成功举办高规格的国际慢城发展论坛（2018年4月与11月）、策划开展环浙江自行车慢城骑游嘉年华（2018年6月）、首届国际慢城诗歌节（2018年11月）、慢城美食节等系列活动，打造了该县首个"诗歌村落"。这些活动不仅丰富了当地人的文化生活，增长了文化见识，也扩大了玉壶国际慢城的知名度与美誉度。在旅游方面，玉壶镇编制完成旅游风情小镇整体规划，成功入选省级旅游风情小镇培育名单，加快建设五一、垟头美丽乡村，完成城区旅游导览标识设置，创成国家AAA旅游景区（云顶山庄）1个、省AAA景区村庄（垟头村）1个，实现玉壶景区开发的零突破。尤其是2018年11月10日，玉壶镇承办了"世界温州人大会文成（玉壶）国际慢城论坛"，其主题是"慢旅行·新时尚"，出席本次论坛的领导与嘉宾共200余人。该论坛通过浙江新闻客户端进行了图文直播，在国内外实现了良好的传播效果，并因此入选温州市2018年度"国际化发展十大事件"。

2019年，玉壶将"侨韵慢城研学基地"成功申报为市级研学基地并签约"国际学生侨韵风情体验基地"。2020年，与温州博达旅游开发有限公司签订战略合作，共同推进"侨韵慢城研学基地"建设，其中玉壶研学线路在温州市青少年研学旅行精品线路评选中获得温州市一等奖。2020年，按照政府搭台、企业唱戏的模式，玉壶镇打好"侨韵牌"、唱响"慢城歌"，撬动社会资本10亿余元。聚焦特色风情，打造漫悦里咖啡风情一条街，咖啡吧酒吧数量上升到32家，完成商业街店铺招引30间。玉壶还与温州市龙亿民宿有限公司签订"水云见·侨"民宿合作协议，撬动5000万元侨资回归，打造白金级高端民宿并已动工兴建。

随着玉壶国际慢城的名气不断高涨，产业培育与文旅融合也在不断改进，由此也进一步拓展了侨韵的生活空间。2019年，玉壶镇立足"国际慢城"和"百年侨乡"两大品牌特色，积极推进产业培育招引。发挥国际慢城平台优势，加速侨乡悠镇、水巷炊烟、城郊野趣等慢城板块建设，全力推进欧式特色产业发展，吴垟村"兴晟"洋家乐发展持续向好向上，不断充实，随着玉壶特色节庆的不断完善与发展，国际慢城产业品牌效益逐步彰显，红酒咖啡、欧品代购、休闲娱乐、洋家乐等新兴业态得到发展。以2016—2019年为例，新增侨特色民宿1家、餐饮店铺23家、咖啡吧13家，实现休闲娱乐收入800万元、红酒咖啡经营收入500万元、欧品代购收入300万元、餐饮收入3000万元。[①]到2022年6月底，玉壶共引导归国华侨创办意式咖啡吧39家，投入专项资金打造漫悦里咖啡风情一条街，提速推进意式咖啡风情小镇创建，特色产业发展初具雏形。

---

① 该数据由玉壶镇政府提供，特此致谢！

三、细嚼慢咽：侨韵玉壶的"慢生活"

玉壶是人多地少、资源匮乏的山区镇。在农耕时代，人们高度内卷地精耕细作，但也难以保障温饱。改革开放后，农民种植杂交水稻、增施化肥、喷洒农药消除害虫，提高了单位面积产量，解决了温饱问题。更多的农民走向市场经济，外出务工、经商创业，甚至远赴海外，书写波澜壮阔的侨乡新篇章。地方学者胡晓亚以主位的视野描绘了玉壶曾经的文化图像，[①]与之对应，下文将书写玉壶人放下疲惫的心灵，享受有温度、有效率、高品质的慢生活。

（一）世外桃源：柔时光的玉壶

玉壶的生活自带柔光，因为这里有舒适的自然环境、深厚的人文底蕴，以及玉壶人悠然自在的人生态度。玉壶镇规划秉承"景宜居、居宜景"的田园慢生活理念，以主城区为一核，营造侨乡中心慢生活集镇，以穿镇而过的玉泉溪为一轴，构建主体游线，再沿玉泉溪支流衍生三条景观带，并以点带面集中营造魅力示范村。如今，在早晚常见少量垂钓爱好者在玉泉溪垂钓，每天均有许多居民在溪边的游步道跑步、健走、漫谈。年轻女性居民XQQ（1984年出生）开心地说道[②]：

"我以前在上海做生意，是为了儿子才回玉壶的。在玉壶，我以前有自己的服装店，卖儿童与女生的衣服。那时，我经常带儿子到附近的景点去游玩，还去外地旅游。后来，我准备出国，就把店关了。不幸的是，（新冠肺炎）疫情来了，国外很不安全，我就来这家店帮忙卖红酒，老板是意大利华侨。现在，我每天早上都去跑步，既锻炼身体，也保持身材。我从家跑到五一村的游步道又跑回来，很舒服。等疫情好了，我要带儿子去荷兰，（因为）我老公在那里。"

玉壶的人口结构高度老龄化。在日常生活中，目力所及多为老年人，他们的穿着大多休闲舒适，便于日常出行；在农村田地中劳作时一般以深色系耐脏的衣裤为主。与此相对的是归侨，尤其是侨领的服饰通常较整洁正式。男性一般以衬衫、西装裤、皮鞋为主，身上的配饰也经过精心搭配，如礼帽、名牌皮带、手表、戒指。女性一般以裙装为典型，与世界潮流完美接轨，并佩戴精致的项链、手提包、手镯等。归侨在人群中具有明显的辨识度，因为他们自成一体的穿衣风格即是显著的表征，甚至有些人随意地穿戴世界上知名的奢侈品品牌，如PRADA、HERMES、ROLEX。外地人可能感到很惊异，而本地人则熟视无睹。

居民的日常出行方式不外乎步行、骑行与驾车三类。玉壶人的日常生活圈子很小，居民只需步行即可到附近的村落与休闲娱乐场所。当然，（电动）自行车这种绿色环保

[①] 胡晓亚：《旧时光，很玉壶》，杭州：浙江工商大学出版社，2022年。
[②] 2022年7月6日，方明、王亚柔访谈于欧曼酒庄。XQQ于2023年初带儿子到荷兰生活。

且高效的出行方式可以满足人们较远的路程需要，缩短出行时间。电动三轮车的用处更为广泛，选择它的原因主要有：其一为不论是购买还是后续维护所需的费用都相对较低；其二为车型较小，具有可根据不同的路况穿行而过的优势；其三为使用门槛较低，使用者可在简单培训后驾驶，甚至无师自通；其四为满足人们日常载货与接送孩子的需要，可作为汽车的简易替代品。玉壶人大多家境殷实，不仅在国内城镇拥有较多家产，而且在国外有产业。为了享受便捷的交通，玉壶人的家庭轿车拥有率非常高。不无遗憾地说，即便玉壶的路况较好，但在玉壶驾车的时速过快，这与国际慢城的要求有一定的距离。

玉壶的居民在生活中总是不紧不慢。清早就有人在玉泉溪边垂钓、慢跑。早晨饭后，很多人在玉泉溪边散步，熟悉的街坊邻居们甚至聚在路边一起闲聊。如有外来游客也会用方言笑着搭话，或许语言不通，但脸上的笑意便是最真诚的欢迎。下午可以在亭台楼阁中看见许多老年人聚在一起打牌聊天，进行各种休闲娱乐活动。

白天的玉壶是喧嚣的，又带有安静，而晚间的玉壶则是静谧中带着些许热闹。无论是镇里，还是村内，暖黄色的灯带或者节能路灯会按时亮起来。在柔和的灯光映照下，悠闲的人们吹着微风在游步道漫步，践行"饭后走一走，活到九十九"的观念。而更热闹的是热衷于广场舞的老年妇女们：她们在溪边、公园、村文化广场，甚至庭院中，在队伍的前方放置一个大音响，播放音乐并随着节奏舞动。这是近些年最为熟悉不过的靓丽风景线！如果队伍庞大，一般还有"领舞者"，多由舞技精湛者担任。音乐声在空中弥漫，也彰显玉壶的夜晚活力。当然，在夜晚还有社区组织放映电影。一块空地、一块幕布、一台投影设备和两个音响便可搭建一场乡间露天电影，观众自选位置观看，共度良宵。

玉壶不仅有名胜古迹，如玉泉寺、狮岩禅寺、玉壶中美合作所旧址，还有新增的网红点，如中央港文化礼堂[1]、荷兰主题风车公园。荷兰主题风车公园离中央港文化礼堂不远，虽然面积不大，却别具一格，日常有许多亲子家庭在此嬉戏。附近的龙一村有连片的广袤的田地。在春天，油菜花海、村庄、远山融为一幅和谐的春日景色图。胡志忠作诗咏叹："油菜花开正好时，蜂蝶趁早会佳期。年年聚首黄花海，处处沾香彩缎披。花径幽幽连绿道，白云朵朵影随移。春风剪就绸绫锦，妙手铺成大地衣。"[2]许多游客在这时会慕名前来游玩观赏，从田野中的木栈道穿行而过，置身其间，感受乡野风光与当地的慢生活。

虽然中心镇聚集的人数较多，我们不经意总能看到三三两两悠闲自在的人群，但更多的居民散居在各乡村。经过"千村示范、万村整治""五水共治""美丽乡村建设"与国际慢城建设，玉壶各村的村容村貌村景更是迭代升级。如今，玉壶已形成若干网红

---

[1] 2019年，文成县首届新式集体婚礼在此举办。
[2] 胡志忠作于2023年3月8日，致谢供稿！

村,尤其是垟头村的水巷炊烟、五一村的城郊野趣、五四村的溪谷幽居和碧溪村的碧谷新乡等成为游客常去打卡的景点。因此,玉壶不仅为本地人提供了天然的田园生活,也为外来者提供诗意的乡居体验。

(二)魂牵梦萦:乡愁里的玉壶

"家家有华侨,户户是侨眷"是玉壶的一大特点。玉壶人在国外分布人数众多,随着早期华侨的归国,国外的华侨多以青壮年为主,因此留在玉壶的居民多为老年人与小孩。生活在海外的玉壶人,心中总是眷恋故乡的山水、人物、过往,更焦虑亲人的现在与未来。而生活在玉壶的人们又何尝不是时时念叨在异国他乡的亲戚朋友呢?其实,乡愁就是双向奔赴的牵挂想念啊。

玉壶的时光显得缓慢又悠长。人们大致过着日出而行、日落而息的生活。有少部分人有夜生活,但并不会持续很久,在深夜到来之前各自回家,将生活中的不快与烦恼丢进黑夜。走在街道上能遇到的大多为老年人:他们有些早年曾有出国的经历,有些家人曾出国,有些至今家人仍在国外。对于自己的经历总能侃侃而谈,而谈起在国外的子女时,除了骄傲自豪外总会带些久未见面的惆怅却又不得不理解的释怀。WJZ(1941年出生)的说法具有代表性[①]:

"大儿子在意大利,小儿子在荷兰开餐馆,女儿也在荷兰,他们出国都二三十年了。老婆子几年前去世了,现在家里就我一个人,四层楼的房子是我盖的。我每天大清早就到溪边走走路,坐一坐,看看那些花花草草。白天都没事,就在家里看看电视,去看他们打牌(麻将、扑克),我年纪大了,我不打的。现在防控疫情,他们也回不来。我想(他们回来)也没有用啊。"

许多归侨明确地表达了自己落叶归根的强烈愿望,因为家乡有熟悉的人与物,同时侨眷也表达了对海外家人的想念:"我们的华侨全世界都有,不管他们在哪个国家发展,家里的房子始终留着他们的房间,什么都准备好了,回来有地方住,就有家!"[②]即便后代已入籍外国,长辈也希望并尽力促成他们能够回到祖籍地看看,增强与故乡的感情。洪才虎如是说:"我的大孙子是法国籍,现在读大学,在疫情前,我就帮他联系,暑假到了我们玉壶小学来支教,他教英语,校长与同学都表扬他教得好!疫情防控来不了,他还拿出自己挣的钱支援我们玉壶,还与玉壶的一位贫困生结对帮扶。我觉得,孩子有他们自己的选择,我们不能干涉,也干涉不了,但我们要建议,要培养孩子们爱家乡的感情、助人为乐的精神!"[③]谈及后代,他们大多表明在尊重其本人意愿的前提下尽可能使其回到国内,因为中国现在发展得很好且安全。玉壶人的共识是要培养后代的家国情怀,无论身处何地,华侨子女或华裔后代都要爱国爱家,以自己所能为社会做出

---

① 2022年7月4日,方明访谈于玉泉溪边。
② 2021年12月18日,方明访谈王夏叶于其家中。
③ 2022年10月30日,方明访谈洪才虎于羞答答民宿。

贡献。

在国外艰辛打拼，许多父母因生活忙碌而不得已选择暂时将孩子留在国内与老一辈共同生活，也有部分父母将在国外出生的孩子送回国内接受教育，因此玉壶留守儿童数量相对也较多。胡建金坦言："我的大孙女就是我们老夫妻带大的，她对我们也最好，现在结婚了，老公是法国华人，青田的。我们经常视频，我们穿的衣服、皮鞋、皮带，还有营养品，都是她买的，乱花钱。"[①]洋留守儿童与父母聚少离多。疫情前，他们在寒暑假还能去国外与父母相处一段时间，疫情期间，他们只能在线上与父母在云端相聚了。但无论现实情况如何，对于团聚与关爱的渴望表达的是割舍不了的亲情，其实也是乡愁的一部分。

华侨华人长期生活在国外，家乡对于他们而言不仅是距离上的牵挂，也是对往日生活的怀念，更是情感上的寄托，乡愁由此而生。在异乡的生活加强了华侨对于文化传统的认同感，每逢国内节假日会自发组织所在华人社区过节，沿用国内的庆祝形式，保留传统仪式，在怀念家乡，缓解乡愁的同时也以文化涵化的方式熏陶后裔的家国情怀，从"根"从"魂"上积极地影响华裔子女。此外，乡愁也会使得华侨以捐赠或投资的方式将资金流向家乡，保护修缮老式建筑，加强家乡的基础建设，为家乡的慢生活建设出一份力，同时通过华侨的链接加强国内外的文化交流，将乡土文化与西方文化相互融合，从而形成越来越有侨韵的玉壶文化。乡愁，将两个国家、两个城市连接起来，因为有了不可割舍的情感而往返其间！分离是短暂而又长久的，但乡愁让华侨有了落叶归根的盼望，也让留守在家乡的亲人们有了团聚的期待！

（三）垂涎欲滴：舌尖上的玉壶

食物最能唤醒一方人对于地域的记忆，它可能是家乡熟悉的味道，又或许是他乡新奇的体验。玉壶作为温州的一座小镇，日常仍以中餐为主，米面粉菜的香气在饭点准时充盈着整个玉壶。玉壶的人们以热腾腾的食物开启一天：早餐店里蒸屉中"白白胖胖"的菜包、肉包、酸菜包，一口下去便可以吃到内馅；温州糯米饭也是早餐的标配，肉汤浇在热乎的糯米饭上，撒上油条碎和适量的葱花。此外还可以搭配不同的羹汤，暖胃又暖心。许多其他类型的早餐就不再一一介绍。在玉壶，居民少则只需花费5元左右便有美味的早餐开启充满能量的上午。午餐、晚餐各家吃法不同，但大多离不开饭菜面。玉壶人常以各种理由在外聚餐。东家多有自己偏爱的饭店，与店主的关系、饭菜的口味与消费水准都有关联。一般来说，在宴请的餐桌上除了温州特色菜如鱼饼、酸菜猪头肉，还有许多海鲜、河鲜等，上菜顺序以冷盘—热菜—瓜果顺序居多，与其他地区差别不大。在玉壶，如是华侨或侨眷主办的宴席，则其菜品数量较多，质量较高，价格也随之

---

① 2022年7月4日，方明、梁筱雪访谈胡建金于其家中。

升高。玉壶的特产美食有许多，如糯米山药①、黄年糕②、番薯粉③。街边随处可见晒在竹匾上的蔬菜干，用水泡发后再进行制作，也是当地人们偏爱的美食之一。

除了中餐外，在玉壶归侨的影响下，当地也有许多居民开始尝试西餐，如早餐吃面包搭配牛奶或咖啡，在闲暇时间到当地的咖啡厅或餐厅品尝曾在国外工作的大厨的手艺。其中招牌菜以法棍面包、意大利面与牛排为主。切片烘烤后的法棍面包加上番茄酱或蛋黄酱，酥脆掉渣。萨拉米也作为特色经常出现在餐桌上，其切片较薄，搭配红酒别有一番风味。一般来说，西餐的消费人均一百元左右。玉壶有若干家西餐厅，随便就可进店享受，但店家并不"随便"：店主为了让食客享受最地道的西餐味道，不会以当地的口味进行改良，而是尽量保持在国外的口味，保证"正宗"。意大利归侨胡瑞勇就曾在"球球西餐厅"宴请方明夫妇享受地道的意大利美食。此外，为了节省成本与保证食材的新鲜，有些店铺用餐为预订制，根据预订的量进行采购。在玉壶的西餐厅，客人只需要慢慢品味就好。

玉壶人习惯苦中有甜的咖啡生活。外地人到玉壶人家中做客，他们总是会自豪地"推销"："来杯咖啡吧，我们这里是正宗的，要原味还是加糖？"这并不表示玉壶人无视中国人最为常见的以茶待客，而是他们拿出本地最好的"洋货"款待朋友。玉壶人喝咖啡的习惯形成于什么时间确实难以考证，但与百年来玉壶人前赴后继地出国谋生发展直接相关，这是毋庸置疑的。在异国他乡生活的他们养成了喝咖啡的习惯，甚至在国外经营咖啡吧，回国后带动玉壶亲友饮用咖啡，使得玉壶逐渐形成了咖啡文化。据悉，玉壶镇开设咖啡吧始于2012年，因生意极其火爆，到年底就有4家，2013年增长到7家，到2022年6月高达39家。新冠肺炎疫情期间，华侨回国不便，减缓了玉壶咖啡吧增加的速度。坊间传闻，玉壶人的生活是从清晨一杯咖啡开始的。意式浓缩咖啡最受玉壶人青睐，各店手打咖啡的手艺不同，但价格统一，为10元1杯，一家店每日咖啡销量从几十杯到上百杯不等。玉壶人偏爱在三餐之后再来一杯"三合一"的速溶意式咖啡。清晨，我们在"庭院小舍"咖啡吧就看到数位老者一边在品尝咖啡，一边悠闲地聊天。在深夜的"极夜慢咖"，依然可见中青年一边喝着咖啡，一边欣赏音乐。

玉壶人喜欢品味洋气十足的红酒人生。据悉，玉壶人以前是通过"人肉"的方式从国外携带少量的红酒回乡，平常并不舍得享用，只有贵客到访才自豪地拿出国外的红酒进行款待。随着现代物流的发展，红酒成为平常之物，省己待客不再是玉壶人的风格。不可否认的是，他们依然会带些红酒等类洋货回国，但更多的是从酒庄购买。据不完全统计，玉壶现有经销红酒的酒庄24家，店主基本为归侨。通过访谈得知，他们回乡创

---

① 糯米山药具有软、糯、滑的特质，烹煮后口感软糯适中，黏而不腻。

② 黄年糕的做法是将大米浸泡在杜鹃、山茶等烧成的灰煎水里，并加入槐花米汁等，经多道工序制作而成，呈现出黄色的外观，口感柔韧，具有独特的香气。

③ 将番薯粉与清水和开，在放了纱布的锅中倒入番薯淀粉水，盖上锅盖蒸熟后的"红薯饼"放置在阴凉通风处晾凉，后续通过专门的工具刨下便是红薯粉条。

业既是为了支持家乡建设，也是看准了家乡潜在的市场需求，通过引进国外的红酒，既满足家乡父老乡亲对品质优良红酒的需求，又能获得一定的经济效益。意大利归侨胡启绍与意大利某酒庄合作，注册了"侨韵玉壶·国际慢城"商标，创立慢城"蜗牛酒"品牌。[1]红酒的消费人群一般在30岁以上、80岁以下，大多为赠礼、摆酒席与聚餐需要。玉壶人偏爱消费香气浓郁、价格适中的意大利红酒，一瓶750毫升为80—150元。意大利归侨胡建金则坦言："我喜欢意大利红酒，这是最好的，我最喜欢AMARONE，放6年左右的最好喝。我家里有酒窖，都是从意大利带回来的红酒。中午、晚上喝一两杯，很舒服。玉壶的意大利餐有很多家，有几家做得不错，很正宗。一边吃地道的牛排，一边喝点红酒，再吃意大利面，就非常舒服啦！"[2]而法国华侨胡直光则不以为然，他认为："法国红酒最好，法国餐更好吃。我在法国经营餐馆40年，我知道这些。"[3]个人喜好中透露出曾经在某国生活很多年的地域认同。华侨在国外受文化涵化的影响而乐于接受西方喝咖啡、品红酒的消费文化，甚至不少人从事这一行业。他们在回国后向亲友传播与扩散该文化，尤其是近年来，借助创建国际慢城项目的契机，玉壶更是倾力打造慢城品牌，将咖啡、红酒与西餐等饮食文化融入其中，成为打造共同富裕示范区的着力点。

四、结论

从简单社会进化到复杂社会，人类的生活节奏也由缓慢轻松发展为快速高效，"时间就是金钱，效率就是生命"成为耳熟能详的座右铭。人们被裹挟着"享受"快节奏的生活而忘却了生活的美好，因此有识之士开始反思标榜为现代的城市化发展模式，寻求缓慢、舒适、绿色和健康的发展与生活方式。"慢行城市"（Slow City or Cittaslow，简称"慢城"）应运而生[4]，它倡导人与自然、人与城市、人与人之间和谐发展的终极发展理念[5]。该理念与浙江肩负的共同富裕示范区建设的历史使命具有高度的契合点。

玉壶镇充分利用侨乡资源，积极建设"侨韵玉壶·国际慢城"，将侨韵特色与"慢生活"理念有机结合，美丽城镇建设现已取得新成效，共同富裕示范区建设取得新进展，形成一些可推广的成功经验。该镇营造的侨韵空间不仅有侨资捐建的校舍、楼宇、路桥、亭榭，也有尽心规划打造的街区文化空间，如侨购文化步行街、侨韵民宿、沿溪

---

[1] 2022年7月6日，王亚柔访谈胡启绍于其店铺。
[2] 2022年7月5日，方明访谈胡建金于球球餐厅。
[3] 2022年9月26日，方明微信访谈胡直光。
[4] 参见〔德〕克劳斯·昆兹曼：《慢行城市》，邢晓春译，载《国际城市规划》，2010年第3期。1999年，意大利奥尔维耶托成为世界上第一座"慢城"，现已形成一个国际慢城全球网络。至2023年6月，全球共有291个国际慢城分布在33个国家和地区。
[5] 施益军、王培茗、李建桦：《桠溪国际慢城发展模式研究》，载《城市建筑》，2013年第20期。

路咖啡酒吧特色街区，还有精心策划与实施的多元文化活动，如国际慢城发展论坛、国际慢城诗歌节、侨韵慢城研学基地。在侨韵空间里，人们的慢生活品质迈上新台阶、生活更加美好，既可曼妙悠闲地享受柔时光，也可在魂牵梦绕里追忆乡愁，还能细嚼慢咽中西合璧的美味佳肴。简而言之，玉壶镇高质量发展高品质生活先行区与文明和谐美丽家园展示区现已取得明显的实质性进展。

玉壶的侨韵空间和"慢生活"引人神往。但当下玉壶镇的主要矛盾在于人口结构的失衡，其主体为"七上八下"，即70岁以上的老人与8岁以下的儿童。如何吸引华侨回流，为侨乡的发展注入活力是玉壶可持续发展的关键。如何为洋留守儿童、空巢老人提供生活支持与情感抚慰，也是玉壶发展的困境所在。如何将侨韵玉壶描绘成为新时代"富春山居图"，实现老有所养、幼有所教、贫有所依、难有所助，依然需要多方努力，也期待方家为此建言献策。

海洋非物质文化遗产的保护与开发

——基于广西"侨港开海节"的研究[①]

张 姗[②]

【摘 要】 为安置越南归侨而设立的广西侨港镇靠海而建，因港而兴。随着社会经济的快速发展，侨港民众保护传承传统民俗文化的意识与能力不断提高。在推进中华优秀传统文化的创造性转化和创新性发展中，以渔民祭海习俗为核心的"侨港开海节"从镇级民俗活动上升为市级节庆品牌，并入选广西壮族自治区第八批自治区级非物质文化遗产代表性项目名录，成为北部湾地区开海节庆的典型代表。从配合参与到自发组织，侨港民众在开海习俗传承中的主体地位日益巩固。侨港镇服务型政府角色定位与良性政社互动关系是开海节成功举办特别是新冠疫情发生之后继续存在的重要保障。"侨港开海节"初步实现了文化传承与旅游开发的融合发展，其丰富多元的文化内涵还有待进一步挖掘。未来，"侨港开海节"能否高质长远地存续发展，还有待民众、政府、学者、市场等多方力量的共同努力。

【关键词】 侨港镇；归侨；开海节；海洋非物质文化遗产；海洋文化节庆

海洋非物质文化遗产，一般是指与海洋相关的非物质文化遗产。比如崔凤从海洋实践的角度指出："海洋非物质文化遗产是指由海洋实践产生的或为海洋实践服务的、纳入各级（世界级、国家级、省级、地市级、县级）代表性项目名录的非物质文化遗产。"[③] 倪浓水认为，海洋非物质文化遗产是指在海洋地区产生、形成、发展和遗存的非物质文化遗产，在空间上存在海洋地区，在内容上与海洋有关。[④] 我国海域面积辽阔，沿海地区人民在长期的生产生活实践中产生了丰富多样的海洋非物质文化遗产，但是从

[①] 基金项目：本文系国家社会科学基金项目"铸牢中华民族共同体意识视角下归侨群体的'五个认同'研究"（批准号 21BMZ097）阶段性成果，发表于《百色学院学报》2022 年第 3 期，原标题为《海洋非物质文化遗产保护视域下的广西"侨港开海节"研究》。

[②] 作者简介：张姗，女，中国社会科学院民族学与人类学研究所铸牢中华民族共同体意识研究基地副研究员，研究方向为西南边疆治理及铸牢中华民族共同体意识。

[③] 崔凤：《海洋实践视角下的海洋非物质文化遗产研究》，载《中国海洋社会学研究：2017 年卷》，北京：社会科学文献出版社，2017 年，第 183 页。

[④] 倪浓水：《中国海洋非物质文化遗产十六讲》，北京：海洋出版社，2019 年，第 8 页。

目前学界的研究成果来看，关于海洋非物质文化遗产的研究还相对单薄，[①]尚不能为我国的海洋文化建设与海洋强国建设提供应有的研究基础与智力支持，有待进一步加强与深入。特别是作为西部唯一沿海省份的广西，受限于经济发展等诸多因素，其海洋文化建设与宣传水平与山东、浙江、福建、广东等东部省份还具有一定的差距。

广西是中国唯一临海的少数民族自治区，北靠大西南，南邻北部湾，东连粤港澳，西南与越南接壤，是中国对外开放、走向东盟、走向世界的重要门户和前沿，是大西南最便捷的出海口。广西大陆海岸线总长1628.6千米，管辖北部湾海域面积约4万平方千米，[②]北海、钦州和防城港三市沿海分布，拥有数量不少的海洋非物质文化遗产，其中2020年入选广西壮族自治区第八批自治区级非物质文化遗产代表性项目名录的北海开海习俗是节庆民俗类项目[③]的代表。以往关于广西海洋节庆活动的研究多聚焦于防城港东兴的京族哈节，关于北海开海习俗的研究尚不多见。笔者自2019年开始关注广西侨港镇归侨群体至今，见证了由其举办的开海活动从镇级节庆活动发展成北海市级节庆品牌，进而作为北海开海习俗的代表入选自治区级非物质文化遗产代表性项目名录的发展历程，2021年笔者参与观察了"侨港开海节"系列活动筹备及开展的全过程。本文将基于笔者对于"侨港开海节"的持续关注与田野调查，介绍这一节庆活动的形成与发展过程，特别是新冠疫情发生以来其办节模式的改变与探索，从海洋非物质文化遗产保护的视角出发，对开海节中民众的主体地位、政社互动关系、文旅融合发展以及多元文化内涵的挖掘等内容进行思考与讨论，进而期待引起学者和大众对"侨港开海节"及中国海洋节庆的关注，并对其未来的发展提供一些有益的参考。

一、"侨港开海节"的由来

侨港镇，属广西壮族自治区北海市银海区，镇区面积1.1平方千米，其中陆地面积0.7平方千米，是中国行政辖区面积最小的镇，户籍人口1.8万人，[④]归侨侨眷占比95%。侨港镇自成立之初就与海洋密不可分，20世纪70年代后期越南当局实施排华路

---

① 截至2022年1月8日，搜索中国知网总库，篇名包含"非物质文化遗产"的文献有4.5万余篇，篇名包含"海洋非物质文化遗产"的文献则只有50篇。这一现象已经引起学界的关注，比如海洋社会蓝皮书《中国海洋社会发展报告》自2017年卷开始设置"中国海洋非物质文化遗产发展报告"专题篇。

② 参见广西壮族自治区人民政府官网：http://www.gxzf.gov.cn/mlgxi/gxrw/zrdl/t1003585.shtml，2020年7月13日。

③ 虽然国内学者对于非物质文化遗产的分类方法还未达成意见一致，但为了便于非物质文化遗产申报评审工作的开展，现国家级非物质文化遗产代表性项目名录将其分为民间文学，传统音乐，传统舞蹈，传统戏剧，曲艺，传统体育、游艺与杂技，传统美术，传统技艺，传统医药，民俗等十类，其中传统礼仪及节庆属于民俗类。

④ 此为北海市银海区人民政府官方网站上关于侨港镇的简介，参见：http://www.yinhai.gov.cn/yhgk/xzqh/201804/t20180415_1708464.html，2022年1月29日。

线，20多万华人华侨被驱赶回国，[①]其中有7000多人拖儿带女摇着小艇回到北海定居，其先辈多是清末民国时期自北海外沙岛迁至越南北部的渔民，也被称为"疍家""疍民"，世代以船为家，以渔为生。为了安置这批归侨，1979年6月2日北海市在郊区的南边岭成立"北海市华侨渔业公社"，后改称侨港镇。当时绝大部分的越南归侨被安置在华侨农场或者国营工矿企业，侨港镇是所有归侨安置点中唯一保留渔业生产的镇级行政单位。建镇四十余年来，侨港镇从无到有，逐渐发展成为广西渔业重镇，拥有各式渔船1300余艘，年捕捞量30多万吨，年渔货交易量达50多万吨，建有泛北部湾地区最大的海产品交易市场，是中国赴南海进行远洋捕捞渔船最多的乡镇。侨港镇的归侨群众踏海而归，靠海而居，以海为生，创造了多姿多彩的海洋文化。以非物质文化遗产项目为例，目前侨港镇拥有四项自治区级非物质文化遗产项目——咸水歌、疍家婚礼、海上扒龙船习俗、开海习俗，均与海洋密切相关。

　　开海，也称作"开渔""开洋"，指船只启碇，航行海洋。海上自然环境变幻莫测，开展作业风险性较大，因此出海之前渔民及家属一般都要举行祭海仪式，祈求平安归来，鱼虾满舱。这种习俗自古有之，且广泛存在于沿海地区，比如《北海市志》中就有记载："清朝中叶以后，渔业发展。渔民出海前，必备金猪五牲拜祭'三婆婆'（即'天妃''天后'，闽海台澎称'妈祖'，为渔民虔奉的海神）以及'船头公'（船艇专神），桅竿上挂红布条，烧炮仗打鼓然后开船。谓之'送顺风'。"[②]侨港镇归侨在越南生活时也延续了祖辈的祭海习俗，只是与北海本地渔民祭拜"三婆婆"不同，他们祭拜的主神为"海龙王"。起初，一般是渔民在各自的渔船上或几条亲友的渔船上进行祭拜，侨港镇成立渔业公司后，渔业公司通常会组织本公司的渔船、渔民进行统一祭拜，规模有所扩大，仪式时间一般是在鱼汛的旺季开始前。1999年中国开始实行南海伏季休渔，渔民的集中拜祭时间就改为休渔期结束后的首次出海前。据侨港镇政府工作人员介绍，2017年之前，除了渔民们的自行祭拜，镇上的开海仪式较为简单，主要包括领导讲话及文艺演出，用来宣告休渔期结束渔民可以出海开捕。2017年，侨港镇入选第二批全国特色小镇，旅游业蓬勃发展，结合当时北海市银海区提倡的节庆文化建设，侨港镇政府开始着手打造开海仪式文化品牌，在尊重传统习俗的基础上进行有限度的创新。2017年和2018年，侨港镇的开海活动以政府主导，渔民配合参与为主要形式，当时的名称为"北海开渔仪式"，主要包括文艺演出、渔民祭海祈福、授旗仪式、鸣笛出海等环节。

　　以2018年为例，8月17日上午10点"第二届北海开渔仪式"在侨港镇边贸码头的文艺演出中拉开序幕，节目以海歌、咸水歌、疍家风情歌舞等民俗表演为主，演出者

[①] 黄小坚：《归国华侨的历史与现状》，香港：香港社会科学出版社，2005年，第56页。
[②] 参见《北海市志》（清—1990）第三十篇《民俗 宗教 方言》，北海地情网，2010年3月15日，http://xxgk.beihai.gov.cn/bhsdqw/bhszq1990/201008/t20100806_1613955.html。

多为来自外地的专职演艺人员。演出结束后,北海市银海区领导发表致辞,18名德高望重的领祭人带领100名赤膊系红腰带的男渔民、50名疍家渔女以及侨港镇"八大渔业公司"代表组成的列队进行上香敬酒等祭海祈福活动,其后由北海市领导为渔业公司代表授旗,寓意出海开捕,旗开得胜。最后,在烟花爆竹声中,大小渔船依次鸣笛出海,新一年的海上捕捞季正式开始。为了迎接开海之后的首批渔获,8月18日上午9点30分侨港镇渔货交易中心举行开市活动及头鱼拍卖会,对捕捞回岸的鱼虾蟹等渔货进行分类拍卖,拍卖收益用于侨港镇的公益事业。同时,北海"魅力之城"系列活动之"生猛海鲜美食季"正式启动,在侨港镇风情街与北一路交汇处设置了50个摊位,各类海鲜、小吃、甜品等美食集体亮相,吸引了大批游客,产生了良好的经济效益与社会反响,为2019年"侨港开海节"品牌的产生奠定了基础。

二、"侨港开海节"品牌的确立

2019年,广西北部湾北海、钦州、防城港三地同步举行开海节庆活动,其中北海将其开海节命名为北海市"侨港开海节",以"演绎海洋文化,打造全域旅游,深情祝福祖国"为主题,由北海市旅游文体局、中共北海市银海区委员会、北海市银海区人民政府等部门联合主办,活动时间从8月15日至25日,长达11天。[①]由于北海市政府的大力支持,2019年侨港镇的开海节在前期准备、对外宣传、活动内容等方面都更加充实丰富,比如8月9日北海市在广西新闻发布厅专门举行广西北部湾开海节系列主题新闻发布会第二场——2019北海市"侨港开海节"新闻发布会。广西壮族自治区人民政府新闻办、北海市委宣传部、银海区政府的相关领导出席了新闻发布会并答记者问,着重介绍了侨港镇的历史由来、自然风光、渔业现状、旅游特色、疍家文化,即选择侨港镇为北海市开海活动代表的主要原因,预告了开海祈福大典、千人百鱼宴、头鱼拍卖、摄影大赛、沙滩音乐节等系列活动,吸引了《中国旅游报》《经济日报》《国际在线》等多家媒体的关注。与此同时,广西卫视、《北海日报》、北海广播电视台、北海365、北海百事通等多家本地媒体以及侨港镇官方公众号"侨港小镇"均进行了开海活动预告,并开展了朋友圈转发指定链接集88个赞可获取千人百鱼宴免费入场券的活动,[②]为"侨港开海节"进行了充分的预热。

2019年8月16日上午10点,侨港镇开海祈福大典在电建港出海口西堤隆重举

---

① 参见《"侨港开海节"8月15日开幕,北海向全世界发出邀请!》,北海市人民政府网站,2019年8月12日,http://www.beihai.gov.cn/lygg/lyxx/201908/t20190812_1910718.html。

② 由侨港开海节组委会指定授权转发的链接共三条,分别为"侨港小镇"公众号推送文章《2019北海市侨港开海节8月15日正式启动》,"看北海"公众号推送文章《2019北海市"侨港开海节"来啦!生猛海鲜盛宴入场券免费送(文末有福利)》,"广西卫视"公众号推送文章《一嗨嗨10天,吃货的盛宴,开海的狂欢!》,转发其中任意一条即可参加活动。凭转发链接和集赞记录,可于指定时间在指定地点领取入场券。

行，开场表演为《侨港渔火》《疍家美酒斟满杯》《疍家婚礼》《南珠赋》等具有渔家特色的歌舞表演，表演者除专业演员外还包括侨港本地的咸水歌传承人。其后，随着六个渔民吹响渔号，渔港里的船舶集体鸣笛，渔民祈福仪式拉开序幕。祭祀队伍由侨港镇归侨群众组成，23名领祭人身着统一定制的黄色上衣系红腰带，衣服前面左上方有"庆祝中华人民共和国成立70周年"字样及图形，胸前是"祖国我爱您"五个大字，衣服背面是"北海市银海全域旅游"及"侨港开海节"字样。在高亢的祭文齐颂声中，100名赤膊系红腰带穿黄色灯笼裤的男性渔民代表与100名侨港镇各界群众跟随领祭人轮流敬香祭酒，共同祈盼渔船出海平安，满载而归。100名侨港女性身着奥黛，手举祭海彩旗站立在祭祀队伍两侧。①祭祀仪式之后是领导致辞、渔民代表发言、向"八大渔业公司"代表授国旗、领导宣布开海、千舟竞发等环节。②另外，30名少先队员与300名渔民群众在相距不远的侨港海滩进行鱼苗放生。中午12点，停泊在电建渔港内的上千艘渔船依次有序驶出港口，与此同时，现场2000多名嘉宾群众共唱《歌唱祖国》，500多名群众手持国旗环绕会场，3500面国旗"映红"了侨港镇各个角落，开海仪式达到高潮。③8月18日上午9点侨港渔货交易中心开市暨头鱼拍卖活动在鱿鱼码头举行，参加竞拍的以北海及广西本地企业为主，拍得款项100多万元被用于银海区的精准扶贫和社会公益活动。同日傍晚，千人百鱼宴在侨港镇风情街小港北一路举行，350米的长桌宴上坐满了1200名来自全国各地的游客，菜品包括石斑鱼、帝王蟹、龙虾、鱿鱼等14种海产鲜货及瑶柱、虾米等15种海产干货，由当地归侨经营的银龙大酒店与美加食府提供。从进货到制作，银海区市场监管局全过程监管把控，以保证炎热天气中的食品安全问题。④上述活动不仅吸引了众多外地游客，侨港镇本地群众参加的广度与深度较前些年也大幅增加。

除了延续往年的祭海仪式、头鱼拍卖、海鲜美食宴外，2019年侨港镇的开海活动在内容与形式上也进行了一定的创新，增加了"侨港开海节"摄影展及摄影大赛、沙滩音乐节、抖音大赛等内容。在美食街码头举行的"侨港开海节"摄影展，通过往年开海仪式的照片展览，让游客更加全面地了解侨港开海习俗及文化。同时，自8月16日至8月25日，摄影爱好者可投稿参加2019年"侨港开海节"摄影大赛，参赛作品内容可

---

① 关于2019年开海节祈福大典的活动现场情景，主要参考侨港镇文化广播电视站提供的图片影像资料以及笔者与侨港镇归侨文化促进会会长周胜林的访谈内容。
② 参见《2019年北海市"侨港开海节"活动方案》，北海市银海区人民政府官网，2019年8月16日，http://www.yinhai.gov.cn/zwgk/zfwj/zfwj_102571/byzf/202111/t20211114_2652346.html。
③ 参见陆威、何美、陈雅蓉：《今年，北海的"侨港开海节"是红色的！》，《北海日报》公众号，2019年8月17日，https://mp.weixin.qq.com/s/FUa3AfAvq9AIU3lQobuJ7w。
④ 参见罗伟、王庄、邱小丽：《北海"侨港开海节"好戏连台，视觉+口福一次享饱！》，《北海日报》公众号，2019年8月19日，https://mp.weixin.qq.com/s/pmCVbFOIiOj9xwUSFWyjhA。

包括 2019 年开海大典、头鱼拍卖、千人百鱼宴、沙滩音乐节等题材，需体现侨、港、渔、滩的特色。①8 月 16 日至 8 月 18 日举行的沙滩音乐节包括音乐灯光秀、歌舞秀、海滩多彩帐篷露营等内容，集音乐、露营、旅游、派对、亲子、游戏、水上活动等于一体。抖音大赛则是利用时下最流行的自媒体传播方式，鼓励游客与当地群众拍摄传播"侨港开海节"的相关视频，报名者通过扫描放在每个活动现场宣传牌上的二维码进入"抖音报名群"进行报名，之后再把能显示出相关抖音视频点赞数的截图发送到评选微信群内即可。②通过这些面向社会大众的活动，2019 年侨港镇开海节的全民参与度空前提高。各大旅行社、旅游景区也借机推出与之相关的旅游产品，仅湛江市的一家旅行社就向侨港镇输送了 7000 多名来自广东珠三角地区的游客。此外，侨港镇及周边酒店宾馆、餐饮排档预订率大幅度提升，以拥有 8 栋客房楼的北海路海大酒店为例，开海仪式当天入住率达九成以上，大部分是特意过来参加开海节活动的游客。③因此，无论是从传承保护渔民开海习俗的文化层面，还是从文旅融合促进发展的经济层面，2019 年侨港镇的开海节都可谓是一次成功的尝试。同时，开海节中的保护海洋、鱼苗放生等内容，还具有提倡保护生态环境、实现人海共荣的社会效益。

恰逢 2019 年中华人民共和国成立 70 周年，"侨港开海节"紧贴"深情祝福祖国"的活动主题，将节庆内容升华为对祖国繁荣昌盛、国泰民安的期盼与祝福，在当地民众与外地游客之间营造出爱国情感共鸣的良好氛围。之后，侨港镇政府抓住成功举办开海节的有利时机，积极将其申报为非物质文化遗产，"侨港开海节"入选 2020 年第五批北海市市级非物质文化遗产代表性项目名录。同年，以"侨港开海节"为主要内容的"北海开海习俗"入选 2020 年第八批广西壮族自治区区级非物质文化遗产代表性项目名录。

三、新冠肺炎疫情发生后的"侨港开海节"

2020 年突如其来的新冠肺炎疫情席卷全球，出于防疫要求，许多群众聚集性节庆活动不得不延迟或者取消。由于侨港镇所在的北海市自 2020 年 3 月 17 日实现新冠肺炎

---

① 最终组委会收到 159 人 1630 幅参赛作品，经北海市摄影家协会评选出一等奖 1 幅，二等奖 2 幅，三等奖 3 幅，优秀作品 94 幅，获奖作品于 12 月在北海市图书馆展出。参见北海市摄影家协会：《2019 北海"侨港开海节"摄影大赛评选结果公示》，《北海摄影》公众号，2019 年 9 月 13 日，https://mp.weixin.qq.com/s/SKOkGl6_4glR7MZchlPUTQ。

② 截至 2019 年 8 月 18 日 24 点，组委会根据报名抖音视频点赞数量评选出一等奖 1 名，二等奖 2 名，三等奖 3 名，并为其分别颁发 3000 元、1500 元、1000 元的奖金。参见《2019 北海市"侨港开海节"精彩重温》，《侨港小镇》公众号，2020 年 1 月 15 日，https://mp.weixin.qq.com/s/zWI1tPjJl8RCCzqu_OhpZA。

③ 参见李君光：《想吃海鲜请到这儿来！北海成东南沿海热门海鲜游目的地》，《北海日报》公众号，2019 年 8 月 28 日，https://mp.weixin.qq.com/s/SHoNTUdM_IHMlZpLymIcDg。

确诊病例、疑似病例"双清零"后持续保持无新增本地新冠肺炎确诊病例的状态，[①]侨港镇政府与民众本想继续延续2019年开海节的办节形式与活动内容，并制定了具体的活动方案与任务分工表，但未得到上级部门的批准。对于这一结果，曾主要负责2019年开海祈福仪式的民间组织——侨港镇归侨文化促进会在表示理解的同时，也提出尊重渔民风俗，进行小规模祭海的请求。

侨港镇归侨文化促进会是由侨港镇有志于从事和促进侨港镇传统文化事业发展的单位和个人自愿结成的地方性公益性非营利性社会组织，在籍会员数量有500余人，群众基础广泛，成立之后主要负责组织策划侨港镇的元宵美食节、端午龙舟节、国庆节庆典、海外亲友回乡恳亲等民间文化活动，自2017年起开始配合镇政府组织渔民参加开海仪式。[②]鉴于归侨文化促进会丰富的办节经验，特别是其在2019年端午龙舟节与庆祝侨港镇成立四十周年活动中的突出表现，2019年侨港镇政府将开海祈福仪式交由归侨文化促进会负责，因此，2019年的开海节并未因官方级别的提升而减弱民间力量的参与。与之相反，正是从这一年开始，开海仪式中归侨文化促进会代表的民间力量开始由"配角"成为"主角"。

2020年，在既不违背上级防疫指示又能延续渔民祭海习俗的前提下，经与侨港镇政府协商，8月16日上午9点18分，归侨文化促进会组织渔民在侨港镇开海广场举办了简朴的祭海仪式。[③]虽然参与祭海的渔民代表只有23人，祭品数量与规模较往年大幅缩减，但是祭坛、蜡台、香烛、签筒、花瓶、香案、酒壶、酒碗、祈福大旗俱在，烧猪、苹果塔、包子馒头塔、糕点塔、祭祀酒、饭茶酒等祭品种类齐全，三祭上香、朗诵祭文、敬酒龙王龙母等祭祀环节与往年相同，其庄严肃穆的祭海氛围并没有因为开海节的取消而减弱。虽然未对公众开放，但仪式还是吸引了不少游客前来，用侨港镇官方公众号"侨港小镇"报道的说法："以当日为起点，侨港镇的旅游正式迎来旺季。"[④]祭海

[①] 参见《好消息！"双十四""双清零"》，北海市卫生健康委员会《健康北海》公众号，2020年3月17日，https://mp.weixin.qq.com/s/5-Kd7Sy-i7wciYZoowKWKg。

[②] 参见《北海市银海区侨港镇归侨文化促进会章程》，本章程由归侨文化促进会理事会秘书长张志永提供。海外华人华侨喜欢抱团发展，侨港镇归侨在越南时便是如此，特别是海上捕鱼工作的特殊性使其更热衷于成立互帮互助的协会组织，这种习惯在其回国后也得以延续。侨港镇的归侨主要来自越南海防市婆湾岛与广宁省姑苏群岛，为了便于组织集体活动传承归侨文化，2007年侨港镇归侨成立了婆湾岛归侨联谊会和姑苏群岛归侨联谊会，后随着侨港镇节庆活动的日趋增多，两个联谊会整合为侨港镇归侨文化促进会，以一个更大的平台，组织策划侨港镇的节庆及文化活动。

[③] 在侨港镇官方宣传稿中，2020年的开海仪式由侨港镇归侨文化促进会和北海瑞德旅游服务有限公司共同举行，之所以冠北海瑞德旅游服务有限公司名，是因为其为祭海仪式举办场地的承包商。

[④] 参见《侨港镇渔民举办祭海仪式，祈愿鱼虾满舱、政通人和》，《侨港小镇》公众号，2020年8月16日，https://mp.weixin.qq.com/s/Q5dMaMJ288xVbRa9TB3djQ。

仪式完毕之后，渔民代表前往侨港镇渔民服务中心三楼参加官方举办的开海仪式。银海区区长发表开海致辞，对以各大渔业公司党员干部和志愿者组成的侨港"特种部队"在侨港镇休渔期间所做的工作表示感谢，祝愿开海后的渔民鱼虾满舱。其后，侨港镇党委副书记、镇长发表讲话，银海区海洋局局长宣布开海。如果说祭海仪式代表着民间力量对开海的祈盼，那开海仪式则表示官方力量的认可，2020年侨港镇的开海活动在遵照防疫政策的要求下，在官民相互理解、"各司其职"中完成。

2021年国内疫情得到有效控制，新冠疫苗接种工作有序推进，旅游业持续回暖，以"五一"黄金周为例，全国国内旅游出游2.3亿人次，同比增长119.7%，按可比口径恢复至疫前同期的103.2%。[①]侨港镇"五一"期间接待游客30万，实现旅游综合收入7000万元。[②]在此背景下，侨港镇政府与民众希望能够恢复举办开海节。与此同时，2021年广西文旅发展大会将于10月在北海举行，北海市政府高度重视，在7月26日的筹备工作会议上特意强调"要把今年的'开海节'作为文旅发展大会的一个重要节点内容，推出系列活动，打造北海网红美食，为文旅发展大会预热造势"，[③]成为官方支持举办"开海节"的公开表态。正在广西挂职的笔者看到报道后立马联系了归侨文化促进会会长周胜林（后文均以"周叔"代称），希望能够参加开海节相关活动的全程调研。但是进入8月，多地疫情散发，特别是南京、张家界疫情出现外溢，全国出现100多个中风险区，多个省（自治区、直辖市）相继发布疫情防控提醒"非必要不出省、不离市"或"减少出省、出市"。8月9日周叔给笔者发来消息称，因防疫需要，2021年开海节活动只保留祭海祈福和头鱼拍卖内容，并且将严格限制参加人数，不再对公众开放。8月12日归侨文化促进会召开工作布置会，商议祭海祈福等相关事宜，笔者旁听了此次会议。会议由周叔主持，到场的会员有20人（含19名男性、1名女性），主管防疫工作的侨港镇党委副书记也赶来听取会议，并说明了北海市及银海区政府对"开海节"的政策调整，强调了防疫安全要求及相关措施。根据最新要求，参加祭海祈福的人员不得超过50人，加上现场工作的志愿者及媒体记者，人数不得超过100人。所有当天进场人员必须14天内未离开过北海市，需提前提交个人身份证复印件制作工作证，进场时两证同时核验。经过两个多小时的商讨，会议最终确定了参加仪式的人员名单，建立了微信工作群，明确了各筹备小组人员分工。8月14日，归侨文化促进会召开第二次工作会议，统筹协调各方进展，为祭海人员与志愿者发放了服装与工作证。8月15日清晨，笔者跟随青姑（工作布置会上的唯一一名女性，平日主要负责协会的会计工

---

① 参见《2021年"五一"假期文化和旅游市场平稳有序》，中华人民共和国文化和旅游部官网，2021年5月5日，https://www.mct.gov.cn/whzx/whyw/202105/t20210505_924179.htm。

② 参见《"五一"假期侨港迎来30万游客！》，《侨港小镇》公众号，2021年5月8日，https://mp.weixin.qq.com/s/yril1Psk3mJp_fiDTXR8Uw。

③ 参见韩丹：《蔡锦军廖立勇部署2021年广西文化旅游发展大会北海市筹备工作》，《北海日报》公众号，2021年7月27日，https://mp.weixin.qq.com/s/FPbiJzLCWU3H9LExH4fe6A。

作）前往开海广场参与会场布置并观看祭海彩排，祭坛、香烛、酒壶、酒碗等祭祀物品被提前摆放好，考虑到天气炎热，烧猪、果品、点心、馒头等祭品待 8 月 16 日再摆放。祭海方阵共 39 人，3 名领祭人身后站立 3 排，每排 12 人，另有 1 名祭祀司仪，6 名诵读祭文人员，合计 46 人。除了祭海人员中 3 名负责诵读祭文的女性，还有十几名女性志愿者负责祭品的准备工作，她们多为祭海方阵男性渔民代表们的妻子，年龄均在 50 岁以上，全部是从越南回来的归侨。大部分人自 2017 年就开始参与祭海仪式，对于流程已经十分熟悉，但在高温暴晒之下还是认真地进行了一上午的彩排。虽然当天是周日，现场却有多名镇政府工作人员加班，负责对接落实卫生防疫、公安、消防、安保等工作。另外，银海区政府官方公众号《魅力银海》在 8 月 14 日官宣了开海节将取消游客线下观看活动，改为线上"云开海"，因此活动现场还搭建了临时通信基站。《北海日报》、北海广播电视台、北海 365 等媒体提前进场，调试直播设备。现场的巨幅宣传牌上写有"2021 侨港开海节"字样，赞助单位为侨港国际渔市。彩排期间，北海市旅游文体局、银海区政府均有领导及工作人员前来指挥协调各部门工作。因此，即便是渔民自发组织的节庆活动，背后也离不开多个政府部门的通力保障。

  8 月 16 日早上 7 点，参加祭海仪式的人员和志愿者提前到场进行最后的准备工作，9 点半左右现场突然狂风暴雨，现场人员连忙把贡品套上塑料袋，并把祭祀彩旗全部放倒以免砸到人，9 点 50 分左右天空放晴，10 点祭海仪式按原计划如期举行。虽然突如其来的暴雨带来了一些不必要的麻烦，但是祭海人员却很高兴，他们告诉笔者这是个风调雨顺的好兆头。祭海流程与前几年基本相同，包括祈福人员到位、领祭人上头香、诵读祭文、全体祈福人员集体三拜、轮流上香敬酒等环节。虽然此前通过视频图文资料及调研访谈，笔者已经比较熟悉仪式内容，但是第一次亲临现场，还是会有一些"他者"的新鲜发现。比如仪式开始前，侨港镇主要领导均已到场，但他们并未出现在仪式中，也未发表任何讲话，而是全程保障仪式的顺利进行。观察祭海民众与镇政府工作人员的交流互动，可以看出他们在日常的交往中已经非常熟悉，聊天谈话都比较随意。其次，无论是司仪主持还是祭文朗诵，仪式中用的都是侨港本地白话（粤方言的一种），具有鲜明的地方特色。由归侨群众撰写的祭文包含生态保护、"一带一路"、抗击疫情、建党百年等内容，紧跟时代主题。另外，上香环节除祭海人员可以参加外，现场志愿者包括女性均能参加，笔者在青姑带领下也参与了上香环节。祭海仪式完毕之后，现场的果品点心等贡品被分发给现场人员，青姑特意塞给笔者一些，并嘱托笔者拿回家给老人小孩吃，会有好运与福气。随后，开海广场即对游客民众开放，不少人进入活动现场拍照留念，旁边港口内的船只陆续出港，12 点准时开海。8 月 18 日上午 9 点 18 分，侨港渔货交易中心开市暨渔货拍卖会举行，这也是 2019 年开海节后的首次渔货拍卖会，举办模式及防疫管控措施与祭海仪式相同，到场参加竞拍的企业有 30 多家。笔者注意到，除了那条 200 斤的龙趸鱼王由男性工作人员抬上场外，其他参与拍卖的 1200 斤渔获均由祭海仪式中的四名女性志愿者分批肩挑入场。据主办方水产协会的会员解释，在侨港一般男性渔民多负责出海捕捞，女性渔民则负责岸上卖鱼，由她们挑鱼入场是对平日卖鱼场景的真实再现，现实生活中这四位志愿者也都是货真价实的"卖鱼嫂"，侨港渔业生产中的性别分工由此可见一斑。拍卖会后，活动现场还公布了"古港开海 云尝海鲜——2021年北海市十大特色名菜及十大网红小吃"的评选结果，其中侨港的"蟹仔粉""卷粉"等特色小吃均名列其中。至此，2021年"侨港开海节"就在"现场严管控+线上广直播"中告一段落。

四、思考与总结

中国自2004年加入《保护非物质文化遗产公约》以来，在多方力量的共同努力下非物质文化遗产保护意识逐渐深入人心。虽然目前非物质文化遗产代表性项目名录中还没有海洋非物质文化遗产的专门分类，但是近些年随着中国海洋强国战略的推进，海洋非物质文化遗产受到的关注日益增加。"海洋强国不仅仅是海洋经济强国、海洋科技强国、海洋军事强国，更应该是海洋文化强国。我国要建设成海洋文化强国，就必须深入挖掘我国海洋文化传统，特别是海洋非物质文化遗产"。[①]作为传统海洋文化的典型代表，开海（开洋）习俗历史悠久，有些地区的开海节已经被列入国家级非物质文化遗产代表性项目名录，比如浙江省象山县、岱山县与山东省日照市、荣成市、即墨区的"渔民开洋、谢洋节"。其中，自1998年开始举办的"象山开渔节"至今已有24年的历史，是我国开海节庆中的典型代表。与之相比，2019年才得以由官方正式命名的"侨港开海节"尚处于起步阶段，但其依托于广西最大的渔业重镇，借力北海的旅游城市名片，已小有名气且呈蓬勃发展之势，是广西沿海三市（北海、钦州、防城港）中唯一入选自治区级非物质文化遗产代表性项目名录的开海民俗节庆。本文在厘清侨港镇开海节由来及演变过程的基础上，试图以海洋非物质文化遗产保护为视角，从开海节中的民众主体地位、良性政社互动关系的构建、文旅融合发展、多元文化内涵的挖掘与讲述四个方面进行以下总结与思考。

（一）民众的主体地位与"以民为本"

"谈论非遗保护时必然要涉及人，没有人，就没有我们谈论的非物质文化，非遗始终是一种与人同在的遗产类型"[②]，非物质文化遗产保护工作中"以人为本"的重要性已经得到学界的公认。在此基础上，节庆类项目又具有其自身特色，群众参与的广泛性决定了其传承人不可能只是一两个人，而是参与其中的所有民众。以开海习俗为例，其为沿海渔民在长期的生产生活中共同创造传承的海文化、渔文化的组成部分，既不是某

[①] 崔凤：《海洋实践视角下的海洋非物质文化遗产研究》，载《中国海洋社会学研究：2017年卷》，北京：社会科学文献出版社，2017年，第185—186页。

[②] 刘魁立：《非物质文化遗产保护的回望与思考》，载《中国非物质文化遗产》，2020年第1期，第37页。

一地区的专属,也不是某一群体的专利。随着国内旅游业的发展,近些年各地开设的开海节、开渔节并不少见,其中不乏热闹一时、昙花一现的失败案例,有些节日活动上只见"演员",不见"民众",节庆完全成为政府行为或者市场行为。这种脱离民众被打造出来的节日往往不能走长走远,特别是在新冠疫情发生之后表现得更为明显。官方由于防疫安全要求,对于举办节庆活动持谨慎态度,而考虑到疫情风险,市场商业力量也不再轻易投入。侨港渔民的开海习俗由来已久,甚至其在越南生活期间也从未中断过,基于这样的习俗传统与文化认同,即便由于疫情政府停办开海节,即便不能对游客开放,侨港民众还是在遵守防疫要求的基础上自发进行了祭海仪式。正如周叔所说:"侨港人靠海而生,以鱼为食,开渔祭海是我们几百年来的民俗习惯,肯定不能停。"而另一位会员吴叔也对笔者说:"就算没有政府资金支持,没有商家出钱赞助,我们每人去打几天工、做几天活,凑个份子钱,有钱出钱,有力出力,也得把祭海做了。"事实上也确实如此,笔者参与的2021年祭海工作中,所有参加人员与志愿者均为义务劳动,没有任何报酬。在被问及"祭海人数受到限制,没有现场观众,祭海的动力是否有所下降"时,会员卢哥说:"做活动,我们肯定希望是人多一些,更热闹一些,但是现在赶上疫情,也只能安全第一。有游客来侨港当然好,没有游客来也没关系,说到底祭海是为我们自己做的,不是表演给外人看的。有没有人看,我们都会做。"通过对"侨港开海节"举办历程的回顾,不难发现渔民祭海仪式是其最核心部分,因此其他环节与内容可以停办省略,唯独这一部分坚守下来。因此,"非遗保护运动本质上是尊重民众文化创造,将民间文化还给民间",[①]民众是节庆类非物质文化遗产得以传承与保护的根本力量。以民为本、顺应民情、体现民意、团结民心应该是节庆类项目实施过程中的重点与核心。

(二)服务型政府角色定位与良性政社互动关系的构建

关于官方力量在节庆类非物质文化遗产项目实施中应该扮演怎样的角色,是学界一直关注与探讨的话题。2005年,国务院办公厅发布《关于加强我国非物质文化遗产保护工作的意见》,指出我国非遗保护的工作原则为"政府主导、社会参与,明确职责、形成合力;长远规划、分步实施,点面结合、讲求实效"。[②]自此,政府在非物质文化遗产保护工作中的主导地位得以明确。虽然因为政府力量的过多干预导致民间节庆失去"民味"的事例时有发生,但是结合我国非物质文化遗产工作开展现状,特别是在非遗文化生态环境发生巨大变化的社会转型背景下,作为"申遗"主体的地方政府仍将在非物质文化遗产保护中发挥重要力量,比如安德明指出:"虽然以对政府力量主导性的警

[①] 萧放:《仪式节庆类非遗保护的经验、问题与对策》,载《中国非物质文化遗产》,2020年第1期,第107页。

[②] 参见《国务院关于加强文化遗产保护的通知》,中华人民共和国中央人民政府网站,2005年12月22日,http://www.gov.cn/gongbao/content/2006/content_185117.htm。

惕或规避为前提,联合国教科文组织通过各种文件强调社区在非遗保护中的作用,但是在具体的保护实践中,特别是在初始阶段,可能需要政府力量唤起民众对其所拥有的非物质文化遗产的重视。"[1]

侨港镇拥有悠久的开海祭海习俗,但是在开海节设立之前,祭海活动多为个体行为,相对分散不集中。2017年,侨港民众在官办开海仪式中进行集体祭海后,对其自身祭海文化的自豪感油然而生,并且随着2018年、2019年开海仪式规模与社会影响力的扩大而增加。正是政府力量的推动,侨港民众的集体祭海行为经历了一个从"自在"到"自觉"再到"自发"的过程。特别是2019年,在北海市政府的支持推动下,"侨港开海节"品牌正式形成,活动级别由以往的镇级提高至市级,但是活动内容尤其最为核心的祭海仪式并没有因为官方力量的介入而变味走形,相反,民间力量参与的广度与深度随活动规模的提高而有所增加。与2017年、2018年镇政府策划、群众配合的开海模式不同,2019年开海仪式交由侨港镇归侨文化促进会负责,镇政府主要为其提供服务保障。除了归侨文化促进会,侨港镇还建有美食协会、老年协会、水产协会、商会等,这些协会组织作为民间力量的代表,在侨港镇的节庆文化建设以及日常管理中发挥了重要作用,比如开海活动中的头鱼拍卖主要由水产协会负责,千人百鱼宴主要由美食协会负责等。在笔者调研中,侨港镇政府工作人员直言不讳平日各个协会对于政府工作的顺利推进起到的积极作用,因此,政府也十分重视协会所传达的群众声音。2021年改为"线上开海节"后,侨港镇政府几乎全员出动,协调对接市区各部门,为祭海仪式与头鱼拍卖保驾护航。

信任与支持都是双向的,归侨文化促进会的周叔说:"政府很尊重我们渔民的习俗,往年活动中也给予我们许多支持,疫情之后上级部门考虑安全,不让大办开海节,我们当然也得体谅政府的不易。那我们就把祭海规模缩小,把参与人数减少,该报备的报备,不能让人家为难才是。"由此可见,侨港镇服务型政府的角色定位以及相互理解良性互动的官民关系是开海节得以持续举行的重要因素之一。在我国非物质文化遗产保护工作中,政府力量经常因为过多过强的干涉而备受诟病,但是离开政府的引导保障又是不切实际的,特别是当下一项节庆活动的顺利进行必然离不开文旅、卫生、交通、安保等多个部门的统筹协调。因此,在节庆类非物质文化遗产项目开展过程中,政府与民众缺一不可,构建有效通畅的沟通渠道,实现良性的政社互动关系至关重要。

(三) 文化保护与旅游开发的融合发展

"文化搭台、经济唱戏"是地方节庆类非物质文化遗产项目实施过程中常见的一种形式,虽然早些年曾遭到不少学者的抵制,但是"考虑到地方政府在非遗保护方面的现

---

[1] 安德明:《非物质文化遗产保护中的社区:涵义、多样性及其与政府力量的关系》,载《西北民族研究》,2016年第4期,第79页。

实诉求,也应该对经济与文化在特定语境下相互支持、协同发展的成效予以'同情之理解'"。[①]特别是节庆类项目因为参与群体的广泛性,很容易发展成为地方旅游名片。2019年8月15日,借助"侨港开海节"平台,北海市银海区举行了"向海经济专题招商推介会",来自广西区内外的100多家企业以及银海区各机关单位负责人共200余人参加了招商会,集中签约21个项目,总投资额达133.4亿元。[②]其后,祈福大典、头鱼拍卖、千人百鱼宴、沙滩音乐节等活动吸引了大批游客,经济拉动效益显著。笔者在调研中了解到,大部分的侨港群众对开海节持认可与欢迎态度,认为这样既可以将其传统文化展示出来,还可以促进侨港的旅游经济发展。究其原因,"侨港开海节"中虽然也有来自政府与市场的外来力量,但是侨港民众最为在意与看重的祭海仪式仍然由其自主独立完成,其作为开海习俗文化传承人的主体地位及所拥有的话语权没有受到影响,并且不少人还在节日旅游带来的红利中获得了受益。近些年在继续发展海洋捕捞等传统产业的同时,部分"洗脚上岸"的侨港渔民转产转业,成为第三产业蓬勃发展的主力军,2019年侨港年接待游客达350万人次,旅游总收入6.6亿元。以侨港最负盛名的餐饮行业为例,300多家餐饮店中的大部分店铺为本地人开设,特别是其中最有名气的招牌店、"网红店"均由本地人经营。另外,与一些经济发展相对落后,民众缺乏文化保护意识及保护能力的地区不同,与我国改革开放几乎同龄的侨港镇得益于归侨安置政策、远洋渔业发展机遇以及敢打敢拼的归侨创业精神,经济建设一直走在广西乃至西部地区的前列。1989年底侨港镇就已有60%的归侨家庭成为万元户,2021年农渔民人均纯收入达到3.5万元。"仓廪实而知礼节",侨港民众在生活富裕之后,愈发重视自身传统文化的保护与传承,表现出较强的文化自信心与自豪感,并在当地节庆文化建设中掌握较重的话语权。比如,2019年开海节350米的千人百鱼宴由本地酒楼承担制作,2020年及2021年祭海仪式的赞助商也均为侨港本地企业。

以往学界较为担心与反对的"非物质文化遗产持有人作为处于社会资本占有劣势地位的主体,在非物质文化遗产保护中逐渐失语、失势乃至失位"[③]的情况,目前在"侨港开海节"中尚未出现,但是随着日后开海节文旅品牌的做大做强,特别是更多的外部力量与外来资本引入后,需要警惕与规避上述情况的出现。2018年6月8日,时任文化和旅游部部长雒树刚在全国非物质文化遗产保护工作先进集体先进个人和第五批国家级非遗代表性项目代表性传承人座谈活动上的讲话中,特意强调非物质文化遗产保护与旅游要融合发展,指出"文化和旅游密不可分,文化是旅游的灵魂,旅游是文化的载

[①] 安德明:《非物质文化遗产保护的中国实践与经验》,载《民间文化论坛》,2017年第4期,第20页。
[②] 本小节中关于侨港镇的各项数据均由侨港镇人民政府办公室提供,不再一一标注。
[③] 黄龙光:《谁的非遗——非遗传承如何创新》,载《中原文化研究》,2015年第4期,第110页。

体"。①因此，节庆类项目开展过程中，文化保护与经济开发可以并行不悖，但是必须要分清主次，重点保护项目的核心环节，在保证非遗精神内涵得以完整传承的前提下，创新创意适度开发周边文旅产品。开海节中侨港民众的祭海仪式是整个节日的精神内核与存在基础，附加的千人百鱼宴、沙滩音乐节等活动可以为其锦上添花，但不能喧宾夺主。

（四）开海节多元文化内涵的挖掘与讲述

由于地理环境与文化背景的相似性，不少沿海地区都拥有开海祭海习俗，结合国家休渔政策，在此基础上发展出的各地"开海节""开渔节"逐渐走入大众视野，其中已有一些作为民俗节庆进入市、省、国家各级非遗目录。一些学者不禁担忧此类节日过多，会导致内容雷同与游客审美疲劳。参与过2021年侨港开海活动的笔者认为节庆文化具有很强的体验性，即便已经提前知道了流程内容，但亲临现场感受祭海仪式所营造出的敬畏大海、感恩大海、人海共荣的情感氛围，仍然具有很强的吸引力。非物质文化遗产具有广泛性和共享性，无论出于什么样的考虑，文化保护的过程都不应成为文化垄断的过程，不能因为遗产保护的立项而把这一或那一共享的群体割裂开来或者排斥出去。②虽然具体实施中总会存在困难与问题，但总体来看，开海节的出现符合传承弘扬中华优秀传统文化，满足人民群众美好生活需要，促进文化和旅游融合发展的时代需求，应该鼓励与提倡。各地开海节可以根据自身地方特色百花齐放百家争鸣，加强交流互相借鉴，联奏出中国新时代开海文化最强音。与此同时，除了传承保护海洋文化，促进带动旅游发展外，开海节所具有的多元文化内涵有待进一步挖掘。首先，任何一种文化遗产，都是一个历史信息的载体。③与中国传统节日及法定假日不同，开海节因国家实行休渔期而创设，是我国进行生态文明建设与海洋可持续发展的良好写照，在全球海洋文化节日中都具有时代性与进步性，是对外讲述与宣传"中国故事"的典型案例。其次，从节庆与仪式的社会功能与政治功能来看，任何一个国家和民族，在其发展过程中，特别是在社会转型阶段，无一例外地都会在国家战略的层面实施加固、重塑传统根脉的复兴工程，而"仪式"则是工程中最重要的选项。④随着我国海洋强国战略的推进，海洋文化节庆成为凝聚团结民众，增强其海洋文化认同感、自豪感、自信心的良好

---

① 参见《雒树刚部长在全国非物质文化遗产保护工作先进集体先进个人和第五批国家级非遗代表性项目代表性传承人座谈活动上的讲话》，中国非物质文化遗产网，2018年7月10日，https://www.ihchina.cn/Article/Index/detail?id=7369。

② 刘魁立：《非物质文化遗产及其保护的整体性原则》，载《广西师范学院学报（哲学社会科学版）》，2004年第4期，第18页。

③ 黄玲：《中国-东盟跨国共享非物质文化遗产的交流互动与创新传承》，载《百色学院学报》，2020年第6期，第76页。

④ 彭兆荣：《重建中国仪式话语体系——一种人类学仪式视野》，载《思想战线》，2021年第1期，第71—72页。

载体。最后,具体到"侨港开海节",其还拥有自身特殊性。作为我国唯一一个为安置越南归侨而专门设立的建制镇,侨港镇人口中归侨侨眷占比95%。结合其在国外遭受迫害一无所有回到祖国逐步走上富裕之路的特殊经历,侨港人特别注重将"爱党爱国爱家乡"的情感融入到节庆文化中,如2021年开海祭文中所说:"侨港民众,爱海敬洋。感恩祖国,赐予阳光。感恩我党,指引航向。"同时,侨港几乎每家每户都有海外亲属,散布在全球17个国家和地区。借助微信、抖音等网络通信工具及直播平台,每年都有不少身处国外的侨胞亲友关注观看"侨港开海节"活动,感受祖国家乡发展新变化。因此,从非物质文化遗产保护要服务大局,配合国家重大战略实施的角度出发,深入挖掘"侨港开海节"的丰富内涵,围绕开海节讲好侨港故事,还将为铸牢中华民族共同体意识,巩固发展爱国统一战线,增强中华文化影响力,构建人类命运共同体做出积极贡献。

2017年4月,习近平总书记视察北海,要求北海打造好向海经济,写好21世纪海上丝绸之路新篇章。[1]侨港镇作为广西最大的渔业重镇,在发展海洋经济与传承弘扬海洋文化方面任重而道远。以非物质文化遗产开海习俗为内核的开海节是侨港镇保护传承海洋传统文化与加快文化旅游融合发展的有益尝试,对于广西其他沿海地区民俗类非物质文化遗产的保护开发工作可提供启发借鉴。在节庆类非物质文化遗产项目的实施过程中,我们希望能够保留的是民众的文化主人翁地位,能够提升的是基层政府的社会治理能力,能够创新的是满足人民美好生活需要的文旅产品,能够营造的是人与人、人与自然和谐相处共生共享的情感氛围,能够展现的是国家重大战略在地方社会生活中的落地与实现。能否实现这一美好目标,"侨港开海节"能否高质长远地存续发展,还有待民众、政府、学者、市场等多方力量的共同努力。

---

[1] 霍小光、鞠鹏、谢环驰:《习近平:写好新世纪海上丝绸之路新篇章》,2017年4月19日,http://www.xinhuanet.com/politics/2017-04/19/c_129552538.htm,引用日期:2022年2月13日。

华侨农场侨旅融合发展路径研究
——以桂林华侨农场为例

梁 姣[①]

【摘 要】华侨农场是特定历史时期的产物，是兼具国有农业企业经济属性与难民安置政治属性的侨乡。桂林华侨农场作为漓江风景名胜区重要板块，近年来大力推进农业特色旅游产品，农旅品牌初见成效。但从侨旅融合视角来看，侨文化挖掘不足及侨文化旅游产品的缺失，使得目前农场的发展与"漓韵侨乡"的定位不符，也与桂林华侨农场所处的优越区位优势及良好发展时机不太匹配。因而推进华侨农场侨旅融合，充分利用"侨文化资源"，打造侨旅融合旅游基地，是桂林华侨农场融入世界级旅游城市建设之中，提升桂林文旅产业档次，形成桂林旅游新龙头的重要途径。

【关键词】桂林；华侨农场；侨旅融合

2013年国务院侨办、文化部关于加强侨乡地区和华侨农场文化建设工作的意见重提出"壮大侨乡文化旅游产业。将符合条件的华侨农场和侨乡特色文化景区纳入全国文化旅游实验区，加强政策支持和指导"[②]。2022年9月广西壮族自治区人民政府办公厅颁布了支持打造桂林世界级旅游城市若干政策措施（试行）（下简称"措施"）[③]。"措施"中提到支持桂林打造世界级文化旅游之都建设，促进文化旅游提升发展。位于漓江风景核心区域的桂林华侨农场是特殊背景下形成的新型侨乡，有着丰富的自然与侨文化资源。唤醒华侨农场的侨文化潜能，依托独特的侨资源优势发展特色文化旅游，既可以进一步打造新型文化消费业态，为桂林打造世界级旅游城市贡献华侨力量，也能为华侨农场改革转型升级，打造宜居宜业的和美乡村探索出一条侨旅融合之路。

---

① 作者简介：梁姣，女，广西南宁人，桂林旅游学院讲师，研究方向为华侨华人史、旅游文化。
②《国务院侨办、文化部关于加强侨乡地区和华侨农场文化建设工作的意见》（国侨发〔2013〕22号）。
③《广西壮族自治区人民政府办公厅关于印发支持打造桂林世界级旅游城市若干政策措施（试行）的通知》（桂政办发〔2022〕60号）。

一、华侨农场研究现状

关于华侨农场的研究，李明欢教授提出华侨农场是一个在特殊历史时期，因特殊历史事件，经由特殊历史决策而形成的特殊社区[1]。郑一省教授及其团队则一直深耕这个特殊社区，并将其作为文化人类学研究的"理想实验室"，持续关注归侨这个"特殊的族群"及场域的生存与发展问题[2]。在乡村振兴及文旅融合的背景下，亦有一些学者对特殊社区转型发展过程中兴起的旅游业进行了实证研究。陈成栋考察了福建华侨农场的旅游业发展过程，提出众多华侨农场推进当地旅游业发展的过程中大多面临着经营不当、定位不清、异域特色产品吸引力不足、旅游配套不齐全、产品未形成品牌效应，以及缺乏可持续发展的历史文化与环境保护意识等一系列问题[3]。尤雅琪等以福建北硿华侨茶果场为例，指出完善基础设施、旅游项目开发、印尼民俗馆的建设等方式可以促进当地休闲农业的发展，有效提升当地经济收入，加速新农村建设进程[4]。王亚凡针对游客和华侨农场的当地华侨之间的交互行为进行研究，对华侨农场提升游客满意度、可持续发展提出了可行性建议[5]。针对桂林华侨农场旅游的研究则有刘云峰、薛娟萍建议凭借桂林华侨农场独特的历史印记和人文价值，予以适当的更新与保护，为桂林市创造新的经济增长点[6]。

在文旅融合影响下，华侨农场侨文化产业和旅游产业融合的实践领域在不断扩大，越来越多人群关注到这类特殊群体，但是从成果的梳理来看，国内外学者对华侨农场主要聚焦管理体制的研究，较少学者涉及了华侨农场产品中的设计方面的研究。不仅总量上少，针对桂林华侨农场旅游发展研究的成果更是有限。这与桂林华侨农场所处的桂林国际旅游和发展的优越区位优势及良好发展时机严重不匹配。此外，目前的研究对侨旅融合产品的研究还不够充分和深入。对于利用华侨农场自身"侨"与"农"的优势，挖掘潜能，合理开发其华侨农场的旅游产品和资源优势市场还有较大的研究空间。本课题以桂林华侨农场为例，对充分挖掘华侨农场的侨与农资源，推动华侨农场的侨旅融合，深度挖掘与开发侨旅产品，推动华侨农场可持续发展是一个很好的尝试与例证。

---

[1] 李明欢：《社会人类学视野中的松坪华侨农场》，载《华侨华人历史研究》，2003年第2期。

[2] 郑一省：《广西华侨农林场、归难侨安置点——文化人类学研究的"理想实验室"》，载《八桂侨刊》，2012年第2期。郑一省：《回国与融入——华侨农场归侨口述历史》，北京：中国华侨出版社，2021年。

[3] 陈成栋：《福建省华侨农场旅游业发展策略研究》，载《闽江学院学报》，2015年第36卷第6期，第91—98页。

[4] 尤雅琪、李长青：《侨乡地区休闲农业发展调查研究——以福建北硿华侨茶果场为例》，载《武夷学院学报》，2018年第37卷第1期，第33—40页。

[5] 王亚凡：《客主交互视角下华侨农场旅游体验研究》，泉州：华侨大学，2019年。

[6] 刘云峰、薛娟萍：《桂林市华侨农场更新与保护策略探索》，载《科技信息》，2011年第22期，第622—623页。

二、桂林华侨农场侨旅融合发展的优势

20世纪60年代初建成的桂林华侨农场，分别安置了60年代回到国内的印度尼西亚归国华侨和70年代末被驱赶回国的越南难侨共计2791人。作为国内84个华侨农场中的一个，桂林华侨农场目前直属于国家级高新技术产业区——桂林高新区七星区，是桂林市重要的旅游经济区。因而推进华侨农场侨旅融合，打造侨旅融合旅行基地，是桂林华侨农场融入世界级旅游城市建设，推进桂林旅游转型升级的重要路径。

（一）地理位置与自然资源优势明显

桂林华侨农场位于桂林市东南郊，距桂林两江国际机场36千米，离桂林市区15千米，桂梧高速公路、桂磨公路和桂竹旅游专线公路贯穿农场，交通条件便利。整个农场位于漓江名胜风景区范围内，场区内有漓江河岸线长18千米，东北面漓江环抱，西南面群峰连绵，堪称"世外桃源"。游览桂林漓江的两个起点码头"竹江外宾码头"和"磨盘山内宾码头"均坐落区内，每年均有上千万游客由此乘船游览漓江，是整个桂林市的交通要道、桂林旅游的集散地。农场外围环境良好，东边紧接大圩古镇，北面紧靠海军疗养院，西面临近雁山植物园，南面漓江山水环绕，环境优美宜人；区内自然资源丰富，乌桕滩、磨盘山、鸡冠山等都是其中的代表，而且植被覆盖率高。据统计，区内的森林面积高达560公顷，亚热带人工林面积294公顷，空气质量高，富含氧离子，被游客称为天然氧吧。

（二）桂林华侨旅游经济区农业休闲旅游初现规模

桂林华侨农场属于亚热带季风气候区，一年四季光热充足，降水充沛，雨热同期，有着发展优质农产品的优良环境。在全面推进乡村振兴战略的指引下，桂林市政府通过招商引资的方式，吸引企业入驻经济区。2020年启动"漓韵侨乡"田园综合体项目，形成了"一带""两区""五园"的基本格局[①]。项目修建了16千米休闲绿道，将田园综合体范围内的"风景点"连成"风景线"，成为游客市民周末必来的"网红打卡点"。畔塘村以彩色富硒水稻、古典民居为切入点，打造古典民宿村；竹江村以800亩乌桕滩、现代桂北风格建筑为切入点，打造现代农业观光园；沙洲村以"一米阳光"生态花园为切入点，打造特色花卉基地。2020年至2023年间，"漓韵侨乡"被评为全市首批五星级田园综合体，"漓韵"品牌正式获得国家知识产权局商标注册证书。莲花源生态田园被评为广西休闲农业与乡村旅游示范点，"漓歌侨园"被评为桂林市第二批五星级田园综合体，沙洲村获评"壮美广西·乡村振兴"年度特色案例。"一米阳光"花卉、富硒彩色水稻等特色产业综合效益稳步提升。"漓韵侨乡"综合体的建设，将山水风

---

① "一带"：桂竹路特色农业观光带；"两区"：乡村旅游休闲区、特色花海旅游区；"五园"：莲花园生态田园、火龙果种植园、柑桔种植园、"一米阳光"花园、乌桕滩生态公园。

光、乡村文化、花海经济、体育休闲等旅游资源进行有效的整合，在农场游客可以进行花海观光、竹筏游漓江、漓江步道骑行、乌桕滩露营、果树采摘体验、农业种收体验等活动，旅游活动丰富多彩。除此之外，桂林政府从2016年至今在漓韵侨乡田园综合体举办了8届"环漓江"自行车挑战赛。这个比赛作为广西重大体育赛事和广西区内最大规模的"运动+旅游"自行车自主品牌赛事之一，已拥有较好的群众基础和赛事口碑，吸引了全国各地上万名骑友慕名前来打卡参赛。

据不完全统计，自华侨农场田园综合体创建以来，先后引进8家企业，利用民营资本1.4亿元，为当地群众提供就业岗位200多个。农场接待游客总人数由2016年的394万人次增加到2022年的上千万人次；田园综合体区域村民人均年收入从2018年的6000多元上升至2021年的18,400多元[1]。成为桂林市重要的经济增长点，成为助力乡村振兴的新渠道。

（三）多元的华侨文化特色明显

目前桂林华侨农场总人口9308人，其中有归侨341人，难侨227人，侨眷582人，国内职工及家属696人，农村集体部分7462人。众多的农场职工经过60多年的扎根、融合发展，创造了华侨农场独有的回归式侨文化。首先，在语言景观上，农场的众多归侨群体仍使用着原居住国的语言，具有强烈的异域特色。在建筑景观上，农场归侨居民点是在结合当地自然环境基础上，融入了原居住国的居住文化，形成了独具特色的归侨聚居地文化遗产。其生活环境与文化建筑设计，体现了华侨农场区分于其他乡村乡镇的文化景观表征及文化生活场景。[2]在民俗景观上，安置的上千名华侨在文化和习俗等方面仍保留着东南亚风俗习惯，每到过年当地都会举办"侨胞过大年"和"华侨美食节"主题活动，不仅能品尝到印尼沙嗲肉串、姜黄饭、娘惹糕、越南卷筒粉、炸春卷等东南亚国家的美食，其传统节庆、祭拜祭祀、演出庆典、服饰、歌舞表演，更彰显了华侨农场的东南亚异域风情。在红色文化景观上，农场的发展历程见证了华侨对祖国建设、改革事业的支持、拥护和参与，同时也是新中国党和政府爱侨情深的见证，是独具特色的归侨红色文化。挖掘并弘扬归侨红色历史文化，有利于延续华侨农场的文化与依恋情结，激发新时代振兴农场的内生动力，也有利于凝聚侨心侨力，激发侨胞爱国热情[3]。

从桂林华侨农场所包含的旅游发展优势看，以桂林漓江山水为主的自然资源、农业资源与侨文化特色资源独特且丰富。从自然资源角度来看，独有的喀斯特自然山水资源

---

[1] 桂林日报：《大美漓东 希望沃土 七星区：非凡十年路 传奇续新篇》，桂林人民政府门户网站，2023年1月29日，https://www.guilin.gov.cn/ywdt/tpxw/202209/t20220929_2383436.shtml，访问日期：2023年4月22日。
[2] 吴贵华、黄艺冰：《华侨文化赋能华侨农场振兴》，侨号CHINESEHORN，2022年。
[3] 吴贵华、黄艺冰：《华侨文化赋能华侨农场振兴》，侨号CHINESEHORN，2022年。

整体规模大、覆盖范围广，可融入漓东百里山水画廊休闲观光示范带。从农业资源角度来看，三个自然村畔塘村、沙洲村、竹江村的农业用地广、种植种类多。"漓韵侨乡"田园综合体主打特色农庄体验园、特色果蔬种植园，特色花卉观光园和特色旅游观光带，田园综合体已初见规模和效益，可以成为桂林市创建国家现代农业产业园重点项目。从休闲体育资源的角度来看，秀丽的山水与户外运动高度契合，也具备了赛事基础。"漓韵侨乡"的规划，漓韵已凸显出来，但是侨乡的旅游项目却没有融合进去。

三、桂林华侨农场侨旅融合发展存在的问题

（一）侨文化资源针对性的规划与开发欠缺

在目前桂林华侨农场旅游开发中更强调对自然资源与农业资源的开发，而华侨资源、侨民俗等文化内涵式开发还较为欠缺。华侨旅游资源需要匠心独运的开发。例如一张泛黄的归国华侨照片、一处低矮的安置平房、一台老旧的电视机、一盘诱人的华侨美食、一段东南亚歌舞都隐藏着让人动容的故事，桂林华侨农场的侨资源具有较高旅游价值。但从整个华侨农场的旅游开发情况来看，合理开发侨文化旅游资源市场还有较大的研究空间。

（二）旅游产品文化体验度有待提升

根据前期调查从桂林华侨农场的游客旅游需求动向上看，农场游客主要以周边游的游客为主，倾向于选择体验性和娱乐性强的产品。目前桂林华侨农场的旅游产品主要是以观晨曦和日落，赏山水、田园、花海、采摘、吃农家饭为主的短途游览观光旅游活动，游客的参与程度和体验性低，农家乐同质化也很高。目前对于华侨农场来说打造侨文化深度体验项目，侨即是历史，也是特色，更是优势。以侨搭桥，创建侨乡特色文旅产品。开发侨乡文化体验游、充分挖掘华侨语言、美食、建筑、节庆风俗、音乐舞蹈等特色地区文化展现侨乡文化魅力，让游客体验异域文化体验，从而刺激了文化消费。

（三）缺乏展示归侨红色文化的重要基地

华侨农场归侨侨眷集中且人数众多，保留着大量的归侨红色文化与文物。但由于人们对侨史文物发展意识不强，往往得不到重视，并且随着时间的推移和社会经济的发展，许多农场华侨文物已经遭到丢弃或者即将被损坏以致消失。建设展示华侨历史文化、弘扬华侨精神、传承华侨文化的基地，真实地还原农场建设过程中归侨与祖国同呼吸、共命运、重建家园、报效祖国的历史片段，不仅可以凝聚侨心，推动广西华侨农场社会进一步的发展，而且让农场发展史成为一部看得见的历史，成为侨旅融合的重要组成部分和亮点。

(四) 消费市场相对狭窄，购物环境有待改善

华侨农场购物市场相对狭窄，并且购物商品严重雷同。当地旅游消费表现为景区景点门票购买，瓜果蔬菜和家禽等农产品的购买，野餐露营场地租赁费的购买，漓江竹筏体验的购买等，供游客消费的东西较少，市场相对狭窄。有些商家为了增加销量和收入，欺客宰客，强买强卖或进行恶性的价格竞争，使游客产生抵触情绪，影响游览情趣，导致游客旅游满意度低；夜间消费场所的缺乏，也使得游客的留宿率偏低。

(五) 未能充分发挥土地及侨优势发展休闲旅游产业

桂林华侨农场有长约16千米的环形绿道连接着鸡冠山、宝界山、磨盘山、畔塘村、竹江村、沙洲村、一米阳光、乌桕滩、漓江岸边等众多热门打卡点。以漓韵侨乡绿道为主赛场之一的环漓江自行车赛由桂林市体育局、七星区人民政府主办，迄今已成功举办了8届，是广西区内规模最大的自行车自主品牌赛事之一。桂林华侨农场休闲旅游产业已初步形成，但是还未能完全发挥集体土地优势，另外，农场中众多归侨侨眷与海外有着密切的联系，这对国际赛事的举办与推动，也有不可忽略的优势。

四、桂林华侨农场侨旅融合发展的路径

桂林华侨农场有着优异的侨农旅资源禀赋，关键在于以侨文化特色为依托，以优化游客体验为导向，通过政府引导及多业态联动农场各产业，为游客提供具有东南亚异域风情的个性化休闲旅游项目，增强游客的参与、互动黏性。

(一) 政府加强引导侨旅融合规划与开发

出台与侨旅融合发展相关政策和措施。鼓励和支持侨文化遗产的保护和挖掘工作，促进侨旅融合的创新和发展。鼓励、支持社会组织发挥自身的力量和影响，组织文化节庆活动、志愿者服务等，为游客提供更好的体验；为旅游企业减负松绑，对落户的项目给予租金、税收和财政的优惠，构建良好的营商环境，吸引社会资本参与侨文化旅游的发展，鼓励旅游企业开发个性化和高品质的旅游产品，提升服务水平和竞争力，同时也要注意对当地环境和社会的影响，做好社会责任和可持续发展；同时加快农场整体规划与开发，特别是加快休闲完善农场旅游要素的开发建设，实现侨文化资源对侨文化旅游的有效供给。

(二) 规划侨家乐民宿群，提升田园综合体旅游产品质量

民宿的打造中，桂林华侨农场竹江码头边的畔塘村个别经营者通过改造村中老泥房打造成古典民宿，提供了一个很好的示范。可将场部归侨安置居民点与三个自然村的旧房以"修旧如旧，一区一品"为原则打造为院落式"侨家乐"民宿群。通过"侨家乐"

+"不断延伸旅游消费产业链,创造更多经济效益。"侨家乐+东南亚美食、农事花卉研学、东南亚服饰旅拍、蜡染文创等新业态聚合,可进一步提升田园综合体旅游产品质量,也改变现有农家乐同质性强的问题。另外,也可以侨家乐为推广平台,将农场精心打造的各条旅游精品路线打包推出,如桨板、登山、攀岩、骑行等适合热爱户外运动及探险的游客的休闲运动线;华侨农场农事体验、果树采摘、农具陈列馆、农具制作等具有亲子互动性的华侨农业体验线;华侨历史博物馆、山水游览、花海景观等适合银发族的休闲观光游览线。

(三)创办归侨历史博物馆,树立现代公共文化服务体系红色地标

在华侨农场建立归侨历史博物馆(或归侨历史文化展示厅)是华侨华人文化植入现代公共文化服务体系,成为国民教育、干部教育不可或缺的组成部分,它是华侨文化红色属性的重要载体,也将反哺当地文化建设。首先,可以抢救、保护和收藏归侨文物,为广西侨乡文化的研究提供资料库。其次,可以通过展示华侨和归侨爱国爱乡的历史功绩,弘扬民族精神,继承和传播中华传统文化,促进国内外文化的交流。博物馆要与数字技术充分结合,运用 3D、VR 等科技手段,通过专业的建模软件构建三维场景及物体,生成动画和片段,真实地展示华侨农场的历史变迁与归侨居民生活中的场景和物件。此外,积极挖掘馆内藏品侨文化元素,并与现代生活元素加以整合,设计各类文创产品。华侨博物馆能直观展示华侨农场发展建设进程,弘扬侨文化和精神,推动中外文化的传播交流。海外华侨透过文物展品了解归侨历史,客观公正地去看待归侨生存发展的良好人文和社会环境,有助于增强海外华侨华人对中华文化的认同及对祖(籍)国的向心力。最后,博物馆还可以承担侨文化研学的功能,打造以传承侨文化为主题的华侨历史专题研学课程、侨乡非物质文化遗产体验课程、国学文化课程。通过开展非遗技艺体验活动,举办节庆民俗活动,以研学旅游方式传播侨文化,延续农场"侨"基因。华侨农场的归侨博物馆将成为现代公共文化服务体系红色地标。

(四)开发东南亚风情街,打造目的地商业新模式

为拓宽旅游购物市场,政府可规划改造华侨农场老场部办公楼与农贸市场打造东南亚风情街。利用闲置旧房改造成印尼餐馆、越南餐馆、马来餐馆、糕点坊、老归侨器乐店、咖啡馆等,甚至可以引入其他亚洲美食餐厅及世界各国特色餐厅,形成集群效应。在东南亚风情街内游客可处处感受到异域风情,亦可购买到各种花卉和具有侨乡风情的美食或服饰、手工艺品,例如品尝越南咖啡,娘惹糕等南洋美食,购买具有南洋风情的鞋帽首饰衣服等纪念物品;"小而美"的精品体验,也将东南亚风情街打造成目的地商业新模式。涵盖了"吃住行游购娱"各个环节。此外,东南亚风情街也将成为各种节庆活动的主阵地。在包括广西"三月三"等各类传统节日中举办东南亚美食节和各种节日庆典,例如南洋风情汇演等娱乐活动,以此吸引游客消费。

（五）创设《归侨号》漂移式多维体验剧，激活夜间经济

目前，桂林华侨农场还缺乏夜间商业活动，应以夜晚为"媒介"发展夜间侨旅经济。为了延长消费时间，丰富旅行者的夜生活，可以大力开发旅游演艺产品，激活夜间经济。可借鉴武汉《知音号》偏移式多维体验剧的模式，打造一艘具有20世纪60年代风格的国际轮船"归侨号"和一座漓江邮轮码头为漂移的剧场，通过话剧、东南亚歌舞等不同场景的演出讲述华侨们归国、在农场安家、奋斗到建设幸福家园的故事。观众登上轮船后，通过"多维场景"的交互式体验，融入到归侨们的故事之中。"归侨号"可借鉴20世纪60年代国际的轮船设计与装修风格，灯光、桌椅等100多种道具均是东南亚仿照造型，营造真实的时代效果和舞美效果。与此同时，轮船上还提供咖啡、东南亚小吃、酒水，也将采用传统工艺制作，游客登上"归侨号"后，将真切体会到60多年前的东南亚风情，亲身体验东南亚归侨悲欢离合的人生穿越大戏。

（六）大力发展休闲运动产业，升级"环漓江"国际赛事品牌

华侨农场应利用农场原有场地，大力发展康体休闲产业。首先，推动体育公园建设。完善体育公园内健身步道、健身广场、足球场、篮球场、排球场、网球场、羽毛球场、公共营地等设施，鼓励进行智慧化建设和改造。其次，可以围绕山地地形发展户外运动产业。制作运动休闲项目，如登山、攀岩、山地自行车、山地赛车、山地越野跑、竞技马拉松等；围绕漓江傍水经营龙舟、赛艇、皮划艇、游泳、桨板等水上体育项目；围绕森林带经营野外露营、定向运动、野外拓展、森林竞渡等探险休闲项目，森林氧乐巴、温泉疗养等康体养生项目；围绕山体区开发运动挑战类项目（如攀岩、速降、考古等）。[1] 再次，以侨为桥，升级赛事品牌。加快发展以"环漓江"赛为主的户外运动赛事。举办中国-东盟国际邀请赛，丰富品牌内容，定期举办各类项目环漓江国际赛事。

---

[1] 吴俊芳、汪银：《黔东南州康体休闲旅游业的创新发展路径研究》，载《体育科技文献通报》，2021年第29卷第9期，第20—25页。

拉丁美洲的商机与青田侨商的契合布局

周　峰[①]

【摘　要】 拉丁美洲蕴藏和显现出的巨大商机，与青田侨商的营商理念、生意范畴形成高度契合，加上浙江出产的产品，在拉美市场适销对路、需求巨大，这些契合，都极大地促进了青田侨商不断在拉美地区进行全面、宏大的商业布局，最终也使得他们自身获取了很好的机遇，得以快速发展。本文以巴西、厄瓜多尔、智利和墨西哥等国家的青田侨商的亲身经历、访谈为基础，以他们所取得的商业成功为范例，说明了青田侨商在拉美的契合布局。本文也探讨了他们在拉美进行商业活动所普遍遇到的羁绊和问题，探讨可能存在的问题解决方法与途径，为侨商今后去拉美发展，提供借鉴和参考。

【关键词】 拉丁美洲；商机；青田侨商；契合；布局

拉丁美洲是指美国以南的中美加勒比地区和南美洲，因绝大多数国家同属拉丁语族的西班牙语和葡萄牙语为国语而得名。拉丁美洲33个国家和地区，按2018年的统计，人口总数有6.51亿人，全洲人口的2/3集中在巴西、墨西哥、哥伦比亚和阿根廷。

目前与中国签署共建"一带一路"合作谅解备忘录的拉美和加勒比国家有21个。中国海关总署数据显示，2022年中国同拉美和加勒比地区贸易总额再创新高，达4857.9亿美元，连续第二年突破4500亿美元，较2021年涨幅超过7%。2023年，随着中国优化疫情防控措施，中拉合作的"疫情壁垒"有望全面破除。可见，拉丁美洲国家是一个巨大的市场，也是非常适合中国产品行销及产业链外延、产能扩散的巨大市场。

笔者先后负责调查与撰写2014年、2022年的《青田县侨情调查分析报告》。2022年的调查结果表明，目前在拉丁美洲的22个国家里，有青田华侨1.6万人。虽然92.8%的青田华侨华人仍然集聚在欧洲，但是相比2014年，数据显示：拉丁美洲的一些国家青田华侨华人的数量在八年间有了迅猛的增加。其中，在智利的人数从2014年的183人增加到2022年的2798人，在墨西哥的人数从14人增加到235人，其他的如哥伦比亚（从0到231）、危地马拉（从1到159）、多米尼加（从2到51），都有极大的人数递增。这种青田华侨人数的巨大增长和变迁，背后意味着什么？是何种原因促成

[①] 作者简介：周峰，温州大学华侨学院兼职研究员，浙江省青田县侨联华侨史料征集办公室主任。

的这种变迁?

带着这些问题,笔者通过长时间的调研,搜集了拉美国家的青田华侨历史,并对多个拉丁美洲国家的华侨、侨领,做了全方位的了解和采访,最终基本廓清了其中的机理:

拉丁美洲蕴藏和显现出的巨大商机,与青田侨商的营商理念、生意范畴形成高度契合,加上浙江出产的众多小商品、日用品,在拉美市场适销对路、需求巨大。这些契合,都极大地促使了青田侨商不断进行各地各国、宏大的商业耦合布局,最终也使得他们自身获取更好的收益,得以快速发展。一例例成功的示范,也引发了更多分居在欧洲各国且当地市场已趋饱和的青田侨商,果断改庭换店、纷至沓来。虽然拉美市场仍存在诸多不安全因素,但是为了发展空间和商机,青田侨商纷纷前往拉美国家布局。他们在一个国家取得成功后,就马上去另一个同样有商机的拉美国家,继续攻城拔寨,以前期摸索出的成熟、成功模式,在新的国家中再试一次、再布局一遍,再获得新的成功。

当然,青田侨商不是现在才去的拉美,他们赴拉美已经有近160年的历史了。

一、拉丁美洲国家的青田华侨简史

清同治三年(1864年),青田县方山乡邵山村杨灿勋,孤身携石雕绕道南非好望角,赴美国经销,后又转到墨西哥经商,他是首位到达拉美国家行商的青田侨商。

清光绪三十一年(1905年),仁庄镇雅林枫林斗村董炳福,携青田石刻到新加坡、马来西亚经销,后越印度洋、大西洋,最后定居巴西。这是最早到达巴西的青田华侨记载。

19世纪至20世纪初的100多年中,青田华侨大约有4000多人出国,拉丁美洲是他们前往行商的最终目的地之一。1949年前,仅仅到巴西经商、定居的青田华侨,大约就有120人。他们见证了青田早期华侨为了生计,劈波斩浪、远涉重洋的勇气。那时候,青田华侨也有移民智利和厄瓜多尔。《青田华侨史》中记载,1953年,鹤城镇陈子璞和他的厄瓜多尔妻子亚苔兰,及其尚处哺乳期的婴儿,一起申请出国,赴厄瓜多尔。

可以这样说,青田华侨是中国较早出现在拉丁美洲的华侨群体之一。

二、青田侨商的商业逻辑及欧洲市场的饱和背景

青田侨商出现在世界舞厅上,最早已经有三百多年的历史了。是一批带着石雕走天下的石雕商人,打通了通往世界贸易之窗,也同时打开了青田华侨之路。最初的石雕贸易,让初期参与者获取高额利润,其他耕作在农田里的同乡们只能望其项背、根本无法匹敌的。一百多年前做石雕贸易的吴乾奎、林天如、林子财等一批石雕商人,赚钱之后的共同选择就是去温州、瑞安买田、买房、买商铺,吴乾奎在温州购320亩田,在五马街购买商铺;林天如在温州市瓯海区购田40多亩,在市区甜井巷购三间房屋;林子财先后在青田娶两房太太,在温州现在的火车站附近,购买了30多亩田地,在梧田10多

亩、南塘 10 多亩。这也极大激发了青田、温州、瑞安人的出国热。

青田石雕特征是制作相对简单、成本很低，但是离开青田越远，售价越高，在百年前的欧美地区，青田石雕被当作生活中的艺术品，售价以艺术品等价出售。贸易也是以现金、直接贸易为主。逐渐地，青田侨商形成了只对那些获利高、交易过程短的商品充满兴趣、渴望与执着。于是百年之后，青田华侨最初在欧洲市场形成的贸易，几乎都会选择日用百货、小商品贸易为主，这些物件相比大宗货物贸易，具备更高的利润、更大的市场和更短的贸易交割过程。

20 世纪八九十年代，欧洲割裂成界限分明的东、西欧，青田华侨由于前辈商人的开拓，普遍高度集聚在相对发达的西欧。逐渐地，他们在西欧的法国巴黎、西班牙马德里和巴塞罗那、意大利的罗马和米兰，建起以华侨华人营商为主的批发大市场；而很多本希望借道中东欧国家，伺机要偷渡去往西欧青田人聚集地的后来者，却因为东西欧的割裂，而行动方向受阻、被迫滞留在东欧国家。日子一长，他们发现了当时的东欧国家居然是市场经济的真空地带，对中国商品特别是日用品、小商品具有极大的市场需求，并且利润极其丰厚。当时北京到贝尔格莱德航班，如果随身带上一皮箱的发箍或者领带，到那边就可以换来相当于北京至贝尔格莱德的昂贵机票的钱。

于是，那些受阻人员就马上打道回国，从那时期的北京雅宝路、浙江义乌市场和广东广州批发街，直接往东欧发货。逐渐地，青田侨商就在东欧的波兰、乌克兰、捷克、斯洛伐克、匈牙利、罗马尼亚等一众紧挨西欧的东欧国家中，建起了一个个颇具规模的批发市场。笔者曾经去过四个东欧国家的市场，也有众多的老同学在那边，快乐地生活、赚钱。

四十多年过后，经历东西欧的政治缓和、经济一体化的高速发展期之后，不论是西欧还是东欧的批发市场，普遍呈现饱和状态。特别像西班牙的批发市场，对分销商的赊货，从初期没有赊货到可以赊货，赊货时间从几天到几个月，最后到仓库关门歇业了，还是不能要回未及时回收的几十万欧元的赊货货款。发展到现在，西班牙华侨批发的利润再少，也不敢再赊一分钱的账。欧洲华人市场已经到了批发商遍地、零售店过剩的状态，市场维系也开始转入艰难守护的状态。

欧洲市场的转折点，最早是从 2008 年欧债危机爆发开始的，之后整个欧洲的市场就迈上持续不断的下坡路。

三、拉丁美洲市场的商机及开拓的青田侨商

而大西洋的彼岸、拉丁美洲国家却传来了好消息，那边的市场正逐渐火爆，开始持续活跃中。

由于青田华侨在拉丁美洲的移民史比较早，他们对拉美国家的国情、民俗、法律及喜好也相对更熟悉。而遍布西班牙、葡萄牙、法国和意大利的青田侨商，经过欧洲市场的历练，也都非常熟悉拉丁语，加上青田华侨本身的圈子就小、属于熟人社会，彼此间

都保持着很密切的沟通联系。拉美国家所呈现的商机，极大地推动了在欧青田侨商蠢蠢欲动的心。

2000年，很多欧洲的青田侨商就开始往拉美转移。他们无缝切入拉美华侨圈，迅速就与当地的青田侨商，一起做生意、搞公关、建侨团、开展公共外交，在各方面的表现都非常亮眼，展现出青田华侨群体抱团互助、敢拼爱赢的优良品质。他们也随着形势的变化，随时做出调整，发挥他们在全球布局资源的能力，适应新地域、新形势的发展。

在拉美市场，特别是在轻工产品、日用品和小商品的营销贸易上，青田侨商掌握了很大部分的销售额。这跟浙江省一直都是轻工业和小商品的生产强省有关联，特别是浙江省还有一个全球最大规模的义乌小商品市场。在拉美，任何做小商品贸易的商人，都必然跟浙江的义乌市场有关联。而拉丁美洲国家，往往都是资源丰富、市场规模巨大，但是他们自己的生产能力却较差，而由于人口众多，市场对小商品是刚需，有着巨大需求。所以青田侨商源源不断地提供了浙江省的轻工业产品、义乌的小商品。在很长时间里，青田侨商一直都是拉美市场小商品主要供货商。

1. 巴西

巴西是南美面积最大的国家，人口有2.14亿人。巴西人口大多集聚在东南地区，根据巴西国家地理与统计局数据显示，该地区人口约占总数的42%，人数达9000多万。这里有巴西三个人口最多的州——圣保罗、米纳斯吉拉斯和里约热内卢，两个最大的城市里约和圣保罗。2022年人均GDP为8118美元。

2022年的调查表明，青田华侨在巴西有11,659人，基本上都是从事商贸业，做进口批发和开零售店为主。早前，青田华侨绝大部分都集中在圣保罗、里约热内卢、米纳斯吉拉斯，其中的圣保罗占了大部分，占60%—70%。现在，则慢慢地扩散到巴西国内的其他州和城市，目前已经遍布巴西二十几个州，很多人都已经开始选择离开圣保罗，到其他的州和城市去开店。由于原先这些地方华侨去开店的少，相对来说，那些城市就相当于新开辟的市场，往往能获得更好的收益。

青田华侨尹霄敏，是这个领域的杰出代表。他曾经在2010年被评为年度浙江省"十大风云浙商"之一。尹霄敏于1987年移居巴西，他创办的"尹氏集团"、创立的电器品牌在巴西是家喻户晓，市场占有率一直跻身前茅。尹霄敏还创建了巴西华人文化交流协会，并连任两届协会主席。他现在还任浙江省侨联兼职副主席、省政协委员。

尹霄敏认为，巴西这个两个亿人口的市场，开放的时间并不长，商机无限。大部分的青田华侨，都聚集在大城市。在中小城市，青田的华侨华人其实也还很少，而50万人口以下的那种城市，巴西还有很多很多。如果青田华侨慢慢地到这些中小城市去开店，做商贸业，其实商机还是很多的。现在已经有很多往中小城市转移的华侨，生意普遍变得更好，因为那边竞争更少。所以他认为，在巴西做生意的机会，还是有很多的。

巴西发生疫情的三年，对做进口贸易、开百货店的青田侨商来说，是发展最快的几年。原因在于：巴西疫情的这三年，商品紧缺，原来巴西国内做贸易的当地人，也有做进口贸易的，但是由于疫情关系，中国无法去，货源组织也成为问题，所以他们的进口生意就只能被迫暂停。而华侨们，由于之前就编织好的贸易网络都在顺利运行，通过国内的亲朋好友协助，仍然能继续源源不断地把更多的中国货进口过来，不断地弥补了巴西市场出现的空缺。

另一个重大的原因是，巴西政府的政策支持。三年疫情期间，巴西政府对国内企业和市民发布了众多的、力度较大的扶持政策。一是对低收入的民众，直接发放补助资金。补助资金发放出来以后，普通的低收入群体，从来没有领到过这么多的现钱，他们领到钱之后，就马上出去消费。而价格低廉、质量不错的中国小商品、杂货和电器，自然是他们的首选。如此往复，就带动了整个中国产品的销售，带动了侨商零售行业、批发市场的兴旺。二是巴西政府对国内企业的扶持力度也很大。疫情刚开始的第一年，巴西政府就出台政策，对企业开始发放基本上是零利率的贷款。原先，在巴西市场，平常的贷款利息都是很高的，但在疫情发生的这几年，巴西政府发放了几百亿巴币的企业贷款，这些贷款发放给疫情期间遇到困难的、有需求的企业，有的是免息，大部分的贷款利息都很低。贷款到市场之后，拉动了巴西整个国家的消费，也拉动了经济发展。这几年的巴西经济，虽然遇到疫情，相比其他发展中国家，尚属可以。

也因此，包括尹霄敏等一众青田侨商，获得了很好的发展时机。尹霄敏下属的公司从中国进口的货物集装箱，最多时候，一年曾经达到惊人的4000多个集装箱。货物以日用品、轻工产品和杂货为主。

当然在这几年中，巴西经济也发生了非常严重的通货膨胀，仅疫情三年，通货膨胀加起来达百分之三十左右。

基于巴西的事例，我们能够得到的结论是：原来在巴西商界开创事业的青田侨商，充分利用疫情三年所出现的市场商机，开始从核心城市往巴西中小城市布局，实现自我的超越。

2. 法属圭亚那

法属圭亚那，位于南美洲北海岸地区，是法国的海外省份，西邻苏里南，南接巴西。热带雨林气候，面积8.3534万平方千米，人口不到30万，欧洲航天发射中心位于此地，因此闻名于世。2021年，法属圭亚那的人均GDP高达1.8万美元，位居南美洲第一，而曾经的"兄弟"圭亚那和苏里南却只有5000美元左右。

在法属圭亚那，目前有从青田出去的华侨达5000多人。这跟一位侨领有着极其重要的关联，他就是青田侨商郭胜华。

郭胜华1955年出生于青田县三溪口街道石溪村。1976年，21岁的他漂洋过海到法属圭亚那，当初他的想法很简单，就是想挣10万块钱回来当村长，带领大家一起致富。

1980年10月，郭胜华在法属圭亚那卡宴市创建了"友谊百货商店"，这是当地第一家专营中国百货批发和零售的百货商场。接下来，郭胜华逐步扩大经营规模，不断提升企业层次。从国内进口的各类商品数量日增，业务经营延伸到大宗商业批发。在他的带动下，他的兄弟姐妹纷纷独立扩展经营，郭氏家族的一个个商场陆续开业。从此，郭氏家族海外批发经营形成了一个较为完整的网络，覆盖了500余家由浙江籍和广东籍华侨经营的零售商店，成为当地侨界具有突出经济地位和影响力的企业集团，也为以后郭胜华在法属圭亚那的长足发展，直至组建法国亚美杰国际投资集团，打下了坚实的基础。

为改变家乡亲友的经济状况，自20世纪70年代末开始，郭胜华逐渐协助青田当地的乡邻前往法属圭亚那创业致富。为了让他们尽快适应当地的环境，郭胜华自费聘请了复旦大学等高校的4名教授，免费给大家讲授法语。在他看来，只有过了语言关、思维关，才有可能为自己创造出空间，才能越走越远。有着这般信任和声誉，郭胜华俨然成了法属圭亚那众多侨胞的大家长，有困难，一句话，必定解决。

由他带出国的村民所开的零售店，自然成为他的分销商。随着带出国的村民开设的零售店越来越多，郭胜华从国内组货、在法属圭亚那批发销售的数额也越来越大了。如此相互协助，共同发展，郭胜华的商业集团也得到很好发展，由他引领的几千名同乡，也都拥有了各自的事业和财富，先后都走上了致富之路。郭胜华在法国海外圭亚那省，也就成为真正意义上的"青田村村长"。

2005年度，郭胜华入选"十大风云浙商"，成为第一个当选"年度风云浙商"的海外华侨[①]。

虽然再之后，选择回国投资的郭胜华，在国内商业地产与矿产的投资上，不幸深陷纷繁复杂的市场泥坑，目前也还是暂时不能自拔。但是他曾经为青田侨商进军拉美市场，做出的巨大贡献，依旧是彪炳史册的。

基于法属圭亚那的事例，我们能够得到的结论是：青田侨商的互帮互助，看似付出精力和时间，但在帮助别人的同时，也能让自己的发展得以极速提升；郭胜华也是在以帮助村民开店的方式，完成自己在法圭全省的商业布局。

3. 厄瓜多尔

位于南美洲西北部的国家，北与哥伦比亚相邻，南接秘鲁，西滨太平洋，首都是基多。截至2021年，厄瓜多尔总人口1794万。矿物以石油为主，主要分布于瓜亚基尔湾一带，在亚马逊平原地区发现有油田，也有金、银、铜矿。2021年人均GDP为5792美元。

---

① 崔妍：《郭胜华：我有6个梦｜奋进的力量·70年·70侨》，《浙商杂志》网易号，2019年9月4日，https://www.163.com/dy/article/EO7L16KU0530UELE.html。

2000年左右，青田华侨开始注意到厄瓜多尔所展现出的商机，于是开始成批地从欧洲往这边转移。原来在德国做餐饮企业的杨小爱夫妇，也随着商机来到了厄瓜多尔，之后，她的八位姐妹也从欧洲、中国逐渐移居前来。目前，在厄瓜多尔的青田侨商有300多人，其中的杨氏八姐妹是其中最有名望的、成功的厄国青田侨商，八姐妹夫妇加上其子女，目前大多都仍生活在厄瓜多尔，他们以家族的形式，在厄瓜多尔开设鞋厂、制衣厂，做国际贸易。其中的老五杨小爱，曾任厄瓜多尔青田同乡会会长，她与丈夫傅竹仁在厄国开设有三万多平方米的鞋厂、制袜厂，在中、厄两国的侨界和经济界都有相当的影响力。

厄国侨商的起家，就在于中厄两国曾经存在的巨大经济落差。2005年，义乌市场的一件衬衫大概15元人民币，运到厄瓜多尔能卖15美金。那时候美金兑人民币的比值是1：8.3。两国巨大的市场空间，让当初众多做国际贸易的青田侨商迅速地积累了第一笔财富。

等越来越多的侨商开始进入厄国商贸业之后，杨小爱夫妇就开始换轨，从中国进口设备和原材料，自己开设鞋厂、袜厂和销售公司。他们建立厄瓜多尔NegowensaS.A集团，创立"F&U"品牌，现在已经成为驰名南美的著名品牌。他们在厄瓜多尔的企业，有两千多员工和雇员，也较大地带动了厄国当地的就业和生产经营。

基于厄瓜多尔的事例，我们能够得到的结论是：青田侨商顺应时局的变迁，以商业模式的改换，完成自我商机上的捕捉与时局的布点。

4. 智利

智利位于南美洲西南部，安第斯山脉西麓，东同阿根廷为邻，北与秘鲁、玻利维亚接壤，西临太平洋，南与南极洲隔海相望，是世界上地形最狭长的国家，国土面积75.7万平方千米，首都圣地亚哥。2022年9月智利全国总人口1945.8万，其中城市人口占86.9%。智利是拉美经济较发达的国家之一。矿业、林业、渔业和农业是国民经济四大支柱。2021年人均GDP为16,503美元。

2023年4月，智利浙江商会徐林飞会长跟笔者介绍，智利在2011年之前，市场和生意对青田侨商的吸引力只是很一般。但到了2017年，青田人开始兴起第一波移民智利的高潮，到2021年，国内的大型公司企业，也开始纷纷试水智利市场。

目前在智利的华侨华人大约3万人，其中浙江人有1.2万人左右，青田侨商大概就占了7000，其中仅青田县温溪镇就有3000。徐林飞老家温溪镇东岸村人就有160多，隔壁小舟山乡的一个村，全村人都已经移民到了智利。在智利的青田侨商，80%是做贸易批发和开零售店的。

目前在智利的华侨华人主要由来自广东、福建和浙江的人员构成。广东人大多做餐饮，福建人大多开老虎机店，浙江人以做商贸业为主。其中，来自广东的人数最多，他们来的历史已经有上百年了，但是大多数人也是在八九十年代之后才出来的。2015

年，青田华侨在智利的只有两百多人，而现在已经有七千多，温州人大概三千人，浙江其他地方加起来大概有两千人。青田华侨在智利绝大部分是做贸易、开超市，当然现在也有青田人转去开老虎机店的。老虎机店白天是没人玩、没生意的，都是要到晚上才开，然后一开就开通宵。但是这个行业相对容易招抢劫，夜里两三点，抢劫的人可能就会过来。

在拉美的安全问题，跟非洲有很大不一样，非洲那边抢劫，是先砍、伤害人，再抢劫财物。在智利，抢劫只要给钱，他一般都不会伤害你身体。

总的来说，很多青田华侨来智利一年，就能开始开店。普遍地，一年盈利10万美金，是相对容易赚到的。

2021年，智利的签证出不来，很多人就组织偷渡。他们先把华侨华人弄到玻利维亚的边界，然后翻越边界，一年中，有上千人偷渡到智利。而在智利国内，对于居留几乎不查。之前的智利还有规定，只要进入智利领土，就能很容易得到居留权。搞抢劫、偷渡的，大多是哥伦比亚人。智利在2021年下半年开始，修改法律，只有正规渠道过来的，才会获得合法居留权。

前两年，从巴西过来的人很多。原因是巴西的法律没有智利那样齐全。在巴西，货物清关很难，货物往往有可能被黑吃掉或者被没收，在巴西打工，收入还不高。

而在智利，90%前来的华侨是有赚到钱。

最近智利这边的青田侨商开始涌往墨西哥，因为那边浙江人少，店很好找，更是好开，只要有个五万、十万的资金，就可以当老板。再跟朋友借点钱，一下子就可以开大的店。在墨西哥，清关也很容易。

智利青田人生意规模做大的，都有转向墨西哥去做。2023年4月份，徐林飞会长带考察团到青田县侨联走访，考察团的十几人中，至少有6位已经将产业扩散去了墨西哥。他们在智利和墨西哥两头跑，货物是从浙江义乌直接发往智利和墨西哥，都是做批发为主，也有一部分开超市。

做批发的，一般是请一两个中国员工做经济把关，其他的劳工都是请当地人。开百货仓库和零售的，则一般都是有雇当地60—70人。开百货零售的，两班倒；做服装、鞋帽的则不需要那么多工人，一般3—5人，一个中国人管理几个当地员工。开超市零售的，大型的有20多个员工，小的则是10多个。由于智利没有这么多人，都是隔壁国家来的。智利人对中国人都是很好的。

智利现在有28个侨团，对当地贡献很大，每年对当地的捐款捐物也很多。其中温州商会是2018年成立，徐林飞任会长的浙江商会2020年成立；还有义乌商会、浙江同乡会、青田同乡会等。做事有为、出钱大方的社团，有温州商会、浙江商会、江苏商会和青田同乡会。

2019年智利的商贸城被火烧了，损失960万人民币，智利社团就发动以捐款和借款的方式，很快就发动起大家，一起来为失火的侨商捐款和借款。2021年，智利首都圣地亚哥的青田侨商，9000平方米的仓库失火被烧，财产损失达5000多万，这位侨商一夜间变得一无所有。于是徐林飞会长就发动协会开展赈灾，在两天内就募集到2000多万元，这其中的80%，是青田温溪镇人的筹款。青田县政府和智利大使馆得知情况后，都非常赞赏，并表达了慰问和关心，对于智利社团这么快就能筹集到这么多的扶助款，都表示不敢相信。还有一位华侨要换肾，给徐林飞会长所在的侨团发出求救，徐林飞就发动华侨捐赠，一天内就捐了10多万美元。这些过程中，徐林飞会长发出的口号是"今天帮别人，明天帮自己"。包括商场失火赈灾，徐林飞转换"捐款"为"借款"，很快就筹集到了大量的资金。但是所有愿意"借款"的人，心里都非常明白，如果这位老板不能被扶持起来，今天的这些"借款"就相当于"捐款"。当然关键的是，智利社团的华侨们都还是在不断地赚钱中。他们被徐林飞会长的口号唤起了同理心，大家就都愿意当"明天帮助自己"地去"今天帮助别人"。一个好的社团领头人，关键时刻就起到了重要的作用。

由于智利侨界的动态，是笔者重点调查了解的对象，笔者同时也采访了智利青田同乡会徐一评会长。

徐一评出生于青田县的一个小山村，从小跟哥哥们在北方生活。他于2006年到达智利，成了智利市场的较早开拓者。2007年，徐一评启动了进口贸易，一边做生意，一边学当地习俗、法律。2009年，他转入地产投资，在智利首都侨商集聚区打造了首家华人自己的批发商城，并以批发城为平台，引导部分乡亲来智利发展批发和零售贸易。

2021年9月的时候，智利共有1600多家青田籍华侨华人开的百货零售公司，这也带动了侨商集聚区的发展，商业区从5万平方米扩展到35万平方米，其中仅青田华侨做进口贸易的就有400多家。

徐一评说，智利是他2006年第一个来开辟市场的。到2009年，他在那边建起中国市场，然后开始招商。招商引起的一些连锁反应，也迅速传递到欧洲，导致在欧洲的青田华侨，特别是原南斯拉夫地区为主的一些青田移民，都开始往智利这边过来。然后2014年，来的人逐渐达到高峰，接着2015、2018年都是移民智利的几个高峰，直到2023年。智利这个市场，对于青田侨商来说，来了都是机会，绝大部分人都能赚到钱。徐一评认为，这应该是跟国内的经济有密切关系。从欧洲来的华侨，也不是大老板，这些华侨来的都是开超市。超市生意都非常好，这也跟疫情期间智利政府发了四次补贴有关。疫情期间，青田侨商开的店，生意都非常好。

徐一评认为，智利市场的快速发展，应该是跟他当初奠定的一个模式有关系。因为他2009年开始做的是批发市场，当时的模式和导向就是，以批发市场带动零售市场，以零售市场的兴旺，再反过来带动批发业的兴盛，这是徐一评当时布的一个局。为了应对当地的安全状况，徐一评等商场管理者就组建合法的、自己商场的卫士组织，让前来经商的商家得到最基本的安全保障。

在此之后，来智利的乡亲，基本上利用这个平台，都很容易得到发展。刚开始的时候，有的华侨就带个 100 美金来，然后因为这边有亲戚、有平台，所以他照样能做上百万的生意，甚至是上千万的生意，之后都能做起来。这应该是一个较好的模式，所以最早来智利的人，大多都可以赚到钱，跟他的市场直接相关。

基于智利的事例，我们能够得到的结论是：青田侨商创新商业模式，以批发市场链接分销店的良性循环，加上侨团的能量，促成商业的成功和全国的布局。

5. 墨西哥

墨西哥领土面积 196.44 万平方千米，是拉丁美洲第三大国，位于北美洲南部，拉丁美洲西北端，全国划分为 32 个州，首都是墨西哥城。2020 年，墨西哥全国总人口 1.28 亿。墨西哥是拉美经济大国，《美墨加协定》成员，世界最开放的经济体之一，同 50 个国家签署了自贸协定。2021 年人均 GDP 为 8800 美元。

徐林飞会长认为，墨西哥现在的市场状况，就相当于智利 2017、2018 年的样子。广东人开餐馆，福建人开游戏厅，浙江华侨就开批发店、百货零售店，相当于在墨西哥侨商们重新开启了一次智利模式。

徐会长的朋友在墨西哥的店一开，生意就非常好，成为当地的网红店。那位朋友把开业的盛况，用手机微信一传播，于是智利那边的华侨就开始往墨西哥走，几乎每天都有几十人过去墨西哥。智利现在的市场逐渐达到饱和，当地只要有两三千居民的小镇，就都有中国人开的百货店。而墨西哥那边，两三万人的小城镇，都还没有中国人开的店。徐林飞会长介绍，墨西哥很多店，之前都是欧洲人开的店，或者已经装修完工一半了，他的朋友一接手后，把它装修完成。店一开，那里消费的人群，跟早年青田电影院电影开始前的进场模式一样。

从智利去墨西哥，需要办理一些手续，都是通过当地的中介实施的。因为要去墨西哥的华侨突然增加，现在智利的中介费已经从原来几百美金，涨到两三千美金了。墨西哥的店租金也开始水涨船高，已经比之前的翻了两倍。

墨西哥那边的环境，没有跟之前听到的、想象的那样差。当然，抢劫也还是有的。

现在墨西哥新来的华侨有 6000 多人，主要就是青田、温州过去的侨商。

青田华侨到哪里都发展得很快，徐林飞会长和徐一评会长都认为，这跟青田华侨的精神有关系，青田华侨不仅仅有"爱国爱乡、敢闯敢冒、互帮互助、重情重义、融入融合"的华侨精神，更是有"白天做老板，晚上睡地板"艰苦创业的精神，所以到哪都发展得快。

基于墨西哥的事例，我们能够得到的结论是：成功、成熟的商业模式，找到合适的市场，一样能迅速成功，成功的开拓也非常需要精神支撑。

阿根廷、哥伦比亚、危地马拉、多米尼加等其他拉美国家的青田侨商，也有一定的数量和群体，但由于篇幅有限，在此不赘述。

四、拉美国家青田侨商遇到的问题

青田侨商在拉美国家中，遇到的不仅有"阳春白雪"，也有"下里巴人"，新的机遇和新的挑战并存。他们遇到的突出问题大致有以下几个：

1. 资金问题。由于各国对资金的严格管制，对资金的跨国流动设置了较高的门槛。海外侨商如何低成本地将贸易的资金，从海外安全地运转回国，再进行采购运转，是目前海外侨商普遍遇到的问题。特别是青田，费劲心力把国外资金弄回国，在国内仍然还会遇到各种阻挡侨资的高门槛。三不五时，青田县侨联都会接到侨商的投诉和咨询，说自己的国内账号，突然被外省的公安封掉了。这方面省侨联已经在上报中国侨联，还在完善处理中。

2. 人才问题。近年来，中国经济的快速发展和计划生育政策的影响，在一定程度上推动了新侨数量的快速减少。在海外华人社区，由于华人后代普遍从小接受西式教育，不再愿意接手父辈的生意。两项因素叠加，海外侨界面临着接班人才"后继无人"的问题，从而引发人才的断层。

3. 销售问题。传统的批发、零售模式，至少在中国国内以及互联网发达的美国，已经受到网络销售的极大冲击。世界文明的发展，必然也会让拉丁美洲国家，发生类似于中美两国这样的网络经济。如何做好网络时代的销售，必将是海外青田侨商很快就遇到的问题。是主动改变还是被动应付，将决定他们的前途发展。

4. 产品问题。中国的小商品、轻工产品，目前在拉美国家销量巨大。但是这些都是劳动密集型、技术要求很低的产品，随着中国产业转型升级，东南亚和南亚的产业崛起，这些产品都具有很大的可替代性。

五、应对建议

为了让以青田侨商为代表的中国经济继续高歌挺进拉美市场，需要我们提前做好相应的改进措施：

1. 以国家建设"一带一路"的大局高度，来思考我国与拉美国家的经济问题。从全球高度，构建好我国与拉美地区的经济联系，在高制度层面上就侨商核心问题展开对话协商，帮助拉美侨商打通正常经营的资金循环。

2. 在部分职业技术学校开设拉美国家预科班，讲授西班牙语和葡萄牙语，并聘请拉美国家回来的华侨讲授拉美国家的营商环境、文化特点、市场情况和法律政策介绍。另外一方面，我国的年轻一代找工作困难、就业收入不高，他们普遍感觉生存压力巨大。最新的官方数据显示，中国16—24岁青年失业率上升至超过20%，达到历来最高。将部分国内就业困难的学生，转向到针对拉美国家发展的人才储备培养上。引导国内年轻人，像青田华侨那样出去闯世界，找到新一代人最佳的生意开创模式。

3. 多元化的销售模式必将到来，青田华侨海外仓贸易促进会已经成立，青田华侨已经开始在世界各地，通过遍布各国的侨商，营造青田华侨海外仓。这将会为拉美国家即将到来的网络销售，提前做好准备和布局。

4. 随着中国产品的不断升级，中国的电器、机械、新能源汽车等工业产品，都展现出极大的市场竞争力。在传统产品不断被替代的状况下，将中国具备较强竞争力的工业制品，行销到拉美市场，比如做这些产品的住在国代理，这些都是决定青田侨商在拉美市场上一路成功的必然转型。

5. 越来越多的中国企业进驻拉美市场，青田侨商是最佳的在地合作者和牵头人，发挥这方面的作用，青田侨商的市场定位也会有较大的提升和发展。

温州大学商学院教授张一力近日接受中新社"东西问"专访时指出，侨商联通中国、面向世界，分布广泛、互联互通，犹如为物质交换提供有利条件的繁密"毛细血管"，为推动中外贸易往来贡献重要力量。不论青田还是温州的侨商，都将为我们国家的对外经贸发展发挥重要的"毛细血管"作用。

"港""侨""洋"三位一体的泉州经验及其对全国侨乡的启示

钟晓丹　包含丽[①]

【摘　要】泉州作为我国第一大侨乡，在改革开放时期凭借华侨优势迅速起步发展，在新时代大多数传统侨乡发展乏力的背景下，泉州依然能保持迅猛发展势头，其背后反映出的是"港""侨""洋"三位一体、良性循环的泉州经验，深入剖析泉州经验的内在逻辑及其对全国侨乡发展的启示，有利于丰富侨乡经济发展模式的研究，对于新时代下进一步做好侨务工作有着重要意义。

【关键词】侨乡；经济；泉州经验；侨务工作

一、引言

以开放促改革、促发展，是我国现代化建设不断取得新成就的重要法宝。海外华侨华人在中国融入世界经济的过程中扮演着重要角色，引领侨乡地区经济外向型发展[②]。目前，海外侨民总数逾 6000 万，分布在世界近 200 个国家和地区，涵盖商贸、企业、科技、文化、政界等各个领域，已形成覆盖全球的华人网络[③]。

改革开放后，在经济全球化的背景下，华侨华人作为海内外交流往来的桥梁，引起了学界关注，对于华人华侨和侨乡的研究取得了不少成果，所涉及的领域较为广泛，包括政治互动、经济往来、社会变迁、文化认同、宗族组织等[④]。其中，关于"侨"资源对侨乡经济发展的影响一直是学界关注的重点。陈初昇等研究证明海外华侨华人网络具有本土化和国际化双重特征，对于助力本土企业"走出去"，推动外向型经济发展有着重要作用[⑤]。王付兵以侨乡福清为例，探究了改革开放以来海外华侨华人捐赠对侨乡发

[①] 作者简介：钟晓丹，温州市社会科学界联合会办公室干部；包含丽，温州大学华侨学院/华侨华人研究院院长，温州大学欧洲华文教育研究所所长，教育部区域与国别研究意大利研究中心研究员，浙江省侨联常委，研究方向为华文教育、华侨华人。

[②] Smart J, Smart A, "Personal Relations and Divergent Economies: a Case Study of Hong Kong Investment in South China", *International Journal of Urban and Regional Research*, 1991, Vol.15, No.2.

[③] 巫喜丽：《在创新创业中展现侨界作为》，载《光明日报》，2020 年 12 月 23 日，第 07 版，https://m.gmw.cn/baijia/2020-12/23/34485759.html。

[④] 曾少聪、李善龙：《跨国活动、海外移民与侨乡社会发展——以闽东侨乡福村为例》，载《世界民族》，2016 年第 6 期，第 40—51 页。

[⑤] 陈初昇、李丹阳、李楚薇等：《华侨华人网络、企业战略激进度与对外直接投资》，载

展的促进作用[①]。朱慧玲研究认为 20 世纪 90 年代以来，中国大陆利用海外华资直接投资成效显著，中国经济和华资企业均得到了长足发展，实现"双赢"局面[②]。曹敏研究表示海外华侨华人在中国引进外资和引进人才等方面都起着不可替代的作用[③]。李志华从传统农业更新、工商业发展、城市化进程和多元化经济四方面着眼探究了青田华侨华人与侨乡经济社会发展之间的互动联系[④]。刘莹从侨务资源优势出发，研究了浙南侨乡的侨汇和侨资企业对于推动侨乡经济发展的重要作用[⑤]。

中国海外移民具有悠久的历史，随着改革开放大幕拉开，侨务工作更是作为中国政府工作的一条重要战线，成为了中国总体发展布局的战略性工作[⑥]。从邓小平同志的"海外侨胞是中国大发展的独特机遇"，到胡锦涛同志的"海外侨胞和归侨侨眷对于推动我国现代化建设具有重要作用"，再到习近平总书记的"我国有 5000 多万海外侨胞，这是我国发展的一个独特优势。改革开放有海外侨胞的一份功劳"[⑦]。可见，无论是学界还是政界都充分肯定了海外华侨华人在助推中国经济转型过程中所发挥的作用。

泉州是我国华侨数量最多的城市，也是典型的因侨而兴的城市。从 1998 年至 2020 年，泉州经济总量连续 22 年位列福建省第一，2022 年泉州 GDP 为 12,103 亿元，在全国 24 个 GDP 万亿之城中排名第 19 位。其他典型侨乡除广州、福州之外，均未进入万亿之城行列，经济发展水平远不及泉州。没有省会城市的先天优势加持，泉州的经济表现为何能在众多侨乡中脱颖而出成为黑马，本文认为，这很大程度上与"港""侨""洋"三位一体的发展模式有关。"港"的基石带来"侨"的基础，"侨"的基础带来"洋"的基因，"洋"的基因又反过来强化"港"的需求，三者相辅相成，带动泉州经济内外联动，融合发展。本文称之为"泉州经验"。泉州经验有其形成的特殊性，也存在着普适性的发展规律，研究和剖析泉州经验对于做好新时代下侨务工作具有很好的启示意义。

《华侨大学学报（哲学社会科学版）》，2023 年第 4 期，第 83—99 页。

① 王付兵：《改革开放以来华人华侨对福清的捐赠及其作用》，载《华侨华人历史研究》，2000 年第 3 期，第 9—16 页。

② 朱慧玲：《改革开放以来海外华资在中国大陆引进外资直接投资活动中的地位与作用》，载《华侨华人历史研究》，1998 年第 4 期，第 15—19 页。

③ 曹敏：《外资引进中的华侨华人作用、问题、变化与对策》，载《世界经济与政治论坛》，2009 年第 4 期，第 39—44 页。

④ 李志华：《华侨华人与侨乡社会经济变迁研究——以青田县为例》，载《中国经济史研究》，2020 年第 5 期，第 193 页。

⑤ 刘莹：《浙南侨乡经济发展的侨务资源优势》，载《华侨大学学报（哲学社会科学版）》，2009 年第 2 期，第 93—100 页。

⑥ 刘纯一：《改革开放新时期（1978—1992）中国侨务政策之研究》，北京：中共中央党校，2019 年。

⑦ 蒋寒：《侨务工作视野下的对外经济发展——以云南省为例》，载《时代金融》，2023 年第 1 期，第 68—70 页。

二、泉州经验

(一)"港"的基石

以"港"为代表的开放经济,是泉州发展的重要基石之一。泉州城不仅拥有泉州港,也与泉州港融为一体,港城联动发展是泉州的历史传统。泉州拥有古代中国第一大港,是"海上丝绸之路"的东方起点,世界贸易的重要支点,不同文化信仰在泉州交织交融,催生出开放包容丰富多彩的城市文明。有着"福建第一村"之称的晋江陈埭村,就是昔日泉州港阿拉伯商人的后裔。泉州也是中国现当代重要港口,是新"海上丝绸之路"的重要节点。泉州港与印度、印度尼西亚、菲律宾、越南、泰国、马来西亚等"海丝"沿线国家通航,拥有 6 条"海丝"集装箱班轮航线和若干条"海丝"大宗散货航线。泉州还创造了民营陆地港模式,将海关与物流服务搬到企业家门口。晋江陆地港项目于 2009 年建成,由民营企业运营,使得泉州企业出口时不需要将货物运至港区排队办理手续,而可以在家门口快速通关、存货并委托运输,获得一站式便捷服务。由于大幅降低泉州出口企业负担,陆地港 2020 年为泉州留住 66 亿美元出口额。

(二)"侨"的基础

"港"的基石,奠定了泉州"侨"的基础。几乎每个泉州人都是海外侨眷。泉州是"传统侨乡",中国三大侨乡之一,华侨数量规模超过其本土人口总量。泉州本土仅 888 万人口,海外却有 950 多万华侨,海外华侨华人占全国近 1/6,占全省近 2/3,在全国 25 个设区市重点侨乡中位居第一,分布在 170 多个国家和地区,大部分集中在东南亚,其中新加坡、印尼、马来西亚、菲律宾等地均超过百万[1]。泉州华侨是"老华侨",出去早,积累多,实力强,更有意愿、能力和资源反哺家乡发展。东南亚比较大、有实力的华商,60% 以上是闽南人,大多是泉州人。几乎每家泉州企业都有侨的基因。早在 20 世纪泉州侨资就开始陆续回归,支持家乡发展。泉州经济发展始于侨成于侨,侨商侨企是"晋江经验"的践行者、"泉州速度"的推动者。改革开放初期,泉州华侨、归侨及侨眷通过股份制方式整合"闲钱""闲人""闲房",兴办侨资企业侨属企业,用好华侨带回国的产品、设备和技术进行生产,发展"三来一补"的加工出口贸易,外向型经济比重一度占到泉州经济总量的 80%[2]。40 多年来,泉州通过大力引进和利用外资,经济上取得快速发展,成为中国改革开放 18 个典型地区之一,其中侨商投资发挥了至关重要的作用。截至 2023 年 4 月底,泉州全市累计批准外商投资企业

---

① 王惠兵:《【市县】争做家乡经济发展的实干家——福建德化县政协建言借力大泉州"侨牌"助推瓷都产业发展》,载《人民政协报》,2023 年 7 月 14 日,第 05 版,https://www.sohu.com/a/700129560_121106994。

② 罗钦文:《侨乡巨变三十年:没有"侨"就没有福建的今天》,新浪网,2008 年 12 月 12 日,https://news.sina.com.cn/c/2008-12-12/110014870728s.shtml。

15,635家，其中侨资企业约占80%，超1.2万家，实际利用外资258.2亿美元[①]。

（三）"洋"的基因

泉州城市"港"的基石和"侨"的基础带来了泉州经济"洋"的基因。这都归功于泉州华侨"走出去"后积极"引进来"的做法。除了改革开放初期的产品、技术、设备"引进来"之外，泉州华侨还积极与本地企业联动，带动海外资本、品牌的"引进来"。首先是海外资本引进来，泉州资本大多有"洋"的基因。改革开放初期的1980—1990年，泉州华侨共带动外商投资50,074万美元，实际到资19,202万美元。泉州海外上市公司也非常多，仅晋江一个县级市，就有上市民企51家，其中境外上市45家，位列全国县级市第一[②]。其次是海外品牌引进来，泉州产品也有许多"洋"的基因。泉州企业初期以仿制和代工海外名牌为主，后来通过海外市场融资，积极收购海外品牌，纷纷走上产品全球化和品牌国际化"双轮驱动"战略。安踏集团2007年在香港上市后，先后并购菲乐、亚马芬、迪桑特、始祖鸟等多个国际知名品牌，成为全球最大的体育用品集团之一，2021年最高市值一度达到5000亿港元，2022年营收更是超越耐克中国占据中国体育用品市场第一席位。

三、启示建议

在亚洲金融危机后，侨商投资骤减，侨乡在现代化发展道路上步伐趋于缓慢。当地企业因产品结构、市场结构、管理水平和优惠政策等优势逐渐减弱，发展趋于缓慢，导致城市化发展内涵不足[③]。传统侨乡中，一些地区继续发展，比如浙江温州、福建泉州、广东江门等地；一些地区则无奈没落，比如广东潮汕，不仅国际移民人数锐减，社会综合发展指数也不断下降，成为广东省新的"贫困地区"[④]。

泉州在"港""侨""洋"三位一体的发展模式下，数十年来始终保持着强劲的经济发展势头，成为了传统侨乡中的"领头羊"。"泉州经验"无法复制，但其中的发展逻辑可供其他侨乡吸收借鉴。

[①] 李向娟：《泉州市首届"海丝"侨商投资贸易大会观察》，东南网，2023年6月22日，https://baijiahao.baidu.com/s?id=1769360764369608297&wfr=spider&for=pc。

[②] 伍策：《中国晋江拥有境内外上市公司41家 品牌批量崛起》，晋江新闻网，2013年4月2日，http://news.ijjnews.com/system/2013/04/02/010059718.shtml。

[③] 林海、马少思、陈金华：《侨乡文旅融合与经济转型升级研究——以泉州市为例》，载《福建农林大学学报（哲学社会科学版）》，2021年第24卷第5期，第71—80页。

[④] 熊燕军、陈雍：《从"经济侨乡"到"文化侨乡"：侨乡可持续发展的新视角》，载《华侨大学学报（哲学社会科学版）》，2018年第4期，第39—47页。

（一）夯实港口基础

一是加强实体港建设。学习借鉴泉州的晋江陆地港项目经验，谋划打造华侨陆地港项目。通过创新通关监管方式、集聚口岸服务功能、打造国际物流通路等方式，最大程度便利侨贸出口。结合华侨聚集地优势，抢抓"一带一路"、金砖国家合作、RECP、CAI等机遇，持续拓展外贸航线，完善与合作国家和地区的航线网络覆盖。

二是拓展数字港服务。利用大数据、区块链、物联网和人工智能等新一代信息技术助力赋能，全面构建数字港航建设体系。建设港口智慧物流协同平台和多式联运公共信息平台，推进物流各环节数据互联共享。丰富数字化在港口物流装卸、运输、仓储等各类场景中的应用，为企业提供一站式服务。

（二）挖掘华侨价值

一是优化公共管理。完善一套涉侨政策体系。构建关于促进华侨回乡兴业安居"1+X"的政策体系。其中，"1"为"指导意见"，鼓励华侨要素回流，呼吁华侨兴业回归、资本回归、总部回归、智力回归、安居回归；"X"涉及华侨回乡后的投资、经商、创业、购房和教育等方面的"实施细则"，大力优化华侨回乡落户、子女就学、不动产登记、社保医保、出入境办理等便民服务流程，尤其是华侨最关心的是投资与教育，给予更大程度优惠保障政策。整合一个涉侨行政服务窗口。推动五大涉侨机构的相关服务职能整合，建议成立专门的"华侨华商服务局"，建立统一的对外涉侨服务窗口，提供标准化、精细化、数字化的涉侨服务。打造一个为侨服务综合平台。推动"互联网+侨务工作"，借鉴温州打造覆盖政务、司法、信访三大服务118个事项的为侨服务"全球通"平台，实现涉侨政务服务跨国"线上办"，解决国内国外往返跑、耗时多、成本高的问题[1]。

二是丰富公共服务。组建"为侨服务法律顾问团"，推出线上咨询平台，为海外侨胞提供法律咨询、公证办理、诉讼代理、出国回国指南等服务事项，在华侨华人分布比较多的国家设立海外涉侨法律服务站，专门为当地侨胞提供法律服务和解纷服务。借鉴成都构建海外惠侨远程医疗服务平台，在国外设立远程医疗站，线上线下协同为海外侨胞提供中西医远程问诊、医疗知识讲座、寄送药材等服务，满足海外侨胞诊疗需求[2]。助推海外华文教育发展，充分发挥文化留根作用，推动海外华文学校增量提质的同时，持续开辟和拓展线上华文教育阵地，开展海内外联动的文化寻根活动，强化新生代华侨对祖国的文化认同。可借鉴温州设立浙江华侨网络学院，针对海外华人华侨学生、教

---

[1] 潘沁文：《浙江温州新增5个为侨服务"全球通"海外服务点》，海外网，2021年2月26日，https://baijiahao.baidu.com/s?id=1692706478401930359&wfr=spider&for=pc。

[2] 川观新闻：《首个"天府云医·海外惠侨远程医疗站"建成启用》，四川统一战线2021-02-05，http://www.sctyzx.gov.cn/wqfwqw/202301/54291578.html。

师、家长开设个性化课程，搭建网络课程体系，构建家校共育模式[1]。

三是强化公共外交。当今世界国家间的较量越来越表现为综合国力的竞争，华侨华人作为一支数量庞大的特殊力量，在传播中国文化、树立国家形象等方面具有得天独厚的条件，是构建中国国家软实力的重要方面。其一要建立有影响力的国际论坛，既要强化中国政府与华人华侨交流的政府论坛，也要构建以企业、教育文化机构、涉侨智库、社会团体为中心节点的"非政府型"关系网络，建立与华侨华人开展平等对话的平台[2]。其二要运用信息化和文化力量，邀请更多有国际影响力的华侨华人精英在脸书、推特等国际社交媒体上发声，维护中国形象，支持海外侨胞开展人文交流活动，做强做精"文化中国"系列品牌活动，将中华文化推向华侨华人住在国主流社会[3]。

（三）强化海外元素

一是构建投资支持体系。金融部门要牵头相关银行制订符合本地实际的华侨存款政策，吸引更多华侨存款回归，引导华侨变借贷为投资，变存款为股金。其一要搭建华侨投资项目对接平台，为华侨回乡创业提供优质投资项目和"量身定制"项目服务。根据华侨偏好和本地产业发展的比较优势，形成官方背书的"城市机会清单"。其二要组建一支"知侨情、有感情、办事情"的项目专员队伍，让华侨更加直接地掌握项目前期动态、投资规模及预期盈利等信息。比如开通华侨投资项目代办绿色通道，为招商引资、项目前期深化和项目落地开展精准服务，变被动服务为主动营销。其三要推动国企与华侨共同投资项目，降低华侨风险，提振华侨信心。可以采取国企资金劣后的做法，梳理一批前景较好的项目，引导华侨投资建设运营，确保做成一批市民看得到形象、华侨拿得到回报的华侨投资示范工程，并大力做好宣传推广。

二是加快打造华侨综合体。结合国侨办提出的"侨梦苑"理念，打造侨商产业集聚区和华侨华人创新创业策源地，建设专业平台，构筑"众创空间-孵化器-加速器-总部园区"全链条孵化体系，给予政策支持、金融扶持、法律保护，鼓励华侨牵线引进外资及科技项目，促进新型科创企业迅速成长、形成规模。

三是争取QFLP创新试点。2011年，上海最先启动QFLP政策试点，该政策允许海外资本直接投资境内基金，从而间接投资境内项目。如今，QFLP政策已在我国超30个地区试点并取得较好效果。QFLP政策结汇更便捷，资金更集中，监管更有力，是推动海外华侨华商投入本地项目的利器。

---

[1] 包含丽：《新形势下助推海外华文学校传播中华文化路径研究——以浙江华侨网络学院为例》，载《华文教学与研究》，2022年第3期，第47—55页。

[2] 周英：《关系网络视角下中国侨务公共外交评析》，载《华侨华人历史研究》，2021年第2期，第23—31页。

[3] 杨卫敏：《以侨为"桥"提升新型政党制度国际影响力研究》，载《福建省社会主义学院学报》，2023年第1期，第4—16页。

第四篇　移民与侨汇

广西玉林人向海外移民时期探析

郑一省[①]

【摘　要】 玉林是广西最大的侨乡，玉林人迁移海外大致分为四个时期，即移民的滥觞期、第一次高潮期、第二次高潮期和移民的正常期。玉林人向海外移民的原因各种各样，在历史上既有因社会动乱，也有因"卖猪仔"，也有为经商和逃避征兵等。在当代也有因团聚、继承产业，或留学、婚嫁和劳务输出等出国的。在世界移民大潮中，广西玉林人属于其中的一员。

【关键词】 广西；玉林人；移民

广西玉林人迁移海外始于19世纪中叶，这时正值鸦片战争后的中国进入了半殖民地和半封建时期。广西在这个时期发生了太平天国运动、会党起义，这些活动相继失败后，迫使玉林人迁移海外。此外，这个时期又是"猪仔贸易"兴盛时期，以及后来的政权更迭，从而加剧了许多玉林人陆续下南洋。

一、向海外移民的滥觞期

从目前接触到的资料，广西玉林人向海外移民的滥觞期，应该是19世纪中叶，这一时期正值中国发生太平天国起义，以及会党活动频繁时期。

1851年1月11日，在广西桂平金田村爆发了中国历史上规模最大的农民起义，这就是震撼世界的太平天国革命。在这个时期，广西玉林有一些参加太平天国起义的农民，在起义失败后逃亡海外。光绪二十三年的《容县志》记载，在太平天国运动中，容县人民揭竿起义，成为太平天国起义军的一部分。太平天国运动失败后，清政府对农民起义军实行斩尽杀绝的政策。在当时流行着这样的说法：

"紫荆山（指太平天国）失败后，三点会的头目，义军战士和亲属出走安南（越南）西贡，后一部分去印尼"。如广西容县大坡村人周勉是太平军的小头目，在太平天国起义失败后，于1863年率领19名太平天国战士，抛家别乡，从镇南关（友谊关）逃亡安南西贡，无法找到工作，难以安身，便转到香港，卖"猪仔"到印尼巨港，给荷兰殖民者拉树筒，在荷兰殖民者的虐待下，19个人死去了12个人，只有周勉等7人从印

---

① 作者简介：郑一省，广西民族大学教授、广西侨乡文化研究中心主任，研究方向为华侨华人、东南亚民族和国际关系。

378

尼逃了出来，到了马来西亚督亚冷开锡矿。容县人陈德三，因为是农民起义军的亲属，才10来岁，也被清兵从家里抓走，押去（容县）县城屠杀，走到半路，两个清兵坐在树荫下歇凉时睡着了，陈德三打死两个清兵，逃去马来西亚，后来转迁徙泰国勿洞。① 此类向外迁移的还有北流一个秀才钟在楼和容县武打师黄标、潘某某在桂平参加太平天国起义，失败后，他们三人从镇南关（今友谊关）出逃越南，转到印度尼西亚定居，同荷兰人开办树筒厂。② 据学者对马来西亚归侨访谈得知，这些归侨的先辈常常提到，在马来西亚和丰埠八公墓上，有一墓碑记载着容县华侨黄英、游某某，还有一个钟在楼（北流人），他们是咸丰年间到了马来亚的。③ 而太平天国东王杨秀清之弟杨辅清（桂平人），在起义失败后秘密赴上海，出亡海外至美国旧金山。④

19世纪末20世纪初，广西会党天地会、三点会、三合会等，为了反抗清朝统治，不断发动起义。1878年，陆川县平乐乡李立亭率天地会党两千余人，攻打石狗寨。攻克陆川县城，领导玉林五属会党攻打玉林城失败后受通缉，经梧州去香港到新加坡、菲律宾等国避难。⑤ 清末民初，岑溪县水汶乡的反封建组织"拜会"被官府通缉，"拜会"成员如严垌的陆国、梁承裕、覃盛文、覃远、容林桂、关兴和梁教等为逃避逮捕即逃亡国外。⑥

此外，在"猪仔"贸易早期，有一些人也被拐贩卖至南洋。容县大坡村人浦旺，因家里贫穷，在13岁时（光绪元年即1875年）被"人贩佬"诱骗到广东罗定，后又被卖到马来亚。⑦ 光绪十三年（1887年）梧州李汉豪等人也前往印度尼西亚谋生。⑧

这些无论是在太平天国和会党起义时期而亡命海外的，还是因其他原因前往南洋的移民，都开启了玉林人移民海外的先河。

二、向海外移民的第一次高潮期

玉林人掀起移民海外的第一次高潮期应该是在梧州1897年（清光绪二十三年）成为中国对外通商口岸之一，以及1904年（光绪三十年）英国在梧州设立"契约华工"接收站之后。

1840年鸦片战争之后，中国沦为半殖民地半封建社会，清廷当局屈服于西方列强

---

① 《容县史话》第2期，第23—24页，转引自广西侨务志编辑室、广西华侨历史学会编《广西籍华侨华人资料选编》，南宁：广西人民出版社，1990年，第15—16页。
② 《北流县侨情资料》，1987年，第12页。
③ 容县侨办覃肇忠整理：《容县华侨概况》，1987年6月未刊版，第2页。
④ 《三合会馆百年纪念特刊》，新加坡，1984年印，第398页。
⑤ 《陆川县侨情资料》，1986年，第10页。
⑥ 广西壮族自治区地方志编纂委员会编：《广西通志·侨务志》，南宁：广西人民出版社，1994年，第16页。
⑦ 《容县志》未刊稿，第263页。
⑧ 《梧州市志·侨务志》未刊稿，第5页。

的压力，允许英、法等国在中国招募华工。广西人也开始了"卖猪仔"出国的生涯。清光绪二十三年（1897年）英国根据《中英缅甸条约》附款专条，强迫清政府将梧州辟为对外通商口岸。从此，梧州沦为欧洲列强招募华工的接收站。光绪三十年（1904年），英国在梧州设立"契约华工"接收站（借用梧州府城门外操兵场，搭盖蓬屋供办事人员及所招华工临时住宿），广西内的契约华工大都从梧州上船运抵香港转运出国，他们主要来自岑溪、容县、北流、博白、平南、桂平贵县和梧州等地。西方殖民者在招工点利用经纪人（即"客头"，又称猪仔头，即人口贩子）采取拐骗诱招的办法，将华工骗到口岸出卖。当时有不少人口贩子云集梧州，他们和洋人勾结，大做贩卖人口出洋生意。如桂平县中纱乡庞村有个客头，于清末民初（19世纪末到20世纪初）专门到乡村拐骗穷苦青年到南洋。每年骗招数批，每批少则10余人，多则二三十人，从梧州带到香港出卖。北流的苏文亭专做"猪仔"生意，往返于北海、梧州、广州和香港之间，被他拐骗的华工有时多达30多人。①

据资料显示，梧州开埠前已有不少玉林人到南洋谋生。梧州1897年被辟为通商口岸后，每天有轮船开往香港，使许多出外谋生的玉林人获得了机会。而随着1904年英国在梧州设立"契约华工"接收站，被诱骗或被拐卖的玉林人不断增加。清光绪三十年（1904年），居住在梧州三角咀的黄辉龙等20多名青少年被人贩子拐骗到国外。这时期梧州因此原因而到国外的就有476人。②到了民国时期，被贩卖和因生活所迫到国外谋生的更多了。民国六年（1917年），居住在梧州大较场的黄英等7名少年儿童，她们在西江江边上玩耍，被人贩子骗上去香港的轮船，后被卖到马来西亚给橡胶园做童工。③

正如我们在第一章中所述的，在历史上玉林人可以从梧州沿西江下广州，经港澳转至南洋及美洲。从地理位置来说，玉林的容县、北流、博白、陆川等毗邻梧州，有许多江河与梧州的河流相连，如梧州地处珠江水系的桂江、浔江交汇入西江，有"广西水上门户"之称，而容县的绣江发源于北流县的峨石山，从县西容西乡入境，至石寨乡汇合该县的杨美江，贯穿县境中部，流经容城，再从自良镇出藤县，汇入浔江。在陆路方面，北流距离梧州和湛江均是200多千米，步行三五天即可到达。正因为如此，北流、容县等地有许多人是沿着绣江再到浔江，途经梧州，或从北流等地步行到湛江后乘船到

---

① 广西壮族自治区地方志编纂委员会编：《广西通志·侨务志》，南宁：广西人民出版社，1994年，第23页。

② 据说，黄辉龙7岁的时候，其母亲和父亲相继因饥饿或病痛而去世，他孤身一人，不得不到地主家放牛，过着半饥不饱的生活，还经常遭到地主毒打。黄辉龙14岁那年，也是光绪三十年，一个人口贩子对黄辉龙说："带你去香港，那里有两头尖白米饭食，有鱼有肉吃，有银仔（钱）捞。"黄辉龙信以为真，就稀里糊涂地跟人贩子从梧州搭船去香港。同行的还有被拐骗的梧州其他贫苦兄弟20多人（最大的18岁，最小的12岁）同船往香港。在香港被关押了两个多月，然后和300多个"猪仔"华工一起卖给了荷兰人。见《梧州市志·侨务志》未刊稿，第6页。

③《梧州市志·侨务志》未刊稿，第1页。

香港而出南洋的。陆川县范德云、冯赞两人因当时的生活所迫,走路到湛江,搭船到广州后再搭轮船到新加坡,范德云从那里再到印尼,而冯赞则到了马来西亚。①

"卖猪仔"猖獗时期,一些北流人和容县人就是沿着绣江到梧州,然后乘船到香港转至南洋。北流六靖镇沙冲村刘月梅,就曾先后多次回乡携带 100 多名贫苦乡邻从梧州乘船到香港,然后转至南洋做工。②又据《"猪仔"华工》访问录记载,北流人彭敬初,出国前家有父母兄弟 5 人,佃耕 3 亩,十分之六收成交地租,1922 年遭遇水灾,两亩地成了沙滩,地主逼租,生活困难,他听人说"南洋一日三餐三样菜,有鱼又有豆,星期天和节日有红烧肉,做工一天才挑三担泥",于是偷偷离开家乡,与五六个人跟"客头"同 30 多人一起,涉步到湛江,乘船经香港至新加坡再到印尼邦加,当锡矿挑泥工。③北流黄四因染上赌博恶习,常遭大哥责骂,兄弟之间因而不和。1923 年找到北流出名的"猪仔头"苏文亭和 30 多名北流的游客步行到梧州,乘船到香港后,辗转到新加坡又无法谋生,再转到印尼邦加岛锡矿当担泥工。北流横县徐十五 1926 年曾受"客头"诱骗被带到湛江赤坎,交另一"客头"转带到香港,后乘船至文岛,最后分到印尼勿里洋当矿工。④容县六王李敬一家 8 口人,租 16 亩田耕种,除了交租,剩下的稻谷不够半年粮,常以红薯和其他杂粮充饥。"青黄不接"的四、五月,只好上山挖硬饭头、蕨来吃。民国十八年,古泉大旱,田里没有收成,仍要交租,一家人无法生活下去,22 岁的李敬就走路去梧州,到香港"卖猪仔"到了马来亚彭亨州种芭(橡胶)。⑤而博白县英桥乡念子坡农民庞敦武,也是在这个时期被招工到新加坡的。

表 1　广西玉林籍部分"契约华工"名单

出国年份	姓名	籍贯	出国口岸	运往地点
清同治三年(1864 年)	周勉	容县	香港	印度尼西亚
清光绪元年(1875 年)	浦旺	容县	香港	马来亚
清光绪十六年(1890 年)	张信龙	博白	北海	印度尼西亚
清光绪十八年(1892 年)	朱三	博白	北海	印度尼西亚
清光绪十九年(1893 年)	梁文	岑溪	香港	马来亚
清光绪二十四年(1898 年)	李立廷	陆川	香港	新加坡

---

① 吕里:《陆川县侨情简况》,载《桂东南侨史》,1988 年第 1 期。
② 广西壮族自治区地方志编纂委员会编:《广西通志·侨务志》,南宁:广西人民出版社,1994 年,第 173 页。
③ 北流县志编纂委员会:《北流县志》,南宁:广西人民出版社,1993 年,第 353 页。
④ 廖武芬主编:《北流侨史资料》(第一集),2001 年印,第 5—6 页。
⑤《容县史话》第 2 期,引自《广西籍华侨华人资料选编》,南宁:广西人民出版社,1990 年,第 43 页。

(续表)

出国年份	姓名	籍贯	出国口岸	运往地点
清光绪二十五年（1899年）	周福才	博白		印度尼西亚邦加
清光绪二十六年（1900年）	苏嘉荣	博白	香港	印度尼西亚邦加
清光绪二十六年（1900年）	颜西	博白	香港	印度尼西亚邦加
清光绪二十八年（1902年）	李光清	桂平		印度尼西亚邦加
清光绪三十四年（1908年）	颜十一	梧州	香港	印度尼西亚
民国五年（1916年）	吕德光	陆川		印度尼西亚
民国十二年（1923年）	刘太	博白	北海	印度尼西亚勿里洋
民国十二年（1923年）	彭敬初	北流	香港	印度尼西亚文岛
民国十二年（1923年）	黄四	北流	香港	印度尼西亚勿里洋
民国十三年（1924年）	严桂	岑溪	香港	印度尼西亚文岛
民国十四年（1925年）	陈员珍	容县	香港	印度尼西亚文岛
民国十五年（1926年）	徐十五	北流	香港	印度尼西亚勿里洋
民国十五年（1926年）	刘明海	北流	香港	马来亚
民国十六年（1927年）	黎国琼	桂平		马来亚
民国十六年（1927年）	黄亚西	博白		印度尼西亚
民国十六年（1927年）	甘佐周	桂平	澳门	南洋
民国十六年（1927年）	黄亚大	陆川	香港	印度尼西亚苏北勿老湾
民国十六年（1927年）	覃祖芹	桂平	湛江	南洋
民国十八年（1929年）	李敬	容县	香港	马来亚
民国十八年（1929年）	林培莲	岑溪	香港	印度尼西亚邦加
民国二十二年（1933年）	李桂	郁林	香港	印度尼西亚文岛
民国二十五年（1936年）	黄进	容县	香港	印度尼西亚邦加勿里洋
民国二十六年（1937年）	陈善福	平南	香港	印度尼西邦加勿里洋
民国二十七年（1938年）	甘英进	岑溪	香港	印度尼西亚邦加
民国二十七年（1938年）	李锡	桂平	香港	印度尼西亚文岛

资料来源：广西壮族自治区地方志编纂委员会编：《广西通志·侨务志》，南宁：广西人民出版社，1994年，第24—29页。

以上资料显示，玉林人因被卖"猪仔"或通过梧州，或通过北海到南洋的较多。据统计，19世纪末至20世纪初，岑溪县水汶乡被"卖猪仔"到南洋的，占全乡华侨总数的 90%。他们有的是被专程从广州或香港来到岑溪招工的客头（工头）或人口贩子诱骗买走的。①桂平县在清末、民国至抗战前这段时期出国人数最多，有四五千人之众，80%是"卖猪仔"出洋的，其中以罗秀、油麻乡人数最多，均在千人以上。他们出洋是由猪仔头带领，到梧州搭船到香港再送往印度尼西亚邦加岛、马来亚联邦等地方。②对于这种被卖"猪仔"而移民海外的情形，黄镛琨写道：

  清末民初，1901到1920年。农民受地主的地租和高利贷剥削，沦为破产，无法维持生活，加上当时打破了闭关自守的局面，交通便利，又适值英国殖民主义者需大量劳工开辟马来亚的森林，种植橡胶，修建道路等。当时的穷苦农民，为了生活所迫，忍痛离开自己的妻儿，漂洋过海，有的没有水脚（每人各要100多元至200元），是卖猪仔出去的，即同"客头"订个合同（就是契约劳工），到南洋后即需在客头处做工1年到2年，有的客头把带来的劳工转卖到其他老板处做工（只给吃饭，不给工资），当补偿还债后，才能自由找工做。如我所在的小村子（容县沙田大队沙田坪）原来是9户人，就有14人是在这个时期去南洋的。我父亲4兄弟都去了，那时我家很穷，受地主的高利贷和地租的剥削，交不起租，地主批了田，生活无着落，我父亲黄志被卖猪仔由客头带去南洋，到南洋，白做了几份工，还清了卖身债后，自由做工，积了些钱又附"水脚"，给我亚叔去南洋的。这个时期旅居南洋的广西华侨，以容县、北流、岑溪三县的人特别多，还有陆川、博白、藤县、苍梧、桂平、平南、昭平、蒙山、南宁、柳州等地，但为数不多。③

  在民间，也有记载这个时期因卖猪仔而前往海外的。《容县杨氏家谱》记载了杨家成员（主要是男性成员）的出洋时间。家谱中记载的第一个"终于南洋"的人是第五十二代杨肇部。他出生于光绪四年（1878年）。在杨肇部这一代人中，他是仅有的一个出洋的人。但到了第五十三代，共有九个人出洋。他们出生的时间分别是：杨崇俊，生于光绪十一年（1885年），终于南洋；杨崇山，生于光绪十四年（1888年），民国廿七年终于南洋；杨崇森，生于光绪十七年（1891年），终于南洋；杨崇树，生于光绪十九年（1893年），终于南洋；杨崇玲，往南洋谋生，生终未详；杨崇珧，生于光绪廿六年（1900年），往南洋谋生，终葬未详；杨崇岩，生于光绪廿五年（1899年），连家理带去南洋；杨崇薿，生于光绪廿九年（1903年），往南洋；杨崇相，生于光绪三十四年（1908年），往南洋，终葬未详。④

  据调查，泰国勿洞是广西玉林籍人分布较多的地方，我们在勿洞八桂堂内发现了一封写在1920年左右的家书，家书的作者是广西容县十里大坡村华人李品钊，他在信中详细记录了他随"客头"离别家乡容县到马来西亚多地做苦工，最后进入泰国勿洞的路

---

① 边疆：《岑溪县水汶乡华侨多的原因》，载《八桂侨史》，1987年第1期。
②《桂平县侨情资料》，1987年，第32页。
③ 黄镛琨：《广西籍华侨华人旅居南洋述略》，载《桂东南侨史》，1988年第1期。
④ 杨容德：《容县杨氏家谱》，广西桂林图书馆藏本。

线和过程[①]：

"有心过洋路头通，稳过客头带过海。水浸石灰你见风，翻头望望容县地，南山景致永无穷。搭船落到藤县口，望见容墟是几重。落到梧州三角咀，望见税场几威锋……出洋过海领路照，有凭过海路就通。三水浪滩绍庆夹，咸淡水分不相同。直头出到香港埠，行丁招接话玲珑……搭车直过丹阳埠（槟城），火车条路过暗咙。领顶车平新山埠（柔佛州首府），棍笃南蛇是吉隆（吉隆坡）。风调雨顺和丰埠，太平盛世是同窜。手捧珍珠是金宝，圩买牡丹是芙蓉。食饭安汤是安顺，坝罗（怡保）相近万里蒙。仔打老豆叫做打爸，毕个条道理实勿通。脚踏同彬到了浦仙埠，手捏木鱼甲板冲。穷人难食是那乞，推斗抽泥做苦工。落到浦地去问工，喈喈遇着老同志。叫去南河住一宿，番出离有个条冲……鞋底复针咁重锥，使了钱银总是空。东南西北落大雨，四边天角尽捞溶。扭个念头转个计，又搭电车入吁咙（玲珑）。番出胡芦江秀埠，又入水塘去问工。喈喈几年价好，转几百转家中。唐人告灵来相打，棍厥绿丝又似容。又搭电车入宜叻，行过灵丹（仁丹）去问工。上到山头望一望，一班尽是做打龙。有彩连年大稳当，冇彩抽去做苦工。和尚光头冇髻出，又入勿洞种树榕。斩芭种谷为根本，不做巴叻学做农。……"

这段文字反映了在短短几年内，容县籍李品钊先后在马来亚的丹洋（槟城）、新山（柔佛州首府）、吉隆（吉隆坡）、和丰、芙蓉、安顺、万里蒙、打爸、浦仙、甲板冲、那乞、浦地、南河、端洛、红毛笼、玲珑、胡芦秀江、水塘、宜力、仁丹等地做苦工的经历。其谋生不易大部分时间根本挣不了钱，只好不断换地方，遇到工价好的才能积攒一些小钱往家里寄。直到最终进入泰国勿洞，开始了斩芭种谷的新生活。

综上所述，正因为玉林地区的交通方便，以及当地民众为了摆脱生活困境，以求生存，于是大量的"猪仔"被诱骗或被拐卖到了南洋，从而掀起了玉林人移民海外的第一次高潮。

三、向海外移民的第二次高潮期

广西玉林人向海外移民的第二次高潮期，应该是在20世纪30年代至50年代末，当时由于田地税太重，民众无法生活而被迫离家出走。此时又正逢"四一二政变"时期，以及为逃避军阀混战征兵而被迫迁徙海外。此外，也有一部分商人因经商而前往南洋。而1949年广西解放前夕（广西于是年12月解放），广西一些军政人员，以及部分地主工商业者（含家属）等相继出走，有的到泰国，有的前往香港和台湾后再移居其他国家。

玉林地区人口众多，土地较为贫瘠与稀少，又由于连年军阀混战，土地又被地主占有，一般民众生活艰难。据《容县志》记载，20世纪30年代容县占总人口不过10%的地主富农，就占有70%以上的土地。如容县四端村，全村二千一百亩水田中，60%

---

① 李品钊：《泰国勿洞八桂堂成立五十周年纪念特刊》，2019年。

的土地被 52 户（8.5%）地主占有，91.5% 的贫困农民仅占土地 40%。由于生活所迫，村民到处奔波，有的靠给地主打长工干重活，有的靠打零工，或者上山砍柴掘树根换点米粮度过漫长的苦难岁月，当地流行一首民谣，是其苦难生活的写照。该民谣唱道："难呀难，禾镰上壁冇米粮，穷人饿死冇人埋，财主酒肉冇断餐。难呀难，难以麻蓝担水上高山，麻蓝担得几多水，肚子饿的几多餐。"由于这样的生活，许多容县人不得不下南洋。[①]正如《容县旬刊》第一期（民国版）所载："容县地狭民稠无以谋食，本其耐苦质厚力量，相率南洋群岛工作，前后数万人。"容县灵山乡的李志、杨梅镇的张少图，以及张信、封梓轩、周龙等，都是在这样生活的困境下先到马来亚后又到泰国勿洞拓荒的先驱。其中，封昌因为家里穷得揭不开锅，忍痛卖掉了门前的柚子树筹措路费，从香港辗转到了泰国勿洞。[②]

民国十五年（1926 年），北流大坡外乡大坡内村村民为抗税而发生了"三和约"事件。一位曾经历此事件的新加坡北流县籍华人梁先生讲述道：

民国十五年九月，隆盛、三和里、三里外以及大坡内、大坡外等地一带贰拾九个村庄（即原来的坡一里）的村民联合胁迫隆盛联防队长党秀廷（党十六）共同反抗当时苛捐杂税，责令带队围攻当时县税长梁运权（梁十六）在新丰的住宅，时间长达三天，经双方谈判，事件初步化解未伤一人。后来事件扩大，官府派兵镇压，并实行对事件参与者抄家除斩，很多受牵连的农民被迫远走他乡，有的逃到南洋，后来成了富翁，有的先逃出去在南洋定居后，又将全家迁往了南洋，我兄弟三人就是那个时候逃到南洋的。[③]

有关"三和约事件"，在北流民间还专为此创作了一首山歌，其歌是一首长体的时政山歌，歌词这样表述：

王历旗杆煮锡卖，独立那年倾一倾。波一组织三和约，胆大认真敢带兵。
为因东抽西又税，为民办事冇公平。总系做官真有着，丧心病狂灭神明。
摆开庙堂捯菩萨，个条道理大不应。民众集资来修庙，鸡毛厘戥睇咁轻。
罢开庙堂冲庙产，租谷归入学堂生。当时民间心有愿，鹅趴墙头押做成。
税长就是梁运权，税猪税牛税人丁。嫖赌炊炊税四样，劏猪熬酒税烟轻。
笠只猫狗出圩卖，又按时价税三成。冇轻两波来交涉，个场定打佢冇赢。
姓谢文山出计较，千条大事我担成。姓罗少盘亦中意，弄第（黎垌）联防秀廷。
六阵大坡信有准，亲身打电到南宁。上司批回减税率，县官扭计押做成。
齐齐联合贰九约，修办枪支共佢倾。即刻拉到旺冲铺，扎实营盘就发兵。
举旗直冲塘屏寨，岭头大标（语）飘冇停，跛脚木鱼走冇得，喊杀连天似雷鸣。

---

① 容县编史编志委员会编：《容县志》未刊稿，第 262 页。
② 中国人民政治协商会议玉林市委员会编：《玉林华侨史》，桂林：广西师范大学出版社，2018 年，第 4 页。
③ 梁发源：《逃难发迹南洋地因祸得福成侨民——民国十五年北流爆发"三和约事件"真相》，载《北流文史资料（历史卷）》（上册），2020 年 12 月，第 103—104 页。

想捉县长共运权，漏了风声走出逞。姓李智南知县事，逃亡扶来冇出声。
奸细文山即被捉，运权粮饷又着征。大吃大喝围三日，开好单据限付清。
胆敢违抗再攻打，铲草除根不留情。着吓伤亡怕到死，管家而皮着应承。
波二要求县打电，就请上头来发兵。竹表木工知道了，个件事情要查清。
系打绿林兵就有，系打民间冇应承。兵也冇来电冇到，个场定输有得赢。
智南亡命夺路走，经得陆川回县城。义军塘屏奏凯后，散归各自回家庭。
继反苛捐共杂税。陆续酝酿再出征。十二月里廿四日，左州集结千余名。
攻打隆盛总全局，占据隆盛圩街亭。姓党燕仙想劝散，群众刀斩冇饶情。
省里县里民团到，又杀民团一哨兵。官兵大雾发攻击，六阵虎队还枪声。
狗咬大虫冇怕死，引鸡食蛇诱入营。官兵被杀死两只，义军战死十多名。
民团人多武器好，大坡内外退回营。占领龙湾分水共六阵，铁骑寨顶亦扎营。
民国十六年三月，省里多增一团兵。龙湾分水都失守，铁骑寨顶亦打平。
突围东门口走里，化整为零三五群。劫富济贫再坚持，县府契弟清乡民。
实行保甲联防制，暴动农民难藏身。四面伏击日夜卡，捉到就着洗刀尘。
弃妻别子辞父母，背井离乡海外奔。三和农民敢起义，前后牺牲百多人。
胆大包天亚屈六，留与世代人传人。①

三和约事件的起因，是由于愤怒的群众在隆盛圩抗交税款。为此，国民党政府对六陈等村群众进行镇压，致使不少人家破人亡、流离失所。该村黎瑞田、黎务、黎德南、黎恒、李假、李盛、李燕、李惠、李坤、李月三、李业等四五十人，逃亡南洋谋生。②

民国十五年（1926年）8月以后，共产党员、农运特派员林培斌等人到容县，并在县城设立了"东路农民运动办事处"，后又设立了"广西省农民部苍梧道办事处"，领导梧、浔、郁三州所属各县的农民运动。这时容县便掀起了农民运动的高潮。蒋介石发动"四·一二"政变后，新桂系军阀李、白、黄秉承蒋介石的意旨，成立了广西"清党委员会""广西特种刑事临时法庭"，大批屠杀共产党和革命群众。因此，许多共产党员、青年、农运骨干，在白色恐怖下被迫出走。民国十六年（1927年）12月，由中共广西地委发动和领导的平南劳五区起义失败后，国民党政府派军队对共产党和进步人士进行大搜捕，当时被通缉的桂平革命人士纷纷出走。曾任起义军队长的李立民，被迫逃亡国外，黎国琼在容县加入卖身去海外做苦工的"猪仔"帮漂泊到马来亚，甘佐周潜入澳门，覃祖芹化装从郁林（玉林）往湛江转渡南洋。③平南县新龙乡七新村人陈铁西，自民国十六年加入共产党，被当地土豪多方寻查，陈被迫走容县冠陈中朝家住月有余，又

---

① 梁发源：《逃难发迹南洋地因祸得福成侨民——民国十五年北流爆发"三和约事件"真相》，载《北流文史资料（历史卷）》上册，2020年12月，第104页。
② 丘文琼：《北流县〈侨史〉、〈侨志〉简明侨情资料》，载《桂东南侨史》，1988年第1期。
③《桂平新志》，1982年，第52页。

到桂平隐伏数月,最后被迫逃亡马来亚吉隆坡雅明山。①

自清末以来,广西长期处于混乱之中。辛亥革命后的军阀混战,"司令满街走,将军多如毛,杀人兼越货,无日不干戈"。军阀李、白、黄的崛起,滇桂战争、蒋桂战争,各军阀为了争地盘,拉夫征兵,战火连年,民无宁日。李、白、黄统治广西后,实行了"三自"(自卫、自治、自给)、"三寓"(寓兵于团、寓将于学、寓征于募)政策,实行了"征兵制",表面上说"三抽一""五抽二",单丁独自缓征,被抽中不愿应征者可交缓征费等。但是,实际上不少单丁独自甚至超龄的男丁,也被强迫当兵。据《容县年鉴》记载,"容县每年征兵人数不下千人,民国26年征兵3911人,民国27年征兵达到4538人。"乡长和村长往往为了凑足壮丁人数,便强抽乱拉,并趁机大发横财。容县石岭乡四端村村长,非法强拉过路行人来抵兵额,否则每人付一笔款才放行。②因此,很多人受不了征兵费的盘剥和被抓兵的痛苦,四处逃避,直至前往海外。容县归侨封祝怀刚16岁,还在中学读书就被征兵,他被迫连夜逃奔,到了泰国勿洞,才免于难。容县十里坡蒙荣两兄弟皆被征,兄弟俩逃跑到泰国,家中老母亲被抓去坐监狱,死在监狱里。六王古泉华侨李新,有个小康之家,被选为村长。上司要他持枪捉人应征,他不忍心干这使人家破人亡的事,就跑到马来亚。在这个时期因被抓壮丁而逃亡的有许许多多。以下是玉林几位归侨谈到其父辈因害怕被抓壮丁而出走南洋的事例。

我父母在家乡结婚,育有三个儿子,大儿子是郭进元,二儿子郭惠元,三儿子郭家守。那时,父亲为了逃避国民党抓壮丁,携带妻子和孩子一起前往马来西亚吉隆坡。先从梧州坐船到广州,再转到香港,最后从香港坐大船到达马来西亚。那时,郭进元4岁,郭惠元3岁,郭家守还不会走路。一家人住在马来西亚吉隆坡的新街,父亲帮当地的英国人开采锡矿,母亲在家照顾孩子,种些菜。③

我父亲是梁世东。我家有四位伯父下过南洋,分别是梁世松、梁世华、梁世培和梁世怀。当时,为了逃避国民党抓壮丁,加上家里生活也很困难,四位伯父毅然决定到南洋谋生。他们前往的国家是马来西亚,地址在霹雳州故禄新村。先走路到梧州,梧州坐船到香港,再从香港坐大船前往马来西亚,路途很艰辛。④

我父亲莫东杰,戊戌年出生,母亲在11岁时嫁给父亲。民国年间,父亲大概20—30岁左右时国家大肆征兵,为了逃兵役而下南洋,当时的情况是:"谁逃得快,谁过得了关,上得了船,谁就能逃过被抓。"父亲当时是一个人逃去南洋的并没有人带去,到了南洋后也是进厂打工,而且以打零工为主。两年后得知国内征兵潮过去了,也就从南

---

① 广西壮族自治区地方志编纂委员会编:《广西通志·侨务志》,南宁:广西人民出版社,1994年,第17页。
② 广西壮族自治区地方志编纂委员会编:《广西通志·侨务志》,南宁:广西人民出版社,1994年,第22页。
③ 2015年10月28日笔者在容县三德村与G先生的访谈录。
④ 2015年10月29日笔者在容县三德村与L先生的访谈录。

洋返回家，回来后生儿育女并在生产队工作。①

我父亲有三兄弟，民国时期，两个哥哥大概都才十几岁，大哥也就是我大伯爷，他刚结婚不久，育有一个女儿。由于打仗需要国家征兵，两大哥都被捉到，他们被捉去的时候吃的是稻米饭即稻谷和米一起混煮而成的饭，后来他们趁人不注意挑了一捆草渣装扮成药草贩逃了出来，然后就来到南洋马来西亚。大伯爷是懂做一些木工的，他就留在马来西亚的一个农村做木工活，而二伯爷就到了另一处，也不知道是做什么工，后来也与二伯爷失去了联系。②

经商也是这时期玉林人前往海外的一个途径。据学者研究，近代以来玉林经济较为活跃。如玉林县的整个商业系统中，本地商人一直占据着主体地位。在1933年《广西年鉴》的统计中，"郁林（县）是广西少有的本地店东占主导的城镇，在448名郁林店东当中，本县387人，外县13人（北流县10人，陆川县3人），外省36人，不详12人。"③玉林县本籍商人占到玉林县店东总数的86.3%，而玉林五属商人则占到了总数的89.28%。而在玉林县当地的商业组织方面，民国时期玉林县共建立了13个同业公会，其中记录有会长籍贯的有8个，不详的有5个。而在有籍贯记录的8个同业公会中，有6个同业公会的首任会长皆由玉林籍商人担任，占比达75%。从中亦可知玉林籍商人在玉林县当地商业经营中的影响力和所占据的重要地位。④正因为近代以来玉林经济较为活跃，也有一些人将生意做到了海外。民国十五年（1926年）陆川有少数人当挑担游贩，从镇边县（今那坡县）出境到越南谅山定居经商。据统计，苍梧县从民国十六年至十九年，仅到马来亚吉隆坡和新加坡经商的就有10户27人。⑤梧州六保镇合口坪圩人邓泽才，15岁跟随兄长邓英才到六保合口文记茶庄经营六堡茶生意，16岁便接替兄长全面掌管商行和茶庄的所有生意。由于头脑灵活，十分善于把握市场生机，成功地把邓盛文"文记"商号延变发展壮大成为"英记"商行。"英记"商行从六堡到梧州、广东郁南、广州都有其茶庄。民国二十四年（1935年），邓泽才的"英记"的六堡茶，远销到港澳地区和东南亚各地。⑥

广西玉林人向海外移民人数较多的时候，还出现在1949年新中国成立前，国民党的军政人员纷纷逃往港澳或台湾，其中有许多人及其后裔也转展迁徙到海外。在玉林容

---

① 2015年1月14日笔者在杨梅镇成美村与M先生的访谈录。
② 2015年1月15日笔者在杨梅镇成美村六谷六队与G先生的访谈录。
③ 广西省统计局：《广西年鉴》，第一回，1933年，第434—435页。
④ 于少波：《试论近代广西玉林籍商人群体形成的原因——近代广西玉林籍商人群体研究之一》，载《广西地方志》，2020年第4期。
⑤ 广西壮族自治区地方志编纂委员会编：《广西通志·侨务志》，南宁：广西人民出版社，1994年，第14页。
⑥ 黎全三主编：《苍梧知名人物选》，梧州：《苍梧知名人物选》编委会，2016年，第256页。

县，其有第二个"奉化县"之称。据不完全统计，容县籍将军有93人，数目之多仅次于浙江奉化，其中大将8人，中将17人，少将68人。1949年新中国成立之前，有许多容县籍的国民党军政人员逃离大陆，有一部分逃到泰缅边界，解甲后定居下来成为华侨、华人。如李弥部队及其军长兼九十五师师长吕国铨（容县人）部数千人退入缅甸，后留居泰国金三角一带，其中亦有不少广西玉林籍人；有一部分逃到香港、澳门和台湾地区，他们送子女到欧美读书，毕业后定居下来，或随子女迁往欧美定居成为华侨、华人。如曾任广西省主席的黄旭初（荣县人）携子去日本，兵团司令夏威（容县人）出走香港后举家移居加拿大，国民党第五十六军军长马拔萃（容县人），经香港去沙捞越。①

陆川县在解放前夕有114名国民党军政人员及35名家属离开大陆，前往香港和台湾地区，数年后许多人又移居加拿大、美国、澳大利亚等地，成为华侨华人。如林彬成是国民党驻泰国武官，后定居加拿大。②苍梧县籍人李济深将军的次子李沛金曾留美读博士，后在美国3M公司任高级工程师，其生有4个子女，大多在美国居住与生活。③李品仙上将的四个儿子中的李沅鸿、李沅麟和李沅凤前往美国读书后，定居美国，娶妻生子。六个女中的李沅芙在美国康奈尔大学读硕士，并在美国结婚定居；沅惠是美国康奈尔大学博士，在美国结婚；沅芳是美国纽约医院营养学专家，在美定居后结婚；沅微从美国左治克大学毕业，居美结婚④。后妻王赣卿，江西人，生三男一女：台生在台北市经商；素婷（女）留学并定居美国，工程师；寅生在台北市邮政局工作，已退休；德生留美并定居美国，工程师。⑤梁嵩有子梁庆华，广州岭南大学文科毕业，历任梧州二中、玉林高中英语教师，广西省建设厅合作事业管理处专员，梧州警察局秘书等职。1947年任苍梧县一中（梧州市一中前身）校长。解放后迁居澳门地区，后到美国。⑥欧仰羲1952年移居加拿大，1988年在加拿大病故，终年104岁。欧仰羲先娶大坡新龙左氏，生一子仲文，仲文随父移居加拿大，他从台湾大学毕业，善于经商，成为加拿大知名的富翁。欧仰羲二夫人（姓名不详），也生一子：仲武，也在加拿大落业、结婚生子。⑦欧治清曾娶二妻，生育5男3女，其中两个儿子定居加拿大。⑧甘竞生娶妻李若兰，李是印尼华侨首领李汉豪先生的第四女，长得端庄大度，很有文才，在印尼出版有自己的著作。她生有四子：甘九如、阿毛、阿B、阿朝，阿毛、阿朝在解放初期已故。

---

① 广西壮族自治区地方志编纂委员会编：《广西通志·侨务志》，南宁：广西人民出版社，1994年，第22页。
② 吕里：《陆川县侨情简况》，载《桂东南侨史》，1988年第1期，第49页。
③ 黎全三主编：《苍梧知名人物选》，梧州：《苍梧知名人物选》编委会，2016年，第41—42页。
④ 黎全三主编：《苍梧知名人物选》，梧州：《苍梧知名人物选》编委会，2016年，第60—61页。
⑤ 黎全三主编：《苍梧知名人物选》，梧州：《苍梧知名人物选》编委会，2016年，第84页。
⑥ 黎全三主编：《苍梧知名人物选》，梧州：《苍梧知名人物选》编委会，2016年，第90页。
⑦ 黎全三主编：《苍梧知名人物选》，梧州：《苍梧知名人物选》编委会，2016年，第96页。
⑧ 黎全三主编：《苍梧知名人物选》，梧州：《苍梧知名人物选》编委会，2016年，第176页。

甘九如自小迁梧州，在梧州废品收购站经职内退休。阿B落业广东博罗，有子出国留学。李英俊先后娶了两个妻子：先妻黎瑶琼，是本县林水人，无后；续妻吴竹婷，安徽人，生二子，名国胜、国治。国胜留学美国，获两个硕士学位、五项注册工程师，娶曾曼平为妻，生一子长天，一女长丽，均在美国高校就读；国治定居美国娶妻生二子。[①] 黎湛修长子黎龙韬，在台湾银行工作，其妻子李珠凤为现役后勤职员；次子黎龙章，美国威斯康星大学机械系博士，目前是美国大企业高管，其妻子江雪芬为威斯康星大学电脑资讯硕士，工程师；三女黎蓬仙，在家闲居，女婿徐始强为国军退役少将；四女定娟于1984年病故；五女彬华，是医院护士，其夫蔡永声是医生；六女晚华，在美国旧金山工作，丈夫赖陆平，是美国高级工程师。[②]

四、向海外的正常移民期

1949年中华人民共和国成立，中国人向海外移民的社会根源已不复存在了，即因经济与政治原因大量移居国外的现象已经停止了，中国人向海外移民既能得到中国政府的批准，又能取得移居国的同意，因而移民走上了正常的轨道。广西人向海外的正常移民主要有两类，一是团聚、继承产业出国，二是留学、婚嫁和劳务输出等出国。

团聚、继承产业是二战后出现的一个移民方式，虽然二战后世界不少国家，特别是东南亚国家独立后都相继采取了停办出入境手续，但仍允许有出国团聚或继承财产的移民。如民国三十七年（1948年），陆川县大桥乡旺坡村的范伟昌，去印度尼西亚继承祖父范玉新的产业。新中国成立后，以团聚、继承产业形式的移民也开始出现。如1953年，北流县的梁振华，经批准到马来亚随夫生活。[③]

据资料显示，新中国成立后广西出国人员中，因家人和团聚或继承产业等原因出国定居的，占绝大多数。1962—1986年，广西出国定居人数总计4319人，其中出国定居原因是继承产业（987人）、与亲人团聚（3276人）、照料家庭（56人）；定居国分别是印度尼西亚（2973人）、美国（685人）、加拿大（168人）、澳大利亚（89人）、马来西亚（70人）、新加坡（47人）、越南（43人）、菲律宾（32人）等40个国家。梧州市1950—1991年共有1643人移居海外，多数是与亲人团聚和继承财产。[④]

结论

在世界移民大潮中，广西玉林人是其中的一员。玉林人迁移海外大致分为四个时期，即移民的滥觞期、第一次高潮期、第二次高潮期和移民的正常期。这一时期正值中

---

① 黎全三主编：《苍梧知名人物选》，梧州：《苍梧知名人物选》编委会，2016年，第193页。
② 黎全三主编：《苍梧知名人物选》，梧州：《苍梧知名人物选》编委会，2016年，第242页。
③ 广西壮族自治区地方志编纂委员会编：《广西通志·侨务志》，南宁：广西人民出版社，1994年，第29页。
④ 梧州市地方志编纂委员会：《梧州市志》，2000年，第4页。

国发生太平天国起义，以及会党活动频繁时期；玉林人掀起移民海外的第一次高潮期应该是在梧州1897年（清光绪二十三年）成为中国对外通商口岸之一，以及1904年（光绪三十年）英国在梧州设立"契约华工"接收站之后。第二次高潮期大约是在20世纪30年代至50年代末，当时由于田地税太重，民众无法生活而被迫离家出走。此时又正逢"四一二政变"时期，以及为逃避军阀混战征兵而被迫迁徙海外。此外，也有一部分商人因经商而前往南洋。玉林人移民的正常期，即1949年中华人民共和国成立，中国人向海外移民的社会根源已不复存在了，因而移民走上了正常的轨道。

20世纪中国陆疆侨乡移民探讨
——以云南省籍华侨华人为例

何作庆[①]

【摘　要】 本文在实地田野调查和大量收集资料的基础上，探讨了20世纪中国云南陆疆侨乡人们移民境外的三个阶段：第一阶段，村寨主义下云南陆疆移民的和平跨境移居。云南陆疆侨乡跨境移民的认同建立在血缘与民族结合中的村寨主义熟人社会上，形成了移民内部以边境线内外区域近距离的业缘和商贸与多元民族人际关系。第二阶段，跨国主义下跨国移民的区域多元移居。云南籍华侨华人在侨居国的认同建立在跨国主义认同下的区域业缘和区域多元民族社会上，形成了跨国马帮以多国边境远距离跨国商贸、多元民族和平共居关系。第三阶段，国际主义下东南亚"华侨华人"难民为主的世界多元移居。第二次世界大战后，随着东南亚国家民族独立浪潮的高涨，中国大陆与台湾政权的相互对立，大陆边境线的封闭，侨居东南亚各国的云南籍华侨华人出现了分化的格局，一部分华侨华人在邻国侨居地扎下了根，定居在侨居国，逐步融入了侨居国当地社会；少部分返回了祖籍国中国，分布在大陆与台湾，重新再适应；部分华侨华人因故加入东南亚难民潮，移民欧美各国，"华侨华人"难民走上了艰辛的以欧美为主的国际异国文化的再整合和对原侨居国文化与祖国故乡文化的再调适。

【关键词】 20世纪；中国云南；华侨华人；移民阶段性；探讨

　　古代中国与东亚周边地区长期存在朝贡体系。东亚朝贡体系指"古代中国与东亚（包括东南亚）国家之间的政治、经济、军事、文化和贸易等方面交流的制度和秩序，具有双边与双向内涵，即'册封-朝贡'关系。"朝贡体系"成为古代中国与邻国友好稳定关系的基石，促进了彼此之间的文化交流，也促进相互之间的贸易"[②]。明清时期以来保持"以中华帝国为中心，以朝贡与藩属体制为特点的处理对外关系的'华夷秩序'"[③]。20世纪处于转型时期的中国仍深受"朝贡体系"影响，云南陆疆侨乡移民也不例外。本文在实地田野调查和大量收集资料的基础上，从纵的云南侨乡历史叙述与横的

[①] 作者简介：何作庆，红河学院云南侨乡文化研究中心主任。
[②] 张峰：《国际体系与中外关系史研究》，上海：中西书局，2012年，第66页。
[③] 臧运祜：《二十世纪的中国与世界》，北京：北京大学出版社，2010年，第4页。

云南边境侨乡个案及其文化调适两个方面，探讨了20世纪云南陆疆侨乡人们移民境外的三个阶段性情况。

一、村寨主义下的云南陆疆移民和平跨境移居

"村寨是一定的族群按照一定的经济关系、社会关系和文化关系组成的一种生产生活空间"。"村寨主义是以村寨利益为最高原则来组成和维系村寨社会文化关系并运行村寨日常生活的社会文化制度"[①]。村寨主义下的和平跨境移居是指云南陆疆侨乡跨境移民内部的认同建立在血缘与民族结合中的村寨主义熟人社会上，形成了侨乡内部以边境线内外区域近距离的业缘和商贸与多元民族人际关系。

（一）问题的提出：村寨主义下的云南移民

云南境外移民是一定历史时期的产物，它与云南及其周边国家的国内外的历史背景、自然资源和生态环境、人文特点以及双边政府的外交（侨务）政策的改变与否等因素相关。云南移民的渊源可以从中国古代的移民迁徙算起，近代境外的商贸、采矿等活动、中国边疆居民的互助传统，他们在政府不能或无暇顾及的领域开展对外工商贸的活动，他们具有齐心努力改进生活的良好愿望。

村寨主义下的移民跨境主要探讨的是在云南特定环境中，云南省边境侨乡或者跨越边境地区的云南籍移民（含华侨华人、归侨侨眷）及侨乡民众在长期跨境经贸合作、文化交流和人员往返等方面的互动过程中，以中国汉文化为本，吸收了云南的少数民族文化中的合理成分，注意吸纳以越南、老挝、缅甸为主的东南亚国家异域文化的某些特点，学习、引进和运用以法国、英国为主的现代西方文化，以适应生存、共处和发展需要的一种移民活动。

一般性云南陆疆村寨村民由最早建立村寨的人和他们的后代子嗣以及被村寨接受的后来移居的外来者组成。云南各族建村立寨及维系村寨社会的运作原则有较大的差异：汉族村寨一般以宗族主义作为宗族利益为最高原则和理想来组织和维系民众。少数民族村寨主义则是指以各族群血缘、民族文化和村寨利益为最高原则来组成和维系村寨社会文化关系并运行及各族群村寨日常生活的社会文化制度。

从云南陆疆移民（尤其是少数民族移民）案例可以发现村寨主义下的移民村寨有明确的村寨物理空间标识，并且通过系统的村寨族群血缘、姻亲、业缘、祭祀、经济、文化等活动来建构和强化村寨主义下移民的共同活动，移民们的行动总是遵循以村寨主义下的族群内外有别的习俗和沿途各民族风俗等来调适移民行动的。以村寨主义下的血缘、姻亲、业缘、祭祀、经济、文化等活动来组建和运作移民活动，开展与移民沿途村寨乡村社会的贸易活动，在中国云南地区大杂居、小聚居的民族分布格局，组成多元民

---

① 马翀炜：《村寨主义的实证及意义》，载《哈尼族研究》，2016年第1期，第19页。

族移民，有利于与跨境民族的对接、融入和侨居。村寨主义影响下的移民活动在近现代发展中所面临的世界政治格局变迁、主权国家独立和中国国内改朝换代等因素有关。

（二）村寨主义下的陆疆移民跨境主要类型

1. 传统跨境农耕移民

公元3世纪开始直到19世纪末中国与东亚、东南亚和中亚地区长期存在宗藩关系下的朝贡关系，即古代中国王朝与东亚国家之间的政治、军事、经济、文化、贸易等方面的外交体系（包括交流制度和秩序），具有"册封-朝贡"关系。中国古代王朝通常具有弹性的、不固定的边界，通过向外扩展来完成王朝的边界是一个动态的过程。中国传统王朝的统一是在连续不断的变化中实现的，典型地体现在边界概念的淡漠以及王朝边界的不断推移。

中国传统王朝的下层有一个能尽其"民力"和"地力"的自耕农制度。云南传统跨境农耕移民是指边境两侧以血缘、亲朋好友等初级关系为纽带的，以家庭或故乡为取向的，国内外互动频繁的农耕社会关系，跨境族群内部有明确的地域边界，在移民（含少数民族华侨华人）群体、社会系统、地理区划、归属感和生活方式等方面互动频繁，认同感逐步趋向一致。他们以中国云南边境地区农耕民族的地缘、血缘为纽带，认同主流文化——大朝（中华）文化为主，依靠本族群为辅来维系的跨境农耕的移民侨居。云南民间俗称的"闯夷方""下坝子"，形成了出境谋生的农耕侨民以及从边境地区移民境外的华侨华人及其眷属等群体。

云南省边境县市的居民主要是跨国境而居的本地民族，又称"跨境民族"。云南省国界两侧跨境民族的种类达16个，分布在云南与4个相邻国家的跨境民族，有壮侗语族的傣族、壮族和泰族、佬族、掸族和岱族，以及汉族、苗族、哈尼族、拉祜族和回族。分布在云南与2—3个相邻国家的跨境民族，有瑶、彝、景颇、傈僳、佤、布朗、克木等民族。除汉族、回族在中南半岛北部多数居住在城镇附近，德昂族、彝族在云南边境一侧或两侧分布较分散外，其余跨境民族主要的聚居区，基本上是跨越中国与邻国的边界，即大部分跨境民族，有相当多的人口在中国与邻国国界的两侧毗邻而居。据统计，云南省地处与邻国毗连区域的县市，面积约占云南省总面积的23.47%，除腾冲、龙陵、镇康3县以外，其余县市均为民族自治地方。居住在云南边境诸县市的少数民族人口约有350万，约占当地总人口数的60%，其中跨境民族人口占当地少数民族人口数的98%以上。

中缅边境上的腾冲汉族移民在缅甸修建了一些仿中国式的关帝庙、观音寺、会馆以及交通道路。[①]缅甸人民在称呼华侨上，流行着"美瑞"（亲戚）、"胞波"（弟兄），史书

---

① 腾冲县政协文史资料编辑委员会：《腾冲文史资料选辑（第三辑）》（内部版），1991年12月，第400—401页。

中的"桂家""敏家""客家"就是对侨民群体的称呼。滇西地区傣族、景颇族、佤族分别与缅甸的掸族、克钦族、佤族文字语言相通，而且彼此都有着血缘和亲戚关系，跨境而居，来往频繁。

在中老边境地区居住着众多的少数民族，其中的克木族、泰泐族、贺族、苗族、瑶族、哈尼族、彝族、拉祜族、回族和布朗族等与云南省跨境而居。多民族的移入与多样性生态环境相互作用，在云南陆疆沿边地区狭小的半月牙形地区，汇集了源自百越、百濮、氐羌族系及苗瑶、汉、回六大族群的后裔，文化多样性的特征明显。为了先生存，随后求得进一步的发展，云南陆疆移民每到跨境侨居国，都会主动试着融入当地社会。从学习侨居国异地异族的风俗语言到在侨居地娶妻生子，最终融入侨居地社会。这些都显示着移民的自我调适，适应不同异国文化环境，随遇而安的开放心态，同时，也有异国他乡少量的各民族群众也随着移民潮流的涌动漂泊来到云南，并融入中国云南乡村社会之中。

以村寨利益为最高原则来组成和维系村寨社会文化关系及运行村寨日常生活的社会文化制度使村民们往往会以整合全村马帮力量采取行动的方式处理村寨出现的危机。人们维护的是村寨的整体利益。大家庭分家之后，如果一个人与其他人发生了冲突，他的亲兄弟是没有理由来帮助他的。所以，同一个村寨里不同家族的冲突是少见的。那种不同村寨之间有血缘关系的人联合起来从事某种社会活动的情况也自然不容易发生。此外，村寨主义中一些策略和禁忌也会使村内某个家族独大的情况得到控制。村民可通过认干亲家、异性家族同辈结盟兄弟等方式，使几个小的家族壮大，有能力抗衡大家族。通过上门或其他方式进入村寨的人都成了新的家族。他们与侨居村寨中其他家族成员也没有地位上的差别。与马帮沿线村寨内通婚使迤萨村内多民族联姻亲关系很多，村民在举行葬礼、婚礼、重大活动等仪式活动时，每户一人的亲族男性成年是必须参加的，因而，村寨中多元家族之间的关系盘根错节而使村寨的整体性意义的重要性得到加强。

云南陆疆边境地区不断向境外移民，而支持这种割不断的跨国交往的主要原因，我们以为主要是小文化传统，即边境各族民间的习俗传统。近代史上，在中国与越南、老挝、缅甸等国的边境线上除设有国家级和省（区）级的口岸凭证件出入境外，在漫长的边境线上，估计有上千条小径可通往邻国，邻国边民之间通过大路小径密切接触交往。云南与陆疆邻国边境两侧的各族人民基本上是从事自给自足的农业经济，某些边民为获取所缺的铁制农具、锅碗、棉花、麻、布、针线、保暖热水瓶等轻工家用产品必须与其他人进行交易活动。邻国边境两侧都有定期的集市，他们越过边界去赶集，把自己有优势的农耕土特产品拿到集市出售，买回自己需要的商品。

2. 马帮商贸移民

在云南边境偏僻的少数民族山区进行跨境商贸，人力成本相当高昂。清末民初跨境贸易的商人可细分为"摊贩""小商贩""坐商""长途贩运商"等，从行商到坐商，从

本土与互鉴：多维视野下的海外华人与中国侨乡关系研究

短期旅居留宿到长期侨居而定居，因经商而落籍境外的移民不少。

云南重点侨乡是区位条件好的地区和产业培育成外向型的经济聚集和扩散的地区，陆疆移民相对较多，马帮商贸移民是其中的一种重要方式。马帮与沿途空间的关系是密不可分的，物资贸易和人口迁徙与交流过程总是要在特定的空间中完成的。村寨主义下的马帮商贸活动所必需的空间要素使得血缘关系、地缘关系和业缘关系在马帮沿途贸易过程中，与沿途各族村寨社会人们不断交流和彼此融入。随着交流的深入，马帮与沿途民族村寨社会的关系发展，部分马帮成员因各种原因留居当地，在侨居区出现了新的社会关系。马帮成员作为基础的村寨婚姻家庭关系中的一员也可能进一步发展出一种沿男系或女系血统延长为新的组织关系即血缘宗族关系，从而使侨居区的血缘宗族关系成为一种维系社会的重要纽带，成为与马帮进行商贸关系的节点。这在云南马帮与沿途一些民族乡村社会中是得到了充分展现。同时，马帮与沿途村寨的人们在特定的空间中进行商贸活动也增加了这个特定的空间的社会多样性，通过对各民族村寨空间的社会性不断强化，而使其成为维系村寨多样性的纽带也逐渐增强。但是，从总体上看，对于马帮商贸来说，民族村寨体现的是农耕与游猎，马帮体现的是手工业与商业，村寨主义下的马帮商贸实践是把农耕与游猎文明、手工业与商业结合起来，发挥了重要的作用。马帮尊重沿途各民族村寨风俗习惯，确保以村寨利益及宗族、家庭利益，协调与和睦沿途各民族村内关系。重视云南与东南亚各国广泛存在的民族村寨主义村落的存在，遵循村寨主义就有可能具有避免从马帮自我中心的视角认识沿途民族地区的视角单一性的意义。以村寨主义范式来审视作为中国云南民族侨乡社会、广泛存在于中国云南和东南亚各国的民族村寨，对于中国云南马帮调适与国内外沿途乡村社会文化的多样性，与中国云南地区和东南亚的乡村社会和睦共处具有非常重要的现实意义。

清乾隆年间，滇南红河侨乡迤萨开采铜矿，采用土法炼铜60余年，因矿产资源枯竭，咸丰三年（1853年）部分失业工人经过商量后约定，到普洱江城勐野井的地方开采盐矿，把加工的食盐驮到中国与老挝、越南边境一带销售。为寻找新的生路，获得更大的利润，人们不惜铤而走险，试探走出国门，把生意做到国外去。当移民获悉老挝、越南山区少数民族对迤萨手工纺织的土布、制作的衣服鞋帽、小型农具和炊具十分喜欢，便紧紧抓住这一商机，将这些紧俏物资源源不断驮运出国，以物易物或现金交易；然后大量采购当地山货、鹿胶、鹿茸、虎胶、虎骨、犀角等驮运回国内市场推销。物以稀为贵，这些名贵中药材正是国内急需紧俏商品，供不应求，利润自然成倍增长。迤萨人冉师孔带领小部分人马初次进入老挝，打开了老挝商路，后又相继向老挝腹地深入，在川圹首家开起"恒泰"商号，坐地经商，成了一位侨居境外的人。不少迤萨人紧跟其后，赶着马帮到老挝做生意的人越来越多。王科甲、李继光、杨体国又向越南进发，于光绪九年（1883年）抵达越南莱州。杨吉、杨秉、姚开、孙重、周绍等人于光绪十七年（1891年）先后进入缅甸。随后，潘永、潘亮弟兄俩带领部分人马向泰国深入。这一批批人马便是打通云南省红河迤萨到东南亚老挝、越南、缅甸、泰国"马帮之路"的开路先锋。有的商人看到生意有利可图，便定居下来开起商号，坐地经商，成了这些国家的第一批移民商人。第一批迤萨华侨在国外定居下来之后，又有不少人马继续前往东南亚各国，坐商行商并举，常年往返于红河迤萨与东南亚之间。从清代咸丰初期至宣统末年，近60年间，是迤萨马帮形成和发展的初期阶段，进入1912年后，随着迤萨"下坝子""走烟帮"的兴起，迤萨马帮进入了一个鼎盛时期，除走通越南、老挝外，又先后走通了缅甸、泰国，定居异国的华侨华人也逐步增加。

红河迤萨马帮按照传统规矩在开帮之前在野外集合赶马人聚餐，共同祭祀关公，祭献宗族祖先，听马帮老板宣布开帮规矩，检查物品，补齐日用品，扎好驮子，与自己的亲朋好友告别，……这些活动是获得马帮成员身份的关键，起到共同遵守迤萨马帮集体约束意识，活动具有祈福消灾的意义，也有整合马帮共同体的功能，以获得马帮沿途各民族社会的支持。马帮崇奉与祭祀关公由原来忠信结义、扶危互助等转化为社团结义、应对危难，共同求财，集体平安。马帮出行过程中，马帮规矩是内部约束成员的戒律和与外部民族村寨人民打交道的原则。特定的马帮规矩与尊重民族村寨习俗本身也是对马帮时空安全性的需求肯定，也是对他们各自所具有的重要性的明确。迤萨马帮成员犯了帮规必须认错，当着全体马帮成员受到惩戒，甚至被开除马帮，任其自生自灭。马帮成员做了伤风败俗之事的人，一般由迤萨马帮老板带着犯错人到村寨内，向村寨长老或者受害家庭及人赔罪，获得谅解，并做出赔偿，保证今后不在犯错。

中华民族"一体多元"格局，使得中国社会文化的多元性没法通过某个民族社区或某几个地理区域来代表中国，以人口最为众多的汉族社区来代表中国也是不够全面的，但人们一般把维护村寨利益作为最高原则。上述思考中国云南马帮与境外民族关系的历史，乃至思考从云南陆疆沿边地区直到东南亚地区的民族与国家的关系都是有益的。

在近现代商品社会经济条件下，这些移民在侨居国形成自己的流动聚集区，他们在资金上的相互支持、商业信息的互通与共享、社会公共空间（如侨居地等）的聚会乃至节假日家庭的聚餐等，都展示了一个流动的移民（华侨华人）社会交往是如何在跨国互动中建构和维系的。

此外，村寨主义下的其他移民方式还有："游耕谋生"，主要指云南边境一线以苗瑶为主的少数民族以农耕方式在边境往返频繁及以其他的方式出境，部分移民甚至跨境旅居或定居。"走厂矿"，主要指以境外矿冶务工的方式以及从边境侨乡移民境外的厂矿。"裔胞情"，主要指云南陆疆边境侨乡中少数民族从边境侨乡及其辐射地区移民境外。有的移民（华侨华人）为团结家乡亲人，互相帮助，组织了各种形式的联谊社团，如地缘型的云南同乡会馆和族缘/语缘型的布朗族联谊会等。移民们通过不断适应边境的少数民族环境和海外侨居国的环境，将汉文化逐步传播于边境少数民族地区和将中华文明传播于海外侨居国，并形成共处、和谐、互融的局面；云南侨乡的丰富性和多样性在历史和现实的中国西部边疆中具有重要的历史价值和现实意义将得以体现。

（三）村寨主义下的云南陆疆移民和平跨境移居

和平跨境移居地理范围是中国云南与越南、老挝、缅甸接壤的边境线地区。该地区是云南历史上民族人口迁移最为频繁、族群活动最为复杂的地区之一。云南省与邻国接壤的有文山壮族苗族自治州、红河哈尼族彝族自治州、西双版纳傣族自治州、思茅、德宏傣族景颇族自治州、临沧市、怒江怒族傈僳族自治州、迪庆藏族自治州等沿边八州市。全省有25个边境县（市），其中17个与缅甸接壤，2个与老挝接壤，6个与越南接壤。25个边境县（市）中有22个是民族自治地方。25个边境县（市）的国土面积占全省面积的23.47%，占全省总人口的13.5%。不是民族自治地方的腾冲市、龙陵县和镇康县，也是多民族聚居县。云南移民问题涉及云南沿边地区跨境民族壮、傣、布依、苗、哈尼、瑶、傈僳、拉祜、阿昌、怒、景颇、独龙、德昂、佤、布朗等15个民族。红河州的哈尼族、彝族、苗族、傣族、瑶族、布朗族、壮族，德宏州的傣族、景颇族，迪庆州的藏族，丽江的纳西族，临沧的佤族等少数民族，都有相对集中的村落分布，在不同程度上保持着单一本民族的和平跨境移居传统。这些跨境少数民族和平移居中有不少华侨华人，体现出云南移民起源与发展是多元的、多线索的，而不是一元的、单线索的特点。

历史上云南民族关系的特点可以概括为：分布上的大杂居与小聚居、政治上的多元一体、发展阶段的不平衡性、经济上的互补性、文化上的多元交融。这些特点的形成从民族融合的角度看，元代以前以同源异流为主，元代以后则是同源异流、多源合流和异源异流等并存，以上情况都对这些特点的形成起到了重要的作用[①]。云南民族分布上的大杂居与小聚居状况、云南地区的立体地形与立体气候、大致相同的地理区位和生态环境等对各民族在共享相同资源与和谐相处有重要影响。村寨主义下的各民族习俗中对于不进入村寨与不破坏村寨空间及带来灾难的外人是相当宽容的，其他外人只要没有危及村寨内的人的生存，他们可以路过，也可以在村寨周边生产生活；如果过路的马帮能在物资方面调节余缺，进行交易，很受他们的欢迎，形成了村寨主义下村寨人们对其他民族较大的包容性，不容许其他民族进入某地域或某民族的情况不容易发生。这就提醒了我们："中华民族从自为的民族共同体向自觉的民族共同体的转变工作还应加强。此外，村寨主义的存在也还会促使我们去反思过去简单以'炎黄子孙'之类的拟血缘关系来整合现代民族国家的充分有效性。"[②]

村寨主义下的村寨女性嫁到男方家就自然成为男方家寨子中的成员。女性的进入不会改变原有村寨的家族结构。那些家中只有女孩的人家也可能招婿，上门的男子只需参与村内的村寨性祭祀活动。以哈尼族为例，一些非本民族的人（包括非本民族的女婿）

---

① 王文光、龙晓燕：《中国西南民族关系研究散论之二》，载《思想战线》，2002年第1期。
② 马翀炜：《村寨主义的实证及意义》，载《哈尼族研究》，2016年第1期，第27页。

也可能进入村寨成为村民。但上门女婿依然保持原本的姓氏，保留自己家的父子连名，其子女也都跟着他本人的父子连名顺序取名，都不算是女方家的人。他们一般都会建一个属于自己的房屋。上门女婿日常生活中既可以居住在岳父岳母的房屋里，也可以居住在自己的房屋里。但是，上门女婿家的所有祭祀仪式都要在自己的房屋里举行。此外，上门女婿只是照顾岳父岳母的日常生活，而在祭祀仪式、葬礼等场合，本应由岳父母的儿子履行的职责和义务，只能由侄子们履行。外来移居者可以按照传统习俗和村寨相关规定合法地移民到村寨生活，但是按照民族习俗，如果没有举行原始的宗教仪式前，他们依然是外人，村寨性的节庆活动是不能参加的。人死后也是绝不允许葬入村寨的公共墓地的。此外，如果他们不能按照村寨的习俗举行仪式加入村寨，那么，村寨村民很有可能将村内出现各种问题的原因归结到他们，也就是未经村寨同意的"闯入的外来人"身上。这也是在表达作为外来个体的人只有在得到作为民族村寨传统管理者/代表的承认之后，其作为该村寨成员的社会性意义才得到了认可。

云南陆疆沿边地区在清末民国时期的移民迁徙，主要是以山区民族的农业生计型移民为主，他们的迁移大多是试图通过地理位置上的移动来维系旧有的生计方式。20世纪50年代前，马帮沿途苗瑶村寨普遍实行刀耕火种的生计方式。20世纪下半叶，山地游耕的少数民族主要以短距离的扩散性迁徙为主。"桃树开花，苗族搬家""春暖花开日，瑶族搬家时"等谣谚正是这种山地游耕生计方式的写照。跨境移民后的苗瑶人们以家庭为单位在村寨公有的土地上生产。他们砍倒树木烧地之后，村寨会根据每家人口的多少来划出份地，各家在自己的份地上生产，20世纪末至21世纪初云南苗族和瑶族仍有以承包土地的形式跨境跨国迁徙。越南、老挝、泰国、缅甸的苗族华人、瑶族华人多居住在山区，主要生活来源于农业，以种植玉米、旱稻、三角麦、红薯、木薯、芋头、花生、瓜类、豆类、亚麻、黄麻、棉花、茶叶等山地作物为主。粮食主要是玉米和旱稻，在特定的时期和地区种植罂粟成为苗族的"生财之道"。由于他们住在山区，有草岭、盆地和溪流，有丰富的森林资源，他们利用这一有利条件，发展畜牧业，家家户户饲养猪、水牛、黄牛、鸡鸭等，或到山林中采集药材，捕获猎物，再拿到市场上出售，或者等待着主动上门收购的商人，与他们进行贸易与交换。虽然地广人稀，可耕土地资源较多，但是，一般情况下苗瑶族群是不允许非本族外来者加入该村的。对加入的新来者村民事实上要担保新来者不会给村寨带来不好的东西，因此一般也只有那些男性成员特别少的家族才会以举办原始宗教的形式接纳家庭新成员。举行仪式时，村寨宗教头人、村内各家族代表及一些老人参加。

云南籍在东南亚各国的侨商、马锅头和赶马人，通常在侨乡与一个家乡的姑娘结婚成家后，其中一些人有在国外再次娶妻安家的现象，他们这种在母国故乡和侨居国两头结婚安家，产生了跨国的双边家庭，这既是出于生理和心理的需要，也是跨国生意发展的需要。云南腾冲人入缅娶缅妇女为妻的，数不胜数，李和仁回忆中缅婚姻的"胞波"情时说，"声名远播中外'马嘉里事件'的当事人李珍国参将，人们都叫他'李四老缅'，因为他的母亲是缅妇，他是缅妇生的第四胎；我祖父到缅甸也娶过一位缅妇；我的二嫂尹小玉也是缅妇所生；今天，我侄女心美嫁一缅甸医生，同在仰光行医。这些都是缅人称呼华人'胞波'一词的来源"。[1]如云南省红河县的周绍与老挝瑶族盘羊妹、何在贤与老挝傣族炳潭等在中国结婚生子后，又在老挝与外国女人结婚，形成"两头家"。这些自发迁徙的移民在迁移中总是表现出强烈的民族性、地域性、亲缘性，在迁入国家侨居地形成"同族相聚"或"同类相聚"的特点。在云南沿边地区的农村，这种文化认同的影响表现在同一民族常常居住在同一村落；在边境的市镇，同一地区的外来人口也常聚居在同街区，境外的移民（华侨华人）聚居的社区，也是基于母族文化的认同而形成的。1958年云南勐腊县曼庄的一个傣族寨子迁移到老挝丰沙里省，建立了曼勒寨，这些傣族移民应为华侨华人。[2]

云南省的跨境民族在海外普遍有亲戚和朋友。自中国实行改革开放以后，随着政治氛围渐趋宽松和边疆地区经济文化的发展，我国跨境民族与海外亲戚、朋友的联系更为密切，相互之间互市、通婚的现象十分普遍，边民民间的交往十分频繁。逢年节喜事和民族宗教活动，双方的亲友都派专人前往通信，或派人背着家家户户的树叶信过往边境传递。我方的居民开了饭馆或小商店，对方的亲友也要敲锣打鼓来祝贺。

二、跨国主义下跨国移民的区域多元移居

云南边境地区各民族交错共生与互助互补互制的和平人文社会环境，为培育中越、中老、中缅跨国民族和睦奠定了基础。云南跨国移民在认同上优先本民族，在向境外寻求新的发展途径——新的多元的方向发展过程中，即在认同本民族传统的前提下，积极地学习、借鉴国内外其他跨境民族的长处，共同交汇成为云南跨国多元移民。

（一）问题的提出：跨国主义下的云南陆疆跨国移民

跨国主义下跨国移民的区域多元移居是指云南籍移民（华侨华人）在侨居国的认同建立在跨国主义认同下的区域业缘和区域多元民族社会上，形成了跨国移民以多国边境远距离跨国商贸、多元民族和平共居关系。

清末民国时期因中国国内战乱和"盛世"人多地少矛盾等原因，推动了云南人移民海外；人们陆续跨国移民异国他乡，缓和当地人满为患、人地矛盾与资源紧缺的状况。邻国国内割据纷争，割据各方对移民（华侨）入境多持默许乃至欢迎的态度，又为移民（华侨华人）移入邻国提供了有利条件。但是，因资料不足，难以统计出云南每年的移民进入邻国的人口数，只能综合各种因素进行估算。

---

[1] 腾冲县政协文史资料编辑委员会：《腾冲文史资料选辑（第三辑）》（内部版），1991年12月，第374页。

[2] 赵和曼：《少数民族华侨华人研究》，北京：中国华侨出版社，2004年，第76页。

"越南各王朝政权尽管在某些时期对某些华侨华人采取了限制性的措施,但其基调仍是默许乃至鼓励","因为广大华侨华人对移居地的政治运作、经济和文化发展和社会进步做出了重大贡献,满足了该国各王朝、政权吸收先进技术、吸收更多的劳动力、吸纳优秀人才推进政治、文化发展的需要"。1885 年签订的《中法新约》第一款中就规定:凡中国侨民、人民及散勇等在越南安分守业者,无论农夫、工匠、商贾,若无可责备之处,其身家、产业均得安稳,与法国所保护之人无异。这说明法国殖民者继承原越南统治者对中国侨民在中越宗藩关系中的做法。因此,"在法国侵占南圻以后出于利用华人劳动力的需要,也采取了允许华侨入境的政策。在这种政策下,管理华侨华人就成为越南各王朝政权以及法属殖民当局关心的问题,他们大多采取了'利用+限制'的原则,即利用他们的智力、体力为自己服务,又千方百计防止他们可能产生的'威胁',尤其是要防范政治上任何危及统治秩序的可能举动"。[①]

(二)跨国主义下的云南陆疆移民类型

云南陆疆跨国移民是促进祖籍国与侨居国的地缘合作、睦邻关系、友好交往、沟通双方联系、消除隔阂与误会等方面的承担者,成为维系国境多方国家和平的纽带与桥梁。为了在跨国侨居地求得生存与发展,云南移民每到一处侨居地,就会主动试着融入侨居地的社会文化,从学习侨居地各族语言,熟悉他们的风俗习惯,到在侨居地娶妻生子,最终融入侨居地社会,显示着华侨华人较强的自我适调能力。华侨华人具有这种适应不同文化环境的综合素质,随遇而安的开放心态,大大推动了他们在侨居国的成功。不仅有一些云南移民融入越、老、缅、泰、印等侨居国,也有少数的越、老、缅、泰、印等国的各民族群众也随着双方的经贸文化交流的大潮来到云南,并融入中国侨乡社会之中。这种现象在以侨商为主的移民在适应云南对外开关通商大变动的过程中,也在不断对自身传统经营范围及模式进行调适,他们大胆走出国境,勇敢闯荡异邦,将滇藏与缅甸、印度等国市场联结在一起,为云南国际贸易的发展拓展了生存的空间。

1. 传统农耕跨国移民的持续

历史上云南陆疆边境地区受封闭的地理环境,严重的"瘴气之区",沉淀太深的各少数民族传统文化,不太和谐的族际关系,交通的极端不便,长期存在的土司制度,社会发展的制约等因素的制约。加之,中国历代封建王朝制定边疆政策的传统指导思想——"守在四方,羁縻不绝",这种思想指导下形成的少数民族政策就是以安定为最高原则:边民只要政治上臣服,则可"各仍旧俗,即贡献亦从尔便"。[②]这就为边疆少数民族提供了一个相对宽松的生存与移民他乡的环境,有利于其自然繁衍生息,自由迁徙,跨

[①] 孙宏年:《清代中越宗藩关系研究》,哈尔滨:黑龙江教育出版社,2006 年,第 380 页。
[②] 马曼丽、安俭、艾买提:《中国西北跨国民族文化变异研究》,北京:民族出版社,2009年,第 155 页。

境出国。云南一些少数民族跨境迁徙之后，部分农耕移民再次呈递进式、接力式的不断迁移，他们由一个农耕点到另一个农耕点的距离并不远，但却是零散的、连续性的和持续不断的，在此过程中，逐渐使短距离的农耕移民迁徙逐渐变为长距离的农耕移民迁徙。

中国近现代史上除封建王朝的传统思想外，西方列强殖民与清政府签订的一系列条约使清政府承认移民合法化。1860年中英签署的《北京条约》规定，允许中国人乘英国船移民海外等，迫使清政府承认移民海外的合法性。清政府在同周边小国、弱国打交道时试图保持并强化传统宗藩关系——朝贡关系。这为中国云南传统农耕跨国移民的持续进行，提供了较为有利的国际环境。云南跨国商帮是通过马帮在侨乡、沿途驿站、侨居地等使各种资源跨区域、跨境的流动、交换与互动建构起来的，侨乡、沿途驿站、侨居地是商帮的"点"，马帮驮运各种物资行走的沿途是商帮的"线"，侨乡、沿途驿站、侨居地等辐射区是商帮的"面"，移民（华侨华人）通过马帮以"点"串"线"，"线"连缀成"关节点"，以"线"成"面"，超越了境内外的空间间隔，创造了共同多元移民网络，塑造和维系了多元共存的格局和族群之间的彼此认同。马帮商贸对时空的线性占有和利用以及与沿途各族村寨主义时空交流过程的实现，跨境马帮在生存拓展与业务发展过程中相对更能接受"非我族类"的人加入马帮队伍，也并不觉得与沿途各民族的交往有什么大的不妥。这样就使马帮人原有的行为方式、价值观念等在沿途时空转换过程中进行的社会化与沿途各民族社会中的行为方式和价值观念发生碰撞，互相交融吸收，形成和睦共处共存的局面。无论是马帮与沿途村寨村民交流现代化元素的不断提速中，还是吸纳沿途村寨村民加入马帮不断走出村落，转变为商贸赶马人而移居别处生活，他们的行为方式、价值观念等会在相当长的时间内保持着，同时，逐渐发生演进变化。在各民族文化不断受到马帮尊重的社会环境下，村寨人会珍惜自己的文化传统，与马帮在商贸上互通有无，调剂物资余缺，双方在交往的现实生活中，彼此产生重要的影响。马帮尊重以村寨主义为基点进行的农耕与游猎社会组织方式，对自然保持敬畏，他们在处理人与自然关系的时候更加注意生态环境与整个村寨空间的和谐相处，维护村寨自然生态环境，取用较少的社会与自然资源，马帮沿途的自然环境大都保持得很好。马帮受高度流动组织方式的制约，也使他们取用有限。2013年6月11日下午，笔者一行在德宏州盈江县昔马乡岩排寨访问杨麻当（"麻当"，景颇语音译，子女排行第五的意思）与沙麻汤（"麻汤"，景颇语音译，女儿排行第五的意思）夫妇及其一家，了解景颇族"波胞"情。据沙麻汤介绍：自己跨境而居的亲哥哥在缅甸边境沿线生活，缅甸内战时赶马回国，内战平息时回到缅甸。另一位来串门的73岁的景颇族老人杨麻敢（"麻敢"，景颇语音译，子女排行第一、老大的意思），向我们说："我们家的'波胞'，因中缅之间，居住的寨子仅仅隔边界一条河，在景颇族的传统节假日期间或者日常生活中有事时，在缅甸的亲戚偶尔回到中国来，同样，我们日常生活中有事时，几步路就会出国境，但是，前段时间因缅甸边境一线在打战，影响了彼此的生活与往来。我们日常的生活主要依靠种包谷、水稻为生。"

2. 传统马帮商贸移民的扩大与兴盛

自元朝云南正式归入中国版图后，封建王朝采取闭关锁国的政策，但云南对外贸易比起中原地区相对自由。明初实行海禁，从海上出国经商较为困难，从云南陆路出国，即不受限制。鸦片战争后，西方列强的坚船利炮轰开了清帝国紧闭而腐朽的大门，引起了中国社会结构的巨大变动。朝贡外交指导下的中国边界是"流动的"，在一个拥有最大空间单位"天下"的体系中，划分边界是没有意义的。近现代史上被迫签订的一系列条约，使清政府确立了有限度的领土范围，也使传统天下观下无限领土空间的想象打碎，从而标志着中国传统宗藩关系的瓦解。而清朝遵守已签的条约是传统的"羁縻"政策的延续，是中国"夷务"的新阶段。云南跨国马帮商贸移民抓住各种历史机遇，人数规模由小及大，资本积累由弱渐强，活动区域由近到远，在跨国商贸的发展中不断壮大着自己的力量，成为近代云南商贸舞台上的领跑者。在自然经济传统时期，粮、棉、丝、糖、茶和盐是与人们日常生活关系最密切、商品性最高的物品，也是马帮转运的大宗商品。跨国马帮的多维活动空间与多元性深刻地影响了侨居国（地区）与中国侨乡的关系。跨国马帮是一个不停地游离于中国与周边邻国、东西方两个世界之间的新移民群体。他们既深知中华文化的精髓，也熟悉邻国民族文化和西方文化的旨意，作为跨越地理与文化疆界的群体，他们常常显得更具创造性。

第一代华侨商人常常带着浓厚的冒险、拓荒色彩，他们在故乡却是处于较好的地位，拥有殷实的家资，因而他们是带着一定风险出境的，一旦他们工商贸事业成功后，就会携带大量的同血缘或同地缘家乡侨民进行移民活动。小规模华侨华人不断出国移民成为一种风气后，引起了大规模华侨华人迁徙出国，逐步形成大规模的迁移行为。在这种迁移过程中，有很大一部分侨民是因为他们的父母或丈夫、兄弟、子女在海外有了立足之地，经济上有了保障，而被携引出去与之团聚。他们移民后多数改变了生活环境，从侨乡的农村进入城市，并根据迁入国的就业市场改换了职业。云南籍商人到邻国经商的络绎不绝，不少侨商因商贸业务需要与外国人通婚并留居境外。大理市侨乡喜洲确知侨居国外较早者是市坪街白族董和川、赵达成等人，光绪时即到暹罗（泰国）做棉纱生意，侨居数年；珂里庄回族杨彪户迄今已侨居缅甸、泰国五代。[①]民国时期腾冲、鹤庆、临安、喜洲、迤萨等大商帮，掌握了云南进出口贸易的大权，各大商号争先恐后到海外设号，如永昌祥、锡庆祥等商号，形成"走印度，跑缅甸"热潮。大批的泥瓦匠、木匠、皮匠、裁缝、小炉匠、砖瓦匠等各种工匠，随着商贸移民，远走东南亚邻国谋生。孟密等土司地区在明朝地理空间位置处于滇西南的边缘地区，滇西南侨商依托其传统资源和传统商路，开展对外贸易。清代中叶云南一带的商人、手工业者、教师不断进入德宏，陇川、盈江成了进出缅甸从事对外贸易的交通要道，腾越已形成进出口贸易

[①] 大理州侨务办公室：《大理白族自治州侨务志》（内部版），1993年，第13页。

的枢纽和转运站。许多外来客商移民境外，侨居缅甸等邻国[①]。

云南马帮商贸中，以腾冲商帮、鹤庆商帮、和顺商帮、迤萨商帮等较为著名，这些商帮中众多的商号纷纷走出侨乡，向境内外发展。在国内的昆明、宜宾、重庆、拉萨、上海等地设有分支机构，在国外的缅甸的仰光、瓦城、腊戌、八莫，印度的葛伦堡、加尔各答和新加坡等地也有分支机构。随着近代史上云南侨商对外商贸的大潮，云南逐步从跨境贸易里余缺互补，品种调剂的地方商品贸易，转变为外国商品的倾销展示和收购各地方土产以备出口。从印度、缅甸、泰国、越南、老挝等国中转或者贩运到云南各地的美国、英国、日本、印度等国货物，如毛呢、洋纱、染料、锑锅、牙膏、牙刷、肥皂、毛巾、水笔、香水、化妆品、剃胡刀、自鸣钟、小刀、针、镜子、海产品等，在云南市场应有尽有。2013年8月10日，调研组一行有幸在著名侨乡腾冲县的绮罗镇李大人巷，见到了当年开辟滇藏运输的第一人李和仁先生的夫人诺布启春，诺布启春讲述了滇缅印商贸的开拓者——丈夫李和仁与她在藏缅印相识、相恋、婚姻家庭的故事[②]。滇西剑川木工、巍山、漾濞的马帮也纷纷外出，有的人便长期定居国外，因而滇西地区的华侨华人与日俱增。明清时期滇南迤萨马帮到达缅、泰、老、印的商路发展到10余条。

3. 云南矿冶移民的持续与提升

西方地理大发现后海外扩张过程中，欧洲人自愿或者被迫移居到了新的大陆，欧洲人居于领先地位而支配这个刚刚连起来的世界，以其帝国和股份公司控制全球。1840年以后，英国最先以枪炮和鸦片打开中国国门，以大清帝国为中心的封贡体系逐渐被以列强为中心的远东殖民地或半殖民地体系取代，出现了英法等帝国主义列强包围、蚕食中国（云南）的危局。

从清代末期的文献记载来看，云南移民主要是因开矿等缘故进入邻国，他们中有一部分人先定居国外，后来者继续跨境出国谋生。"18世纪以后，云南周边邻国封建统治者把开采金、银、铜、铁等矿产，当做增加国库收入，铸造钱币，制作兵器的重要来源，因而重视移民前来开矿的华侨华人。越南北部的矿藏是由中国人为主首先开采出来的，由于上述矿藏靠近中越边境，招募中国工人相对方便与迅速。为了维持治安，越南封建王朝规定中国人前来开矿，每矿多者不得超过300人，次者不得超过200人，少者不得超过100人"[③]。

近现代史上英法为主的西方资本主义国家大规模开发东南亚各国，对劳动力的旺盛

[①] 陈斌、何作庆等：《多彩时空的交融——云南边境侨乡文化》，昆明：云南大学出版社，2015年，第9—10页。

[②] 陈斌、何作庆等：《多彩时空的交融——云南边境侨乡文化》，昆明：云南大学出版社，2015年，第11—15页。

[③] 陈斌、何作庆等：《多彩时空的交融——云南边境侨乡文化》，昆明：云南大学出版社，2015年，第19页。

需求有利于云南人移居海外居住和生存。对于云南来说，相邻的缅甸蕴藏着丰富的玉石、银等矿产，但土著居民"不熟练（开采）法，故听中国往采"。流落在缅甸的大西军遗部和永历帝的随从，有一部分后来靠从事银矿的开采为生。云南等地不少贫苦农民和手工业者，也前来开采。18世纪，中国人在缅甸开办的两个最大的银矿为茂隆银矿（其所在地今属缅甸，距我国云南班洪、班老地方约100千米）和波隆银矿（其所在地为今缅甸的包德温矿区），前者在鼎盛时有矿工二三万人，后者矿工也"不下数万"。滇西一带就有"穷走夷方急走厂（'厂'是指缅甸、越南等邻国的银、铜、铅等厂矿、缅甸的玉石厂）"的风俗习惯。据史料记载，清初吴尚贤（石屏人）经营茂隆银厂时，宫里雁已在波隆开矿。他们都召集了数以万计的工人，其中一部分是"逃遁之民"，被雇用采矿。清末民初就出境做工的祥云、弥渡等地的农民，更纷纷奔向英国资本家办的缅甸老银厂（即波龙银厂）——南渡、包德温等大矿区和克钦邦孟洪等地的玉石矿等矿区做苦工，这期间著名的包工头有段予光、陈晋之、梁金山、杨载恩、杨升品、尹天玉和杨延贵等，但是，这些出境矿工的死亡率也相当高，如"民国九年（1920年）初春，公司派西人职员二人到滇南个旧县，招雇精于采矿的工人。他们两人由个旧找来一百二十五人，沿途加添，共得一百四十七人。过了两个雨季，就死去七八十人。后来渐渐死亡离散，到现在只生存着下列的七人：（一）宣威李有东，（二）曲靖周邦和，（三）曲靖李明清，（四）沾益崔华春，（五）宣威李占成，（六）罗平张绍贤，（七）曲靖张学信"[①]。八码公司"给予中国工人以免费医疗的优惠，但……患矽肺病等疾病的人很多，因病或工伤事故而死亡者，英国公司一律发给三千六百个卢比，作为抚恤金"[②]。民国时期云南省人到缅甸老银厂做工，来去自由，不受契约、条约、法律的约束，不涉及华、英、缅等国之间的国家关系。1931年，在缅北地区华侨（大部分是云南人）约占全缅华侨的1/3，有6万多人，其中矿工就不下3万人。在缅甸的中国矿工有不少是少数民族。缅甸"老银厂矿工最低日工资为1.1卢比，一卢比可兑换二元至二元五角云南半开，一般工人每月的工资收入可购2000斤大米，6天工资可购一条英国毛毯。因此，一般人在矿上工作几年，便可寄钱回家置房买地。如祥云人薛炳亮在矿上三年，即寄回1000元卢比购得地七亩"[③]。尽管矿上工作艰苦、生活差，祥云、弥渡等地农民还是为生活所迫，每年有数千或数万人相约前往，不断出境到老银厂当华侨矿工。中华人民共和国成立前云南籍华侨华人每年出境以矿冶业为主的打工，逐步形成世代相传的传统路线。滇西"穷走夷方急走厂"的传统，使移民出境到缅甸务工已经成为谋生方式之一，他们从龙陵的木城、腾冲的古永、盈江的昔马、陇川的章凤和怒江的片马等地出国，逐步发展到从后来的滇缅公路上的畹町、瑞丽口岸出国。明清至民国的数百年间，

[①] 张诺鲁：《南渡华工概况》，载《腾冲文史资料选辑（第三辑）》（内部版），1991年12月，第291页。
[②] 大理州侨务办公室：《大理白族自治州侨务志》（内部版），1993年，第128—129页。
[③] 大理州侨务办公室：《大理白族自治州侨务志》（内部版），1993年，第126页。

因政府无确切档案记录，滇西去缅甸当矿工的人以祥云、弥渡两县较多，又以祥云人最多。1938年滇缅公路通车后，交通有了较大的改善，男人外出当矿工之风盛行，大批人留居缅甸开采玉石。云南省祥云、弥渡等地农民去缅甸开采玉石，一般都是每年秋天庄稼收割后才去缅甸当矿工，次年雨季前返回家乡，也有不少人因工作需要长期侨居在缅北矿场做工，或者以务农为主兼营商贩。时至今日，这一现象在新时代下仍有一定的影响。在2013年8月9日，作者一行在腾冲侨联李文林先生的带领下，走访了腾越段氏翡翠董事长、云南省侨商会理事、和顺归侨段怀忠，缅甸八莫和顺联谊会原会长、华侨段兆尧二兄弟，他们就是当代滇缅玉石贸易的商人代表之一[①]。

三、国际主义下东南亚"华侨华人"难民为主的世界多元移居

国际主义下东南亚"华侨华人"难民为主的世界多元移居是指第二次世界大战后，随着东南亚国家民族独立浪潮的高涨，中国大陆与台湾政权的相互对立，大陆边境线的封闭，侨居东南亚各国的云南籍华侨华人出现了分化的格局，一部分华侨华人在邻国侨居地扎下了根，定居在侨居国，逐步融入了当地社会；少部分返回了祖籍国，重新再适应；部分华侨华人因故加入东南亚难民潮，移民欧美各国，华侨华人走上了艰辛的以欧美为主的国际异国文化的再整合和对原侨居国文化与祖国故乡文化的再调适。

（一）东南亚云南籍难民产生的国际背景

中华人民共和国成立以后，随着国共对峙局面的形成，国门的关闭，大批赶着马帮在东南亚各国经商的云南籍商人就因故滞留在国外了，而且他们在东南亚各国还在继续着经商，继续着他们的马帮之路，留在国内的马帮商人也还在继续走着马帮，只是不能再到国外去了，只能到马帮附近的村寨继续做小生意了。后来随着现代交通领域的不断发展，有了宽敞的公路和汽车，马帮慢慢地被现代运输交通工具所代替。云南籍马帮时代一去不复返了，然而，那一段辉煌、艰辛的马帮岁月却永远地留在云南人的心中，在云南的发展中留下了深深的烙印。

冷战结束后的世界政治格局发生了根本性的变化，人、财、物及信息流在全球范围内的交往更加便捷和频繁，交流、汇合、冲突、竞争、振荡……世界仿佛进入了新的"战国时代"。滞留在东南亚各国的"华侨华人"有的沦为难民，走上了艰辛向欧美为主移民的过程，逐步成为世界多元移居者。国际主义下东南亚"华侨华人"难民为主的世界多元移居局面的形成主要原因有：

第一，第二次世界大战后东南亚南亚国家的独立风潮。第二次世界大战后，全球范围的民族解放运动风起云涌，大批殖民地和半殖民地国家脱离了宗主国，宣布国家和民

[①] 陈斌、何作庆等：《多彩时空的交融——云南边境侨乡文化》，昆明：云南大学出版社，2015年，第22—26页。

族独立，使全球殖民地半殖民地独立解放运动高涨。云南省周边国家中，缅甸摆脱了英国殖民统治，获得独立；印支三国经过20世纪50年代至70年代长期的抗法、抗美斗争，赢得了民族国家的独立与统一。越南、老挝、缅甸等民族国家的现代化进程，对云南移民，尤其是华侨华人产生了全面、深刻、持久的影响。

第二，20世纪50年代后的国共在云南边境线的内外对峙。第二次世界大战后，以美苏主导的两极世界格局出现，中国共产党站在苏联为首的社会主义体系一边，而国民党政权则选择了跟随美国为首的资本主义世界一方，出现了中国共产党在云南边境地区与境外国民党残余力量的对峙与较量，使传统商路阻断，国门形成事实上的关闭。

第三，国际社会对东南亚华侨华人难民的接纳。第二次世界大战后，面对全球范围的民族国家独立运动带来的大量难民，西方国家在一定程度上采取人道主义的接纳态度，安置了大量的难民。改革开放后中华人民共和国逐渐参加了一系列全球性政府间和非政府国际组织，这种参与不仅可以获得现时的国家利益，而且也是中国和国际制度互动的进程。在这种互动过程中，中国不断了解国际规范，中国的行为也不断接受国际规范的约束，即使在对自己没有即时利益，甚至承担国际义务时，也注意遵守国际制度的原则和维护自身的国际声誉。20世纪50年代后中华人民共和国政府接受国际社会对东南亚华侨华人难民的接纳就是典型的事例之一。

（二）国际主义下云南籍"华侨华人"难民的世界多元移居

中华人民共和国成立后，对云南边境侨乡进行了土地改革、合作化运动和资本主义工商业的社会主义改造，小商小贩改商务农。在新中国的社会转型中，一些侨商面对各种突如其来的政治运动，积极或者消极地进行调适，终于得到善终；同时，一些侨商因种种原因受到错误的处理，侨商杨茂馨冤案的产生及其平反昭雪就是他们中的典型的一例。在"大跃进""文化大革命"等运动中的极左路线影响之下，云南边境侨乡遭到极大摧残和破坏，不少归侨、侨眷也因所谓"海外关系"被强加"特务""叛徒""里通外国"等罪名，遭到打击、迫害，他们中不少人在改革开放后移居海外。20世纪50年代至70年代政治认同与历史认同已被当今意义更为宽泛和实际的"文化认同"概念所吸收和取代，多元认同和双重效忠预示着今后华侨华人的一种新趋向。

20世纪后期侨居东南亚各国的云南籍华侨华人出现了下列三种分化的格局：

第一，一部分侨居东南亚国家的云南籍华侨华人在邻国侨居地扎下了根，定居在侨居国，逐步融入了当地社会。这部分云南籍移民具有尊重和包容多样性，用容纳的姿态和多样的价值观，与不同的侨居国人群和睦相处，这就是"和而不同"的文化并存策略，没有任何形式的文化偏见与歧视。云南籍移民虽身处邻国，但在观念上、感情上，从来就不以为自己离家乡有多么遥远，没有"远涉重洋、身在异邦"的观念。云南"下坝子"主要指滇南侨乡人们以商贸方式从边境侨乡移民境外。云南红河县"下坝子"移民侨居老挝的华侨华人在20世纪50年代就达三百多户，其中90%是㐲萨人，主要集中在老挝的川矿、桑怒、芒赛、琅勃拉邦、万象几个省市，南塔、丰沙里等其他地区也有少量分布。几十年过去，这些迤萨人的第二代、第三代儿孙分家立户，户数已经超千户，人口估计达万余人。20世纪60年代开始，第一代华侨纷纷把子女送到第三国读书，这些子女学成之后基本在第三国定居就业。七十年代末期以来，由于各种原因，在老挝的迤萨华侨又纷纷迁往第三国，其中以万象、川矿、桑怒最为典型。1975年老挝解放后，有能力的迤萨华侨也逐渐向万象、琅勃拉邦集中，使这两个城市的迤萨人也多了起来。20世纪末至21世纪初的20余年时间里，在老挝侨居的第一代华侨相继去世，第二代、第三代、第四代子孙相互往来现象渐渐淡薄，特别是第三、第四代基本土著化，所以，老挝到底有多少迤萨后裔，健在的几个老人还有几个，谁也无法说清楚。在老挝万象的王贵华先生说："川矿、桑怒两地的迤萨人基本走完了，剩下少部分在70年代末被安置到农村。"

第二，部分侨居东南亚国家的云南籍华侨华人在东南亚国家的独立运动和现代化进程中，因故加入东南亚难民潮，移民欧美各国，云南籍难民走上了艰辛的以欧美为主的国际异国文化的再整合和对原侨居国文化与祖国故乡文化的再调适。如云南迤萨侨商何在贤侨居海外几十年，以精明能干、乐于助人而深得当地群众和华人华侨的爱戴，1965年被推举为琅勃拉邦华侨理事会理事（云南代表），先后连任五届（十年）。1986年60多岁的何在贤经过在泰国难民营漫长的等待，完成新西兰为时7个月的移民培训，最终辗转移居美国加州，与儿孙团聚。1989年，何在贤被推举为"美国旧金山云南同乡联谊会"理事，1992年被推举为第一副会长。他们虽然侨居海外，但是当生命走到尽头的时候，嘱咐儿孙把骨灰盒运回迤萨安葬，让漂泊的一生有了归宿，实现叶落归根的夙愿。

第三，侨居在云南周边国家的少部分云南籍难民返回了祖籍国，重新再适应。集中安置归难侨的云南华侨农林场是在民族构成、生产方式、生活方式、传统文化、族际关系等方面具有一定代表意义的新侨乡，其社会和文化的变迁非常大，除与当地世居民族保持较好传统文化特色和多元文化和谐共处的状态时，他们彼此之间的冲突和整合也是不可避免的。20世纪80年代以来，云南政府将归侨林场纳入当地社会政治整合中的努力，是农林场社会变迁的外在的主推力，也是导致变迁之所以如此深刻的基本原因。农林场的社会变迁和文化调适过程，显然并不属于内发展式变迁，而是一种外推式变迁，它是在外部文化的强力介入主导下，结合自身内部多元民族文化的积极调适而形成的。少数民族归难侨在接受现行的主流汉文化方面，不论愿意与否，表现得非常明显，汉族主流文化的传播对社会变迁具有重要推动意义，它对当地少数民族归难侨的影响是多层面的，国家意志的介入，社会体制的相应变动，自然生态和人文生态环境的变化，政府的扶持，现代文明的冲击，多元民族文化共生交互作用等要素形成强大推力，使农林场社会文化的变迁处于激流之中。汉族主流文化在少数民族归难侨的传播，除了政府和媒体推介外，族际之间的互动也是一种主要形式，包括嫁娶、升学、打工等，使人们的文化观念和行为得到进一步整合,改变了人们的传统生活方式和观念。因此,农林场也是一个需要指导变迁的社会,通过多元文化交融,最终实现族际之间文化在社会变迁过程中的主动调适,是人们应主动选择、遵循方向、趋向的目标。如青龙厂镇华侨事务管理区的各个民族都有各自的民族节日,在各族生产生活长期的和谐相处和交流过程中,各族都以开放、和谐、文明、团结的心态,借鉴和吸纳其他民族中的优秀文化因子,其中,尤其以傣族中的特殊节日"花街节"、彝族的"火把节"、苗族的"花山节"和汉族的元旦新年联欢晚会等最为典型,这些节日既是各自本民族的盛大节日,也是当地各族人民交融的盛会。

尽管本文限于篇幅而只能提供十分有限的实证性材料,相关的思考也尚属粗浅,但这里至少尝试了从边缘到边缘的跨境和平移居,从而有别于以汉族宗族主义研究的范式来理解云南中国民族侨乡马帮队伍与沿途民族村寨的关系,使以村寨主义作为维持各民族村寨利益最高原则的少数民族乡村社会的社会文化架构得以呈现;也尝试了从边缘到中心的跨国主义,马帮商贸与矿业从边远到区域中心,在清末民国时期把人们与近现代社会连接起来,从近代化的视角来审视中国陆疆侨乡社会,试图展现中国云南移民(华侨华人)和平跨居的另一面;在第二次世界大战后,东南亚国家争取民族国家独立的进程中,因生存主义有效下的难民问题,导致云南籍难民(华侨华人)流入欧美各国,形成世界范围内的国际主义下世界多元移居的格局。这对进一步理解当代西亚难民流入欧盟,不断拓展接纳他们生存空间的现代西方社会而言,具有怎样的借鉴意义等论题,便可能被认真对待。

云南侨乡在促进祖籍国与邻国的地缘合作、睦邻关系、友好交往、沟通双方联系、消除隔阂与误会发挥着积极的作用,成为维系国境多方国家和平的纽带与桥梁之一。云南侨乡中各民族交错共生、互助互补互制的和平人文社会环境,为培育中越、中老、中缅跨国民族和睦奠定了基础。云南侨乡文化与民族的多样性,构成了文化和生态上的多样性、民族关系上的相互制衡性,有利于中国与周边邻国的安全和社会的稳定。

非洲闽商发展现状、问题及对策建议

杨宏云[①]

【摘　要】 非洲是我国"一带一路"倡议的重要区域，且与福建历史渊源深厚，经贸往来密切。近年来，面对复杂严峻的国内外形势和新冠疫情冲击，福建对非经贸合作稳步推进，更是呈现良好发展态势，并成为福建经贸发展的重要增长极。而这显然离不开扎根非洲或与非洲积极经贸往来的闽商闽企。他们在非洲以超市和传统贸易立业，积极拓展渔业、农业等行业，并成就斐然。然而，闽商闽企在非洲面临的问题也十分明显，如安全、发展及数字化经济转型仍存在不足。因此，本文提出了相应对策与未来可着力的领域，希望能借此彰显闽商闽企在非洲的价值，带动福建与非洲经贸互动的进一步增长。

【关键词】 非洲；闽商闽企；问题与对策

非洲是我国"一带一路"倡议的重要区域，且与福建历史渊源深厚，经贸往来密切。近年来，面对复杂严峻的国内外形势和新冠疫情冲击，福建对非经贸合作稳步推进，更是呈现良好发展态势。2020年，福建与非洲进出口总额602亿元人民币，出口399.8亿元人民币，进口202.2亿元人民币。[②]2021年，福建对非贸易总额767.2亿元人民币，同比增长27.4%，其中出口规模创历史新高；经备案对非投资额累计35.4亿美元。[③]到2022年，福建与非洲贸易总额持续增长，达到881亿元人民币，规模居全国第7位，同比增长15%。福建经备案（核准）在非洲设立180个项目，福建企业协议投资额35.5亿美元。福建对非承包工程项目遍及20多个非洲国家，2022年完成营业额2.7亿美元。[④]非洲已经成为福建经贸发展重要增长极。其中，民营企业是福建对非贸易主力军。南非、尼日利亚、加纳等西非国家则是福建对非主要贸易伙伴。[⑤]这显然离不开

[①] 作者简介：杨宏云，福州大学工商管理学院副教授，研究方向为华侨史、华商。
[②] 《海丝辟新篇　携手正当时　闽非经贸合作扬帆致远》，福建投资促进网，2021年9月30日，https://fdi.swt.fujian.gov.cn/show-11904.html。
[③] 龙敏：《非洲成福建对外经贸合作新增长极》，今日头条，2022年11月29日，https://www.toutiao.com/article/7171438518894330400/?channel=&source=search_tab。
[④] 福建省商务厅：《福建省将组团参加第三届中国-非洲经贸博览会》，搜狐网，2023年6月28日，https://www.sohu.com/a/692143375_121106994。
[⑤] 郑璜：《前5月福建对非洲进出口增长12.5%》，福建省人民政府网，2023年6月14日，https://www.fujian.gov.cn/zwgk/ghjh/gzjzqk/202306/t20230614_6186586.htm。

扎根非洲或与非洲积极经贸往来的闽商闽企。他们立足国内与非洲两地发展，推动福建与非洲经贸互动贡献卓著。虽因疫情以及全球经济衰退受到影响和冲击，但仍勠力经营，扎根非洲大陆寻找商业机会，并积极推动福建与非洲经贸往来。本报告将梳理疫情以来至 2022 年底的发展脉络，透过分析把握面向非洲发展的闽商闽企发展趋势，以为疫情后闽商闽企面向非洲发展提供参考。

一、当前在非洲闽商的现状

当前世界经济正经历深刻调整，但相对而言，非洲经济仍具有较大增长潜力。而且，非洲自然资源、人力资源等都十分丰富，迫切需要引进资金、技术和经验，将资源优势转化为发展优势。非洲已成为闽商投资发展的重大机遇，纷纷扎根非洲或投资非洲，创下非一般业绩。其表现出的现状特征为：

（一）在行业集聚上，闽商存在大分散、小集聚现象

根据笔者跟踪发现，闽商在非洲大陆有着明显的"大分散、小集聚"现象。这是闽商移民特性塑造行业发展的结果。而此依稀可见历史上福建人移民创业的路径。如福建人移民往往是一人带一家、一家带一村的连锁移民方式。这也形成闽商在非洲的发展的分布格局，即"大分散、小集聚"现象。

当前，福建人在非洲开超市，已经形成了产业链。超市上下游行业多有涉足，且多为闽商。其他还有餐饮、渔业、服装鞋帽贸易等行业。其中，祖籍福清的闽商在超市行业中更是占据主导地位。此外，依托在地和中国大陆两地资源发展的闽商也颇多。如在尼日利亚，福建民企投资兴业的已超过 200 家，总投资额超 300 亿元人民币。其中尤以福州地区的 20 多家实体企业最为突出，在尼投资规模已达 220 亿元人民币，涵盖了钢铁、玻璃、陶瓷、铝业、木业、造纸、纺织、鞋业、食品、饮料、矿业、物流、生态农业等，并涌现出了一批较为成功的企业。如星中源集团、永星钢铁集团、万泽禾集团、荣盛玻璃集团、荣泰铝业、启航纸业、时代陶瓷集团、金星矿业集团、金帝鞋业集团、华尼实业集团、创鑫物流、维银投资集团、中牧生态、菲尼诗工业、意达利陶瓷等在内的标杆企业，成为闽商在尼日利亚成功投资的典范和骄傲！[1]在纳米比亚投资兴业的闽商有数千人，涉及矿产资源、地产、电子机械、信息传媒、酒店餐饮、鞋服贸易等多个领域，为纳米比亚创造了数万个就业岗位，成为了活跃在当地经济舞台上的一支重要力量。[2]在博茨瓦纳，闽商从事着纸巾、拖鞋等生活用品制造，有的开服装店做五金和百货超市，也有在博茨瓦纳首都偏远地区从事服装、家具，以及电视机、收音机、手机和

---

[1]《"侨联五洲·福泽四海"大型华侨歌舞汇尼日利亚专场，9 月 17 日直播》，华人头条–尼日利亚，2022 年 9 月 14 日，https://www.52hrtt.com/ar/n/w/info/A1663036823883。

[2] 福建文体频道：《杰出闽商陈观节：稳扎实业 笃行长远》，搜狐网，2023 年 5 月 11 日，https://www.sohu.com/a/674703186_121055610。

摩托车等电子产品销售。①截至2020年12月，福建经备案（核准）在科特迪瓦有4家境外企业与分支机构，协议投资额累计5460.96万美元，主要从事建材批发零售、干果等农产品批发、果蔬调味品贸易和胶合板、木制品加工等。②此外，北非的埃及与福建经贸往来密切。埃及不仅是福建省在非洲的第三大贸易伙伴和第三大出口市场，在数字产业等新业态领域以及汽车产业等领域合作也正快速发展。

（二）部分闽商已取得较大成就

经过多年的努力经营，并利用市场空白机会，部分早期进入非洲发展的闽商已取得较大成就。如南非的李新铸，现任南非喜彩飞临钻石公司董事长、南非康格拉钻石矿有限公司董事长、南非运盛鞋业工贸有限公司董事长。经商成功后，他积极投身社会公益事业，担任着南非中华福建同乡会会长、南非华人警民合作中心主任、非洲时报社社长，成为南非华侨界的领头人和守护者。2011年，福建平潭的高建凭着对企业发展大方向的把持和对市场的敏锐感知，在立足国内基础上，顺利将业务拓展到海外非洲的加纳。他在多方考察和战略定位下，与合伙人在西非加纳注册成立了格林豪斯国际置业（加纳）集团公司，并担任总经理。集团总部设在加纳最大的港口城市特马，占地面积约为16,000平方米。公司业务涵盖建筑路桥、农林牧渔、房产置业、产业园区四大主营产业。陈克辉家族在莱索托的事业版图涵盖了房地产开发、液化气、运输、服装、鞋帽进出口、批发、超市连锁、塑胶制品、彩钢镀锌板、造纸、食品等诸多领域。公司服务范围延伸到南非及周边国家，并将业务中心逐渐转移到南非市场。经过20多年的打拼，他和他的家族积累下了数十亿的资产。他的名字在莱索托、南非等的当地人、华侨华人中几乎是家喻户晓。③

在纳米比亚，陈观节勤劳肯干，务实打拼，从摆地摊的居无定所，到开店，再到批发，再转战地产行业并成立纳米比亚海沧房地产公司。目前，他在纳米比亚拥有5家大型商场，30多套房产在出租，持有近14万平方米土地，可待开发房产达200多套。④郭栋健则于2006年在坦桑尼亚开办了第一家华人办的超市，从开始的50平方米场地，扩展到现在两个场所5000多平方米，商品从几百个扩展到现在的5000多个——烟酒茶酥、干果糕饼、调味佐料和其他形形色色的生活用品。同时，华人超市从国内引进最先

---

① 《在博茨瓦纳边境城市弗朗西斯敦奋勇淘金创业的中国商人们》，今日头条，2022年9月27日，https://www.toutiao.com/article/7147927147062182400/?channel=&source=search_tab。

② 齐榕：《科特迪瓦工业园推介会在福州举行 助力企业开拓西非市场》，"东南快报"搜狐号，2021年7月13日，https://www.sohu.com/a/477167413_99957155。

③ 《非洲淘金记：福建海边的穷小子，通过20多年的打拼，成为亿万富豪》，今日头条，2021年10月13日，https://www.toutiao.com/article/7018529968304947719/?channel=&source=search_tab。

④ 福建文体频道：《杰出闽商陈观节：稳扎实业 笃行长远》，搜狐网，2023年5月11日，https://www.sohu.com/a/674703186_121055610。

进的软件，对超市运营进行系统的管理，实现了管理智能化。依托超市的支撑，郭栋健于 2014 年兴建了工厂，引进国内先进的纸巾生产流水线，打造出"Shwari"品牌，在某种程度上填补了坦桑尼亚国土上生产洁纸的一个空白。此外，华人超市自家酱油品牌"美英"牌也深受坦桑尼亚人的喜爱，并对国内酱油形成进口需求。在郭栋健的精心经营下，华人超市已发展成为一个多元化的大集团。随着经济的发展，郭栋健还将家族企业的摩托车引入坦桑尼亚。随着摩托车普及率越来越高，需求量不断扩大，郭栋健在坦桑尼亚建起了 5000 平方米厂房，组成装配流水线，打造出"飞肯""豪爵"两种摩托车品牌。如今，生产基地每年出产 3 万多辆摩托车，分布到坦桑尼亚全国 50 个销售点。而郭栋健的生意也越做越大，并取得成功。①

在马达加斯加，天球集团董事长的蔡国伟，是马达加斯加华商总会的会长，自纺织服装贸易生意起步，从农村市场一件一件推销衣服开始创业，在马达加斯加的生意版图越做越大。2009 年，蔡国伟在马达加斯加首都投资兴建了一个大型物流中心，面积达 16,000 多平方米，专门服务于当地华商。第二年，他又在服装贸易的基础上扩充了电子产品贸易。之后，蔡国伟又抓住机遇在当地分别发展起了酒店、旅游业等服务业。②疫情期间，蔡国伟在马达加斯加投资设立了一个手套厂，目前已经投入生产，产品主要销往欧美。③同时，他的皮革生产基地厂房也已开始建造了。此外，他还计划在毛里求斯再设立一个公司，除经营集团原有业务外，也会进行一些新的尝试。蔡国伟的生意版图也越做越大。

长期以来，在非洲大陆创业或投资的闽商，兢兢业业，并多元化布局，成就斐然。他们的成功为同乡会及广大在非同胞争得了众多荣誉，展现了新一代闽商的良好形象与奋斗精神，为所在国和新福建建设做出了巨大贡献。

（三）服务在地与中国大陆两地市场需求，闽商成效显著

1. 努力拓展渔业养殖

随着人民生活水平的提高和膳食结构优化，海洋食品的总体需求和进口量呈现快速增长趋势。而海洋食品原料主要来自海洋捕捞和海水养殖。而中国近海的资源缺乏，以及工业化开发，使得远洋捕捞和国外沿海养殖成为满足中国消费者海洋食品消费的主要

---

① 闽商报：《郭栋健：积极融入中非经贸合作 开创多元化超市集团》，"天下有闽商"今日头条号，2018 年 9 月 6 日，https://www.toutiao.com/article/6598078420981121549/?channel=&source=search_tab。

② 闫淑鑫：《马达加斯加蔡国伟的非洲"生意经"》，"中新经纬"今日头条号，2019 年 1 月 11 日，https://www.toutiao.com/article/6645192455698252296/?channel=&source=search_tab。

③ 严玉洁：《马达加斯加华商总会会长蔡国伟：华人华侨架起沟通桥梁 推动"一带一路"建设》，"中国日报网"今日头条号，2019 年 3 月 18 日，https://www.toutiao.com/article/6669713020542779918/?channel=&source=search_tab。

来源。

非洲大陆沿岸及岛屿国家，海洋鱼类资源丰富，是我国各类型鱼类资源的重要来源地。近年来，一个个装载着生猛渔获的集装箱，从万里外的西非毛里塔尼亚综合远洋渔业基地出发，跨越大西洋，在福州马尾港上岸。经过加工后，这些各类水产品销往中国各地以及巴西、澳大利亚、日本等国家。这得力于闽商在其间的重要作用。如宏东渔业在毛里塔尼亚的养殖与捕捞投资带动了当地渔业大发展。公司专门造了100艘近海捕捞船，手把手教当地渔民生产捕捞技术，解决了2000多人的就业问题。宏东渔业在毛里塔尼亚基地的成功创造了毛塔建设的奇迹。[1]为此，华人商会为促进中毛（塔）交往，特别设立海产品交易协会、中毛咨询交流合作中心，把大西洋龙虾、石斑鱼销到中国。而闽商林文才创建的林氏企业则承建了毛塔首都4、5号泊位的万吨集装箱码头工程，成为首都建设的唯一一个渔码头，[2]保障了毛塔渔业发展的基础。此外，林文才等华人企业，还聘请30多名到中国留学的毛塔青年才俊参与企业管理工作。

在加纳，福建福清人郑祥明格林豪斯国际置业（加纳）置业集团公司于2011年11月成立。公司成立以来，聚焦道路桥梁建设、工程建筑、地产开发、农业、渔业养殖、光明国际自由贸易区等领域。[3]此外，公司还在非洲加纳养殖罗非鱼和鲶鱼，满足非洲人的饮食喜好。目前，公司罗非鱼养殖项目稳中求进，不断升级，已形成了加纳最大养殖产业链。同时，公司还开了榨油厂，榨完油之后的豆粕粉可以用来做饲料。养殖和种植加工形成良好生态。[4]

2. 积极发展生态农业

中非农渔业合作，中国政府高度重视。非洲国家政府和人民也广泛支持。越来越多的非洲国家农渔产品被允许进入中国市场。与此同时，中国的技术和投资也源源不断地为中非农渔业合作提供支持。

在肯尼亚，何钦文是第一个致力于生态农业、休闲观光农场的闽商，也是第一个"吃螃蟹的人"。当然，何钦文的成功离不开其身后强大的中国技术团队支持。他在肯尼亚的农场是中科院中非研究中心示范基地，并有中国农业专家定期进行技术指导；同时

---

[1] 闽商报：《兰平勇：远航者的"海洋寻梦记"》，"天下有闽商"今日头条号，2021年9月24日，https://www.toutiao.com/article/7011340011295490599/?channel=&source=search_tab。

[2] 陈鸿鹏：《闽商风采 | "沙漠之国"建奇功——记毛里塔尼亚华人商会会长、世界福建青年联会副会长林文才》，载《福建侨报》，2016年7月15日，https://www.52hrtt.com/ar/n/w/info/G1559808115650。

[3] 赵文元：《安哥拉福建总商会商务考察团参观光明国际自贸区》，"海外网"今日头条号，2019年11月5日，https://www.toutiao.com/article/6755640416759972360/?channel=&source=search_tab。

[4]《福建福清人在非洲加纳养罗非鱼，合伙投资1亿，赚穷人的钱？》，2023年5月21日，https://www.toutiao.com/article/7235559633426399802/?channel=&source=search_tab。

也是福建省农科院在非洲的第一个农业科技海外示范合作基地。而且，他也和肯尼亚多家农业大学合作共建，成为当地农业大学实习基地。①此外，肯尼亚福建商会首任会长、肯尼亚秦亚茶叶发展公司董事长高远江自茶叶贸易开始，一直致力于在肯尼亚从事茶叶种植与加工。为此，公司与福建省农科院茶叶所签订农业科技合作框架协议。协议约定双方充分发挥各自优势，共同在肯尼亚建立农业科技合作基地，开展农作物新品种、新技术筛选与示范推广等工作。②福建宁德福安市茶商、北京绿山九茶业公司董事长高程奇，于2019年到摩洛哥开拓茶叶市场，成立了摩洛哥春季投资公司拓展茶叶业务。经过几番筹备，他所创立的坦洋工夫摩洛哥推广中心及体验店如期挂牌开业。当天，福安市农垦集团和福建林鸿茂茶业公司负责人先后与当地茶商签订了茶叶购销协议。③乌干达福建商会成立后，也在积极联系国内相关机构，推动乌干达农业、工业现代化和高科技发展。

中非农渔业合作，无论是种植还是贸易，皆对非洲国家农渔业生产与消费带来积极影响。它不仅有助于提高农村收入，并相应促进减贫，也为非洲农渔业发展指明了发展方向。中非农渔业合作能取得显著成就离不开闽商的积极推广和践行。

3. 推动跨境电子商务发展

据德国斯塔蒂斯塔调查公司估计，2022年非洲网购人数已从2017年的约1.39亿增至3.875亿。到2027年，这一数字或将达到6亿，年营收将达到824.9亿美元。另据联合国非洲经济委员会预测，非洲电子商务规模到2025年将增长50%。④截至2022年，中国与非洲跨境电商的"双向奔赴"持续保持高速增长势头。各类非洲特产走入中国的同时，也为更多"国货"走进非洲提供了新渠道。跨境电商为稳定中非外贸提供了有力支撑，也为中非经贸合作带来新机遇。

对福建来说，2022年1—12月期间，经海关监管的跨境电商出口、进口、进出口规模均实现20%以上增长，均高于全国增速。其中，出口1286.4亿元，同比增长21.1%。进口72.1亿元，同比增长43.3%。进出口1358.5亿元，同比增长22.1%。⑤其中，面向非洲的跨境电商已成为经贸合作的重要渠道。福建消费者通过电商平台，能买

---

① 李智勇、吴红：《肯尼亚中华总商会何钦文："爱折腾"的创业家》，中国侨网，2020年5月9日，http://www.chinaqw.com/jjkj/2020/05-09/256083.shtml。
② 周凯：《我院与肯尼亚秦亚发展有限公司签订农业科技合作框架协议》，福建省农科院网，2019年6月5日，https://www.faas.cn/cms/html/fjsnykxy/2019-06-05/536945570.html。
③ 《摩洛哥卡萨布兰卡坦洋工夫红茶推广中心挂牌运营》，"新福建"今日头条号，2023年5月23日，https://www.toutiao.com/article/7236207755525538336/?channel=&source=search_tab。
④ 白舒婕：《"跨"越万里的中非经贸之"链"》，原载《国际商报》，转载"中工网"网易号，2023年7月6日，https://www.163.com/dy/article/I8V9Q4HA0550TYQ0.html。
⑤ 《2022年福建跨境电商增速超20%，出口规模超1200亿》，"福建商务"百家号，2023年1月18日，https://baijiahao.baidu.com/s?id=1755370711949456521&wfr=spider&for=pc。

到来自埃塞俄比亚的咖啡、肯尼亚的红茶和皂石、南非的红酒等众多非洲热销特色产品，而直播电商正搭建福建与非洲地区经贸的新场景。在跨境电商带动下，仅2021年，福建石狮出口非洲企业共222家，主要出口国家为尼日利亚、南非、阿尔及利亚、利比亚等地，金额逾20亿元。①2022年以来，福建通过举办"外贸云展会"活动，吸引了非洲6万多家次专业采购商上线；支持企业在非洲布局海外仓，参与举办"非洲好物"网购节等活动，促进对非电商领域合作；指导企业加快探索新型对非易货贸易模式，挖掘贸易增长潜力。②

此外，中国武夷充分利用扎根非洲十余年的优势，为企业转型升级需要，在肯尼亚成立中武（福建）跨境电子商务有限责任公司。福建中武电商在东非建设约3万平方米的线下一站式建材泛家居展销中心，并搭建了线上跨境电商平台。展销中心建筑是东部非洲最大的一站式采购建材家居卖场。除自营外，卖场通过合作、特许经营、入驻等多种方式，为中国以及其他国家的建材家居企业提供进入非洲市场的平台。此外，卖场还积极面向吉布提、埃塞俄比亚、莫桑比克等东非国家构建跨境贸易网络，业务覆盖东部非洲4.5亿人口市场。这大大促进了福建与非洲大陆各国的贸易调整升级。③

（四）协助闽企走出去，进入非洲发展

近些年来，随着非洲经济的快速发展，闽企走出去进入非洲大陆发展已成喷发之势。如中国武夷、紫金矿业、盛屯矿业、宏东渔业等福建企业不断拓展对非业务，并取得耀眼成绩。中国武夷是深耕非洲的领军型企业。公司积极实施"走出去"战略后，先后承揽肯尼亚基塞沙公路、赤道几内亚巴塔—涅方段公路等36个海外公路、市政公用工程项目，总造价共计69.84亿元人民币，并赢得"最值得向非洲推荐的百家中国企业"称誉。三江世侨与央企合作走进非洲，瞄准木材资源开发。金龙汽车集团深耕非洲多年，在埃及设厂组装，带动了当地的经济发展和人民就业。而以厦门延江新材料公司为代表的生产型企业，在埃及苏伊士经贸合作区建设卫生用品材料及相关制品的加工制造，致力于为当地消费者提供高品质、高性价比的产品和服务。厦门新迪集团进军非洲市场，在那里筹办家具厂，并与知名电商深圳同乐居合资在赞比亚建设"家世界贸易中心"。

此外，因新能源汽车和锂电池市场持续火爆，锂电池上游原材料价格快速攀升。作为全球动力电池龙头的宁德时代旗下子公司更是出资2.4亿美元（约合人民币15.52亿

---

① 龙敏：《非洲成福建对外经贸合作新增长极》，"中国新闻网"今日头条号，2022年11月29日，https://www.toutiao.com/article/7171438518894330400/?channel=&source=search_tab。

② 龙敏：《非洲成福建对外经贸合作新增长极》，"中国新闻网"今日头条号，2022年11月29日，https://www.toutiao.com/article/7171438518894330400/?channel=&source=search_tab。

③ 福建省商务厅：《中国武夷深耕非洲 打造精品工程》，福建省人民政府网，2021年9月30日，https://swt.fujian.gov.cn/xxgk/jgzn/jgcs/xyfzc/tpxw_535/202109/t20210930_5699547.htm。

元）入股非洲一锂矿项目。①紫金矿业购买的刚果（金）"卡莫阿-卡库拉铜矿"一期第一序列已建成投产，有望成为全球品位最高在产超大型铜矿。与此同时，为缓解运输压力，紫金矿业收购了嘉友国际在非洲刚果（金）的项目，以提升紫金矿业运输的物流效率。②

据了解，近年来，福建省扎实开展"中非合作八大行动"，积极开拓非洲市场，不断深化同非洲国家各领域务实合作，取得了良好成效。这些走出去的福建制造技术水平、环保水准都在世界前列。他们真正通过市场化的行为来践行了"一带一路"的共赢梦想，也带动了非洲经济发展。但因非洲市场的不成熟，政治治理能力的缺失，企业如何有效地走进非洲大陆发展，实现企业与在地社会经济的共赢，仍需要借助扎根当地的闽商发挥桥梁作用。

当然，闽商推动非洲经济发展同时，践行慈善公益，贯彻共同富裕精神，一直在行动中。许多居住或投资非洲大陆的闽商或闽企，大多能够在创业致富同时，积极履行社会公益，为非洲大陆、非洲华社做出力所能及的社会贡献，传递着中非友谊。如群峰集团、尼日利亚永星钢铁集团董事长林千淘，自公司成立以来，据不完全统计，共向社会捐赠近2000万人民币。③在津巴布韦，福建总商会向津巴布韦总统姆南加古瓦的母校ED-UNZA主办的奖学金项目捐赠100万津元。④福建建工公司承接中国武夷埃塞俄比亚公路项目后，助力企业所在地学校建设，获得学校师生和当地民众的诚挚感谢和高度赞赏。新冠疫情期间，生活在非洲各地的闽商，自发地募捐善款，筹备医疗物资，勇敢地和非洲人民站在一起，肩并肩共同战斗，也赢得中非友谊。

二、存在的问题

1. 安全风险一直是闽商挥之不去的障碍

在非洲经营，闽商的安全问题一直是无法忽视的问题。在非洲各地谋生的新闽商，则因所在国经济落后，政治不稳定，社会治理不足，许多在地经营的新闽商不仅正常的经济活动无法保证，人身安全也常常受到侵害。在南非，福清籍新闽商经常会有财产被抢劫，进而危及人身安全的事件发生。而且，最近几年，因为疫情影响，非洲经济受到冲击，各国频繁发生抢劫、洗劫华人企业的现象。甚至，一些国家还发生针对中资民营

---

① 洪翠同：《持续布局全球锂资源 宁德时代入股非洲巨型锂矿》，闽商网，2021年9月29日，https://www.mszz.cn/news/msgc/104385.html。

② 洪翠同：《逾12亿入股嘉友国际 紫金矿业布局物流》，"闽商杂志"搜狐号，2021年12月22日，http://news.sohu.com/a/510716164_802100。

③ 西非华文报：《尼日利亚福建同乡总会举行聘任仪式，著名企业家林千淘、张霖霜受聘》，华人头条-尼日利亚，2023年1月19日，https://www.52hrtt.com/ar/n/w/info/F1673861000582。

④ 津巴布韦福建总商会：《津巴布韦福建总商会第一届常务委员会议召开》，华人头条，2021年12月20日，https://www.52hrtt.com/ar/n/w/info/F1639729448068。

企业的武装袭击事件。这使得闽商在地经营甚为艰难，又受到抢劫甚至危及生命，导致闽商进退两难，难以在地扎根。此外，法律不健全，也是影响闽商经营的因素。如肯尼亚强制中国商城关门的事件，反映了一些国家对中国商人活动的忌惮，也透露出中国商人经营中合规性问题的存在。

如此情形之下，闽商闽企安全状况堪忧。虽然华人社会有联合起来抵御风险，但仍难有效遏制。且西方国家最近一系列污名化中国警察协助在地执法问题，更是严重影响和干扰闽商闽企在地的自我防御手段。闽商闽企在非洲的正常生活和商业经营生命财产安全隐患一直困扰着他们的深化发展。

2. 闽商发展的路径依赖限制了未来增长

非洲幅员辽阔，资源丰富，人口超12亿，消费市场潜力较大。但因工业基础弱，目前经济仍相对落后，物资还比较贫乏，从工业原料、生产设备到民生物资均需要大量进口，特别是对钢材、纺织、服装、鞋类、建材、箱包、机械、机电、电子产品等需求巨大。闽商大多也是从事着相关行业的贸易或初加工行业。如肯尼亚福建商会会员企业100多家，主要从事矿产、通信、房地产、基建工程、商超、农业、制造业、餐饮业、贸易等行业。[①]在纳米比亚，闽商也多从事贸易、批发、进出口，少量企业转型从事房地产开发、矿业投资、旅游业，包括农业投资、能源投资等。

显然，尽管闽商进入非洲市场较早，并取得一定成就，但大多闽商仍停留在传统贸易行业，少数从事着原料初加工，农业、养殖业也为数不多。贸易产品来源多以中国或福建地区相关优势行业为主，并通过多年积累了可观财富。这已成为闽商在非洲发展的路径依赖，一定程度上制约了闽商未来的发展。随着全球供应链调整，中国作为世界制造业中心地位难免受到一定冲击。且非洲各国工业化势在必行。这使得闽商过去依托中国制造与非洲贸易的商业模式必须要转型，以适应逐步进行的供应链调整和非洲工业化进程。否则，闽商在非洲未来发展空间受到挤压在所难免。

3. 跨境电商发展红火，但障碍也十分明显

随着智能手机普及率的提升，非洲大陆电子商务用户量的快速增长，非洲迎来巨大的跨境电商发展机遇。但非洲市场跨境电商发展的客观难题也十分明显！第一个就是物流，非洲国家基础设施还不够完善，道路体系尚未建成，物流配送问题较大。最后一英里的运费价格高，且可靠性较低。其次便是支付难题。非洲人大多还是习惯货到付款，或者是现金支付。线上付款的习惯还未养成，对卖家的收款会有比较大的阻碍。最后，电商人才匮乏。上述原因严重制约了闽商在地发展跨境电子商务的措施和能力。而且，闽商因传统行业的优势，面对非洲数字经济的迅速发展，一时难以适应，转型发展也不

---

① 《肯尼亚福建商会换届 推动中肯经贸合作》，中国日报网，2023年6月7日，http://cn.chinadaily.com.cn/a/202306/07/WS64804263a310dbde06d225cd.html。

太积极。无论是搭建电商平台，抑或参与平台线上销售，需求和动力不足。闽商与非洲数字经济赛道仍有一定距离。

4. 中非农渔业合作中闽商桥梁优势仍未充分彰显

非洲大陆有着丰富的农业资源。且农业生产的气候适宜，能够实现每年三季的粮食播种。同时非洲大陆还拥有丰富的渔业和畜牧业资源，拥有农渔业发展的无穷潜力。然而，因长期的人才、技术和资金的缺乏，非洲农业的快速发展始终受到阻碍。尤其是近几年来，全球气候变暖，以及俄乌战争带来的粮食安全隐患，不仅对非洲带来直接影响，也给中国敲响了警钟。

为支持非洲大陆经济发展，消除贫困，满足非洲人民农渔业消费的增长需求，中国从人才、资金和技术上已开始大力支持非洲农渔业发展，并逐步加大放开对非洲农渔业商品的进口。这为闽商在地发展农渔业提供了契机。但目前除了菌草种植、渔业养殖已经落地生根并取得一定成绩外，福建具优势的茶叶种植、花果苗木种植、海鲜加工技艺等，因缺乏在地闽商的桥接，未能在非洲落地。另外，非洲大陆许多农业资源与福建具有互补性。但因信息互通不足，许多优质农产品在福建推动较为缓慢。如非洲大陆优质的辣椒、咖啡豆、鲜花等。其中，闽商的中介桥梁作用仍未得到彰显。

上述问题之外，非洲闽商经营决策，以及企业传承发展问题也需要引起重视。

三、对策建议

1. 充分彰显闽商的桥梁作用，助力福建对外经济发展

非洲市场潜力巨大。但工业基础弱，经济仍相对落后，物资也比较贫乏，从工业原料、生产设备到民生物资均需要大量进口，特别是对钢材、纺织、服装、鞋类、建材、箱包、机械、机电、电子产品等需求巨大。在总体和平的局面下，非洲各国政府为吸引外国投资，不断改善营商环境，加强了基础设施投入，出台了税收减免等诸多优惠政策，为推动当地产业发展、带动就业创造了积极条件。一些非洲国家经济快速发展，推动居民收入不断提升。消费需求也在不断增大。

福建与非洲产业互补性强。福建的纺织服装、鞋、箱包、机电等劳动密集型产业经过多年发展，技术、管理、产业配套等相对成熟。这些产业十分契合当前非洲经济发展需要。随着国内的生产成本不断上涨，产业面临转型升级，加工环节需要向外转移。而非洲丰富的劳动力资源为其提供了充足保障。且部分非洲国家还享有向欧美出口关税等的贸易优惠。这对于企业开拓多元化市场，有效应对市场变化，具有较大吸引力。可以说，福建与非洲发展阶段的差异性与经济结构的互补性，为双边贸易和投资合作提供了较大的拓展空间。[①]

[①] 福建省商务厅：《抓机遇 迎挑战 助力闽企掘金非洲新兴市场》，载《福建日报》，2020年4月17日，第3版"要闻"。

为适应这种趋势，继续推动闽商闽企走进非洲，亟须发挥在地闽商的桥梁作用，推动福建与非洲经贸深入互动。建议：（1）邀请在非经商闽籍企业家参与，并与所在国工商协会或政府部门强力合作，打造常态化的"中国（福建）-非洲经贸合作对接会"，以推动福建与非洲大陆的深度合作。（2）可举办"非洲专题博览会"，吸引非洲产品进入福建，同时举办投资洽谈会促进对非投资。（3）利用新媒体加强对福建"美誉度"的宣传，强化闽商闽企的品牌形象，从而带动闽商闽企走进非洲，实现可持续发展。（4）充分发挥商会联络纽带作用，促进产业供应链和生产链的双向延伸，实现优势互补、资源共享，把更多资金、项目、人才和技术引入非洲，推动更多"福建制造"走向非洲、走向世界。（5）成立相应学术综合研究机构，开展对非洲政治、经济、文化等的研究，增强对非洲大陆经商环境、法律政策等的研究，以支持闽商闽企在非洲的发展，实现合作共赢。

2. 积极发展并协助改进跨境电商的制约条件

非洲大量年轻人口的存在，对电商接受程度高，成为发展跨境电商的蓝海市场。这对想要开拓非洲市场的中国卖家而言，是极为有利的条件。而且，借助电商平台数据，也有助了解在非洲建什么工厂、生产何种产品等，从而精准掌握非洲市场。

多重优势之下，闽商闽企应积极发展跨境电商，并协助改进其制约条件，从而抓住非洲跨境电商的趋势。具体建议：（1）利用福建省农产品加工、纺织、汽车制造等特色、优势产业，创建中国境内卖家到非洲消费者的一站式跨境电商平台，全面打开非洲跨境电商市场。（2）采取从点到面的推展策略，先从发展潜力大，物流交通优势明显，市场完善且有规模优势的单个经济体开始，到着手对接多个经济体布局，逐步建立面向全非洲的跨境电商平台。（3）在靠近资源的福建地市建立企业总部，连接国内各类服务商，依托海外侨商长期建立的社会资源，做好面向非洲发展的海外物流、仓储、培训、电商、金融等本地化服务，提升运营效率。（4）利用企业总部资源，加强对非洲本土跨境电商和物流人才培养。（5）重视和加大对非洲电商和电商基础设施投资，以加强中非电商和数字经济基础设施合作。

3. 全面深入地向非洲开展线上教育，为非洲发展培养人才

以数字教育为基础，发挥闽商优势，助力非洲教育高质量发展，培养非洲人才，为构建中非命运共同体做出贡献。其中，以福建网龙网络公司为代表的福建数字教育网络，目前已经覆盖全球192个国家和地区、触达200万间教室、惠及超1.5亿用户，与埃及、尼日利亚、肯尼亚等20多个"一带一路"沿线国家建立了深度教育合作，参与了多个国家级教育改革项目。多款教育产品、平台已开始落地应用，实现了数字教育的

"民心相通"。①其中，福建网龙公司以技术赋能的方式与埃及教育部的合作更为深入全面。网龙通过智能空间解决方案、普罗米休斯互动大屏、Edmodo 等产品，助力埃及数字教育发展。与埃及达成的国家级教育合作，成为网龙教育业务出海非洲的标志性项目。②

未来，福建可依托网龙数字教育优势和经验，尽快因地制宜地复制，面向非洲开展线上教育，为非洲发展培养人才，即可达到企业市场目标，又能实现非洲人才发展，直接或间接助益福建与非洲的经贸合作。

4. 借助"鲁班工坊"经验，为非洲农渔业合作培训技能人才，闽商应有可为

中非农渔业合作是"一带一路"建设重要组成部分，也是缓解非洲国家粮食安全，消除贫困的有力举措。这不仅需要中国包括福建加强与非洲国家政策协调，在贸易、投资、税收等方面提供便利和优惠政策，以推进与非洲的农产品贸易和市场合作。未来中非农渔业合作更需要建立长效合作机制，以推动农渔业技术与科技创新，生产管理改进，降低风险等，从而提高农渔业生产效率和产量，为农渔业合作提供安全保障，改善农民生活水平。此外，加强中非农渔业基础设施建设，建立中非农业信息化体系，为农业发展提供更好支持也是双方进一步努力的方向。③更重要的是，加强中非农渔业技能和科技人才培养和交流，提高合作双方的技术和管理水平需要有效途径。

本文建议，可以在大力建设"鲁班工坊"，积极为当地培养熟悉养殖、种植技术、了解中国工艺、认知中国产品的本土化技术技能人才，④进而提升非洲农渔业人才的技术和技艺，实现非洲农渔业现代发展。其中，闽商可在其中扮演教育培训的推手、资金投资方和产业市场化的支撑而发挥重要作用，从而为闽商深耕非洲农业创造广阔空间。目前，福建应在政府主导、企业深度参与下扩大海洋养殖、菌草种植技术在非洲的推广，并进一步围绕有福建特色、有优势的农业技术积极向非洲拓展，助力闽商闽企在非洲大陆寻找商机。

总的来说，当前非洲发展存在着较大机遇。且福建与非洲经贸发展成效显著，但增长潜力巨大。因此，本文认为应充分发挥闽商在非洲发展的潜力，梳理问题，寻找机遇，为进一步推动福建与非洲的合作挖掘闽商潜力。

---

① 封面新闻：《创新技术赋能数字教育，网龙"教育出海"再结硕果》，新浪财经，https://finance.sina.cn/2023-03-09/detail-imykhrws9924954.d.html。
② 卢金福：《福建省商务厅举办"非洲市场推介会——埃及专场" 促进双方经贸合作》，腾讯网·东南网号，2021 年 6 月 17 日，https://new.qq.com/rain/a/20210617A0E99100。
③ 贾平凡：《中非农业合作助力全球共同发展》，原载《人民日报海外版》，转载环球网，2023 年 6 月 26 日，https://oversea.huanqiu.com/article/4DShOIY54gk。
④ 吕景泉、李力：《亚洲鲁班工坊项目建设、品牌创建及推广应用研究》，载《职业教育研究》，2021 年第 10 期，第 4—12 页。

琯头人海外迁移的背景、形式及其在国外的生存情况[①]

王付兵　林金官[②]

【摘　要】依据多次到连江调查和访谈的资料，本文探讨了20世纪70年代以来福建省连江县琯头人迁移海外的背景、形式及其在国外的生存情况。从20世纪70年代末到80年代初，琯头人主要借助早期的海外关系，通过合法途径移民，但总体上这时期的出国人数较少。从20世纪80年代中期开始，连江县琯头镇开启了"轰轰烈烈"的非正常渠道移民的浪潮。进入21世纪后，琯头人的非正常渠道移民之风逐渐下降。到美国的琯头人，他们心中都有一个"老板梦"，都希望在别人家干几年后，自己也能够出来开餐馆。随着移民美国的华侨的生活逐渐富裕稳定，也能够接受抚养孩子的负担，送回来琯头寄养的孩子越来越少，再加上村里老人去世或者跟随子女移民美国，"洋留守儿童"呈现逐年下降的趋势。以琯头镇壶江村为个案的移民动因研究揭示：在社会结构变迁中，蕴含在连江侨乡出国浪潮背后的一套村民互惠机制和集体行动意识等，包括连江海外新移民背后的"小传统"社会的文化特质和生存逻辑，影响新移民做出集体往海外谋生的抉择。

【关键词】琯头人；海外迁移；生存

一、琯头侨乡形成的历史背景

琯头镇隶属于福州市连江县，地处闽江口北岸，东望台湾海峡，西接马尾亭江，北靠连江县城，南临琅岐岛。其与闽江口的亭江、琅岐、长乐等地组成的三角地带，是福州地区新移民的主要聚集地，也是连江县华侨华人最集中的侨乡。全镇辖地面积为61.09平方千米[③]，以低山、丘陵为主，三面环山，一面临江，由闽江口沿岸的狭长平原和粗芦、川石、壶江三岛组成，即"三点一线"。琯头港地处闽江的长门水道，背绕群山，港口区出口处有小长门和长门，构成"咽喉"，具有天然掩护条件。从闽江口到琯头海岸线长度为14海里，最大水深达28米，大潮时可航行万吨船舶。"琯头港码头

---

① 基金项目：本文系王付兵主持的2019—2021年度中国侨联课题、连江县侨联课题结题报告《连江新移民问题研究》的部分研究成果。

② 作者简介：王付兵，历史学博士，厦门大学国际关系学院／南洋研究院副教授；林金官，历史学硕士，闽江学院法学院教师。

③《福州年鉴》编纂委员会编：《福州年鉴（2012）》，北京：方志出版社，2012年，第346页。

前沿自然水深为 5 至 9 米，水域宽度约 150 至 300 米，港区掩护条件较好，不需要建防堤，是建中、小型港口的优良港址。"[1] 琯头背山面海，海岸线长，江阔水深，交通便利，是闽江往来商船的重要停泊点。闽江沿岸往来的贸易船只，商贾云集，对外交流频繁，这也是琯头成为侨乡的一个重要的历史因素。经由闽江水流作用形成的冲积平原，大约 3 平方千米[2]，是全镇的中心城区。这种特殊的地形也导致了琯头地区耕地资源贫乏。沿岸的冲积平原约为 533 多公顷，全镇耕地面积 1184 公顷，其中水田 899 公顷，旱地 285 公顷，人均耕地面积 0.28 亩。[3] 琯头便利的出海条件，自古以来就形成出洋谋生的历史传统。改革开放后，在国内外众多因素的合力下，琯头镇掀起了集体出国的浪潮。据连江县侨联统计，截至 2019 年 8 月，琯头镇有海外人员（包括华侨华人、出国人员、留学人员）共有 125,607 人。[4]

（一）人文地理及历代沿革

从唐代至清代，琯头均属于永福乡。在唐代，连江县设 5 个乡：宁善、永福、太平、名闻、五贤，统钦平、新安、安庆等 20 个里。[5] 琯头镇在民国之前未设置行政机构。但因其地处闽江口岸，为军事要塞。"自南宋起，长门口就有驻军，明末始设五虎巡检司署负责闽江口防务，兼理民事，归闽海兵备道管辖。清沿其制，归福宁总兵统率。迨至道光末年，海防紧张，特在长门成立提督衙门，设下了三十七标，驻军十三营半，人马一万多人，掌管练兵、考试、防守事宜。"[6] 直到民国初期连江县划分为 17 个自治区，琯头为第三区，才正式有了行政区划。1929 年，琯头正式有了乡镇建制。新中国成立后对连江县进行新的行政区划，到 1950 年底，琯头镇下辖有东边、拱屿、塘头、山兜等 12 个乡镇。1956 年，为了进一步扩大区乡规模，连江县进行区乡调整，琯头镇被并入敖江区。1958 年撤销乡镇建制，建立人民公社，琯头公社下辖 9 个大队，后增加至 27 个。1963 年 7 月，琯头公社的街道大队改为琯头镇。[7] 1984 年开始撤销"人民公社"体制，改为镇建制。[8] 截至 2018 年，琯头镇共辖 2 个居委会和 26 个行政

---

[1] 福建省连江县交通局编、福建省连江县志编纂委员会审定：《连江县交通志》，连江县地方志丛书，福州：福建省连江县交通局，1987 年，第 50 页。

[2] 福建省连江县地名办公室编：《连江县地名录》，1989 年，第 77 页。

[3] 李其祥等主编：《福建小城镇》，福州：福建省地图出版社，1988 年，第 20 页。

[4] 据连江县侨联统计数据，时间截止至 2019 年 8 月 30 日。

[5] 连江县志编纂委员会整理、点校：《连江县志》（民国版），连江县志编纂委员会，1988 年，第 88—89 页。

[6] 倪孔铮：《漫话琯头镇今昔》，载中国人民政治协商会议福建省连江县委员会文史资料编辑室《连江文史资料（第 5 辑）》，1985 年，第 121—122 页。

[7] 倪孔铮：《漫话琯头镇今昔》，载中国人民政治协商会议福建省连江县委员会文史资料编辑室《连江文史资料（第 5 辑）》，1985 年，第 115 页。

[8] 倪孔铮：《漫话琯头镇今昔》，载中国人民政治协商会议福建省连江县委员会文史资料编

村，分别为琯头社区、琯福社区、山兜村、阳岐村、竹岐村、塘头村、拱屿村、秦川村、下塘村、兰田村、东边村、东升村、上坪村、门边村、长门村、官岐村、寨洋村、下岐村、定安村、东岸村、后一村、后二村、蓬岐村、定岐村、塘下村、龙沙村、川石村、壶江村。

琯头地区属于亚热带季风气候，气候温和，雨量充沛。但季风影响也显著，旱涝交替频繁，"三寒"（倒春寒、五月寒、早秋寒）。[①]琯头虽然地处闽江沿岸，但是临近入海口，海水含盐量高，不宜灌溉，只宜航运。特别是粗芦、川石、壶江三岛缺水严重，更有"十年九旱"之说。粗芦岛作为琯头地区面积最大的岛屿，岛上有1万多人，7000多亩农田，占琯头镇总耕地面积的一半，但是岛上没有一条溪流，严重影响农作物生产。[②]直到"1965年打通一公里多长的敖峰引水隧洞，1973年又建成团结渠，引水过江"[③]，把淡水引至粗芦岛，这才缓解缺少淡水的压力。位于闽江口的壶江岛，直到壶江大桥贯通以前，还是只能使用船舶运输淡水，供应岛上居民使用。因琯头位于入海口，常常是台风登陆地，每年夏秋易受台风灾害影响。每年台风过境导致的毁船淹稻，给当地农民、渔民带来重大损失。

总体而言，琯头地区山多地少，耕地资源有限，夏秋之际又常常受到台风的影响，农业区位条件不算优越。特别是解放以来，随着经济的恢复和发展，人口快速增长，给生存环境带来巨大压力。1949年4月连江县人口调查显示，琯头有3567户，14,524人。到了1990年连江县人口统计显示，琯头镇总共68,400人[④]，增长了近4倍。

（二）中华人民共和国成立前的海外移民情况

琯头镇位于闽江入海口，上通马尾，下接外海，是进入福州主城的咽喉之地。便利的出海条件，使得自古以来就有不少居民去海外谋生。从永乐三年（1405年）起，郑和七下西洋，多次在福州地区扬帆。据《闽书》记载，连江人王通保、陈连生均因往返西洋有功，得以授职升迁。[⑤]清代实行"海禁"政策，《大清律例》二二五条载："凡将马牛、军需、铁货、未成军器、铜钱、缎匹、绸绢、丝绵，私出外境货卖，及下海者，杖一百……若将人口、军器出境及下海者，绞。"[⑥]福州沿海居民不得不内迁，许多谋生

辑室《连江文史资料（第5辑）》，1985年，第120页。

　① 张瑞尧、卢增荣主编：《福建地区经济》，福州：福建人民出版社，1986年，第51—52页。
　② 滕凤惠：《牵龙过海 灌溉获壶》，载中国人民政治协商会议福建省连江县委员会文史工作委员会编《连江文史资料（第8辑）》，1991年，第61页。
　③ 李其祥等主编：《福建小城镇》，福州：福建省地图出版社，1988年，第21页。
　④ 连江县地方志编纂委员会编：《连江县志》（上），北京：方志出版社，2001年，第215—216页。
　⑤〔明〕何乔远编撰：《闽书》第3册，福州：福建人民出版社，1995年，第1993页。
　⑥ 张荣铮等点校：《大清律例》，天津：天津古籍出版社，1993年。

无策、无家可归之人，也不得不逃往海外。1840年鸦片战争爆发后，清政府在英、法等帝国主义的坚船利炮威胁下，被迫签订了一系列不平等的条约。福州作为通商口岸之一，大量的"契约劳工"被西方殖民主义者诱骗到东南亚等地。"契约劳工"命运悲惨，在福州郊区一带流传着一首民谣："漂洋过海当'猪仔'，三死六夹罕见一回头。"①1884年，法国人魏池在马尾港附近，建立起一座挂着"喇伯顺洋行"招牌的"猪仔牙"，诱骗闽江沿岸的农民当"契约华工"。1905年，"法国人贩子魏池受墨西哥宝源公司委托，勾结福州等地地痞专设'招工所'，仅一次就诱招1825名华工，其中连江有数百名。"②1906年，"琯头镇拱屿村人林家会、林家銮堂兄弟，因生活所迫，远渡新加坡当海员。"③自清代咸丰年间到民国初年，连江以"契约华工"身份出国的华侨约110人。④到了民国时期，连江人民在帝国主义、官僚资本主义和皇权专制主义的"三座大山"重压下，处在水深火热之中。有的县长在任内"勒种烟苗，按亩抽税，横征暴敛"，"勾结海军，包收捐税，走私贩毒"⑤，有的"勾结米商、投机倒把，操纵黑市，特别是粮价飞涨，有市无米、物价波动、人心惶惶"⑥。在此期间，许多连江人民生活难以为继，被迫"下南洋"谋生。琯头镇比较知名的印尼华侨张锵冠和陈鑕，就是在20世纪20年代出国的。⑦早期的琯头华侨，主要从事海员工作和"三把刀"工作（即厨师的菜刀、理发师的剃刀、裁缝师的剪刀）。第二次世界大战后，琯头华侨开始逐渐转向经营商业。这批早期华侨在海外奠定的基础，为1949年后的华侨出国提供了海外关系。同时，琯头人在长期海外迁移过程中形成的文化认同，也一直延伸到改革开放后的新移民中。

（三）中华人民共和国成立后的海外移民概况

中华人民共和国成立后，琯头镇人出国的情况大概可以分为三个阶段。第一阶段从

---

① 张天禄总编、福州地方志编纂委员会编、曹于恩（册）主编：《福州市志》第8册，北京：方志出版社，1999年，第216页。
② 郑光寿、吴用耕主编，中共连江县委党史研究室著：《连江革命史》，北京：中共党史出版社，2011年，第291页。
③ 海孺：《连江县琯头镇侨乡调查记》，载杨银仙主编《福州地区华侨出国史论文集》，福州华侨历史学会，1994年，第137页。
④ 郑光寿、吴用耕主编，中共连江县委党史研究室著：《连江革命史》，北京：中共党史出版社，2011年，第291页。
⑤ 连江县政协文史组征集、王开发整理：《民国时期历任县长简述》，载中国人民政治协商会议福建省连江县委员会文史资料编辑室《连江文史资料（第5辑）》，1985年，第40页。
⑥ 连江县政协文史组征集、王开发整理：《民国时期历任县长简述》，载中国人民政治协商会议福建省连江县委员会文史资料编辑室《连江文史资料（第5辑）》，1985年，第46页。
⑦ 海孺：《连江县琯头镇侨乡调查记》，载杨银仙主编《福州地区华侨出国史论文集》，福州华侨历史学会，1994年，第137页。

中华人民共和国成立到"文革"。这一阶段，由于中华人民共和国刚成立，面临着复杂的国际形势，以美国为首的西方资本主义国家对新中国实行封锁政策。同时，中华人民共和国除了同越南和缅甸建立外交关系外，与其他东南亚国家都没有建立外交关系。在国内，我国正处于社会主义社会建设和改造时期，这一时期出国人数较少。到了1951年，公安部公布实行《华侨出入境暂行办法》，"办法规定：出入国境的华侨，其持有中国外交部或国内各地外事机关及中国驻外使馆签发的护照等证件者，即准予出入国境……福建省各地公安机关，对要求出国继承财产和遗产，要求夫妇、子女团聚或为了照顾年老双亲的归侨、侨眷，都给予提供方便，简化手续。"[1]由于这时期中国与许多国家还未建立外交关系，许多申请出国的人只能暂时停留在香港，然后转道他国。据琯头镇的侨联主席倪法林介绍，在这一期也有部分琯头人在香港的船队当海员，但是总体上数量并不多。琯头下塘村的美籍华人廖祺通就是这一时期出国的典型代表。祺通在1965年申请到香港定居，到了1979年由香港移民往美国，并在美国定居发展。他积极捐资助款，独立捐资建立了下塘小学的祺通学楼。第二阶段为"文革"时期，"文革"时期由于受到"左倾"思想的影响，归侨、侨眷等要求出国探亲或者定居，就会被视为"资本主义"和叛国投敌。因此这一时期华侨的出国活动几乎停止。第三阶段从改革开放到当今。详见下文。

二、琯头镇海外新移民出国潮的形成与发展

（一）琯头新移民海外迁移的政策因素

1. 国内出国政策的调整

改革开放后，国家开始重新调整侨务政策，放宽了出国条件，取消了出国探亲的限制。1978年国务院通过了《关于放宽和改进归侨、侨眷出境的意见》，[2]同年6月8日福建省委通过了《关于出入境管理工作的请示报告》，[3]进一步放宽出境限制，特别是1985年第六届全国人大通过的《中华人民共和国公民出境入境管理法》。该法律规定："中国公民凭国务院主管机关及其授权的机关签发的有效护照或者其他有效证件出境、入境，无需办理签证。"[4]"无需办理签证"大大简化了公民出入境条件，给予公民极大的方便。根据福建省公安厅出入境管理处的统计，该省1978年至1988年因私出国申请者为

---

[1] 福建省地方志编纂委员会编：《福建省志·华侨志》，福州：福建人民出版社，1992年，第247—248页。

[2] 国务院侨务办公室：《侨务政策汇编（第1辑）》，1978年，第30—33页。

[3] 福建省地方志编纂委员会编：《福建省志·华侨志》，福州：福建人民出版社，1992年，第248页。

[4] 全国人民代表大会常务委员会法制工作委员会编：《中华人民共和国法律及有关法规汇编（1985—1986）》，北京：法律出版社，1987年，第76页。

22.2264 万人，其中得到批准的有 18.6326 万人。[①] 琯头镇的新移民大多数是在 1985 年后才前往国外的，而且携亲带友逐步形成一股出国的浪潮。

2. 移入国政策的影响

1965 年美国实施新移民法，取消种族配额制，明确规定："在发放移民签证的过程中，任何人不得因种族、性别、国籍、出生地或居住地而享有优先权、优先次序或遭受种族歧视。"[②] 每年给全球移民签证限额为 29 万人，东半球限额 12 万人，西半球限额 12 万人，每个国家每年最多 2 万人。总共有 6 类人有优先权，其中将签证总限额的 20% 优先给予符合条件的、美国公民的未婚子女，20% 给予具有美国永久居住权的合法侨民的配偶及未婚子女，10% 给予美国公民的已婚子女，24% 给予符合条件的、美国公民的兄弟姐妹。家庭团聚类移民占 1965 年移民法的总限额的 74%，而且美国公民的配偶、父母和未成年子女享有优先入境权，不计入上述配额。它给亚洲移民带来深远的影响。大量亚洲移民利用家庭团聚的条款，让自己的父母、配偶子女、兄弟姐妹成功移民美国，几年后其兄弟姐妹成为美国公民后，又以同样的方式带自己的配偶子女来美国，从而形成家庭式的移民网络。

1965 年美国移民法实施以来，大量非法移民涌入，造成严重的社会问题。为了解决非法移民问题，美国在 1986 年通过了《移民改革和控制法》，一方面旨在加强对非法移民的控制和管理，另一方面为了减少国内非法移民的数量，对境内的非法移民实行大赦。该法案规定："1982 年 1 月 1 日以前的非法入境者，或 1982 年 1 月 1 日以后在美国连续居住满两年的非法移民，可获得临时居留权；如果此类外籍人能证明自己对英文、美国历史和美国政治制度有所了解，可在获得临时居留权 18 个月以后申请永久居留权。"[③] 后来申请大赦的期限延迟到 1988 年 11 月 30 日，只要在这个时间之前来申请，就能获得合法身份。因此该法令不但引发了一波非法移民的浪潮，而且也给非法移民希望，部分存有侥幸心理的非法移民认为美国还会有下一次大赦。因此，1986 年移民法实施之后，非法移民的数量反而有增无减。20 世纪 80 年代中后期，美国经济持续发展，对技术移民的需求不断扩大。1989 年东欧剧变，国际形势朝着有利于美国的方向发展。鉴于国内外的新形势变化，1990 年老布什总统签署了《美国新移民法》，实行自由的移民政策。该移民法依然坚持家庭团聚的原则，但是其修改的职业移民优先权和政治避难移民，对亚洲国家的某些地区产生了有利影响。针对中国，该法令将"政治避难"对象扩大到那些反对本国"计划生育"政策的中国人。这些因素使偷渡美国的活动

---

① 山岸猛著、刘晓民译：《对外开放后侨乡的经济变化与海外华侨华人（下）：以改革开放后至 20 世纪 90 年代初的人口移动为中心》，载《南洋资料译丛》，2008 年第 4 期。

② 戴超武：《美国移民政策与亚洲移民（1849—1996）》，北京：中国社会科学出版社，1999 年，第 265 页。

③ 戴超武：《美国移民政策与亚洲移民（1849—1996）》，北京：中国社会科学出版社，1999 年，第 270 页。

更加猖獗。①据美国移民研究中心1993年报告显示,自1990年移民法改革以来,每年申请庇护的人从5万激增至10万,而且大多数人申请庇护的人都获得了假释。②1992年美国国会通过了《中国学生保护法》,该法规定,"在1993年7月1日之前,如果总统不能向国会证明在美国的中国学生、学者和其他中国人可以安全地返回中华人民共和国,这项法律便立即生效,届时,美国政府将允许在1990年4月11日总统行政命令'保护'范围内的中国人,即从1989年6月5日到1990年4月11日在美国境内的中国学生、学者和其他中国国民申请永久居留权。"③该法令的实施,使得大批中国移民获得永久居留权。据联合国相关统计,每年有400万左右的人口被跨境运输,向走私集团支付了70亿美元。④而中国每年大约有5万人被偷运到美国。⑤

琯头地区的新移民利用国内外政策的有利条件,通过一人出国,取得合法身份后,再利用家庭团聚的移民条款,携带父母、配偶、子女、兄弟姐妹出国,兄弟姐妹又以同样的方式,携带一大批亲属出国。而且先前移民还清债务,为更多移民提供资金的能力也随着时间的推移而提高了。⑥如此反复,形成一波又一波出国移民的浪潮。

(二) 琯头海外新移民出国潮的形成

从20世纪70年代末到80年代初,琯头人主要借助早期的海外关系,通过合法途径移民,但总体上这时期的出国人数较少。主要原因是70年代末到80年代初,正处于改革开放初期,出国审批工作部分还受到"左倾"思想的影响。还有一个重要的原因是,相比其他地区的老侨乡,琯头地区的海外关系不算多。因此,这一时期能够出国的人也是一小部分。

从20世纪80年代中期开始,琯头地区开启了轰轰烈烈的海外非法移民(非正常渠

---

① 高伟浓等:《国际移民环境下的中国新移民》,北京:中国华侨出版社,2003年,第89页。

② John L. Martin, "Immigration Reform Gains Momentum", 美国移民研究中心网站, 1993年8月1日, https://cis.org/Report/Immigration-Reform-Gains-Momentum。

③ 戴超武:《美国移民政策与亚洲移民(1849—1996)》,北京:中国社会科学出版社,1999年,第222页。

④ J. Kung Cleo, "Supporting the Snakeheads: Human Smuggling from China and the 1996 Amendment to the U.S. Statutory Definition of Refugee", *Journal of Criminal Law and Criminology*, 1999, Vol.90, No.4, p.1272. 转引自 Ko-lin Chin, "Safe House or Hell House? Experiences of Newly Arrived Undocumented Chinese", in *Human Smuggling*, supra note 6, p.170.

⑤ J. Kung Cleo, "Supporting the Snakeheads: Human Smuggling from China and the 1996 Amendment to the U.S. Statutory Definition of Refugee", *Journal of Criminal Law and Criminology*, 1999, Vol.90, No.4, p.1272. 转引自 Ko-lin Chin, "Safe House or Hell House? Experiences of Newly Arrived Undocumented Chinese", in *Human Smuggling*, supra note 6, p.170.

⑥ Yao Lu, Zai Liang, Miao David Chunyu, "Emigration from China in Comparative Perspective", *Social Forces*, 2013, Vol.92, No.2, pp.631-658.

道移民或称非常规移民，即俗称的"偷渡"）浪潮。一方面，部分早期海外移民者已经成功在美国赚到钱；另一方面，早期能够利用海外关系合法出境者都已经差不多出去了，剩下不能利用合法途径出国者也只能通过非法途径出国。琯头地区的海外新移民出国手段主要以非法偷渡和非法滞留为主。非法偷渡的方式主要由直接乘船偷渡、转道第三国、空港偷渡等方式，非法滞留主要是指假借留学、探亲、旅游等理由获得短期签证，然后直接在美国黑下来打工。在琯头当地，往往会把非法偷渡出国称为"走线"。在20世纪80年代出国的费用大概为1.8万美元，随着出国人数越来越多，也一度水涨船高。据2002年3月至2004年5月福建省侨办和厦门大学南洋研究院对福建新移民的情况调查统计，"1990年前后偷渡费为2.5万—3万美元，1996年前后偷渡费为3.5万—4万美元，2000年前后偷渡费为5.5万—6万美元，2002年偷渡费高达6万—7万美元。"[1]在当地就把出国的移民和家属称为"万八哥"和"万八嫂"。后来这些词在当地逐渐演变为出国致富的代名词。

偷渡有一套完整、严密的运输网络体系，由"大蛇头"负责策划，"中蛇头"在各个中转国负责运输接应，还有"小蛇头"隐藏在国内，主要负责招揽偷渡客、办理证件等，在国外负责收尾款。"蛇头"在侨乡收人，都会要求偷渡客在国外有担保人，并认真核实担保人经济背景。等偷渡客到了目的地，就有当地的"小蛇头"看着，通知担保人或者国内亲属付款，如果出现违约，偷渡者将会受到暴力的惩罚。

（三）迁移海外的主要形式

1. 渡船直接冲击口岸

直接冲击口岸，是指在当地"蛇头"组织下，夜间乘坐小船从闽江口出发到公海上，然后换乘大船前往目的地，大船往往都是由废弃的货轮改装而来。偷渡者藏在船舱，等到了美国近海时候再换乘小船，在晚上时候直接突破美国的边境防线，在美国沿海登陆。或者选择在墨西哥沿海登陆，然后再由墨西哥边境进入美国。这种偷渡方式往往需要在海上漂泊一两个月，海上风浪大，食物短缺，常常有偷渡者病死、饿死等情况发生。而且货轮破旧、侵蚀严重，遇上恶劣天气，随时都有翻船下沉的危险。即使安全到达美国边境，也要面临着抢滩登陆时溺水死亡和边境巡逻警察的搜查。为了加强对非法偷渡的管理，1999年福建省第九届人大常委会第十次会议通过了《福建省沿海船舶边防治安管理条例》，该条例强化了出海船舶管理制度和对渔民的管理。该条例规定，本省渔民、船民应当向公安边防机关申领《出海船民证》；无证件的船舶或人员不得出海。未按国家有关规定标明船名、船号的船舶不得出海。[2]此后，福州市大力推进海防

---

[1] 庄国土：《近30年来的中国海外移民：以福州移民为例》，载《世界民族》，2006年第3期。

[2] 福建省年鉴编纂委员会编纂：《福建年鉴（2000）》，福州：福建人民出版社，2000年，第448—449页。

管理，严打偷私渡案件。2001年，福州市公安局还实行《关于对基层公安行政、边防派出所偷（私）渡工作实行一票否决黄牌警告的决定》，对防范和打击偷私渡不力的单位和责任人，进行追究责任。①

由于渡船直接冲击口岸的方式危险系数高，死亡率高，即使到达美国，被捕的概率也高。在21世纪后，这种偷渡方式逐渐减少。

琯头镇SP村的华侨ZYH先生说："我是90年代出去的（前往美国），那时候福州公安在我们这闽江口一带抓得严，很多船只都不好出去。'蛇头'就安排我们到浙江舟山附近海域乘船，船是从台湾人手上收购来的废弃货轮。一到船上，我们就被赶到船舱底下，几十号人密密麻麻地躲在这里。在船上不仅空气质量差，而且缺少食物和淡水。遇到风浪大的时候，晕船的人，就开始不停地呕吐。有时候一个巨浪打在甲板上，感觉整个船都要沉下去了。在海上漂泊了一个多月，终于到了墨西哥附近的海域。然后有小船出来接应我们，经历了一个多月缺衣少粮的日子，大家都抢着跳上了小船。上岸后，'蛇头'清点完人数，就带着我们爬山。在山上，我们大概爬了两天，到达美国和墨西哥的边境。我们比较幸运，越过边境的铁丝网时候，没被巡逻警察发现，要是被警察抓住了，我们只能进监狱了。"②

2. 陆路非法出境

除了从沿海直接乘船非法出境外，在"蛇头"的安排下，偷渡客还会从陆路非法出境。这种形式主要是偷渡者先到中缅边境，然后越境非法进入缅甸。进入缅甸后，就开始等待时机，再由"蛇头"安排乘船或爬山进入泰国。进入泰国后，"蛇头"会通过各种途径给偷渡者假护照和假签证，也就是琯头人口中的"换人头"。主要的手段有伪造假证件、回收外国游客遗失的护照等。从泰国前往美国，主要有两条路线。一条路线是蛇头伪造护照和签证后，安排偷渡客坐飞机前往南斯拉夫，接着就是转道西欧进入美国，具体方式将在下文详述。另一条路线是利用假护照和签证，直飞美国。但是随着美国对非法移民打击力度的加强，直飞美国成功的概率较低。偷渡者一般会选择直飞或乘船前往中美洲的第三国，然后再由墨西哥边境非法进入美国。或者在飞机上将护照和签证撕毁，等到飞机途经美国时候，直接滞留美国。

琯头镇MB村的LZM先生说："因为我申请不到护照和签证，那时候福建海防也查得严，就只能从陆路'走线'。从福州出发到云南，再从中缅边境爬山进入缅甸。在缅甸停留了几天，再越过边境到泰国。到了泰国，我们被安排进当地的民房住着，'蛇头'管得很严，我们只能待在里面等待通知。一个多月后，'蛇头'发给我们台湾人的护照，上面的照片是我们的，还有前往墨西哥的假签证。在飞机上，我们将护照和签

---

① 徐建峰：《福州开展反偷渡、私渡"百日大会战"》，中国新闻网，2001年9月14日，http://www.chinanews.com/2001-09-14/26/122273.html。

② 2019年4月5日硕士生林金官在琯头镇SP村对ZYH先生的口述访谈记录。

证撕毁,等到飞机途经美国时候直接下飞机。我们一下飞机就被移民局的人拘捕。然后'蛇头'会雇用律师让我们获得假释。移民局放行后,我就在美国黑下来打工还债。"[1]

3. 转道第三国

琯头人在20世纪80年代中后期就已经开始使用合法出境-非法入境的出国方式。这种出国方式是先在国内办理因私出国的护照,以旅行、商务考察、探亲等名义获得第三国签证,然后合法出境。再由第三国辗转多地,非法进入美国境内。这种出国方式主要有两条线路,一条是从香港到西印度群岛(主要是伯利兹、危地马拉、圣卢西亚、洪都拉斯等国),到墨西哥,再到美国。一般是从琯头出发到深圳,再过关到香港,接着由香港转机到西印度群岛国家。到了伯利兹、危地马拉等国,就会有带工领路,跋山涉水进入墨西哥,再由墨西哥进入美国。

琯头镇XT村的ZCX先生说:"我是1986年开始准备出国的,找了在美国开餐馆的堂叔当经济担保。那时候打电话到美国一分钟要二十多元人民币,在电话都是长话短说的。'蛇头'都会认真核实经济担保人的实力背景。'蛇头'刚开始告诉我们,持有中国护照合法出境到香港,再转机到美国,一路上都是畅通无阻的。我办理了五年的因私出国护照,然后'蛇头'帮我弄到出国旅行的签证。因为中国的旅行签证要办理出境卡,又花了6000元交由'蛇头'办理。然后,我们装扮成旅行团从深圳过关到香港。在香港入境处,遭到安检人员的盘查,还好没被发觉,才顺利过关。在香港逗留了几天,我们就从香港坐飞机到伦敦,再转乘飞机到圣卢西亚。再由圣卢西亚乘机飞往墨西哥邻国伯利兹。在伯利兹由蛇头安排当地向导带领我们翻越伯利兹和墨西哥的边境线。不幸的是,我们在墨西哥被警察抓捕。迫于美国的压力,很多偷渡者要是在墨西哥被捕,很容易遣返回国。我们在'蛇头'的运作下,就只被遣返回伯利兹。在伯利兹等候一个多月后,才再次穿越边境。在墨西哥为了躲避公路检查站的检查,藏在卡车集装箱里。然后再由墨西哥边境偷渡进入美国。"[2]

另一条是从北京到东欧,到西欧,再到美国。这条路线是办理好护照和前往东欧国家(主要是南斯拉夫、克罗地亚等国)的签证后,从北京直飞过去贝尔格莱德等地。这些护照和签证都是真实的,只要没有露出马脚,一般都能畅通无阻。等到达了中转国后就非法滞留,蛇头开始等待时机安排这些非法移民转道匈牙利、法国、比利时等国家,再到达荷兰,并等待时机前往英国。大多数情况下,非法移民都是将荷兰作为中转站。因为,在欧洲各国中,荷兰对待非法移民的法律相对较为宽松。在荷兰,偷渡者可以政治避难为由向政府申请政治难民身份。"在申请政治难民甄别的头两年里,申请人可以获得荷兰政府免费提供入住一些小镇的一二星级酒店。即使被甄别为非政治难民,也可以赖着不走。因为,荷兰非常重视人道问题,警察在街上不会随便查身份证。就算被查

---

[1] 2019年4月5日硕士生林金官在琯头镇MB村对LZM先生的口述访谈记录。
[2] 2019年4月3日硕士生林金官在琯头镇XT村对ZCX先生的口述访谈记录。

到临时居留证过期了，头两次也不会被罚，直至第三次才会被判监禁两个星期。而偷渡者在放监后，仍可以到唐人街找黑市工做。"[1]震惊世界的"多佛尔事件"走的就是这条路线。2000年6月19日凌晨，英国多佛尔港的海关人员在对一辆运载蔬菜的长途货车例行检查时，发现有58人窒息死亡在集装箱内，以及两名奄奄一息的人。据英国警方调查，他们都是来自福建的偷渡者。其中福清28人、长乐23人、连江2人、平潭2人、马尾1人，另2人不详。这60人由蛇头组织将他们从北京带往贝尔格莱德，然后再中转多国到达荷兰鹿特丹。最后，他们被塞进集装箱内，经由比利时运至英国多佛尔。但是卡车司机为了避免引起海关人员的怀疑，将车上的通气管关闭了，这也就导致了惨案的发生。"根据位于日内瓦的国际移民组织2000年的调查材料，时至20世纪90年代末，位于巴尔干半岛的南斯拉夫、克罗地亚、波斯尼亚，已成为国际上有名的人蛇转运中心。"[2]

琯头镇SP村的ZYS先生曾经就是通过东欧这条线路成功进入美国的，他说："在1998年时，我在琯头找了'蛇头'，先交了15万元定金，我办好出国护照后，'蛇头'就去搞定去南斯拉夫的签证。因为护照和签证都是合法的，就很顺利从北京到达贝尔格莱德。到了贝尔格莱德后，就被当地接头人安排到了塞尔维亚的基地。在那里等候了几天后，'蛇头'用卡车将我们拉到匈牙利边境，我们开始爬山进入匈牙利。在匈牙利，我们又被装进集装箱里偷运到奥地利，再经由德国到达法国。在法国的'蛇头'发给我的是日本人的假护照。……在法国前往比利时途中，边境人员怀疑我的护照是假的。按照事前'蛇头'教我的，要是被查到就什么话也不说，拒绝回答任何问题。最后，我还是被关进了法国监狱。后来，'蛇头'找了律师把我保释出来。但是到美国后，我才知道因为请律师，要多付1万元美金的费用。从比利时到荷兰，就比较宽松，我们就很顺利到达荷兰。有很多福州来的偷渡者都躲到荷兰。因为，荷兰政府对偷渡的政策比较宽松，所以我们都在荷兰等待时机偷渡。到了晚上时候，'蛇头'会安排我们躲进集装箱进入比利时。但是我们被比利时警察抓了六七次，所幸都被放回荷兰。直到最后一次，比利时警察没有检查，我们才顺利到达英国。"[3]

（四）21世纪后琯头人迁移国外形式的变化

进入21世纪后，琯头人的偷渡之风逐渐下降，到如今，已几乎没有人再通过偷渡这一途径出国了。一方面，美国在2001年"9·11"事件后，加强了对非法移民的管控力度和边境安全控制。另一方面，偷渡风险大，耗时长，其过程艰苦，随时都有命丧途中的可能。而且早期偷渡出国的移民在美国取得合法身份，事业也逐渐稳定下来，更有能力支持下一代高额的出国费用。琯头人的出国开始转变为假结婚、自费留学等方式。

---

[1] 黄杰：《中国人蛇黑幕 偷私渡大追踪》，福州：海峡文艺出版社，2002年，第148页。
[2] 李明欢：《欧洲华侨华人史》，北京：中国华侨出版社，2002年，第565页。
[3] 2019年4月3日硕士生林金官在琯头镇SP村对ZYS先生的口述访谈记录。

1. 假结婚

假结婚是从 20 世纪 80 年代就存在，但是琯头人真正利用假结婚出国是在 20 世纪 90 年代末才开始的。假结婚也被称为"绿卡夫妻"。按照美国的法律规定，美国公民或永久居民要申请配偶来美，需向美国移民局提交 I-130 申请表。一旦申请通过了，则配偶需要前往所在国的大使馆或领事馆面试。琯头人一般都是前往广州的美国驻广州总领事馆面试。除了对申请人进行背景调查外，还必须提供身体健康证明。同时，要想带未婚配偶来美，美国公民或永久居民还需提交 I-864 申请以及最新的纳税申报表。如果领事馆的人员认为婚姻真实，不以取得在美国的合法居留权为目的，那么未婚配偶就可以拿到 K-1 签证（美国公民未婚夫/妻赴美结婚签证）。到达美国后需在 90 天内结婚，否则签证到期，就得离开美国，或者非法滞留。1996 年修订移民法后，配偶在婚后只能申请有效期两年的临时绿卡，两年过后才可以申请永久绿卡。在永久绿卡申请的过程中，移民局的人员会对夫妻分开询问，包括两人的日常生活、工作、医疗保险、财务状况等，以及共同纳税申请表、银行账户等。只要核查通过，外籍配偶就可以拿到永久绿卡，并且可以申请父母子女进入美国，而兄弟姐妹则可以在等到 12—14 年申请加入。据统计，从 1998 年到 2007 年，已有超过 230 万外国公民通过与美国公民结婚获得绿卡。[1]美国永久居民虽然也可以申请未婚夫/妻来美，但是受到移民配额的限制，往往都要排队等候。此外，在美国的没有取得合法身份的人，也可以通过同美国公民假结婚来取得合法地位。对于移民来说，虽然假结婚是一条获得美国合法身份的便捷途径，但是在美国假结婚属于刑事犯罪。根据 1986 年的《移民婚姻欺诈修正法》规定，假结婚将面临最高五年监禁和 25 万美元罚款。而且一旦被判定是假结婚，就可能面临永远拿不到合法身份的危险。中国人假结婚的对象也主要是在美国的已取得合法身份的华侨华人。近几年来，琯头镇通过假结婚前往美国的现象越来越少。大多数受访者告诉我们，一方面，美国移民局对假结婚控制得很紧；另一方面，随着新移民在美国根基的稳固，很多人也不太愿意为了钱而假结婚。

琯头镇华侨 WS 先生，现居新泽西，他说："我爸爸走了好几次都没走成（即'走线'）。家里人就把出国的希望寄托在我身上，我以出国留学的名义办理签证，一直都没成功。后来，在纽约的叔叔花了 3 万元美金帮我找了个假结婚的人。为了能够在面试时候不露出马脚，我们还在视频上聊了几次。等国外的手续办妥后，我就去广州领事馆面试。面试问了对方的出生日期、生日等，以及什么时候见面、恋爱多长时间这些问题。他们总想试探出，我是不是为了移民美国才办理结婚的。还好我提前准备好，不然就有

---

[1] David Seminar, "Hello, I Love You, Won't You Tell Me Your Name: Inside the Green Card Marriage Phenomenon", 美国移民研究中心网站，2008 年 11 月 30 日，https://cis.org/Report/Hello-I-Love-You-Wont-You-Tell-Me-Your-Name-Inside-Green-Card-Marriage-Phenomenon#1，访问日期：2023 年 8 月 12 日。

可能被拒签了。到了美国后，我们也有拍婚纱照、在教堂举办婚礼这些。然后，我就在叔叔的餐馆里打工，平均每天大概工作10个小时，因为我会点英语，就在前台收银，工资会比较高点。我一拿到永久绿卡后，就开始准备也把父母移民到美国来。"①

2. 自费留学

办理留学签证，到达美国后就非法滞留，也是琯头人新的出国方式之一。通常办理留学签证的，以学生为主。这些学生的父母一般可以分为两类，一类是他们在设法出国，但一直都没成功，最后不得不把希望寄托在下一代身上。另一类是他们的父母在20世纪末到达美国，但还没取得合法身份。而在国内上学的孩子，也只能以留学签证的形式出国。据我们在琯头田野调查得知，以这类出国方式的人还是比较少，因为办理留学签证审查较严、费用也高。如果有父母在国外的，他们更愿意等上几年，以家庭团聚为由到美国。

受访者 LCS 先生，琯头人，现居弗吉尼亚州，他说："2005年在国内读高中时候，家里就开始催促出国。由于我爸爸还没取得绿卡，我没法以家属团聚为由出国。我是通过申请赴美留学来到美国的，当时是中介帮办理的，总共花了50多万元人民币。我到美国的所有手续都是合法的，但是到了美国以后我并没有去上学。而是躲在我姑姑家的中餐馆里打工。刚开始的时候，一个月工资大概2000多美金，现在有3000多美金了。我差不多每天都在干活，因为是黑下来，平时也不敢出去，工资大部分都是由我姑姑转给我父母还债，大概还了4年多，就差不多还完了。"②

不管是合法出境，还是非法出境，第一代到达美国的琯头人几乎都是黑在华人餐馆里打工。在不断地向国外迁移的浪潮中，琯头人在社区中，逐渐形成一种社会资本。③琯头人的社会资本作用，不仅为移民提供信息和资金来源，还提供了各种就业机会。当移民壁垒较高时，这些社会资本起着至关重要的作用。因为这些社会资本能够帮助移民来规避国家政策，降低成本，同时能够提高移民收益。④不管是早期的一万八美金，还是后来的八万美金，对于农村地区来说，无疑是一笔巨款。但是琯头地区，只要谁家有人要出国，亲朋好友就能马上汇集起一笔费用。到了国外也有亲戚接应，形成了出国一

---

① 2018年10月23日硕士生林金官通过微信连线对在美国新泽西的琯头人 WS 先生的口述访谈记录。

② 2017年12月3日硕士生林金官通过微信连线对在美国弗吉尼亚的 LCS 先生的口述访谈记录。

③ 布迪厄认为："社会资本是实际的或潜在的资源的集合体，它同大家共同熟悉的、得到公认的体制化关系的网络密不可分。这一网络是同某个团体的会员制相联系，从集体性拥有的资本角度为每个成员提供支持。"参阅〔法〕布尔迪厄（Pierre Bourdieu）:《文化资本与社会炼金术——布尔迪厄访谈录》，包亚明译，上海：上海人民出版社，1997年，第202页。

④ Yao Lu, Zai Liang, Miao David Chunyu, "Emigration from China in Comparative Perspective", *Social Forces*, 2013, Vol.92, No.2, pp.631-658.

条龙服务。即使到了美国被移民局逮捕，亲戚也会聘请律师以各种理由为非法移民提出庇护申请，一旦获得假释，非法移民就可以进入福州人开的中餐馆打工。而餐馆老板和工人之间互利互惠，老板可以通过最大程度压榨员工的生产力来提高利润，员工也在餐馆获得一份职业，以偿还债务。员工也不得不忍受一天十几个小时的高强度工作。因为对于文化水平不高，又没有合法身份的移民来说，"只能依靠不断自我压榨与忍受族裔内部剥削等内卷化方式来获得身体在全球资本生产体系下的价值兑现。"[①]而员工甘愿忍受这样的超负荷劳动，主要是因为到美国的琯头人，他们心中都有一个"老板梦"，都希望在别人家干几年后，自己也能够出来开餐馆。目前屈居在餐馆打工，一方面是为了积累将来创业的资本，另一方面也是在学习相应的技能和积累经验。琯头镇的华侨 JCQ 告诉我们："尽管刚到美国每天都得躲在餐馆的后厨干活，但是想想自己身上的债务，再想想日后自己开餐馆的资金，就只能一直熬着。"[②]在一定程度上，可以说，遍布在美国的福州人餐馆，是靠福州人不断压榨自身的剩余价值熬出来的。总之，正是通过这种家庭、宗族、同乡互动形成的互助网络，不断为琯头人出国提供动力。

从事餐馆业的琯头人，主要是以小店为主，因为雇用主厨的成本太高，老板往往自己就是主厨，然后再雇用几个小工和打下手的。这些小工也大多是没合法身份的琯头移民。无论是老板还是工人，一天工作量几乎都在 10 个小时以上，一个月也只能休息一两天，对于掌勺的老板来说，要是没有人可替代自己，休息就意味着歇业关门。在很大程度上，中餐馆的利润来源于老板的自我压榨。为了早日还债，他们每天就像机器人一样不停地做着重复的工作，即使身体吃不消，也会咬咬牙坚持下去。一家中餐馆的老板的月收入和员工的收入差距不会太大，因为服务员还能赚取 10%—15% 的小费。最早一批的移民主要集中在纽约经营餐馆，随着福州地区的移民增多，纽约的中餐馆市场逐渐饱和，开始向"外州"（琯头人口中的"外州"即是纽约以外的州）扩张。相比在纽约的工资水平，由于"外州"路途遥远，劳动力短缺，平均工资会高 100—200 美元。在"外州"的城镇上，平均十多分钟的车程就会有一家中国餐馆。这些中餐馆大多选择开在办公区附近或白人聚集处。当地华人会出于同乡情谊，在中餐馆消费时，更愿意支付现金，因为这样就可以不需要缴纳 15% 的税。但是，中餐在美国毕竟还是属于小众产品，难以形成西餐那样的规模。同时，因同质化竞争过于激烈，也有许多华人因为中餐馆经营惨淡，不得不改行经营日本寿司和东南亚菜。因为中餐馆众多，也有许多新移民经营起了原材料配送的生意，每天专门为中餐馆服务。其中以倪周敏的合丰集团规模较大。合丰集团成立于 1997 年，最早靠中餐外卖起家，现在发展为专门为亚洲餐馆提供一站式的食品配送服务，包括肉类、海鲜、蔬菜、水果、调味品、餐具等。如今合丰

---

① 黎相宜：《移民跨国实践中的社会地位补偿》，北京：中国社会科学出版社，2018 年，第 147 页。

② 2019 年 8 月 4 日硕士生林金官在琯头镇 TT 村对 JCQ 先生的口述访谈记录。

集团已经成为美国约十四个州的数千家餐馆的供应商，并于 2018 年在美国纳斯达克上市。

受访者 LJQ 先生，琯头人，中餐馆老板，现居宾夕法尼亚，他说："最早来美国时候，在纽约的亲戚经营的一家中餐馆打工，那时候大概一个月能赚到 2000 美元。每天大概从 9 点上到 21 点，为了早日还完出国的债务，拼命干活，几乎没有休息过。大概还了 3 年多，才把债务全部还完。后来，在村里人介绍下，同有'身份'（拥有美国合法地位）的女孩子结婚，也拿到了绿卡。考虑到未来的生活，我们决定在'外州'开一家自己的中餐馆。我自己当厨师，妻子在前台，还招了个亲戚当小工。扣除各项开支，平均下来，一个月能够盈利 1 万美元左右。按照美国的法律规定，像我这样有小孩的家庭，每年还可以向美国政府申请 5000—6000 美元的退税。"[1]

受访者 DYF 女士，现居佛罗里达州，她说："因为在纽约中餐馆竞争太激烈了，我和我老公就在'外州'买下一家餐馆。我们两个人每天几乎都是从 10 点忙到晚上 12 点多，每天过着千篇一律的生活，累了也不敢停下来休息。就算在孩子快出生那几天，我还是要在前台收银。等孩子出生了，又不得不把孩子寄回国内由国内的父母养。因为美国的法律规定幼儿必须有监护人在身边。请保姆我们又请不起，而我要是不工作在家养孩子的话，餐馆赚的钱就会少很多。我们偷渡出来的，生活都过得很苦。刚出来时候，就拼命赚钱还家里的债。还完家里的债，还要继续打拼还开餐馆的钱。我们福州人出来在餐馆打工也比较容易攒钱，在这里包吃包住，只要你肯干不乱花钱，一个月就能攒下 2000 多美金。要是有一技之长能炒锅，一个月都能拿到 4000—5000 美金，所以现在有的老板干脆把店关了，直接帮人家炒锅。"[2]

琯头人当中还有许多移民像 DYF 女士这样不得不把孩子寄回国内抚养的情况。2012 年，福建福州市侨联统计，寄养在琯头的"美国小公民"约有 2500 人。[3] 不过，随着移民美国的华侨的生活逐渐富裕稳定，也能够接受抚养孩子的负担，送回来琯头寄养的孩子越来越少，再加上村里老人的去世或者跟随子女移民美国，"洋留守儿童"呈现逐年下降的趋势。

少部分琯头新移民的二代，由于父辈们在美国的打拼，能够有机会在美国接受教育，从事其他行业。但是，其中很多二代移民都是幼儿园或者小学在中国接受教育，之后才来美国接受教育。可以说，他们并没有足够的机会系统地接受美国的教育，再加上自身圈子的封闭性，他们并没有完全融入到美国社会中。

受访者 ZJC 先生，琯头人，律师事务所文员，现居纽约市，他说："我出生在美

---

[1] 2017 年 12 月 4 日硕士生林金官通过微信连线对在美国宾夕法尼亚的 LJQ 先生的口述访谈记录。

[2] 2019 年 7 月 27 日硕士生林金官通过微信连线对在美国佛罗里达州的 DYF 女士的口述访谈记录。

[3]〔美〕《侨报》，2016 年 8 月 12 日。

国，按照美国法律的规定，只要是出生在美国的孩子就自然获得美国国籍。但是，父母要天天出去赚钱，没有时间可以照看，只能将我送回国内的爷爷奶奶照看。我是在读完小学时才来到美国的。初中到高中的学费都是全免，课程也是很简单的，但是由于我是来到美国后才学的英语，平时也很少用英文交流，最后在申请学校时候，只能申请2年制的职业大学。毕业后，我在纽约的律师事务所当文员，主要帮助还未取得合法身份的华人写诉讼。一个月的工资大概2500美元，会比在中餐馆上班少，但是不用那么辛苦。"①

总之，从20世纪80年代中后期到90年代末，琯头人通过非法越境方式掀起了一股移民海外的浪潮。到了21世纪初，移民海外的浪潮逐渐衰退，出国的方式也逐渐由偷渡等转变为假结婚、留学签证等。在一代人的打拼下，早期的非法移民大多都已取得合法地位，并在美国社会有一定的经济基础。凭借着父辈们的努力，部分二代移民可以在美国接受教育，也获得从事其他行业的相应技能，开始向上层流动。

三、互惠机制和集体行动意识

影响琯头镇壶江村新移民海外迁移潮的主要因素

在一个社会单元内，当社会结构（包括经济、群体关系、组织、地位等）有所变迁时，将会牵涉到一定数量的群体发生改变。在群体层面，"变迁意味着为数众多的人投身于集体行动和关系，这些集体行动和关系不同于他们或他们的父母以往某个时候所投入过的。"②琯头在移民浪潮发生前，社会结构变了，个体也必须面临新的状况。本章节以琯头镇壶江村为个案，探究在社会结构变迁中，蕴含在侨乡出国浪潮背后的一套村民互惠机制和集体行动意识等，包括新移民背后的"小传统"社会的文化特质和生存逻辑，是如何影响新移民做出集体往海外谋生的抉择的。

（一）生存制度的变迁是海外迁移的重要因素

壶江岛位于琯头镇的东部，地处闽江入海口，东北部与川石岛相望，西南与琅岐岛相隔，北望粗芦岛。壶江岛属于大陆岛，呈三角状，南北长，东西较窄，海岸3.48千米，面积0.57平方千米。西部沿岸有码头4座，东北部沿岸水域沙滩延伸达4千米。③相传明朝末年，闽江口发生地震，壶江岛地壳上升，与之相连的立桩（民间称为"立村"，现为立桩礁）下沉，至今民间流传着"沉立村，浮壶江"之说，故取名"浮

---

① 2019年7月27日硕士生林金官通过微信连线对在美国纽约市的ZJC先生的口述访谈记录。
② 〔美〕史蒂文·瓦戈：《社会变迁》，王晓黎等译，北京：北京大学出版社，2007年，第6页。
③ 《福州经济年鉴》编辑委员会编：《福州经济年鉴（1992）》，北京：中国统计出版社，1992年，第120页。

江"。① 又因壶江岛西北部的上岐山与东南部的下岐山对峙，远观如卧壶状，且"浮"与"壶"读音相近，故名"壶江岛"。壶江地处闽江入海口，受闽江淡水和海水的对冲作用，水质好，营养成分高，适合渔业发展。岛上山丘和平地相间分布，耕地面积较少，仅有160亩。② 壶江大多数村民世代以海为田，从事渔业生产，以近海捕捞、养殖为主。

1. 海外迁移前的生存机制

壶江村渔民不仅在近海从事渔业，还有前往宁德市霞浦县东礵岛"冬艕"作业的传统，并且已经延续了两百多年。新中国成立后，也没有间断，一直延续下来，直到20世纪80年代出国浪潮的兴起，该习俗才开始放弃。东礵岛位于霞浦县以东海面，面积1平方千米，四面环海，岛似箕形。东礵岛适合秋冬居住，春夏海浪巨大，不宜定居。因此，渔民春夏在壶江近海从事渔业，秋冬前往东礵岛。每年中秋节后，壶江渔民出岛进驻东礵岛，进行"冬艕"定网生产，往往要赶在潮水前打桩设网，因此常用竹簟盖顶，稻草铺地，作为临时住宿。进入正常生产后，才用营草或竹软卷搭架渔寮，渔寮上部以毛竹片与稻草作统铺夜宿。在地上建起锅灶，或堆集鱼货与生产网具。出岛"冬艕"不像近海捕捞，往往需要集体协作，分工配合。一艘渔船的生产岗位有：老舵、头前、头坪、二手、正中堵、掏楼、中堵等。而定网打桩时，因需用到大型"秋斗"工具，人数更多。斗头分三条绳通向船舷，有25人分三行人员拉绳冲打。"冬艕"作业，生活条件艰苦，朝夕与风浪搏斗，更需要壶江渔民较强的集体合作意识。"冬艕"作业到第二年春夏才撤回，为渔民全年生计提供了重要保障。据当地渔民介绍，1958年和1978年"冬艕"作业最高峰发展到32个生产队，驻扎在霞浦县东礵岛与闽浙沿海进行定置与流动生产。到了80年代后才逐渐开始撤回。壶江村前村主任郑金利说："我们壶江渔民有两个故乡，一个是壶江岛，另一个是霞浦东礵岛。中秋节过后，壶江所有渔民，将生产工具备好，驾船到东礵岛，驻岛生产。到东礵岛主要是在海上定网捕捞，捕捞的鱼货物为毛虾、七星鱼、带鱼等鱼类。我们壶江渔民都是住在山上，把捕捞的鱼类，拉回山上加工，然后等到第二年四五月带回壶江。因为定网生产，工程量大，需要我们集体协作，而且出海风险大，小船根本不敢出去，只有大船才能出去驻岛生产。"③ 据当地村民介绍，20世纪80年代以前，该村每年差不多有700多名渔民出航。

壶江不同于传统的农耕社会，岛上居民主要依靠出海捕鱼为生。渔业是壶江村民生存发展的最主要依靠。捕鱼业受季节性的影响。一旦渔业发生危机，就会直接影响壶江村民的日常生活，甚至直接威胁到生存问题。为避免发生生存危机，壶江村民必须采取技术性防范措施。壶江村民在秋冬季节转向东礵岛"冬艕"作业，就是其保障生存安全的一种手段。在其生存伦理主导下，除了采取必要性的技术手段外，壶江村民还会通过

---

① 福建省连江县地名办公室编：《连江县地名录》，1989年，第116页。
② 福建省连江县地名办公室编：《连江县地名录》，1989年，第116页。
③ 2019年9月3日硕士生林金官在壶江村对郑金利先生的口述访谈记录。

一些非制度性的安排来分散风险。以渔民间的集体协作为纽带建立起来的生存共同体，是壶江村民的重要生存保障。在村民的社会经济生活中，互惠互利原则起着道德核心作用。因为，壶江岛特殊的地理环境，既无淡水资源，也无充足的土地可耕种，就必须以海为田。而要保证能够生存下去的条件，除了春夏近海捕捞，秋冬还必须往东礵岛定网捕捞。出海捕鱼风险系数大，要依靠渔民集体协作，才能保障安全。在这样的生存环境下，互惠互利的道德准则渗透在整个社会生活之中，它往往会通过象征性的仪式得到强化。壶江村民信仰妈祖文化，每年都会举行相应的祭祀和游神活动。在壶江村，宗庙的祭祀活动很少，反而有关妈祖的祭祀活动很多。妈祖信仰作为壶江渔民的精神寄托，构建了集体文化的认同感，强化了族群内的共同体精神。在整个乡村社区内，在共同体的道德作用下，壶江村民更愿意接受互惠的观念。他们即使遇到渔业年景不好的时候，也可以通过周围邻里的互助而渡过难关。正如郑金利所说的："我们壶江（村民）以前生活过得很苦，祖祖辈辈都是靠打鱼为生，靠天吃饭的。出海打鱼也是村子里的人一起出去的，要是谁家遇上点情况，我们大家都会尽力去帮助。"[①]可以看出，这里的互惠准则是建立在生存条件不稳定的基础上。一个渔民愿意帮助他人，因为考虑到日后自己也有可能需要别人的帮助。壶江村在 20 世纪 80 年代以前，依靠着相对稳定的渔业资源和村民间的互惠互助，能够维持生计。从 20 世纪 80 年代开始，随着市场经济的发展，渔业产业化程度不断提高，许多大队掀起了置换大吨位、大马力的钢制渔轮的浪潮，给传统渔业带来了很大的冲击。同时，闽江口附近水域环境开始恶化，渔业的发展受到严重威胁。郑金利说："（20 世纪）80 年代以前，我们这边捕鱼业很繁荣，到近海我们就能捕到很多鱼。旺汛时候，我们出航不久就能在海面上看到浮起带鱼、黄鱼等，撒下网就能捞起大批的鱼。但是后来环境恶化，鱼群减少，就算到了外海的也很难看到鱼。而且我们壶江村民也没法像大型渔船从事海洋捕捞。我们的中船航行出现也只能捕捞到些小鱼小虾，小渔船也只能在闽江口附近，远的也去不了。所以，慢慢地捕鱼就没法维持生计了。"[②] 20 世纪 80 年代后，随着传统渔业的衰落，壶江村民试图向海上运输业转型。但此时正值中国陆路交通运输和航空运输快速发展时期，壶江村民的海上运输业也不断受到冲击。最后，壶江村民只能选择出国谋生的道路。

2. 生存压力下的迁移行动

相比福州地区的长乐、亭江等地，壶江村的出国浪潮要晚上几年，据当地村民介绍，大概是在 20 世纪 80 年代末 90 年代初才开始的。在 20 世纪 80 年代以前，壶江村民通过在共同体内精心设计的社会交换体系，来应付"正常"的农业分险。[③]壶江村民

---

① 2019 年 9 月 3 日硕士生林金官在壶江村对郑金利先生的口述访谈记录。
② 2019 年 9 月 3 日硕士生林金官在壶江村对郑金利先生的口述访谈记录。
③〔美〕斯科特：《农民的道义经济学——东南亚的反叛与生存》，南京：译林出版社，2013 年，第 12 页。

把渔业作为最基本的生存手段外,还通过前往东礵岛"冬艍"作业、利用共同信仰和乡村情谊构建地方互助网络等一系列适应性策略来规避风险。当外部社会环境变化不大,生存条件能够维持一定的安全水平,能够满足渔民的最低生存需要时,渔民就不会有更多理由去违反日常规范。在"安全第一"的生存伦理下的壶江渔民,通过祖祖辈辈流传下的经验和惯习,形成了独特的"小传统"社会,他们的行动等都包含着生存安全的逻辑。在渔业能维持基本生存水平的情况下,壶江村民并没有选择赚钱更多的出国谋生之路。

当村庄的生存环境发生巨大变动时,处于生存边缘的壶江渔民,受到结构性的压迫,不仅要受到生存压力,还要承受巨大的心理压力。如壶江村村民 WWM 所说:"20 世纪 80 年代后,我们的捕鱼条件越来越差,船都要航行好几个小时,才能捕到些小鱼小虾。我们的村民生活水平也不断下降。村子里本来有很多青年会到其他村子娶媳妇,后来也没有足够的经济实力了。很多人也无法支付像举行妈祖祭典这些活动的基本费用。"[①] 渔业难以维持生计,又没有其他生存手段,因而依靠乡村网络中的宗亲关系前往国外打工,是仅次于"饿死"的最不坏选择。

壶江村村民 LBQ 先生说:"从 80 年代开始,渔业逐渐不行。刚开始还能勉强维持下生活,后来连维持基本的生活都很难。我们这个岛都是靠打鱼为生的,又没有其他的工作机会,没有办法我们就只能出去(出国)。刚开始时候,有海外关系的就靠海外关系出去,没有海外关系的就偷渡出去。那时候偷渡出去的都很苦,在船上还可能被'蛇头'打,到了外面就得没日没夜地打工还债。我们村里还有村民在偷渡中不幸死亡的。"[②]

总之,对于壶江村民来说,他们不是不知道偷渡的危险,他们也懂得理性计算利益的得失。但是在社会结构性压迫下,他们只能选择背井离乡来规避生存风险。

(二)生存结构的逻辑

1. 互惠机制

壶江村民世代依靠渔业维持生存,为了能够降低海上风险,往往结成船队,互帮互助。特别是前往东礵岛冬艍作业,更是需要渔民们的互助才能完成。在这种长期的集体协作过程中,壶江村民共同信仰妈祖文化,共同遵循一套生存规范,并逐渐形成一种互惠的道德观念。但是当渔业不景气时,部分渔民就会利用早先存在的海外关系,转而向海外谋生。他们的离开,打破了壶江村这种互惠平衡的社会保障机制,留下来的渔民抵御风险的能力大大降低。当农民对生存伦理进行安排的时候,为了分散风险,会通过多样化的生产增加收入。然而,由于其中一些渔民的离开,他们既无法组织起前往东礵岛

---

① 2019 年 9 月 4 日硕士生林金官在壶江村对村民 WWM 先生的口述访谈记录。
② 2019 年 9 月 4 日硕士生林金官在壶江村对村民 LBQ 先生的口述访谈记录。

"冬艋"生产的人员，也无法组建大船前往外海生产，只能开小船从事近海捕捞作业。对于壶江村民来说，互惠义务是他们的一种生存权利和利益交换的手段，一旦这种互惠机制失去了存在的基础，他们将面临着重大的生存危机。在一个共同体的社区内，人人都享有最基本的生存权利，互惠准则意味着平等交换的关系。即使有些渔民收成好点，有些渔民差点，社区成员内的贫富差距总体上不会特别大。然而，一旦有人通过海外打工赚取高额财富的时候，渔民间的平衡机制就会被打破，他们的内心会产生一种不平的道义愤怒。而这种由不公正感引发的道义愤怒的爆发方式，就是越来越多的渔民加入到出国打工的浪潮中。

2. 集体意识

壶江村民世代以捕鱼为业，有着共同的社会习俗、信仰和行为规范，他们的日常生活实践、行为方式等都具有高度的一致性。面对社会生产专业化的经济冲击，壶江村民所面临的生存危机，几乎都是一样的。不管是他们的社会网络关系，还是谋生能力等方面，都是差别不大。

据我们的调查，壶江村民在出国前，大多是以捕鱼为生，文化水平也以小学、初中为主。他们的职业、收入、文化等在很大程度上是一致的。壶江村的郑金利说："没出国前，我们村民都是在一起干活、赚钱，大家都差不多，平均一年大概赚四五千，也没有什么人是特别富裕的。除了当老师的文化水平会高点，剩下的渔民的文化水平都差不多是小学、初中。"[①]基于地缘和信仰文化等认同基础、一致的生存方式和阶级结构，壶江村民往往更有能力采取集体行动。在壶江村这样的熟人社会里，渔民们有相同价值观念和信仰文化，同时因为同样的职业结构，他们紧密联系在一起。村民间收入差距一般不大，家庭间的收入差距也主要是因为劳动力的多寡引起的。熟人间的收入水平、谋生手段等也是相互了解。在这个群体内，信息能够在熟人之间快速传播。因此，只要有一部分的渔民出国谋生，剩下的渔民也会盘算着出国的利弊得失。在日常生活中，渔民们对共同体内的价值观、行为规范等都是信服的。他们相互之间的认可甚至可以用无差别来形容。一旦有人成功到国外并赚到钱了，他们也就更容易接受出国打工这种生存方式。在这种有着共同的行为观念下，就很容易形成集体的共同行动。这也是促成壶江村出国浪潮的一个重要原因。

[①] 2019年9月4日在壶江村对郑金利先生口述访谈记录。

论香港的侨批中心地位（1949—1973年）

刘伯孳[①]

【摘　要】在华侨社会逐渐向华人社会的历史进程中，大部分海外华侨华人一直通过侨批与家乡保持密切的经济和感情联系。香港的商业和金融不断得到开发，香港与海外重要港口均建立密切的联系，使香港在东南亚与中国之间的区域经济文化活动中日显重要的和不可取代的位置。

【关键词】香港；侨批；中心地位

在华侨社会逐渐向华人社会的历史进程中，大部分海外华侨华人一直通过侨批与家乡保持密切的经济和感情联系。

1949年新中国成立以后，西方国家想方设法对中国经济建设进行围堵，对中国华南主要的外汇来源地东南亚国家施加影响，使得和西方国家关系密切的东南亚国家如菲律宾、新加坡、马来西亚、越南、印尼等程度不一地采取对中国的外汇限制。在香港与各国侨批业务有关的侨批局或公司采取灵活的方式周旋各自对应的政体，但东南亚的每个国家的情况和华人的汇款，以及华人与中国家乡的认同和关系疏远程度不一。华人在1949年后面临"落地生根"的现实使得侨批汇款热度渐渐减落，虽有中国银行等机构积极采取吸引海外华人汇款的措施，但这种情况在1973年所有中国国内的侨批汇款业务归入中国银行后，就增加了其中海外侨批业务经营的难度。

从香港开埠伊始，香港一直是华南移民海外的重要中转站，人员、物品、资金等等都经过香港再出入中国。香港的商业和金融不断得到开发，香港与海外重要港口均建立密切的联系，使香港在东南亚与中国之间的区域经济文化活动中日显重要的和不可取代的位置。

侨批经营实质只是帮人把不同地方的侨批款带回家乡并收取手续费的一种代理工作。至于发展成与贸易或其他业态兼营状态，则是侨批经营中衍生出来的再盈利方式，因经营者的实际情况和基础而异。属于侨批经营者如水客、侨批局的拓展业务行为，并不改变其侨批经营初衷。区域内的银行、商号、侨批局、钱庄之间存在相互关系，并互相作用。然而，侨批经营的特征是多变的，不是一成不变的，多年来它历经许多转变，这些变化不是单向或者不可逆的。侨批经营的最大特点是其灵活性和适应性。当现代银

---

① 作者简介：刘伯孳，泉州华侨历史博物馆研究员。

行体系和现代邮政服务在中国和海外华侨华人社会站稳脚跟时,侨批业者利用了这些机构的优势,这对他们来说是有利可图的。

新中国成立以后,侨批局以及中国银行、华侨银行都有侨批业务,它们经营侨批的方式、渠道、年代与香港的关系非常紧密,香港成为侨批经营的重要中转地,下面将一一展开论述。

一、香港的背景

1841 年 1 月,英国强行攻占香港。翌年 8 月,鸦片战争中国战败,订立了屈辱的《南京条约》,英国要求中国割让香港。接着,1860 年 10 月,英法联军攻陷北京,中国被迫签订了《北京条约》,被要求将九龙割让给英国。1898 年,英国又以军事安全为借口,租借了新界一大片土地,为期 99 年。香港被英国殖民统治后,便成了华南移民出国的重要据点。无论如何,作为从中国向海外移民的中转站和终点站,香港的地位是重要的。香港为促进人口相互交流而扮演的角色,也使它在海外华人的研究方面,占了一席独特之地。随着 1997 年主权的回归,香港便成为连接中国与国际的桥梁,以及中国人、海外华人与其他族群复杂交流网的中枢地带。[①]

从香港被英国侵占,至 1939 年的约百年间,有超过 600 万华人,通过香港到海外去。虽然有关殖民统治前的香港文明程度问题常引起争议,可是在清廷统治下的香港,还是个荒岛,人烟稀少,这里大部分较后出洋的移民,并不是香港的住民,而是来自背后广大的腹地。这腹地西起珠江三角洲,东至闽粤沿岸地带。[②]

自 1843 年正式由英国实行殖民统治以后,香港几乎立即就跟中国移民和海外华人扯上关系。对于许多踏上出国征途的中国人来说,香港是他们走向世界的第一站,也是他们回国的最后一站。对这些人而言,香港在很多方面都扮演着海外华人和祖国之间桥梁的角色。

香港之所以能够担任这个角色,是许多条件所促成的。首先,它是个拥有开放经济的自由港口,而且能够快速和比较自由地获得有关中国和世界的资讯。在地理位置上,它位于广东省近旁,是河上航运、近海航运和远洋航运的汇合点;而且它距福建省也不远,福建和广东是中国输出最多移民的省份。此外,由于是英国殖民管治,不受中国司法制度管辖,因此香港也就可以避免中国内地许多法律与政治的限制。基于以上几点,香港不仅成了货物的转口贸易站,也是旅客、信件和汇款,以及资讯、思想和文化汇聚和传播的中心点。[③]

香港所扮演的其中一个重要角色,就是成为海外华人侨汇的中心。不管是用何种方

---

① 潘翎:《海外华人百科全书》,香港:三联书店,1998 年,第 67 页。
② 潘翎:《海外华人百科全书》,香港:三联书店,1998 年,第 67 页。
③ 潘翎:《海外华人百科全书》,香港:三联书店,1998 年,第 104—105 页。

式汇款，如通过信使或回国移民、民信局、私营邮局和银行等等，所有款项几乎都必定要经过香港才能抵达中国。有时，海外华人所汇的外币，也必须在香港转换成港币或港币的汇票，才由信使或归国的人带进中国。在另一些时候，他们会把外币先兑换成港币，再兑换成收款人所在省份使用的货币。这也就解释了为什么在海外和一些中国城市如厦门的货币兑换，都是以香港货币市场的兑换率为标准的。

  香港的主要银行便成了重要的票据结算银行。在19世纪及20世纪初期，这个领域由香港汇丰银行所控制，但其他也参与汇款业务的银行还包括渣打银行、有利银行、德亚银行、东方汇理银行、美国大通银行、荷兰银行和台湾银行。这些银行对于兑换程序有支配的权力，因此从外汇交易中赚取了可观的利润。到了20世纪初，许多华商眼见有利可图，也开始创设现代化的银行。香港第一家华人拥有的现代化银行是广东银行，由来自三藩市的海外华人所创立，专门从事外汇和来自美国侨汇的业务。[①]上述这些经过香港的西方银行汇款的大部分是来自北美和澳大利亚等地的汇款，个人汇款常常委托侨批局代理，把汇款集中起来一起通过西方银行汇款到香港，后再从香港西方银行取出汇票，由专人带入广东的广府地区交给收款人，收款人持汇票到附近的侨批局代理处换取现金。汇款人在汇款时候会另外写一封侨批，通过侨批局或者邮局寄给国内收款人，告知汇款和交代家中其他事情。这些汇款数额常常比海外汇到福建闽南和广东潮汕、梅州的汇款较为大笔，因为前者路途遥远手续费不菲，每年只寄两到五次。而后者的汇款常常小额而寄款频繁，常常按月寄出。而后者的移民主要集中在东南亚，东南亚与华南地区之间的联系因地理近的因素，使得经济、文化、人员、汇款往来密切和频繁。在这些地区之间的汇款通过的渠道包括侨批局、西方银行、华侨银行、中国银行、钱庄等等。来自东南亚的个人汇款大部分通过侨批局进行，侨批局在海外和家乡的便利周到服务更适合东南亚的华人汇款习惯。

  到了20世纪40年代后期，局势却起了极大的变化。中华人民共和国的成立，印尼、菲律宾、马来西亚和新加坡等海外华人的主要居留国取得独立，以及冷战的爆发，都使侨汇的数目骤降。虽然面对种种困难，香港侨汇中心的地位一直不变。据菲茨杰拉德估计，在20世纪60年代，大约有95%的侨汇经过香港。另一位经济学家估计，每年有2500万到3000万美元侨汇经过香港进入中国。事实上，这个数目只是海外华人侨汇总数——9000万到1亿美元——的一小部分，因为其中就有4000万美元被故意用来在香港进行投资。如果没有了香港，海外华人会发现，他们在居留国与中国的国营企业或私人机构进行中国货品的贸易与交易时，都会比较困难。菲茨杰拉德更观察入微地说："香港在中国与海外华人的金融与商业联系上并非不可或缺的，不过它确实提供了很多方便。"[②]

---

 ①　潘翎：《海外华人百科全书》，香港：三联书店，1998年，第105页。
 ②　潘翎：《海外华人百科全书》，香港：三联书店，1998年，第105页。

二、1949 年后鲤安信局的经营

1934 年谢瑞生在菲律宾创办鲤安信局经营侨批业务。1935 年至 1938 年，鲤安信局与菲律宾聚华信局合作在闽南开办聚鲤信局，合作经营侨批的国内业务。太平洋战争爆发，鲤安信局停业。战后，经济活动恢复。谢瑞生至迟于 1945 年 10 月在马尼拉复办鲤安信局，鲤安信局属于设立在海外的信局经营模式，在马尼拉收揽侨批，再找闽南地区的合作信局进行解付并收回文，集中后再发到马尼拉。鲤安信局谢瑞生重返家乡，1945 年 10 月至 1948 年期间，与菲律宾南川信局合作创设了南鲤信局，经营侨批业务。

2018 年笔者发现了一批 1946 年至 1949 年之间的涉及鲤安信局等公司的珍贵华侨商业资料，包括商业信函、电汇单、信局汇票、汇款账单等等，涉及菲律宾柯子颜行及其上海分行、顺昌信局（汇票）、上海华侨商业公司等等，其中最吸引我的是有关鲤安信局、南鲤信局和这些机构之间往来的商业信函和汇票。鲤安信局的经营模式更具当代金融意义，而且融合了贸易与跨国汇兑的互相渗透的兼营业态，在马尼拉、宿务、独鲁万、香港、上海、厦门、泉州的城市之间建立跨国网络。鲤安信局与菲律宾柯子颜行上海分行之间的商业信函，反映了跨国商业的成熟运作和信局的汇兑与贸易互相渗透的特点，以及菲、沪、港、厦、泉之间的汇兑业务。显然这一时期，香港成为鲤安信局业务连接菲律宾与中国之间的主要通道。因国内外的营商环境导致鲤安信局的这种经营模式在新中国成立后不复存在。

南鲤信局拆分后，1949 年，谢瑞生在厦门设立鲤安信局，继续经营侨批业务，直到 1958 年。

图 1 侨批使用马尼拉兴华汇兑信局印制的侨批封，侨批封背面印："兴华信局兴字列第十一帮四三四二号，交厦门恒记局收。本局设在岷里拉梅艺岷伦洛港乾四百零五号专营汇兑信局，办理敏捷，取价公道，侨胞惠顾，毋任欢迎。国内代理处：厦门大中路六十二号 鲤安信局、安海下墟巷五十二号 鲤安信局、安海 福建银行、泉州中山南路三二五号 鲤安信局、泉州交通银行、福建省银行、石狮交通银行、官桥街怡美布店内鲤安信局"。

这种侨批局在国内设代理处的做法非常普遍。这些国内的代理处方便接收汇款者直接持侨批局汇票前往兑现领取。此时的鲤安信局已经自己经营，与南川信局合作的南鲤信局已经结业。此时，鲤安信局谢瑞生聘同村的谢必荣负责泉州的鲤安信局业务。1949 年 2 月，晋江县银信业同业公会第四届会员登记鲤安信局的经理为谢必荣并担任该会候补理事，信局地址为中山南路 325 号。①

---

① 中国银行泉州分行行史编委会编：《泉州侨批业史料》，厦门：厦门大学出版社，1994 年，第 81—82 页。

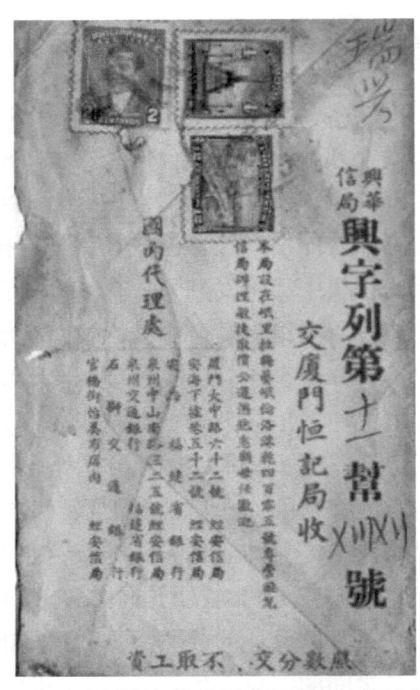

图 1　1949 年马尼拉蔡世谐寄石狮大厝蔡世滚侨批

新中国成立后，菲律宾属于西方阵营，试图在经济上围堵新中国的发展，对中国实行严厉的外汇管制，菲律宾与中国之间的汇款不畅通。侨批业被菲律宾当局宣布为非法经营。侨批经营增加了难度，转入地下经营，侨批局以银行等渠道电汇至香港的商行，后再辗转进入内地。在这过程中香港的侨批局经营者为不引起当局注意，常常以商行的名号进行经营。

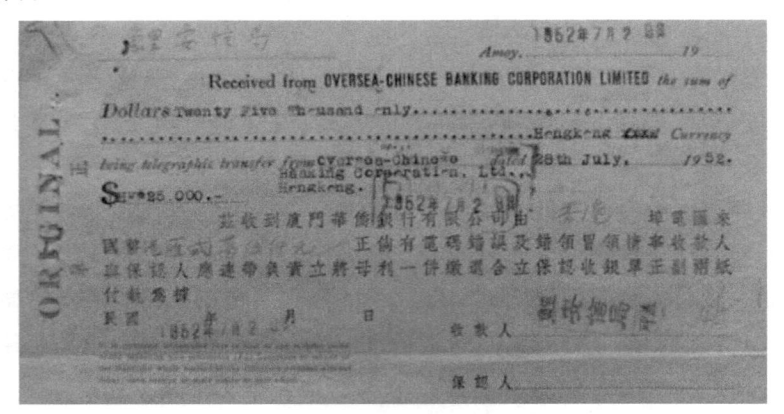

图 2　1952 年 7 月 28 日鲤安信局通过香港华侨银行汇款到厦门的电汇单

新中国成立后，菲律宾采取对中国的严厉的外汇限制措施，打击侨批业经营者。侨批局不能直接从菲律宾汇款到中国，而需要从第三地再汇入中国大陆，香港是一个主要的汇款过境通道。图 2 的这张 1952 年电汇单，是菲律宾的侨汇款集中后汇到香港，再由华侨银行香港分行转到华侨银行厦门分行，交给厦门的鲤安信局。50 年代，东南亚的华侨资银行继续在中国大陆经营的很少，华侨银行是其中之一。1949 年 10 月，厦门市人民政府加强金融市场管理，颁布金融管理办法，逐步取缔非法货币，投机者由公开转入秘密的黑市活动。市人民银行配合有关部门，采取重点打击和"说服与取缔"相结合的方针，劝导与说服钱庄转业或停业。[①]在民国时期作为菲律宾和闽南之间的汇款途径非常多，如前述的钱庄是主要的渠道，还有一些跨国银行。新中国成立后由于西方对新中国的金融管制和中国的金融政策的双重作用下，华侨银行成为沟通境外资金进入中国大陆的少数银行渠道之一。因此，鲤安信局作为菲律宾的侨批经营者只能选择华侨银行从香港转进侨批款项。在外围国家与市场对新中国不利的金融环境下，华侨银行对于新中国引进侨汇做出的贡献非常难得，也克服了许多的困难，体现了华侨银行的主要股东对祖籍国的热爱和支援。对处于新中国初期普通华侨家庭生活的改善提供便利。

三、通过香港进入内地的侨批实例

图 3　1954 年从香港合记行寄到福建石狮的侨批

[①]《厦门金融志》编委会编：《厦门金融志》，厦门：鹭江出版社，1989 年，第 41 页。

图3是一封在香港经营侨批业务的合记行寄给福建石狮的侨批客户的信函,香港地址为永乐东街94号二楼。内容如下:

姚贻楸家中伟鉴:

敬启者,兹承马尼拉姚贻楸先生来函托汇交给你人民币一百万元正。该项经于今天在港电汇中国银行交去。候到时收妥后。伏知香港本行并请你直接去函姚贻楸先生关照,以完手续为荷。

此致即祈

近安!

香港合记行启

九月一日

新中国成立后,菲律宾的侨批业进入了地下经营,以应对菲律宾当局的严厉打击甚至逮捕侨批经营者。侨批局收汇后通过银行电汇到香港的侨批商行,香港侨批局为了掩人耳目,以商行的名义对外经营,使得外界以为是经营贸易的商行,以避免麻烦。

在菲律宾马尼拉发电报到家乡的侨批解付局,后者依据这个电报做出每一次的帮单,再根据帮单分发侨批批款。

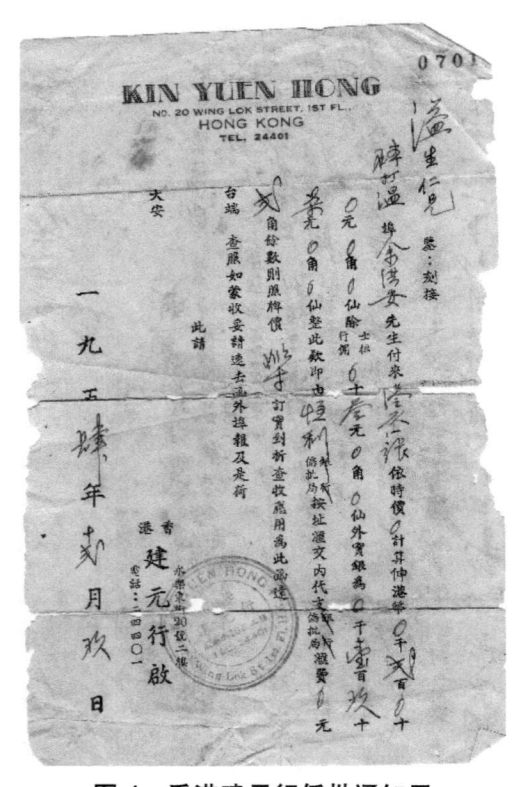

图4 香港建元行侨批通知函

图4为北美寄广东江门的侨批通知函,内容如下:

溢生仁兄鉴：

刻接砵打温埠余洪安付来港凥一张依时价。计算伸港币二百元，除士担3元，外实银为一百九十七元整。此款即由恒利侨批局按址汇交，内代支汇费二角，余数照牌价42.7订实。到祈查收应用。为此函达台端查照。如蒙收妥，请速去函外埠报及是荷。

  此请

大安！

香港建元行 启
一九五四年十二月九日

  广东江门华侨大部分移民北美，信中"港凥"寄来已经按照当时汇率，换成港币的汇票，再支付北美寄香港的邮费3元港币，剩余款项再由恒利侨批局汇到国内，按照100元港币换人民币42.7元，扣掉汇费二角，剩下就是给收款人的实收款数额。恒利侨批局是在国内的侨批局，负责国内解付业务的。

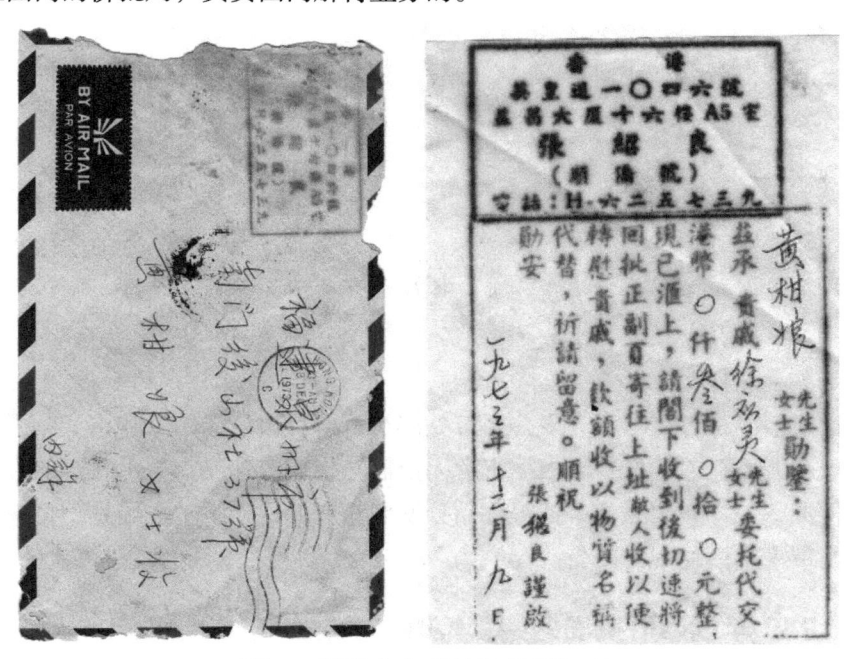

图5　香港寄泉州的汇款通知书

黄柑娘先生/女士勋鉴：

  兹承贵戚徐应灵先生/女士委托代交港币三百元整。现已汇上，请阁下收到后，切速将回批正副页寄往上址敝人收。以便转慰亲戚，款额收以物质名称代替，祈请留意。

  顺祝

勋安！

张绍良 谨启
一九七三年十二月九日

这家的侨信从越南寄到泉州,时间在 1973 年到 1975 年之间,约 8 封。

在闽南地区往越南的华侨占比偏少,直接导致和越南相关的侨批存世量少。近十几年来发现的新中国成立后和越南侨汇有关的仅此一家。图 5 的这个实例:张绍良(顺侨号)是一家在香港经营侨批业务的商行,在香港转接来自越南的华侨汇款后通过中国银行汇到泉州,并要其收款人在收到款项后,将回批正副页寄到香港,其中一份香港张绍良(顺侨号)留底做账,另外一份寄给越南的侨批局或经营侨批汇兑的公司,完成整个汇款流程。还要收款人再寄一封家信到越南告诉汇款的家人已经收到汇款。

在 20 世纪 60 年代,中国大陆处于经济困难时期,市场物资缺乏,海外的华侨了解了情况后,为了照顾家乡亲人的生活,把侨批款通过侨批局直接转换成食品等物资寄回国内。

旭 列 芬 字第壹拾捌帮 贰页

敬启者 兹承菲律宾埠来信委托敝公司转寄粮食品一批,已照办理明白。现将领物单 份张随函付上。希请查收代转送给各客户是荷,并讨回条为盼。

此帮食品计金额港币

尊应得之 1.2% 佣金结计　　照志入尊账。存来之额另日奉清勿介。

此致

百川信局台照
东亚有限公司汇兑部

附注:付上本帮各户粮单清表一页请查核对之。

一九六二年六月六日

并付带各单应得之粮票[①]

上面这封信函是香港东亚有限公司汇兑部给石狮百川信局的,从中了解了菲律宾的侨批汇兑经营者委托前者在香港根据寄款人金额转换成粮食品,再由石狮的百川信局像分发解付侨批款一样,按照清单把粮食品分发到相应的侨户手中。给处于特殊困难时期的华侨家庭带来生活物资的补充。

四、1949 年以后侨批局的经营策略

1949 年新中国成立后,国际局势突变,西方借东南亚国家围堵中国,对中国实施严厉的外汇管制措施。菲律宾虽在战后独立,但其社会、经济、政治、文化等继续依赖美国,与美国的政治、军事和经济关系非常紧密,自然对汇往中国的侨汇管制得最为严厉,甚至把侨批局经营列为非法交易,抓捕侨批经营者。因此,几乎所有汇往中国内地的侨汇、侨批必须要经过香港中转再进入中国内地,以逃避检查。

---

① 晋江市档案局(馆)编:《图说晋江侨批》,北京:九州出版社,2016 年,第 38—39 页。

在当地政府的限额内按当局规定办理申请手续，但因当地政府规定要申请汇款时必须缴验居民证，因此，以前采用空批套取汇款的办法就较为困难，侨汇如超过限额，清单、侨信私寄港或以小码代大码，如天字某号港币 50 元代替港币 500 元，申请汇款时仍照 50 元，其余 450 元另套调港。①

这种申请汇款必须缴验居民证的方式主要是在新加坡和马来亚，在华侨银行的档案中也发现这种申请书中直接把汇款人的照片和护照等等信息集中在一张两面的表格中，可见对汇款的申请审查并不分银行和侨批局。

对于有兼营进口商的信局均以多报少的方式将外汇头寸调港，他们收汇方法设正副局，正局为当地政府认为合法的，照申汇手续照缴押柜金，所收侨汇亦只在当地政府的限额内。副局即为地下的，经收的侨汇为超额的大笔的，因此，他们是冒险性的，即使被捕，然损失亦不大，据云，南洋马来亚一带很多信局有采取此种方式。②

这种副局的经营方式只存在于马来亚，在印尼则没有发现实际侨批例子，因为如果被政府发现汇款往中国的话，经营者有被抓捕的危险，印尼的经营完全处于地下状态，甚至在实际交易中使用暗语取代，隐身于没有侨批局招牌的普通小店中。在马来亚的地下依然存在许多类似钱庄的机构可以轻松地把大笔款项调到香港。或者以贸易公司的货款形式转到香港，作为进口货物支付款项。也不会引起香港方面的注意，所以 1949 年后的马来亚的侨批再集中寄到香港时是没有信封的，如果有信封是香港的经营侨批贸易商行代写的，侨批笺上只有帮号和序号。

接受侨胞汇款，不敢出具收条，因怕收条外露有危险性，系由侨批业设簿记金额，汇款人在金额上盖印，此因目前挂账尚多，且侨胞与侨批业均很熟悉，彼此信任。侨批清单回文寄法与印尼略同，只是侨批来港，逐一另再装信封寄国内；回文寄出，个别信局在限额内回文上公开印上信局名义，超过限额回文即用不同信笺并不注明任何信局名义，如被检查出，可藉词申辩。③

图 6 的回批总包封，由厦门的源兴信局在 1971 年 6 月 8 日寄出，香港信箱 418 号源兴信局收。当时"文革"尚未结束，侨批的对外经营处于暗批时代，从信封本身很难看出是侨批总包封，可是薄薄的一个信封寄到香港贴了 4.48 元。信封没体现源兴信局在香港和厦门的具体地址，避免被香港海关查没和罚款。而且这总包封并没有在其正面左上角表明该总封的帮号、内夹的回批数量和邮资总额。而 1948 年汕头洪万丰批局寄槟城的侨批总包封则详细标明帮号、内夹的回批数量和邮资总额，当然也有槟城和汕头

---

① 中国银行泉州分行行史编委会编：《闽南侨批史记述》，厦门：厦门大学出版社，1996 年，第 145 页。

② 中国银行泉州分行行史编委会编：《闽南侨批史记述》，厦门：厦门大学出版社，1996 年，第 146 页。

③ 中国银行泉州分行行史编委会编：《闽南侨批史记述》，厦门：厦门大学出版社，1996 年，第 145 页。

洪万丰批局的地址。①

图6 1971年由厦门源兴信局寄到香港的源兴信局的总包封

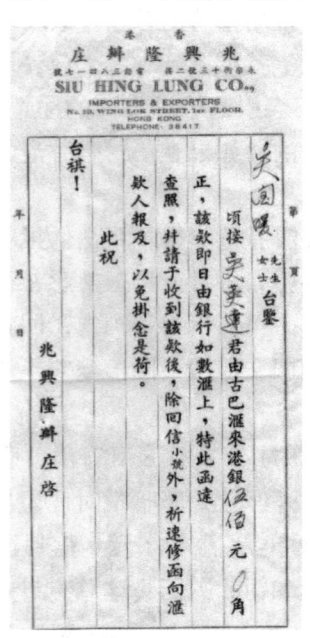

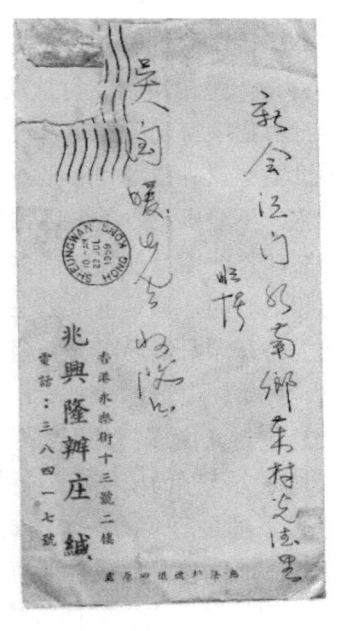

图7 1959年由香港的兆兴隆办庄寄到新会江门水南乡的汇款信件

1959年，由香港寄新会江门水南乡的信件是香港的兆兴隆办庄（进出口公司）寄出的，从中了解到，古巴华人吴英达由古巴汇来港币500元，将由银行如数汇给吴闰暖，请他查收后除了回信给香港的兆兴隆办庄外，还需要写信给在古巴的汇款人。该信件使用兆兴隆办庄的便用笺和信封，非常慎重和专业。

---

① 许茂春：《东南亚华人与侨批》，曼谷：泰国泰华进出口商会，2008年，第256—257页。

452

五、中国银行在香港经营侨批业务

1937 年成立合昌信局是中国银行切入实际侨批经营的一个重要里程碑，适应了海内外侨批局的操作和称呼习惯，可见中国银行在经营上展现出的灵活性。不仅仅是名称上的改变，重要的是充分了解侨批局的运作模式，学习并融入其中。中国银行经营侨批一直延续到新中国成立后，并成为新中国唯一的经营外汇银行。

张公量 1949 年 6 月参加革命，受中共华南局委派去香港，与其他同志一起担当起筹建南洋商业银行任务。1949 年冬香港南洋商业银行成立，庄世平担任董事长，张公量任该行董事兼副总经理，直到 1959 年退休。从中可见中国银行在新中国时期吸引侨汇，打通南洋与国内侨汇通道做出非常重要的贡献，也说明了新中国时期香港在东南亚侨批进入国内的重要中转口岸地位，打破西方对新中国的外汇封锁，其作用无可替代。

中国银行在马来亚的芙蓉、新加坡、怡保、吉隆坡、槟榔屿、柔佛等地有设分行作为合昌信局海外分号。[1]因华侨银行在厦门设分行，合昌信局的海外侨批款通过海外的华侨银行各地分行转到华侨银行厦门分行。

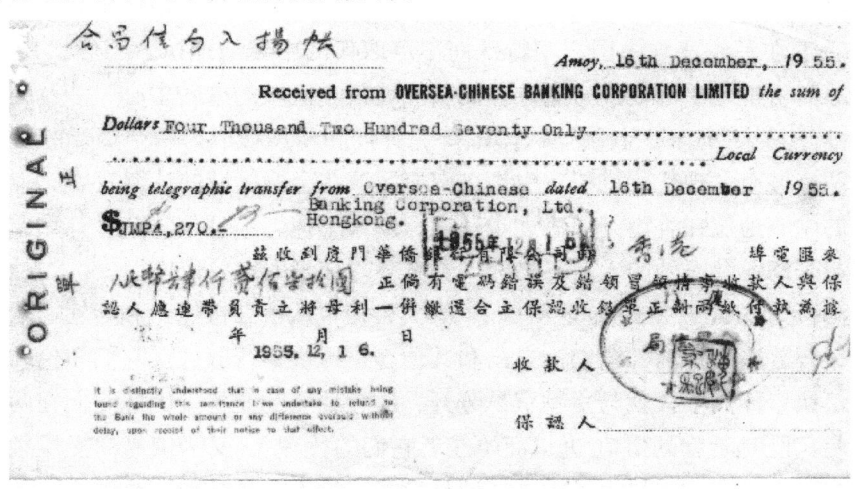

图 8　1955 年合昌信局通过香港华侨银行电汇到厦门华侨银行的单据

图 8 为 1955 年合昌信局的款项通过香港华侨银行电汇到厦门华侨银行，存入合昌银行在厦门华侨银行的账户上。这说明了这时期香港是合昌信局（中国银行）从海外调入国内侨批款的主要渠道，中国银行在 1949 年后一直与华侨银行保持非常密切的业务关系。中国银行于 1917 年在香港设立机构，经过百年发展，从当年不到 10 名员工的简陋分号至现时拥有香港最大分行网络的主流金融集团，不仅在香港经济发展中发挥举足轻重的作用，也为香港社会繁荣稳定做出了重要贡献，可见香港对于中国银行的业务的

---

[1] 福建省档案馆编：《福建省侨批档案汇编（第一辑）》第 21 册，北京：国家图书馆出版社，2017 年，第 247—248 页。

重要性。香港在中国银行1949年以后的很长时间里是中国银行处理海外侨汇业务重要中转地，更加凸显其在拓展国际业务中发挥的作用，与香港成为国际金融中心相辅相成。

1949年以后，从马来亚发出的侨批必须经过新加坡，后进入香港，再转入中国内地，包括侨批本身和侨批款，因当时时局所限制并没有其他路径和渠道可以进入中国。如1950年福建晋江东石郭奕枞寄新加坡郭燕趁的回批，郭燕趁长期在马来亚霹雳州的太平、江沙、怡保等地，并没有在新加坡居住，很显然是郭燕趁从马来亚通过正大信局在马来亚的分局或代理联号寄到晋江东石的，原批是经过正大信局的渠道转到新加坡的正大信局处理后再寄到的，因此回批就从原路径返回马来亚，而进出马来亚的侨批必先寄到新加坡中转，所以回批写的新加坡（批封上盖"实叻"）不是此批的最后地址，因新加坡正大信局有帮单，自然会记上郭燕趁的寄出的马来亚地址，正大信局依据地址再转到马来亚给郭燕趁。该批的背面印有"港汇"[1]字样，和手写的150（元），即涉及款项为港币150元。

从此批封的分析可以清楚新加坡的中转地位，而进入中国内地还是需要经过香港。这凸显了香港在马来亚与中国之间特殊而不可取代的中转的地位。当然，1949年以后东南亚国家的侨汇几乎都要经过香港。而新加坡只是区域的中转中心，涉及的国家地区包括马来亚（马来西亚）、新加坡、印尼等。香港和新加坡成为两个重要的国际金融中心，带动两个城市的现代化进程，引领东南亚区域在金融领域的持续发展。

香港的中心地位在香港开埠后逐步建立，发展迅速，地理位置凸显其重要的价值，成为中国与东南亚及海外的人员、物资、资本等等往来的重要口岸。

怡和洋行（Jardine, Matheson & Co.）等大公司也从事金银经纪和金银运输业务，而且在正规银行普遍出现前，它们为自己和其他客户提供银行服务。它们与伦敦有联系，所以接受汇票，而这不久就与货物贸易分开，成为独立的业务。因此它们在两个层面参与货物贸易：既是货物的出口/进口商（或者它们的代理），又为贸易商提供融资服务。这些资本中介人的存在，扩大了香港的贸易潜能。货币业务的设施令香港准备就绪，即将登场成为区域金融中心，这一发展其后会有助于促进华人出洋到加州及与之贸易，而香港也反过来得益于这两项活动。[2]

六、结论

对于华人来说，香港是非常独特的，很多海外华人居留在香港。20世纪60年代后，大批广东和福建的华人、归侨及侨眷移民，因各种原因滞留香港，在香港重新

---

[1] 经过香港的港币汇款有时称港汇。
[2] 冼玉仪：《穿梭太平洋：金山梦、华人出洋与香港的形成》，林立伟译，香港：中华书局，2019年，第23页。

发展。

英国殖民统治香港后,西方资本逐步进入香港,也随后在香港设立分行。借助香港的华侨银行和商行把大笔款项直接转进国内再进行解付。当然,香港除了有这些银行还有非常多的侨批局、汇兑商等等,才使得香港的侨批中心地位可以确立。另一方面,香港同时是国际港口贸易中心,许多侨批局常常兼营贸易等,利用侨批款进行贸易是一种习惯的做法,可以让经营者避免在贸易和汇款中付出两次税收,节约了经营成本,也促进不同行业的客户资源利用,增加业务量,还能分散资本投资风险。

新中国成立后,香港成为唯一外汇进入进出口岸。大量的包括侨批款在内的华侨汇款涌入香港,进行汇兑交易后再以各种汇款方式、商品等形式进入中国内地。此时东南亚的侨批业进入了黄金发展时期,到处充满商机,给香港的金融中心带来了繁荣,并互相促进。大量的侨批局纷纷在香港设立分支机构或者寻找适合的侨批局作为合作联号,以便在香港开展与东南亚各地有关的侨批业务。

1949年后,许多的归侨、侨眷申请回到原来的侨居地或者投靠亲戚,但是因每个国家战后不同的对待来自中国大陆移民的政策,使得其中绝大部分不能入境印尼、菲律宾、新加坡等国家,而滞留在香港生活工作,他们与侨居海外的亲戚保持联系,希望有朝一日能如愿。经过一段时间后,其中的一部分因居留香港达到一定年限后取得香港身份,就可较容易以香港身份进入这些国家。这些人中有的一直持香港护照居住在菲律宾的,这种情况屡见不鲜。从另一个侧面也说明了香港是中国与东南亚之间的主要交流渠道,无论人员,还是物资、资金等等方面。1949年后至1973年,香港进入蓬勃发展阶段,和这些来自内地而滞留香港的人员的奋斗有关,他们给香港带来了活力和机会。

上述的来自菲律宾、越南、古巴、北美和对应国内的闽南地区和广府地区的具体例子,有力地说明了香港在这一时期的侨批中心地位,以自身的韧性构建以香港为中心的金融网络,不仅促进了侨批交易的持续,而且给香港构建全球金融中心提供了助力。

帝俄华商纪凤台经商活动[①]

潘晓伟[②]

【摘　要】 纪凤台是帝俄时代在俄国华商的代表，是为数很少的获得一等商人证书的华人。他在俄国远东地区拥有众多产业，是位成功的华商。19世纪末起，他将事业拓展到了中国东北地区，并卷入了日俄战争。纪凤台在日俄战争中积极支持俄国，为此受到日本军方的通缉。日俄战争结束后，他在中国东北的产业被没收，事业受重创，最后终老俄国。俄中两国学人对纪凤台的评价有异。俄罗斯学者视其为精明、有修养华人的代表，是俄中友好的见证人，而在晚清和近现代部分国人笔下纪凤台是奸商，甚至是汉奸。

【关键词】 纪凤台；华商；经商活动

在帝俄远东地区，商业是华人较为集中的一个领域。那时在远东地区经商的华人比例高，影响力也大，各地华人协会的领导多由商人担任，但实力雄厚者数量有限。当时俄国政府根据商人拥有的资产等情况给他们划分不同的等级，同时授予其相应的经营许可证书，有一等商人、二等商人等。帝俄时代，远东地区拥有一等商人身份的华商数量很少，纪凤台是其中的一个，因而对纪凤台的研究有助于更深入了解帝俄远东商业史和当地华商的经营和生活情况。此外，纪凤台在中俄关系史上颇受争议，在中俄两国获得完全相反的评价。鉴于纪凤台作为帝俄远东华人中的一个"特殊存在"，有深入研究的必要，然而学界对纪凤台的研究不尽如人意。

国内学界涉及纪凤台的成果主要有：介绍纪凤台生平和他在远东商业活动[③]；纪凤台与中俄东段边界划分[④]；和纪凤台同时代的晚清官员的考察报告中会提及纪凤

[①] 基金项目：本文系中国侨联项目"帝俄远东地区华人、朝鲜人、日本人比较研究"（项目编号22BZQK205）阶段性成果。

[②] 作者简介：潘晓伟，历史学博士，黑龙江大学历史文化旅游学院教授，主要从事俄罗斯华人史和俄国东部地区外国劳动力问题研究。

[③] 尤·奥希波夫、郭燕顺：《俄籍华商纪凤台》，载《长白论丛》，1996年第2期；张宗海等：《19世纪末至20世纪初华商在俄国远东地区的形成和发展》，载《俄罗斯学刊》，2015年第2期；潘晓伟：《十月革命前俄罗斯远东地区华人商业活动》，载《西伯利亚研究》，2017年第5期。

[④] 刘远图：《关于历史上中俄边界"耶"字界牌的考察》，载《社会科学战线》，1994年第5期。

台[①]；关于近代东北地区鲁籍商人的[②]，近代东北地区工商业发展中鲁商是个庞大的群体，日俄战争前纪凤台的经商活动一度拓展至东北地区，在关于近代东北鲁商的研究中会涉及纪凤台；关于中俄贸易史的[③]，在俄华人具有从事中俄贸易的先天优势，作为成功的华商，中俄贸易在纪凤台的工商活动中占有一定份额，涉及晚清中俄贸易史料也会偶尔提及纪凤台。

作为帝俄华商的翘楚，纪凤台受到了俄罗斯学者的关注[④]。其中 А. И. 彼得罗夫的研究很值得关注，他在掌握大量俄文档案基础上撰写了系列成果，学术价值大，但研究中对中文资料的运用不够；Е. И. 涅斯杰洛娃的文章和中国学者张宗海、潘晓伟的关于华商的文章类似，是在研究远东的知名华人时涉及纪凤台，非专门关于纪凤台的研究；Д. А. 安冶等的《华人在符拉迪沃斯托克的历史篇章》是关于 19 世纪下半叶至 20 世纪 30 年代符拉迪沃斯托克（海参崴）华人历史的著作，其中有关于纪凤台在符拉迪沃斯托克（海参崴）工商活动的篇章，但在符拉迪沃斯托克（海参崴）的活动仅是纪凤台工商活动的一个组成部分，非全部。

以上论述可以看出，纪凤台作为个案未受到国内学者的充分重视，仅在论及华人在远东经济活动和晚清中俄贸易史时提及纪凤台。俄罗斯学者尽管对纪凤台经商活动进行了较为深入的研究，但其所依据的几乎都是俄文史料。作为帝俄时代远东地区的知名华人，且其活动牵涉中俄贸易、中俄划界，对其深入研究仅依据中文或俄文一方资料显然不够。本文在占有俄文、中文资料基础上展现帝俄华商代表——纪凤台跌宕起伏的经商活动，并分析纪凤台在俄中两国出现不同评价的原因。

一、纪凤台在俄国远东地区的经商活动

纪凤台是山东黄县人。关于他的出生年份俄文资料记载有两个时间，分别是 1849

---

① 曹廷杰：《西伯利东偏纪要》，载丛佩远、赵鸣岐编《曹廷杰集》（上册），中华书局，1985 年；聂士成：《东游纪程》，北京：中华书局，2007 年；宋小濂：《北徼纪游》，黄纪莲校，哈尔滨：黑龙江人民出版社，1984 年；李树棠：《东缴纪行（四）》，张守常点注，载《黑河学刊》，1989 年第 3 期。

② 熊双风：《近代山东黄县商人在东北地区的经商活动》，长春：东北师范大学硕士学位论文，2010 年。

③ 孟宪章主编：《中苏贸易史资料》，北京：中国经济贸易出版社，1991 年。

④ 主要成果有：А. И. 彼得罗夫（Петров）：《俄罗斯华人史：1856—1917》（История китайцев в России: 1856-1917. СПб: ООО «Береста», 2003）；А. И. 彼得罗夫（Петров）：《"俄国华人"尼古拉·伊万诺维奇·纪凤台（季凤台）》（«Русский китаец» Николай Иванович Тифонтай (Цзи Фэнтай), Россия и АТР. 2005. № 2）；Е. И. 涅斯杰洛娃（Нестерова）的《俄国远东的华人们的命运》（Китайцы на российском Дальнем Востоке: люди и судьбы, Диаспоры. 2003. № 2）；Д. А. 安冶（Анча）和 Н. Г. 米兹（Мизь）的《华人在符拉迪沃斯托克的历史篇章》（Китайская диаспора во Владивостоке — страницы истории, Владивосток: Дальнаука, 2015）。

年和 1853 年。①1872 年，纪凤台从山东来到哈巴罗夫斯克（伯力）务工，他和一般"候鸟"中国务工人员不同，他曾进入商务学校学习。因其通晓俄语，又具有一定经济头脑，这使得他很快在远东的众多中国人中崭露头角。他曾在哈巴罗夫斯克（伯力）一个工程队当过翻译，结识了一些俄国人，为他后来经商成功打下了人脉基础。纪凤台在俄国远东地区工商活动的基地是哈巴罗夫斯克（伯力），他早期创办的商行"利成行"就在哈巴罗夫斯克（伯力），也长期在该市居住。1875 年，纪凤台获得二等商人（купец второй гильдии）证书。这说明他具备一定经济实力了，至少拥有 2 万卢布的资本，因为当时规定若成为二等商人需要拥有 2 万卢布的资本。早期纪凤台主要从事毛皮贸易，1881 年前，与毛皮商人杜申日（Душенжи）和德鲁尼（Дылунь）合作，后来自己单干。19 世纪 80 年代初期，纪凤台在哈巴罗夫斯克（伯力）的中国人当中有一定影响力。1880 年，纪凤台参与哈巴罗夫斯克（伯力）华人协会会长的选举，获得了第二多的选票。

19 世纪 80 年代，纪凤台有一定财力、生活较为优渥的一个证明是，从 1879 年起，纪凤台家雇用了一名戈尔德②女性申德黑（Ши-дэн-хэ）为仆人，每年支付她 120 卢布的薪酬，雇佣关系持续了 5—6 年时间。③此外，乌苏里哥萨克步兵营的格林（Глен）上校的报告中，对纪凤台在乌苏里地区的经商情况做过描述：在辖区附近住着包括工人在内的 109 名华人，他们从事粮食、蔬菜种植及将木材流送到哈巴罗夫斯克（伯力）的工作，也同南乌苏里等地的土著居民进行毛皮等的贸易活动。除了这些华人外，每年会有 150—200 名渔猎采集人员从中国来当地从事挖参等工作。无论是长期居住的华人，还是外来的、打短工的华人都受雇于纪凤台，短暂来乌苏里地区的华人的工资要远低于长期生活的华人的工资，纪凤台每年在乌苏里地区的商品贸易额达 4 万卢布。④

1891 年，纪凤台商行的贸易额达 1.5 万卢布，不动产的价值约 2 万—5 万卢布。⑤这一年，纪凤台作为哈巴罗夫斯克（伯力）工商界代表受到当时的皇储、后来的沙皇尼古拉的接见。皇储对其印象颇佳，向其颁发了一枚银质奖章。

---

① Нестерова Е. И. Китайцы на российском Дальнем Востоке: люди и судьбы, Диаспоры. 2003. №2. С. 16-17.

② "戈尔德人"是俄文"Гольды"的音译，有时也作"果尔特人"，是 19 世纪中叶至 20 世纪初俄国人对"那乃人"（Нанайцы）的称呼。"戈尔德人"（那乃人）是长期生活在黑龙江沿岸的少数民族，我国境内也有，我们称之为"赫哲人"。

③ РГИА ДВ. Ф.1.Оп.2.Д.977. Л.177-177об. См.: Петров А. И. «Русский китаец» Николай Иванович Тифонтай (Цзи Фэнтай), Россия и АТР. 2005. № 2. С. 143.

④ РГИА ДВ. Ф.1.Оп.2. Д. 997. Л.22-23. См.: Петров А. И. История китайцев в России: 1856-1917. СПб: ООО «Береста», 2003. С. 108-109.

⑤ Нестерова Е. И. Китайцы на российском Дальнем Востоке: люди и судьбы, Диаспоры. 2003. № 2. С. 17.

19世纪90年代，纪凤台在远东的经济活动得以拓展，参与到中俄松花江贸易中来。中俄《北京条约》签订后，在官方的支持下，俄国商人多次非法航行于松花江，并在松花江沿岸进行贸易。甲午战争后，清政府允许俄国在松花江沿岸进行贸易，"廿一、二年经喀使与总署商订，俄轮可任便在松花江、嫩江上下驶行，向沿江居民购买阿穆尔省军民所需粮食牲畜。"①俄国取得了松花江贸易的合法权。"1895年夏，一艘俄轮首次航行于松花，访问了三姓及其他城市。"②这里所言的"首航"是指19世纪末清政府允许俄商船通过后的航行。纪凤台参与其间，在阿穆尔河沿岸地区总督 С. М. 杜霍夫斯科伊（Духовской）的支持下哈巴罗夫斯克（伯力）商人 С. Я. 波格丹诺夫（Богданов）获得松花江的贸易权，每航行一次可获得1700卢布的政府财政补助。1895年夏，纪凤台与波格丹诺夫乘坐"电报号"（Телеграф）商船，从哈巴罗夫斯克（伯力）出发，沿松花江航行，行至伯都讷以上30俄里后返程，以很高的价格将运来的商品售出，然后购买了大量的毛皮、烟草、粮食等商品，这些商品在哈巴罗夫斯克（伯力）出售后纯利润达15%。1897年，纪凤台在三姓成立商行。③纪凤台在松花江沿岸商业行为不仅俄文有记载，在清朝外交档案中也有记载："俄商体丰泰奉阿省粮台谕，在巴彦苏苏、伯都讷两处前经购定军粮，地方官不准装运出境，请放行。"④这里所言的"体丰泰"即为纪凤台。

在松花江沿岸贸易中能获利颇丰，和纪凤台的华人身份有一定关系，纪凤台作为华人比俄罗斯人更了解松花江沿岸地区居民喜好。他参股的公司一度垄断了中俄松花江沿岸地区的贸易，时人评价说纪凤台和他的代理人是"松花江地区和哈巴罗夫斯克商人交易的唯一中介人"。⑤由于纪凤台在俄国远东地区和中国东北地区经济活动的日趋活跃，1895年，纪凤台获得了当时在俄国远东的华商几乎不可能获得的一等商人证书。1897年，纪凤台在三姓成立了商行，商行由纪凤台的生意伙伴、同为远东地区华商的叶华林管理，"华商设有商务公所，举叶君华林为总董"。⑥

纪凤台在远东地区还经营了多家工厂和货栈等。1879年，在哈巴罗斯克（伯力）

---

① 《总署为毋阻俄购粮船航松花江嫩江事致吉林将军延茂电》，载孟宪章主编《中苏贸易史资料》，北京：中国经济贸易出版社，1991年，第299页。

② 聂宝璋、朱荫贵编：《中国近代航运史资料（第二辑）》上册，北京：中国社会科学出版社，2002年，第287页。

③ Тимофеев О. А. Международное судоходство на Сунгари во второй половине XIX-начале XX вв. // Россия и Китай в прошлом и настоящем. Благовещенск: Благовещенский гос. педагог. университет, 2001. С. 67.

④ 《总署为俄商已购粮食饬属准予出境事致黑龙江将军恩泽电》，载孟宪章主编《中苏贸易史资料》，北京：中国经济贸易出版社，1991年，第299页。

⑤ Позднеев Д. М. Описание Маньчжурии. Т. 1, С-Петербург: типография Ю. Н. Эрлих. 1897. С. 558.

⑥ 《华侨商务汇志》，载《东方杂志》，第4卷，第11期。

创办砖厂。之后，又开办了面粉厂、锯木厂等。根据哈巴罗夫斯克（伯力）市不动产登记信息，1895年，纪凤台在哈巴罗夫斯克（伯力）拥有不动产的价值达9.4万卢布，不动产拥有情况为：18间住宅、8座仓库、14个店铺、5间马厩、2间厢房、4间临时灰棚、2间板棚、3个货栈、3间草房、1座石头地窖、几间冷藏室。①

1895年，纪凤台的一份履历表信息也能证明纪凤台的富有。履历表记载他的不动产分布情况为：在哈巴罗夫斯克（伯力）第一街区第4号；第七街区第44号、第45号和第47号；在第19街区第142号和第146号；在第33街区第240号；在第43街区第302号；在第55街区第370号；在第68街区第2434号和第71街区第553号；在符拉迪沃斯托克第一街区第2号。②纪凤台有经济头脑，为了推销自己公司的产品在报纸上做广告，如在1899年的《阿穆尔报》（Приамурские ведомости）上登载了其公司生产的啤酒的广告。

1893年，纪凤台加入俄国国籍，从这时开始有了尼古拉·伊万诺维奇·纪凤台的俄文姓名。此前他就申请加入俄国国籍。1885年第一次申请入俄国籍，但因为没有皈依东正教被拒绝。1891年再次申请入籍，被要求满足两个条件即皈依东正教和剪掉辫子方可接受。纪凤台不想剪辫子，为此致信阿穆尔河沿岸地区总督 А. Н. 科尔弗（Корф），请求放宽入籍的条件，在保留辫子情况下入俄籍，并解释说剪掉辫子与国人做生意不方便，承诺两年内剪辫子，但未被接受。③这样，纪凤台剪掉辫子和皈依东正教后，1893年如愿成为俄籍华商。

19世纪末至日俄战争爆发前是纪凤台事业发展的最好时期。1901年，纪凤台与4名华人合股成立了"纪凤台公司"（Тифонтай и КО），纪凤台是大股东，成立之初公司资产达20万卢布，至1903年"纪凤台公司"拥有5个子公司。

与纪凤台在商业领域取得不俗成就相对应的是，纪凤台获得了众多荣誉。1899年，在哈巴罗夫斯克（伯力）举办阿穆尔-滨海地区工农业展览会上，纪凤台获多个奖励：俄国工商会的一份奖状和一枚银质奖章；展览会组委会的两份奖状，一份表彰他组织当地面粉生产，另一份表彰他组织地区砖业生产的功绩。④同时，纪凤台也积极参与哈巴罗斯克的社会活动，如无偿为穆拉维约夫伯爵在哈巴罗夫斯克（伯力）的纪念碑底座修建提供建材，免费为哈巴罗夫斯克（伯力）孤儿院建设提供建材等。纪凤台的捐助活动得到了回报，1891年当选"监狱监督协会哈巴罗夫斯克监狱委员会主任"，1892

---

① Нестерова Е. И. Китайцы на российском Дальнем Востоке: люди и судьбы, Диаспоры. 2003. № 2. С. 20.

② 聂丽·米兹、德米特里·安洽：《中国人在海参崴——符拉迪沃斯托克的历史篇章（1870—1938年）》，胡昊等译，北京：社会科学文献出版社，2016年，第144页。

③ Петров А. И. История китайцев в России: 1856-1917. СПб: ООО «Береста», 2003. С. 400.

④ 尤·奥希波夫、郭燕顺：《俄籍华商纪凤台》，载《长白论丛》，1996年第2期，第71页。

年，当选为俄国东正教边远地区协会候选会员。①

20世纪初，纪凤台在远东地区的富有和声望也能在时人的著述中得到证实。1893年，爱国将领聂士成奉李鸿章之命考察东北三省边政，在此期间曾赴俄境。在其所撰的考察报告和沿行见闻录——《东游纪程》中有关于远东地区风土人情的记述，也涉及在远东地区的中国人，关于纪凤台记载如下：

"屯有华商纪凤台设利成洋行。纪，山东黄县人，只身至海佣工，渐有积蓄若干，自立生意。及俄修伯利衙署、码头，首为鸠工，日胜一日。今阅二十余年，有三十万之富。"②

1899年，直隶清河道员李树棠奉直隶总督之命赴漠河视察金矿和中俄边界事宜，李树棠在公务之余到访了哈巴罗夫斯克（伯力）和符拉迪沃斯托克（海参崴），在他的日记中对在俄的见闻有记载，其中有关于纪凤台的：

"中国大商纪凤③台，山东黄县人，管事叶华林、傅巨川来拜，并邀往街市遍游……施邀至家，以西筵相待。询此处头票商人只纪凤台一家，每年纳租税千余圆。"④因为富有，纪凤台家成为来哈巴罗斯克（伯力）的中国社会名流的会面之地，李树棠就在纪凤台家里同瑷珲副都统寿山见面："适爱珲副都统寿眉封都护山由京回，晤于纪凤台家，接谈甚洽。"⑤不仅是华人如是记载，关于纪凤台的地位当时的俄国媒体也有记载。1897年9月7日的《符拉迪沃斯托克报》报道，符拉迪沃斯托克剧院有演出时，纪凤台及家人总会坐在最好的座位上。⑥

二、纪凤台在中国东北地区的经商活动

伴随着纪凤台经济实力的增强，其经济活动已经超出了俄国远东地区地理范围，拓展到中国东北地区。清朝外交档案记载，1897年，瑷珲阿林别拉沟发现了煤矿，永和公和鼎盛昌两商号承办了煤矿的开采，两商号为了"疏通销路"与纪凤台、卢宾诺夫签订了"合股开采"的合同⑦，尽管后来因地方政府的阻挠未能成行，但反映出纪凤台不满足于俄国远东地区的经营，有向中国东北地区拓展业务的意图。

1898年，俄国租借旅顺和大连后，在两地大兴土木，如建港口、修要塞等。受商

---

① 聂丽·米兹、德米特里·安治：《中国人在海参崴——符拉迪沃斯托克的历史篇章（1870—1938年）》，胡昊等译，北京：社会科学文献出版社，2016年，第145页。
② 聂士成：《东游纪程》，北京：中华书局，2007年，第56页。
③ 原文是"风"，下同。
④ 李树棠著、张守常点注：《东徼纪行（四）》，载《黑河学刊》，1989年第3期，第62页。
⑤ 李树棠著、张守常点注：《东徼纪行（四）》，载《黑河学刊》，1989年第3期，第62页。
⑥ Владивосток, 1897.7.сент.
⑦ 《黑龙江将军恩泽等奏爱珲商号煤矿因疏通销路改为华俄合股折》，载王彦威、王亮编《清季外交史料》第139卷，第4—5页，收录于沈云龙主编《近代中国史料丛刊》第三编第二辑，海口：文海出版有限公司，1985年，第2369—2370页。

机的诱惑，众多的华、俄工商人士来此淘金，纪凤台就是其中一员。纪凤台承包了部分土木工程，获利颇丰。"纪凤台公司"在旅顺、大连设有商号，也开办了面粉厂和酿酒厂等，后来闻名遐迩的"大和旅馆"旅顺分馆就是"纪凤台公司"在旅顺的产业。除了旅顺、大连外，"纪凤台公司"还在辽阳、抚顺、宽城子、奉天等地设有商号或货栈。

关于纪凤台在中国东北地区置办产业和经营情况，能从日俄战争结束后俄国驻日公使馆记载的纪凤台公司在东北地区受损清单中看出。清单列出纪凤台公司在中国东北财产损失情况为：1,127,708 卢布 40 戈比的不动产、1,215,766 卢布 87 戈比的动产和货物、9900 卢布的票号存单、92,649 卢布 19 戈比的现金。①当然，这些财产并非都是纪凤台所有，但纪凤台的财产占很高比例，因为他是公司的大股东。

20 世纪初，纪凤台还涉足过中国东北地区的航运业。日本人中根斋计划拓展航运公司的业务，寻找合作者，英国商人柯尔纳贝和包括纪凤台在内的两名中国人入股中根斋公司。1901 年，四人出资二十万元，创办山东轮船公司。公司拥有龙口、羊角口、锦州、安东、旅顺等航线，并将航线扩展至海参崴、上海、日本。因亏损，纪凤台等人很快退股。②

纪凤台在中国东北的工商活动获得成功，除了他能捕捉商机、善于经营外，与俄国军方的扶植有很大关系。日俄战争前，纪凤台与俄国军方在东北地区存有合作关系，有日本学者称纪凤台是俄国在大连的"御用商人"③。租借旅顺、大连后，纪凤台承担了向旅顺驻军供应军需品的任务。义和团运动期间，纪凤台应军方的要求将"纪凤台公司"的两艘货轮开至旅顺，以此来保障大沽口同烟台间军需供应。

日俄战争前，纪凤台能在中国东北地区进行诸多的工商业活动，除去他有经济头脑、善于经营外，同与俄国官方的扶植有直接关系，纪凤台与俄国政府在日俄战争前东北的关系很大程度上是合作关系。这样，纪凤台是 1898 年俄国租借旅顺、大连至日俄战争结束这段历史的参与者和见证者。俄国租借旅大后，纪凤台承担了向旅顺俄国驻军供应军需品的任务。义和团运动期间，纪凤台根据关东州长官阿列克谢耶夫将军的命令将"纪凤台公司"的两艘轮船开至旅顺，以此来保障大沽口同芝罘间交通的畅通。

纪凤台卷入了日俄战争前俄、日在中国东北地区的角逐中来。日俄战争爆发前，俄国统治集团中一些人已经意识到与日本的战争不可避免，在即将发生的战争中交通可能遭到破坏，为了安全起见尽快在中国东北囤积军需品实属必要。军方将这个任务交给纪

---

① 「日露戦役ノ際日本軍ノ為ニ処刑セラレタル露国紀鳳台ニ対シ損害要償方申出一件」B09072660600 の B09072660800、国立公文書館、アジア歴史資料センター、明治 40 年 5 月 8 日～明治 43 年 3 月 14 日。
②〔日〕中岛真雄：《续对支回顾录》下卷，第 439—440 页，转引自聂宝璋、朱荫贵编《中国近代航运史资料（第二辑）》上册，北京：中国社会科学出版社，2002 年，第 190—191 页。
③〔日〕上田恭辅著、张晓刚译：《露西亚时代的大连》，载大连市近代史研究所、旅顺日俄监狱旧址博物馆编《大连近代史研究》第 12 卷，沈阳：辽宁人民出版社，2015 年，第 480 页。

凤台，纪凤台迅速组织起了1000头骡子组成的驮运队和1500辆大车、6000头牲口牵引的车队，圆满完成任务。1904年初，纪凤台受命组建500人的侦察队，为俄军搜集情报，侦查所需的各项费用先由纪凤台垫付。因为纪凤台在日俄战争前及战争期间的表现，战争结束后纪凤台被俄国政府授予一枚银质胸章和一枚二级圣斯坦尼斯拉夫勋章。与俄国政府对纪凤台的褒扬不同的是，日本非常痛恨纪凤台的"助俄"行为，有日本军官不无夸张地声称抓住纪凤台就等于打赢日俄战争[①]。日本军方以纪凤台在"日露战役"中的"军事妨害"为名缺席判处他死刑，并悬赏10万美元通缉他[②]。

日俄战争结束后，纪凤台在旅顺、大连等地的众多产业被日本没收，损失惨重，"纪凤台公司"的经营困难。之前获利颇丰的面粉加工厂因资金周转困难和订单减少而减产，后来不得不停产。在债主和承包商的压力下，在哈巴罗夫斯克（伯力）成立了一个名为"纪凤台公司业务处理机构"（Администрация по делам торгового дома Тифонтай и К о）接管了"纪凤台公司"。在"纪凤台公司业务处理机构"向俄国政府请求援助后，1908年俄国政府以贷款方式从国库向"纪凤台公司"拨付50万卢布。在收到政府的优惠援款后，纪凤台向"纪凤台公司业务处理机构"提出由他支配这笔钱，被拒绝。不仅如此，纪凤台还被要求不得过问公司的业务。[③]纪凤台愤而离开哈巴罗夫斯克（伯力）去了圣彼得堡，希望在那里找到摆脱债务危机、图东山再起的机会，但未能如愿。1910年，纪凤台在圣彼得堡病逝，作为帝俄最富传奇色彩的华商就此谢幕。《阿穆尔报》（Приамурские ведомости）登载了纪凤台去世的消息。

三、俄、中学者对纪凤台及其经商活动的评价

纪凤台在俄、中两国获得了不一样甚至完全相反的评价，在一些俄罗斯人看来纪凤台是俄中友好的使者，是当时在俄国诚实、精明、有修养的华人代表[④]。甚至有人认为纪凤台之所以成功是因为他是个诚实的、光明磊落的、可以信赖的人，无论是生活中，

---

① Петров А. И. «Русский китаец» Николай Иванович Тифонтай (Цзи Фэнтай), Россия и АТР. 2005. № 2. С. 148.

② 「露国帰化人紀鳳台に関する件」、日本陸軍省、国立公文書館デジタルコレクション、アジア歴史資料センター、C04014287500、明治40年10月（1907年10月）。

③ АВПРИ, ф.327.оп.579. д.75. л.18-19.

④ 持有这样观点的学者及其成果主要有：Петров А. И. «Русский китаец» Николай Иванович Тифонтай (Цзи Фэнтай), Россия и АТР. 2005. № 2; Нестерова Е. И. Китайцы на российском Дальнем Востоке: люди и судьбы, Диаспоры. 2003. № 2; Кружков Н. Р, Ченрнов В. А. С китайской внешностью и русским сердцем, Начно-техническое и социально-экономическое струдничество стран АТР в XXI веке, Хабаровск: Изд-во ДВГУПС, 2016; Куликова Е. И. Они создавали историю Хабаровска: портрет в городском интерьере, Основные тенденции государственного и общественного развития России: история и современность, 2019 № 1.

还是在经商中都是如此①。1882 年,在符拉迪沃斯托克(海参崴)经商的美国人卡尔·库别尔(Карл Купер)的两个儿子叶普盖尼和约瑟夫在普拉斯通湾(з. Пластун)被库别尔公司的中国雇工勾结红胡子杀害,是为"小库别尔事件"。因为该事件,一段时间里远东地区的企业主对雇用华人持谨慎态度,这影响了来远东地区寻求生计的华人的就业。"小库别尔事件"发生后,有 6 名华人来哈巴罗夫斯克(伯力)谋生,受到冷遇和歧视,纪凤台帮助了他们。纪凤台先对几人的品行进行担保,使得他们不再受当地警察的反复盘问,然后又雇用他们来自己商行工作,有了纪凤台的帮助几人得以在哈巴罗夫斯克(伯力)落脚。②这件事为俄罗斯学者所乐道,也是给纪凤台较高评价的一个理由。

与俄罗斯学者笔下的纪凤台不同的是,同时代的国人对其评价不佳,给其打上奸商甚至是卖国贼的标签。19 世纪 80 年代,曾考察过黑龙江左岸的爱国知识分子曹廷杰对纪凤台的评价在一定程度上代表时人对其看法。曹廷杰在《西伯利东偏纪要》中写道:

> 查彦楚河有华商刘福、伯力有华商纪凤台二人,俱未改装,华貌俄心,意不可测……纪凤台系山东黄县人,在伯力开立和成号字号,交结俄官最密,各处俄人无不知有纪凤台者。华人贸易下江,不经其手以分利,每被俄害。娶三姓某氏女为妇,上下无常,凡边防一切事宜,无不周知。与俄官言,必故讳其足壮声威者,傅会一二小事,张大其词,菲薄不已。向华人言俄事,则反是。故俄人昔年敬畏华人,近来大反其局,欺虐日甚,狡谋日张,皆此人导之也。华人闻名无不唾骂,然又谓当面若小鸟依人,不忍弹指。此次三至伯利,彼皆款洽殷勤,复馈送广藤鞋一双,糕饼四盒,洋鱼四匣,又代觅轮船,私情甚为可感,然以大义揆之,实为边防之患,谨以实陈。③

不只是时人对纪凤台等人"差评",民国学人魏声和有同曹廷杰类似的评价。魏声和在《鸡林旧闻录》中评论道:"有俄奴文殿奎者,为虎作伥,乃遂作俑……闻当时为伥于俄,以媚外起家者,双城子有孙福,伯力有纪凤台,红土崖有崔明善等,皆文殿奎之流亚云。"④

曹廷杰、魏声和给予负面评价的几位在俄远东地区华人——纪凤台、文殿奎、孙福、刘福有共同特点,即在俄国生活时间较久、受俄罗斯文化影响较大。"通俄言""服俄服""行俄行""去发留须";同俄国人交往密切,"交结俄官最密"、帮助俄国人写告

---

① Петров А. И. История китайцев в России: 1856-1917. СПб: ООО «Береста», 2003. С. 398.
② РГИА ДВ. Ф.1.Оп.2.Д.840. Л.118-119. См.: Петров А. И. «Русский китаец» Николай Иванович Тифонтай (Цзи Фэнтай), Россия и АТР. 2005. № 2.
③ 曹廷杰:《西伯利东偏纪要》,载丛佩远、赵鸣岐编《曹廷杰集》(上册),北京:中华书局,1985 年,第 127—128 页。
④ 魏声和:《鸡林旧闻录》,载李澍田主编《吉林地志 鸡林旧闻录 吉林乡土志》(长白丛书·初集),长春:吉林文史出版社,1986 年,第 40 页。

示,"凡海参崴、双城子一带俄人用汉文出示,皆其手定"[1]。纪凤台等人的改装易服、同俄国人交好等做法与在那时俄国的绝大多数华人不同,后者多是"候鸟",春去冬还,不会在俄长期生活,他们更多地生活在华人圈里,与俄国人的接触有限。纪凤台的这些行为与作为中国传统文化之组成部分的安土重迁观念、乡土情结等相悖,也与当时在俄的绝大多数华人有异,纪凤台的这些"另类"行为在曹廷杰这样的传统知识分子看来是不妥当的,是离经叛道的,故在他们的笔下其形象不佳。

除去纪凤台与当时多数在俄华人有别的"特立独行"行为外,导致后人对纪凤台"差评"的因素中还有他参与"耶"界碑重立一事。纪凤台曾以翻译身份参与了1886年"耶"字界碑的重立工作。此次界碑重立过程中国吃亏了,本应属于中国的领土因界碑位置放错而划入俄国境内。有学者认为这一结果的出现是由于纪凤台做了伪证。"俄员勾合俄籍华人纪凤台",[2]"俄勘界官勾结俄籍华人纪凤台等,诿称在喀萨克维茨沃站(与华界乌苏里镇相对,即通江子江叉流入乌苏里江之处)发现木牌,乃就该处换立石牌。"[3]俄国利用了"被俄方收买的汉奸伯力华商纪凤台"[4]实现了侵吞我国领土的目的。

因为时人和后人对纪凤台多"差评",导致关于纪凤台的中文资料特别是赴俄前在国内生活的记载很少。在为数有限的记载中,"恶行"占有很大比例,这与同时代在俄的鲁籍华商张廷阁不同。关于张廷阁在俄经商活动在《山东省志·侨务志》等中都有详细记述[5],且都是颂扬性的话语,但该文献中没有关于纪凤台的只言片语。

---

[1] 曹廷杰:《西伯利东偏纪要》,载丛佩远、赵鸣岐编《曹廷杰集》(上册),第127页。
[2] 魏声和:《说耶字碑国界》,载《东北丛刊》,1932年第17期,第2页。
[3] 赵中孚:《清季中俄东三省界务交涉》,载《"中央研究院"近代史研究所专刊(25)》,台北:"中央研究院"近代史研究所,1970年,第163页。
[4] 刘远图:《关于历史上中俄边界"耶"字界牌的考察》,载《社会科学战线》,1994年第5期。
[5] 山东省志编纂委员会:《山东省志·侨务志》,济南:山东人民出版社,1998年,第139—141页。

浙江省侨乡侨汇结汇业务的调查研究
——以侨乡温州和青田为例

徐 辉[①]

【摘　要】 一直以来，侨汇是我国经济建设重要的海外资金来源，为推动我国经济建设发展做出了重大贡献。本文以浙南侨乡温州和青田为研究对象，通过实地考察和田野调查，在了解以上两地侨汇资金和推进侨汇结汇便利化情况的同时，分析在侨汇结汇过程中存在的问题，并提出经常项下资金通过平台便捷结汇、非经常项下资金鼓励合规回流、外币现钞资金引导规范申报和合理紧迫业务需求个案解决等。

【关键词】 浙江；温州；青田；侨汇；结汇

一、引言

侨汇是海外华侨汇回国内用于赡养家眷等款项的简称，其本质是非贸易外汇，是联结海外侨居地和国内侨乡的重要桥梁和纽带，并且在促进侨乡生产发展、改善侨眷家庭生活等方面发挥着独特作用，是我国侨乡经济社会文化面貌不断发展进步的重要保障。根据《世界移民报告（2020）》，2018 年中国侨汇额为 674 亿美元，2019 年 684 亿美元，2020 年 600 亿美元。党和国家历来重视对华侨汇款的保护，"便利侨汇"作为侨务政策的一项重要原则，也被写入 1949 年 9 月 29 日中国人民政治协商会议第一届全体会议通过的《中国人民政治协商会议共同纲领》，其中明确提出，"中华人民共和国中央人民政府应尽力保护国外华侨的正当权益"，对于华侨汇款应采取"便利侨汇"的政策。

二、文献综述

在知网官网中输入关键词"浙江 侨汇"后，除了几条相关媒体报道[②]外，出现的专家学者的研究文献寥寥。相反，输入"广东 侨汇""福建 侨汇"的关键词后，出现的专家学者的研究文献要远多于浙江。袁丁和陈丽园的《1946-49 年广东侨汇逃避问

---

① 作者简介：徐辉，温州大学外国语学院副教授，温州大学侨务公共外交研究所副所长。
② 浙江省社会科学研究所经济研究室：《争取更多侨汇　为四化建设服务》，载《浙江学刊》，1980 年第 1 期；金涛：《推进贸易和投资便利化　浙江企业用汇结汇更方便了》，载《浙江日报》，2005 年 3 月 11 日。

题》，论述了由于国统区经济恶化、通货膨胀剧烈，国民党政府又大肆搜刮人民财富，采用不合理的外汇汇率政策，从而引发大规模广东省侨汇逃避现象[①]。霍安治的《广东侨汇救国轶史》，从"巡城马"[②]如何将海外华侨辛辛苦苦赚来的钱通过千辛万苦送达华侨家人手中讲起，论述了随着侨汇越来越多，"巡城马"的个体户模式不能满足广大身居海外华侨给国内汇款的需求，从而出现了"侨批局"等形式将批量的华侨汇款带回国内，救国救民的事情[③]。陈春声的《近代华侨汇款与侨批业的经营——以潮汕地区的研究为中心》，通过对广东省档案馆收藏的部分与侨汇有关的档案的分析与讨论，结合地方文献和海外侨刊的相关记载，描述了清末至民国年间广东东部潮汕地区侨批业经营与运作的若干侧面，对这一商业组织运营实态及其内部机制做了了解[④]。沈惠芬利用抗战时期福建政府有关侨眷与侨汇的调查资料、地方报刊及华侨书信（侨批）等，考察了在侨汇与抗日战争和太平洋战争等多重影响下福建侨眷的生活变迁，从跨国留守群体的角度加深理解近现代人口跨国迁移对中国的影响，从理论上探讨跨国留守群体与近现代人口跨国迁移的多元关系[⑤]。吕东征的《侨汇对抗战时期福建社会经济的影响》一文，论述了依靠侨汇生存的侨眷生活发生变化，在对外贸易中，侨汇完全弥补了入超造成的亏空，侨汇为投资农垦和安置难民，以及直接投资产业等方面做出了巨大贡献[⑥]。除此之外还有袁丁的《侨汇与近代四邑侨乡市镇化趋向》[⑦]、焦建华的《侨汇逃避期间中国银行与批信局关系之探讨（1946—1949）——以中国银行福建省分行为例》[⑧]等从不同的视角和领域对侨汇进行了比较深入的研究。以上文献对了解侨汇的发展以及侨汇在国家建设方面的贡献可提供参考。通过以上文献可以发现，有关浙江侨汇的相关研究寥寥，且还没有得到学界专家学者的关注。

本文是在文献的基础上，以浙南侨乡温州和青田为研究对象，通过实地考察和田野调查，在了解以上两地侨汇资金和推进侨汇结汇便利化情况的同时，分析在侨汇结汇过

[①] 袁丁、陈丽园：《1946-49年广东侨汇逃避问题》，载《华侨华人历史研究》，2001年第3期。

[②] "巡城马"是"水客"的美名。这里的"水客"是个体户，每年单身下南洋两三次，深入荒山野岭，踏遍穷乡僻壤，逐一拜访散在各处打工的老乡，搜集汇款带回家乡的人。

[③] 霍安治：《广东侨汇救国轶史》，载《同舟共进》，2022年第5期。

[④] 陈春声：《近代华侨汇款与侨批业的经营——以潮汕地区的研究为中心》，载《中国社会经济史研究》，2000年第4期。

[⑤] 沈惠芬：《华侨汇款与侨眷生活：抗日战争时期福建跨国留守群体生活的变迁》，载《福建论坛（人文社会科学版）》，2021年第9期。

[⑥] 吕东征：《侨汇对抗战时期福建社会经济的影响》，载《福建史志》，2017年第5期。

[⑦] 袁丁：《侨汇与近代四邑侨乡市镇化趋向》，第四届海外华人研究与文献收藏机构国际会议，2009年5月9日。

[⑧] 焦建华：《侨汇逃避期间中国银行与批信局关系之探讨（1946—1949）——以中国银行福建省分行为例》，载《贵州社会科学》，2017年第5期。

程中存在的问题，并提出相关建议。

三、侨汇资金调查结果

温州和青田两地现约有 101 万华侨分布在 130 多个国家和地区，90%以上集中在意大利、西班牙等欧洲国家，主要从事餐饮、超市经营、国际贸易等行业。2019 年至 2021 年两地侨汇结汇量分别为 24 亿美元、17 亿美元、9 亿美元，虽呈逐年下降趋势，但侨汇年结汇金额约占浙江全省个人结汇金额（不含个人贸易）的 40% 左右[①]。

（1）华侨海外职业以务工为主。从温州、青田政府调查及问卷情况看，40%的华侨在境外从事务工，人均年收入约 3 万—6 万欧元。60%从事投资经营活动，其中，餐饮业25%（7%为小餐馆经营，年收入可汇回约 3 万—15 万欧元，8%为餐饮企业，年收入可汇回约 15 万—30 万欧元）；制造业 15%，年收入可汇回约 50 万—120 万欧元；商贸行业 2%，年收入可汇回约 30 万—70 万欧元。

表 1 华侨海外从事职业分布情况

地区	批发零售等商贸	餐饮	务工	制造业等其他
温州 68 万华侨	47%	12%	28%	13%
青田 33 万华侨	8%	18%	70%	4%
合计 101 万华侨	34%	14%	42%	10%

资料来源：根据课题组 2022 年 10 月—2023 年 6 月的实地调研制作。

（2）侨汇资金来源及回流国内方式多样。从侨汇资金来源看，根据银行对近三年以"职工报酬和赡家"名义汇入国内的资金分析，结构为：43%为商贸收入，33%为餐饮收入，19%为务工收入，5%为其他行业收入。收入来源结构与华侨海外职业分布情况基本匹配。从资金回流方式看，问卷调查结果显示，华侨资金回流国内主要有 4 种：48%的主体通过银行渠道汇入，境外银行通常依据当地监管要求进行无线资源控制（RRC）和反洗钱审核。30%通过经银保监会批准与境内银行合作开展国际汇款业务的汇款公司汇入，主要有西联汇款、速汇金、银星速汇三家。16%以现钞形式带回国内，6%通过亲朋好友携带等其他非正规渠道回流。

（3）国内账户内存款以 1 年内新入账资金为主。根据银行分析，从存款时间结构比例来看，1 年以内的外币存款约 15.75 亿美元，占 71.6%；存款时间在 1—2 年约 4.4 亿美元，占比约 20%；存款时间在 2—3 年的资金约 1.15 亿美元，占比约 5.2%；存款时

---

① 文中侨汇资金调查结果数据来自课题组于 2022 年 10 月—2023 年 6 月在温州、青田的实地调研。

间在3年及以上资金约0.7亿美元，占比约3.2%。

表2 境内存款年限分布情况

地区	存款期限			
	1年内	1—2年	2—3年	3年以上
温州15亿美元	11	2.8	0.65	0.55
青田7亿美元	4.75	1.6	0.5	0.15
合计22亿美元	15.75	4.4	1.15	0.7
合计占比	71.6%	20.0%	5.2%	3.2%

资料来源：根据课题组2022年10月—2023年6月的实地调研制作。

（4）侨汇结汇后资金用途以"赠家"为主。根据本次问卷调查显示，境内结汇主体86%为境内侨眷，14%为华侨本人，侨汇结汇后的资金用途主要有：52%的主体表示主要用于家庭生活消费，24%的主体反馈部分会用于投资境内产业，29%的主体曾将部分资金用于境内贸易结算，24%的主体将结汇后资金作为理财存款，29%的主体表示会用于购买自住用房。其中，65%的被调查主体认为5万美元结汇便利化额度可以满足境内家庭生活消费所需，35%的主体表示5万美元额度难以满足赠家款结汇需求。

四、侨汇结汇存在的问题

本次调研发现，温州和青田在侨汇结汇方面存在以下问题：

（1）经常项下大额资金结汇材料提供比较难。目前，华侨境外务工等经常项下收入可汇入境内侨眷及未取得外国永久居留权的华侨（境内个人）本人账户，大额资金结汇需提供有交易额的资金来源材料办理。但由于部分华侨存在境外务工合同、收入证明等资金来源材料不规范或材料时间久远已缺失等问题，无法提供规范的资金来源材料，银行难以便捷办理5万美元以上经常项下结汇。

（2）资本项下资金汇入境内结汇限制比较多。一是由于境内个人从事境外投资不符合对外直接投资管理规定，未取得外国永久居留权的华侨（境内个人）境外投资经营等资本项下收入资金无法汇入境内结汇。二是由于境外个人将大额资金汇往境内个人可能涉及资本转移，风险较高，因此，已取得外国永久居留权的华侨（境外个人）投资经营所得资金难以汇入侨眷等境内个人的外汇账户。对于其汇入本人账户的资金，银行履行反洗钱尽职审核后可入账，但后续结汇需提供在境内医疗、教育等经常项下用途材料，或按照境外个人购房、外商直接投资等规定办理。

（3）历史存量资金合法性难以判断。部分侨汇资金在境内多年沉淀，资金性质不易判定，在缺乏真实合法的资金来源证明材料的情况下，银行对资金难以实施穿透审核，无法办理 5 万美元以上大额结汇。

（4）未申报携入大额现钞风险高。现钞交易不能留痕追溯，可能存在规避当地税收监管政策、来源不明等情况。部分华侨携带大额现钞入境时未按要求向海关申报，无法凭海关签章的《海关申报单》在银行办理现钞存入和结汇，银行难以把控资金来源风险。

五、侨汇结汇便利化建议

总结上述调查分析，温州、青田等重点侨乡侨汇资金数额大，结汇后资金用途以"赡家"为主，且存在结汇难、历史问题多、风险高等问题。为更好地解决上述问题，侨汇结汇便利化按照"限定地区、确定主体、分类处置、联合监管"的原则，推进经常项下侨汇结汇更加安全、高效、便捷。以华侨及其配偶、父母、子女及其他具有法定扶养关系的个人（以下简称侨眷亲属）为主体，区分经常项下、资本项下资金性质，境内个人、境外个人主体身份，当年流入、存量、现钞资金形态等，对侨汇资金实行分类管理。当地政府牵头，搭建侨务服务"全球通"平台（或"数智侨务"平台，以下简称平台），压实当地侨办、侨联、公安、外汇局和银行各方责任，认定主体身份及收入情况，履行结汇真实性审核，防范异常资金流动风险。建议如下：

（1）经常项下资金通过平台便捷结汇。资金来源为当年通过银行、经批准的汇款公司汇入的华侨境外务工等经常项目收入。对于侨眷亲属及未取得境外永久居留证的华侨（境内个人），银行首次办理本年度不占便利化额度结汇时，结合平台上的华侨身份、境外工作及收入情况说明、侨眷亲属关系、个人承诺等信息，进行真实性审核后办理。后续，上述主体再次办理侨汇结汇业务时，银行可根据平台上的个人信息、前续业务办理材料等进行合理审核后便利化办理结汇，无需个人另行提供材料。同时，符合制度、系统、人员等要求的银行，可申请通过电子渠道办理上述侨汇结汇便利化业务。

（2）非经常项下资金鼓励合规回流。对于无法证明资金来源为经常项下的大额汇入资金，已取得境外永久居留证的华侨可按资金用途办理结汇用于境内医疗、教育等经常项目用途的，凭有交易额的资金用途材料办理结汇用于资本项下的，按照现行规定办理。

（3）当日累计超过等值 1 万美元的现钞存入和结汇，凭海关签章的《海关申报单》或原存款银行外币现钞提取单据等材料办理。通过侨办、侨联、银行向华侨宣传外币现钞管理政策，积极规范和引导个人携带大额现钞入境时按规定主动向海关进行申报。

（4）合理、紧迫业务需求个案解决。对于经常项下具有真实、合法交易背景的合理、紧迫特殊侨汇业务需求，银行按照个人经常项目特殊外汇业务处置制度，坚持"实质重于形式"的原则审核后办理。

六、结语

　　侨汇不仅对发展侨乡生产、改善侨眷生活、实现侨乡四化起到很大作用，而且为国家增加自由外汇，为引进国外的先进技术和装备提供资金，还弥补了外贸逆差。因此，要充分发挥海外浙籍侨胞的优势，争取更多的侨汇，弥补我外汇少、资金不足的短处[1]。本文以浙江重点侨乡温州和青田为例，简要探讨了在侨汇结汇业务方面存在的问题等。深知还存在众多不足，比如，从国别的角度，分析每个阶段或时期不同国家和地区的侨汇情况，以及在祖国建设过程中发挥的作用等方面，还需要进一步探讨。因此，本文只是抛砖引玉，希望有更多的专家学者关注浙江海外华侨华人以及侨汇研究。

---

　　[1] 浙江省社会科学研究所经济研究室：《争取更多侨汇 为四化建设服务》，载《浙江学刊》，1980年第1期，第45页。

泰国正大集团与云南农牧业创新驱动体系的构建

陈 攻[①]

【摘 要】云南农牧业正处于投资和创新驱动的发展阶段，面临着产业重组与整合、资源整合与利用、生产过剩与企业生存周期短等问题，需要经历一场新的科学技术、发展模式及经营方式的深刻变革。这给以农牧食品为主业的正大集团，带来了更多的发展机遇。1991年泰国正大集团到云南来投资，成为最早投资云南的跨国企业之一，从早期的"公司+农户"，到后来的"三位一体"，再到近年来的"现代农业产业园"，不断创新探索云南农牧业创新驱动体系的构建，为农户小规模经营条件下实现现代农业技术和装备的大规模应用开了先河，表现出了相当强的适应性和生命力，实现了坚持、完善农业基本经营制度和推进农业现代化的有机结合，也是符合云南社会转型阶段农业经营体系创新要求的一种有效形式。泰国正大集团作为一家华人企业，凭借完整的全产业链条优势，利用多元化的全球资源，采用高科技手段，有效推进云南农牧业创新驱动，为云南建设农业强国、为云南的经济社会发展做出很大的贡献。

【关键词】农牧业；正大集团；云南；创新驱动

一、引言

农牧业创新驱动体系是指通过引导和促进创新，推动农牧业科技进步和产业发展的一种组织机制和框架。这个体系的主要目标是提高农牧业的生产效率、质量和可持续性，推动农牧业实现现代化、智能化和绿色化。

农牧业创新驱动体系需要完善农牧业科技创新的支撑平台，包括科研机构、高等院校、企业实验室等，提供技术研发、试验验证、成果转化等支持。农牧业创新驱动体系需要创新人才培养，加强农牧业科技创新人才培养，培养一批掌握先进技术和创新能力的专业人才，推动农牧业科技人才队伍的壮大和年轻化。农牧业创新驱动体系需要建立多元化的创新投入机制，鼓励各类资金和资源进入农牧业创新领域，提供资金支持、科技服务、政策倾斜等。加强农牧业科技成果的转化和推广应用，将科技成果转化为生产力，促进创新成果从实验室走向田间地头，形成产业化、规模化应用。制定和完善农牧业创新政策和法规，提供政策支持和法律保障，为农牧业科技创新提供良好的政策环境

---

① 作者简介：陈攻，云南昆明人，厦门大学南洋研究院博士研究生。

和市场机制。

通过建立农牧业创新驱动体系，可以激发农牧业的创新动力和活力，提高农牧业的科技水平和综合竞争力，实现农牧业的可持续发展和现代化转型。同时，农牧业创新驱动体系也有助于解决农牧业面临的一系列问题，如畜牧用药不合理、环境污染、资源浪费等，推动农牧业向绿色、生态、高效的方向发展。

正大集团成立于1921年，是泰籍华人谢易初先生创办的知名跨国企业，在泰国亦称卜蜂集团，英文为Charoen Pokphand Group，简称CP Group。谢易初1922年从广东澄海到泰国曼谷建立了正大庄菜籽行专营菜籽。后在泰北购买土地增办正大庄蔬菜培植试验农场，产销合一事业迅速发展，在泰南、马来西亚开设分店。其弟谢少飞1953年以20万美元注册成立正大集团发展饲料和养殖业。[1]

现在正大集团已成为国际著名的大型跨国企业集团之一，发展成以农牧食品、批发零售、电信电视三大事业为核心，同时涉足金融、地产、制药、机械加工等10多个行业和领域的多元化跨国集团公司。集团业务遍及全球100多个国家和地区，员工45万人，2021年全球销售额840亿美元。[2]

正大集团伴随中国的改革开放共同发展，先后在华投资额近50亿美元，设立企业200家，在华员工人数超过8万人，年销售额500亿元人民币。正大进入中国，率先投资开发饲料工业，带来了先进的技术和设备，带来了成熟的管理经验以及饲料养殖方面的新观念。[3]

20世纪六七十年代，国外在研究动物营养标准和快速发展饲料工业的时候，中国的农牧业发展还处于初级阶段。正大的投资促进了市场竞争，使中国农牧业由粗放式经营逐步向集约式经营转变，大大提高了劳动生产率和经济效益，对推进中国饲料业和畜牧业的进步，做出了历史性贡献。

因此，回顾泰国正大集团在云南的投资，泰国正大集团在云南地区的发展进程及其对云南地区农牧业创新体系的影响，有助于我们进一步探索因地制宜的合作机制，对于推动云南农牧业的高质量发展具有重要的现实意义。

二、文献综述

（一）关于农牧业创新体系的研究

有关农牧业创新体系的研究主要涉及农牧业创新的理论、模式、机制以及影响因素等方面。农牧业创新体系的建立对于提高农牧业生产效率、加强农村可持续发展具有重

---

[1] 田韦：《独具特色的泰国正大集团》，载《集团经济研究》，1992年第9期，第45—46页。

[2]《关于正大中国》，泰国正大集团官网，http://www.cpgroup.cn/column/84/。

[3]《关于正大中国》，泰国正大集团官网，http://www.cpgroup.cn/column/84/。

要意义。在农牧业创新体系的研究中,涉及经济学、管理学、农学、社会学等多个学科的理论和方法。

农牧业创新体系的理论研究探讨农牧业创新的内涵、特征、原理和路径等。其中,创新链理论、创新系统理论、创新网络理论等被广泛应用于农牧业创新研究中,以帮助理解农牧业创新的复杂性和动态性。学者蒋和平、刘学瑜认为农业科技创新是推动我国农业发展的重要支撑,也是实现科技兴农战略的关键环节。[①]

农牧业创新体系包括多个参与主体和环节,如政府、企业、农民、科研机构、市场等。黄俊在借鉴美国农业科技创新体系经验和研究我国国情的基础上,分析了我国农业科技创新体系的总体特征和主要不足,提出了不同的农牧业创新模式,如产学研合作模式、产城融合模式、企业引领模式等,以指导农牧业创新实践并提高创新效果。[②]

学者许越先、许世卫的研究关注创新的激励机制、知识流动机制、资源配置机制等。政策支持、产权保护、知识交流与共享等机制被认为对于促进农牧业创新发挥着重要作用。此外,农牧业创新体系的机制也需要考虑社会、经济和环境的可持续性。[③]

孔晓军等学者认为农牧业创新体系的建立和运行受到多个因素的影响。这些因素包括政策环境、科技水平、资源要素、市场需求、社会文化等。研究者通过分析这些因素的作用和相互关系,为构建适应农牧业创新的制度环境和政策措施提供理论基础。[④]

学者庞建刚、张贯之指出农牧业创新体系是一个动态的过程,需要不断适应新的挑战和机遇。需要对农牧业创新体系的演化过程进行跟踪研究,以了解其发展趋势、调整方向和创新需求。同时,应用信息技术、生物技术、智能化技术等新兴技术,推动农牧业创新体系的更新和升级。[⑤]

(二)关于东南亚企业来华投资的研究

近年来,中国一直是东南亚企业来华投资的热门目的地之一。许多学者从多个方面对东南亚企业来华投资进行探讨,包括投资趋势、主要行业、政策环境、投资动机以及影响因素等。

学者林勇的研究表明东南亚企业来华投资呈现出增长的趋势。中国经济增长迅速、

---

① 蒋和平、刘学瑜:《我国农业科技创新体系研究评述》,载《中国农业科技导报》,2014年第4期,第1—9页。

② 黄俊:《对我国农业科技创新体系建设若干问题的思考——美国农业科技创新体系的启发与借鉴》,载《农业科技管理》,2011年第3期,第1—3、19页。

③ 许越先、许世卫:《建立农业科技创新体系 提高农业科技创新能力》,载《中国农业科技导报》,2000年第4期,第68—71页。

④ 孔晓军、申承均、张蓓:《论构建农业科技创新体系的主要途径》,载《农机化研究》,2008年第12期,第211—214页。

⑤ 庞建刚、张贯之:《巴西的农业与农业科技创新体系》,载《西南科技大学学报(哲学社会科学版)》,2013年第3期,第1—4、19页。

市场巨大以及投资环境的改善是吸引东南亚企业来华的主要原因之一。此外，中国的"一带一路"倡议也为东南亚企业提供了更多的商机和合作机会。①

李肖、卢小平的研究发现东南亚企业在中国的投资涵盖了多个行业，包括制造业、电子商务、信息技术、旅游业、金融服务等。其中，制造业是最主要的领域之一，东南亚企业在中国建立制造基地，以满足中国和全球市场的需求。②

中国政府一直致力于吸引外国企业投资，为此推出了一系列的政策措施和优惠政策。梁育填等学者强调东南亚企业来华投资可以享受与其他外国企业相同的政策待遇，例如准入便利化、税收优惠、知识产权保护等。③

东南亚企业来华投资的主要动机包括市场扩张、获取技术和管理经验、降低生产成本、适应中国消费者需求的变化等。魏后凯等学者的研究发现中国作为全球第二大经济体，具有庞大的市场和消费潜力，能够为东南亚企业提供更广阔的发展空间。④

学者唐礼智认为东南亚企业来华投资的决策受多个因素影响，包括政策环境、市场潜力、竞争对手、地理位置等。此外，文化差异、语言障碍、法律法规以及跨国运营的挑战也可能对投资决策产生一定的影响。⑤

三、泰国正大集团在云南农牧业合作概况

正大集团农牧食品企业于1991年进入云南，成立了云南省第一家外商投资企业——昆明正大有限公司。⑥经过29年的不断发展，目前在云南省设有11家公司——昆明正大有限公司、大理正大有限公司、昆明正大畜禽有限公司、昆明正大猪业有限公司、昆明正大猪业有限公司泸西分公司、云南正大蛋业有限公司、曲靖正大农牧融资担保有限公司、正大食品企业（上海）有限公司云南分公司、昆明正大春城餐饮管理有限公司、昆明正大卜蜂贸易有限公司、云南正大种业有限公司，员工人数超700人。作为云南省规模最大的现代化农牧企业，云南区各公司的各项主要经济指标均居同行业领先

---

① 林勇：《东南亚华人企业集团在华投资的趋势分析》，载《福建省社会主义学院学报》，2002年第1期，第14—17页。

② 李肖、卢小平：《东南亚华商来华投资活跃》，载《大经贸》，2008年第12期，第32—33页。

③ 梁育填、周政可、刘逸：《海外华人华侨网络与中国企业海外投资的区位选择关系研究：以东南亚为例》，载《地理学报 / Acta Geographica Sinica》，2018年。

④ 魏后凯、贺灿飞、王新：《外商在华直接投资动机与区位因素分析》，载《经济研究》，2001年。

⑤ 唐礼智：《东南亚华人企业集团对华直接投资的区位选择与产业特征》，载《世界地理研究》，2004年第1期，第35—40页。

⑥ 李刚：《中泰合作创伊甸 昆明展翅凌云志——农行潘家湾办事处支持昆明正大有限公司创业发展纪实》，载《时代金融》，1998年第12期，第30—31页。

水平，一直以来积极推动着云南省农牧业的快速发展。[①]

泰国正大集团在云南省的农牧业合作主要涵盖了禽畜养殖、农业种植、农产品加工等领域。正大集团是泰国一家跨国企业，以农牧业为核心业务，拥有多年的经验和专业知识，致力于现代化、科技化的农业发展。

正大集团在云南开展禽畜养殖项目，主要包括蛋鸡养殖、肉鸡养殖、猪养殖等。通过引进先进的养殖技术和管理经验，提高养殖效益和产品质量，并通过品种改良和科学饲养管理，推动当地禽畜养殖业的发展。正大集团在云南开展农业种植业合作，涉及水稻、玉米、蔬菜、水果等农作物的种植。通过推广高产优质品种、现代化的种植技术和精细化的管理措施，提高农作物的产量和质量，促进农民增收和农业可持续发展。正大集团在云南开展了农产品加工与销售合作，主要涉及畜产品的屠宰加工、冷链物流和产品销售等环节。通过引进先进的加工设备和技术，提高产品的附加值和市场竞争力，推动当地农产品的加工升级和市场开拓。正大集团向云南提供农业科技支持和技术培训，促进农业科技的推广和应用。通过合作研发、技术转让和培训交流等方式，提升云南农业的科技水平和综合竞争力，推动农业现代化进程。正大集团在助力云南农村经济发展方面也做出了积极贡献。通过建立合作社、培训农民、提供就业机会等方式，推动农村经济的多元化发展，促进农民增收和农村社会进步。[②]

（一）云南东川蛋鸡项目

东川区是云南省昆明市下辖的一个县级行政区划，该地区具有得天独厚的自然环境和资源条件，适宜农业发展。[③]位于昆明市东川区的300万只蛋鸡全产业链扶贫项目，为亚洲规模最大、科技领先的全产业链蛋鸡养殖项目之一，预计2024年将实现日产鲜蛋240万枚。[④]采用"三位一体"模式，即国企、政府和正大集团。三方发挥资源、资本、市场、品牌等优势，进行项目建设及运营。其中昆明产业开发投资有限责任公司负责项目固定资产投资，东川区负责提供项目建设用地，正大集团负责项目建设管理及后续运营。实现了从种子、种植、饲料、畜禽、养殖到食品加工的一体化全流程经营。

东川区是国家第二批资源枯竭型转型试点城市，也是云南省27个国家乡村振兴重点帮扶县之一。正大集团云南东川蛋鸡项目的主要目标是建立一套先进的、规模化的蛋鸡养殖系统，通过优质的饲料和养殖管理技术，提高蛋鸡的产蛋率和养殖效益，向市场提供高品质、安全、可追溯的鸡蛋产品。该项目旨在通过规模化、标准化的养殖模式，提高蛋鸡养殖的效率和产量，为市场提供优质的鸡蛋产品。该项目采用现代化的养殖设

[①] 董棣：《云南农业利用外资研究》，载《云南社会科学》，2002年第6期。
[②] 马宇：《正大集团投资对我国农业发展的影响》，载《国际经济合作》，1998年第4期。
[③] 昆明市地方志编纂委员会办公室编：《昆明年鉴》，昆明：云南人民出版社，2012年。
[④] 《正大集团昆明东川300万只蛋鸡全产业链合作项目签约仪式在昆明举行》，正大集团官网，http://m.cpgroup.cn/index.php?m=content&c=index&a=show&catid=27&id=106。

备和管理技术，注重饲养环境的改善和动物福利的保障，致力于推动农业产业结构升级和农村经济发展。

该项目的特点和优势包括：先进的养殖技术、规模化和标准化养殖、资源优势、环保可持续发展。正大集团在禽畜养殖领域拥有丰富经验和先进的养殖技术，通过科学的饲养管理和精确的营养配方，提高蛋鸡的生长速度和养殖效果。项目采用规模化和标准化的养殖模式，通过集中化管理和精细化操作，提高生产效率，降低成本，确保产品的质量和安全。云南东川地区拥有得天独厚的自然环境和优质的农业资源，如充足的阳光、丰富的水源和适宜的气候条件，为蛋鸡养殖提供了良好的条件。正大集团注重环境保护和可持续发展，项目采用先进的养殖设备和环境管理措施，控制废物排放和环境污染，追求资源循环利用和绿色发展。

品质安全保障：正大集团严格执行食品安全和质量管理标准，通过全程追溯系统和质量控制体系，确保产品的安全和可靠性，获得了消费者和市场的广泛认可。

正大集团云南东川蛋鸡项目的实施将有助于促进当地农业产业结构调整和农村经济发展，提高农民收入，同时也为市场提供优质的鸡蛋产品，满足消费者的需求。该项目充分发挥了正大集团在禽畜养殖领域的优势和经验，为当地经济发展和农业可持续发展做出了积极贡献。项目建成投运后，将创新当地畜禽全产业链闭环养殖模式。项目通过产业链延伸，将带动当地养殖、畜牧、物流、旅游等上下游产业发展，全面增强东川区经济发展内在动能，有效推动东川区乃至云南省农牧业科技进步、农民增收、乡村振兴。

（二）云南倘甸生猪全产业链项目

正大集团云南倘甸100万头生猪全产业链项目，主要建设内容有养殖场、饲料厂、屠宰厂、食品厂等子项目，占地5平方千米，计划投资40亿元，采用"政府+企业+银行+农民合作组织"的四位一体模式，项目将整合政府、企业、银行和农民合作社各资源优势，最终实现产业转型升级，优势互补，共同发展，合作共赢，项目建成后可实现15,000户贫困户拥有资产性收入，带动13.7万人就业，实现7万户贫困户脱贫。[1]

该项目计划养殖100万头生猪，预计年产肉类产品约20万吨。这是一个在国内乃至全球都属于大型的生猪养殖项目，具备较强的规模经济效应和市场竞争力。该项目通过整合上下游资源和环节，打通养殖、饲料加工、屠宰加工、冷链物流和销售渠道等各个环节，形成一个完整的生猪全产业链。这种垂直整合的产业链布局有助于实现资源优化配置和降低运营成本。项目采用封闭式养殖、智能化控制和先进的环境管理技术。这些技术可以确保生猪的生长环境良好、饲料营养均衡，并有效防控疫病等因素的影响，

---

[1]《张祖林率队拜会正大集团 100万头生猪产业化项目选址倘甸》，凤凰网，2012年5月19日，https://news.ifeng.com/c/7fcBRriOqj5。

提高生猪的生长速度和品质。该项目注重环境保护和可持续发展，通过科学合理的废弃物处理、气体排放控制等技术手段，努力减少对环境的影响。同时，项目还注重推动当地农业可持续发展，促进农民增收和经济发展。倘甸县是云南省重点扶持的农业县，该项目的建设将为倘甸县带来投资、就业和税收等多方面的经济效益，促进当地农业产业升级和乡村经济发展。

正大集团云南倘甸100万头生猪全产业链项目的建设，将促进中国的养殖业发展，提高猪肉产能，满足市场需求，并推动农业产业化、现代化和可持续发展的进程。此外，该项目还为倘甸县及周边地区提供了就业机会，带动当地经济发展，推动农村经济的脱贫与发展。

四、泰国正大集团在云南的合作项目与创新体系构建分析

国企、政府和正大集团组成的"三位一体"模式有效解决了乡村地区缺少资金、技术、市场的问题，一方面帮助低收入的农民脱贫致富；另一方面促进了云南农牧业创新驱动体系的构建。在云南边疆贫困地区，该模式具有较强的参考性和复制性。

泰国正大集团在云南的合作项目推动了农业合作和技术交流。正大集团在农业领域具有丰富经验和技术优势，在与云南当地农民和合作伙伴的合作中，向他们提供了现代化的农业技术、种植技术和农产品加工经验。这种合作有助于促进云南农业现代化和提高农民的收入水平。[①]

泰国正大集团在养殖技术领域拥有较为丰富的经验和技术优势，通过在云南的合作项目分享技术和经验，为云南农牧业树立了样板，促使更多的本土企业向全产业链转型，实现双方的共赢。通过培训提高了农民饲养水平，培养了大批畜牧业、饲料业的人才。正大集团在当地举办各种培训班、讲习班、推广会，引入了动物营养概念，推动了科学养殖。

泰国正大集团在云南的合作项目开展农产品质量控制工作，提高了当地农牧产品的附加值和市场竞争力。泰国正大集团有着完善的农牧业供应链和市场网络。集团的零售渠道和分销网络为当地农牧产品提供了更广阔的市场，并帮助农民将产品推向国内外市场。

在云南的合作项目创造了大量就业机会，为当地居民提供了稳定的收入来源。作为一家具有社会责任感的企业，泰国正大集团在当地积极承担社会责任。集团开展了一系列的社会公益项目，包括教育支持、灾害援助和环境保护。通过这些活动，泰国正大集团为当地的社会发展和可持续发展做出了积极贡献。[②]

---

① 吕娜：《中国与东盟国家双向投资关系分析及对策研究》，载《学术探索》，2012年第7期。

② 卢荣忠、卢文雯《东南亚华人企业对华投资浅析》，载《亚太经济》，2007年第3期。

（一）现实困境

泰国正大集团和云南合作企业之间存在文化差异。泰国和中国的商业文化、管理方式和价值观可能有所不同，这可能导致合作中的沟通和理解障碍。泰国正大集团在泰国具有丰富的农牧业经验和先进技术，但这些经验和技术在云南地区是否适用仍需评估。云南各地的地理和气候条件、农牧业特点、资源分布和市场需求存在差异，需要进行适应性研究和市场调研。

创新驱动体系的构建可能需要大量的资金投入，包括研发、设施建设、人才培养等方面的成本。[①]这些投入需要考虑回报期限和可持续性，以确保合作项目的经济效益和长期发展。项目涉及多个利益相关者，包括农民、地方政府、国有企业等。合作过程中需要协调各方的利益和期望，确保项目的可持续性和社会接受度。

（二）合作前景

云南省拥有丰富的农牧资源和潜力，在农业和畜牧业方面具备得天独厚的条件。泰国正大集团作为一家在农牧业领域经验丰富的企业，可以为云南省提供先进的技术、管理经验和市场渠道，推动云南农牧业发展。正大集团在农牧业方面具备先进的技术和管理水平，能够引进先进的养殖技术、种植技术和加工技术，提高农业生产效率和产品质量。他们的经验和专业知识可以促进云南农牧业的现代化转型和可持续发展。中国市场对高品质、安全的农产品需求不断增加，尤其对健康、可追溯的农产品有着更高的关注。泰国正大集团在食品加工和市场销售方面拥有强大的能力，可以帮助云南农牧产品进入国内外市场，提升产品附加值和竞争力。合作项目将有助于推动云南农村经济的发展，提供农民增收的机会。泰国正大集团通过合作社建设、技术培训和就业机会等途径，促进农村产业多元化发展，改善农民生活水平。泰国正大集团与云南省已经建立了良好的合作关系，在农牧业合作方面有一定的项目和案例基础。双方在技术转移、市场开拓和产业链整合等方面有着广阔的合作空间。

（三）启示与建议

泰国正大集团可以与云南的农业科研机构、大学和农民合作，共同开展技术研发和创新项目。这种合作可以包括技术转移、合作研究和培训，为云南农牧业提供新技术、创新解决方案和最佳实践。在云南创建创新平台，如农业科技园区或农业创新中心，为农牧业相关的企业、研究机构、农民和创业者提供一个合作的交流平台。这种平台可以促进各方之间的合作和交流，推动农牧业创新的发展。

人才培养与人才引进：泰国正大集团可以与云南的高校和研究机构合作，开展农牧业科技人才的培养计划。通过提供奖学金、实习机会和科研项目，吸引和培养具有创新

---

① 董棣：《云南农业利用外资研究》，载《云南社会科学》，2002年第6期。

能力和专业知识的人才。同时，集团还可以吸引国际农牧业科技人才到云南工作，带来先进的技术和经验。与云南农业部门合作，建立数据共享和信息交流机制。通过收集和共享相关的农牧业数据、市场信息和科技研究成果，可以为农牧业创新提供数据支持和决策依据。